深圳律師

《深圳律师》百期精粹

SERIES SELECTION OF
SHENZHEN LAWYERS NO. 1-100

深圳市律师协会◎汇编

100

法律出版社 | LAW PRESS
北京

图书在版编目（CIP）数据

深圳律师：《深圳律师》百期精粹 / 深圳市律师协会汇编. -- 北京：法律出版社，2024
ISBN 978-7-5197-8492-8

Ⅰ. ①深… Ⅱ. ①深… Ⅲ. ①法律—中国—文集 Ⅳ. ①D920.4-53

中国国家版本馆CIP数据核字（2023）第206170号

深圳律师
——《深圳律师》百期精粹
SHENZHEN LÜSHI
—《SHENZHEN LÜSHI》BAI QI JINGCUI

深圳市律师协会 汇编

责任编辑 朱轶佳 韩超群
装帧设计 鲍龙卉

出版发行 法律出版社
编辑统筹 司法实务出版分社
责任校对 王 丰
责任印制 胡晓雅
经　　销 新华书店

开本 710毫米×1000毫米 1/16
印张 40.25 **字数** 576千
版本 2024年1月第1版
印次 2024年1月第1次印刷
印刷 唐山玺诚印务有限公司

地址：北京市丰台区莲花池西里7号（100073）
网址：www.lawpress.com.cn
投稿邮箱：info@lawpress.com.cn
举报盗版邮箱：jbwq@lawpress.com.cn

销售电话：010-83938349
客服电话：010-83938350
咨询电话：010-63939796

书号：ISBN 978-7-5197-8492-8
定价：138.00元

凡购买本社图书，如有印装错误，我社负责退换。电话：010-83938349

出版说明

《深圳律师》杂志是由深圳市司法局主管，深圳市律师协会主办的专业性杂志，创刊于2004年1月，经过不断地摸索和创新，业已成为全面展示深圳律师职业形象和风采的重要阵地，也是深圳律师与社会沟通交流的桥梁和纽带，曾获评广东省律师行业刊物“金奖”。

截至2023年8月，《深圳律师》杂志已出版100期，百期杂志刊载了诸多专业文章，记录了深圳律师这些年来的成长与进步。为回顾《深圳律师》出版历程，体现《深圳律师》办刊水平，并彰显深圳律师的专业形象，我们从100期杂志中精选了部分专业文章，结集成册。

创刊至今，《深圳律师》已走过近二十年，通过不断摸索而逐渐走向辉煌。本书以《深圳律师》杂志的发展轨迹作为基本脉络，每5年（25期）作为一个发展阶段，每个阶段选取20—30篇专业文章，选取的文章具有时代性、专业性，兼具实践意义和指导意义，是深圳律师始终对社会热点和法律问题保持积极关注与深度思考的充分体现。要说明的是，部分文章当时适用或探讨的法律文件已经失效或进行了修正，为了完整展现时间脉络的连续性，动态反映法律变化、社会发展，本书并未在文章中逐一标注说明。同时，因文章作者多数为深圳律师，大家共同拥有深圳律师的身份，故不再对律师作者具体工作的律师事务所作说明；而对于当下并非深圳律师的作者，则注明了作者的工作单位。还请读者在阅读时注意。

代序
回归专业谋创新　引领发展向前行

2023年，适逢深圳律师事务所合伙制改革30周年，也是中国首家律师事务所成立40周年。1983年7月，深圳成立了全国第一家律师事务所——深圳市蛇口工业区律师事务所（今广东蛇口律师事务所），标志着中国律师制度改革的开始；1993年8月，经广东省司法厅批复同意成立深圳第一家合伙制律师事务所——广东信达律师事务所，拉开了深圳律师“大下海”序幕。回顾深圳律师行业40年来的改革创新之路，每一步都饱含着深圳律师的艰辛，镌刻着深圳律师的荣光。

恰在此时，《深圳律师》杂志迎来第100期的出版，也即将迎来《深圳律师》杂志创刊20周年，深圳市律师协会汇编了这本《深圳律师——〈深圳律师〉百期精粹》，并由法律出版社出版，殊值祝贺！《深圳律师》杂志是由深圳市律师协会主办的专业性杂志，创刊于2004年1月，经过不断地摸索和创新，业已成为全面展示深圳律师职业形象和风采的重要阵地，也是深圳律师与社会沟通交流的桥梁和纽带。我担任深圳市律师协会副会长期间，曾有幸担任过杂志主编，亲自参与了杂志编辑出版的全过程。翻看本书收录的一篇篇专业文章，我不禁感慨，这些文字不仅记录了杂志20年出版的历程，也体现了深圳律师勇于创新、回归专业、服务大局、勠力前行的专业品质，是深圳律师专业形象的最好体现，更是深圳律师行业40年改革创新之路的最好注解。

当前，深圳律师行业正处于高质量发展的重要阶段，全体深圳律师正踔厉奋发、笃行不怠，全力推动深圳律师事业向更高质量发展，我们将牢牢抓住“回归专业”和“行业治理”两个核心，争做中国律师制度和行业改革创新的先行军，我们将以务实行动引导全行业形成“谋创新就是谋发展，抓创新就是抓发展”的共识，让创新成为把握行业形势、破解行业困境的根本之策。

百期之颐，再启芳华，明年即将迎来中国律师制度恢复45周年，希望中国律师业赓续改革创新之路，续写新篇章，希望深圳律师继续回归专业、引领发展开启高质量发展新征程！希望《深圳律师》杂志越办越好，再次祝贺本书顺利出版！

谨为序。

张斌*

2023年12月4日

* 张斌：吉林大学法学博士，深圳市律师协会第十一届会长，广东卓建律师事务所创始人、合伙人。

目　　录

第一章　春天，我们启航

第二章　与法治建设共成长

第三章　蜕变与转身

第四章　进阶与新征程

第一章
春天，我们启航

2004年春,《深圳律师》杂志诞生。时任深圳市律师协会会长徐建在卷首语写道:"《深圳律师》与2004年春天同时到来,她以崭新的姿态展现在大家的面前,《深圳律师》是一个我们抒发情怀、反映心声、呐喊主张、展示风采的平台。"《深圳律师》正是在这样的一个春天,扬帆启航!

2004年至2009年,经过五年洗礼,杂志的定位、栏目等内容趋于稳定。杂志栏目由最初的律师沙龙、律师说法、律师论坛、阳光律师、律所名片、律师艺苑等逐渐演变为视线、观点、拍案、实务、潮流。2008年7月,杂志确定编前会、审稿会、定稿会的编辑流程,办刊更加程序化、规范化。2009年8月,杂志与法人杂志社达成合作,法人杂志社参与协办,自第24期起,《深圳律师》杂志随《法人》杂志赠阅发行,杂志设计更美观时尚,赠阅范围更广,影响力更大。

这一时期,彰显民法精神的《物权法》颁布、维护劳动者权益的《劳动合同法》获得通过、最高人民法院统一行使死刑复核权……

本部分共收录了《深圳律师》杂志第1期至第25期的精选专业文章。我们看到,深圳律师已经在关注外商投资企业清算、外资超国民待遇等涉外法律问题,深圳律师深度评析业主身份、女性犯罪、执行难等社会热点问题。站在改革开放前沿的深圳律师,在《深圳律师》尽情展现自己的风采。

2004年第1期

非亲属代签术前同意书之无权代理与无因管理辨析

杨晓云　律师

李某离异后在一次征婚交友活动中与王某认识，相识不久，在2002年7月双方相约到一酒吧喝酒，突然李某因胃出血昏倒，王某见状马上送李某去市人民医院进行抢救，经专家会诊后，专家认为需马上进行手术，否则将有生命危险。由于当时急于手术，又无法通知患者亲属立即到场，王某认为治病要紧，便代表病人家属在术前谈话记录上签了字。手术后不久，李某还是医治无效死亡。为此，李某之女以王某超越权限，未经家人签字同意手术，致其母死亡为由，要求追究其民事赔偿责任，将王某及医院告上法庭。法院审理该案过程中形成三种意见。

第一种意见认为，患者病情严重，即使不动手术，也难保不死。患者的死亡，是其自身所患病症决定的，并不在于王某是否越权代表亲属同意开刀。因此，任何人都不能对李某的死亡负责。况且，王某完全是从尽快治疗患者之病的善良愿望出发，才代为签字的。在现实生活中，因情况紧急，未经患者亲属同意而代签字动手术的，并非绝无仅有。王某的行为应是无因管理。

第二种意见认为，患者虽然病情严重，但不开刀并不一定马上死亡。是接受开刀，予以积极治疗，还是拒绝开刀，采取保守治疗？患者家属通过医方的交底谈话，是有选择权的，而这一选择权，患者家属并没有委托给王某，因此王某是无权代理的，自应对这一无权代理行为所发生的法律后果承担责任。

第三种意见除同意第二种意见外，还认为，医院也应承担赔偿责任。因为医院明知王某是患者的朋友，并不是患者的家属，却要他代表患者家属在术前谈话记录上签字，也有过错，同样应负赔偿责任。

在本案中笔者就王某应否负责任进行探讨，笔者认为对本案处理的不同意见，反映了对王某行为性质的认识不同。第一种意见实际上认为王某的行为属于无因管理，而后两种意见则认为王某的行为属于无权代理。

按照《民法通则》[1]第66条的规定，无权代理为“没有代理权、超越代理权或者代理权终止后的行为”。也就是说，无权代理是指行为人在没有代理权的情况下以本人的名义所为的“代理”行为。而《民法通则》第93条规定无因管理为“没有法定的或者约定的义务，为避免他人利益受损失进行管理或者服务的”法律现象。因而无因管理是指行为人没有法定义务也无约定义务，为避免本人的利益受损失而自愿管理他人事务的行为。可见，无权代理与无因管理是不同的。二者的区别主要在以下几个方面。

第一，无权代理中行为人即无权代理人所实施的代理行为一般为民事行为，而无因管理中行为人即管理人所为的管理行为既可以是民事法律行为，也可以是事实行为。正因如此，无权代理的行为人须为完全民事行为能力人，而无因管理的管理人却不必一定为完全民事行为能力人。按照《民法通则》第63条的规定，代理人在代理权限内，以被代理人的名义实施民事法律行为，无权代理则为行为人没有代理权而以本人的名义实施民事行为，所以在无权代理中必有相对人即与无权代理的行为人为民事行为的第三人。而无因管理强调的是管理本人的事务，该事务的管理可以与第三人为民事法律行为，也可以不与第三人为民事法律行为，因此，在无因管理中不以有相对人为必要。

第二，无权代理行为是行为人以本人名义实施的行为而无因管理并不以管理人以本人的名义进行管理为要件，管理人以何人的名义管理事务并不会影响无因管理的构成。所以，在无权代理中行为人须明确知道本人为谁，

---

〔1〕《民法通则》已于2021年1月1日废止。考虑到本文发表时的法律适用状况，我们仍保留了原始的法律条文引用表述，并未做更新。全书下同。——编者注

而在无因管理中不以管理人明确知道本人为条件，只要管理人知道自己所管理的事务为他人的事务即可。当然，在管理人以自己名义进行管理时，其所管理的事务是属于自己的事务还是属于他人的事务，若在外观上不能确认，须由管理人负举证责任，以证明其所管理的事务非为自己的事务。

第三，无权代理行为不以行为人有为本人谋利益的意思为条件，而无因管理却要求管理人须有为本人谋利益的意思。在无因管理须以管理人有为本人谋利益的意思为构成要件上，我国《民法通则》中明确要求管理人是为“避免他人利益受损失进行管理或者服务的”，这就要求管理人有为本人谋取利益的管理意思。行为人有管理意思，是构成无因管理的基本要件，是无因管理之所以阻却违法的根本原因，也是无因管理与无权代理的基本区别。

第四，无权代理是法律不鼓励的行为，而无因管理是法律上鼓励的行为。无权代理行为原则上对本人不发生效力，除经本人追认者外，无权代理的行为人应自行承担其所实施的行为后果，而本人并不承担该行为的法律后果。而无因管理的管理人是将管理的利益归于本人的，管理行为的最终后果须由本人承担。就其行为人与本人关系的实质来说，无权代理是不合法地干预他人事务的行为，而无因管理是合法地干预他人事务的行为。

第五，无权代理主要是行为人与相对人之间的关系，而无因管理是管理人与本人之间的关系。依《民法通则》第 66条的规定，无权代理“未经追认的行为，由行为人承担民事责任”因此无权代理制度解决的是由何人承担无权代理行为的后果问题，是在行为人与第三人之间发生债权债务关系。就无权代理行为的效力而言，除由本人追认外，仅对行为人发生效力，而对本人无效。当然，在无权代理中，第三人有撤回权。因无权代理而给第三人造成损害的，应由行为人承担赔偿责任，而本人不负责任；相反，行为人的无权代理行为给本人造成损害的，行为人也应向本人负赔偿责任，但第三人不对本人承担责任，只有在第三人为恶意的情况下，即“第三人知道行为人没有代理权、超越代理权或者代理权终止还与行为人实施民事行为给他人造成损害的，由第三人和行为人负连带责任。”依《民法通则》第 93 条的规定，无因管理的管理人“有权要求受益人偿付由此而支付的必要费用”。因此，无因管理制度解决的是管理人与本人之间的关系，与第三人无关。无因管理一经成立，即在管理人与本人之间发生无因管理之债：管理人为债权人，得请求本人偿付其进行管理或者服务所支出的必要费用；本人为义务人，有义务偿付管理人实施管理行为所支出的必要费用。当然，因为无权代理的行为人与无因管理的管理人对于本人的事务处理都是没有法定义务也没有约定义务的，因而就某一行为来说，可以既构成无权代理，也构成无因管理。例如，行为人为避免本人的利益受损失，而就本人的事务处理以本人的名义与第三人实施民事法律行为时，从其与第三人之间的行为来说，属于无权代理行为；就其对本人事务的处理来说，属于无因管理。这种情况可说是存在行为性质的竞合。但就是在这种情况下，无权代理与无因管理所要解决的问题重点也不一致。若第三人要求本人承担行为后果，而本人不承担时得以主张行为人的行为属于无权代理为由，第三人得以行为人的行为为无权代理为由要求行为人承担行为的后果，但第三人不能主张行为人的行为属于无因管理而要求本人承担民事责任。若行为人要求本人承担其管理事务已支出的必要费用，则应当证明其行为属于无因管理，而不能以其行为为无权代理为由。若行为人的行为给本人造成损害，本人要求赔偿的，本人应以行为人的行为构成侵权行为为由，而不能以行为人的行为属于无权代理为由。

从本案的情况来看，被告王某代病人的家属在医院谈话记录上签字同意手术，是无权代理还是无因管理呢？笔者认为，从本案的案情介绍来看，被告王某没有法定义务也没有约定的义务为病人处理手术治疗事宜，但被告王某是在为避免病人的利益有更大的损失而管理病人的事务的，因为患者急需手术治疗，虽进行手术有导致患者死亡的危险但也唯有尽快进行手术才有可能抢救患者，也就是说被告有管理意思而且其管理的事务确为病人的事务而非自己的事务，因而被告王某的签字同意手术的行为可以构成无因管理，被告王某的行为既构成无因管理也就排斥该行为属于无权代理，所以其行为不属于无权代理行为。

通过招投标程序签订的施工合同效力优先于双方之前私下签订的施工合同

——浅议“阴阳合同”的效力认定及其处理

沈玉华　律师

一、案例介绍

中建某公司（以下简称承包商）与某房地产开发公司（以下简称开发商）于2000年6月26日签订一份《某大厦施工合同书》（以下简称6月26日合同），双方约定开发商将5万多平方米的大厦工程交由承包商施工，工期为520天，工程范围包括桩基、土建、外装饰、给排水等，电梯、空调、消防、煤气等不属于承包商施工范围，并约定收费按深圳市三类标准收费，安装按深圳市三类标准下浮2%，工程款支付为带资施工，封顶前支付工程款1200万元。封顶后，按月支付实际完成工程量80%的工程款。合同签订后，承包商于7月1日进场施工，但开发商直至2000年12月29日才领取工程施工许可证。开发商于2000年11月进行招标，经过招标、投标、议标等程序，确定承包商中标，并于12月25日签订《某大厦建设工程施工合同》（以下简称12月25日合同），并向主管部门备案，双方约定：开发商将5万多平方米的大厦工程交由承包商总承包施工，工期为390天，工程范围为施工总承包，约定收费标准按深圳市一类收费，工程款支付方式与6月26日合同一样。实际施工过程中，开发商将空调、消防、电梯、煤气直接发包，在大厦封顶并进行初验后，承包商与开发商在结算过程中发生争议，承包商坚持按12月25日合同执行，应按深圳市一类标准结算取费。开发商坚持按6月26日合同执行，应按深圳市三类标准结算取费，安装工程再下浮2%。双方因为结算争议及工程款拖欠问题向仲裁委申请仲裁。

二、案例分析

对于该案中涉及的“阴阳合同”的效力问题，有两种截然不同的意见。第一种意见认为，6月26日合同是双方真实意思的体现，开发商和承包商的权利义务应按6月26日合同来判断和确认，因为6月26日合同签订后，承包商就进场施工，已实际履行6月26日合同。而且在施工过程中，开发商将电梯、空调、消防、燃气等工程另行发包，也是按6月26日合同执行，因此有关取费标准的确认应以6月26日合同约定为准。第二种意见认为，12月25日合同是双方经过招标、投标、评标、定标等法定程序后签订的合同，并报主管部门备案，开发商和承包商的权利、义务应按12月25日合同的约定来判断和确认，因为12月25日合同是根据《招标投标法》的规定签订的，根据《招标投标法》第46条第1款的规定：“招标人和中标人应当自中标通知书发出之日起三十日内，按照招标文件和中标人的投标文件订立书面合同，招标人和中标人不得再行订立背离合同实质性内容的其他协议。”因此开发商和承包商在招标投标程序之外签订的违背招投标实质内容的其他协议都是规避法律的行为，都属于无效协议。

笔者同意第二种意见。“阴阳合同”的表现形式多种多样，具体在本案中，6月26日合同显然是“阴合同”，12月25日合同显然是“阳合同”。判断双方的权利义务应以12月25日合同为准。这是因为：第一，从时间上，6月26日合同在先，12月25日合同在后，判断哪一个更能体现真实意思，在没有相反证据的情况下，签订时间在后的合同应更能体现双方的真实意思，12月25日合同可以说是在6月26日合同基础上的修改和变更。第二，6月26日合同签订后，虽然承包商进场施工，但直至12月29日开发商才领取施工许可证。《建筑法》第7条规定“建筑工程开工前，建设单位应当按照国家有关规定向工程所在地县级以上人民政府建设行政主管部门申请领取施工许可证”，因此承包商在领取施工许可证前的施工行为，都是非法的，不能作为合法履行合同的证据。第三，根据《招标投标法》第46条的规定，双方根据招标投标程序签订的12月25日合同合法有效，双方不得再行订立背离合同实质内容的其他协议，开发商与承包商在招投标之前签订的6月26日合同由于背离了12月25日合同的实质内容，违反了《招标投标法》第46条的强制性规定，根据《合同法》第52条的规定，“有下列情形之一的，合同无效……（五）违反法律、行政法规的强制性规定”。因此，6月26日合同实际上是无效合同。第四，12月25日合同签订后，在施工过程中，开发商将电梯、空调、消防、燃气等工程直接发包出去，一方面是开发商违反12月25日合同承包范围的约定，是一种违约行为；另一方面承包商默认开发商直接发包的行为，实际上是承包商对自己权利的放弃，不予追究开发商的违约责任，并不能因此而证明双方是在履行6月26日合同。第五，在判断分析某一合同及某一行为是否是当事人的真实意思表示，应该在合法的大前提下，充分考虑双方当事人是否存在恶意串通、损害社会公共利益或者违反法律法规的强制性规定，甚至是否存在以合法形式掩盖非法目的的规避法律行为，本案6月26日合同签订的背景是当时实际处于工程规划许可证不具备，施工许可证未领取等不适宜动工的状态，开发商和承包商都存在恶意串通、违法动工的故意。

综上所述，开发商、承包商双方的权利、义务的判断应以12月25日合同这一“阳合同”为准，“阳合同”是合法有效的合同。6月26日合同是开发商、承包商违法签订的无效合同，不能作为判断双方权利义务的依据，因此，该工程应以深圳市一类标准取费。

浅谈鉴定结论在刑事诉讼中的证据运用

黄文娟　律师

一、问题的提出

1999年某天，来探亲的外省某医院妇产科助产士A应被害人B亲属的要求前去帮被害人B接生。A在接生过程中使用了人工破膜、静脉滴注催产素等手段帮助B生产。B顺利产下一女婴，后由于产妇B大出血，送医院抢救无效死亡。经法医鉴定，B死因为羊水栓塞。而医疗事故鉴定委员会作出的《关于产妇B的病情分析报告》(以下简称《分析报告》)中称被告人A在产妇分娩前使用浓度过高的催产素有诱发羊水栓塞的可能。

公诉机关指控被告人A无医生资格非法行医，造成就诊人死亡，构成非法行医罪，其主要证据是《分析报告》。对该报告能否作为定罪的证据，控、辩双方认识相左，故笔者拟结合本案探讨鉴定结论的证据运用。

二、鉴定结论的证明效力

(一)鉴定结论的概念和作用

《刑事诉讼法》第42条第1款规定："证明案件真实情况的一切事实，都是证据。证据有下列七种：(一)物证、书证；(二)证人证言；(三)被害人陈述；(四)犯罪嫌疑人、被告人供述和辩解；(五)鉴定结论；(六)勘验、检查笔录；(七)视听资料。"而鉴定结论作为七种法定证据之一，是指公安机关、人民检察院或者人民法院根据法律的规定，指派或聘请具有专门知识的人，对案件中某些专门性的问题进行鉴定后，所作出的书面结论。

鉴定结论作为一种独立的证据形式，具有其他证据所不能替代的重要

作用,表现为:

1.案件中的某些专门性问题,尤其是技术性问题,是非鉴定结论不能揭示的。例如,物理性或化学性的人为死亡原因,创伤的性质和程度,某些生理或病理状态,指纹、脚印、笔迹、弹道、血型或体液等的同一性认定,血亲关系的排除或肯定,某些物品真伪的鉴别,事实发生的原因和结果关系确认等需由鉴定结论揭示。

2.鉴定结论在揭示某些事实方面有着不可改变的客观性。例如,多名证人均作证指认甲为杀害乙的凶手,但经鉴定,凶杀现场所留下的凶手血型为B型,而甲的血型为A型这一鉴定结论有力地否定了甲的犯罪嫌疑。

3.在某些情况下,鉴定结论是查证物证、书证、证人证言等证据材料是否属实,能否作为定案根据的不可或缺的手段。例如,一宗倒卖文物案中,犯罪嫌疑人的供述、证人证言均反映犯罪嫌疑人实施了倒卖文物的事实,但这些证据是否属实,必须查证。只有对“文物”进行鉴定,确定是否属于国家禁止倒卖的珍贵文物,才能判断犯罪嫌疑人的供述和证人证言,使之成为该行为能否构成犯罪的重要证据。

(二)鉴定结论的特点

鉴定结论与其他证据一样,具备证据的客观性、关联性、合法性三个共同特点,但与其他证据相比,又具有其自身的特点。

1.鉴定结论的主体(鉴定人)是具备法律认可的专门知识和资格的自然人,不具备专门知识和资格的人或者单位,作出的“鉴定结论”无法律效力。

2.鉴定结论只能是间接证据,是由鉴定人就并非其目击、亲历、了解的某一事实,运用技术手段,进行分析、判断作出的专门性结论。由于鉴定所依据的材料不同、鉴定人的能力差异和其他客观因素的影响,对同一事实,不同的鉴定人可能会作出不同的鉴定结论。因此,不能仅凭鉴定结论定案,必须结合其他的证据作出综合判断。

3.《刑事诉讼法》第119条、第120条、第121条、第122条就鉴定结论作为证据的取得和使用规定了严格的法定程序。为解决案件中某些专门性问题,应当指派、聘请有专门知识的人进行鉴定;鉴定人在鉴定后应当作出鉴定结论并签名；侦查机关应当将用作证据的鉴定结论告知犯罪嫌疑人、被害人；如果犯罪嫌疑人、被害人提出申请，可以补充鉴定或重新鉴定。

《刑事诉讼法》之所以对鉴定结论单列一节作出如此严格的程序规定，目的是确保鉴定结论的科学性、客观性和准确性，保障犯罪嫌疑人的诉讼权利，避免由于草率的鉴定结论而陷无辜于有罪或使真正的罪犯漏网。因此，不符合上述的法定程序，鉴定结论就不具有法定的证明效力，不能作为定案的根据。

三、本案鉴定结论的证据运用

笔者认为，作为本案证据的鉴定结论有重大问题。这一鉴定结论因违反法定要求，不具备证明效力，因而不能作为定案的根据，理由如下。

（一）该《分析报告》违反了法定程序

1.《分析报告》没有依《刑事诉讼法》第119条规定，履行指派、聘请有专门知识的人进行鉴定的法定手续。

2.《分析报告》以××医院事故鉴定委员会的单位名义作出，没有具体的鉴定人签名，无从知道鉴定具体由何人作出，违反《刑事诉讼法》第120条规定。

3.侦查机关没有告知被告人A鉴定结论的内容，剥夺了A对鉴定的知情权和申请补充鉴定、重新鉴定的权利，违反《刑事诉讼法》第121条规定。

4.经调查，本鉴定结论中其中一个鉴定人同时作为本案证人，违反《刑事诉讼法》第31条关于鉴定人应当自行回避的规定。

（二）这份“鉴定结论”不能反映事实真相

1.这份“鉴定结论”缺乏确实的事实基础。本“鉴定结论”（用药浓度过高致人死亡）的事实基础是当时的用药浓度，但这个事实基础仅有犯罪嫌疑人的口供（使用催产素浓度为2%）反应。事实上，无任何证据证实被告人A当时用药浓度是多少。

2.这份“鉴定结论”所作出的不是必然的结论，而是可能性的结论，且不能排除致产妇B死亡的其他原因。凭这份可能性的鉴定结论就认定被告人A

的行为致人死亡，显然证据不足。

本案的主要证据《分析报告》不具备证明的效力，不能证实被告人A的行为致人死亡。而非法行医罪是指未取得医生执业资格的人非法行医，情节严重的行为。本案的被告人A仅是来探亲的医生，其接生行为有很大的偶然性，与以营利为目的的未获医生执业资格即开业行医的游医、巫医有本质的区别。笔者认为本案公诉机关指控A造成就诊人B死亡证据不足，且A的行为情节并不严重，因而不能认定A为非法行医罪。

四、思考

刑事辩护不外是辩事实、辩证据、辩情节。前两者大多为无罪辩护，后者大多是罪轻辩护。就审查证据而言，鉴定结论的审查往往被人忽视。但由于鉴定结论作为一种程序、实体要求均较为严格的证据，而且具有一定的可变性（基于鉴定人专业素质的不同，有可能会得出不同的鉴定结论），辩护人通过认真审查鉴定结论的形式和内容常常能找到辩护的突破口。笔者就办理上述案件谈谈以下几点体会：

1.尽快了解分析鉴定结论材料

《刑事诉讼法》赋予了律师在人民检察院对案件审查起诉之日起查阅、摘抄、复制本案技术性鉴定材料的权利，辩护律师在接受犯罪嫌疑人聘请后应积极行使这项权利，要求检察机关提供本案的所有技术性鉴定材料，复制下来认真审查。

2.审查鉴定结论程序上的合法性

要审查作为证据的鉴定结论是否履行了指派、聘请鉴定人的法定手续；鉴定人是否具有足够的专业知识（因为不同的鉴定人基于专业水平的不同所作的鉴定，亦有可能不同）；鉴定人是否同时作为证人；侦查机关有无将鉴定结论告知犯罪嫌疑人。

3.审查鉴定结论实体上的真实性

要审查鉴定结论所依据的基本材料是否真实、检材是否充足；鉴定材料中有无违反客观规律或者常识的内容；鉴定材料中有无自相矛盾之处；鉴定结论是否为必然性结论等。

4.审查后找出鉴定结论作为证据的漏洞，针对不同情况展开辩护活动

（1）若鉴定结论的制作在程序上违反法律规定，则在辩护意见中从证据的合法性角度指出该鉴定不具有证明的法律效力，建议法庭对该鉴定结论不予采纳。

（2）若鉴定结论在内容上缺乏真实性和必然性，应及时向有关部门申请作出补充鉴定或重新鉴定，以维护犯罪嫌疑人的诉讼权利。

2004年第4期

从法院“执行难”透视公司法人人格否定制度

尹公辉　律师

“执行难”，是当前诉讼实践中令当事人、诉讼代理人甚至执行法官备感“头痛”的事情。应该说，“执行难”涉及法院执行机构是否尽责的问题，不是当事人或诉讼代理人整天催促执行法官就可以解决，更为根本的是制度问题，即目前公司法人主体民事责任制度不够完善。

公司法人人格否定制度的“执行难”，不在于作为债务人法人人格主体的合法消亡或正常消亡，而在于公司法人人格被滥用和法人人格本身的不健全，在于法人人格被“僵尸化”和“脱壳蜕变”背后自然控制人的商业道德缺失，在于目前的民事责任制度面对如此问题却没有让债权人感到有明白清晰的“说法”。公司法人人格主体如果是正常消亡，对于债权人而言，只能正视市场本身的风险而责任自负，无权也没有理由责难司法救助制度的不力。正常消亡的法人人格主体因自然终止，不会对社会公共利益继续构成损害。一旦法人人格被滥用而作为逃债的手段，受到伤害的不仅仅是债权人，更为严重的是滥用权利的幕后人在谋取不当利益甚至是非法利益后，居然不会在民事责任方面受到追索，甚至有人“得意忘形”而继续危害社会公共利益。

在大量的经济诉讼案件中，公司法人是最主要的责任承受主体，当前法人人格制度和与之相关的举证责任制度的不完善，是相关类型案件“执行难”的制度性障碍。从立法、司法和执法方面完善相关制度，是解决执行难问题的基础保障，也是制度性要求。

一、“执行难”背后公司法人人格制度存在问题的具体表现

中国现代法人制度建立至今仅20多年，不同于西方现代企业制度。也许是制度成熟本身需要一个合理的成长过程，所以滥用公司法人人格的现象形影相随，在现实经济生活中大量存在，其主要表现形式有：

1.在设立过程中法人人格就不完整的“皮包公司”

这主要包括两种情况：一是开办者虚假出资，骗取登记机构登记，取得法人资料，实际上并无法人财产；二是开办者先投入注册资金，待法人成立后，抽逃出资，使企业成为空壳。在实际经济生活中这类滥用法人人格的行为发生频率最高。开办者打着独立法人的合法旗号，进行非法经营活动，严重地干扰了社会经济秩序。“皮包公司”并不当然扰乱经济秩序，可一旦“皮包公司”背负债务，而经营者恶意逃债时，经常发生的情况是，投资人或经营者金蝉脱壳，人去楼空。现有法律制度规定债权人负举证责任，债权人希望以出资不实追究债务人有限连带责任时，面对空壳公司，无人无账，债权人如何举证？即便法院裁定公司投资人负有清算义务，可投资人置之不理，公司根本不配合，又如何完成清算程序以确定法律责任。

2.挂靠大企业或以信誉良好公司的名义进行经济活动

有资格缺陷的法人挂靠其他法人单位，如全民单位（含机关团体）、集体单位、上市公司等，利用或借用挂靠单位的名义和有利条件进行经营，表面上是合法有据、信誉卓著的生产经营单位，实际上完全不具备法人的条件。它们能够以法人形式取信于债权人，进行形式上看似合法的交易。一旦出现履约障碍而形成不良债务时，被挂靠单位便成为“替罪羔羊”，无处躲藏，部分大型国有企业或有良好信誉的公司，因此跌入债务深渊，往往被迫给债权人设置重重障碍，进行无谓的“抵抗”。

3.假名集体企业，实为私营企业或个体户

一些企业登记申领集体企业营业执照，实际上是个人投资、家庭投资或合伙人投资。企业获利时，装入私囊，而一旦出现债务问题受到追究时，便

一推了之或逃之夭夭。这种现象目前在民办、村办、乡办、镇办企业中比较普遍。法庭直接处理集体财产时，必然面对许多难以执行的实际问题。

4.虚设股东，以公司形式获取不法利益

这种情况如虚构外商投资搞假合资、假合作，骗取优惠待遇，同时也骗取债权人的信任，出现债务问题便逃避到境外让债权人难以追索，法庭也因为客观实际情况而力不从心。有的公司以家庭成员、亲朋好友作假股东，名为公司，实为个人企业，利随人走，债留企业。当企业亏损时，冠冕堂皇地主张公司承担有限责任，逃避债务。债权人遇上这类情况，只能望"人"兴叹。

5.法人人格与实际控制人人格混同，"脱壳经营"

这种情况主要表现为一人或一关联群体设立数个公司，有时"一套人马，几块牌子"；有时"几块牌子，几套人马"，组织之间相互关联。这类公司利用公司法人的设立、变更逃避债务，公司故意负债累累，不清理、不注销，任其勉强存活或变为"僵尸企业"。公司资产被抽出开办新的公司或在相互之间频繁转移，把债务留给"空壳公司"或"僵尸公司"，债权人对此无能为力。这类公司最典型的是家族性群体关联公司，资产有限，名下公司无数。

6.非法操纵下属公司

公司股东、开办单位、行政主管部门利用其优势地位，随意干涉下属公司的生产经营活动，将不利后果推给下属公司，有时甚至无偿调划下属公司的财产，使下属公司实际上丧失独立性。股东、开办单位、主管部门则以下属公司人格独立规避法律，逃避债务。

7.管理层滥用权利

直接参与公司经营的公司股东、董事、企业法定代表人、承包者及其他可以实际控制公司经营的人员以公司名义对外签订合同，骗取预付货款或向金融机构大量举债供个人消费挥霍。表面上看，这些行为是公司行为而不是个人行为，应由公司法人负责而不应由个人负责，实际上法人人格已被滥用，成为个人从事非法行为的工具。现有法律体系追究这类行为的法律责任，主要依靠刑事责任追究机制和行政责任追究机制。

以上种种法人人格被滥用的行为，显示我国当前法人人格制度存在固有缺陷。这类行为严重地损害了债权人利益，扰乱了市场经济秩序，阻碍了社会主义市场经济体制的建立和完善。所以有必要从理论上、立法上、司法上对我国的法人人格制度进行深入的探讨，并在司法实践中逐步纠正和完善。当前市场经济发展的呼唤我们建立一套科学完善的法人人格否定制度，作为法人独立人格制度的有益补充。让债权人有机会在特定条件成就时，能够通过司法救助制度“揭开公司的面纱”，让破坏市场经济秩序和规则的直接责任者承担起相应的民事责任，而不是放任其逍遥于民事法律追究责任机制之外，以便从制度上解决“执行难”问题。

二、法人人格否定制度的理论溯源

目前中国法人人格独立制度最大的缺陷就是对债权人保护的薄弱和不力，最突出的就是公司发起者、股东、董事、实际控制人滥用法人人格而损害债权人利益时，债权人无法对出资者、董事、实际控制人等直接提出索赔。法人的独立人格和出资者的有限责任将法人与出资者隔开，保护出资者受债权人追索，也可能会导致滥用法人人格的公司经营者或幕后控制人可以置债权人的合法利益不顾。法人资产不足以清偿债务时，一方面，债权人因追索对象和途径受限，以致其合法债权利益难以实现；另一方面，商业道德缺失者却可能会逃避相应的民事责任，而继续游走商海。为了克服公司有限责任的弊端，各国法律人士一直在进行积极探索。

1.英美等国提出的“揭开公司的面纱”理论

作为英美法系代表的英美两国是最早给公司蒙上“面纱”的国家，也是最早确立“公司面纱”原则的国家。早在19世纪，英国通过一个所罗门（又译萨洛蒙）诉所罗门公司的案例确立公司法人人格独立的一制度。所罗门诉所罗门公司一案中，在初审法院和上诉法院都是所罗门败诉，在上议院获得改判，理由是所罗门没有任何欺瞒其他股东和债权人的行为。所罗门一案虽然以所罗门的胜诉告终，但在当时造成非常大的影响，被有人斥责为“不幸和后患无穷”的判例。人们纷纷提出这样一个问题，如果没有证据能证明所罗门无任何欺诈行为该如何裁判？举证证明自己没有任何欺诈行为的，只能是所罗门自己。与之相适应，“揭开公司面纱”的理论随之诞生。英国法学家高尔在其《公司法原理》中指出：在否认公司人格场合，法律可以绕开公司的独立面而找到其股东，或者忽略集团公司成员的独立面而直接要求股东对公司债务或行为承担个人责任。

2.德日等国的“直索理论”

德国和日本都是大陆法系国家，与英美法系相对应，在司法实务中确立了法人人格否认制度，产生了“直索”理论，这一理论目前为世界上大多数国家采用。“直索”理论的主要内容是：股东滥用公司人格而害及债权人时，司法审判中应不考虑公司独立人格，要求公司股东直接承担责任。《日本商法典》明确规定：公司董事执行职务有恶意或重大过失时，对第三人负连带赔偿责任。“直索”理论与“揭开公司面纱”理论在精神上是一致的，他所确立的法人人格否认制度弥补了单纯法人人格独立制度的固有缺陷，有效地防范了不法行为人利用法人人格独立逃避法定或约定义务，保护了社会。

3.法人人格否定制度的内在含义

法人人格否定制度不是对法人独立人格全面永久地剥夺，而是指在特定的、具体的法律关系中对已经丧失独立人格特性的“伪法人”进行揭露和确认，让其露出“庐山真面目”，以重新确定真正公正、公平的权利义务关系。其效力范围局限于特定的法律关系中，适用的结果是使法人的出资人、董事、经理或其他实际控制人在某种情况下对法人债务全部或部分承担连带责任。法人人格否认定不影响法人在其他方面仍是一个独立自主的法人实体，即便是有资格缺陷的法人，如果其诚实认识自身的缺陷，不滥用法人人格，出资人或经营者应不存在问题。法人人格否认制度宣扬这样一种理念：法律既应充分尊重和维护法人的独立人格，将其作为法律的一般原则，以保障将投资人的投资风险控制在最小范围内，鼓励投资人及其信任的实际经营者的积极性；同时法律又必须兼顾债权人利益和社会公共利益，禁止某些出资人和实际经营者利用法人外壳从事不正当的活动和谋取不正当利益。一旦法人独立人格的“伪善性”被揭穿，法人外壳被剥离，法人外壳背后的出资人和实际经营者必须以个人财产直接对债权人承担相应的法律责任。

4.法人人格否定制度是对法人人格独立制度否定之否定的辩证统一

法人人格否定制度所否认的实际上是一个被幕后非法控制并失去独立人格的法人“空壳”或“僵尸”，由于其独立人格已名存实亡又被利用以规避法律和逃避契约义务，给社会造成危害，否定是对其真实关系的“还原”，完全符合法理上的正义性。当法人实际上表现为其出资人或实际经营者恶意利用来损害债权人利益的工具时，通过揭开“法人之面纱”直接追究出资人或实际经营者的责任，不仅没有违背法人人格独立制度内核理念的实质要求，而且使法律由形式上的公平走向实质上的公平，实现了形式与实质的辩证统一。所以，法人人格否定制度并不是对法人人格独立制度本身的否定，而恰恰是对法人人格本质的严格恪守。从另一方面来看，如果没有法人人格否认制度，法人制度不可避免沦为不良商人规避法律义务的“屏蔽罩”，甚至是违法犯罪的工具。法人人格否认制度作为在特定条件下对债权人利益或者社会公共利益的适当的保护手段，对维护法人制度的健康发展，防止法人制度的价值导向偏离正轨具有非常积极的意义，从而捍卫作为法人制度赖以生存的公平性、合理性和正义性。

所以，法人人格否认制度也是法人制度的完善与发展，法人人格的确认与法人人格的否定构成了法人制度辩证统一的不可分离的两个方面，缺一不可。

三、我国法人人格否认制度之探讨

我国公司法、企业法所确立的法人制度，在基本精神方面，与大陆法系国家的规定是一致的，但在制度完善性方面存在不足。《公司法》第3条规定：有限责任公司和股份有限公司是企业法人，公司以其全部财产对公司债务承担责任，股东以其出资额或所持股份为限对公司承担责任。《中外合资经营企业法实施条例》(以下简称《实施条例》)第16条规定：合营企业为有限责任公司。合营各方对合营企业的责任以各自认缴的出资额为限。《中外合作经营企业法》《中外合作经营企业法实施细则》《外资企业法》《外资企业法实施细则》都有与此相一致的规定。这些规定确定了我国法人人格独立制度的基本原则。

在否认公司法人人格方面，有关立法的某些规定也包含了一些在特定情形下否认公司独立法人人格的内容。《实施条例》第90条规定：合营一方不履行合营企业协议、合同、章程、规定的义务，致使企业无法继续经营的，应对合营企业由此造成的损失负赔偿责任。外国合作者在合作期内先行回收投资的，中外合作者应当依照有关法律的规定和合作企业合同的约定，对合作企业的债务承担责任。《公司法》第192条规定：公司违反法律、行政法规被依法责令关闭的……第206条规定：违反《公司法》规定在办理公司登记时采取欺诈手段隐瞒重要事实取得公司登记，情节严重的，应当撤销公司登记。第225条规定：公司成立后无正当理由超过6个月未开业的，或者开业后自行停业连续6个月以上的，由公司登记机关吊销其公司营业执照。从这些规定可以看出，我国的有关立法对否定公司法人人格仍是坚持公司的法人资格以及股东的有限责任作为公司法的一般原则，只是在非常特殊的情况下才否认公司法人人格或者让股东对公司债务负责。有关“揭开公司面纱”的实质规定在公司法中目前没有明确的规定，只是在有关中外合资、合作、独资的法律规定中有所体现，如《中外合作经营企业法》第22条。《公司法》对涉及虚假出资、欺诈债权人等仅从行政责任和刑事责任方面规定了罚款和追究刑事责任。这是不当行为人包括股东和实际经营者，对国家的责任，对债权人的责任则未予规定。可见，我国公司法人制度最主要缺陷就是对公司债权人的保护薄弱，没有确立“揭开公司面纱”的法律依据。这给司法实践中的“执行”带来制度性理据缺失。令人稍感欣慰的是，2003年1月，最高人民法院颁布的《关于审理证券市场因虚假陈述引发的民事赔偿案件的若干规定》已在“揭开公司面纱”司法制度的确立方面迈出了第一步。

在有关公司法人制度的司法解释或法院审判适用法律具体意见中，也有部分涉及在特定情况下否定公司法人人格的规定，这些规定因为缺乏“揭开公司面纱”的制度性支持，所以在实践中实施起来显得有据无力。譬如，最高人民法院公布的《关于人民法院执行工作若干问题的规定（试行）》第80条规定：被执行人无财产清偿债务，如果其开办单位对其开办时投入的注册资金不实或抽逃注册资金，可以裁定变更或追加其开办单位为被执行人，在注册资金不实或抽逃注册资金的范围内，对申请执行人承担责任。广东省高级人民法院发布的《关于经济审判适用法律几个具体问题的意见（试行）》中有关公司法人制度规定：企业法人被撤销、解散后，对该企业法人的财产未作清理的，可以该企业法人的主管部门、开办人或投资人作为诉讼主体参加诉讼。经审理，法院可判令由其主管部门、开办人或投资人负责清理该法人的财产，以该法人的财产清偿债务。上述清理财产的期限一般为3—6个月，最长不得超过1年。负有清理义务的单位或个人在判决生效后1个月内不履行清理义务的，人民法院可裁定由该案的债权人或其他人予以清理，由此产生的费用由负有清理义务的单位或个人承担。这些规定都确立在特定情况下可以否认法人的独立人格，而直接追索股东，可在实践中实际操作起来非常困难。

四、确立法人人格否认制度的具体设想

笔者认为，为了有效制止法人人格滥用行为，有必要从实体立法和程序立法方面对现有的公司法人制度进行完善，具体措施包括：

1.实体立法方面，在有关公司制度、破产制度的立法中树立法人人格独立和股东责任有限并非绝对的观念，明确规定股东、董事、经理或其他实际控制人滥用法人人格时，除对国家承担行政、刑事责任外，还要对债权人承担相应的民事责任，将“揭开公司面纱”制度作为一项原则确定下来。滥用法人人格行为背后总是存在两类主体：一是股东；二是经营者。股东必须为出资行为的真实性和有效性负责，这是公司法人能够独立地进行意思表示的前提；经营者则应当对经营过程的合法性和行为正当性负责。经营者的违法或不当行为有时会直接导致债权人债权的损失，有时会恶意导致债权实现成本的增大。所以不参与经营的股东与参与经营的股东在对债权人承担责任时，承担责任的范围和方式应有所区别。通常情况下，股东和经营者对债权人承担与其违法或不当行为相一致的有限责任，只有在特殊情况下经过特定的程序，股东或公司经营者才能对外承担无限责任。同时应当明确，股东或

经营者只要实施适当的行为，就有权豁免相关责任，除非经过严格的诉讼程序，不应轻易让股东或经营者直接对债权人承担民事责任，这也是法人成立的目的性要求。“揭开公司面纱”制度一旦从立法上得到确立，对股东和经营者来说犹如头上时刻高悬一把“达摩斯利剑”，对规范公司法人的行为将起到事半功倍的作用，这会比任何监事制度和独立董事制度更加有效。

2.程序立法方面，对有关公司法人人格独立的主体资格确认，根据不同的情况，可以规定在一定条件下，实行“举证责任倒置”和“合理推定”。任何人在履行法定义务或契约义务时都负有审慎行为的义务，股东或经营者在特定条件下对自己是否具有独立的法人人格负有举证责任。譬如，《公司法》规定股东抽逃注册资金，应在实际抽逃的范围内对债权人承担责任，但在实践中债权人除非通过非正常手段，否则根本不可能取得证据。又如，股东、董事和经理参与或配合公司清算是权利，也是义务。如果股东和经营者拒绝参与或拒绝配合清算，目前司法实践中规定由法院或债权人负责组织清算，可实际情况是，无人无账，无法进行清算。股东、经营者恶意推卸责任，导致债权人实现债权的成本成倍增大，若不负任何责任，对债权人显然是不公平的。

3.在司法实践中，最高人民法院可以先通过司法解释对“滥用法人人格”以及“法人人格否认”的概念加以确立，明确规定滥用法人人格的几种主要情形，通过列举式和概括式相结合的形式明确其范围；同时对股东责任和经营者滥用法人人格的行为加以适当区别，使其行为性质与法律责任相当。依据《民法通则》的公平原则、诚实信用原则、禁止权利滥用等一般原则，当滥用法人人格而危害及债权利益时，债权人有权请求人民法院对其法人人格予以否认，而直接追究公司股东、董事、经理等滥用法人人格者的责任。在诉讼实践中，确定法人人格是否真实存在，加强对滥用法人人格者民事责任的追究，既是对债权人利益的有效保护，也是从根本上解决公司法人类型经济案件“执行难”问题的制度性保障。

2004年第4期

关于技术产权交易律师见证的若干问题

王喜龙　深圳联合产权交易所

一、见证的依据

所谓见证，是指在当事人的请托下，就当事人之间发生的特定行为或者事件的真实性与合法性进行审查并予以证明的行为。见证作为法律上的一种证明行为，它以客观存在的法律事实为依据，以当事人实施的特定法律行为或者在当事人之间发生的客观事件为基本内容。其意义在于保证当事人所实施的法律行为或请求见证的法律事件的真实、合法与稳定，并且在发生纠纷时，可以作为一种有效的诉讼证据。因此，见证行为从根本上讲可以促使当事人认真对待并全面履行见证的法律行为，从而防止和减少纠纷的发生。尽管我国法律对见证未作明确规定，但实践中的律师见证业务日益增多，特别是在涉外经济活动中，见证已成为一种新兴的业务活动。这与《深圳经济特区高新技术产业园区条例》的"法不禁止不为过"的立法精神相一致，同时也体现了鼓励和支持技术产权交易方式大胆创新的精神。

二、见证与公证的比较分析

公证是国家的一项法律制度，是指国家专门设立的公证机构，根据法律的规定和当事人的申请，经过法定程序证明法律行为、法律事件、文书的真实性、合法性，以及其他与公证有关的法律事务的非诉讼活动。公证具有确定的法律效力。一般而言，见证属于"私证"的范畴，是对被见证人所实施的法律行为或法律事件的真实性、合法性作出的证明，这说明在一般领域，公证的证明效力要强于见证的效力。但是，根据公证的实践和有关规定，公证机构办理公证申请的事项需要进行调查核实，通常在一个月左右才能办结，较复杂的情形甚至需要长达六个月的时间，这显然不符合现代市场交易规则，更是与社会主义市场经济体制下“效率优先”的原则相背离。

与公证相比，见证的程序比较方便、灵活、快捷，同时在见证过程中，见证人可以为当事人提供法律意见和法律帮助，这是公证机关无法做到的。另外，根据中共深圳市委、深圳市人民政府2004年发布的文件《关于完善区域创新体系，推动高新技术产业持续快速发展的决定》有关规定，经认定的技术产权交易机构享受高新技术企业的有关优惠政策，其办理交易见证的项目，工商股权变更时不再办理公证手续。这也就意味着高交所办理的技术产权交易见证与公证具有同等的效力。

既然在技术产权交易过程中，高交所出具的交易见证书和公证处出具的公证书在工商股权变更时具有同等的效力，那么在技术产权交易这一特定的法律关系中，见证与公证之间只能是“梅须逊雪三分白，雪却输梅一段香”。但是权衡“三个有利于”的判断标准和“效率优先”的市场交易规则，笔者认为技术产权交易见证更符合现代市场经济发展的规律。

三、开展技术产权交易见证的意义

为贯彻落实关于“建立归属清晰、权责明确、保护严格、流转顺畅的现代产权制度”和“建立多层次资本市场体系，推进风险投资和创业板市场建设”精神，结合本市的实际情况，深圳高交所在制度创新及完善区域创新体系方面进行了积极有益的探索。

高交所推出了技术产权交易成交见证制度，是为了提高办事效率，减轻当事人负担，旨在建立一个支持高科技成果产业化的“一条龙”服务机制，鼓励和支持技术产权交易的当事人进场交易，降低技术投资风险，优化创业投资环境。

技术产权交易市场作为沟通技术与资本的桥梁，是多层次资本市场的重要组成部分。高交所理应充当好“红娘”这一角色，为企业技术创新和地方经济建设牵线搭桥，通过每年举办的项目对接会，促进国内高新技术产业化进程，优化产业结构，实现高新技术与产业资本、风险资本的高效融合，推动国内资本市场持续快速健康发展，为高科技纵横资本市场提供新的发展契机，进而推动深圳“科技立市”的进程。

从经济基础和上层建筑之间的辩证关系来看，技术产权交易市场作为市场经济体制中的一个新事物，理应具备配套的行政机制及法律机制。为了防范交易风险，保证高新技术产权交易市场的规范运作，见证制度应当成为技术产权交易过程中的法律保障。

正如前面我们所提及的，见证较公证来说具有方便、灵活、快捷的优点，因此，高交所推出的见证制度将会大大提高技术产权交易所的吸引力，更好地实现股权托管、交易等基本职能。

综上，见证制度是对技术产权交易模式的不断创新与完善，它对高新技术成果的商品化、产业化，对技术成果快速转变为现实的生产力，推动社会生产力跨越式发展都具有重要意义，技术产权交易见证制度的确立与发展必将完善区域创新体系，促进深圳高科技企业发展。

目前，高交所在业务上已与工商局对接，为各企业办理包括见证在内的相关业务提供了快捷的“绿色通道”。即凡企业在深圳国际高新技术产权交易所办理交易见证后(除自愿公证外)，不再办理公证手续，只需要提交高交所相关见证材料，即可在工商局办理股权变更手续，实现企业股权托管、交易、见证、过户的一条龙服务，以便更好地服务于高科技企业。

高交所开展鉴证业务以来，先后在《深圳特区报》2004年4月12日头版和2004年5月10日财经版予以公告，并通过其他途径对该项新业务不断地进行宣传推介，为企业办理工商变更提供了快捷的绿色通道，产生了良好的经济效益和社会效益。我们相信，随着该制度的不断完善和业务拓展，股权转让见证制度必将在深圳经济特区技术产权交易领域占据举足轻重的地位。

浅论设立庭前证据展示制度的必要性

——从参与李×明被控盗伐林木一案的辩护说起

郑剑民　律师

2003年某区村民毁林抢种果树，以在政府退果还林时获取赔偿。此种现象愈演愈烈，被省林业主管部门两度“黄牌”警告，为此，某区下决心惩治这一不法现象。在此背景下，李×明、陈×生因涉嫌滥伐林木罪，被立案侦查、起诉。该案在媒体上广泛宣传报道，并用于教育广大村民。笔者和张成林律师系李×明的辩护律师。

庭审中，公诉人出示了大量其提交的证据目录以外的证据，为此，我们根据最高人民法院发布的《关于执行〈中华人民共和国刑事诉讼法〉若干问题的解释》第155条提出异议，请求法庭休庭，让我们查阅控方的新证据。该意见获得采纳，审判长宣布休庭，表示让我们查阅，案件延期审理。

我们通过查阅案件全部证据材料发现，控方对李×明的指控证据严重不足，侦查部门两度未按控方的要求补充收集新的证据，且诸多证据违反与森林有关的法律、法规和相关司法解释，属无效证据，为此，我们依法为李×明作了事实不清，证据不足，指控的犯罪不成立的无罪辩护。

最后，法院在李×明既不认罪又无酌定或法定从轻、减轻或免除处罚情节的情况下，认定其有罪，免予刑事处罚。而被控犯罪数额少于李×明的同案被告人陈×生，在认罪的情况下则被判处有期徒刑1年，缓刑1年，并处罚金两千元。这宗案件终因没有出现抗诉、上诉而了结。

李×明的案件早已尘埃落定，但由该案引发出来的对设立庭前证据展示制度必要性和迫切性的思考，始终萦绕于心，挥之不去。为此，笔者以该案为契机，谈谈设立庭前证据展示制度的必要性。

刑事诉讼法学者陈瑞华博士指出："相对于以往而言，刑事辩护制度以及整个国家的司法制度'实质上没有发生大的变化'，但却出现了明显的'形式上的倒退'。"笔者认为，现行《刑事诉讼法》（以下简称《刑诉法》）没有充分保障辩护律师阅卷权。

事实和法律任何时候都是律师履行辩护职能的两个基本要素，而事实又是适用法律的先决条件。不掌握证据，就不能掌握事实。英国法哲学家边沁有句名言："审判艺术，就是审查判断证据的艺术。"笔者认为，这一精辟论断，对诉讼的任何一方均适用。过去律师依法有权查阅全部案件证据材料，但《刑诉法》第150条将旧《刑诉法》全案移送改为移送"主要证据复印件"，加之最高人民检察院发布的《人民检察院刑事诉讼规则》第283条将"主要证据"解释为有利于定罪的证据，该规则第342条还规定公诉人可以根据实际情况提交证据目录以外的证据。这样，在司法实践中，由于出于指控犯罪的需要，公诉机关提起公诉时可能存在仅将能支持指控被告人有罪、罪重的证据复印件移送法院，有时甚至只移送证据目录的情况，如此，辩护律师便无法掌握可能证明被告人无罪、罪轻或应免除处罚的证据，辩护便会收效甚微，这也就等于未经审判，便从程序上、从根本上剥夺了被告人获得有效辩护的权利。古今中外的司法实践证明，控方或法院认定被告人构成犯罪的，或指控被告人罪重，或不具备从轻、减轻处罚或免除处罚情节的，律师根据事实和法律为之辩护，最终被告人被宣告无罪，或重罪改判轻罪的情况不胜枚举。这正是辩护制度存在的必要性和价值。实践证明，成功的辩护律师均离不开对证据的掌握、深入分析、研究和运用。

实务界（不仅是律师界）和理论界已经深刻地体会到现行证据制度的缺陷和弊端，设立证据展示制度的呼声日益高涨，基本已成共识。很多地方已进行这方面的尝试和探索。山东省烟台市人民检察院率先推出证据开示制度，山东省泰安市郊区人民检察院也制定了《公诉案件证据开示实施办法》，四川省高级人民法院、四川省人民检察院、四川省司法厅制定的《关于对"被告人认罪案件"适用普通程序简化审理的实施意见》也有"庭前证据展示"的专章。北京市海淀区人民检察院自2000年就与多家律师事务所进行证据展示的探索。以上探索和尝试均取得了良好的司法效果和社会效果，广受好评。我国著名诉讼法学者徐静村教授指出："设立证据开示制度，有利于控辩双方在庭前明确案件争议的焦点和彼此对证据的掌握情况，从而为庭审做好充分准备，避免证据突袭现象的发生，以保证庭审的顺利进行。"特别在最高人民法院以司法解释形式初步确立的民事和行政诉讼当事人庭前交换证据、审前锁定证据、庭前固定争议焦点等旨在提高审判效率，确保审判程序公平、公正，防止证据突袭的规则相继面世和施行的今天，刑事诉讼证据出示方法的缺陷和弊端及其负面效应愈加凸显。摒弃"证据封锁""证据突袭"，建立庭前刑事证据展示制度已势在必行。

笔者认为，设立庭前证据展示制度的必要性主要体现在以下几个方面。

一、完善我国法治刑事诉讼程序和"尊重和保障人权"的时代需要

建立社会主义法治国家，尊重和保障人权，是2004年《宪法修正案》确立的我国法治建设的重要内容。

法治，蕴含着人类对公平、正义、公正等价值的善意追求。"程序法治"是"法治"不可或缺的内容，是衡量一个国家法治程度的重要标志，因为"程序是法律的心脏"。刑事程序法治化，是国际社会公认的司法准则。1959年国际法学家会议通过的《德里宣言》确认的法治原则之一就是"法治要求正当的刑事程序"。"完善诉讼程序，保障公民和法人的合法权益"，更是党的十六大关于推进司法体制改革的要求。党的十六届四中全会作出的《中共中央关于加强党的执政能力建设的决定》又提出："在法治轨道上推动各项工作的开展，保障公民和法人的合法权益……为在全社会实现公平和正义提供法制保障。"所有这些，均充分表明实现程序法治之重要、程序法治与保障人权的必然联系。

只有符合法治精神的程序法方能在推进和实现法治中发挥积极作用。"恶法"则相反。亚里士多德就指出："法治应包含两重含义：已成立的法律获得普遍的服从，而大家所服从的法律又应该本身是制定得良好的法律。"

相比旧《刑诉法》,《刑诉法》虽然在程序设计上有不少变化,但存在重惩罚犯罪、轻保障人权的倾向,特别是对辩护权所依赖的最为基础、最为本质的律师阅卷权保护不周,规定不详细,限制了律师调查权,使辩护权的功能无法有效发挥。

辩护权是我国宪法赋予被告人的一项宪法性权利,是人权的一项重要内容。刑事诉讼与人权有着密不可分的关系,它涉及限制、剥夺人的自由权、财产权甚至生命权,因而,各国都在根本法的高度规定刑事诉讼原则。“涉宪性是刑事程序法的一个显著特征。”刑事诉讼法部门法作为宪法的“实施细则”(斯大林语),在保障人权上不但责无旁贷,而且应成表率。

刑事诉讼中的人权保障内涵十分丰富,打击犯罪的同时保障无罪的人不受刑事追究,还要保障包括犯罪嫌疑人、被告人、被害人在内的所有诉讼参与人的诉讼权利得到充分行使。保障有罪的人受到公正的惩罚,即做到程序合法、事实准确、定罪正确、量刑适当。刑事诉讼的目的并不仅限于惩罚犯罪,保护人权同样是刑事诉讼的基本目的,并且二者处于同等重要的地位。刑事诉讼中的人权保护,一方面,通过严厉打击刑事犯罪活动,保护人民群众;另一方面,则表现为刑事诉讼中对被告人诉讼权利的法律保障。从一定意义上讲,刑事程序法律的精神就在于在惩罚犯罪的过程中突出注重人权保障。控辩平等,裁判公开,诉讼及时等程序性规定,都是保障被告人的诉权和人权的基本要求和具体表现。以上这些论述,是对我国刑事诉讼任务、无罪推定原则、刑法罪刑法定主义、罪刑相适应原则及程序公正与实体公正关系的精辟、透彻诠释,具有深刻的现实意义和实践指导意义,同时也说明,犯罪嫌疑人、被告人,享有有待我们自觉保护的固有权利,他们不是等待侵害的对象。“证据”是诉讼的核心。律师没有完整的阅卷权,控辩双方的诉讼地位就严重失衡,“控辩平等”便成空话。我国检察机关拥有追诉犯罪的多种手段和丰富的资源(如侦查权、决定逮捕权、裁判请求权等),是明显的强势诉讼主体,与之相比,犯罪嫌疑人、被告人是“实力”悬殊的弱势主体。如果辩护律师不掌握证据,就无法与之形成控辩平衡,就不可能达至“宪法是以保障公民权利,限制国家权力作为基本的价值取向”,就无法有效地维护被告人的合法权益。没有庭前证据开示制度，可能有利于惩罚犯罪，但肯定不利于“尊重和保障人权”。

二、向刑事辩护制度真实地兑现《刑诉法》的立法宗旨和完善《刑诉法》本身的必然需要

“进一步保障诉讼参与人的权利”是修改旧《刑诉法》的立法宗旨之一。《关于〈中华人民共和国刑事诉讼法〉修正案（草案）说明》对此阐述得非常清楚。但刑诉法的具体规范仍需继续完善。

《刑诉法》分则的证据规范，与总则关于证据、辩护权的规定存在矛盾。《刑诉法》总则一方面规定司法人员必须依法收集能证实犯罪嫌疑人、被告人有罪或者无罪、犯罪情节轻重的各种证据（见第43条），凡是伪造证据、隐匿证据或者毁灭证据的，无论属于何方，必须受法律追究（见第45条第3款），另一方面则又为有利于指控犯罪作出移送“主要证据复印件”规定（见第150条），这样，具有总揽全局、统领分则效力的总则内容可能会被“虚置”，收集无罪、罪轻证据的规定功效不足，上述法条之间的逻辑有待明晰，此其一；其二，“无论属于何方”从表面来看不允许任何例外。但不移送有利于被告人的证据无法作出合理解释；其三，《刑诉法》第33条和第36条规定，在审查起诉阶段犯罪嫌疑人就有权委托辩护人，但此时律师只能看到诉讼文书、技术性鉴定材料。诉讼文书不是证据，而技术鉴定材料是专业技术人员就案件某个或某些专门问题的评断，它们必须与其他证据结合起来方有意义，否则无助于律师履行辩护职能。因而，审查起诉阶段律师无阅卷权，辩护权也就无法发挥实际意义和作用。

三、实现“公正与效率”的司法主题，节约诉讼资源的迫切需要

“公正与效率”是司法权的永恒主题。为了确保审判程序公正，我国规定遭遇证据突袭时辩护人可以申请休庭，就新的证据做准备。这对辩方是具有积极意义的。及时终结诉讼程序，是国际上通行的诉讼原则。总之，程

序公正不能充分得到体现时，即使实现了实体公正，也可能会备受质疑。再者，我国司法资源紧缺与案件数量日益上升的矛盾较为突出（发达地区尤甚），有限的司法资源难以应对大量司法案件。实践证明，证据封锁、证据突袭，是提高司法效率、实现司法公正、节约司法资源的一大障碍。

四、保证指控质量，树立检察机关司法公正形象的当然需要

我国宪法及三大诉讼法均确认检察机关的法律监督地位，说明检察权是司法权的一部分。但检察机关同时又是犯罪的追诉机关。司法公正是司法权的生命和终极目标。设立庭前证据展示制度有助于避免检察机关追诉犯罪时进行证据封锁、证据突袭，实现公正司法，提高指控的质量，树立检察机关的威信，避免司法资源浪费。

五、建立符合国际刑事司法准则的律师制度，兑现我国的国际承诺的需要

联合国《关于律师作用的基本原则》第21条规定："主管当局有义务确保律师能有充分的时间查阅当局所拥有或管理的有关资料、档案和文件，以便使律师能向其委托人提供有效的法律协助，应该迟早在适当时机提供这种查阅的机会。"无论是采取抗辩诉讼模式的英美法国家，还是实行职权主义诉讼模式的大陆法国家，均有庭前向辩护律师展示证据或告知证据信息的详细规定。我国是联合国《关于律师作用的基本原则》的缔约国，负有兑现承诺的国际义务。我们应以我国国情为出发点积极适用《关于律师作用的基本原则》的，开展有益的实践，应使其更加完善，这对提升我国司法公正的国际形象大有裨益。

六、强化抗辩式庭审功能，彰显法庭审判活动公正性的必然需要

《刑诉法》引入抗辩式庭审模式为控辩双方的诉讼地位趋于平等，法庭中立，强化审判职能，体现司法公正等提供了法律基础。但律师没有较为完

善的辩护权，就无法与拥有丰富资源的控方“平等较量”。现时的庭审模式未能达到立法所期望的抗辩效果和目的。有学者称：“对于中国的刑事审判制度而言，如果没有完备的证据开示制度，对抗式诉讼程序永远只能存在于书本而不是司法实践中。”所以，庭前证据展示制度的设立，不仅与保护当事人合法权益休戚相关，也与庭审功能的优化、强化及法庭活动的公正性和权威性紧密相连。

综上，笔者认为，刑事诉讼进化的历史可以说是辩护权发展的历史。无数的事实证明，辩护律师不是刑事诉讼的绊脚石，他在其中发挥着不可替代的作用。庭前证据展示制度，不但无损于刑事诉讼的顺利进行，相反，使我们的刑事诉讼更显公平、公正、正义，这已为过去的实践所证明，而且正在被敢于开拓、探索的智者、勇者实践着、证明着。

2005年第8期

我国股东权救济制度的法律完善

冯　东　律师

股东权救济，是指股东权受阻碍或侵害后，以一定方式排除股东权行使的障碍，使股东权原有状态得以恢复或者损害得以赔偿。

救济是普通法的概念，是纠正、矫正或改正已发生或已造成伤害、危害、损失或损害的不当行为。

抽象化的股东权救济，既包括以受侵害股东权为原权的救济权，也包括救济权的行使方式。具体地考察股东权救济，即仅着眼于公司拟制经济实体自身的基本构造、社会特征和运作方式，则股东权的救济无法回避公司内部架构和外部架构所形成诸权能体系中的救济命题。就公司内部关系而言，股东权的救济指基于股东与公司、公司机关、职员以及股东之间的关系而形成的诸如表决权、股利分配请求权等权能体系中股东权的救济；而着眼于公司外部关系，则不仅包括在公司对外债权债务关系中，特别是当公司资不抵债时对股东权（在与公司债权人权利和利益之间平衡后）的救济，而且也包括对基于公司并购、重组所产生的股东权（如收购价格的评估、确定等）的救济。因此，股东权救济的概念涵盖了源于股东权的救济权及其具体化的与公司实体中股东权诸权能紧密相连的救济内容，还有作为救济权行使程序的救济方式。

除了其民事权利救济的特征外，基于其商权利的特征，股东权的救济无法脱离商事救济（相对于民事救济而言）的一般规律，即同时具有商事救济的全面救济性、同质救济性和限定救济性的特征，其救济方式也当包含商事仲裁、商事诉讼和商事破产这些基本形式。

尽管我国公司法律制度已经在一定程度上确立了股东权的救济制度，如规定了股份有限公司股东大会、董事会的决议违反法律、行政法规，侵犯股东合法权益时股东的停止违法行为和侵害行为诉讼提起权(《公司法》第111条),然而,公司实践和股东权保护理论研究显示,我国的股东权救济制度存在诸多弊端,有必要在明确股东权救济的指导思想和目标的基础上,通过完善宣告股东权之救济权的法律制度和完善救济的方式,并通过案例研究的方式总结司法机关在实施救济中发挥作用的方式和结果,增强我国股东权救济制度的可操作性和结果的可预测性。

(一)我国股东权救济制度存在的弊端

公司法学界多年的研究成果表明,学者们在股东权问题上注重研究的方面包括股东权的权能及其法律制度,少数股东权的保护以及股东权救济的具体形式。

尽管学者们不遗余力地介绍国外的法律规定,呼吁完善我国公司法股东权法律制度的立法,为股东权的法律保护提供法律制度的借鉴,但是事实表明,这种研究似乎已经走入困境。其表现是,我国《公司法》自1993年12月29日公布以来,虽然历经近6年的理论争鸣和实践运用,学者专家们提出诸多良好的立法完善建议,但是,1999年12月25日立法机关通过的修正案却表明,立法者仅对其中的第67条和第129条作了修正,而对学者们在诸多著述中提出的诸如设立累积投票权制度、建立并完善股东派生制度等多方面立法建议未曾采纳。

然而,学界对此不得不深思,为何诸多良好的愿望和建议不能让立法者将其吸收为法律制度的一部分?一方面,我国公司实践和国外公司实践存在差异,尤其是经济制度的背景存在巨大差异,使移植国外公司法律制度会出现水土不服。其中,不同性质公司中股东权利的保护就难以简单地用一种法律制度来解决,如累积投票权制度在国有独资公司中如何适用就是一例。这正如美国一位学者约翰·莱兹所言:“在一个结构完整的法律文化中,各种具体制度和规则是相互依赖的。法律之间的借鉴当然不是不可能的,然而,当被借鉴的制度和规则与其他重要制度和规则之间紧紧纠结在一起,而文化又不想改变这些重要制度和规则时,显然就会遇到麻烦。”另一方面,现实不会因为公司法欠完善而停止发生股东权侵害事实,面对诸多侵害事实和纠纷,单纯从呼吁立法的角度论述股东权保护，而不注重研究实践中如何在现有法律框架下对受侵害股东权的救济（如运用合同法代位权理论处理股东提起派生诉讼的问题等），这种近乎童话式的理论争鸣对迫在眉睫的受侵害股东权保护难以有所帮助。再者，保护股东权的命题，其归宿不应仅是设定权利，如前所述，更应是实现权利的救济。不着眼于救济而单纯谈保护的理论研究不仅在公司法修改的事实面前显得苍白无力，更重要的是对解决层出不穷的现实纠纷毫无益处。

就法律制度而言，股东权利宣告的不完善使诸多股东权缺乏实施救济的法律依据。比较突出的实体权利和程序权利缺失包括：累积投票权、限制控股股东表决权、关联交易股东回避表决权、异议股东股份回购请求权、股东提案权、股东的委托代理投票权、通讯表权、股东的信息披露请求权、查阅权、质询权、调查请求权以及股东派生诉讼和直接诉讼提起权。

除此之外，不论是探讨大陆法系国家和地区的股东权保护法律制度，还是分析英美普通国家的股东权保护制度，仅仅沿用注释法学的研究方法，缺乏实证的研究方法也是当前股东权救济理论研究存在的一个通病。尽管我国并无沿用先例的法律传统，但是，基于法律规定不完善的现状，注重对有开拓性的案例的研究从而为股东权救济论提供实证的依据应当是值得推崇的研究方法。在此方面，学界的着眼点已经逐渐有了一些清晰的转变。2001年发表的《对郑百文财务会计责任的法律思考》一文选择郑百文事件为着眼点，思考我国法律现状下事件出现后少数股东难以实现权利救济的原因，指出这些原因包括缺乏股东集体诉讼代位制、缺乏举证责任倒置的规定，从而提出应加强上市公司对相关信息的披露、加强会计信息披露的现代化建设以及通过证券市场上的会计责任案例加强对会计法律问题的研究。此外，还有针对闹得沸沸扬扬的碧纯水侵权案深入探讨诉讼的性质、当事人诉讼地位等的文章著述，都显示了学界已经逐渐重视以实证的方法研究股东权的救济问题，尽管这种转变还远不够系统和深入。

（二）股东权救济制度法律完善的指导原则和目标

通过充分认识我国股东权救济制度的现状，笔者认为，我国股东权救济制度的法律完善必须遵循以下原则，努力实现以下目标：

（1）完善宣告股东权之救济权的法律制度，明确股东权受阻碍或侵害后之救济权内容，使股东权救济具备完善的法律依据。

（2）完善救济权实现的诉讼救济方式，为股东权的诉讼救济提供明确的救济方式。

（3）在实施救济的领域，以现有民商事法律规范为依据，注重发挥司法机关的作用，实现及时有效的股东权利救济。

（4）运用实证研究的方法，构筑我国股东权救济法律适用的司法判例体系，为股东权救济提供可预期救济范例。

（三）股东权救济的内容、方法和方式

1.股东权救济的内容

股东权救济的基本内容既包括排除股东权行使的障碍，使受阻碍股东权得以正确、圆满地行使，也包括对受侵害的股东权予以恢复、赔偿。基于商事法律范畴固有的特征，当商人和商事组织营利性的基本特征无法实现，营利性需求完全不能得到满足时，则可以商事破产、解散公司等对受侵害股东权予以救济。如前所述，着眼于公司拟制经济实体的多种利益关系，股东权的救济包括对公司内部架构和外部架构所形成诸股东权权能体系中各项具体权能的救济。在公司实体的不同阶段，股东权救济的内容各不相同。如在公司经营管理过程中，股东权的救济内容主要集中于董事、经理违背信托义务造成的股东权侵害、股东表决权的侵害、股东的股利分配请求权的侵害，也包括对公司实施越权行为造成股东权的侵害时提请禁止越权行为等；在公司收购、合并过程中，则救济内容集中在收购策略、价格对股东权的侵害、股东享有的评估权的侵害等。

2.股东权救济的方法

股东权救济的方法既符合一般权利救济的基本规律，也有其特定性。权利的基本救济方法包括私力救济、公助救济和公力救济。其中，公力救济的主要形式是仲裁和调解，诉讼则是公力救济的主要表现形式。研究结果表明，无论是法律许可范围内的私力救济还是由法律提供的公力救济方法，他

们能够产生一定的效用，在很大程度上是与诉讼救济的存在相关的。在三种救济方法中，正是有了诉讼及其国家强力的存在才促成了权利冲突主体对非诉讼手段的选择。

公司制度是现代文明的产物，决定了私力救济的方法在股东权的救济上无法适用。同时，由于公司法所具有的公法性特征，在实现股东权救济的同时，诉讼救济的方法体现出了与众不同的秩序恢复功能，因此，诉讼救济的方法往往成为股东权救济的主要方法。

3.股东权救济的方式

股东行使救济权的诉讼方式可分为基本的两类：直接诉讼和派生诉讼。直接诉讼是指股东提起的要求实现其作为股份所有者而拥有的某项权利的诉讼，这些诉讼涉及股东合同上和法律上的权利、股份自身或者和股份所有权相关的权利。典型的直接诉讼范例是追回股息、要求查阅公司账册和记录以及要求股份转让的强制登记。集团诉讼也是直接诉讼，其中一个或多个股东原告声称是代表一个或多个股东集团就集团本身的利益所受到的损害进行诉讼。与之相对应，派生诉讼是指由一个或多个股东提起的救济或阻止对公司错误行为的诉讼。在派生诉讼中，原告股东起诉的理由并不是他们作为一个个体所有的权利，他们以代表的资格凭借一项本属于公司但因某些原因公司不愿意起诉的理由起诉；诉讼的真正利益主体是公司。实际上，股东是作为公司的斗士而起诉。

允许提起派生诉讼的理由是它提供了一种手段，原告股东可以借助派生诉讼对抗其管理人员和董事的主张，控制公司的人不愿意授权公司起诉反对他们自己，因此，派生诉讼允许股东以公司的名义提出这些主张。

由于适用于这两类诉讼的程序和实体法规则不同，因此，关于这两类诉讼的区别显得特别重要，然而，在事实上它们之间的区别有时却是模糊的。某种程度上，任何对公司的损害也通过减少股份的价值而损害到股东的利益。股东不可以通过主张因损害公司财产和业务而直接减少其股份价值从而自动地将一个派生的诉讼请求改变为直接的诉讼请求。通过派生诉讼要求对公司的损害进行救济的理由是：（1）它避免了诉讼的多样性；（2）它确保了所有受侵害股东从补偿中按比例获益;(3)它保护了债权人和优先股股东不受直接向股东转移公司财产的危害。国内论述直接诉讼和派生诉讼的著述颇丰,其中刘俊海博士较早前就曾对派生诉讼问题做过全面的比较研究,其研究较有代表性。刘俊海博士认为,我国并无此类诉讼的规定,并通过广泛研究美、英、日、欧共体国家等地的相关规定,从派生诉讼的对象范围、当事人、行使派生诉讼提起权的股东资格、派生诉讼提起的前置程序、诉讼费用担保制度、诉讼费用的算定、原告股东的权利和责任、派生诉讼的程序性问题等多个方面,详细地阐述了我国未来立法中所应当采取的态度,为我国制定这类法律提供了广阔的视野和丰富的尺度。

也有论者从为股东提供司法救济措施的角度论述直接诉讼和派生诉讼。其中,程宗璋博士引述提出,股东除了通过公司内部程序处理外,可依法提起的直接诉讼包括:(1)停止侵害或不法行为之诉;(2)确认无效之诉和撤销之诉:(3)赔偿之诉;(4)返还之诉;(5)诉请解散公司之诉。从其论述可见,多数诉讼都是依据《公司法》第111条的规定作扩大解释提出的。在论及股东解散公司之诉的强制解散是否具有法律依据时,程博士提出:“诉请解散公司之诉就属于强制解散的一种。《公司法》第192条规定,‘公司违反法律、行政法规被依法责令关闭的,应当解散,由有关主管机关组织股东、有关机关及有关专业人员成立清算组,进行清算’,显然,这里的‘责令关闭’,并没有规定主体,即决定责令公司关闭的是何机关?该法条并没有明确规定,也并没有像某些人所理解的那样仅限于‘行政机关’,那么我们是否可将‘人民法院’也概括于其中呢?笔者认为,如果我们从强制解散的原理出发,对该条进行解释认为,公司实施违反行政法律法规,或严重侵犯公司股东合法权益的,有关行政机关有权责令公司解散,或由人民法院根据股东起诉强制公司解散,进行清算,如此解释不但没有违反法条规定,不与法律体系发生矛盾而且与公司法原理完全符合,并无不妥,此其一;其二,当事人的起诉是否符合法律规定,要看其是否符合《民事诉讼法》第108条规定的起诉条件,显然,股东诉请解散公司并不与民诉法的有关规定相违背。因而笔者认为,既然该种诉讼有一定的法律依据可资引用,法律又未明文禁止,且这种诉讼对公司法的规范化、对于保护股东有利无害，不妨在实践中予以肯定，当然也有待最高人民法院对此做出明确规定。”除此之外，程宗璋博士还从扩大《合同法》代位权规定的适用或者扩张解释《公司法》第111条的角度出发，阐述了采用派生诉讼原则的可能性。程博士更有创见地还探讨了监事会代表公司提起诉讼的可能，认为监事会以公司名义提起诉讼是《公司法》第126条监事会监督权规定的应有之义。

诚然，以上的论述，不论是为未来立法作探索性研究还是探讨当前法律空间下采取某类救济手段是否可行，对完善股东权救济制度无疑是极有意义的。然而在以往的实践中，不乏股东告诉无门的情形，其归根结底主要是《公司法》仅在第111条规定了股东大会和董事会决议违反法律或行政法规，侵害股东合法权益的情况下，股东有权提起停止侵害之诉，但对有关决议违反公司章程，侵害股东合法权益的法律后果则未作规定；同样，现行法律还将个人诉讼的事由限定为对股东大会、董事会作出的违反法律、行政法规的决议而提起的停止违法行为和停止侵害之诉以及对证券信息披露义务人的虚假陈述行为提起的民事侵权赔偿之诉，而没有将公司决议违反章程的情形规定在诉讼范围之内，导致涉案的人民法院因为没有具体的法律依据而将告诉的股东拒之门外。

所幸的是，2000年10月30日，最高人民法院颁布了《民事案件案由规定（试行）》，其中，针对股东权的纠纷和损害公司权益纠纷专门规定了11种案由。这些规定表明，人民法院有别于立法机关的态度，已经务实地在力所能及的范围内采取了一定的程序措施保障受侵害股东权得到有效救济，更值得肯定的是，规定将涉及公司尤其是损害股东权的纠纷分为“股东权纠纷”部分和“损害公司权益纠纷”两部分，特别是在“损害公司权益纠纷”中包含了“董事、监事、经理损害公司利益纠纷”，这表明人民法院在充分吸取学理研究的有益成分方面的态度是积极的，其成效也是显著的。

在2002年全国法院民商事审判工作会议上，最高人民法院领导同志表示，股东因受公司利益受到控制股东或高级管理人员不当行为侵害而提起诉讼，人民法院应当受理，公司利益受到损害的直接承受者是公司股东，故而公司股东代表公司利益就此提起诉讼的，人民法院应予受理，不应以其非本案直接利害关系人而认定其不具备原告资格，当事人在诉讼过程中提出和解的，若经查实该和解方案损害其他股东利益或公司利益的，则对该和解方案不予批准而应继续审理。

以上事实表明，人民法院已经深刻认识到仅依靠现有公司法律规范对股东权实施司法救济是远不能满足实践的需要的，应当吸收理论研究的先进成果，扩大股东权诉讼的范围，在现有法律规范的框架内为受侵害股东权提供司法救济。

（四）股东权诉讼救济的实体权利

在股东权诸权能体系的诉讼救济中，股东大会（股东会）决议瑕疵的诉讼救济显得尤为突出，股东大会（股东会）决议制度是按照资本多数决原则，将多数股东的意思吸收为公司意思，实现公司维持目的的制度。股东会、股东大会是有限责任公司、股份有限公司的权力机关，代表公司决定重大事项，其决议有约束公司及其机关的效力，因此对公司利益以及股东利益具有决定作用。学界普遍认为，股东大会（股东会）决议瑕疵包括决议程序瑕疵和内容瑕疵；程序瑕疵包括召集程序、决议方法等的瑕疵；内容瑕疵则是指决议的内容违反法律、法规或章程的规定；基于股东大会决议瑕疵股东享有提起决议撤销、变更和无效确认之诉的提起权。以此方式采取的救济既包含了股东以直接诉讼的方式提起诉讼的实体救济权，也包含股东以派生诉讼的方式提起诉讼的实体救济权。

“没有救济就没有权利”的基本规律决定对权利的保护归根结底是实现权利的救济，股东权作为民事权利之一也不例外。我国股东权保护的法律完善在经历多年的理论探索之后，必然面临救济制度的法律完善。在大量研究和引进国外公司法律制度之后，股东权的救济不应仅停留在完善法律制度的层面，更应重视对包括诉讼救济在内的救济内容、手段、方式以及受救济的股东实体权利体系的研究，充分发挥人民法院在实施诉讼救济中的作用，通过研究总结诉讼救济的成果，为股东权的救济提供更具预测性的依据，实现股东权救济向非诉讼救济的良性发展。

2005年第10期

我国女性犯罪的特点与防治对策

覃婷婷　律师

女性犯罪是指由女性进行的违法犯罪行为，是犯罪学领域中的一个较为特殊的类别。自有犯罪现象以来，男性犯罪一直占绝大多数，女性犯罪的比率一直较低。从传统观点来看，在多数情况下，女性更容易成为受害者，而不是犯罪的实施者。新中国成立以来，我国女性广泛地参加各种社会活动，女性的社会地位逐渐得到提高，到现在已经成为社会的“半边天”。

但是随着社会大工业生产的进一步发展，特别是近年来随着改革开放的深入，女性犯罪已经成为一种新的犯罪类型。女性犯罪，尤其是年轻女性犯罪呈逐年上升的趋势。女性犯罪现象已经成为一个不可忽视的严重的社会问题，亟待解决。笔者试图通过研究我国女性犯罪情况，分析现阶段我国女性犯罪的特点，从而总结出我国女性犯罪的原因并提出针对该类犯罪的防治对策，以便有效遏制、减少此类犯罪的发生。

一、现阶段我国女性犯罪的特点

现阶段，在市场经济体制下，我国女性犯罪在犯罪总量、犯罪年龄及犯罪手段上都呈现出明显的特点。笔者阅读了近年来关于女性犯罪的大量资料，总结出近年来女性犯罪的一些特点，其中最显著的特点主要体现在以下几个方面。

（一）女性犯罪呈逐年上升的趋势

尽管女性犯罪率大大低于男性犯罪率，但当今世界女性犯罪问题却日益严重，已经成为近三十年来令人关注的现象，成为各国政府及其司法等部门的重点治理对象。根据美国的调查报告，女性犯罪在发展中国家上升了

30%，在发达的工业国家平均上升50%，女性犯罪率的增长要高于男性犯罪率的增长。在美国，1987年年初在押的女犯有26 610人，女犯数量比过去5年增加51%；在日本，女性犯罪在整个犯罪中的比率由1968年的11.6%增加到1985年的19.5%；在俄罗斯女性犯罪的人数逐年增多，1995年较1990年增加了近20%。

（二）女性犯罪正在向低龄化发展

总体而言，女性犯罪在整个犯罪中，特别是在被国家司法机关处理的犯罪中，在年龄分布上，中高年龄女性居多，在犯罪经历上，女性犯罪年龄较晚，多集中于30岁至40岁。但从20世纪70年代以来，女性犯罪率不仅呈较快的上升趋势，而且有明显的低龄化倾向。

据浙江省有关专家的调查，女性被收押时年龄在25岁以下的占42.3%，26岁至35岁的占26.1%。她们初次犯罪的年龄在25岁以下的占62.8%。一份来自辽宁省的女性犯罪报告提到辽宁省女性违法犯罪分子呈低龄化趋势。根据这份报告，过去辽宁省女性犯罪年龄一般在45岁之内，现在女性犯罪的年龄差异较大，分布极不均衡，但主要集中在18岁至35岁。这个年龄段的女性罪犯占羁押女犯的60%，平均年龄比过去缩短10岁左右。女性犯罪的年龄在很大程度上决定了她们犯罪的类型，如卖淫、诈骗等犯罪活动都与女性的年龄密切相关。现在全国各地的少女犯罪现象已经层出不穷。犯罪学家巴格丹娃说过："女性特别是未成年少女犯罪率，从一定程度上讲，是衡量全社会道德水平的标志。"在我国的少女犯罪中，少女抢劫、卖淫现象最为严重。例如，1997年12月，北京市西城区公安分局破获了一个由10名少女组成的抢劫犯罪团伙。其中最大为20岁，最小的才15岁。有些地方被抓获的卖淫妇女中，竟有13岁、14岁的少女。据司法部门统计，我国20世纪60年代女性犯罪年龄高峰为24岁，1970年至1976年为21岁，1977年至1985年为18岁，而最近几年降为仅17岁。这主要是由于随着女性社会经济地位的上升，社会角色的改变与时代变迁造成的女性社会参与时间和程度都发生重大变化的结果，这种女性犯罪被称为"新女性犯罪"。

（三）女性犯罪手段呈多元化，暴力犯罪增多

1.手段呈多元化

由于身体条件的限制，相较男性而言女性特有的一些生理特征决定了女性犯罪时采用犯罪手段的一些共性。女性与男性比较，女性的犯罪带有突出的渐进性、具有明显的隐蔽性且非体力特征明显。女性暴力犯罪者多选择非体力的手段来达到其犯罪目的，如她们会选择卖淫、投毒、麻醉抢劫等犯罪具隐蔽性且体力较小的方式。

而随着社会经济的不断发展，现阶段女性犯罪的手段呈现多样化趋势，由以前形式比较单一向复合多样化发展。例如，卖淫者多有吸毒、盗窃、抢劫、诈骗等犯罪行为，女性贪污挪用公款、利用电脑窃取情报、信用卡恶意透支等犯罪现象也较为多见。现在还有一种女性犯罪现象就是女性参加犯罪团伙。而女性在这些犯罪团伙中多是靠性行为和金钱来维持，性的作用使犯罪团伙更具有凝聚力，因此关系一般较为稳定。

2.暴力犯罪增多

司法部劳改局统计的有关数据表明，全国收押的女犯中，犯杀人罪的占21.4%。目前，抢劫杀人及严重暴力伤害等暴力性犯罪已不再是女性不敢问津和涉足的区域。女性暴力犯罪已经成为仅次于财产犯罪，位居第二位的犯罪，而且暴力犯罪的手段是十分残忍的。女性犯罪的手段多种多样，甚至有的持械进行抢劫。四川省有关专家调查了583名女杀人犯，发现有202人使用药物实施犯罪，占整体犯罪的34.6%；使用钝器和刀斧的163人，占27%；扼杀的101人，占17.2%；其余的使用勒杀溺水等方法。由此可见，女性犯罪的作案手段已经呈现多样化，其中暴力型犯罪在不断增多。

（四）女性犯罪多以财产犯罪为主

女性犯罪多是以侵犯财产型犯罪为主，这类犯罪又称物欲型犯罪。根据统计，在女性犯罪中，财产犯罪占56.1%，暴力犯罪占32.3%，淫欲犯罪占11.6%。女性财产型犯罪主要表现为盗窃，这类犯罪在所有类型犯罪中占据首要位置，这在全国乃至世界上的其他国家也是如此。她们往往假装在商店购物，一有机会就下手偷窃财物；也有在闹市区的人流中进行扒窃，女性柔

弱的外表恰好为她们的扒窃提供了一层保护色，即作案时比起男性犯人不易被察觉，作案后，同样也容易得到人们的同情和怜悯。如此一来，女性隐案率要远远高出她们的刑事犯罪率。现在有的女性利用色情成为近年来实施抢劫犯罪的一种新手段。

二、我国女性犯罪的原因

从总体看来女性犯罪在我国产生的原因主要可分为主观因素和客观因素。主观因素主要包括我国女性文化程度偏低、思想狭隘、处理问题能力差等基本原因，法制观念淡薄为主要原因，还有女性犯罪的情感心理（包括报复心理、需要心理、冲突心理因素等）和社会心理因素等。女性犯罪的客观因素也有很多，归结起来主要可见于社会历史环境因素、家庭环境因素和女性特有的生理因素等。在此笔者不再详述，仅就以下女性犯罪的防治对策发表自己的观点。

三、女性犯罪的防治对策

目前我国女性犯罪呈上升趋势，较以前严重，在找出了引起女性犯罪的原因以后，为了预防和制止女性犯罪给社会生活和秩序造成的严重冲击，我国及各国犯罪学家和社会学家便可以有针对性地研究减少、预防女性犯罪的各种措施对策。在参考并综合了当前各国学者的研究结果的基础上，笔者提出以下一些建议，以供大家参考。

（一）对女性犯罪根源的防治

鉴于我国农村女性犯罪的多发率最高，农村女性文化素质低下，思维简单，合法权益最容易被侵害。这些追踪其根源是“贫穷”。贫困是万恶之源，经济基础决定上层建筑，由于贫穷，我国农村多数女性甚至没有条件受到最低层次的教育。没有受到教化的人还处于原始状态下，人的“野”性还没有除去，在原始野性的驱使下犯案率是受过高等教育女性的十几倍甚至几十倍以上。根治贫穷，这才是预防女性犯罪的根本。我国已经加大了扶贫力度，筹集了扶贫基金并制定了扶贫基金的专款专用制度；大量的农业扶贫技术专家也正在为我国农村人民的脱贫做贡献。希望我国农村妇女的生活质量得到改善的同时也带动其他素质一起提高。这样,我国女性犯罪概率将大幅度下降。

(二)消除社会上不良思想的影响

1.破除男尊女卑思想

由于受到五千年封建传统思想的影响,男尊女卑思想在我国根深蒂固。虽然妇女解放运动进行了这么多年,但在我国的一些地方男女不平等现象还是很严重,特别是我国西北部和大部分的农村地区。男女地位不平等、经济不平等,在这些地方的女性从小受到不平等对待,她们的父母没有意识到给她提供良好教育的必要性,即使给她们教育的机会,有些父母也没有真正尽到父母的责任。在这些地方生男孩传宗接代思想根深蒂固,如果女性没有给男方生育一个男孩就会受到很恶劣的对待。这些地方的女性素质低下,思想简单,长期受到思想和生理压迫。这种恶劣的环境长期得不到改善时女性的犯罪心理很容易由量变转换成质变,最后走上犯罪道路。治标要治本,要坚决破除男尊女卑这样的思想,加大女性解放思想的宣传,倡导男女平等,最后实现男女权利和地位的最终平等。为了促进中国妇女参政,1995年我国政府颁布了第一部《中国妇女发展纲要》(1995—2000),提出积极实现各级党政领导班子中都要有女性。据统计,中央和国务院以及一些省、自治区、直辖市有60%的政府领导班子实现了这一目标。到1997年年底,全国省、市、县、乡党政领导班子的女性分别比1994年增长了38.7%、31.4%、15.6%、62.8%。妇女参政是我国倡导的男女平等思想的重要体现,它表明妇女地位的大大提高。

2.社会媒体要树立更多更好的女性榜样

广播、电视、报刊等社会媒体不仅反映社会意识观念,反映社会价值取向和评价标准,而且对大众心理具有一定的暗示和引导作用。现在的媒体广告中大多数情节都体现了一种男性忙于事业,女性不是忙于家务就是忙于穿着打扮、享受生活的状态。而在更多的电影电视中,那些开公司、办企业,想要干一番事业的女性,要么就是以牺牲家庭幸福为代价,要么就是忍受不了舆论的压力而走向深圳去往国外。传媒给人们这样一种印象:女人要想获得和那些优秀的成功男士同样高的社会地位,就必须付出比男人更多的代价。

社会媒体应该大量宣传那些自立自强、奋发向上,依靠自身劳动创造社会价值和个人幸福生活的女性,多创作一些贴近生活、反映依靠知识改变人们的思想观念、改变命运并最终获得社会认同和家庭幸福的女性形象,充分发挥榜样作用。在激发广大妇女求知奋进的同时,提高社会政治、科技等生活领域对女性的认同感,逐渐消除男尊女卑等封建思想残余的影响。

(三)加强社会主义精神文明建设

我国女性生活在社会主义大环境下,环境对女性的影响是不可忽视的。如果我国社会环境良好,女性犯罪也会有所下降。要加强我国的社会主义精神文明建设,树立正确、向上的道德新风尚。道德是一切行为的规范和准则,提高女性的道德素质,是预防女性犯罪的根本措施之一。因此,要开展道德教育,把道德教育作为教育的基础。要提倡人人懂道德,遵守道德,铲除滋生犯罪的土壤,降低犯罪率。在实行市场经济的环境下,我国优秀的道德传统不能丢,否则可能会出现损公肥私、唯利是图、胆大妄为、胡作非为的情况,导致犯罪活动猖獗。因此,提高道德素质、树立高尚的道德新风,是降低女性犯罪的重要措施。注重社会主义文化环境的建设,是树立良好道德新风的首要手段。要通过文化手段,创造良好、健康的文化娱乐环境,增强女性鉴别能力、反腐败能力和抵御不良影响能力,从而减少犯罪行为的发生。实践证明,许多犯罪行为与类型同一个国家的文化环境有关,因此,管理好文化市场,创造一个健康向上的文化环境,是犯罪预防不可缺少的重要措施。

(四)全面提高我国女性素质

文化素质低下是女性犯罪的重要原因,所以笔者认为,全面提高我国女性的素质是消除女性犯罪的根本措施之一。要提高我国女性素质,笔者建议从以下几个方面着手。

1.加强文化教育，提高女性文化水平和业务技能

要将普及九年制义务教育和扫除文盲教育的重点由城市向农村转移，向女性倾斜。要保护妇女的平等受教育权利，不断提高女性的文化素质，下岗女工要进一步提高技能，不断提高自身素质，尽快适应市场经济条件下劳动力市场的变化。

2.增强女性的法律意识，提高女性法律素质

犯罪是法律认可的一种不正常的社会现象，它必须受到法律制度的控制和惩治。加强女性的社会主义法制宣传教育，通过法制教育，使她们分清哪些行为是合法的，哪些行为是违法的，什么行为受到法律保护，什么行为是法律禁止的。要帮助女性分清罪与非罪的界限，逐步形成守法的意识，把自己的行为约束在法律范围之内，并且学会运用法律来维护个人的合法权益。

3.加强女性性知识教育

性教育关系到个体性意识的性质和内容。个体性意识的发展，是一个由不知到知的过程。性意识要达到社会化程度，就必须接受良好的性教育。马卡连柯说过："性的本能是一种巨大的推动力量：任它留在原始的'野蛮'状态中，或者用'野蛮'教育把它加强，那就只能成为反社会的现象。"〔1〕由于女性的性别特征决定她们与男性在生理上和心理上有着较大差异，所以要预防减少女性犯罪，应加强女性知识教育。让她们认识和了解自己的生理性别和生理发育成长过程、生理方面的成长过程和发育是女性个性心理形成和发展所必需的前提，各级妇联组织和卫生、妇女保健部门及社会家庭、学校应该经常开展和普及女性知识教育。从目前女性犯罪的年龄结构看，80%以上女性犯罪人处在20岁至25岁，这一年龄阶段是生理、心理生长发育的高峰期。因而应该特别加强青少年女性的青春期知识教育，正确科学地教育和引导她们渡过"青春危险期"。要帮助提高女性的自我认知能力，增强自信心，克服生理和心理障碍，强化自我保护意识。进行性教育，有助于树立女性正

〔1〕 参见"马卡连柯全集"编辑委员会编：《马卡连柯全集》第2卷，人民教育出版社1957年版，第283页。

确的性爱观，形成正常的性爱心理，防止被腐化、丑恶的性意识渗透。正确的性知识能帮助她们将性爱从金钱的枷锁下解脱出来，自觉抵制不良性文化的侵蚀。

（五）完善社会救助系统

防治女性犯罪的有效途径中效果最显著的为一个社会对女性犯罪的完善的救助系统。社会救助系统包括司法救助和社会救助。

1.完善社会的司法救助系统

除了以上提到的加强对我国女性的法律素质教育，加强法制宣传外，对女性犯罪的司法救助还表现在把预防控制女性犯罪纳入法律体系中，对家庭人际关系进行与社会发展相适应的规范和调适，对家庭犯罪进行有力打击，而《治安管理处罚条例》也应增加惩处家庭暴力行为者的条例。以下是笔者针对女性家庭暴力犯罪提出的防治对策。

针对女性家庭暴力犯罪的特征和危害，我国制裁家庭暴力是有法可依的，《刑法》规定了故意杀人罪、故意伤害罪、虐待罪；现行《婚姻法》规定了禁止家庭成员之间的虐待；《治安管理处罚条例》规定虐待家庭成员，受虐待人要求处理的，公安机关应依法给予行政处罚。这些都是制止家庭暴力的法律依据，但是对于发生在家庭成员中较轻的伤害则没有明确规定。从目前司法实践来看，构成故意杀人罪、伤害罪和虐待罪的仅占极少数，而绝大多数家庭暴力属于轻伤害。家庭暴力和现行《婚姻法》以及《治安管理处罚条例》规定的虐待不同，一次短期的殴打捆绑等行为，就可以构成家庭暴力，但不一定构成虐待。执法部门往往不把伤亲案件与其他刑事、民事案件等同看待，对于一般的家庭暴力，更因为当事人之间的夫妻关系，其往往将轻伤害淡化为“家务事”，对受害妇女的投诉处理简单、轻率，有的甚至根本不予理睬。因此，笔者认为应完善关于在家庭成员中造成轻伤害等行为的立法。同时，笔者认为还应界定和确认社会管理者、警务人员在制止、防范家庭内犯罪中的责任，将其列为考核内容之一。如果上述人员没有及时有效地采取制止、防范措施，造成严重后果者，应按玩忽职守罪和渎职罪处理。

2.完善社会救助系统

从宏观上看，完善社会对预防女性犯罪的救助系统就要加强宏观调控，促进平等发展，加速建立女性社会保险体系。各级政府应抓住机遇，在产业结构调整和所有制结构调整中扩大女性就业门路，增加就业岗位，同时加快就业发展服务。有关部门应建立妇女基金，解决资金短缺、贫困等现象，帮助妇女经济独立，扩大妇女的地位和影响。

要注重犯罪矫治，搞好特殊预防。对在押的犯罪人要进行思想教育和文化知识教育。只有消灭和铲除了犯罪人的犯罪思想，才能从根本上阻断犯罪的产生；提高了犯罪人的文化水平，使其有了致富门路，也有助于减少犯罪发生。利用惩戒措施矫治犯罪行为，使本人不再重犯，而且也能使他人引以为戒，不敢以身试法，从而达到矫治和减少犯罪发生之最终目的。

要建立健全女性的保护网络。对女性来说，受保护的环境十分重要，就像人的皮肤是保护内脏的防线一样。为了减少和预防女性犯罪，应该努力为她们创造良好的环境。一方面，应大力宣传保护妇女合法权利，维护妇女切身利益的重要性；另一方面，要对女性青少年加强教育，尤其要使女性从小懂得自尊、自爱、自重，从而使社会、家庭共同形成一个有机联系的完整保护网络，尽量减少和避免保护网络的破损，确保女性在良好的环境中健康成长和生活。界定与确认公安、司法、民政、社区管理、妇联、共青团等主体在保护女性受害者中的责任和义务。例如，公安部门对家庭暴力的控制应从打击走向防范，牵头建立社区防范网络；社区管理部门要充分发挥管理、监控作用，通过举办家庭学校、夫妻学校、新婚学校、家长学校等方法，以教育、咨询、互助、交流等手段防范家庭内犯罪的产生。在必要时，可由有关部门联合建立家庭内犯罪受害者庇护所，并由公安部门实施保护。

（六）加强社会管理和防范，预防减少女性犯罪

女性犯罪的产生和发展，一方面是基于犯罪基本原因，另一方面还取决于社会整体对女性犯罪的防范能力。对女性犯罪的防范越严密，她们犯罪活动的空隙就越少；反之，社会防范能力的弱化也就会导致犯罪活动的间隙增大。因此，社会管理和防范是预防减少女性犯罪的一个重要外部条件。为

此，我们要做到：加强社会治安的综合治理，建立健全社会治理工作体系，完善各项工作机制，对犯罪活动进行有效地防范和控制；加强基层防范组织建设，充分发挥基层党组织、居民委员会、治保会、联防队的作用；开展创建“安全文明社区”活动。安全文明社区是社会综合治理工作的突破口，是标本兼治重在治本的方法，也是加强社会主义精神文明建设的载体。

2005年第11期

论我国外资超国民待遇及其法律调整

周小清　律师

改革开放以来，我国外资超国民待遇法律制度在我国当代经济发展中已经产生并将继续产生十分重要的影响。但影响的积极意义和消极影响，却随着时间的推移而向其相反的方向转化。本文在论述我国外资超国民待遇的内容及其影响的基础上，提出了尽快调整并最终完全取消我国外资超国民待遇的观点和思路，并希望借此呼吁尽快重构国家外资立法，重建我国外资法律制度，为创造公平、公正的市场经济环境和法律环境，促进和维护国内资本尤其是国内民营资本的健康发展服务。

一、我国外资超国民待遇的形成

在我国外资法律制度中，外资超国民待遇问题由来已久。在外资立法之初，受当时国内、国际政治、经济发展实际状况所限，在我国各类外资法律、法规和规章中，均针对外资规定了许多限制性、歧视性条款，包括出口要求、限制内销、外汇收支平衡、优先在我国购买等。但与此同时，为鼓励外商投资，又在税收、土地出让、外汇管制、企业自主经营等方面为外资提供了多项国内企业所不能享有的优惠措施，由此形成了独具中国特色的“低国民待遇”与“超国民待遇”共存的外资法律制度。进入21世纪以来，为适应加入世界贸易组织（World Trade Organization，WTO）的需要，全国人大、全国人大常委会分别于2001年3月15日对《中外合资经营企业法》、2000年10月31日对《中外合作经营企业法》《外资企业法》3项法律进行了比较大的修改。同时，国务院也对相关法规进行了修改和完善。修改后的外资法律、法规，主要依据我国加入WTO所做的承诺及遵循国民待遇原则，删除了外资企业的出口实绩要求、限制内销等歧视性条款和限制性条款，在我国作出承诺的范围内，外资企业已经取得或将逐步取得与国内企业同等的待遇。但与此同时，法律、法规、规章及各地地方性法规，对于外资的超国民待遇条款却依然保留。虽然具体内容有所调整，但整体上的优惠措施依然存在，甚至有增无减。两者相对照，因外资超国民待遇问题而长期存在于内资与外资之间的内外倒歧视现象就更为强烈。在此种状况之下，国内资本，尤其是国内民营资本，要求取消外资超国民待遇的呼声日益高涨。要建立规范、有序的社会主义市场经济秩序，确保各类企业公平竞争，法律的公正和公平是最基本的前提。这一问题在我国加入WTO以后、国内企业置身巨大生存和发展压力的环境中显得更为紧迫。不少学者指出，外资超国民待遇问题已在我国社会管理和经济运行中产生了一系列弊端，应当予以调整或取消。对此，国家立法和行政机关也开始予以高度关注，并逐步通过立法和行政手段对外资超国民待遇进行了部分调整和改革。可以预见，我国外资超国民待遇法律制度正面临历史性的变革。

二、我国外资超国民待遇的内容

根据我国现有的外资法律制度，我国给予外资超国民待遇的范围和程度相当广泛。国内设立的所有外商投资企业，均可根据法律规定享受超国民待遇；而在经济特区、经济技术开发区等特别区域内设立的外商投资企业以及投资行业、投资数额和经营期限等符合法律特别要求的外商投资企业，还可以享受比一般超国民待遇更加优惠的超国民待遇。具体而言，我国外资超国民待遇主要包括：

（一）税收法律方面的超国民待遇

税收优惠是我国外资超国民待遇的主要内容。简单地概括来说，包括以下几个方面：在企业所得税方面，凡设在经济特区的外资企业，在经济特区设立机构、场所从事生产、经营的外国企业和设在经济技术开发区的生产性外商投资企业，在经济特区设立机构、场所从事生产、经营的外国企业和设在经济技术开发区的生产性外商投资企业，减按15%的税率征收企业所得税。设在沿海经济开放区和经济特区、经济技术开发区所在城市的老市区的生产性外商投资企业，则减按24%的税率征收企业所得税。外商投资企业还可因投资行业、经营期限、投资数额和产品出口比例符合法律要求而分别再享受“五免五减”、“二免三减”、“一免二减”或减按10%的税率征税或者再投资退税等特殊优惠待遇。在流转税方面，从1994年开始，增值税、消费税和营业税统一适用于内外资企业，但1993年前批准设立的外商投资企业因征收增值税、消费税和营业税而增加税负的，则可退还多缴纳的税款。在关税减、免方面，按照合同规定作为外国合营出资的机器设备、零部件和其他物料，合资企业以投资总额内的资金进口的机器设备、零部件和其他物料，合营企业以增加资本所进口的国内不能保证生产供应的机器设备、零部件和其他物料等可按规定享受减免税。在个人所得税方面，凡在中国境内的外商投资企业、外国企业和其他部门工作的外籍人员（包括华侨、港澳同胞）的工资、薪金所得应缴纳的个人所得税税额，可附加减除费用后计算纳税额。

（二）企业法律方面的超国民待遇

1.关于投资主体

根据法律规定，外方投资者主体被界定为“外国的、企业”和“其他经济组织或个人”，但对中方投资者的界定中却没有“个人”。无疑，这对国内投资者是不公平的。

2. 关于管理体制

根据法律规定，中外合资经营企业的组织形式为有限责任公司，最高权力机构是董事会，公司不必设立股东会和监事会。而国内投资主体举办的有限责任公司则应当设立股东会、董事会和监事会三套组织机构。这就造成了内外企业间的差别待遇。

3. 关于出资义务

根据规定，中外合营企业各方可在营业执照签发后6个月内一次缴清出资，也可分期缴付。但分期缴付出资的，各方的第一期出资不得低于各自认缴出资额的15%，并在营业执照签发之日起3个月内缴清。这表明，外资企业可以在没有资金的情况下设立。但同等情况下，中资企业只有在认缴注册资本并经审查合格后，才能获得营业执照，不享有外资企业先设立后出资的优惠。显然，外资企业在资金筹措和实际运作方面较内资企业更具灵活性。

4.关于注册资本制度

目前，我国对于内、外资公司的注册资本制度均为法定资本制。但是，相比而言，外资企业的注册资本是指外国投资者“认缴的出资额”；在《中外合资经营企业法实施条例》和《中外合作经营企业法实施细则》中也有同样的规定。这也就是说，我国对外商投资企业注册资本制度只实行授权资本制。可见，外资在此方面享受了超国民待遇。

（三）土地法律方面的超国民待遇

根据有关规定，外资在我国境内使用土地的，可以在土地使用费用和土地使用时间上享受优惠待遇。外资企业如属于技术先进企业和产品出口企业的（以下简称两类企业），其土地使用费（大城市市区繁华地段除外）按以下标准计收：（1）开发费和使用费综合计收的地区，为每年每平方米5元至20元；（2）开发费一次性计收或者两类企业自行开发的地区，使用费最高为每平方米3元。这些费用地方政府还可以酌情免收。以深圳为例，外资企业在开发土地期间和企业基建期间，按收费标准的30%缴纳土地使用费；企业经批准自筹资金填海增辟的土地，免缴土地使用费10年；属于两类企业的用地，则还可享受“五免五减”或“五免三减”待遇。

（四）外汇法律方面的超国民待遇

根据有关法律、法规的规定，外资企业可以在银行结售汇，同时享有开立外汇账户、保留一定数量的经常项目收入的优惠。而中资企业除经特殊批准外或达到相当出口规模，大多数经营项目的外汇收入都必须在指定银行结售，不能保留外汇账户。在用汇方面，外资企业可以直接向外资银行借贷外汇，而内资企业则需要办理严格的审批手续。

此外，为加快地方经济发展，我国各级地方政府纷纷对外资推出远比法律、法规规定的更加优惠的政策，甚至为此进行政策比赛，容易把我国外资超国民待遇推向极端。在实际过程中，无论是在东部沿海，还是在内陆地区，无论是在经济特区，还是在西部开发地区，我国外资实际所享受的待遇，都要远远超过国家法律、法规统一确定的标准。

三、我国外资超国民待遇的影响

我国外资超国民待遇的相关法律和政策，在吸引外国资本进入我国投资，推动和促进我国经济、技术的发展与产业结构的调整，促进我国的经济体制改革，推动我国市场经济的建立和发展，改善我国国际收支状况，增加我国的外汇储备等方面确实发挥了巨大作用。但是，随着我国改革开放的不断深入和社会主义市场经济体制的逐步建立，由于外资超国民待遇的存在，不同企业、不同区域实行不同的待遇、外资超国民待遇制度与社会公平待遇原则不符等问题已日益突出。我国外资超国民待遇制度在社会、经济等方面的负面影响也日益明显，主要表现在：

1.内外赋税不公。外商投资企业享有的企业所得税优惠待遇因企业性质和区域不同而异，由此可能造成赋税不公。外资超国民待遇的存在，人为制造了内外资企业之间的差别待遇。在内、外资企业的竞争中，由于实行内外不同的两套税制，使外资享有超国民待遇，导致内资企业税负远远高于外企，外商投资企业往往处于有利的竞争地位。

2.优惠手段单一。目前，我国外资超国民待遇大都集中在税收优惠上，主要手段为减免税和采用低税率，优惠手段单一，直接优惠较多，间接优惠较少，且多为在优惠税率基础上的减免，即企业所得税、预提所得税的重复减免。这种制度易使企业借外商投资之名，行偷税之实；同时，也往往诱使外商投资那些成本低、利润高、风险小的短平快项目，诱发短期行为，刺激大量低效资本的进入。

3.优惠层次过多。我国外资超国民待遇是在国家改革开放的不同时期，根据经济形势发展的需要和开放地区的先后顺序，针对不同的情况而分别制定和实施的，难免导致各优惠措施之间的冲突和效用抵销，不利于正确引导外资的投资方向，也容易人为造成外资在全国的分布不均。特别是由于税收优惠的权力被滥用，导致很多地方政府为获得政绩或为维护地方利益，在法律、法规之外，又自行制定了区域性的外资优惠政策，以至于在国内各地区形成恶性竞争的局面。因此地域性优惠层次过多、划分复杂已成为我国外资优惠制度的主要弊端。

4.产业导向不明。我国现行外资超国民待遇的具体规定过于简单化，对产业结构的引导能力不强。国家鼓励投资产业的规定比较粗放，对优惠的规定不够细化，而涉外税收优惠制度也没有突出产业政策和有关经济政策的主导方向。对于高新技术产业，各省、市、区无一例外地将其列为支柱产业，而对于生产性外商投资企业不分产业性质地给予全面优惠，扭曲和减弱了产业政策的导向作用，这也与产业政策区别对待的方针背道而驰。

5.税收流失严重。外资税收优惠政策，易导致逃税增加。大量的税收减免和偷逃税严重侵蚀国家税基，直接减少国家的财政收入，各种复杂的优惠项目使逃避税收有机可乘，致使国家税收出现大面积流失。加之有些地区法治水平较低，不能严格依法治税，税收征管不利，而且缺乏有效监督，这进一步加剧了国家税收的流失。

6.缺乏透明度。为鼓励外商投资，中央与各省、市、区都出台了一系列的优惠措施，但是由于优惠制度弹性大，操作主体权限不清，各法律相互之间缺乏统一协调性，法律规定具体可操作性仍有待完善，一些条款措辞含混，为实际操作提供了较大的变通余地，不符合WTO透明度原则。

除此之外，由于外资超国民待遇制度而引发的虚假投资、倒卖免税进口物资、假借投资进口逃避国家配额许可证管理、偷税漏税、虚报亏损、设法推迟获利年度等现象不断发生。

四、我国外资超国民待遇的调整

（一）调整的思路

笔者认为，从目前的趋势来看，我国减少和取消外资超国民待遇政策应当包含以下几个方面：

（1）在调整时间表方面，尽管加入WTO后我国利用外资将实行“国民待遇”成为学术界的普遍看法，但各种情况表明，加入WTO以来，我国利用外资实行的一贯政策并未改变，外资在我国享受的超国民待遇继续维持。因此，为维护国家和政府信用，对于已经进入的外资或已经建立的外资企业，我国应当继续履行有关法律和政策所做出的承诺，在承诺期内不宜贸然中止执行已经给予外资的既定政策，而应当将这种承诺兑现到底。所以，减少直至最终完全取消外资超国民待遇不可能一蹴而就，还必须有一个过程。

（2）在外资准入方面，随着我国加入WTO，市场上对内开放的呼声日趋强烈。过去，我国针对外资准入提供了很多的超国民待遇。这在事实上对国内企业尤其是民营企业形成了进入壁垒。今后，我国可通过政策性调整，取消民营企业的进入壁垒。这样，外资的超国民待遇也将相对减少。

（3）在外资经营方面，我国同样可通过政策或立法调整，赋予国内企业主要是民营企业在企业经营、土地使用、外汇管理、外贸经营等方面与外资同等的待遇，以此消除内资与外资的差别待遇。

（4）在外资待遇对比标准方面，我国应将邻近国家或其他发展中国家的外资优惠标准作为吸引外资的对比标准，而不是以国内企业的待遇标准作为吸引外资的标准。也就是说，我国为实现一定的政策目标，或引导外资按国家区域、行业开发规划进行投资，可在一定的范围内继续对外资实行优惠待遇，但这种优惠是相对于邻国外资待遇的优惠，而不是相对于国内企业的优惠。而且，国内企业对这些政策性优惠也可一体适用。

（5）在税收政策方面，为确保公平赋税，促进公平竞争，我国应逐步减少乃至取消过去给予外资的税收优惠。从国家税收政策变化来看，目前在外资税收优惠方面，我国已经开始采取现实的动作。一些针对外资的税收优惠也在逐步收紧。在具体的税制改革上，我国将采取逐步调整、逐步削减和逐项取消外资优惠政策的做法。

（二）调整的重点

笔者认为，调整和取消外资超国民待遇应当突出以下重点：

1.加快相关立法规划

目前，我国对于调整和取消外资超国民待遇问题尚无明确的立法规划和时间表。笔者认为，这一问题应当引起国家立法机关和中央政府的高度重视。为推动我国社会主义市场经济建设，实现各类企业公平竞争和平衡发展，保障国家经济安全，国家应加快相关立法规划，力争在较短的时间内，完成调整和取消外资超国民待遇的立法工作。

2.遵循税收法定主义

税收法定主义是国家法律的基本原则，也是WTO体制对国内税法的基本要求。但是在我国中央和地方分别行使税收立法权的体制下，一方面中央关于外资税收优惠制度出台较多，但大多是宏观性的规定，缺乏可操作性，这给地方税收优惠攀比现象埋下了隐患；另一方面中央对地方政府的税收优惠立法缺乏有效监督，一些地方税收优惠泛滥。因此，笔者认为，国家必须强化税收法定主义，加强对地方税收优惠制度立法的监督和审查，以保证税收优惠的统一实施，维护和保障税法的权威。

3.统一外资法律制度

目前，我国外资法律制度体系庞大，错综复杂，政出多门，内容混乱，这也是造成我国外资超国民待遇在地方泛滥的主要原因。要调整和取消外资超国民待遇，就必须实现国家外资法律制度的统一。一方面，统一国家外资立法，即吸收外商投资的基本法律，将“三法”统一为权威性的《外商投资法》；另一方面，统一地方外资立法，以实施《立法法》为契机，统一审查地方外资法规和规章，对于地方政府已对外资作出的承诺，则在承诺期内予以维持，其余不符合国家外资法律规定的，在审查后一律予以取消，此后进入的外资，则一律按新规定执行，以实现国家法制的统一。

综上所述，在我国加入WTO和全球经济日趋一体化的时代背景下，我国外资超国民待遇作为国家吸收外资的主要方式，其实际作用已日益减弱。而与此同时，因外资超国民待遇而产生的系列负面影响应引起我们的重视。为消除负面影响，发挥积极作用，我们必须根据当前外资环境的变化和特点，对我国外资超国民待遇法律制度进行调整。但是，我国外资超国民待遇法律制度是一个十分复杂而又庞大的体系，对其进行调整必须从我国现有国情出发，通过制定立法规划、提高内资企业待遇、改变优惠待遇对比标准、加强税制改革等方面，采取循序渐进的方式进行，最终实现内外资法律制度的统一，实现内外资企业的公平竞争和共同发展。

2005年第12期

浅论律师费转付

贺树奎　律师

关于律师费转付的讨论不少，一般的理解是由败诉方承担胜诉方的律师费。笔者在这里所提的律师费转付仅就民事诉讼方面展开讨论，并将其明确为原告委托律师代理，原告胜诉，法院判决约定律师费一并由败诉被告承担的制度。

一、实行律师费转付的五点理由

（一）有利于维护原告的合法权益

我国虽然在积极推行法律援助制度，但是对于日益增长的贫穷原告的数量来说可能是杯水车薪。如果因为经济方面的原因而使贫穷的原告无法实现自己的权利，则违背法律面前一律平等的宪法原则。实行律师费转付，可以解决贫穷原告无法支付律师费的问题，可以保证贫穷的原告和富裕的被告一样获得专业的法律帮助。

（二）有利于遏制不法行为的发生

如果对故意或者重大过失的行为者，简单奉行所谓的填平原则，可能出现的社会结果是一部分受害人担心"赢了官司输了钱"，由于畏惧诉讼成本而放弃诉讼，另一部分即使获得赔偿也仅仅是填平损失，不法行为并没有承担其他代价。不法行为的低成本无疑无法避免不法行为的再次发生。所幸《消费者权益保护法》第49条规定了欺诈情形的双倍赔偿，虽然没有明确原告方的律师费也应由被告负担，但通过加重赔偿以遏制不法行为的立法努力已经体现最高立法机关的工作中。实行律师费转付有利于保障受害人主张权利，律师费的负担会构成遵纪守法的外在动力，从而减少不法行为的发生。

（三）有利于减轻人民法院的审判压力

目前，在劳动争议案件中许多用人单位扬言“陪着你玩”，对明明应当给予补偿金的事项一定要拖到二审之后，深圳中院不久前成立民六庭以处理这种案件。如果这种情况不能被有效遏制，可能会造成宝贵的司法资源的浪费。律师费转付的规则会提醒用人单位如此处理要付出相应的代价，博弈的结果是作为被告的用人单位会积极寻求以和解的方式与受害的原告解决争议。大量的争议解决在人民法院之外，可以减轻人民法院的审判压力，合理配置宝贵的司法资源。

（四）有利于社会稳定

如果人们的合法诉求能够在法律的范围内得以实现，如果索要欠薪和工伤赔偿金的工人们能够得到应得欠款和赔偿，便会减少不必要的上访、信访，也会防止传媒渲染消极情绪。律师费转付会鼓励律师们积极收集证据，切实保护原告的合法权益。保障原告的合法诉求，有助于实现司法公正，进而维持社会稳定。

（五）有利于律师事业的健康发展

律师是有偿法律服务的合法提供者。律师事业的健康发展有赖于能够提供有偿法律事务的委托人。没有委托人的委托就没有律师事业的发展。报刊上常登载民事案件律师代理的比例不高，大量的案件由原告自己独自出庭，在劳动争议的案件中更是劳动者孤身一人。无论是对事实的陈述、法律的理解还是对程序的遵守，劳动者都没有受过专业训练，劳动者独自出庭不利于维护自己的合法权益。实行律师费转付，特定的原告会首先去委托律师代理案件。因委托实行风险代理，律师接受委托时会慎重决定，对于连律师都不接的案件，原告单独诉讼的可能性就不大了，从而阻止了没有胜诉希望的诉讼进入法院。总有部分案件律师会接受委托，为了保护受托人的合法权益，律师会勤勉尽责地开展工作，这既可以增加律师的业务量，也促使律师执业品质的提高。律师是法律的“仆人”，有了勤勉的“仆人”，还可有利于法律的正确实施。

二、律师费转付的适用

通过观察国外关于律师费承担的规则，笔者发现有的案件中是原被告自己负担自己的，如我国目前所实行的；有的案件中由败诉方负担胜诉方的律师费；有的在特定案件中律师费由败诉的被告负担。笔者比较赞同民事领域里的权利自己主张及行为自己负的私法自治理念，但是如果这样的结果导致律师们争先接受有钱人委托、贫穷的委屈无辜者流落街头、不法行为泛滥，笔者认为这实行律师费转付与其说是在帮助需要帮助的个别原告，不如说是为了实现社会所追求的正义。因此笔者主张律师费转付限定在特定的案件中，这些特定案件应符合下列条件之一：(1)在当事人双方的诉讼地位在事实上明显不平等，如劳动者与用人单位、消费者与经营者；(2)在责任事故案件中，如医疗事故、交通事故中的受害者；(3)在多数人诉讼案件中，如环境保护、证券侵权民事赔偿等案件中的受害人；(4)其他不实行律师费转付不足以保护原告、遏制不法行为发生的情形。

实行律师费转付制度离不开律师的有效和积极参与。考虑风险代理的或然性，为鼓励律师勇敢地追求正义，笔者认为可以将转付律师费比例确定在胜诉金额的30%—40%；但是争议金额低于2万元的，不受40%的限制。

三、深圳经济特区实行律师费转付制度的可行性

我国是成文法国家，人民法院判决支持律师费转付需要有成文法依据。根据《立法法》的授权，深圳经济特区具有特区立法权，有权根据“具体情况和实际需要”制定法规并在经济特区内实施。我国法律和行政法规的基本原则应是保障公民权利和追求正义的。在特定案件中实行律师费转付符合法律和行政法规的要求，笔者认为深圳市人大及人大常委会可以制定这方面的法规，以保障公民权利、维持社会稳定。

销售并侵吞尾票款行为之定性

刘　梅　律师

一、案情

蔡某为某市民政局社会福利彩票有奖募捐办公室主任，兼某省福利彩票发行中心某市管理站站长。在任职期间，蔡某指使工作人员借销售即开型福利彩票之机，多次销售尾票（开票的一个基本奖组在销售过程结束后没有售完不能另行销售而必须予以销毁的彩票），并将尾票款予以侵吞，非法所得数十万元。

二、分歧

对蔡某行为的定性，有两种意见：

第一种意见认为蔡某构成贪污罪。从贪污罪的构成要件分析：主体上，蔡某为国家工作人员；主观方面，蔡某为直接故意，并有非法占有尾票款的目的；客观方面，蔡某实施了侵吞尾票款的行为；客体上，蔡某行为既侵犯了国家工作人员职务的廉洁性，又侵犯了公共财产的所有权，为复杂客体。蔡某的行为符合贪污罪的构成要件，因而构成贪污罪。

第二种意见认为蔡某构成诈骗罪。从诈骗罪的构成要件分析：主体上，本罪为一般主体，蔡某适格；主观方面，蔡某为直接故意，并有非法占有尾票款的目的；客观方面，蔡某隐瞒真相，指使他人销售不可能中大奖的尾票，骗取广大彩民的钱财；客体上，蔡某行为侵犯了公私财产的所有权。蔡某的行为符合诈骗罪的构成要件，因而构成诈骗罪。

三、评析

笔者同意第二种观点，试作评析如下。

（一）尾票和尾票款的性质

1.何为尾票

社会福利彩票发行中心每次组织销售的即开型彩票都由不同的基本奖组组成。每一组都会附有彩票符号构成表对该组彩票有多少种符号以及各种符号的数量予以说明。当彩票售出后，会有人持奖票去兑奖。发行方会将中大奖的符号与彩票符号构成表对照，就可以确定没有售完的尾票中有哪些符号已经不存在。有的发行方为了牟利，就将尾票拿到下次发行新彩票时销售，并将尾票中没有的符号确定为该次大奖的符号。这样购买尾票的彩民就根本不会中大奖。为了避免出现这种欺诈行为，保护广大彩民的利益，销售尾票的行为被国家明令禁止。

2.尾票款的性质

尾票款的属性是本案争论的焦点。第一种观点认为尾票款属于公共财产，从而对蔡某行为做了贪污罪的定性。其依据是《刑法》第91条的规定，即本法所称公共财产，包括：（1）国有财产；（2）劳动群众集体所有的财产；（3）用于扶贫和其他公益事业的社会捐助或者专项基金的财产。在国家机关、国有公司、企业、集体企业和人民团体管理、使用或者运输中的私人财产，以公共财产论。该观点认为，《刑法》第91条并没有将在国家机关、国有公司、企业、集体企业和人民团体对私人财产的管理、使用或者运输限定为合法的管理、使用或者运输。因此，无论是国家机关、国有公司、企业、集体企业和人民团体合法还是非法管理、使用或者运输的私人财产均应定性为公共财产。基于以上认识，该观点认为，尾票款的所有权仍属于受骗彩民的私有财产，发行方有返还义务。但在返还前，发行方有妥善保管义务，任何侵吞、窃取、骗取或以其他手段非法占有的行为都应视为对公共财产的侵害。且蔡某的行为属于牵连犯，其销售尾票和侵吞尾票款的两个行为具有牵连关系，按照对牵连犯择一重罪处罚的原则，应对蔡某以贪污罪论处。

(二)笔者认为尾票款依然属于私人财产

1.对“公共财产”的解释

在理解尾票款性质的问题上，第一种观点对《刑法》第91条第2款的内容进行了解释，认为不论合法还是非法，国家机关等五个主体管理、使用或者运输中的私人财产，均应以公共财产论。笔者认为这种观点明显不妥。从法理学的角度讲，对法律文本进行解释必须遵循整体规则，即解释法律应当协调一致，相互关联，不能断章取义、孤立理解。这里的“整体规则”，既适用于一部法律的条文与条文之间，也适用于一个条文内部的款与款、项与项之间。《刑法》第91条第1款规定“本法所称公共财产，是指下列财产：(一)国有财产；(二)劳动群众集体所有的财产；(三)用于扶贫和其他公益事业的社会捐助或者专项基金的财产”。虽然这里未做明示，但显然上述三项均指合法财产。否则，一国法治所依赖的物质基础将荡然无存，秩序也无从谈起。那么，在该条第2款所涉财产，毫无疑问也应当是指合法财产。一方面同样是从立法的本意考虑；另一方面，从技术的角度考虑，如果前后款含义不一致，应在立法时区别说明。这也体现了条文内部的整体性。因此，对《刑法》第91条第2款的解释应当是限制性解释，即只能是合法财产。第一种观点的解释，不仅违反了整体性规则，也任意扩大了公共财产的外延，不利于认定《刑法》中有关侵犯公共财产的犯罪。既然只有在国家机关等五个主体管理、使用或者运输中的合法私人财产才能以公共财产论，那么，因为尾票款的所有权为广大彩民，发行方的占有即为非法占有，当然不能适用《刑法》第91条第2款的规定。该尾票款的属性依然为私人财产，不能以公共财产论。

2.区分单位行为与个人行为

从本案看来，指使销售尾票为蔡某个人行为，而非单位意志的体现。侵吞尾票款更是典型的个人行为，与单位无关。因尾票是以发行中心的名义销售，该尾票款必须从发行中心账上过一下，为实现蔡某下一步侵吞的目的做准备。因此，销售尾票不能视为发行中心的单位行为或任何人的职务行为，发行中心的名义和财务均是被犯罪行为利用的载体，因此该尾票款当然不属于国家机关等五种主体管理、使用或运输的私人财产，不能以公共财产论。

（三）关于“妥善保管”义务

关于“妥善保管”义务，第一种观点认为“在返还前，发行方应当妥善保管，任何侵吞、窃取、骗取或者以其他手段非法占有的行为都应视为对公共财产的侵害。笔者认为，其中的“妥善保管”义务不能成立。首先，要明确骗取尾票款的主体是谁，是蔡某还是发行中心。如上文所述，骗取尾票款主体应当是自然人蔡某，是蔡某非法使用发行中心的名义行使骗取行为，其责任当然不能由发行中心承担。因此，发行中心并不承担尾票款的返还义务。又因为该款只是从发行中心账上过一下即被蔡某侵吞，因此，发行中心也不承担《刑法》第91条第2款中的管理义务，发行中心只需要做到该款的支出不违反有关财务规定即可。其次，该保管义务的设定，就好比要求实施盗窃的人必须妥善保管所窃财物，不能随便使用一样。在情理上是可笑的，在实际中是无法操作的，在逻辑上是行不通的。因此，将这样一种虚无的保管义务设定到发行中心，再推导该“保管”属于《刑法》第91条第2款中的“管理”，由此得出该尾票款应视为公共财产，最后推出对该尾票款的侵吞构成贪污罪是不能成立的。其错误表现在以下两点：(1)混淆了发行方的发行行为与非法使用发行方名义的行为之区别。(2)混淆了保管义务和返还义务的适用范围。保管义务并非返还义务的适用条件或前提，尤其是针对金钱这样的种类物。

（四）蔡某的行为不属于牵连犯，应以诈骗罪处罚

本案中蔡某先后实施了两个行为：一是销售尾票款的行为；二是侵吞尾票款的行为。鉴于尾票款的性质只能定性为私人财产，笔者认为，这两个行为实为手段与目的之关系，即蔡某利用发行尾票的手段达到非法占有他人财物的目的，不属于牵连犯，只构成诈骗罪，应以诈骗罪处罚。

2006年第15期

浅论公司并购中股东诚信原则以及小股东权益的保护

贾红卫　律师

骆　锐　深圳市投控资本有限公司

随着经济全球化的发展，以及我国市场经济改革的深入，公司并购活动逐渐升温。与此同时，对资本多数决定原则滥用的现象，在仍然以“股东会中心主义”为公司治理方针的我国越来越多地出现。在并购中，控制股东有机会凭借表决权的优势，操纵并购过程和公司的营运，甚至置中小股东的意志于不顾，损害中小股东的利益。以上情况严重挫伤了中小股东的投资热情，也使公司制度背离了股权平衡之实质要求。因此，中小股东由于处在相对弱势的地位，尤其需要得到更加有力的保护。可以说，如果没有有效的理论和制度的支持，就无法认定控制股东的责任，也就无从对中小股东进行有效的救济。

诚实信用义务为中小股东权益保护提供了比较有力的保护。本文试图通过对美国这方面有关法律规定的简要分析，为完善我国保护中小股东权益的制度这一主旨提出粗浅的看法。

一、资本多数决原则的滥用及股东诚实信用原则对其的约束

资本多数决原则，是指股东具有的表决力与其所持股份成正比，股东持股越多，表决力越大，法律将股东大会中持股最多的股东的意思推定为公司的意思。因此，控制股东意志一旦上升为股东大会意志，即对小股东产生拘束力。资本多数决原则是合资公司区别于人合公司的一项重要特征，也是现

代公司法中的一项基本原则。

在很长一段历史时期，股东多数决原则走向了绝对化。主要是基于对股东投资热情的激励、对股东利益与公司利益一致性的认同、对表决权自由和私法自治的维护以及对股东平等和无涉的肯定。在19世纪末期，这一趋势发展到了顶峰，无论是英美法系还是大陆法系国家法院的判决，都对控制股东对公司以及小股东的决定权予以肯定。英国的理查德·巴格莱（Richard Baggallay）法官在西北运输有限公司诉贝蒂（North-West Transportation Co.Ltd v.Beatty）案中指出："除非公司章程另有相反规定，控制股东针对公司依法从事的活动、做出的决议对小股东产生拘束力……每位股东尽管就决议事项拥有与公司整体或特定利益相左或不同的个人利益，仍可就此等问题享有绝对的表决权。"曾斯·哈迪（Cozens Hardy）大法官也在飞利浦诉制造商证券有限公司（Philips v.Manufacturers' Securities Ltd.）案中认为："公司股东在依法召开的股东大会中投票时，对于公司或其他股东不负任何诚信义务（fiduciary duty）。"1908年德国的莱比锡法院在西贝尔尼亚（Hibernia）案件中认为，"由必要的多数股东就公司问题所做的决议，即使考虑到给少数股东不合理地造成了经济上的不利益且害及少数派股东的努力，仍对少数派股东产生拘束力"。

资本多数决原则作为合资公司的核心原则，其作用主要在于确保公司经营效率，刺激股东投资积极性，保证股东与股东、股东与公司之间的利益和风险的平衡。但是，如果对这一原则的运用超越了一定的限度，则会侵害中小股东的权益。依照刘俊海教授的观点，所谓资本多数决滥用，是指控制股东为实现自己或第三人所追求的利益，损害或限制公司或其他股东的利益，而行使表决权或运用基于控制股东资格所具有的影响力。他认为，资本多数决滥用具有四个特征：

（1）主体特征：资本多数决滥用的主体只能是控制股东。所谓控制股东不仅指控股股东，同时还指非大股东甚至小股东通过联合后形成的表决力和影响力取得公司控制权。

（2）主观特征：主观上存在故意。

(3)手段特征：在手段上，可以是通过表决权的行使滥用资本多数决，也可以是通过向董事、监事以及其他经营管理人员施加影响，利用其从事不符合其他股东利益或公司整体利益的经营活动。

(4)后果特征：资本多数决滥用必然造成对公司或其他股东权益的侵害。

资本多数决定滥用会对公司、其他股东造成很大的影响，同时又间接地侵害债权人、职工及其他相关人士的权益，扰乱市场环境，严重削弱公司的诚信资质，甚至会造成公司的破产。20世纪20年代后期，随着垄断资本主义的盛行和自由市场经济遇到发展"瓶颈"，资本多数决滥用的不良影响逐渐凸显出来。市场竞争的无序性和破坏性，最终促成国家对经济进行逐步干预，通过制定反垄断法来建立多个经济法部门，客观上促使理论界对资本多数决滥用进行研究。各国学者相继形成了许多对于资本多数决定限制性理论，其中，具有代表性的主要有德国的违反公序良俗理论、权利滥用理论，法国的权利滥用理论，英国的权利欺诈理论和美国的诚实信用义务理论。

所谓股东的诚实信用义务，即每个公司股东对公司和公司的其他股东所负有的诚实不欺，合理使用股东权利，维护公司及股东共同利益的义务。诚实信用义务理论以信托义务为基础，从控制股东的义务角度出发对资本多数决滥用进行限制，认为股东在对公司重大事务进行表决时，控制股东对其他股东和公司负有诚实信用义务。诚实信用义务要求公开、诚实和公平地对待其他股东。对于资本多数决定滥用就是控制股东对诚实信用义务的违反。这实际上是控制股东利用其手中持有的强大的表决力，违背诚实信用原则以及股东平等原则，对股东共益权的一种侵害。该理论为美国所首创，也为美国法院所秉承发展。

公司并购作为公司的一项重大事务，对公司和其他股东影响极大。如果在公司并购中，控制股东滥用资本多数决原则，会对公司的其他股东和包括债权人、职工等在内的关联人员的利益造成极大的侵害。因而，控制股东必须承担诚实信用义务。在出让自己股份时，控制股东对少数股东负有诚信义务，因为这一出让实际上会使公司的控制权发生变动。为判断公司的收购或分立时是否公平，法院应该考虑股东所负有的诚实、公平义务，以及对公司和其他股东所负有的合理注意义务。在这种情况下，法律要求股东之间尽到最高程度的诚实信用和忠实义务。而资本多数滥用的本质可以用对诚实信用义务的违反来解释。

从我国目前的公司法立法来看，虽然目前仍然以权利滥用和公序良俗理论为主导，但是诚信义务理论在我国逐步得到了一定的适用。股东必须遵守公司章程、依法向公司缴纳其所认购的股款或出资额。除公司不能依法成立外，股东不得抽回股本或出资，任何虚假出资、虚假陈述，以及股东为谋求自己的利益而损害公司的行为等，均违反股东诚信义务。控制股东出任公司董事、监事或经理的情况下，他们必须遵守董事、经理、监事应当遵守公司章程，忠实履行职务，维护公司利益，不得利用在公司的地位和职权为自己谋取私利，不得利用职权收受贿赂或者其他非法收入，不得侵占公司的财产，等等，在我国《公司法》中做了明文规定。但是，在控制股东通过行使表决权、处分自己的股东权的形式来支配公司，特别是在公司并购等公司重大事项中，控制股东是否对其他股东承担诚信义务等方面，我国法律目前暂无明文规定。

二、公司并购中对于违反股东诚实信用义务的认定标准

控制股东违反诚实信用义务对公司结构进行改造，以及利用投票排挤或剥夺（eliminate）少数股东利益的行为，在公司并购中，主要体现在母公司对子公司的收购，或控制股东所有或控股的另一家公司对本公司的收购。

母公司对子公司的收购，或控制股东所有或控股的另一家公司对本公司的收购，主要有三种表现形式：排挤性收购（Squeeze-out merger）、公司清算（Liquidation）和股权稀释（Stock split）。其中，排挤性收购（Squeeze-out merger）是利用公司收购的方式进行的。

母公司或控股股东通过挤压中、小股东的权益，侵占子公司或本公司的利益的目的，无外乎有以下几种方式：

（1）使用子公司或本公司资产，为母公司或控股股东服务；

（2）巩固（consolidate）其控股地位；

（3）利用子公司或本公司，进行合法避税；

（4）通过出让手中持有的股份，转让公司控股权，取得现金或其他利益；

（5）利用控制权，低价或不当收购；

（6）将不良资产高价转让给其他公司，以期摆脱自己的债务责任。

近年来，随着公司间相互收购的增多，关于母公司或控股股东恶意收购和排挤中小股东的诉讼不断增加。在这种诉讼中，如何认定收购行为是否侵害了中小股东的意志，成为案件解决的关键环节。除了前文所述对于资本多数决滥用的判定标准外，需要对“排挤性收购”这种特别情况的判定建立一套标准。为此，美国法院确立了一套严格的审查标准，当股东对股东会的并购决议提出异议而诉至法院时，美国法院会依此进行审查。这一审查标准是特拉华州法院在Weinberger v.UOP，Inc（Del 1983）案中确立的，目前为美国其他各州及部分其他国家所采用。

这一审查标准具体包括以下内容：

（1）对目的审查

法官要对收购的目的进行审查，以查明母公司或其他公司是否为了挤压小股东利益而进行收购。由于公司对于这一问题很容易进行规避，这一审查方式一般被认为是不足够的。因此，美国法院对事实的认定一般更依赖关于公平的审查。

（2）对是否完全公平（entire fairness）审查

法院认为，对公平的审查应该包括对公平价格和公平方式的考察。

公平价格（fair price）：法院认为对股份的真正价格的确立，应考虑“一切有关事实”（all relevant factors），包括资产、市场价格、收入预测、汇率的折损（discounted cash flow）和其他影响公司股份价值的因素。对公平价格的判断标准，是股东将收到同以前持有股票大致相等的价值，也即股东得到与自己付出东西等价的对价。

公平方式（fair-dealing）：法院认为，有关收购的时间，如何发起、安排、谈判，是否及如何告知于董事，以及董事和股东对收购议案表示同意的表决过程及方式，一般都属于对公平方式的认定要素。

对于不符合以上审查标准的收购，法院也并不当然裁定为无效，如果公司与反对股东达成股份收购协议，则反对股东也可不起诉或中途撤诉，该收购行为就自然生效。相反，如果反对股东提起了股东大会决议无效之诉，法院即可判决该决议无效。

当然，对于股东表决的自主性，及对于公司行为的意思自治的保护是十分重要的。对于以上审查的适用，必须要受到严格的限制，以确保其目的是要证明控制股东同收购交易存在利益联系，同时，控制股东的这种利益同其他小股东的利益相矛盾，在诉讼中，这种举证责任由起诉的少数股东承担。换言之，控制股东存在滥用资本多数的主观故意。在没有冲突利益的情况下，即使控股股东起草了合并条款，参加了合并谈判，行使了表决权，或控制了董事会，强制完成了交易，都不能构成对经营判断原则保护的剥夺和对完全公正原则的适用。控制股东在安排合并的支付方式时，如果采用了对不同股东区别对待的方式，控制股东就要证明这种安排是完全公正的。

虽然我国公司法对于股东的诉讼权利作出了规定，但是，在诉讼中，法院应当如何认定并购过程是否公平合理，却只有一些原则性的规定，而没有明确的标准。这一方面不利于股东对于自己权益的维护，同时也不利于法院在审理案件时的公正与高效。笔者认为，对于控制股东滥用控制能力影响收购的认定，我国可以参考美国法院目前成熟的审查标准，找到我国可运用、发展之处，为我所用。如果能够在司法解释中确立这一标准，相信能够使很多股东在面临权益受到侵害时找到保护自己的依据，从而能够更好地维护自身权益。

三、小股东在公司并购中进行自我保护的途径

控制股东在行使控制权时应遵守诚实信用义务，不得滥用其控制权，这是民法上的诚信原则在规范公司并购行为的体现。由于公司并购的表现形式多样，关系纷繁复杂，在《公司法》中不可能涵盖其所有的内容，因而在《公司法》规范存在缺陷的情况下，诚实信用原则作为一般性原则条款，可以

发挥补充漏洞的重要功能。当然,仅有原则是不够的,还需要具体制度作为保障。

美国法中对于公司并购中小股东权益受损之救济措施,主要体现在表决代理权征集制度和股份回购制度中。

(一)表决代理权征集

表决代理权征集(proxy solicitation),是指公司及公司外的人将记载有必要事项的空白授权委托书交付于公司股东,劝说股东选任自己或者第三人代理其行使表决权的商事行为。在控制股东利用手中的多数股份影响关于公司合并的股东会表决时,小股东可以利用这一制度,收集其他股东的表决权,使大股东所控制的股份不足表决通过之必要多数。在股东特别是中小股东不直接参与日常经营管理的现代公司中,通过将分散的投票权集中起来,众多中小股东可以在股东大会上表达自己的意见,为其参与公司决策、监督公司经营提供了一种可供选择的途径。

虽然这一制度在美国、日本等国家得到了广泛的应用,从实施的效果看,仍然存在很大的问题。最根本的批评依据,在于表决代理权征集有违股东表决中一股一票的原则。一股一票是表决权分配的基本原则,如果不按持股比例分配表决权,最终风险的承担和公司决策权就会出现不一致,表决机制就会被扭曲。表决与剩余权益的一致性,就决定了任何形式的表决权买卖都应受到法律禁止,因为脱离剩余利益权益而转让表决权,减少了受让方控制公司的成本,对于那些按照持股比例行使表决权的股东是不公平的。表决权买卖必定导致代理成本增加,其极端表现就是在买进表决权后掠夺公司财产。为了防止这种情况出现,美国法律制定了一套完善的规范机制,包括对代理权征集行为的适用范围、代理权的授权方式、代理权征集人的信息披露责任、代理权征集人的表决投票方式、代理权征集人的违约责任以及违反授权人意志的投票行为的救济方式等。相关规范规定主要体现在美国《联邦证券交易法》第14节a、b、c款以及美国联邦证券与交易委员会根据1934年《联邦证券交易法》第14节a款的授权,颁布的一系列规范代理权征集的规则和表格中。

相对而言，我国目前尚未建立健全完善的表决代理权征集制度，除了在《公司法》第107条和部分法规中对之进行了零星规定外，没有形成完整的规制体系。虽然我国对于表决权代理征集的相关法律规定相当宽松，但是这一制度仍然没有为广大上市公司股东所重视。随着我国上市公司股权集中度的不断降低，以及广大中小股东对自身权益的重视，相信会对这一有效防止控制股东滥权的制度有更深的认识和更广的运用。对此，笔者建议，应当在我国《公司法》和《证券法》中明确规定上述制度，形成具有可操作性的表决代理权征集法律规定，以使此制度能够更好地帮助小股东保护其权益。

(二)公司股份回购制度

所谓公司股份回购，顾名思义，就是指公司购回自己已发行之股票。按照刘俊海教授的观点，公司股份回购，是因特定股东大会决议中反对股东的股份买取请求权而取得自己股份，属于公司为保护小股东而履行的法律义务，自无禁止之理。美国被认为是最早确立这一制度的国家之一。美国《新修商业公司条例》第十三章一方面使大股东获得了(包括种类和规模)几乎无限地对企业进行改造的权力；另一方面，反对这种改造的股东有权以公平合理的价格撤回其投资。对股份回购制度的规定体现了这一原则。在《新修商业公司条例》中，专门规定了在并购过程中的公司股份回购制度，它包括了对反对股东(dissent shareholder)的确定制度和对反对股东进行现金补偿(appraisal remedy)的制度。

目前，我国《公司法》也确立了公司股份回购制度。《公司法》第75条规定，有下列情形之一的，对股东会该项决议投反对票的股东可以请求公司按照合理的价格收购其股权：……公司合并、分立、转让主要财产的……自股东会会议决议通过之日起60日内，股东与公司不能达成股权收购协议的，股东可以自股东会会议决议通过之日起90日内向人民法院提起诉讼。第143条规定，公司不得收购本公司股份。但是，有下列情形之一的除外：……股东因对股东大会作出的公司合并、分立决议持异议，要求公司收购其股份的。

在上述立法中，明确规定了对于股东因对股东大会作出的公司合并、分立决议持异议，可以要求公司收购其股份。同时，立法还赋予股东在公司不予回购其股份时向法院起诉的权利。对于我国的中小股东来说，这无疑赋予了他们讨回自己权益的工具。但是，正如美国公司法在赋予反对股东要求公司回购其股份的权利时，并没有对这一权利的行使条件进行严格的界定和限制一样，我国《公司法》中，也存在这种情况。《公司法》并未对在公司合并情况下，依照反对股东要求而回购的股份之限额及回购价格的高低限进行规定，因此，这可能导致股东滥用股份回购制度。笔者建议，在立法上，应当严格限制公司取得自己股份的额度，并规定回购必须以公开的方式进行，同时要求法院严格审查反对股东的动机和目的，通过其他股东诉讼的途径，防止利用股份回购制度进行欺诈。

2006年第15期

浅析我国刑事法律援助制度的完善

刘伟华　深圳市南山区司法局

我国刑事法律援助制度自2003年正式确立以来，因其在推动人权保障及捍卫司法公正方面的重要作用而得到广泛关注和重视，笔者从当前我国刑事法律援助制度存在的问题来思考进一步完善我国刑事法律援助制度的途径，特写此文进行探讨。

刑事法律援助制度又称刑事法律救助、法律扶助制度，是指在刑事诉讼过程中，负有法律援助责任的机构和人员对需要得到法律服务而有经济困难的刑事被告人及特殊案件的当事人，为保障其合法权益而依照法律的规定提供无偿的法律帮助的一项法律保障制度。这是现代法治国家实现司法公正和保障公民基本人权的一个重要标尺。

刑事法律援助是一种国家行为，刑事法律援助制度是现代化法治国家必须承担的一种国家责任，是公民享有的一项社会基本保障权利，是司法为民的一项重要内容，也是人权的一项基本内容。司法人权是人权的重要组成部分，法律援助本质上是保障司法人权的一项重要制度，是促进司法公正，维护社会正义的重要措施。法律援助实质上是国家通过制度化的形式，对法律服务资源进行再分配，以保障贫弱残者不因经济能力、生理缺陷所限而平等地获得法律帮助，实现自己的合法权益。

作为我国法律援助制度的重要组成部分，我国的刑事法律援助制度的基本原则和框架始建于1996年全国人民代表大会修改的《刑事诉讼法》与全国人大常委会通过的《律师法》。其中《刑事诉讼法》确立了以经济状况为决定条件的一般刑事法律援助的基本原则与特殊刑事法律援助的两项基本原则，即被告是盲、聋、哑、未成年人或者可能被判处死刑而没有委托辩护人的，人民法院应当指定承担法律援助义务的律师为其提供辩护。《律师法》则确立了三项重要原则：一是公民有获得法律援助的权利；二是确立了律师的法律援助义务；三是法律援助职能归属于司法行政部门。2003年，国务院颁布了我国首部法律援助行政法规《法律援助条例》，标志着我国刑事法律援助制度的正式确立。

刑事法律援助制度作为一项年轻的法律制度，其不可避免地存在许多不完善的地方，通过对刑事法律援助现存诸多问题的梳理，笔者认为以下几个方面更需要引起重视与完善：(1)公民的获得律师帮助权在立法上缺乏有力保障；(2)刑事法律援助制度缺乏强有力的法律保障；(3)法律援助机构与公检法三机关在刑事法律援助案件中的衔接机制不顺畅；(4)提供法律援助的律师介入刑事诉讼的时间过晚；(5)刑事法律援助制度缺乏物质保障基础。

鉴于此，本文试图通过对我国当前刑事法律援助制度存在的缺陷来思考进一步完善我国刑事法律援助制度的途径。

一、建立完备的刑事法律援助立法体系

刑事法律援助制度作为我国刑事诉讼制度及律师制度的基本内容之一，其主要的功能是保障弱势群体的辩护权的实现。从目前的情况来看，我国的宪法、刑事诉讼法及有关法律法规对刑事法律援助制度规定得较粗疏，缺少可操作性，基于此，才出现了由最高人民法院、最高人民检察院、司法部、公安部等部门通过通知及联合通知等形式来对各阶段的刑事法律援助进行补充和完善的情况。由于我国幅员辽阔，地区差别大，东西部的法治环境差距较大，所以在立法时应当建立起以宪法、法律援助法为主线，通过各省的地方立法加以具体贯彻落实的法律体系。具体来讲，可以从以下几个方面考虑。

（一）完善法律援助立法，保障公民的获得律师帮助权

获得律师帮助权为公民的权利，很多国家因此都制定了法律援助方面的单独立法，而且设立了两个完全独立的体系，一个是民事法律援助体系，另一个是刑事法律援助体系，这两个体系可能同时规定在一部法律之中。我国于2003年颁布实施了《法律援助条例》，但是不管是从法律援助在整个法

律中的地位效力还是法律援助可能涉及的部门考虑，仅仅一部行政法规难以担当此重任。如刑事法律援助必然需要涉及的法检系统，与国务院没有直接的隶属关系，通过行政立法无法确定法院、检察院在刑事法律援助方面的权利义务。笔者认为应当尽快由全国人民代表大会或全国人大常委会制定法律援助方面的法律。从立法技术上来讲，可以单独制定《刑事法律援助法》，也可以制定《法律援助法》而将刑事法律援助作为其重要内容单独规定。

《刑事诉讼法》与《律师法》目前构成我国刑事法律援助制度的主体框架。由于刑事法律援助制度同时隶属于刑事诉讼制度和律师制度的范畴，所以即使今后将享有法律援助纳入宪法权利并单独制订法律援助立法，也还是需要在《刑事诉讼法》与《律师法》中加以规定，使之互相配套，形成体系。只有在《刑事诉讼法》和《律师法》中明确刑事法律援助人的具体义务及受援人的具体诉讼权利，才能真正有效地保障犯罪嫌疑人、被告人的诉讼权利。

（二）在立法上确立刑事法律援助必须贯穿于刑事诉讼全过程的体制

承担刑事法律援助责任的律师为刑事被告人、犯罪嫌疑人提供法律服务，贯穿于刑事诉讼的全过程。刑事法律援助的这个特点是基于刑事诉讼并不局限于法庭审判而产生的。我们知道，绝大多数的公诉案件都要经历侦查和起诉这两个阶段之后，才进入审判阶段，而刑事被告人（侦查阶段则被称为犯罪嫌疑人）作为被刑事追诉的对象，则始终处于刑事诉讼从侦查到起诉和审判全过程的中心，因此，他所需要获得的法律帮助，也应反映在刑事诉讼从侦查到起诉和审判全过程之中。显然，如果刑事诉讼只有在起诉或审判阶段，刑事被告人才能获得相应的刑事法律援助，而处于侦查阶段的犯罪嫌疑人不能获得相应的刑事法律援助，那么，刑事法律援助维护刑事被告人、犯罪嫌疑人合法权益的积极意义必将遭受严重损害。如果考虑到在我国的刑事诉讼中，刑事被告人能否被定罪的命运大多较大受侦查阶段的工作所影响这个特殊情况，考虑到刑事诉讼中侵犯合法权益的现象主要发生在侦查阶段这种普遍性事实，刑事法律援助贯穿于刑事诉讼的全过程，使处于侦查阶段的犯罪嫌疑人也能获得相应的刑事法律援助，不仅是人权保障的必要，更是一种现实的需要。

就此而言，如果刑事法律援助仅仅体现在刑事诉讼从侦查到起诉和审判三个阶段中的一部分而不是全过程，那么，这样的刑事法律援助就是不够充分的，不可能完全实现刑事法律援助基本宗旨，即充分维护刑事被告人、犯罪嫌疑人合法权益。在这个意义上，可以说由国务院颁布的《法律援助条例》中的相关规定，使处于侦查阶段的犯罪嫌疑人也能得到相应的刑事法律援助，对于完善我国的刑事法律援助制度具有积极意义。

要让刑事法律援助贯穿于刑事诉讼的始终，就要在我国的《刑事诉讼法》立法中确立刑事法律援助的地位。一方面要确保犯罪嫌疑人在刑事侦查阶段被告知有申请法律援助的权利，且对未成年人、盲、聋、哑以及可能被判处死刑的犯罪嫌疑人应在刑事侦查阶段给予其法律援助。另一方面对没有履行告知义务的机关规定制裁措施，以使法律具有可操作性。

（三）注重司法解释、法规、规章的建设

鉴于刑事法律援助所涉及的部门较多，且我国地域经济各有差别，在宪法和法律中不可能对刑事法律援助的有关事宜都做详尽具体的规定。就法院检察院而言，在司法实践中可能遇到刑事法律援助方面的新问题，而需要通过作出司法解释加以完善。而公安部、司法部等行政机关在实践中遇到的问题可能需要国务院制定行政法规或自己制定部门规章来健全。各个省、自治区、直辖市等由于经济实力的差异，对法律援助的投入也不尽一致，可能选择不同的援助模式，这就可能需要各个地方制定地方性法规、规章来规范具体法律援助的实施。

总体来说，在立法上有必要建立起从宪法到法律，直到地方性法规、规章的整套法律援助机制，这其中最主要还应是法律援助的单独立法。只有在立法上确立了相应的法律关系，刑事法律援助作为一项制度才有可能落到实处，才有可能实现以权利为本的法律援助。

二、完善刑事法律援助中法律援助机构与公检法机关的衔接机制

由于当前在刑事法律援助中公检法机关和司法部四主体的衔接机制的

缺失，使受援人的合法利益受到了较大侵害。因此，法律援助机构得到公检法三机关的大力支持和积极配合，完善这种衔接机制，是做好刑事法律援助工作的迫切之需。笔者认为，要完善刑事法律援助中的衔接机制，首先，要将目前司法部与最高人民法院、最高人民检察院、公安部之间关于刑事法律援助的零散的联合发文统一到一个法律文件中去，以加强刑事法律援助的法律效力。这就需要修改《刑事诉讼法》或由全国人大常务委员会作出有关解释。其次，各地在执行这种刑事法律援助程序性规定时，需根据当地的实际情况，制定详尽、方便受援人且切实可行的实施细则，并将之作为执法检查的重要内容加以落实。再次，由于在刑事法律援助衔接机制中的关键是让犯罪嫌疑人以及刑事被告人享有申请法律援助的知情权，以及提高效率、简化相关手续，让受援人能及时得到法律援助，因此，为了让法律具有可操作性，就要在法律中规定相应的制裁措施，在有关的司法解释中对有关部门处理犯罪嫌疑人以及刑事被告人申请法律援助工作的时效做出严格的规定。

三、重新设计刑事法律援助的启动程序

我国刑事法律援助的启动程序包括法院指定和自行申请两类。但是实践中主要是依靠法院指定，犯罪嫌疑人、被告人申请的比例极小。于2000年最高人民检察院与司法部联合下发了《关于在刑事诉讼活动中开展法律援助工作的联合通知》，2001年4月25日司法部与公安部联合发出了《关于在刑事诉讼活动中开展法律援助工作的联合通知》，分别就法律援助机构与检察机关和公安机关在刑事诉讼中的法律援助工作的衔接问题作出了规定。但是根据笔者了解，司法实践中侦查与控诉机关基本没有采取有效行动加以落实。即使是侦查与控诉机关严格地履行了有关的部门规章中有关申请刑事法律援助权利告知的义务，经过公安机关与检察院转达申请以及法律援助机构审查等程序后，只怕符合条件的受援对象已经进入下一道诉讼程序了。综观各国的刑事法律援助制度的设计目的，其中有一个重要方面就是满足诉讼程序的需要，而法律援助的及时性是其前提，所以英国、日本等国设立了值班律师制度，并对某些案件无须审查直接提供援助。我国可以根据我国法律

援助实践加以参考，当然考虑到我国律师的数量有限，只宜先在有条件的大城市试点后再逐步推广，并随着律师制度的日益完善，而最终建立一整套保障刑事法律援助能够及时提供的机制。

四、加强对刑事法律援助的物质保障

一项法律制度的落实，物质保障是基础。如果法律援助机构、公检法机关缺乏经费，就难以充分开展刑事法律援助工作。虽然有些地区提高了刑事法律援助的补贴标准，但是由于补贴的发放是按承接案件的数量而不考虑具体案件的难易程度，发放补贴的金额往往有限，较复杂的案件甚至连办案的基本成本都无法负担。如果承接刑事法律援助案件的律师尽职尽责地完成辩护任务的话，往往不能有所收益，甚至要自费很多费用，致使刑事法律援助案件对执业律师缺乏吸引力。律师收费不等于律师报酬，而要考虑办案成本所产生的费用支出。但是制定法律援助案件补贴标准时这一点又容易为人所忽略。各地可以在符合经济承受能力的情况下在给予律师适当补贴的同时对办案产生的实际费用予以实报实销，使刑事法律援助的积极性更高，保障犯罪嫌疑人和被告人合法权益。这可以作为我国设计刑事法律援助制度选择的方向之一。

2006年第16期

中国与东盟国家投资前景及其法律保护问题

李　峰　律师

中国与东盟各国有着良好的合作关系，建立中国—东盟自由贸易区（China-ASEAN Free Trade Area，CAFTA）是当今经济全球化和区域经济发展的趋势，也是中国与周边东盟国家实现共同发展的战略选择。中国—东盟自由贸易区建成后，将是世界人口最多、发展中国家间最大的自由贸易区。2005年，中国与东盟的贸易总额超过1300亿美元，东盟成为我国第四大贸易伙伴。

2002年，中国和东盟启动自由贸易区进程，中国与东盟在2002年11月签署了《中国—东盟全面经济合作框架协议》，2004年11月在老挝首都万象举行的第八次中国与东盟领导人会议上，双方签署了《中国—东盟全面经济合作框架协议的货物贸易协定》和《中国—东盟全面经济合作框架协议的争端解决机制协定》，与此同时，东盟宣布承认中国的完全市场经济地位。

自此成功启动全面降税进程，我国和东盟着手进行服务贸易和投资领域的谈判，中国—东盟自由贸易区建设进入了实质性操作阶段。

面对经济全球化和中国加入世界贸易组织（World Trade Organization，WTO）后新的发展，很多企业和个人开始意识到“走出去”的迫切性，敢于到国际市场上角逐，获得实实在在的利益。企业进行投资必须与国际市场全方位接轨，熟悉国际经济惯例，充分利用好国内国外两个市场、两种资源，实现经济的持续、快速、健康发展。事实上，在中国和东盟的经济往来正加快全球化的新形势下，随着中国—东盟自由贸易区的建设，中国企业走进东盟，东盟企业走进中国是势在必行的。特别是对已初具规模的大中型企业来说，其更应走出国门，要大力发展与东盟各国的经贸往来，推动互利双赢的全面合作，实施跨国经营战略。

一、东盟国家已成为中国企业境外投资的重要地区

第一，中国与东盟各国或山水相连，或隔海相望，文化相通，有传统的友谊，自古以来就有非常密切的交往，经济上有较强的互补性。近年来，在双方的共同努力下，中国与东盟的经贸关系得到迅速改善和全面发展。

统计数据显示，2004年中国与东盟贸易总额提前一年实现了1000亿美元的预期，2005年达到1304亿美元，2007年1—6月双方贸易额达到727亿美元，同比增长21.7%；贸易活动的快速发展，要求有投资的支撑，也同时促进了投资的活跃，要求加强投资自由化和便利化的进程。2004年年底，东盟国家来中国投资的协议投资金额累计近700亿美元。而中国在东盟的实际投资截至2004年为止共10.11亿美元，但近年来明显呈快速发展的势头。中国与东盟自贸区的建设到了实质性阶段，相互之间的投资已被列入双方合作的10个重要领域之一。

第二，政治层面达成共识，提供了强有力的保障。中国作为域外国家率先加入了《东南亚友好合作条约》；2003年，温总理与东盟十国领导人签署了《面向和平与繁荣的战略伙伴关系联合宣言》，双方高层往来频繁，政治互信不断增强，经济贸易合作领域也在不断地深化和拓宽。中国与东盟计划在2010年建立自由贸易区，更是体现了中国和东盟国家领导人希望合作双赢的强烈的政治意愿。

第三，双方达成了一系列经贸协议，特别是《中国—东盟全面经济合作框架协议》的签订，是中国与东盟开展全面经济合作的里程碑。它的签署标志着中国与东盟的经贸合作进入了崭新的历史阶段，这无疑将对中国企业和东盟国家之间的投资合作产生深远影响。同时双方正在进行投资及服务贸易协议方面的谈判，这必将为双方企业的投资合作奠定良好的法律基础。

第四，随着经济全球化的发展以及面对中国加入WTO的新形势，在实施

"走出去"战略的过程中，中国很多企业都已经开始把东盟视作一个境外投资的重要地区。随着中国—东盟自由贸易区统一进程的加速，他们普遍相信中国和东盟在进出口贸易、承包工程、劳务合作、技术合作和项目投资方面会获得更快的发展。

二、中国与东盟国家投资前景

（一）民间投资

与国有企业相比，由于制度上的灵活性，中国民营企业将是到东盟国家投资的主要力量。民间投资，是指个体、私营经济以及它们之间的联营、合股等经济实体的投资，是相对于政府投资而言的。近年来，随着社会主义市场经济改革的进一步深化，中国的民间投资正在加速启动，在全社会投资中的份额已接近国有经济投资，对全社会投资增长的贡献逐步提高，国民经济中投资的自主增长能力逐步增强，民间投资是中国经济最有活力的部分。根据"十五"计划和2001年原国家计委（现为国家发改委）发布的《关于促进和引导民间投资的若干意见》，很多地方也出台了相配套的促进民间投资的法规和政策，可以说，中国的民间投资在现有的法律框架内将会有更大的发展潜力，随着经济的全球化，走进国际市场，走进东盟是其必然的选择。

（二）相互投资的现状

相对于中国与东盟的贸易，中国对东盟的投资是远远落后的。数据表明，到2004年东盟国家在中国累计协议投资金额近700亿美元，至今实际利用金额约400亿美元；而同期中国在东盟实际投资金额只有10.11亿美元，仅为对方的3%。从世界范围来看，东盟国家是世界投资的热点区域。2004年东盟的直接投资额为256亿美元，而中国在东盟的实际投资至2004年为止是10.11亿美元，可以看出中国和东盟的投资合作目前仍处于非常低的层次，凸显出中国与东盟在相互投资的规模上非常不协调，同时也说明了我国企业"走出去"，向东盟国家投资的意识有待加强。

目前中国对东盟的投资绝对数仍然较小，但这种投资正在加快速度，如中石化正在积极寻求海外机会，已与印度尼西亚和马来西亚签订了合作协议；民营通讯设备制造商华为公司在东南亚国家也得到了很大的发展，还有海尔和TCL等公司在东盟国家投资建厂，其他中小型民营企业也看到了商机，逐渐成为中国在东盟国家投资的先锋。

（三）相互投资的前景

根据《中国—东盟全面经济合作框架协议》，中国和东盟各缔约方同意将农业、信息及通讯技术、人力资源开发、相互投资、湄公河开发、交通、文化、旅游和公共卫生列为未来互利经济合作的10大重要领域。可见，中国与东盟间的投资合作领域前景是非常宽广的。目前，中国正在进一步加大对“东盟一体化倡议”的投入。2006年12月，中国宣布今后3年将把向发展中国家提供的优惠贷款的1/3提供给东盟国家；此外，中国还将在现有基础上增加50亿美元优惠贷款，用于支持中国企业在东盟的投资项目。据商务部副部长高虎诚的透露，在即将举行的第三届中国—东盟博览会上，中国与东盟将签署一批重要投资项目，涉及高速公路、发电厂、化肥厂和基础设施等众多内容。

从总体发展趋势可以看出，中国对东盟的投资金额已经出现了良好的快速增长势头，未来也应该有很大的潜力。特别是近年来随着我国与东盟在CAFTA 框架下的经贸合作的深入开展，东盟对中国的投资出现了新的增长势头。双方在投资领域和投资形式方面也不断拓宽。中国对东盟国家投资领域以贸易与加工业为主。中国对东盟国家投资领域分布相对比较灵活，但基本以贸易和加工业为主。但现在中国企业已涉及东盟国家的能源开发、金融、建筑、化工、纺织、电气、医药和运输等行业，投资领域非常广泛。而且投资形式也从直接投资发展到包括技术投资、建设—经营—转让（BOT）等多种形式。

目前推动中国对东盟投资的积极因素包括许多方面中国实施鼓励企业“走出去”的战略；产业结构的调整；中国—东盟自贸区建设速度的加快；欧、美市场对中国一些产品的限制，而东盟是一个人口众多且处于发展中的新兴市场。可以预见，随着东盟—中国自贸区的发展，中国企业对东盟的投资将形成一股热潮。

三、中国与东盟投资的法律保护

国际投资保护，是指由资本输入国、资本输出国单独地或共同地采取的某种形式的法律保护措施，目的是化解风险、保证国际投资活动顺利进行。

国际上对外商投资的法律保护一般适用国际投资法来进行规范。国际投资法是调整国际私人投资活动的国际法规范和国内法规范。国际投资法的主要组成部分，包含一个国家的涉外投资法或者对外投资法、涉及跨国投资问题的各类双边性国际条约、区域性国际条约和全球性国际公约以及国际政府间机构指定的有关跨国投资活动的规范性文件等。因此，国际投资法包括有关国内法和国际法两个方面。按照国际惯例，当两者发生抵触时，国际法的效力优先于国内法。

中国与东盟建立自贸区，双方相互投资的目标就是要求投资的便利化和自由化，这也是正在谈判的投资协议的目的。在东盟10个国家中，新加坡和文莱经济相对发达，实行自由或相对自由的外商投资政策，而其他国家的经济正处发展过程中，对国内产业保护较多，导致其外商投资政策相对限制较多。但随着经济的全球化以及东盟区域经济一体化的加深，特别是东南亚金融危机后，东盟国家均进一步实施放宽外商投资限制的政策和措施。加入WTO前后，我国修改了《外资企业法》，并出台了其他大量促进和保护外商投资的法规政策，取消了外汇平衡要求和当地含量要求以及出口业绩要求，有步骤地开放了电信、保险、金融等诸多领域的投资。《关于外国投资者并购境内企业的规定》的出台也进一步规范了外商在中国的投资行为。为保证自贸区投资的便利化和自由化，双方还应采取措施以进一步增强政策透明度，保证投资准入自由化，适度降低准入标准，健全投资保障和投资风险救济，提高政府办事效率，完善法律制度，加强司法保护，减少行业限制，使整个投资行为逐步法律化、制度化及透明化。

为保证投资自由化和便利化，促进中国与东盟国家的相互投资，笔者认为以下几个层面给双方的投资提供了法律保护。

（一）政治层面达成共识，提供了强有力的保障

中国作为域外国家率先加入了《东南亚友好合作条约》；2003年，温总理与东盟十国领导人签署了《面向和平与繁荣的战略伙伴关系联合宣言》，中国与东盟成为“面向和平与繁荣的战略伙伴关系”，双方高层往来频繁；2004年，中国与东盟进一步签署了《行动计划》，具体规划了2005年至2010年双方合作的目标。双方政治互信不断增强，这些双方政治层面的紧密关系，必将使双方的经济贸易合作关系稳定发展，为双方的投资行为提供有力的支撑。

（二）中国与东盟国家国内法对投资的保护

东盟各国为了便于吸收外资、利用外资，都以国内外资保护立法的形式制定了如外商投资保护法、外资企业法等。例如，2003年3月19日，越南颁布了修订后的《越南外国投资法实施细则》，进一步放松了对外资的管制，使越南成为东南亚最能吸引外资的一个新兴国家。泰国政府于2000年3月4日发布了《外商企业经营法》，并制定了很多优惠政策，放宽对投资领域的限制，重点扶持产业政策，进一步减免设备和原材料进口关税，进一步减免企业所得税，放宽对外国人持股比例的限制，准许外国人购买房地产和鼓励出口措施等。《东盟投资安排协议》也提供了一个能加快直接投资、促进技术和人员自由流动的环境。

中国为吸引外资、利用外资也对法律作了大量的修改，如重新修正了《中外合资经营企业法》以及实施条例，出台了《关于外国投资者并购境内企业的规定》，《外国投资者对上市公司战略投资管理办法》等，均进一步规范了外资投资的行为。

尽管中国与东盟各国国内法中对外资保护的形式和具体规定不尽相同，但总体来说，这种保护明确、具体、稳定，且多在事先以明文法律的形式确定，保护力度及执行力都非常强。

（三）中国与东盟自由贸易区双边协定

2001年11月，在文莱举行的第5次“10+1”领导人会议上，中国与东盟双方就建成“中国—东盟自由贸易区”达成共识。2002年5月，双方决定成立

“中国—东盟自由贸易区谈判委员会”，研究具体事项，起草框架协议。为“搁置争端、共同开发”，同年中国签署了《南海各方行为宣言》。2002年11月双方第六次领导人会议上签署了《中国—东盟全面经济合作框架协议》，2004年11月在老挝首都万象举行的第八次中国与东盟领导人会议上，双方签署了《中国—东盟全面经济合作框架协议的货物贸易协定》和《中国—东盟全面经济合作框架协议争端解决机制协定》。其中最重要的基础性法律文件《中国—东盟全面经济合作框架协议》的目的之一即创造一个开放、透明、竞争性强以及自由化、便利化的投资体制。这些协定中对投资的保护，各成员必须遵守。

此外，对双方投资进行直接调整和保护的法律文件《中国—东盟自由贸易区投资协议》正在谈判之中，将对区域内投资准入、损害补偿、征收保护、知识产权保护、投资本金和利润汇出保护、代位权保护、违约救济等进行规定。相信该协定一旦达成，必将对中国和东盟国家的双边投资进行全方位调整和保护。

（四）WTO多边投资框架的法律保护

东盟大多数国家是WTO成员，有的国家也正在谈判阶段。在WTO 规则下其成员均负有较多的国际义务及约束，正在谈判建立的中国—东盟自由贸易区是对区域合作的一种法律安排，根据WTO规则，这种安排应该与 WTO 多边规则相符合，WTO多边贸易规则的效力对于自由贸易区而言，是具有最高效力层次的。自由贸易区是区域经济一体化的形式，受制于世界经济一体化的WTO规则。也就是说，中国与东盟自由贸易区的规则必须在WTO规则框架范围内，所以WTO多边投资框架要求的国民待遇、非歧视、增强透明度等规则，都是对双方进行投资时所必须遵守的。

（五）中国与东盟各国签订的双方和多边协议

双边投资条约或协定，主要是指双边投资保险（保证）协定、相互鼓励和保护投资的协定。签订双边协定是各国的普遍实践。中国与越南之间签订了《关于鼓励和相互保护投资的协定》。1999年，中国与新加坡签订了《经济合作和促进贸易与投资的谅解备忘录》以及《成立中新双方投资促进委员会协议》。早在1985年中国就与泰国签订了《促进和保护投资协定》，1986年中国与泰国签订《避免双重征税和防止偷漏税的协定》，1997年又签订了《贸易经济和技术合作谅解备忘录》。2004年，中国与文莱签订了《促进贸易、投资和经济合作谅解备忘录》。实际上，目前中国已与东盟9个国家签订了有产投资保护的双方和多边协定，这些协定将与正在谈判中的《中国—东盟自由贸易区投资协议》一起，保护和促进双方间的投资行为。

（六）争议解决机制

建立自由贸易区，进行多方面的经济贸易合作，产生争议是难免的。具体到中国与东盟国家，除应遵守普遍性条约《关于解决国家和他国国民之间投资争端的公约》《多边投资担保机构公约》外，还应遵守《中国—东盟争端解决机制协议》。该协定采用了目前国际上通用的解决国际经济争议的多种方法：磋商、调解以及仲裁，其中仲裁是其主要方式。争议解决规则的制定可以有效地维护各项协定包括投资协定的实施，最终达到互利的结果，促进双方投资的安全稳定，起到保护投资的目的。再者，《承认与执行外国仲裁裁决公约》也给外国投资者提供了有力保证。

总之，随着世界经济的一体化和中国“走出去”战略的实施，中国与东盟国家的投资具有前所未有的机遇和广阔的前景，对投资者的保护就显得尤其重要。我们期待着中国与东盟关于投资保护协定的早日缔结，使整个自由贸易区内投资者资本的进入、运营和退出程序简化，并使投资高度便利化。尽管离目标还有一定差距，但中国—东盟自由贸易区之间的双方投资已进入良好的发展轨道。只要中国和东盟国家共同努力，加快服务贸易和投资协议的谈判进程，就完全可能在2010年如期建成东盟贸易自由区。

2007年第17期

外商投资企业清算法律实务浅探

高　田　律师

笔者根据从事外商投资企业清算业务的实践，结合我国现行有关清算的法律规定，对现阶段外商在华直接投资企业的清算制度进行了较为全面的整理和分析，力求对有关题述事宜的实务操作有所裨益。

一、有关外商投资企业清算的立法发展与现状

1991年8月16日，上海市人大通过的《上海市外商投资企业清算条例》[1]是在国家尚未立法而由地方“创制性”立法的一次有益尝试。该地方性法规的制定对我国外商投资企业清算制度的确立无疑起到了示范性作用。

此后一些地方也相继出台了部分地方性法规，如1993年7月30日通过的《北京市外商投资企业清算条例》[2]、1995年2月13日通过的《天津市外商投资企业清算条例》[3]、1995年7月26日通过的《深圳经济特区企业清算条例》[4]等。

《上海市外商投资企业清算条例》与其后相继出台的关于外商投资企业清算方面的地方性法规经过多年运作实践，为国家的相关立法积累了丰富的经验。1996年7月9日经国务院批准，对外贸易经济合作部（现已更名为商务部）发布了《外商投资企业清算办法》，[5]基本上吸收了地方立法特别是《上海市外商投资企业清算条例》的主要内容。至此，全国才有了统一规定的关

〔1〕 2000年4月11日，上海市第十一届人民代表大会常务委员会第十七次会议决议废止。
〔2〕 2004年5月27日，北京市第十二届人民代表大会常务委员会第十二次会议决议废止。
〔3〕 2004年6月28日，天津市第十四届人民代表大会常务委员会第十二次会议决议废止。
〔4〕 2006年9月26日，深圳市第四届人民代表大会常务委员会第八次会议决议废止。
〔5〕 2005年10月27日公布《公司法》，该清算办法被废止。

于外商清算的规范性文件，即《外商投资企业清算办法》。

二、外商投资企业清算适用的法律

外商投资企业（含中外合资经营企业、中外合作经营企业以及外商独资企业）进行清算时应适用哪些法律规定，是外商投资企业清算应该预先考虑的问题。

一般来讲，外商投资企业进行清算时应首先适用《外商投资企业清算办法》《中外合资经营企业法》及其实施条例、《中外合作经营企业法》及其实施细则、《外资企业法》及其实施细则等法律法规的规定，上述法律法规没有规定的，适用《公司法》的规定。

《公司法》是由全国人大常委会制定的法律，根据《立法法》的规定，其效力高于《外商投资企业清算办法》。但同时应注意《公司法》第218条规定"外商投资的有限责任公司和股份有限公司适用本法；有关外商投资的法律另有规定的，适用其规定"。笔者认为，这里的"法律另有规定的"中的"法律"应理解为外商投资企业的法律及其配套的法规、规章等，不能只简单作狭义理解。据此，《外商投资企业清算办法》的制定系根据《中外合资经营企业法》《中外合作经营企业法》《外资企业法》等法律在对清算的原则规定的前提下进行的具体化规定，其没有违反《公司法》等法律有关清算的原则规定。另外，由于我国立法体制的复杂性导致了关于清算适用法律的不统一性。例如，在深圳经济特区范围内进行的外商投资企业的清算，根据《立法法》〔1〕第81条第2款〔2〕的规定，应适用《深圳经济特区企业清算条例》及其实施细则〔3〕。

此外，在具体的清算过程中适用的法律法规散见于诸如劳动、税务、外汇等各方面的规范性文件。

---

〔1〕 第九届全国人民代表大会第三次会议于2000年3月15日通过，自2000年7月1日起施行。

〔2〕《立法法》第81条第2款规定："经济特区法规根据授权对法律、行政法规、地方性法规作变通规定的，在本经济特区适用经济特区法规的规定。"

〔3〕 该条例及其实施细则分别于2006年9月26日、2007年10月1日失效。

三、外商投资企业清算的分类

根据《外商投资企业清算办法》,外商投资企业的清算根据终止原因的不同分为解散清算和破产清算两种清算方式。破产清算不在本文的探讨范围之内,现仅就解散清算进行讨论。

解散清算又以清算依据的不同,分为普通清算和特别清算。普通清算又称自动清算,是依据外商投资企业合同章程的约定以及经核准的解散申请,在本企业董事会或联合管理委员会监督下的清算。当外商投资企业的经营期限届满如投资者不要求延长期限,则该外商投资企业终止,此时适用普通清算。特别清算又称强制清算,是指外商投资企业不能自行组织清算委员会进行清算或者依照普通清算的规定进行清算出现严重障碍的,企业董事会或者联合管理委员会等权力机构、投资者或者债权人可以向企业审批机关申请特别清算。企业被依法责令关闭而解散的,也要进行特别清算。

四、解散清算的基本程序与规则

(一)普通清算(自动清算)

1.清算组织

外商投资企业的普通清算,首先应由企业权力机构(董事会或联合管理委员会)组织成立清算委员会。清算委员会是受企业的委托或有关机关的指定,专门执行清算任务的临时性组织。它因清算任务而组成,随清算工作的结束而解散。清算委员会由权力机构选任或聘任有关专业人员担任。清算委员会设立主任1人,由企业权力机构任命。经企业权力机构同意,清算委员会也可以聘请工作人员办理清算具体事务。

清算委员会在清算期间行使下列职权:清理企业财产,编制资产负债表和财产清单,制定清算方案;公告未知债权人并书面通知已知债权人;处理与清算有关的企业未了结的业务;提出财产评估作价和计算依据;清缴所欠税款;清理债权、债务;处理企业清偿债务后的剩余财产;代表企业参与民事诉讼活动。

2.清算的基本程序与规则〔1〕

清算的基本程序与规则见表1。

表1 清算基本程序与规则

相关日期	相关内容
清算开始日(经营期限届满、审批机关批准之日等)	—
清算开始日7日内	审批机关、海关、外汇管理机关、企业主管机关、银行等发出关于开始清算的通知
清算开始日15日内	成立清算委员会
清算委员会成立后10日内	书面通知已知债权人发出第一次关于申报债权的公告
清算委员会成立后60日内	发出第二次关于申报债权的公告
债权人自接到通知书之日起30日内,未接到通知书的自第一次公告之日起90日内	申报债权,清算委员会进行债权债务的清理、财产的评估作价、清算方案的制定及实施、清算报告的起草
自清算开始日起180日内(经批准最长可延长90日)	向企业审批机关提交清算报告
清算报告提交后10日内	清算委员会分别向税务机关、海关办理注销登记
税务机关、海关注销登记手续办结后10日内	向企业登记机关办理注销登记手续及缴销营业执照并在报纸上进行相关公告

(二)特别清算(强制清算)

1.清算组织

企业进行特别清算,由企业审批机关或其委托的部门组织中外投资者、有关机关的代表和有关专业人员成立清算委员会。清算委员会设主任一人,由企业审批机关或其委托的部门指定。

特别清算期间,清算委员会主任行使企业法定代表人的职权,清算委员会行使企业权力机构的职权。清算委员会处理有关清算的事务,向企业审批机关报告工作。清算委员会可以召集企业权力机构会议和债权人会议,商讨

〔1〕 根据《外商投资企业清算办法》及实务操作整理。

有关清算的具体事项。

清算委员会的其他职权与普通清算相同。

2.清算的开始

企业审批机关批准特别清算之日或者企业被依法责令关闭之日为特别清算开始之日。

3.通知、公告

与普通清算相同。

4.组成债权人会议

债权人会议由清算委员会负责召集所有债权人均为债权人会议成员，债权人会议成员享有表决权。但有财产担保的债权人未放弃优先受偿权的除外。债权人会议主席由企业审批机关或其委托的部门从有表决权的债权人中指定。债权人会议行使下列职权：审查债权人提供的有关债权的证明材料以及债权数额和担保情况；了解债务清偿情况，就清算方案和债务清偿情况向清算委员会提出债权人意见。

关于特别清算的其他程序与规则适用普通清算的规定。

五、外商投资企业清算过程中常见实务问题的处理

（一）员工安置问题

《劳动法》对企业解散如何处理企业与员工的劳动合同关系作出规定。有人牵强地套用该法第26条第3项的规定，即劳动合同订立时所依据的客观情况发生重大变化，致使原劳动合同无法履行，经当事人协商不能就变更劳动合同达成协议而解除劳动合同。

笔者认为，首先，《劳动部关于〈中华人民共和国劳动法〉若干条文的说明》中规定，本条中的“客观情况”指：发生不可抗力或出现致使劳动合同全部或部分条款无法履行的其他情况，如企业迁移、被兼并、企业资产转移等，并且排除本法第27条所列的客观情况。此规定亦未包括企业解散的情形。其次，从法理上讲，因企业解雇而解除劳动合同，是由于合同主体消灭导致的合同自行终止的情形，而非用人单位解除劳动合同。《劳动法》第23条规

定劳动合同终止的法定情形为劳动合同期满或劳动合同约定的终止条件出现，没有包括作为劳动合同主体的用人单位终止或劳动者死亡的情形。这是立法上的一个待改进之处。

笔者认为，因企业清算等原因导致的劳动合同终止的情形应规定为劳动合同终止的法定情形，且该种终止的情形应对劳动者依法进行补偿。《上海市劳动合同条例》[1]规定，与劳动者终止劳动合同的，符合条例规定的情形，用人单位应当根据劳动者在本单位工作年限每满1年给予劳动者本人1个月工资收入的经济补偿。虽然上海的规定与根据《劳动法》作出的判断结果相同，都是按劳动者在本单位工作的年限，工作时间每满1年发给相当于1个月工资的经济补偿金，但笔者认为像上海在这方面明确的规定，才更符合企业清算阶段员工安置的法律特征。

全国性的规范性规定虽较为统一，但各个地方有关劳动方面的立法比较繁杂。除注意全国性规定的适用外，在实务操作中要注意各地方性法规及规章的特别规定。

（二）清算人员的聘用问题

清算委员会成立后，除清理与外商投资企业劳动者的劳动关系外，还可能发生重新或继续聘请清算工作人员的事宜如相关的财务人员、仓库保管人员、保安人员等必要的劳动者，清算委员会应以自己的名义与相关人员签订劳动合同以具体进行相关清算工作。但此时的劳动合同宜订立以完成某项工作为期限的合同，如保安人员以清算财产分配完毕为期限，海关报关员以海关注销登记完成为期限等。必要时亦可与员工签订非全日制的劳动合同。至于清算人员的待遇问题，笔者从相关清算实务中得出的经验就是如继续聘用原企业员工，待遇至少不低于原待遇且最好高于原待遇，如聘请原企业以外的员工，待遇方面要在企业所在地具有相当的吸引力。之所以特别指出这一点，是因为在我国企业员工的流动性较大，如待遇方面无特别的吸引力，员工因工作量大或工作压力大等或找到更有吸引力的工作等违约解除劳动

---

〔1〕 上海市第十一届人民代表大会常务委员会第三十三次会议于2001年11月15日通过，自2002年5月1日起施行。

合同的情形也时有发生。故考虑到清算工作的临时性（最长180日至270日），为保持清算工作的连续性，在清算阶段要尽量与员工签订条件相对宽松、待遇相对优厚的劳动合同，是清算工作顺利进行的重要一环。

（三）清算财产及可分配清算财产的范围问题

清算财产包括宣布清算时企业的全部财产及清算期间取得的资产。但以下财产不属于清算财产：企业结余的职工奖励和福利基金、中方职工住房周转金以及用这两项基金购建的各项财产、设施；企业结余的中方职工保险福利费；企业结余的工会经费以及用工会经费购建的财产。〔1〕对前述不属于清算财产的三部分财产无法交给接收单位的，应上缴当地财政部门。〔2〕

可分配清算财产的范围〔3〕包括：清算财产中支付清算的费用、清偿就清算财产享有优先权的债权、支付职工的工资、劳动保险费、清缴税款及财政收入，并清偿其全部债务后的剩余财产。

（四）企业所得税问题企业清算财产扣除各项负债及损失后

企业剩余财产减除企业未分配利润、资本公积金、各项权益性基金和清算费用后的余额、超过实收资本部分为清算净收益，视同利润，但不适用《外商投资企业和外国企业所得税法》第8条关于减免税的规定。〔4〕

（五）清算后资金的汇出问题

在清算后，外商投资企业须购买外汇，向外国投资者支付清算所得款时，应向该外商投资企业所在地的外汇管理局提交申请，并持批准文件购买外汇汇出境外。〔5〕

---

〔1〕 参见财政部发布的《关于外商投资企业清算期财政财务管理有关规定的通知》（财工字〔1995〕222号）第4条的规定。

〔2〕 参见《关于加强和改进外商投资企业提缴使用涉及中方职工权益资金管理的通知》（财外字〔1999〕735号）第7条的规定。

〔3〕 参见《外商投资企业清算办法》第23—26条及《关于外商投资企业清算期财政财务管理有关规定的通知》第4条的规定。

〔4〕 参见《国家税务总局关于外商投资企业清算所得适用定期减免税问题的通知》（国税发〔1993〕008号）的规定。

〔5〕 参见国家外汇管理局发布的《关于授权分局办理外商投资企业转股、清算外汇业务的通知》（汇发〔1999〕397号）的规定。

（六）清算的期限问题

根据《外商投资企业清算办法》第6条的规定，企业清算期限自清算开始之日起至向企业审批机关提交清算报告之日止，不得超过180日，因特殊情况需要延长清算期限的，由清算委员会在距清算期限届满的15日前，向企业审批机关提出延长清算期限的申请。延长的期限不得超过90日。该规定没有任何但书的规定，也没有关于清算中止的规定，致使实务中清算主体及行政机关无所适从。且2006年施行的《对〈商务部关于请对中外合资经营企业合营各方出资及外商投资企业清算相关行政法规条文具体应用问题予以解释的函〉的复函》[1]中又重申了这一点。[2]建议参照《深圳经济特区企业清算条例》的规定，加入类似关于因诉讼或者其他事由致使清算无法进行而终止清算的，终止清算的期间可不计入清算期的规定。

（七）关于外商投资企业在清算过程中终止清算、恢复经营问题

如果外商投资企业在经营期限内提出提前终止合同章程并解散企业、获得审批机关批准后进入清算程序，在清算过程中又向审批机关提出终止清算、恢复经营的申请，审批机关应在不损害企业债权人第三人和社会公共利益，不违背利用外资产业政策的前提下，允许清算过程中的企业终止清算、恢复经营。具体参见《商务部关于外商投资企业在清算过程中终止清算、恢复经营问题答复的函》[3]。

---

〔1〕 2005年1月27日国法函〔2005〕10号文发布实施。

〔2〕 参见国务院法制办公室《对〈商务部关于请对中外合资经营企业合营各方出资及外商投资企业清算相关行政法规条文具体应用问题予以解释的函〉的复函》第4条规定："关于违反清算办法第六条规定，逾期提交清算报告的问题。我们认为，外商投资企业自行组织的清算委员会应当严格依照清算办法第六条和第三十二条规定。如期向原审批机关提交清算报告。如果清算委员会未能如期提交清算报告，原审批机关应当依照清算办法第四十七条第一款规定予以处理。"

〔3〕 商务部于2004年7月15日发布，同日施行。

2007年第18期

“外贸代理制”的操作困境和对策初探

吴 伟 律师

一、案例揭示的问题

(一)案情

本文探讨的案情大致如下:

基本事实1:1998年1 月23日,深圳A公司在由美国一著名寻呼设备制造商B公司发来的价值约170万美元的设备定单上签字表示同意。

基本事实2:A公司与 B公司在1998年3月8日达成《销售协议》,B公司授权A公司为其寻呼设备的中国销售区非独占性分销商;A公司承诺当年最少购买份额300万美元的设备;产品价格由B公司调整控制,A公司不得违反;结算以不可撤销信用证方式;约定折扣和奖励措施;协议时限为1998年1月至12月31日。

基本事实3:A公司与有外贸经营资格的C公司在1998年2月13日签订《代理进口协议》,A公司委托C公司进口约170万美元的寻呼设备;C公司为A公司开出信用证;C公司负责货到香港后的进口事宜,包括负责进口、结算、运输、保险代开增值税票等,进口后交货到A公司指定货仓;若A公司以工厂交货价与客户成交,C公司代办工厂至香港的空运和保险。

基本事实4:随后A公司在1998年2月至7月分7次以开证保证金,支付10%货款、运费和手续费名义共计支付给C公司人民币约431万元。

基本事实5:C公司在1998年2月23日申请以B公司为受益人的信用证约170万美元。

基本事实6:空运单显示1998年3月16日、17日和18日香港D公司以提货人身份提走作为发货人的B公司发至香港的上述设备，运单收货人为C公司。

基本事实7：1998 年3月在A公司指定仓库，A公司收到以B公司为货主入库的上述设备，有仓库入库单为证。

基本事实8：1998年5月25日B公司实施新价格，上述设备产品价格平均下降40%；B公司承诺向A公司购买的部分产品进行降价补偿。

基本事实9：基于 B公司的过失，其逾期支付信用证遭到银行拒绝，未收到上述货款。

基本事实10：B公司追讨货款，C公司以只负责开出信用证，不是购买合同当事人的理由拒绝；A公司以B公司不道德降价已造成货无法销售为由，认为应以新市场价支付，不同意按合同价格支付。

基本事实11：B公司退出寻呼设备在中国的市场，同时国内不再制造寻呼设备，B公司一度停止对A公司的售后维修。

基本事实12：C公司提供不出外贸合同和有关报关单据，涉嫌非法。B公司分别以A公司为第一被告、C公司为第二被告诉至法院。A公司主张按照我国外贸代理法律制度，A公司没有外贸进出口权，本案在程序上应是B公司先起诉C公司，A公司不是诉讼当事人；同时A公司以诚实信用原则抗辩B公司的风险自担理据。C公司则主张其与B公司未订立合同，作为开证申请人与作为受益人的B公司没有任何法律关系，同时不承认收货。

（二）法院判决带来的问题

法院一审判决认为：

1.A公司和B公司存在无效的合同关系。A公司虽没有进出口权，但A公司和B公司签订有经销协议，也有订单往来，法院认定双方形成合同关系且已实际履行，同时认定该合同行为无效，主要过错在A公司，因为产品已无法返还，A公司应承担付清货款责任。

2.B公司和C公司没有书面合同关系，且C公司没有实际收取货物。

3.A公司和C公司是委托开证法律关系，C公司已履行开证义务，信用证议付失败是B公司的过错。

4.A公司和C公司还存在委托代理另一法律关系，本案不予审理，可另案审理。

5.B公司的降价实际导致A公司损失且双方有过协商，判决C公司将B公司已预付的部分货款退回A公司。

据称本案的判决还将成为一审法院处理外贸案件的典型范本。

法院的判决在不采纳基本事实3约定的C公司负责进口、结算、运输、保险代开增值税票等事宜、基本事实6空运单和基本事实7仓库入库单反映的事实基础上，认定C公司没有实际收取货物。同时法院未加展开分析，将基本事实3A公司和C公司签订《代理进口协议》行为分解为两个法律关系：委托开证法律关系和另一委托代理法律关系，认为前者属本案受理范围，后者不属本案管辖，应由A公司和C公司另行诉讼处理，未考虑A公司所主张的外贸代理制在本案的适用。

笔者认为，法院的判决在现实中带来下列疑问：

1.法院判决“主要过错在A公司”，A公司按照国家法律以及外贸代理制的做法委托给C公司相关事务，支付了有关费用。B公司的不道德降价导致市场混乱、产生纠纷，“主要过错在A公司”的观点没有详细的理据展开。

2.A公司与C公司基于一个《代理进口协议》，为何产生两个法律关系，即一个委托开证法律关系、一个代理关系法院未予以明确解释。

3.B公司与C公司两公司已实际履行外贸行为，法院不按照外贸代理制认定行为有效而认为“不存在合同关系”尚未充分说明。

笔者认为，法院的判决还带来下述困境：

1.外汇问题：A公司非进出口企业，难以使用美元执行判决。

2.税务问题：C公司承诺的增值税发票不再开具，A公司如何应付税务机关检查、如何抵扣税务尚未明晰。

3.A公司可否从此判决得到启发：作为无外贸进出口权的企业，只要实际履行也可进行外贸可能会出现逃避现存外贸代理制的约束，同时偷、套、骗汇的情况。

4.A公司没有售后服务、价格下降幅度较大，如何卖货的问题有待解决。

总之，本案处理体现了对我国外贸代理制度的冲击，将带来上述一系列现实问题。我国的外贸代理制度不是孤立的一项制度，与其配套的其他涉外贸易结算、外汇、税收等制度在外贸代理制被冲击后，将带来一系列的尴尬问题。同时考察本案，本案中法院基于一个《代理进口协议》分析出两个法律关系，即委托开证法律关系和委托代理关系服务，同时排除本案审理委托代理关系，从而规避了外贸代理制在本案的适用。

笔者认为，在法院“大前提为法律行为模式和处理结果规定、小前提为事实认定、结论”三段论推理中，我国外贸代理法律规定与民事代理制度、经纪制度的规定之间存在冲突、规定不明确是产生以上结果的根源之一。

二、代理制度相关法律之间的统一性有所欠缺

第六届全国人民代表大会第四次会议通过的《民法通则》第63条通过结构定义的方法将代理界定为：代理人在代理权限内，以被代理人的名义实施民事法律行为且被代理人对代理人的代理行为承担民事责任。这里构成代理制度规定的要件是以被代理人的名义、代理人实施民事法律行为和法律后果由代理人承担。

第十届全国人民代表大会常务委员会第八次会议通过的《对外贸易法》在维持外贸主体资格由政府特批的体制下于第12条规定没有对外贸易经营许可的组织或者个人可以在国内委托对外贸易经营者在其经营范围内代为办理其对外贸易业务的原则。民法学专家梁慧星教授认为：“我国对外贸易中所称的外贸代理，实际上属于行纪而非代理。”〔1〕

为落实《对外贸易法》上述规定，由对外经济贸易部1991年颁布的《关于对外贸易代理制的暂行规定》在第2条规定：无对外贸易经营权的公司、企业、事业单位及个人（委托人）需要进口或出口商品（包括货物和技术），须委托有该类商品外贸经营权的公司、企业（受托人）依据国家有关规定办理。双方权利义务适用本暂行规定。该暂行规定第25条规定：外商向受托人提起仲裁或诉讼时，受托人应按委托协议和进出口合同的规定积极对外交涉，并

〔1〕 梁慧星：《民法总论》，法律出版社1996年版，第209页。

应及时通知委托人，委托人有义务协助受托人搜集证据，并应为有关交涉提供必要的支持和方便。

第九届全国人民代表大会第二次会议通过的《合同法》规定了委托合同、行纪合同。《合同法》第396条规定：委托合同是委托人和受托人约定，由受托人处理委托人事务的合同。《合同法》第402条和第403条规定：受托人以自己的名义在委托人的授权范围内与第三人订立的合同，第三人在订立合同时知道受托人与委托人代理关系的，该合同直接约束委托人和第三人。第三人不知道受托人与委托人之间的代理关系的，受托人因第三人原因对委托人不履行义务，委托人可行使受托人对第三人的权利；受托人因委托人的原因对第三人不履行义务，第三人可选择受托人或委托人主张权利。《合同法》第414条规定：行纪合同是行纪人以自己的名义为委托人从事贸易活动，委托人支付报酬的合同。

上述两种制度的共同点是受托人和行纪人都以自己名义和第三人建立法律关系，主要不同点是委托关系中涉及的委托人、受托人、第三人可成为同一诉讼当事人，而行纪关系中涉及的委托人与行纪人、行纪人与第三人是两种法律关系，即两个诉讼的分别当事人。1978年发布的《海牙代理法律适用公约》通过适用范围界定代理：一个人即代理人有权代表另一个人也即本人的利益，与第三人进行交易或打算进行交易，且不管代理人以其自己或以本人的名义进行活动，也不管其行为是定期的还是临时的。

可以看出，《民法通则》的代理规定、所谓外贸代理制的代理规定、《合同法》的委托代理制度、国际公约中的代理制度，都是不一致的。这样会使适用法律的法官产生困惑，导致如上述一个合同行为可能产生两个法律关系。

三、代理理论的比较分析

简单回顾代理的历史有助于理解代理的实质功能。

大陆法系的罗马法时代早期并无代理制度，可用研究古代法的英国学者梅因的"由身份到契约"理论和商品经济发展需求理论予以解释。早期罗马法时代，社会人际关系以家族身份为基础，个人依附“家父”展开民事行为，没有独立地位为实施代理制度提供社会土壤。

随着“非其本人不得缔结契约”的观点逐渐普及，对应本人缔结契约无须他人帮助也能满足其生活需要的现实。到罗马后期，由于商品经济的发展，本人的经营活动需要一个行为能力扩展的制度以满足社会需求；同时人格市民权的扩大已淡化身份的作用。但那时由于传统身份观念的束缚，也只是产生了代理的需求和类似的制度。到14世纪在日耳曼普通法世界逐步确认了代理制度。到19世纪，在完备的法律行为理论和实践的催促下德意志法典中肯定了代理制度。可见代理制度重要性的原因就在于其功能扩展了民事主体的行为能力范围或补足了不完整的民事行为能力，从而为市场经济的主体迅速处理信息资源、完成交易提供制度保障。可以说商品市场经济、身份到契约的质变是代理制度的催产妇。

大陆法系和英美法系的代理制度理论是当今社会的通说。大陆法系首先区分了“委托”和“代理”。“委托”是委托人和受托人的内部关系；“代理”是受托人（代理人）的对外关系。代理分为直接代理和间接代理，直接代理即代理人以被代理人的名义与第三人进行法律行为，由被代理人直接承担法律责任，间接代理即代理人以自己名义与第三人进行法律行为的法律后果由被代理人转承。

英美法系根据被代理人的合同地位区分代理为：显名代理和冠名代理，显名代理即代理人在合同中公开被代理人姓名，合同主体是被代理人和第三人；隐名代理即代理人承认代理地位但不公开被代理人姓名，合同当事人为被代理人与第三人。还有一种是代理人以自己名义与第三人签订的合同，不公开代理关系存在，由代理人承担责任；被代理人如追认合同则取得合同当事人地位，第三人可选择被代理人或代理人作为合同义务人。

以上述两大法系的代理制度为基础，反观我国现行的有关代理法律条文，可以得出以下结论：

1.《民法通则》的代理制度实际相当于大陆法系的直接代理制度或英美法系的显名代理制度。

2.《对外贸易法》和《关于对外贸易代理制的暂行规定》构筑的外贸代理制实际相当于大陆法系的间接代理制度，也即行纪制度。

3.《合同法》第402条的委托合同制度相当于英美法系的隐名代理制度；第403条则创立了一种新型委托项下的制度。

4.《合同法》第414条规定的行纪制度则是传统的制度，相当于大陆法系的间接代理制度，主要局限在贸易领域。

5.《海牙代理法律适用公约》的代理制度未明确区分代理的具体权利义务，但规定了冲突规范。

笔者认为，两大法系的取长补短，无可厚非。两大法系之间的学习是建立在已有法系稳定、扎实的本土资源上。对于我国来说，同时吸纳两大法系，将造成消化不良。原因是两大法系历史传统的差异在基本理念上有原则性对立，不加理论分析地照搬照抄，会导致法律制度无度、司法实践混乱无序。对于本文所述案例，如果混乱性吸收，可能会忽视本土基本事实，得出“委托开证的法律关系”源于《民法通则》或《合同法》的代理关系或委托关系，而另一所谓代理关系（外贸代理关系）实为经纪关系，不属本案审理的结果。

四、有关对策的思考

（一）长期对策

笔者认为，长期的对策是从根本上统一理念，防止出现混乱，修正相关制度。短期的对策是在现存制度中寻求出路。

就长期而言，1986 年颁布的《民法通则》，有中国人权宣言之称。考虑到宪法不可能对代理制度做具体规制，作为国家基本法律的《民法通则》在民法典未产生或完备前，应起着规则指导意义。具有同样效力的《合同法》也是国家的基本法律。《民法通则》和《合同法》中代理制度的协调一致应是重要的立法考量。立法考量离不开对代理行为的本质认识的统一。传统理论认为代理行为的性质有三：其一，“本人行为理论”，即认为代理行为非代理人行为，而是本人的行为，代理人被看作本人的手足，重点在于行为和行为效果必须统一。其二,"共同行为理论",即认为代理行为是本人和代理人的共同行为。其三,"代理人行为理论",即认为代理行为是代理人本身的行为,只是依靠委托授权行使代理权,依法将法律效果归于本人,其重点在于法定性。

笔者认为,英美法系的显名代理、隐名代理、不公开代理的分类源于对代理行为的本质认识,应归结于"本人行为理论"。外贸代理制的"代理"似应以"代理人行为理论"作为基础,但两者又有差别。关于我国《民法通则》规定的代理制度,笔者认为是采纳了"代理人行为理论"。《合同法》的委托合同制度在继承和创新的思维下,在传统代理分类看来产生了两种意义的制度,具体见第402条和第403条;其背后分别是以"本人行为理论"和"共同行为理论"作为支持理据。这样我国有关代理制度的两大基本法律在理论模式选择上的冲突,必然产生制度层面的规则冲突;加上外贸代理制的规定不明确,产生了规则的混乱。

外贸代理制是计划经济时代国家垄断进出口市场的产物。在尊重历史前提下,如何整合代理制度,笔者认为,从长远考虑:

第一,应统一对代理行为性质的认识;在基本理念层面针对我国国情,采纳合理的代理本质理论。我国代理本质理论倾向于从"代理人行为理论"向"本人行为理论"或"共同行为理论"的转变。笔者认为,从我国成文法历史传统和司法的演绎模式土壤来看,这种倾向是危险的,可能会导致代理人独立地位的消失,模糊淡化其责任,增加本人的交易风险。笔者认为,应明确坚持"代理人行为理论",即明确《民法通则》中非代理直接代理或显名代理的含义,增加隐名代理制度;并以此为基点,肃清其他法律中名为代理实非代理的滥用代理概念的现象。

第二,根据以上原则,应修正《合同法》委托合同制度,区分委托内部关系论,任何劳务类合同都将涉及委托行为,只是内容关系而分别区别为外部的代理、经纪(或行纪)、居间、信托、信使等。委托合同无须单独规定为一节。

第三,应分别在《合同法》中规制居间制度、代理制度、经纪制度和信托制度等制度的细节。

第四，在《民法典》或《民法通则》中相应规定出上述差别制度的基本原则和理论。

第五，修正外贸代理制。在尊重计划经济历史的前提下，将现在实际外贸经纪制度改造为外贸隐名代理和显名代理制度，作为过渡性制度。

第六，在时机成熟时，废除外贸代理制的核心，即外贸经营许可证制度，建立外贸经营登记制度，同时废除外贸代理制的有关法规。当事人可选择登记后对外经营，或委托代理经营，具体规范依照《合同法》相关制度进行统一。

（二）本案对策

就短期而言，法律是实践性社会科学，稳定协调社会是其重要功能。本案在尊重现实外贸代理制的基础上，结合第三人制度，应做如下考虑。法院不认定B公司和C公司存在合同关系的关键是双方"没有书面合同"问题。笔者认为：

第一，C公司作为专业的外贸进出口企业，理应有义务注意到中国的外贸代理制以及其中的权利义务。当没有外贸进出口权的A公司向其提出合作及签订有关代理协议时，C公司理应知道其完成外贸的具体义务，如主动与外商签订外贸合同、办理报关手续、办理结算等事务。

第二，没有发现有关外贸合同文本。这一举证义务理应落实于C公司。现C公司以没有书面合同答辩是不恰当的，以未做有义务应做之事作为抗辩是没有道理的，同样法院将应负举证责任人的举证责任归属于非举证责任人存在问题。

第三，C公司以涉外贸易根据国际公约和《涉外经济合同法》（已失效）没有书面形式就是无效行为的答辩，涉及法律关系是否有效和是否成立的问题。依据我们对法律的理解，C公司与B公司的法律关系是成立的。《合同法》第36条、第37条对没有书面合同但一方已经履行主要义务的合同，规定成立。本案中C公司已指定代理人D公司在香港收货并在深圳仓库向A公司交货（尽管C公司不承认但有证据可以显示），申请信用证支付，可认定该公司已履行主要义务。认为现在该公司出现“禁反言”现象是没有抗辩力的。《合同法》起草人之一梁慧星先生在深圳仲裁委的讲座上也是如此解释的。最高人民法院法官费宗炜先生也认为外贸代理制中，被代理人不能与外商发生法律关系。外贸合同没有书面合同，如果已经履行部分，应认定合同是有效的、成立的。

第四，A公司与外商的关系因行为能力欠缺而丧失资格，C公司与B的关系因行为形式瑕疵不应归于不成立。如果C公司在中国法制下不应承担应诉责任，依据《关于对外贸易代理制的暂行规定》第25条的规定，笔者认为，本案应适用外贸代理制，C公司是合法的应诉主体。

第五，以上成立后又将产生新的问题：C公司承担责任后，与A公司又将产生一个诉。关于C公司和B公司之间的诉，A公司能否提出诚实信用对抗B公司，又以何种身份对抗，C公司能否代位A公司行使对抗B公司权利，回答都应是否定的。如何处理，笔者认为不妨从民事诉讼程序角度考虑，从节约诉讼成本和便于当事人行使权利的角度考虑，引入第三人制度（实际相当于我国台湾地区民事诉讼中的被告引入的第三人制度），合并审理，展开辩论。

第六，我国《民事诉讼法》中只规定有独立请求权第三人（以下简称有独三）和无独立请求权第三人（以下简称无独三）制度，没有像我国台湾地区还规定有被告引入的第三人制度，以合并诉、节约成本。中国大陆无独三制度规定模糊。按照法理，无独三可以主动请求参加诉讼，也可由法院通知参加诉讼，但法院的通知对无独三没有约束力；同时法院也不能直接判决无独三承担法律责任，原因很简单：无独三不是诉讼当事人，在其没有行使当事人的对应权利的情况下，其不能承担法律责任，否则有违民事诉讼基本原则。其与作为当事人的有独三是不同的。但我国《民事诉讼法》第56条第2款规定了无独三制度，同时规定“法院判决承担民事责任的第三人，有当事人的诉讼权利义务”。如果判决无独三承担民事责任，无独三的诉讼权利义务只能在上诉时行使，一审时，其并不知道自己会承担责任。

第七，中国大陆的第三人制度实际将“被告引入的第三人”制度混淆其内，无独三中和有独三中均有该制度。笔者认为，我们可以将错就错，将我国大陆创新的第三人新制度引入本案司法实践，将A公司作为第三人拉入。

第八，A公司和B公司可以诚实信用原则和商业风险相对抗提出各自权利主张；A公司和C公司可以委托进口协议相对抗提出各自的权利主张；C公司和B公司可以外贸代理制中规定的合同相对人身份对抗提出各自的权利主张。这样一来，本身是一个纠纷中的三种权利请求可以在一个诉中得以解决，否则一诉中的三种权利请求会演化为三个诉，既违反民事诉讼一诉不再理、也违反当事人提出权利请求，法院必须受理在诉中的原则；同时三个诉也是不经济的做法。尤为重要的是，现存“外贸代理”法制刚性得到尊重，使既存法律制度具有司法权威和公信力。

2008年第19期

中小企业规避法律风险之上策

崔吉林　律师

夏子涵　律师

随着市场经济的逐步完善，企业作为核心经济主体的地位日益彰显。经济学定律表明，利益越大，风险越大。在竞争日益激烈与市场环境变化莫测的背景下，企业既可能获得丰厚的经济回报，也不可避免地面临着更多的风险。在企业面临的所有风险中，只有法律风险是以承担法律责任为特征的，具有可预期性和可控性。因此，面对鲜活生动、纷繁复杂、非规则化的法律实践，企业的经营者必须树立一种全新的法律管理理念，通过法律专业人士对其经营管理的事前制度设计与指导，使之得以在实现经营目标并获得可持续发展的利润空间的同时，达到最大限度化解企业法律风险的目的。

魏文王问名医扁鹊："你们家兄弟三人，都精于医术，到底哪一位最好？"扁鹊答："长兄最好，中兄次之，我最差。"文王再问："那为什么你最出名？"扁鹊答："长兄治病，是治病于病情发作之前，由于一般人不知道他事先能铲除病因，所以他的名气无法传播"；中兄治病，是治病于病情初起时，一般人以为他只能治轻微的小病，所以他的名气只及本乡里。而我是治病于病情严重之时，一般人都看到我在经脉上穿针管放血、在皮肤上敷药等大手术，所以误以为我的医术最高明，名气因此响遍全国。"从这个故事中我们不难看出，在时机的选择上，医生看病事后控制不如事中控制，事中控制不如事前控制。由此推之，企业法律风险的规避亦是如此。

眼下的中国经济正处在史无前例的飞速增长阶段，这给予中国企业家们一个凭借智慧和才干创造财富、打拼事业的绝佳机会。但是，我们也应当看到，我们的经济正在经历一场形态的转变，这就是市场的规则化。如果说在市场开放的初期，当规则还没有形成之时，参与游戏的大多数人是靠着胆略、精明和勤奋打下各自的山头、发家创业，那么到了今天，市场经济就是法治经济，已经不完全是一句政策性的口号。从格林科尔的顾雏军、健力宝的张海到伊利的高管事件以及其他种种事件，尽管都有着深厚复杂的背景，但有一个关键必须看清：市场规则，即法律规则与企业制度正在成为影响企业经营与企业家个体兴衰成败的一条主线。一个成熟的市场会提出内在要求也必然演变出一套成熟的运行规则，这是市场发展的大道所在。当规则确定、游戏重新开始时，那些不懂规则、“不按常理出牌”的人将永远无法成为最后的赢家。而一个有远见的企业领导或投资人往往在企业成立之初或筹建过程中就能够意识到法律规则对企业制度建设的价值，并在恰当的时机将最合适的人选纳入企业组织体内部，以达到从源头上防范企业法律风险的目的。

然而，我们不难看到许多企业重诉讼而轻预防，他们常常不注重建立法律风险的事先预防机制，却会在诉讼出现时被动改变和应对。实践证明，诉讼是公司解决危机与风险的最后选择，也是善后处理的最后一道防线。胜诉需要坚实的证据基础和许多严密管理制度、法律程序的保障，而出现问题的企业在此方面常不可避免地处于劣势。因此当企业诉讼缠身企图寻求律师帮助时，往往已为时已晚。

事实上，企业防范风险的核心能力并非取决于其诉讼能力，而是通过一系列的管理能力提升并避免由于工作中的疏忽而引起的争议和诉讼，从而以较小的成本支出达到化解不特定法律风险的目的。这才是企业应当采取的上策，当然，这需要企业在管理能力、人员素质上都有较大的提高。作为一种组织体，企业从筹建到成立之后的运营，时刻都处于动态之中，其所从事的决策或交易之间往往具有一定的关联性，因此法律风险的发生或法律问题的出现常常是全局运作中因果链条上的一环。在这种现状下，解决企业各种法律困境、有效预防风险，最好也最实用的手段就是将法律融入企业运营的全过程，通过法律专业人士对企业运营细节的把握堵塞法律漏洞，实现规范管理。

简言之，企业法务工作主要分为以下两个方面的内容：

通过跟踪企业运营的全过程，以法律的手段与方法参与管理；针对具体法律问题提供解决策略，如合同、劳动人事、知识产权、债权债务、投资、税收、涉诉纠纷等其他法律风险。

从某种层面上来讲，在企业运营过程中，法务人员扮演着至关重要的角色。尤其对于作为公司企业生命线保障的债权债务管理而言，法律专业人士将其熟练的法律知识、富于实效的法律技能，为企业经营者提供优质的法律咨询服务，并通过为企业量身设计、制作规范的管理制度来防控法律风险，实现企业对经济利益最大化的追求。这也是成熟市场经济国家商事交易中律师价值的最大体现。

公司企业业务对于所有法律从业者而言，几乎占据着法律服务市场的半壁江山，因此，如何以完备的法律知识为正处于腾飞阶段的各类大中小型企业提供优质服务，是所有法律执业者孜孜以求之事。从这个意义上来看，这无疑给这些在中国经济成长和法治进程中不断乘风破浪的无数法律精英们提出了越来越高的要求。

2006年1月1日生效的修订后的《公司法》对我国经济活动和法治发展有着极为深刻的影响。它一方面极大地降低了市场主体的准入门槛，鼓励投资创业，通过降低最低注册资本和扩大出资方式范围，使债权、股权、采矿权、探矿权等其他物权均可作为出资财产，从而鼓励成千上万的投资者拿出闲置资本进行投资创业；另一方面使意思自治原则在修订后的《公司法》中得到了充分的体现与扩展，从更大程度上赋予了公司设立债权债务的自由。

我国在计划经济体制下制定的《公司法》对公司的对外投资、担保等进行了严格的限制。而修订后的《公司法》则在投资、融资、增减资本、对外担保等方面完全尊重公司的意思自治，从法律上确立了公司自我决策、自我承担风险、政府不加干预的立法态度，这无疑赋予了公司企业更多的自由发展空间，使之有了更广阔的债权债务发生环境。

但机遇往往伴随着风险，新《公司法》同样也给公司企业债权债务等管理制度提供了更为严峻的考验。意思自治意味着少了政府干预，多了市场自由。市场交易更多地要依赖于交易对象的诚信，如果缺乏诚信，则意味着企业债权将难以实现，面临企业收益无法收回的风险；另外，债务不正常履行，不仅会给公司企业带来诉讼等司法风险，且日积月累，还可能形成巨大的债务包袱。因此，理性的、健康的企业都需要在债权债务管理上投入更大的精力。至此，企业内部管理制度中的防范法律风险预警机制建设的重要性可见一斑。

从某种意义上讲，公司管理主要体现在规章制度上，体现为公司内部对人的行政性管理。除此之外，公司企业经营管理的另外一个重要方面就是企业资产管理以及运营风险管理。目前，我国公司企业资金风险仍在高位运行，资金使用管理存在各种类型的制度性缺陷。作为流动资产的重要表现，债权债务的管理成为公司企业资产管理和经营风险管理的重要内容，直接关系到整个实体的兴衰成败，是公司生命线的保障。在这一过程中，对合同等债权进行合理化的管理变得尤为重要，这就要求各公司企业在合同运作和债权债务运转的每一个环节都能做好充分的准备工作，只有这样才能为合同债权的安全顺利实现提供充分保证。尤其是要在合同初始阶段做好相应工作，尽量做到防患于未然，减少企业的交易风险，避免后续环节中发生问题，使其以最小的交易成本在最大限度上实现经济利益。

企业长远的发展与规范经营需要扁鹊长兄式的法律人士为其出谋划策，通过对企业运营管理的全程参与，建立债权预警管理体系并不断完善，针对债权债务控制目标、程序、方法及重点精准“下猛药”，方能保障企业交易安全，从根本上杜绝法律风险发生的可能性。综上所述，广大发展中的中小企业要尽力规避那些不必要的法律风险。

车牌捍卫战

——深圳市首宗“车牌终身制”案评析

来瑞磊　陕西科技创业投资管理有限公司

一、基本案情

公安部交管局《服务群众十六项措施》(2007年7月1日起施行)第8条规定,机动车所有人可以按规定申请继续使用原机动车号牌。2007年8月,原告周某拟将其所有的机动车报废,并依据上述规定向车管所申请要求继续使用涉案车牌号码对新机动车进行注册登记。但由于管理流程滞后等原因,原告周某几经周折,车管所仍未处理周某的申请。

笔者作为周某的代理人,于2008年4月16日将深圳车管所诉至南山区人民法院,要求法院判令被告依法处理原告的注册登记申请。该案是深圳首宗因“车牌终身制”而引发的行政诉讼,因此引起了社会的广泛关注,多家媒体(报纸、电视台、门户网站)进行了深度跟踪报道。

案件受理后,南山区人民法院高度重视,主审法官在认真研究案件、广泛调查了解双方当事人的情况后,督促车管所依法作为。经过不懈努力,2008年5月8日,被告车管所与原告进行面谈沟通,向原告及其代理人解释了未能及时处理该案的原因,并承诺两个工作日内办理完结。2008年5月9日,被告车管所正式受理原告的申请事项,并于2008年5月12日办理完毕。2008年5月13日,原告代理人向南山区人民法院递交了撤诉申请,深圳市第一起涉及“车牌终身制”的案件圆满解决。

二、案件定性

基于被告违法设置前置程序,致使原告申请保留原车牌号码业务受阻的事实，本案在起诉前，有两个可选择的诉讼方向，分别是“违法行政”和“行政不作为”。

但根据我国《行政诉讼法》及最高人民法院《关于行政诉讼证据若干问题的规定》的规定，在行政作为与不作为案件中，对原告、被告的举证义务要求是明显不同的。在违法行政案件中，原告首先要证明具体行政行为的存在，而结合实际情况来看，被告基本上是不会出具书面意见的，取证很难。而在行政不作为案件中，原告其实只需举证其在行政程序中提出申请即可，这一点很容易取得证据。而被告则应提供证据证明原告的申请事项是否属于其法定职责和法定义务，其是否在法定期限内已经履行法定职责或者义务以及其不作为是否符合法律规定等。所以，基于对举证责任分配的考虑，为了降低取证难度、节省成本、尽快起诉，笔者最后选定了“行政不作为”的诉讼策略。

三、诉讼分析

原告曾于2008年4月8日以同城特快专递的方式向被告法定代表人寄送了《注册登记申请函》，并随附了相关的申请材料。根据社会经验常识，被告最迟应在2008年4月9日收到该函，但原告等了一周也未收到被告任何回复。

根据《行政许可法》第29条第3款的规定，原告于2008年4月8日向被告法定代表人寄送《注册登记申请函》的行为符合行政许可申请的形式要件。同时根据该法第32条第1款第4项的规定，被告收到申请材料后逾期即2008年4月15日之后不告知原告申请材料是否符合要求的，视为自收到申请材料之日2008年4月9日即为受理。

而根据《道路交通安全法》第9条第2款的规定，被告应当自受理之日起5个工作日内（2008年4月14日前）完成机动车登记审查工作，认为符合条件的予以注册登记，不符合条件的应当向原告说明不予登记的理由。而被告既不给予登记，亦不说明不予登记的理由。

而机动车号牌登记又属被告的法定行政职责，因此，原告依法起诉被告行政不作为是妥当的。同时，原告起诉的事由亦符合《行政诉讼法》第11条第1款第5项之受案范围，人民法院应依法受理。

四、诉讼价值

从诉讼结果来看，即便原告拿到胜诉的判决书，实际上也无法解决其切身需求，对其本人而言，本次诉讼是没有任何实际价值的。

首先，本案系行政不作为案件，法院即便判令原告胜诉也无非是认定被告怠于履行法定职责，要求其作出具体行政行为，而不是直接认定原告可以使用原机动车号牌进行注册登记或要求被告对原告的机动车以原号牌进行注册登记。因为法院行使的是司法审查权，而进行机动车注册登记则属被告的法定行政职权，所以法院不能越俎代庖，代行行政职权。

其次，从使用原机动车号牌注册登记的程序要件来看，原告目前其实尚不符合条件，因为原号牌所对应的车辆尚未报废，所以，法院即便判令被告败诉，限期作出行政行为，被告也极有可能以原告的申请不符合该条件为由作出不予注册登记的行政行为。所以，从本案的起因即原告的机动车使用原号牌注册登记申请未获许可的角度来看，官司是否打赢其实都不能直接解决问题。但这并不能掩盖本次诉讼的社会意义。

五、诉讼意义

原告在办理该事项过程中，虽然多经曲折，但如果再增加些许投入的话，也是可以办下来的，其增加的成本相对诉讼而言其实要小得多。但如果原告选择了默默解决个人问题的方式，则不合理的社会现象就被掩盖了。

因此，本次诉讼虽然不能直接地维护原告的合法权益，但其社会意义是不容忽视的，这其实也是原告诉讼的根本目的所在，具体表现在：(1)揭示社会现象，引起全社会关注；(2)促使行政机关对该事项进行明确的表态；(3)督促职权部门尽快制定细则、优化办事流程。

因此，笔者认为，就社会的角度而言，原告提起诉讼的重点并不是在“维护权益”，而是在尽一个市民的社会监督义务！

深圳是一个以速度、效率著称的城市，素有“深圳速度”的美誉，且在诸多领域的立法及法律实施方面走在全国的前列。在“机动车号牌终身制”的事项中，也没有任何理由落后。所以，此次诉讼并非把被告作为对立面，而仅是借此获取相对平等的话语权，期望被告能依法行政，制定、完善相应的流程细则，尽快落实公安部的便民措施，使老百姓真正享受到便民措施带来的实惠。

六、律师感言

本案虽然是以原告、被告双方握手言和而落下帷幕的，但不可否认其推动了地方的法治进程，同时也彰显了作为特区排头兵的深圳在建设法治社会、法治政府方面的实力及成效。本案的诉讼意义主要体现在以下方面：

首先，体现了作为行政管理相对人的普通市民，依法维权意识的不断加强，为依法维权赋予了履行社会监督义务表现形式的内涵。所以，深圳的市民是富有社会监督意识和觉悟的。

其次，深圳的各媒体积极介入后，能够客观公正地反映事实，这反映了深圳的社会监督机制是健全的、纯洁的。

最后，本案中，作为公权力机关的深圳车管所在成为被告后，并没有借公权力对原告进行阻挠，对社会媒体进行遮掩，而是积极主动地寻求个案的解决方案，并着力于整个行政办事流程的规范，这反映了深圳的行政机关尊重司法权威的态度，深圳的社会监督也是有实效的。

夫妻房产登记妻子名，丈夫“业主身份”有争议

——兼论住宅小区业主身份的认定

陈东文　律师

随着《物权法》的颁布和《物业管理条例》的修订，业主的维权意识逐步增强，作为维护业主权益代表机构的业主大会和业主大会的执行机构业主委员会也越来越受到业主的重视。在成立业主委员会的过程中，许多业主或者物业使用人积极热心参加竞选，在此过程中，筹备组应当对业主和参加竞选的候选人的身份进行确认。但是，哪些人才是业主呢？哪些人才享有被选举权和投票权呢？对此问题，由于目前的法律法规并没有明确规定业主身份的概念，在实践中对业主身份的确定一直争议不断。

戴某与周某结为夫妻20余年，在婚姻关系存续期间的2002年6月，戴某与周某二人以妻子周某的名义在深圳市龙岗区某花园小区购买了一套商品房，房产证登记只有妻子周某的名字，丈夫戴某名字未登记在房产证上。戴某所在花园小区的业主委员会任期届满后，因各种原因未及时选举产生新的业主委员会，而原业主委员会又未能继续很好地履行业主委员会的相应职责，导致小区业主怨气十足。2008年12月，戴某等人与业主委员会成员达成协议，要求重新选举产生新的业主委员会。在选举新的业主委员会的过程中，一个必经程序是要确定花园小区业主的身份。在业主身份审核过程中，业主委员会认为戴某的名字未在房产证上，不是业主，不具候选资格。戴某觉得虽然房产证上没有自己名字，但房产是夫妻二人共有，妻子是业主，丈夫也应是业主。业主委员会与戴某由此对业主身份的认定问题产生争议。

一、几种特殊情况下的业主身份的认定

1.夫妻共有和家庭共有的情况。在现实生活中，因购买物业所需资金巨大，因此一个物业里常出现夫妻、父母兄妹共同出资、共同负担和共同使用的情况。但在办理产权证书时又往往以其中一人的名义申请登记。虽然我国有共有产权证书制度，但在一个家庭内部办理共有产权证的情况少之又少。《物权法》第17条规定："不动产权属证书是权利人享有该不动产物权的证明……"《城市房地产管理法》第60条规定："国家实行土地使用权和房屋所有权登记发证制度。"登记人对登记的财产享有权利。因此，在确认房产证上登记的权利人具有业主身份的同时，是否可以认为只有房产证上登记的人才能成为业主，而共同出资的夫或妻、父母兄妹不成为认定为业主呢？

首先，对于夫妻共有一套房产但仅登记在其中一人名下的情形：（1）如果夫妻在婚姻关系存续期间，由一方或双方出资购买的物业，根据《婚姻法》第17—19条的规定，除非有特殊情形或特殊约定，均应视为夫妻共同财产；（2）夫或妻一方在婚前购买的物业，如果在婚前夫或妻一方已将物业购房款全部付清的话，该物业当然属于夫或妻一方所有；（3）如果是在婚姻关系存续期间，夫妻一方受赠的物业，明确说明只赠与夫或妻一方时，所有权归夫或妻一方享有，在此情况下，只能认定夫或妻一方为业主；（4）在现实中业委会不可能做详细的分析来审核认定业主身份。

其次，对于父母兄妹之间共有一套房产但仅登记在其中一人名下的情形，笔者认为，只要是有合法有效的法律文书、公证书、判决书等能够证明其对物业享有共有权利，无论其是否在产权证上登记，都应当认定其为业主。

2.未成年作为业主的情况。在现实生活中，有些父母直接以其未成年孩子的名义购买房产，在购买物业时，合同的当事人之一即小孩，父母是法定监护人、代理人。

3.开发商作为业主的情况。

4.法人或其他组织作为业主的情况。

5.未取得房产证或按揭房产的情况下，一般来说，拥有产权证才能真正成为业主。

那么，在现实生活中就会出现这样的情况：当客户与开发商签订《商品房买卖合同》并办理完成房屋交接手续后，即可入住房屋，但是，可能并未同时办理产权过户手续，即使办理了相关手续也因登记机关的审批程序，在此期间存在一段“权利真空期”，即根据《物权法》第9条第1款的规定：“不动产物权的设立、变更、转让和消灭，经依法登记，发生效力；未经登记，不发生效力，但法律另有规定的除外。”购房者仍然不能被称为“业主”。

然而，《物权法》第15条规定：“当事人之间订立有关设立、变更、转让和消灭不动产物权的合同，除法律另有规定或者合同另有约定外，自合同成立时生效；未办理物权登记的，不影响合同效力。”

因此，受让取得的房屋，只要物业买卖、赠与合同生效，物业受让人就是业主；因继承、遗赠而取得的物业，证明既成事实发生即可认定为业主；因法院、仲裁委员会的法律文书或政府的征收决定等而取得的物业，该法律文书生效时即可认定为业主；因合法建造等事实行为而取得的物业，证明自己取得合法建造许可即可认定为业主。

严格意义上说，还是要最终取得权属登记，只是人们认为上述情况一般是“一定能取得权属登记”才在人们心目中视为“业主”的。

至于按揭购房，应当按照物业买受人已经取得物业所有权的情况认定其具有业主身份，不能因为物业买受人手中没有产权证就剥夺其业主的资格。

二、立法应明确业主的概念，适当扩大业主身份的内涵

基于上述情况的分析，笔者认为，对业主身份可定义为：“本物业区域内《商品房买卖合同》的物业买受人、产权证上记载的房主及其共有人，《婚姻法》等法律规定的共有人，或经国家有权机关组织确认的拥有本物业区域物业的所有权，或因继承、赠与、遗赠等法律行为或法律事实而取得本物业区域房屋所有权，以及其他能够证明其拥有本物业区域内物业所有权的自然

人、法人或其他组织，均可确认为本物业区域业主。”

目前，我国是从物业的所有权的角度来定义业主的身份。一般来说，只有对物业拥有所有权或必定会取得物业的所有权的才能认定为业主。但现实生活中，物业投资客购房的目的就是通过出租获得利益，其本人不居住。在此情况下，按现行规定，租客永远不能享有业主的权利。但是，由于其租住的物业的小区物业管理水平又与其密切相关，笔者认为，在目前房价高企、部分人无力拥有自有产权物业的情况下，可以适当扩大业主身份内涵，可以将居住在小区的物业承租人也认定为具有业主身份。这样，可以体现权利义务相一致原则。既然承租人履行交纳物业管理费用的义务（尽管现实中物业承租人是以物业所有人的名义交纳），那么物业所有人所享有的业主权利理应也由物业承租人来享有。

承办群体诉讼案的执业风险及防范

兰　天　律师

现阶段，随着社会转型期各种社会矛盾的集中凸显和爆发，群体诉讼案（以下简称“群诉案”）逐年增多。在珠江三角洲地区，各类房地产买卖合同纠纷、房屋租赁合同纠纷、劳动用工合同纠纷等几类案件比较突出。

一、群诉案的执业风险

1.个别地方政府不适当地干涉司法审判

例如，在笔者曾经代理的一起56户业主起诉开发商解除合同的案件中，虽然一审判决我方全部胜诉，但一审审理过程严重超期。曾有人指出此案久拖不判的理由之一，是相关地方政府曾利用本身的影响力向法院施加压力，希望法院不要轻易判决解除合同，以免影响本地房地产产业的发展、影响当地社会的和谐稳定。

2.司法机关顾虑重重

在地方政府不适当的干预下，以及考虑到判决解除合同可能引发同类诉讼案件的爆发，加上司法机关案件积压，使该诉讼案件不能按期或尽快结案。

3.开发商不正当地使用种种应对手段

近几年来，已经发生开发商雇请人员报复代理律师、业主代表的刑事案件，也出现了开发商收买业主代表和部分业主的事情，开发商采取提起管辖权异议、申请举证期延期、提起反诉、伪造证据等各种合法、不合法的手段，阻挠诉讼案件的正常进行。

4.个别业主在其诉求没有达到满意状态的情况下采用不合理手段

例如，有一香港业主，在律师已经打赢官司的情况下，认为律师原先收费过高，要求律师退还部分费用，遭到律师拒绝后，竟然组织无关人员堵在律师楼大门口长达一天，最后在劝说无效的情况下有人报警后该当事人才收场走人。

二、群诉案的执业风险防范

1.搞清当事人诉求有无清楚的事实依据，有无充分的证据支持

依笔者近几年的办案实践，半数以上的群体事件中，群体一方的诉求没有清晰、完整的事实依据，更没有合法、有效、充分的证据支持。许多诉求的形成往往是因为开发商的态度和效率令人不满，而非开发商形成了违反法律、违反合同的事实；或者虽然开发商有违反法律、违反合同的地方，但很难形成完整、有效的证据；或者虽然开发商违反了法律，但应承担行政责任而非民事责任。

2.谨慎对待当事人的委托，将社会责任放在首位

关于当事人的委托，有的不完全是想通过法律途径维护其合法权益，有的是想通过打官司发泄对开发商的不满情绪，也有的是通过打官司欲使开发商的声誉和销售受到影响。作为执业律师，应当在了解清楚案情后，针对不同情况采取不同对策。

（1）对没有事实依据、证据支持的，应向当事人讲清楚诉讼风险，建议当事人依照其诉求的缘由与开发商寻求对话、协商处理。

（2）对有事实依据、证据支持的，可以建议当事人先行与开发商协商、调解，无效后再通过法律途径解决。

（3）对开发商在服务态度、工作效率、行政违规等方面的不足和错误，可建议当事人与开发商协商、调解处理，或向行政主管部门投诉，或向新闻媒体投诉。

总之，对待群体性案件，应当首先将消除社会矛盾，正确、有效、负责地维护当事人合法权益的社会责任放在第一位。

3.完善与当事人的委托手续，认真、正确、有效地履行好代理职责，防止因手续不完善、法律服务不到位、不专业而导致当事人投诉

三、群诉案的收费问题

目前的相关规定不允许风险收费，虽然许多人对此颇有看法，但在相关规定没有修改之前，不可突破。有律师建议可以采取分段收费的办法，来顺应目前群体性案件中当事人的付费习惯——由于群体性案件的群体方当事人经济实力比较薄弱，同时他们认为诉讼的成果主要体现在胜诉后的执行而非胜诉本身，因此当事人一般不愿在前期支付太多律师费，却愿意在执行完毕按照执行成果支付报酬，所以，现行规定对律师办理群体性诉讼案件的收费存在一定的困扰，但该问题通过分段收费可以合理化解。

另外，许多群体性案件其实在正式起诉前，群体一方往往会向律师进行多次咨询，有的还邀请律师参与其议事大会，笔者认为，由于该阶段问题复杂、工作量较大，律师可以收取合理的咨询费用。

四、群诉案的执业风险注意点

律师不应参与、参加群体一方组织的任何形式的集会。由于群体一方组织的任何形式的集会都有可能引发难以控制的违法、违规行为，律师参与、参加群体一方组织的集会会给自身带来巨大风险。

对群体一方邀请律师就其集会予以业务指导、活动遥控和代为陈述的，律师也应予以明确拒绝，并明确表示反对以集会的形式表达诉求的态度。

有的律师将上述律师不参加集会的有关内容写进了委托代理合同中，笔者认为该做法值得借鉴。

第二章
与法治建设共成长

《深圳律师》的第二个五年，杂志创新“栏目编辑”等编印制度，《深圳律师》获得快速成长。2011年9月，在广东省律师协会开展的首届全省律师行业期刊和网站评选活动中，《深圳律师》荣获“首届全省律师协会会刊评比金奖”。2014年2月，时任深圳市委书记王荣视察律师工作，指出要让律师成为一流法治城市建设的生力军，他的寄语刊登于杂志第50期卷首语。

当时间跨越到新世纪的第二个十年，党的十八大胜利召开，我国立案、执法和司法制度更加完善。2011年2月，第十一届全国人民代表大会常务委员会审议通过了《刑法修正案（八）》；2011年3月，时任全国人大常委会委员长吴邦国庄严宣布，一个以宪法为统帅，以宪法相关法、民商法、行政法、经济法等多个法律部门的法律为主干，由法律、行政法规，地方性法规与自治条例、单行条例三个层次的法律规范构成的中国特色社会主义法律体系已经形成。党的十八大以来，中国立法工作呈现任务重、覆盖广、节奏快、质量高的特点，中国特色社会主义法律体系完善取得显著进展，系统性、整体性、协同性进一步增强。2014年10月，党的十八届四中全会明确提出编纂民法典这一重大法治建设任务。

本部分共收录了《深圳律师》杂志第26期至第50期的精选专业文章。这一时期，《深圳律师》杂志紧跟法治建设热点，探讨的问题跨越公司法、知识产权法、刑事司法、资本市场、婚姻家事法律、破产法、诉讼法等，聚焦律师执业过程中遇到的各种疑难问题，既有理论研究，也有实操讨论，反映了深圳律师立足本职、善于思考、长于研究的职业特征。

2010年第26期

《侵权责任法》的亮点与不足

陈　伟　律师

第十一届全国人民代表大会常务委员会第十二次会议于2009年12月26日通过了《侵权责任法》。这部重要法律的出台，对于保护民事主体的合法权益、明确侵权责任承担与分配、化解社会矛盾、预防和减少侵权民事纠纷、统一民事案件的裁审标准及法律适用、构建和谐社会等，具有重要的现实意义。

一、《侵权责任法》的亮点

综观《侵权责任法》，诸多新近发生的法律事件或者重大疑难法律问题均能找到相应的法律根据。笔者认为，该部法律存在如下亮点：

(一)首次以法律形式明确规定精神损害赔偿

在现代社会，在民事侵权责任种类中设立精神损害赔偿，已经成为国际立法惯例，但我国在建成之初，由于受立法传统的影响，借鉴苏联民法理论和立法经验，否认精神损害赔偿制度的合理性，认为自然人的人格尊严不能用金钱来衡量，生命也是不可以用金钱来赔偿的，故在很长一段时期内，无论是法学界还是立法界都否定和排斥精神损害赔偿，直至1986年颁布的《民法通则》，才在一定程度上确认了精神损害及其救济制度，但是没有明确提出精神损害赔偿的概念。《侵权行为法》第22条明文规定："侵害他人人身权益，造成他人严重精神损害的，被侵权人可以请求精神损害赔偿。"该条从立法的高度首次确认精神损害赔偿制度，并为审判实务提供了明确的法律根据，是我国立法史上的一次伟大进步，必将对我国民事侵权制度的完善产生深刻而重大的影响。

（二）多人死亡事故中同命同价赔偿原则的确立

"同命不同价"在很长一段时间内引起人们的高度重视和争议。在重大交通事故或者矿难事故中，往往出现多人死亡的情形，但是受现有法律规定的局限，往往因为死者城乡身份、收入高低、地区差异或者其他因素的不同，导致死亡赔偿金相差数倍，并招致死者家属的不满，极易引发社会矛盾。为更为客观公正地处理上述问题，体现对权利的平等保护和对生命的尊重，促进和谐社会关系建设，《侵权行为法》第17条规定："因同一侵权行为造成多人死亡的，可以以相同数额确定死亡赔偿金。"根据这一规定，在处理重大交通事故、矿难事故等情况时，可以不考虑个体的差异而采取统一的标准或者数额来确定死亡赔偿金。这一规定可以让死者家属在赔偿方面尽可能地享受到法律上的平等，也是"法律面前人人平等"的宪法原则在《侵权责任法》上的生动体现。

（三）为解决医患纠纷提供法律依据

医患纠纷近年来已经成为社会焦点问题，其中因医疗行为引起的侵权纠纷尤为突出，但由于医疗侵权纠纷涉及医学专业知识，加之我国现有法律对于医患纠纷的处理也存在适用法律方面的不统一性，导致法律适用上的不一致及司法机关裁审标准的不统一，不利于解决医患纠纷。《侵权责任法》将医疗损害赔偿纠纷纳入其调整范围，如其第54条规定："患者在诊疗活动中受到损害，医疗机构及其医务人员有过错的，由医疗机构承担赔偿责任。"第57条规定："医务人员在诊疗活动中未尽到与当时的医疗水平相应的诊疗义务，造成患者损害的，医疗机构应当承担赔偿责任。"通过上述规定确立了医疗侵权损害赔偿的过错责任原则。该法还对推定医疗机构有过错的情形、医疗机构不承担赔偿责任的情形等作出了规定。另外，《侵权责任法》还另辟蹊径，在第59条规定："因药品、消毒药剂、医疗器械的缺陷，或者输入不合格的血液造成患者损害的，患者可以向生产者或者血液提供机构请求赔偿，也可以向医疗机构请求赔偿……"这样的规定，无疑对于解决医疗侵权纠纷增加了一条救济途径，也有利于医患纠纷的解决。

（四）加强个人隐私信息的保护

近年来网络日益流行的“人肉搜索”行为，虽然在一定程度上对于社会上某些不文明、不道德现象起到了一定的谴责或者否定性评价作用，但由于缺乏必要的法律规范约束，加之“人肉搜索”的发起或者搜索行为本身是否合法、正确缺乏相应的评判标准，所以极易被滥用，而且极有可能会侵犯到他人的隐私权。为加强对个人隐私的保护，《侵权责任法》第36条对网络侵权行为作出了明确规定。根据规定，如果网络用户利用网络服务对他人实施侵权行为的，被侵权人有权通知网络提供者采取删除、屏蔽等排除妨害措施。网络服务提供者在接到通知后未及时采取必要措施的，对损害扩大部分要承担连带责任。

另外，在现实生活中，患者或者孕妇信息包括个人信息、病历资料等被泄露的事件时有发生，对患者或者孕妇的正常生活带来了严重影响。为保护患者个人隐私权，《侵权责任法》第62条规定：“医疗机构及其医务人员应当对患者的隐私保密。泄露患者隐私或者未经患者同意公开其病历资料，造成患者损害的，应当承担侵权责任。”

（五）确立了缺陷产品召回制度

对于已经进入流通领域的产品，如果产品存在缺陷并致人损害的，消费者可以依据《消费者权益保护法》《产品质量法》等向产品的销售者、生产者主张相应的赔偿权利，但是对于缺陷产品能否防患于未然，即产品的生产者或者销售者能否在发现缺陷存在后就积极采用相应的补救措施，法律却没有明确规定。为确立缺陷产品召回制度，《侵权责任法》第46条规定：“产品投入流通后发现存在缺陷的，生产者、销售者应当及时采取警示、召回等补救措施。未及时采取补救措施或者补救措施不力造成损害的，应当承担侵权责任。”

（六）对生产销售缺陷产品进行惩罚性赔偿，加重企业社会责任

相信对于很多中国人来讲，始于2008年6月的河北三鹿毒奶粉事件仍然记忆犹新，也给人们带来了立法上的思考。对于产品质量侵权如何赔偿，《产品质量法》《食品安全法》已经有了明确的规定，但是对于明知产品存在

缺陷仍然生产、销售，并且造成死亡或者健康严重损害的，如果仅从《产品质量法》等法律来寻求救济，要求生产者、销售者进行补偿性的赔偿，显然不能起到惩罚作用。对此，《侵权责任法》第47条规定：“明知产品存在缺陷仍然生产、销售，造成他人死亡或者健康严重损害的，被侵权人有权请求相应的惩罚性赔偿。”该条规定的“惩罚性赔偿”，对于加重诸如毒奶粉事件中生产者、销售者的法律责任，使被侵权人获得更多赔偿，将起到积极作用。

（七）加大对未成年人特殊群体的保护

现实生活中经常出现幼儿、儿童在幼儿园或者其他教育机构学习生活期间受到人身损害的侵权赔偿纠纷，由于《民法通则》司法解释的规定过于原则性，导致此类纠纷难以得到妥善解决。对此，《侵权责任法》第38—40条对涉及未成人的侵权责任承担等作出了明确规定，如第40条规定：“无民事行为能力人或者限制民事行为能力人在幼儿园、学校或者其他教育机构学习、生活期间，受到幼儿园、学校或者其他教育机构以外的人员人身损害的，由侵权人承担侵权责任；幼儿园、学校或者其他教育机构未尽到管理职责的，承担相应的补充责任。”

此外，《侵权责任法》还对遗失、抛弃高度危险物造成他人损害的侵权责任、从建筑物中抛掷物品或者从建筑物上坠落的物品造成他人损害的侵权责任、因林木折断造成他人损害的侵权责任等首次作出了规定，对于解决新型侵权纠纷提供了相应的法律根据。

二、《侵权责任法》的不足

《侵权责任法》同其他法律一样，难以穷尽一切可能性，并且由于受立法传统等客观条件影响，笔者认为，其仍存在以下诸多不足。

（一）严重精神损害的界定模糊，适用精神损害赔偿的范围没有明确

《侵权责任法》第22条明文规定：“侵害他人人身权益，造成他人严重精神损害的，被侵权人可以请求精神损害赔偿。”但是何为“严重精神损害”？如何界定“严重”？以什么样的标准来衡量“严重精神损害”？认定的主体是司法审判机关还是司法鉴定机关？对这些问题均没有作出相应的规定。

希望以后能予以明确，如规定精神损害赔偿的最高限额，或规定计算精神损害赔偿数额的考虑因素。

（二）多人死亡案件中的“多人”及“相同数额”如何认定

《侵权责任法》第17条规定：“因同一侵权行为造成多人死亡的，可以以相同数额确定死亡赔偿金。”但是对于上述规定中的“多人”如何进行界定，是否依汉语言文学的理解，“三人或者三人以上”即为“多人”？如未达到“多人”是否就不能适用“同命同价”原则？如不是“同一侵权行为”而是“同类侵权行为”，是否就不能适用这一条？都没有更进一步的规定。另外，对于“相同数额”如何理解？如多人中的被抚养人、被抚养人数量不一样，仍适用“同命同价”是否有违公平原则？这样的规定是否会导致新的社会矛盾？相关问题仍需进一步细化。

（三）雇主承担雇员侵权行为产生的侵权责任，易纵容侵权行为

《侵权责任法》第35条规定：“个人之间形成劳务关系，提供劳务一方因劳务造成他人损害的，由接受劳务一方承担侵权责任。提供劳务一方因劳务自己受到损害的，根据双方各自的过错承担相应的责任。”本条的立法本意是考虑雇员承担责任的经济能力，为更有利于保护权利人的权益，故规定由雇主承担赔偿责任。但是如果损害后果是雇员的故意或者重大过失造成的，雇员是否仍然不承担侵权责任，没有规定。从理论上讲，过错原则是侵权责任的一般性原则，如果不考虑雇员对损害后果的故意或者重大过失等过错因素，不考虑侵权责任的一般性原则，一味地规定由雇主承担侵权责任，其结果可能既纵容了雇员的违法行为，也有违公平原则，还违反了《侵权责任法》的立法目的。

（四）缺陷产品侵权的惩罚性赔偿如何认定

《侵权责任法》第47条规定：“明知产品存在缺陷仍然生产、销售，造成他人死亡或者健康严重损害的，被侵权人有权请求相应的惩罚性赔偿。”该条以立法形式强调了企业的社会责任义务，是为了更大限度地保护消费者的生命权、健康权，但是“惩罚性赔偿”具体如何确定？怎样的赔偿才可称为“惩罚性赔偿”？赔偿达到什么样的程序才具有“惩罚性”的性质？法律却没

有作出规定。

（五）医疗损害侵权中“当时的医疗水平”如何认定

《侵权责任法》第57条规定：“医务人员在诊疗活动中未尽到与当时的医疗水平相应的诊疗义务，造成患者损害的，医疗机构应当承担赔偿责任。”但是本条涉及一个难以认定的问题，即“当时的医疗水平”，由于医疗水平受医务人员专业水平、医疗设施、医疗场地以及医疗行为本身所有的专业性、变化性等主观、客观条件的影响，实践中可能很难作出一个医患双方都能接受的认定。

（六）遗弃、逃逸动物致人损害的责任承担无法落实

为处理城市中的流浪狗给他人造成损害的责任承担问题，加强动物饲养人或者管理人的管理责任，《侵权责任法》第82条规定：“遗弃、逃逸的动物在遗弃、逃逸期间造成他人损害的，由原动物饲养人或者管理人承担侵权责任。”该条的前置条件是能够找到原动物饲养人或者管理人，但是在现实生活中，在找不到原动物饲养人或者管理人的情况下，被侵权人的损害该由谁来赔付？遗弃、逃逸的动物在遗弃、逃逸期间造成他人损害后，又有多少动物的主人能够自觉站出来承担损害赔偿责任？

综上所述，笔者认为，《侵权责任法》的出台必将给人们的社会生活带来深刻影响，希望立法机关能够以修正案形式或者最高审判机关以司法解释的形式对于其中的不足之处或者不明确作出相应的修正和解释，以保障其能更充分地发挥应有的作用。

2010年第26期

“危险程度增加”之辨

谭卫山　独家咨询(深圳)有限公司

保险业新规——新《保险法》颁布施行，对保险业而言，是一次规范管理和促进行业发展的契机。但对于新《保险法》规定的正确理解，不仅对消费者而言非常重要，对于保险公司也是不能忽视的。如何正确理解保险条款，对于保险公司以及投保的消费者而言，都具有十分重要的意义。以下案例值得我们思考。

一、争议

本文探讨案件争议的焦点在于如何适用2002年《保险法》第37条“保险标的危险程度增加的，被保险人按照合同约定应当及时通知保险人”的规定。庭审中，保险公司认为事故发生时，张某背对着车辆去接自家小孩，车辆已经脱离了张某的视线范围，在走出车辆十米远的地方后，张某周围已经是一群刚放学的幼儿园的学生，那种喧闹的环境掩盖了车辆被盗时移动的声音，车辆已经脱离了张某的听觉范围。

综上两点，车辆的安全性已经完全脱离了张某可以控制的范围，张某未将车辆熄火、未关车门的行为增加了车辆被盗的概率，即增加了保险标的的危险程度，根据2002年《保险法》第37条的规定，张某应通知保险公司，未履行通知义务的，保险公司有权拒绝赔偿。张某则认为其行为未增加保险标的的危险程度，即使增加了保险标的的危险程度，保险合同中也未要求履行通知义务，保险公司不能根据2002年《保险法》第37条拒绝赔偿。

二、法院判决

一审法院审理后认为，本案不存在保险合同约定的危险程度增加的情形，保险公司应当按照合同约定向张某支付保险赔偿款。同时认为，张某作为保险合同的一方当事人，有维护保险标的安全的合同附随义务，其离开车辆未熄火，使犯罪分子轻易得手盗窃，未尽到保险标的的谨慎注意义务，存在重大过失，应对损失承担相应的责任。

据此，一审法院判决张某自行承担30%的损失。保险公司不服一审判决，向当地中级人民法院提起上诉。二审法院认为，本案不属于2002年《保险法》第37条规定的可以预见的，并可以及时通知保险人的危险程度增加的情形，未支持保险公司不予赔偿的上诉请求。同时认为在保险合同纠纷中，保险人支付保险赔偿金的义务并非以投保人无过错为前提，除因法律规定或者合同约定不得免除。据此二审法院判决撤销一审判决，判决保险公司承担全部的赔偿责任。

三、分析

实践中，因无须对法定的免责事由履行明确说明义务，保险公司经常以2002年《保险法》第37条规定的“危险程度增加”作为挡箭牌。什么才是2002年《保险法》第37条规定的危险程度增加？危险程度增加的通知义务到底是法定义务还是约定义务？成为亟须解决的问题。

通常认为，危险程度增加，是指合同成立期间未曾估计到的、显著的、未曾间断的危险状况的增加，其构成要件有三个方面的内容：第一，显著性。危险增加的显著性须能影响保险人、增加保险费或者解除保险合同，轻微的危险程度增加不影响对价平衡原则，不符合危险增加显著性的构成要件。第二，未曾估计性。未曾估计性不是说保险人对保险标的在合同有效期内的危险增加没有预见到，而是说没有将该增加的危险程度作为厘定保险费的基础。第三，持续性。持续性是指原危险状况因某种特定事件的发生而改变，并且此改变后的状态需持续不变，继续一段时间，如果危险状态只是一时地改变继而消失恢复原状的，则不属于危险程度增加。

危险程度增加的通知义务系被保险人法定义务，理由如下：首先，一定的风险对应一定的保险费，风险越高，保险费相应地也越高，“保险合同在保险精算的科学基础上，要求保险人承担的风险与投保人所交付的保险费具有对价关系，必须遵循对价平衡原则”，这是我们理解危险程度增加的通知义务系被保险人法定义务的基础。其次，保险合同为继续性合同，保险标的所面临的风险并非一成不变，保险人承保时承担的风险与合同履行中的风险可能会出现比较大的差异。最后，保险标的于合同成立后无须移转占有，被保险人对保险标的所面临的风险最为知悉，“保险人无论于缔约时或订约后关于危险的掌握及控制于事实上几乎立于无能之地位”。基于以上三点理由，保险法科以被保险人危险程度增加的通知义务，以使保险人有机会对保险责任期限内保险标的增加后的风险重新作出正确估量，以决定是否“要求增加保险费或者解除合同”。

2012年《保险法》第37条规定“保险标的危险程度增加的，被保险人按照合同约定应当及时通知保险人，保险人有权要求增加保险费或者解除合同”，但并没有对“危险程度增加”作出相应的解释，直接导致司法实践中认定“危险程度增加”的混乱局面。“按照合同约定应当及时通知保险人”也是表意含糊，使人对通知义务系法定义务还是约定义务容易产生误解。2009年2月28日，全国人大常委会修订通过了新的《保险法》，于2009年10月1日起施行。遗憾的是，新《保险法》除增加“保险人解除合同的，应当将已收取的保险费，按照合同约定扣除自保险责任开始之日起至合同解除之日止应收的部分后，退还投保人”的规定外，大多只是文字上的修改，如将“危险程度增加”修改为“危险程度显著增加”，将“按照合同约定应当及时通知保险人”修改为“应当按照合同约定及时通知保险人”，将“保险人有权要求增加保险费或者解除合同”修改为“保险人可以按照合同约定增加保险费或者解除合同”。新修订的《保险法》并没有对“危险程度增加”作出全面的、正确的定义或者解释，仅在“危险程度增加”中间增加了“显著”两字，似乎已排除了“危险程度增加”中的“未曾估计性”“持续性”两个构成要件，可能造成误解。将“按照合同约定应当及时通知保险人”修改为“应当按照合同约定及时通知保险人”虽增加了通知义务的法定色彩，却给司法实践增加了新的困惑——保险合同没有约定但依法确属于危险程度的增加怎么办？

从本案来看，张某虽存在未将车辆熄火、未关车门的行为，但是该行为持续不到两分钟，显然不符合危险程度增加构成要件中的“持续性”，一审、二审法院判决保险公司须承担赔偿责任是正确的。相反地，如果认定张某的行为增加了保险标的的危险程度，则无论合同是否有约定，其均应履行通知义务，而不是张某认为的合同中没有约定则不需履行通知义务。最后，值得一提的是，合同责任实行的是无过错责任，除非法律另有规定或者合同另有约定。本案中，保险合同并没有将被保险人的该种过错行为列为减轻保险公司赔偿责任的条款，且《保险法》中也没有相应的规定，因此，笔者认为，一审法院判决张某自行承担30%的损失、“各打五十大板”的做法是错误的，二审法院予以改判，维护了张某的合法权益。

2010年第28期

机动车停放服务纠纷若干法律问题探讨

刘子平　律师

为统一办案标准和裁判尺度，保护车主和停车场经营者的合法权益，2006年8月28日，深圳市中级人民法院制定了《关于审理机动车停放管理纠纷案件的指导意见（试行）》，在该审判指导意见中，将住宅区停车场、写字楼与住宅区共用停车场在未与业主或停车人约定为保管关系及实行政府定价的医院、学校、博物院、图书馆、青少年宫、文化宫等公益场所及党政机关、事业单位配套停车场中车辆停放法律关系界定为车辆停放管理关系，而将其他实行市场调节价及政府定价较高且按时间收费的停车场中车辆停放法律关系界定为车辆保管合同关系。尽管该指导意见为解决纠纷、化解矛盾、统一裁判尺度发挥了指导作用，但在司法实务界及理论界，对此仍存在较大争议。在深圳市中级人民法院对机动车停放管理纠纷案件调研之际，笔者就有关问题作如下探讨：

一、车辆停放服务合同是有偿合同、双务合同、实践合同

笔者认为，无论是车辆保管关系、车辆停放服务关系还是停车位有偿使用关系，均体现为作为停车场管理人为车辆停放人提供的一种服务关系。在此前提下，可根据停车场是否收费及收费的性质，作出如下分类，以便厘清停车场与车辆停放人之间的法律关系：

（1）根据停车场是否收费，可以划分为经营性停车场和非经营性停车场两种。

（2）根据收费的性质又可以分为政府指导价、政府定价和市场调节价三种收费方式。

(3)从《机动车停放服务收费管理办法》和《深圳市停车场规划建设和机动车停放管理条例》的规定可以看出，立法目的都是解决有序的停车，保护车主和机动车停放业务经营者的合法权益。政府价格主管部门在制定机动车停放服务标准时，综合考虑了基本的收费原则及补偿合理经营成本和依法纳税等因素。对于自然垄断经营性质的机动车停放服务考虑保本微利的原则，而对于非自然垄断经营性质的机动车停放服务则没有限制其盈利的规模。两种服务收费，其本质都是营利性质的，区别在于是否盈利及盈利规模状况。而在停车服务收费中，已包含了合理经营成本，其成本中就包含其对停车场管理的成本，自然也包含了对停车场内机动车停放、管理、保障机动车安全的管理成本。

(4)《深圳市停车场规划建设和机动车停放管理条例》第22条第4款规定，机动车所有人已取得停车位所有权或者使用权的，其停车位的管理服务费由停车场管理单位与停车位的所有人或者使用人约定。根据该规定，已明确将车位的有偿使用与管理费进行区分。也就是说，取得停车位使用权或所有权的，才存在管理费的问题；反之，如果没有取得停车位使用权或所有权的，提供车辆停放服务收取费用，该费用中已包含了车位的使用费和管理服务费。

通过上述分析，我们可以得出这样一种结论——无论是何种收费方式，均在收费中已经包含了对车辆的管理服务费用，因此车辆停放服务合同为有偿合同。

停车场经营者经营停车场，提供车辆停放服务，车辆停放人将车辆停放在停车场并按停车场的规定缴纳停车费，双方构成合同关系。停车场承担提供车辆停放服务的义务，并有权收取停车费，而车辆停放人享有停车服务，并履行缴纳停车费的义务，车辆停放服务合同为双务合同。在车辆停放人将机动车停放在停车场后，机动车处于停车场的管理之下，双方合同成立，该合同为实践合同。

二、车辆停放服务合同属于保管合同的范畴

在停车场提供机动车停放服务的过程中，停车场取得经营资格对外提

供车辆停放服务，在机动车停放人将车辆驶入停车场时，停车场发放停放凭证，同时收取停车服务费或在车辆驶出停车场时收取一定的停车服务费。停车场对外提供车辆停放服务为要约，车辆停放人将车辆驶入停车场时为承诺，车辆处于停车场的管理之中，此时双方合同关系成立且生效。根据上述对停车场收费的分析，停车场本身具有营利性质，在车辆停放人将车辆驶入停车场时，车辆已处于停车场控制范围之内，车辆停放人只有凭停车场的出入卡或其他凭证才可以取走车辆，而不是完全自由地对车辆行使控制权，其对车辆的控制权因停车场提供的管理服务而受到一定的限制。上述车辆停放服务法律关系，完全符合《合同法》中保管合同的特征，其与其他物的保管区别仅在于车辆作为保管物，取出或停放时由车辆停放人操作，而非作为保管人的停车场进行操作。

我国《合同法》第124条规定："本法分则或者其他法律没有明文规定的合同，适用本法总则的规定，并可以参照本法分则或者其他法律最相类似的规定。"车辆停放服务合同在《合同法》中并没有单独作为有名合同出现，其法律关系符合保管合同的特征，根据《合同法》的规定，应当适用《合同法》分则中保管合同的规定。即使有人主张车辆停放服务合同不属于保管合同的范畴，根据《合同法》第124条的规定，也与保管合同最相类似，依然应当参照保管合同的规定。保管合同作为有名合同，对保管法律关系及责任承担作出了明确规定。此时，存在争议的仅是实行政府指导价或政府定价的停车场对其收费实行了限制，停车场不能完全按照市场因素收费，其具有一定的公益性质。但本质上，车辆停放服务合同仍属于保管合同的范畴，停车场应承担妥善保管的责任，在车辆被盗抢、毁损、灭失的情况下，应当按照《合同法》中保管合同的规定承担赔偿责任。

三、停车场收益与其在车辆毁损、灭失后赔偿义务对等

在司法实践中，大多数停车场都主张每次收取停车费只有区区几元到几十元不等，而发生车辆毁损灭失后需赔偿的额度几万元到几十万元不等，停车费的收取与赔偿额极不对等，不符合公平原则。笔者认为，这种理由是

不成立的，是采取偷梁换柱的说法，混淆了停车费的收取与停车场的收益的概念，将二者混为一谈，形成了表面上的不对等，实质上对于停车场而言并不产生不公平的情形。

停车场在为车辆停放人提供车辆停放服务时，停车场经营的对象并不仅限于某个固定的车辆停放人或机动车，而是针对不特定的多数人提供服务。政府在制定停车场收费标准时，已经考虑了停车场的经营成本、盈利情况等，停车场虽然每次收取的停车费很少，但停车场是按停放的时间或停放次数收取停车费，停车场的收益计算不是个体停车费的收取，而是在一定时间段内或一个营业年度停车费的集合。单个停车位在每天都会数次收取停车费或超过停放时间后加收停车费，每个停车场则有数个停车位，每个停车场在某个时间段内或营业年度内的收益远远高出车辆毁损灭失后的赔偿额数倍。在停车场没有尽到管理责任的情况下承担赔偿责任是公平合理的，而并不存在停车场主张的单次停车费与车辆毁损灭失后赔偿额形成巨大差额，构成不公平、不对等现象。

四、停车场减轻、免除其责任的告示属格式条款，其内容无效

笔者认为，停车服务法律关系属于保管合同的范畴，同时，停车场的设置就是为作为消费者的车辆停放人服务的，其在经营过程中提供服务并收取费用，双方又构成消费法律关系。车辆停放人将车辆停放入停车场并缴纳一定的费用，不仅是为了寻找能够停放车辆的位置，还包括信赖停车场能够保障机动车的安全（此种安全包括免受处罚和避免毁损灭失），才愿意缴纳停车费。而停车场的服务包含了提供机动车停放车位、对机动车停放顺序的管理及保障机动车安全的内容。尤其是对机动车提供安全保障义务，是其在机动车停放服务过程中的主要义务。《消费者权益保护法》第24条规定："经营者不得以格式合同、通知、声明、店堂告示等方式作出对消费者不公平、不合理的规定，或者减轻、免除其损害消费者合法权益应当承担的民事责任。格式合同、通知、声明、店堂告示等含有前款所列内容的，其内容无效。"停车场经营者通过在停车凭证上或张贴告示的方式，免除其主要义务，损害了消

费者的合法权益，根据上述法律规定，该声明应属当然无效。

从另一角度讲，如果对于停放在停车场的机动车，停车场不能保障其安全，任凭犯罪分子盗抢或其他毁损灭失风险的发生，而停车场根据其单方面声明就可免责，也就放纵了违法犯罪行为的发生或增加了公私财物遭破坏的概率，不利于社会的稳定和发展。因此，从该层面上讲，停车场的相关免责声明也不能认定为有效。

五、停车场赔偿责任的减轻或免除

根据上述分析，停车服务法律关系属于保管合同的范畴，在责任承担上应适用《合同法》中关于保管合同所规定的责任承担。《合同法》第374条规定："保管期间，因保管人保管不善造成保管物毁损、灭失的，保管人应当承担损害赔偿责任，但保管是无偿的，保管人证明自己没有重大过失的，不承担损害赔偿责任。"根据上述法律规定，在停车场收取停车费的情形下，只有尽到了妥善保管义务的，才可不承担赔偿责任。反之，则应承担损害赔偿责任。在停车场免费停车时，仍应尽到妥善保管的义务，否则亦应承担损害赔偿责任。

在司法实践中，笔者认为，判断停车场是否尽到妥善保管义务，应从如下方面综合考虑：停车场是否领取了经营许可证、是否通过了验收年检，停车场是否设置了合理的道闸、是否安装了完善的监控设施、是否制定了完善停车场的管理制度，并按管理制度落实并安排了巡查人员进行巡查，以及消防设施是否完善，有无紧急情况下的应急预案等。如果停车场能够证明其属合法经营、规章制度健全且落实到位，且在尽到了妥善保管的义务后，仍不能制止违法犯罪行为发生或车辆毁损灭失的，才不承担损害赔偿责任；反之，停车场则不能免除责任。

基于机动车作为特殊物，有别于其他保管合同中的保管物，在机动车保管中，仍有赖于机动车停放人尽到一定的注意义务，如将车辆按车位停放、锁好车门、车内不存放易燃物品、妥善保管停车凭证及有关车辆证件等。笔者认为，如机动车停放人没有尽到上述注意义务，或者因机动车停放人的疏忽或重大过失，致使违法犯罪分子利用停车凭证、行驶证等有效凭证或其他情形导致机动车毁损灭失的，可以免除或者减轻停车场的责任。

在司法实践中应注意举证责任的分配，如是否与经营场所形成消费法律关系，以及对经营者提供停车服务的举证责任，应由消费者或服务接受者承担，而不应由经营者来举证。

笔者认为，根据我国法律规定和目前深圳市停车场现状，停车场与车辆停放人之间只存在车辆保管关系和车位有偿使用关系，并不存在车辆停放管理关系，而车位有偿使用关系仅存在于住宅小区或其他物业中业主已取得停车位所有权或使用权，且不收取车位管理费的情形之下。在车辆保管关系中，根据《合同法》关于保管合同的规定进行处理，在车位有偿使用关系下，仅因提供了车位的有偿使用，并不管理车辆，不应承担责任。按照以上关系处理，可以促使提供停车服务的经营者增强防范意识，尽可能地避免公私财产的损害，减少社会矛盾的发生。

2010年第29期

律师事务所证券法律业务风险控制

张　炯　律师

证券法律业务，尤其是首次公开发行股票并上市（Initial Public Offering，IPO），在目前中国的法律市场发展迅猛，从事这一领域业务的律师人数也迅速增加。由于一些事务所开展业务时间较短，经验积累不足，尚不能形成有效的风险控制制度，因此业务的风险控制成为律师事务所一项非常重要的工作。

一、证券法律业务的特点

相对来说，证券法律业务要求律师具备较高和较为全面的法律素养，并具备必要的经济学常识、财务以及税务知识。

在为客户提供IPO法律业务及其衍生出的私募股权投资等业务的过程中，律师需要熟悉拟上市公司的整体架构，所涉及的产业政策，制约盈利模式中各环节的法律法规，以判断客户是否符合上市的各项条件，或者是否具备上市的潜质，否则一个IPO项目可能是最终没有结果的业务。

另外，越来越多的民营企业加入上市的行列中，但由于绝大多数民营企业在设立及运营初期还没有上市的远大目标，也没有足够的素质和能力处理好公司架构、财务结构、股权结构等方面的事项，整个财务体系多以减少税赋作为主要目的，因此，在产生上市诉求的时候，经营理念、法人治理方向以及财务税务结构的调整会产生很大的变化，如果项目律师不能够很好把握这些企业的心理基础和运营基础，帮助实际控制人和管理层真正理解改制上市的逻辑和要求，并协助企业掌握好规范、重组的范围及节奏，则可能在改制上市过程中出现企业不能配合中介机构的工作规范进行运作、留下上市障碍甚至出现隐瞒重要事实、造假等情形。

多数企业在改制之前都需要进行重组，除了法律架构的合法性外，重组的税赋和费用将作为重组方案制订时需要考虑的重要因素，如果律师对于财务和税务原理、基本规定不了解，则会为企业增加不必要的负担或留下财务和税务隐患。

二、证券法律业务参与方式和内核制度

基于上述证券法律业务特点，需要有律师或辅助的律师助理参与，这便产生了证券法律业务开展过程中的工作协调和衔接问题，也产生了各个阶段工作质量的把关问题。主办律师对整个项目情况的判断素材源于企业的介绍和律师或律师助理对基础资料的收集整理，所以，企业的情况介绍及基础资料的收集整理质量将直接影响到主办律师的判断。另外，对整个律师事务所的业务风险控制，需要事务所内部设置专门的程序，对证券业务的质量进行检查和把关，核准相关法律文件是否可以申报。

信达所内设置了证券业务内核制度。内核小组由从事证券业务较多的合伙人和律师组成并实行经办人回避制度。在经办律师进行尽职调查后，重组方案确定前，经办律师应向负责具体项目的内核小组报告基本情况，内核小组从大的方面把关，决定能否继续进行。在申报前，经办律师必须提供该项目全部申报文件作为内核参考文件并由内核组长召集开会讨论，最后内核小组决定是否同意申报并附修改建议。但是，由于内核律师并不参与现场工作，也没有参与企业改制、上市过程中关于问题解决的讨论，更多依赖于现场工作底稿、拟出具的法律文件以及其他中介机构出具的申报文件，按照法律法规的要求来对照，所以内核律师在审核文件时也存在一定局限性。但该制度至少做到了事务所对项目情况心中有数，弥补经办律师的不足。对经验丰富的经办律师来说，也起到交叉检查作用。在申报文件修改上，该制度的内核作用明显。

三、证券法律业务风险控制的阶段

证券法律业务越来越成为团队参与的业务，风险控制应存在于每一个

业务环节。

1.业务承揽

在现有的资本市场环境下，业务承担方面的风险机制存在信息不对称的问题。虽然在承揽每家公司的业务前，承揽律师会对准客户的基本状况进行了解和分析，以便于判断该企业能否上市。但是，因为还没有确立合作系，企业往往不愿意提供书面的资料，也不愿意全面介绍企业的实际情况，同时因为对资本市场缺乏认识，介绍情况过程中有重大遗漏或误导的情形时有发生。

2.尽职调查

这是经办律师能够全面、准确了解客户的阶段。因为合作关系已确立，客户必须提供各方面的书面资料和信息，经办律师获得的信息比较直接和准确，并且可以通过客户已提供的资料扩大调查的范围及方式，所以这个阶段是风险控制的最佳时期。如果出现客户存在上市障碍的情形，各中介机构能够和客户解释清楚，减少客户的损失，或是让客户有足够的心理准备，降低对上市周期、融资额等方面的预期，便于开展下一阶段的工作。

尽职调查同时也是体现主办律师经验的阶段。尽职调查的范围以及收集资料的方式，辅助律师及律师助理应注意的细节等都是保证调查质量的重点，需要主办律师进行细致的安排。这一阶段的风险控制，应当结合客户改制上市方案的制定工作进行。

3.改制上市方案的制定

在对拟上市企业情况进行充分尽职调查的基础上，改制上市方案的制定毫无疑问是整个上市工作中最有技术含量的环节。如果这一阶段的工作质量不高，则以后的工作可能会推倒重来，造成时间、精力和资源的浪费，还有可能产生企业上市的障碍。

在这一阶段，律师的作用是主导性的。公司框架、股权结构等重要事项均需要在律师的指导下形成，尽职调查的各个方面的细节都会在制定改制上市方案的过程中得以充分考虑和验证，改制上市方案是否结合企业各方面的实际情况、企业诉求以及是否遵守了上市的各项要求，将是整个上市工作开展是否顺利的关键，因此，在这一阶段，事务所的内核小组能够介入并仔细论证改制上市方案，是一项非常重要的工作，能够在很大程度上防范法律技巧方面的风险。

因此，项目经办律师应当将尽职调查的情况形成报告，并将拟订改制上市方案同时报给事务所的内核小组，内核小组必须在检查尽职调查情况的基础上分析改制上市方案的可行性和准确性。但是，有些企业的改制上市过程阶段不明显，尽职调查的阶段拖得很长，或者为了争取时间，重组与尽职调查同时在进行，这时事务所内核介入的时点就不好把握，可能需要较长时间的跟踪才能保证改制上市方案的质量。

4.改制上市方案的实施和调整

即使有了高质量的尽职调查和改制上市方案也并不能保证方案的实施就一成不变。因为客户在逐渐理解资本市场的情况后，诉求可能发生变化；或者公司的生产经营环境、政策有较大的改变；或者企业获得较好的并购机会等，都可能会对原有的改制上市方案产生重大的影响。这要求主办律师要有清晰的工作思路，抓住要点和难点问题，不断和内核小组进行沟通并保证必要的集体讨论。这些沟通和讨论应该形成记录并作为工作底稿的组成部分。

5.申报文件的出具和工作底稿的完善

申报文件中的律师工作报告是律师的核心文件，尽管还有一份法律意见书，但法律意见书是结论性意见，并不具备审核的实际价值。律师工作报告能否将尽职调查和改制上市方案实施的过程和结果以适当的措辞、结构和篇幅表达出来，也是质量和风险控制的重要事项。同时，由于法律意见书和律师工作报告是申报文件，上市公司和各中介机构都会比较重视，通常都会有统稿的过程，以协调和统一各方对同一问题的表述。但对于如何把握尺度，尤其是对于一些存在问题的事项的描述和判断，还需要内核小组谨慎决定。

工作底稿的完整性往往是容易被忽视的问题，因为现在通过电子邮件发送的文件较多，不少的文件原稿的收集和整理不及时、不完整，申报材料的时候来不及整理，到申报证监会后的审核阶段，底稿的收集又处于停滞状态，审核的过程对于不断处于补充状态的底稿也只能提出原则性要求，不能准确到位。由于证监会对工作底稿进行抽查，一旦工作质量有问题，底稿的缺乏和混乱就会成为责任的突破口，因此，底稿的核对、装订、存档就需要及时、严格完成。

四、总结

由于前述的业务环节的风险控制存在很多细节、程序和时效的限制，如何以制度的方式而不是单靠主办律师的经验去避免证券法律业务的风险，将是需要长期探讨的课题。律师事务所的内核制度需要不断完善，配合各项内控制度，使之完整有效地贯穿在证券业务的各阶段，并体现出对证券业务风险控制管理的作用。

2010年第31期

建设单位工程质量索赔重点法律问题分析

刘　军　律师

工程质量关系国计民生，搞好工程项目的质量管理，是项目管理者对国家和社会应尽的义务。优质的工程项目，是严格按照质量保证体系对工程建设过程实施管理的结果。因此，工程质量管理至关重要。建设单位作为发包方，应做好项目质量管理，从源头上控制工程质量。一旦工程质量出现缺陷，应积极要求施工单位修复，重做或返工。通过质量索赔渠道，监督施工单位施工，使工程质量达标。笔者试图通过以下几个方面论述建设单位在工程质量索赔方面应注意的法律问题，以资参考。

一、建设单位在质量纠纷处理中通常存在的几种错误认识

工程质量，是指工程满足业主需要，同时符合国家法律、法规、技术规范标准、设计文件及合同规定的特征综合。工程质量索赔，是指因并非建设单位的过错而应由对方承担责任的情况造成的实际损失，向对方提出经济补偿和（或）工程保修的要求。但建设单位在进行质量索赔时通常存在几种错误认识：

第一种，约定质量保修期不足，建设单位认为过了法律法规规定的约定保修期施工单位不需要承担责任。

工程竣工后的质量保修期可由双方约定，有些施工企业为减少质量保修风险，在施工合同中约定的保修期限少于《建设工程质量管理条例》规定的最低期限。建设单位认为过了约定保修期将不能要求施工单位承担保修责任。其实不然，《建设工程质量管理条例》属于行政法规，其对一些工程项目的最低保修期限的规定为强制性规定。按照《合同法》的规定，违反法律

和行政法规的合同条款无效，所以，施工企业在施工合同中约定的保修期限少于《建设工程质量管理条例》规定的最低期限的条款是无效的，建设单位可在《建设工程质量管理条例》规定的最低期限内要求施工单位承担保修责任。

第二种，施工单位通知验收隐蔽工程，建设单位未验收，施工单位自行组织验收，工程竣工验收时，建设单位认为可不再对隐蔽工程进行验收。

隐蔽工程的验收是建设单位的责任，《建设工程施工合同（示范文本）》（1999年修订）规定，工程具备隐蔽条件或达到专用条款约定的中间验收部位，施工单位应自检后通知建设单位进行验收，如果建设单位不验收，施工单位可自行组织验收。施工单位自行组织验收，工程质量可能存在问题。此时，建设单位可要求对已经隐蔽的工程重新检验，但此行为亦存在风险，如检验合格，建设单位将承担由此发生的全部追加合同价款，赔偿施工单位的损失。如检验不合格，施工单位将承担发生的全部费用。

第三种，保修期间发生的质量问题并非由施工单位造成，建设单位认为施工单位不需承担保修义务。

我国《建筑法》第62条规定了建筑工程实行质量保修制度，认为在质量保修期内施工单位应承担保修责任，无论是否施工单位的原因所造成，其仍然具有保修义务，这是法律明确规定的。当然，施工单位具有保修义务，但是如果不是由于施工单位的原因造成质量问题，修复费用是由责任单位来承担的。所以，建设单位在进行质量索赔时应注意索赔主体问题。

第四种，建设单位认为过了保修期就丧失了质量损害的赔偿请求权。

工程质量责任属于民事责任、合同责任，由此所产生的债是合同之债。有债的关系存在，就有债权债务双方存在。工程质量索赔权是合同之债的债权，而债权的属性是请求权。过了保修期，建设单位就工程质量损害提出的赔偿请求权并没有丧失，例如，建设单位针对保修期内发生的质量问题在保修期内提出了修复请求而施工单位没有修复，或者建设单位在保修期内没有提出请求而时间没有超过两年，这样的情况下建设单位并没有丧失赔偿请求权。

第五种，未能很好地区分质量保修期和预留质量保修金的期限。

通常建设单位与施工单位约定保修金时会约定在保修期满后多少天内支付工程余款，此余款即预留质量保修金。但约定的“保修期满”究竟是哪一方面的保修期满并不明确，因为工程保修期限对不同的工程项目有不同的规定，而基础设施工程、房屋建筑的地基基础工程和主体结构工程，为设计文件规定的该工程的合理使用年限，此合理使用年限可能为50年，所以，约定保修期满后容易产生纠纷。

第六种，合同约定要求施工单位履行保修义务须及时通知，建设单位未采用书面通知。

《房屋建筑工程质量保修办法》第9条规定，“房屋建筑工程在保修期限内出现质量缺陷，建设单位或者房屋建筑所有人应当向施工单位发出保修通知”。所谓发出保修通知，即发出书面保修通知，如建设单位只是口头通知，在施工单位怠于履行保修义务时将处于被动，因为《房屋建筑工程质量保修办法》第15条规定：“因保修不及时造成新的人身、财产损害，由造成拖延的责任方承担赔偿责任。”所以，建设单位应提前一定期限通知保修人履行保修义务，建设单位怠于通知，导致建筑物毁损或者造成人身、财产损害的，相关责任由建设单位承担。

二、建设单位在工程质量索赔中应把握的重点法律问题

首先，建设单位要进行工程质量索赔，应避免的是因建设单位原因而引起的工程质量问题。根据最高人民法院《关于审理建设工程施工合同纠纷案件适用法律问题的解释》的规定，发包人对工程质量需承担责任的情况有两种：一种是法定情况，如发包人提供的设计有缺陷，或者提供或指定购买的建筑材料、建筑构配件、设备不符合强制性标准，或者直接指定分包人分包专业工程的，如上情形造成的工程质量问题，建设单位应承担过错责任。另一种是推定情况，如发包人未经验收擅自使用建设工程的，发包人要承担除地基基础和主体结构质量之外的全部质量责任。所以，建设单位应避免在提起质量索赔时出现上述情形。

其次，建设单位在进行质量索赔时应分清索赔主体。《建设工程质量管理条例》分别对建设单位、勘察及设计单位、施工单位、工程监理单位等规定了各自对工程质量应负的责任问题。所以，建设单位在工程质量索赔中应分清索赔主体，分清责任，以达到良好的索赔效果。具体可分为三类追偿主体：

（1）向设计单位追偿。最高人民法院《关于审理建设工程施工合同纠纷案件适用法律问题的解释》规定，发包人提供的设计有缺陷导致工程出现质量问题的需承担责任。这里需要注意的问题是：第一，这是指在建设工程施工合同由承包人和发包人构成的法律关系中，如设计本身有缺陷，则先由提供设计图纸的发包人承担责任。但发包人承担责任是第一责任人范围内的事，过后，发包人完全可以据此追究设计单位的责任，因为发包方只是设计图纸的提供方，而非设计方，并不是设计单位。第二，设计过错责任不限制也不豁免。若有证据证明工程质量缺陷全部或主要由设计单位造成，在实践中有这样的情况——承包人根据经验对设计的缺陷提出异议要求修改设计，而设计单位不同意，在这样的前提下，引起的质量责任就全部或主要由设计单位承担，其法律后果也先应由发包人全部或主要承担后再向设计单位追偿。

（2）向有关建筑材料、建筑构配件、设备的供应商追偿。对于建设单位提供或者指定购买的建筑材料、建筑构配件、设备不符合强制性标准的，如果案件中有证据证明工程质量缺陷是因为材料、构配件或者设备本身的质量引起的，而这些材料、构配件或设备是由发包人提供或者指定承包人购买的，则由发包人承担后果。发包人在承担质量缺陷责任后再向提供有关建筑材料、建筑构配件、设备的供应商追偿。

（3）向承包人追偿。针对承包人应承担的工程质量责任问题，如脱离设计图纸、违反技术规范以及在施工过程中偷工减料，并不具备相应资质进行施工和其他违法活动，未对建筑材料、构配件和设备进行检验，或者对在质量保修期内出现的质量缺陷不履行质量保修义务等情况的，建设单位应积极向承包人提出索赔要求，挽回损失。

再次，建设单位进行工程质量索赔包括合同中约定的质量违约金索赔和其他质量索赔。所以，在索赔中针对不同的情况，需特别注意以下问题：

第一，在要求承包人承担质量违约金索赔时应注意时效问题。质量违约金是建设单位和承包人在合同中所约定的，其属于一种请求权，根据请求权的诉讼时效为两年的规定，建设单位对于要求承包人承担质量违约金的追偿权索赔的时效是两年。作为业主单位，必须在两年内提出以上请求或者采用其他方法中断诉讼时效，否则将导致其丧失胜诉权。

第二，建设单位要求其他质量索赔时应注意证据问题。作为建设单位，如果认为工程质量存在问题，应先向法院提交初步的证据材料，必要时应做证据保全。建设单位如要求质量索赔，在提交初步证据时务必要做细，针对合同约定的质量标准、现场质量缺陷的程度、是否影响主体结构等都必须详细说明，以便让法官一目了然。

提供初步证据之后，如果承包人认为工程质量没有问题或者质量问题不是承包人引起，则承包人应该提出一些反驳的证据。一方面，发包人认为工程质量存在问题；另一方面，承包人又认为工程质量不存在问题。此时，发包人就应该申请鉴定。在申请鉴定时，对申请鉴定的事项及要求的提出非常重要。实际上，申请鉴定时建设单位可以参考以下几方面提出：(1)是否存在质量问题？质量问题产生的原因是什么？质量问题存在的范围、分布情况是怎样的？如果有质量问题，需要鉴定修复方案。当然，是指起诉或反诉赔偿修复费用的情况。(2)修复方案出来后，修复方案造价的鉴定。(3)视案件的情况，需要提出鉴定的要求，特别是要明确鉴定的依据、标准。

第三，质量鉴定报告的质证应注意的问题。建设单位可从如下几个方面质证：(1)鉴定单位的主体资格。是否具有鉴定主体资格直接决定了质量鉴定报告是否有效。(2)实际的鉴定内容是否符合法院要求或者是否超出了法院要求的范畴。鉴定要严格按照法院的要求进行，超出了鉴定范围的，当然无效。(3)委托鉴定的材料是否具有真实性、合法性。(4)鉴定的依据是否存在问题。(5)是不是有明确的鉴定结论。(6)在专业疑难问题或者鉴定结论明显对己方当事人不利的情况下，要申请专家证人出庭作出说明，并询问鉴定人。

最后，建设单位应注意工程未通过竣工验收不得使用，发包人擅自使用工程的法律后果是豁免了承包人已完工程的施工质量责任，但主体结构质量缺陷的保修除外。最高人民法院《关于审理建设工程施工合同纠纷案件适用法律问题的解释》第13条规定："建设工程未经竣工验收，发包人擅自使用后，又以使用部分质量不符合约定为由主张权利的，不予支持；但是承包人应当在建设工程的合理使用寿命内对地基基础工程和主体结构质量承担民事责任。"建设单位应注意本法条规定的"以使用部分质量不符合约定为由"，这就明确了如果发包人以未擅自使用部分的质量缺陷要求承包人承担责任的，仍应得到支持。此外，还应注意"擅自"，指的是发包人单方提前使用。所以，如果建设单位要提前使用建设工程，应和承包人协商一致后使用，若出现质量问题，就应当根据具体情况由承、发包双方分担责任。

综上所述，加强建设工程质量的监督、索赔，有利于加强各建设主体的责任意识，建设单位在质量索赔中应认清责任，避免因自身原因导致工程质量的缺陷。在进行工程质量索赔时应做好细节工作，注意索赔中应注意的问题，防止走进质量纠纷误区，这样才达到事半功倍的效果。

从一起过度治疗案件看医疗纠纷诉讼

庹明生　律师

一、案情简介

2008年3月7日高某因“发热、心悸、全身酸痛二天”入住某医院，入院诊断为“1、上呼吸道感染；2、慢性胃炎”。入院记录高某大小便正常。出于对健康的关注，入院后高某要求医生对其身体进行全面的健康检查。在住院期间，医生了解到高某三年前在进行健康体检时，医生曾告诉高某有“痔疮”（三年间未进行过任何治疗），于是呼吸科医生请肛肠科医生会诊，会诊意见为建议高某进行吻合器痔环切术（PPH）。高某将信将疑，到外科处咨询得到了同样的答复，并同时被告知医院现在使用的是新型进口设备，保证万无一失，术后一周就可以完全恢复正常。经治疗，高某上呼吸道感染治愈，被转入该院外科。随后高某在该院外科进行了PPH手术。一周后，高某疼痛难忍，并没有像医务人员所讲那样恢复正常，医生的解释是可能出于高某的体质原因，恢复要延迟几天。就这样一直到3月27日，在高某的强烈要求下，医院请来了某医院专家会诊，诊断为吻合口水肿、肛裂。

其后几个月，高某辗转几家医院就诊，得出的结论几乎相同：第一，高某的情况不是手术的适应证；第二，医院实行的PPH手术不成功，导致高某肛管狭窄、术后医源性肛腺损失，造成腹胀、大便无力。事故发生后，双方协商未果，高某找到笔者，笔者通过分析案情建议其起诉。

二、诉讼经过

2008年8月笔者作为高某的代理人将某医院起诉至法院。笔者认为，某医院作为正规医疗机构，其医务人员应当具有最基本的痔疮治疗常识，即痔疮治疗以保守治疗为主，手术治疗仅在非手术治疗失败后进行。而医院为了追求经济利益，在高某“痔疮”未进行过任何治疗的情况下，明知手术治疗可能导致不良后果，仍诱骗高某采取了手术治疗。同时，被告因缺乏PPH手术经验，将原告齿线环切除造成原告腹胀、无便感。该案案由为人身损害赔偿，原告方同时向法院提请进行司法鉴定。

该案于2008年10月开庭。在法庭上，某医院申请进行医疗事故鉴定。笔者当庭指出医疗事故鉴定以医疗机构或者医务人员过失为前提，而本案系过度治疗，医务人员故意给不具备手术条件的高某进行手术，其目的是赚取更多的经济利益，是对高某构成故意伤害，应当进行司法鉴定。庭后法院通知高某法院决定同意医院的请求进行医疗事故鉴定。经过再三与法官沟通无果，2009年3月深圳市医学会通知正式受理本案，要求医患双方在十日内提交鉴定材料。笔者代表高某按时提交材料和陈述书，其后笔者多次电话医学会询问鉴定时间，医学会一直以医院未提交材料为由告知鉴定时间不能确定。直到2009年11月底，医学会通知开鉴定会。

2009年12月底，高某收到《医疗事故技术鉴定书》，2010年1月初，笔者按规定向法庭提交《鉴定异议书》。笔者认为：第一，本案不属于医疗事故技术鉴定的范畴。第二，《医疗事故技术鉴定书》将医院方的陈述内容和医学会的调查内容（无病历和客观检查资料依据）作为判断医疗行为的依据，不符合证据规则，和本案的事实不符，鉴定结果无效。第三，应再次申请进行司法鉴定。

法庭将笔者的《鉴定异议书》转交给医学会，医学会于2010年8月回复，其认为：其一，医学会是接受法院委托，本案是否属于医疗事故技术鉴定的范畴医学会不作判断；其二，专家组通过调查认为医院方陈述符合该案件事实，可以作为鉴定依据使用。

2010年1月，该案再次开庭。在庭上，笔者再次重述《鉴定异议书》的主张，要求进行司法鉴定。法官询问双方意见后，建议双方在1个月内提出调解方案，然后再做决定。本案现仍在调解过程中。

三、律师解读

本案主要争议是：第一，本案是否属于过度治疗；第二，过度治疗出现并发症是否属于医疗事故范畴；第三，医学会鉴定机构是否有权单独进行调查，并将调查结果直接作为鉴定依据。有关医学的教科书写道：痔疮以保守治疗为原则，在内科保守治疗无效才能选择是否进行手术治疗。高某三年前体检时发现有痔疮，但三年来无痔疮发作，也未进行任何的治疗。根据治疗原则，即使在住院期间高某有痔疮发作（高某否认住院期间存在痔疮发作），也应当首先采取内科治疗。但医院首选外科治疗，导致高某肛管狭窄、术后医源性肛腺损失、腹胀、大便无力。很明显本案结果系医院过度治疗所致。

医疗原则是法律规定的所有医务人员应当牢记在心的基本原则。从法律角度来讲，作为合格的专业医务人员，推定他们知晓这些原则，违反这些原则则推定医务人员在主观上是故意，而不是过失。医疗事故则是指医疗机构或医务人员过失导致患者受到损害。所以过度治疗导致患者损害，不属于医疗事故范畴，不应当进行医疗事故鉴定，应当和一般人身损害一样进行司法鉴定。

对于不当医疗行为首先要判断医务人员的主观状态。如果是故意则适用一般人身损害法律，如《民法通则》等；如果是过失则适用《医疗事故处理条例》。医疗纠纷诉至法院，对于法律的适用应当由法官依据证据规则来判断，这不是医学会的职责。本案中，法官以“缺乏医学知识为由”，简单以医疗事故鉴定优先原则，认为本案适用《医疗事故处理条例》，笔者认为欠妥。

《民事诉讼法》第72条第2款规定：“鉴定部门及其指定的鉴定人有权了解进行鉴定所需要的案件材料，必要时可以询问当事人、证人。”这是鉴定机构和鉴定人员进行调查的法律依据。鉴定机构和鉴定人员询问当事人、证人取得的材料必定作为鉴定依据，此材料应当是“证据”，该“证据”作为鉴定依据必然会对鉴定结论产生影响，但该“证据”并未在法庭上出示，也未经过当事人相互质证。作为对证据的补救，最高人民法院《关于民事诉讼证据的若干规定》第59条、第60条规定：鉴定人应当出庭接受当事人质询。经法庭许可当事人可以向证人、鉴定人、勘验人发问。《医疗事故技术鉴定书》既无鉴定人员签名，鉴定人员也不出庭，更未接受当事人的质询。本案中，鉴定人员将调查的资料作为鉴定的事实依据，得出结论，笔者认为法庭应当运用证据规则予以公正处理。

四、延伸思考

医疗纠纷诉讼是民事诉讼中的难点，原因在于：第一，医疗行为具有专业性、复杂性；第二，我国对于医疗诉讼处理采取双轨制。随着社会的发展，分工的细化，每个行业都有其专业性和复杂性。这就要求律师的专业化、法官的专业化。

医疗诉讼在民事诉讼中以结案时间长著称。本案至今已两年余，从诉讼过程中可以看出，从法庭决定进行医疗事故鉴定到出具鉴定结论，达1年之久；从医学会决定受理到出具鉴定结论，也有9个多月。《医疗事故处理条例》规定：医疗事故技术鉴定从受理至出具医疗事故技术鉴定书的时限为60天。医学会对笔者《医疗事故鉴定异议书》回复也长达7个月之久。

医疗事故技术鉴定委员会实行一案一鉴定小组制度，所有的行为以小组名义作出，小组成员具体是谁患者方不清楚，无法投诉，诉讼不适格。

《侵权责任法》摒弃了过去处理医疗诉讼的双轨制，将医疗纠纷纳入一般人身侵权范畴。但最高人民法院尚未颁布配套的司法解释，各部门对新法的理解有一定区别。笔者在处理医疗纠纷时，要求以《侵权责任法》为基础对赔偿数额进行协商。在代理患者方到医疗机构复印病历时，笔者以《侵权责任法》规定要求医疗机构复印全部病历时，医疗机构仍然以《医疗事故处理条例》规定为由只提供复印客观资料。期待最高人民法院有更详细的司法解释以指导审判工作。

深圳仲裁委已设立医患纠纷仲裁院，市政府希望以此开辟一条新的途径处理医疗纠纷。但如何让医患双方达成协议将纠纷交由医患纠纷仲裁院仲裁，如何针对医患纠纷的特殊性制定一些有针对性的仲裁规则确保仲裁从形式和实体上公平、公正，都需要进一步探讨。

2011年第33期

产业升级拒绝带血的GDP

——兼论工伤事故获得人身损害赔偿的可能性

庞　琨　律师

一、案情

当事人叫阮，22岁，初见时右手提一黑色电脑包，里面装满了工伤事故发生后他自己收集的各地有关工伤事故处理的法律法规，还有他自己的工伤认定书等法律文书。他头发稍长，年轻而略显羞涩和腼腆，甚至有点羞于开口，左手深深插入牛仔裤的左裤袋中，仔细一看，整个身子感觉往左边倾斜。不管是向我咨询还是整理文件，他始终不愿意将自己的左手从口袋中伸出。工伤劳动能力鉴定书上显示为“五级伤残”，病历写着左手掌、腕、指均被全部截肢，在我的一再要求下，他伸出了没有掌和腕的左手，杯口大的伤疤，很突兀地伸在我的面前。我刚开始甚至有点害怕接触到这样的残手，但是还是如医生般详细查看并询问了一些自己根本不懂的医学问题。简单交谈之后，我基本上知道他的想法和问题所在。他所在的公司是一家大型的民营上市公司，但是公司是珠三角一带常见的小五金行业，主营小家电，在广东有很多被称为“吃手机器”的冲床和压床，他的手就是被一台具有几十年工龄的压床“吃掉”的，而手受伤的时候，他才刚刚到珠海这个陌生的城市两个月，刚刚入职1个月零7天，刚刚开始独自操作机床第4天，离他22岁的生日还有1个月零10天，这一切是那么突然而又是那么“自然”，在开始独自操作机床的前1个月他每天就是打包、整理工件和打扫卫生，事发时是凌晨1时，这个大部分年轻人都在娱乐和休息的时间，冰冷的机床无情地将他的手压伤，将他入职应聘时想做一个出色的品质控制员的梦想压灭。

他被拉到一个小时路程之外的工厂指定的医院救治，他在那种半昏迷的状态下为自己签了截肢手术同意书，在住院16天之后就被工厂和医院要求出院，回到了自己湖南的老家休养。而当社保局的劳动鉴定专家看到他受伤手的X光片时，摇了摇头，低沉地说了声“为什么不多保留一点肢体，哪怕是一个手指或者半截手指头，也不至于现在左手的功能基本消失”。

他问我，有没有法律依据可以在得到工伤赔偿之外更多的赔偿？因为五级伤残10万余元的工伤赔偿对于失去一个手的年轻人来说，太少了，也许一辈子的路将因此而变得坎坷和曲折不平。

二、分析

按照目前的法律实践和传统的法律思维，工伤事件一般以工伤赔偿为准，工伤赔偿之外还想通过法律途径获得更多的赔偿，国内目前所有的生效法条中唯有2009年8月27日通过并实施的《安全生产法》第48条规定：“因生产安全事故受到损害的从业人员，除依法享有工伤社会保险外，依照有关民事法律尚有获得赔偿的权利的，有权向本单位提出赔偿要求。”最高人民法院2003年12月26日发布了《关于审理人身损害赔偿案件适用法律若干问题的解释》(法释〔2003〕20号)，该解释第12条第1款规定：“依法应当参加工伤保险统筹的用人单位的劳动者，因工伤事故遭受人身损害劳动者或者其近亲属向人民法院起诉请求用人单位承担民事赔偿责任的，告知其按《工伤保险条例》的规定处理。”

对于工伤事故能否以民事人身损害侵权另行提起民事诉讼，一般的看法是工伤与侵权属责任竞合，工伤赔偿与侵权在有工伤保险的条件下要优先适用工伤责任赔偿，赔偿之后不能再提起民事侵权诉讼，实践中也很少甚至无法找到另行提起民事侵权诉讼的相关案例。对于工伤与侵权的理论研究一般认为有如下几种(下述理论的详细论述限于篇幅不再赘述，有兴趣的读者可以参考其他理论文章)。

A.选择(election)模式，选择模式是指工伤事故发生以后，受害雇员在侵权行为损害赔偿与工伤保险给付之间，只能选择其一，即要么选择侵权损害赔偿，要么选择工伤保险给付。

B.免除（relieving the tortfeasor）模式，即以工伤保险取代侵权责任。也就是说雇员遭受工伤事故后，只能请求工伤保险给付，而不能依侵权行为法的规定向加害人请求损害赔偿。

C.相加（cumulation）模式，指允许受害雇员接受侵权行为法上的赔偿救济，同时接受工伤保险给付，即获得“双份利益”（double recovery）。

D.补充（supplementation）模式，系指发生工伤事故以后，受害雇员可同时主张侵权行为损害赔偿和工伤保险给付，但其最终所获得的赔偿或补偿，不得超过其实际遭受之损害。

基于《关于审理人身损害赔偿案件适用法律若干问题的解释》和《安全生产法》的规定，笔者观点如下：

《安全生产法》赋予了发生工伤的员工具有请求人身损害赔偿和工伤赔偿兼得的权利。《安全生产法》第48条规定明确了工伤制度中工伤赔偿与人身损害民事侵权赔偿的关系，除工伤赔偿之外，员工还可以依民法中的侵权追究单位的侵权责任以获得赔偿，工伤事故员工获得工伤赔偿之后，用工单位有侵权责任过错的，原告有权依法提起民事赔偿的诉讼。

《关于审理人身损害赔偿案件适用法律若干问题的解释》第12条第2款规定明确规定当事人可以向第三人请求赔偿，对于单位造成的工伤，第1款的规定应该理解为没有按《工伤保险条例》规定处理的情况下能提起诉讼的，要先按《工伤保险条例》处理，不能越过工伤保险条例的规定直接起诉用人单位侵权，但是此款并没有限制按《工伤保险条例》处理后的劳动者的诉权，此款的规定与《安全生产法》第48条并不矛盾，只是规定了一个“前置处理程序”。所以，劳动者应该具有提起民事侵权诉讼的权利。

综上，工伤赔偿与人身损害赔偿并不是互相排斥只能选择其一的，综合两条规范的内容，理解劳动立法保护工人权益的立法原意，并依据司法实践中第三人侵权同时导致工伤的处理情形以及人身利益的无价性，笔者认为应该如此处理工伤赔偿与人身损害赔偿的关系：

1.用人单位没有过错的情况下，按照上述两条规范，劳动者的工伤只能提起工伤赔偿。

2.用人单位在有过错或者严重危险指挥作业导致的工伤，应该允许劳动者在获得工伤赔偿后，可依法追究用人单位因过错造成的民事侵权责任，但兼得的责任限于侵权责任，是一种补充模式。基于以上的观点，经笔者努力终于找广东佛山某法院作出过类似的判决，一公司员工A工作期间在公司内被同一公司的员工B在工作时驾车撞伤，A以交通事故为由对B和公司提起民事侵权诉讼，最后法院判决B与公司对A负连带责任，A在得到公司的交通事故赔偿后，又向社保申请工伤认定并得到支持，同时得到了工伤保险的赔偿。这一案例提醒笔者在工伤事故中对公司提起侵权诉讼存在可能性。

三、进展

经过以上的法律分析，于是笔者与当事人一起到所在公司了解相关情况，经了解发现五六千人的工厂其安全培训居然还停留在入职时开一个会就完成了的原始阶段，而对新员工的技术培训完全交给了最基层的员工帮忙，在高压的按件计薪的政策面前，老员工只是要求新员工帮忙打扫卫生和整理工件，入职一个月后还没有完全熟悉机床的新员工在漆黑的夜晚像刚拿到买来的驾照驾着一台老爷车上高速公路一样，仿佛是自残试验品。一个优胜劣汰的原始机制，没有工伤的就留在岗位上为公司奉献，存在工伤的有工伤保险埋单。

收集公司在安全和技术培训具有过错的证据上笔者付出了许多努力，但效果并不明显，除了几个当事人的证言外很难从公司要到任何证据，社保、劳动、安检部门也没有得到相关的证据。最后，经笔者考虑把过错定在三个方面：第一，公司的安全培训和机床技术培训有过错；第二，公司在设备管理和安全维护上有过错；第三，公司在员工的抢救上有过错。

该案起诉到珠海市香洲区人民法院，顺利立案，香洲法院立案庭的法官们在立案阶段严格执行了民诉法立案阶段只审查法定的事由和基本证据的规定。

四、后记

被告公司每年甚至每月都发生大量的工伤事故，并且这种事故多发生在年轻刚入厂的员工身上，多年来一直不能改变这种状态。这不是简单的工伤事故，当工伤事故不被一个工厂重视并设法减少甚至避免的时候，这就不再是一个简单的工伤案件，这种事故会给当事员工造成极大的身心和精神伤害，甚至会给社会造成极大的负担，演变成一个社会问题。试想一下，由于被告的怠于管理和落后的生产力，每一年会有多少员工落成终身残疾，又有多少丧失劳动能力和自我生存能力的伤残员工黯然离开公司，离开怀着美好希望的珠海？而国家和社会又需要为这些伤残员工付出多少补偿和救助？

依法进行了工伤赔偿不能成为被告逃避承担责任的借口，五级伤残，10万余元的工伤赔偿对于一个只有22岁，一位被截去一只手的年轻人来说微不足道，也是无法接受的，因为他在未来还要面对两位甚至四位被扶养的老人。被告在事故发生后除了工伤赔偿，甚至连一分钱的安慰都不予支付，冷酷到底，在目前广东大力倡导产业升级，全国倡导消除带血的GDP的环境之下显得极为不负责任。

如果连法律都不能在合法的制度下帮助失去一只手的原告，那谁又能帮助构建这个和谐的社会？

最后，希望法官能在法律的基础支持阮的诉求，也希望我的当事人阮能坦然面对各种可能的判决，并不再羞涩，不再腼腆，而是在经历这件事之后，勇敢面对以后的生活。

如果每一个人都依法来努力维护自己的合法权益，我相信完善的法制中国离我们并不遥远。

2011年第34期

浅议拟上市创业企业之私募融资对赌协议

周　璇　律师

由于大多数初创民营企业属于非上市公司，投资前双方要对公司的价值进行评估，但双方的评估标准可能不尽相同，对公司未来业绩的预测也可能不一致，投融资双方对公司的估值会产生分歧。另外，大多数风险投资属于财务投资者，一般不参与公司的经营管理。所以，投融资双方在公司事务的了解上存在信息不对称的问题，这无疑加大了投资方的投资风险。为解决上述问题，风险投资机构通常会要求签订一个对赌协议。

一、对赌协议的含义及特点

对赌协议是投资方与融资方在达成协议时，双方对于未来不确定情况的一种约定。如果约定的条件出现，投资方可以行使一种权利；如果约定的条件不出现，融资方则行使一种权利。所以，对赌协议实际上是期权的一种形式，其实质上是关于估值调整的融资契约，是一个基于业绩承诺下的权利调整约定，这是对创业者的激励，同时也是在保护投资人的利益。

对赌协议不一定适合所有企业，并不是每一次融资都要签署对赌协议。如果一定要签署对赌协议，创业企业要综合考虑宏观经济政策和微观操作层面的法律风险。

二、我国法律针对对赌协议的监管措施

首先，对赌协议作为合同，要符合《合同法》的规定。我国目前的公司上市相关法律法规并无专门针对对赌协议的规定。在某些收购和股权融资项目中，对赌协议要受到国有资产和外商投资相关法律、法规的限制。因为

国有产权的处置要履行严格的资产评估手续，外商投资企业的股权转让协议也要经过原审批机关核准，因此这两种情形下的对赌条款受到一定的监管。民营创新型企业在私募股权融资过程中所签订的对赌协议除应遵守《合同法》外，并无来自国家相关部门的监管和审批。

三、对赌协议对创业企业上市可能造成的负面影响

在上市报告期内，由于受世界金融危机的影响，国际国内经济形势急转直下，相当多的公司无法完成上市前私募融资时所签订的对赌协议中所承诺的公司业绩，拟上市创业企业的控股股东或受控股股东、实际控制人支配的股东可能与投资方就对赌协议的履行（特别是股权转让事宜）发生纠纷，进而导致公司股权在报告期内存在重大权属纠纷。根据《首次公开发行股票并在创业板上市管理暂行办法》第17条的规定，可能会导致公司不符合创业板上市条件。

在上市报告期内，若因履行对赌协议而导致董事、高级管理人员发生变化或实际控制人发生变更，根据《首次公开发行股票并在创业板上市管理暂行办法》第13条的规定，上述变化构成公司上市的实质性障碍。例如，太子奶集团创始人李途纯当年与高盛、摩根士丹利、英联等签署7300万美元引资协议时，订立的对赌条款内容为：在7300万美元注资到位后的前3年，如果集团年销售增长超过50%，就可降低投资银行的股权比例；如果集团完不成30%的年销售增长，李途纯将失去控股权。

因担心对赌协议可能对企业上市所造成的不利影响，拟上市公司可能不披露或不完整披露对赌协议相关信息，进而违反《首次公开发行股票并在创业板上市管理暂行办法》第39条所规定的信息披露义务。

公司在签署对赌协议之前应当咨询专业中介机构的意见，避免对赌协议中的条款与《首次公开发行股票并在创业板上市管理暂行办法》形成冲突或潜在冲突，否则将对公司未来在创业板上市计划造成不利影响。

四、创业企业在当前金融危机条件下如何控制对赌协议的风险

2008年因金融危机的影响，众多企业业绩下降，同时由于投资者及所投

企业均对首次公开募股（Initial Public Offering，IPO）上市充满信心，投资时所确定的市盈率较高，导致投资者要求较高的业绩预期，一般约定未来二至三年业绩有较高的增长幅度。在此前金融危机的背景下，无法完成业绩对赌的案例比较普遍，但不同产业和不同发展阶段的企业业绩完成情况差别较大。投资前期风险投资（Venture Capital，VC）项目无法完成业绩对赌的较少，投资后期预上市（Pre Initial Public Offering，Pre-IPO）项目无法完成业绩对赌的较多；投资项目出口依赖度强的项目无法完成业绩对赌的较多，以国内市场为主的项目无法完成业绩对赌的较少；与原油/金属关联度大的项目无法完成业绩对赌的较多；与农产品关联度大的项目无法完成业绩对赌的较少。

应对对赌协议中的法律风险，融资方要与投资方多沟通，配合投资方做好尽职调查，公开透明地向投资方披露企业信息，使投资方认真地进行尽职调查。首先，一般而言企业对已经披露的风险不承担责任；其次，谨慎合理地预测业绩，在对赌内容中尽量约定一个浮动的弹性标准。例如，在上市时间上确定一个较为宽松的预期，在退出方式方面可以讨论增加利息允许企业回购股权，同时协商确定特殊意外情况的处理方式，寻求对于企业经营风险的互相理解和共同承担。同时，企业家要考虑清楚自己的底线，例如，底线是控股权，则最好不用控股权去赌，而是设定一个对赌的比例极限，上下封顶。另外，公司在签署对赌协议之前应当咨询专业中介机构的意见，避免对赌协议中的条款与《首次公开发行股票并在创业板上市管理暂行办法》形成冲突或潜在冲突，否则将对公司未来在创业板上市的计划造成不利影响。

五、对赌协议应用案例

（一）对赌协议在创业型企业中的应用

摩根士丹利等机构投资蒙牛，是对赌协议在创业型企业中应用的典型案例。

1999年1月，牛根生创立了蒙牛乳业有限公司，公司注册资本100万元，后更名为内蒙古蒙牛乳业股份有限公司（以下简称蒙牛乳业）。2001年年底，摩根士丹利等机构与牛根生接触的时候，蒙牛乳业公司成立尚不足三年，是一个比较典型的创业型企业。

2002年6月，摩根士丹利等机构投资者在开曼群岛注册了开曼公司。2002年9月，蒙牛乳业的发起人在英属维尔京群岛注册成立了金牛公司。同日，蒙牛乳业的投资人、业务联系人和雇员注册成立了银牛公司。金牛公司和银牛公司各以1美元的价格收购了开曼公司50%的股权，其后设立了开曼公司的全资子公司——毛里求斯公司。同年10月，摩根士丹利等三家国际投资机构以认股方式向开曼公司注入约2597万美元（折合人民币约2.1亿元），取得该公司90.6%的股权和49%的投票权，所投资金经毛里求斯最终换取了国内蒙牛乳业66.7%的股权，蒙牛乳业也变更为合资企业。

2003年，摩根士丹利等投资机构与蒙牛乳业签署了类似于国内证券市场可转债的“可换股文据”，未来换股价格仅为0.74港元／股。通过“可换股文据”向蒙牛乳业注资3523万美元，折合人民币2.9亿元。“可换股文据”实际上是股票的看涨期权。不过，这种期权价值的高低最终取决于蒙牛乳业未来的业绩。如果蒙牛乳业未来业绩好，“可换股文据”的高期权价值就可以兑现；反之，则成为废纸一张。

为了使预期增值的目标能够兑现，摩根士丹利等投资者与蒙牛乳业的管理层签署了基于业绩增长的对赌协议。双方约定，2003—2006年，蒙牛乳业的复合年增长率不低于50%。若达不到，公司管理层将输给摩根士丹利6000万—7000万股的上市公司股份；如果业绩增长达到目标，摩根士丹利等机构就要拿出自己的相应股份奖励给蒙牛管理层。2004年6月，蒙牛业绩增长达到预期目标。摩根士丹利等机构“可换股文据”的期权价值得以兑现，换股时蒙牛乳业股票价格达到6港元以上；给予蒙牛乳业管理层的股份奖励也都得以兑现。摩根士丹利各方都成为赢家。

摩根士丹利对蒙牛乳业基于业绩的对赌之所以能够画上圆满句号，归纳总结来看，该份对赌协议有如下七个特点：（1）投资方在投资以后持有企业的原始股权，如摩根士丹利等三家国际投资机构持有开曼公司90.6%的股权和49%的投票权；（2）持有高杠杆性（换股价格仅为0.74港元／股）的“可换股文据”;(3)高风险性(可能输给管理层几千万股股份);(4)投资方不经营乳业,不擅长参与经营管理,仅是财务型投资;(5)股份在香港证券市场流动自由;(6)蒙牛乳业虽然是创业型企业,但企业管理层原来在同一类型企业工作,富有行业经验;(7)所投资的企业属于日常消费品行业,周期性波动小,一旦企业形成相对优势,竞争对手难以替代,投资的行业风险小。

(二)对赌协议在成熟型企业中的应用

摩根士丹利投资上海永乐电器公司,是对赌协议在成熟型企业中应用的典型案例。

上海永乐家用电器有限公司(以下简称永乐家电)成立于1996年。从业绩上看,永乐家电成立初年销售额只有100万元,到2004年已经达到近百亿元;从市场适应性上看,永乐家电经历了家电零售业巨大变革的洗礼,是一家比较成熟的企业。

2005年1月,摩根士丹利和鼎晖斥资5000万美元收购当时永乐家电20%的股权,收购价格相当于每股约0.92港元。根据媒体报道,摩根士丹利在入股永乐家电以后,还与企业形成约定:无偿获得一个认股权利,在未来某个约定的时间,以每股约1.38港元的价格行使约为1765万美元的认股权。

这个认股权利实际上也是一个股票看涨期权。为了使看涨期权价值兑现,摩根士丹利等机构投资者与企业管理层签署了一份“对赌协议”。招股说明书显示,如果永乐家电2007年(可延至2008年或2009年)的净利润高于7.5亿元人民币,外资股东将向永乐家电管理层转让4697.38万股永乐股份;如果其净利润相等或低于6.75亿元,永乐家电管理层将向外资股东转让4697.38万股;如果其净利润不高于6亿元,永乐家电管理层向外资股东转让的股份最多将达到9394.76万股,这相当于永乐家电上市后已发行股本总数(不计行使超额配股权)的约4.1%。净利润计算不能含有水分,不包括上海永乐房地产投资及非核心业务的任何利润,并不计任何额外或非经常收益。

在摩根士丹利投资永乐家电的对赌协议中,通过总结分析,也有如下七个特点:(1)投资方在投资以后低价持有企业的原始股权,如摩根士丹利持有永乐家电20%的股权;(2)持有认购权杠杆性降低,认股价格为1.38港元/股;(3)高风险性(可能输给管理层几千万股股份);(4)投资方不经营零售业,不参与经营管理,仅作财务型投资;(5)股份在香港证券市场流动自由;(6)永乐家电是成熟型企业,经历了行业的变革与市场的洗礼;(7)所投资的企业属于零售行业,规模效应明显,一旦企业形成相对优势,竞争对手则难以替代。

(三)对赌协议在并购中的应用

并购也是一种投资行为。凯雷投资控股徐工集团工程机械有限公司(以下简称徐工机械)就是对赌协议在并购中应用的典型案例。

徐州工程机械集团有限公司(以下简称徐工集团)正式成立于1989年,在地方政府的牵头之下,徐工集团整合了数家工程机械制造公司。徐工机械在国内拥有比较强的核心竞争能力。从2000年到2004年,随着机械制造市场的再度回暖,徐工机械的核心产品都处于需求大于供给的状态。为了保持企业旺盛的发展潜力,徐工集团在企业机制改造上,一直在寻找与国际企业合作的结合点。

2005年10月26日,徐工科技(000425)披露,公司接到第一大股东徐工机械的通知,徐工集团于2005年10月25日与凯雷徐工机械实业有限公司(以下简称凯雷徐工)签署《股权买卖及股本认购协议》与《合资合同》。凯雷徐工以相当于人民币20.69125亿元的等额美元购买徐工集团所持有的82.11%徐工机械股权,同时,徐工机械在现有注册资本人民币12.53亿元的基础上,增资人民币2.42亿元,全部由凯雷徐工认购,凯雷徐工需要在交易完成的当期支付0.6亿美元;如果徐工机械2006年的经常性税息折旧及摊销前利润(Earnings Before Interest, Taxes, Depreciation and Amortization, EBITDA)达到约定目标,凯雷徐工还将支付0.6亿美元。上述股权转让及增资完成后,凯雷徐工将拥有徐工机械85%的股权,徐工集团仍持有徐工机械15%的股权,徐工机械变更为中外合资经营企业。

凯雷徐工对于徐工机械的并购协议包括一项对赌的内容:如果徐工机械2006年的经常性EBITDA达到约定目标,则凯雷徐工出资1.2亿美元增资

2.42亿元；如果徐工机械一年后的经营业绩达不到投资方要求，则出资6000万美元增资2.42亿元。在外资并购国内上市公司国有股权的过程中，以国有资产定价作为一项赌资，这还十分罕见。

凯雷徐工的对赌协议虽然在2008年7月过期，徐工集团、徐工机械不再与凯雷徐工就上述合资事项进行合作，但是这种形式对我们的启发却很大。凯雷是一家财务型投资者，如何控制并购中的风险？首先，是对目标企业的估价。估价是基于未来业绩的，因而在徐工机械的并购中有6000万美元的不确定性：达到经营目标就用1.2亿美元增资2.42亿元，达不到经营目标就用6000万美元增资2.42亿元。在上述对赌协议中，可能是由于多方面的原因，对赌协议与经营者的关系没有披露。如果投资中的对赌协议与经营者无关，这是不正常的，但与没有对赌的并购定价相比，凯雷徐工并购徐工机械中的对赌协议已经对凯雷进行了一定的保护。

（四）对赌协议在股权分置改革中的应用

上市公司股权分置改革（以下简称股改）是我国目前资本市场中的一件大事，非流通股获得流通权需要向流通股支付一定的对价，流通股在获得一定的股份以后，包括非流通股在内的上市公司股份要获得增值，需要看上市公司经营者的努力程度，即投资者的增值同企业管理层的关系很大。在目前上市公司的股改方案中，华联综超（600361）在应用对赌协议方面进行了尝试。

2005年7月19日，华联综超披露股改说明书，非流通股股东向流通股股东按照每10股流通股获得2.3股的比例支付对价，同时设置了一项对赌协议：如果公司2004—2006年度扣除非经常性损益后净利润的年复合增长率低于25%，即如果2006年度扣除非经常性损益后的净利润未达股份每10股送0.7股的比例，无偿向支付对价的股权登记日在册的流通股股东追加支付对价，追加支付对价的股份总数总计为700万股。如果公司2004—2006年度扣除非经常性损益后净利润的年复合增长率达到或高于25%，即如果2006年度扣除非经常性损益后的净利润达到或高于1.51亿元，追加支付对价提及的700万股股份将转用于公司管理层股权激励，公司管理层可以按照每股8元的行权价格购买这部分股票。

2005年8月22日，华联综超临时股东大会通过了股改方案。在每10股流通股所得的送达率上，其市场行情是每10股流通股送3.353股以上，华联综超按每10股流通股获得2.3股的比例支付对价是偏低的；在以非流通股送出为参考指标的送出率上，其市场行情是每100股非流通股送出17.03股以上，华联综超的每100股非流通股送出15.22股的比例支付对价也不算高；但华联综超流通股股东还是认可了该方案，说明华联综超股改中的对赌对于股民来说是一种信心支持，对于非流通股来说，也达到了少送出股份的目的。

股改是非流通股对流通股的对价，但投资者实际所得到的价值离不开企业的业绩，企业业绩离不开企业管理层。因此，对赌的最终目的是双向激励，希望管理层赢了赌局，这样才能对投资者有一个真正的利益保障。

2011年第34期

浅析违法建筑的物权属性

陈增源　律师

陈传杰　律师

笔者曾代理一起违法建筑的相邻关系纠纷案件，案情如下：

A是深圳市某村土生土长的当地人，在该村一直使用一块未经登记的土地，1994年，A未经有关部门的审批，在该土地上建造起一栋三层高的房屋。之后，B在A不知道的情况下，在A房屋的正南面，偷偷地建造起一间一层高、面积约十几平方米的红砖房，与A房屋相距不到20厘米，导致A房屋正南面的首层窗户根本无法打开，严重影响A房屋的通风、采光，A以保护相邻权为由，诉请法院排除妨碍、恢复原状。一审法院受理该案后，认为原被告双方均不能提供合法有效的房屋产权证明，而认定拆除违法建筑是行政部门的职权范围，不属于法院的受理范围，以此为由驳回起诉。A不服一审裁定，提起上诉，二审法院裁定驳回上诉，维持原裁定。在深圳等发达地区，由于城市更新迅速、监管不严、执法不力、利益驱使等各种原因，导致历史遗留下来的违法建筑或者私自抢建的违法建筑大量存在，司法实践中有关违法建筑的民事纠纷也是层出不穷，例如，违法建筑的买卖纠纷、租赁纠纷、侵权纠纷、相邻关系纠纷、继承纠纷等，并由此产生了一系列法律问题，如对违法建筑是否享有所有权？违法建筑能否买卖、租赁或继承？违法建筑受侵犯时，侵权人应否承担民事责任？而这些纠纷又是否属于法院的受理范围？

笔者认为，要正确回答这些法律问题，并顺利解决因违法建筑所引起的纠纷，前提或关键是：如何界定违法建筑，以及如何认定违章建筑在物权法上的地位或性质。

一、违法建筑的界定

一般而言，违法建筑是指未经有关部门审查批准或采取欺骗手段骗取批准或虽经批准，但批准的内容违法而占地所建、扩建和改建的建筑物。其本质是违反了《土地管理法》《城乡规划法》等相关法律法规的规定而建造的房屋及其设施。

就能否补办相关审批手续而言，违法建筑可以分为“程序违建和实质违建”，所谓程序违建是指并未违反城市规划，而只是没有办理合法的审批手续，故而程序违建一般可以补办手续使其成为合法建筑；而实质违建是在实质上违背了城市规划和土地管理的规定，无法通过补办手续的方式来纠正其违法行为，正如台湾学者王泽鉴先生所言，“程序违建是指建筑物并未妨碍都市计划书，建造者得依一定程序申领建筑执照；实质违建则指建筑物无从依程序辅正，使其变为合法建筑物”。本文所要讨论的是上述第二种情形，即实质违法的违法建筑的物权法律地位问题。

二、违法建筑的物权属性

《物权法》第6条规定，“不动产物权的设立、变更、转让和消灭，应当依照法律规定登记”。《物权法》要求不动产物权的享有和变动以一种可以为第三人知悉的客观外在的公示方式表现出来，从而获得法律保护和社会承认，实现交易安全。此外，一些物权变动直接根据公法上的原因发生，因而具有极强的社会公示性，甚至强于登记制度的公示效力，足以满足物权变动的排他效力的需要，如法律文书生效，又或者虽不具社会公示性，但法律直接规定出现该事实时，物权亦发生变动，如继承、受遗赠。《物权法》第28条至第30条正是对这些非依法律行为产生的物权变动的回应。从上述条文我们可以发现，一般来说，不登记不能取得不动产物权，但也有例外，如公权力使物权变动（法院、仲裁委的法律文书或人民政府的征收决定生效）；继承、受遗赠使物权变动；事实行为使物权变动（拆迁、合法建造）。

《物权法》第7条规定："物权的取得和行使，应当遵守法律，尊重社会公德，不得损害公共利益和他人合法权益。"同时，《物权法》第30条规定："因合法建造、拆除房屋等事实行为设立或者消灭物权的，自事实行为成就时发生效力。"只有合法建造而成的房屋，才自事实行为成立之时产生物权。也就是说，《物权法》上的通过事实行为取得不动产所有权的原始取得行为指的是合法行为。与合法建筑相比较，违法建筑的先天违法性导致了违法建造人不能以事实行为取得违法建筑的物权，所以，违法建筑完成后，建造人不能依法取得违法建筑的物权。

虽然建造人对违法建筑不能享有物权，但是，依据《物权法》第245条第1款的规定，"占有的不动产或者动产被侵占的，占有人有权请求返还原物；对妨害占有的行为，占有人有权请求排除妨害或者消除危险；因侵占或者妨害造成损害的，占有人有权请求损害赔偿"。不可否认，建造人对违法建筑的实际管理与控制是客观存在的，并已形成一种事实上的控制与支配状态，从而形成法律上的占有，占有是一种事实状态而非权利，具有权利推定的效力，因此，建造人对违法建筑的占有受到法律的保护，他人不得随意侵犯，即便是无权占有亦受法律的保护。当违法建筑被侵占或者受到妨害时，建造人因占有违法建筑所享有的权利依法受到保护。

三、司法指导意见或司法解释等规定对违法建筑的认定与保护

在《物权法》实施之前，《民法通则》和最高人民法院印发的《关于贯彻执行〈中华人民共和国民法通则〉若干问题的意见（试行）》等民事法律规范并未就如何解决因违法建筑所引起的民事纠纷进行具体的规定或解释，为指导地方人民法院对该类案件进行审理，最高人民法院以及部分地方人民法院发布了如下指导意见：

第一，1993年6月22日至27日，最高人民法院在大连召开了全国民事审判工作座谈会，会议结束后，最高人民法院于1993年11月24日向地方各级人民法院发布《全国民事审判工作座谈会纪要》（法发〔1993〕37号），明确指出"因违章建筑妨碍他人通风采光或因违章建筑的买卖、租赁、抵押等引起的

民事纠纷，人民法院可以受理。违章建筑的认定、拆除不属民事纠纷，依法应由有关行政部门处理”。

第二，1993年10月27日，上海市高级人民法院颁布并实施的《关于审理房产纠纷案件若干疑难问题的讨论纪要》第5条已明确："因违章建筑引起的房产纠纷，因违章建筑的认定、拆除引起的纠纷，应由行政机关处理。但当事人以违章建筑为标的发生的买卖、租赁、抵押等民事纠纷以及违章建筑妨碍他人通风、采光等引起的相邻纠纷可作为民事案件受理。”

第三，2006年7月1日，深圳市中级人民法院施行的《关于审理婚姻案件的指导意见（试行）》第34条明确规定“离婚时尚未取得产权证的农村自建房，人民法院可以根据实际情况判决由一方使用，由此产生的权利和义务由该方享有和承担”。

在《物权法》实施以后，由最高人民法院颁布、2009年9月1日正式施行的《关于审理城镇房屋租赁合同纠纷案件具体应用法律若干问题的解释》对违法建筑引起的租赁纠纷作出明确规定，该解释第2条规定：“出租人就未取得建设工程规划许可证或者未按照建设工程规划许可证的规定建设的房屋，与承租人订立的租赁合同无效。”第5条第1款规定：“房屋租赁合同无效，当事人请求参照合同约定的租金标准支付房屋占有使用费的，人民法院一般应予支持。”

由此可见，《物权法》实施之前，最高人民法院及部分地方法院均认定并保护相关权利人对违法建筑的占有、使用和收益。在《物权法》实施以后，对违法建筑应适用有关占有的规定，具体就违法建筑的租赁，出租人可以要求承租人就占用、使用违法建筑，支付“房屋占有使用费”。

四、结语

对于上述违法建筑相邻关系纠纷案件，笔者认为，先建的A违法建筑受到后建的B违法建筑的妨害，A建筑应依法受到法律保护，有权要求B排除妨害，但其之所以能够受到法律的保护，并不是因为违法建筑已经合法取得所有权或其他物权，而是因为建造人对违法建筑已经形成占有事实，占有是一种事实状态而非权利，具有权利推定的效力，即便是无权占有亦受法律的保护，占有的不动产被侵占的，占有人有权请求返还原物；对妨害占有的行为，占有人有权请求排除妨害或者消除危险；因侵占或者妨害造成损害的，占有人有权请求损害赔偿。而在《物权法》颁布以前，违法建筑基于占有所产生的使用与收益亦已由相关司法指导意见等规定所承认并保护。

2011年第36期

环境污染侵权案件的责任分析

陈旭绯　律师

一、案情介绍

某大型淡水渔业养殖场（本案原告，以下简称养殖场）自2000年开始建场，养殖某种珍贵食用淡水鱼类，经过不断扩大再生产，自2008年年底，该养殖场的养殖规模已扩大到年产10万余斤。但是2009年5月，养殖场突然发现其养殖的鱼类分批大量死亡，近1个月的时间先后共有3万斤鱼死亡，经反复排查后，养殖场发现，某纺织印染厂（本案被告，以下简称印染厂）排放的工业废水排放渠离养殖鱼塘很近，该印染厂位于养殖场东面约1000米之远，是2008年底投产的，但是印染厂的排污渠距离养殖场的养殖池塘只有20米远。养殖场发现排污渠中的工业废水渗入鱼塘，污染了鱼塘的养殖水质，在将被印染厂工业废水污染的养殖用水送检后，检验报告显示被污染的养殖用水中的COD及氨氮大量超标，养殖场随后将死鱼送检，检验报告显示，排除鱼类因水温变化、喂养不当原因死亡，但不排除缺氧死亡。养殖场因此认为，造成其鱼类死亡的直接原因是印染厂的工业废水排放。在与印染厂协商未果的情况下，2010年7月养殖场将印染厂诉至法院，要求印染厂赔偿养殖场鱼类损失人民币60万元。

在一审法院的审理过程中，被告辩称，自己的印染厂已通过环保部门的环评，且已取得排污许可证，排放的工业废水也达到严格于国家排放标准的地方排放标准，自己的排污行为是合法的，并不是由于超标排放而导致原告的鱼类死亡，因而被告认为自己在此案中没有过错，不造成对原告的侵权，因而不应承担相应的赔偿责任。同时被告还辩称，原告亦未能举出直接的证据证明鱼的死亡是由被告的排放行为所致，不排除原告的鱼类死亡是由其他原因所致，因而原告应承担举证不能的法律后果。故而，被告认为自己在本案中没有责任，不应承担对原告损失的赔偿。

在审理过程中，法院发现，被告是家新建不久的企业，其环评报告及排污许可证的确都齐全，在环保部门的例行监测过程中也未发现被告的超标排放行为。每年的夏季是该地区的多雨季节，由于被告工业废水排放渠与原告的养殖池塘相距只有20米，2009年几次大暴雨之后，被告的排污渠污水屡次溢出，流入了20米外的原告的养殖池塘，污染了原告的养殖用水，原告提交的养殖用水检验报告亦显示，被污染的养殖用水中的COD及氨氮大量超标。

而被告未递交自己的排污渠中污水检验报告。截至本文成稿，该案件尚未最终判决。本案的争议焦点为：

1.被告的废水达标排放能否成为其侵权的免责事由？

2.举证责任如何分配？因果关系的证明由谁承担？

二、律师观点

（一）本案的焦点之一

被告作为一家通过环评的企业，且依法取得了排污许可证，在其投产后，经环保部门的几次现场监测，其工业废水排放也都达标，因该地区制定了严于国家排放标准的地方排放标准，被告的污水排放达到该地方标准。应该说被告是家守法生产经营的企业，其生产经营行为符合国家环保政策及法规，那么被告的达标排污行为能否成为其对原告环境侵权的免责事由呢？本律师认为，由于被告的排污行为客观上污染了原告的鱼塘养殖用水，导致了原告的鱼类死亡，虽然被告的排污达标，却不能成为其免责的抗辩理由，被告仍应承担因环境污染侵权给原告造成的损失。具体理由如下：

1.法律规定环境污染侵权案件采用无过错责任原则

环境侵权案件属于特殊侵权案件，不同于一般侵权案件，其构成要件及归责原则均不同于一般侵权案件。一般侵权行为的四大构成要件是损害的事实、侵权行为、因果关系以及主观过错。在一般侵权案件中，采取的归责原则是过错责任原则。而环境侵权行为却不以过错作为侵权行为的必要构成要件，法律规定，环境侵权行为采取为无过错责任原则。《环境保护法》第41条第1款明确规定："造成环境污染危害的，有责任排除危害，并对直接受到损害的单位或者个人赔偿损失。"《侵权责任法》第65条也明确规定："因污染环境造成损害的，污染者应当承担侵权责任。"由此两条规定可以看出，在环境侵权案件中，法律明确规定的是无过错责任原则，只要造成了污染损害，不论有无过错，均应承担侵权责任。

本案中，被告的排污行为并没有违法，被告主观上不存在过错，但客观上却由于被告的排污行为给原告带来了侵害，并造成了原告的财产损失，根据《环境保护法》及《侵权责任法》的规定，被告仍应对自己的排污行为给原告造成的损害承担赔偿责任。被告以没有过错作为免责事由来抗辩，是没有法律依据的，也不应得到法院的支持。

2.环境侵权行为中的免责事由认定

既然环境侵权案件的归责原则为无过错责任原则，那么环境侵权案件的免责事由的认定也是采用无过错责任下的免责事由，不外乎不可抗力、自我致害、第三者责任等。具体到本案是关于水污染的案例，根据《环境保护法》第41条规定，"完全由于不可抗拒的自然灾害，并经及时采取合理措施，仍然不能避免造成环境污染损害的，免予承担责任"；《侵权责任法》第68条规定，"因第三人的过错污染环境造成损害的，被侵权人可以向污染者请求赔偿，也可以向第三人请求赔偿。污染者赔偿后，有权向第三人追偿"；《水污染防治法》第85条规定"由于不可抗力造成水污染损害的，排污方不承担赔偿责任；法律另有规定的除外。水污染损害是由受害人故意造成的，排污方不承担赔偿责任。水污染损害是由受害人重大过失造成的，可以减轻排污方的赔偿责任。水污染损害是由第三人造成的，排污方承担赔偿责任后，有权向第三人追偿"。也就是说，在水污染案件中，法律规定的免责事由为不可抗力、不可抗拒的自然灾害、自我致害及第三者过错。

在本案中，被告未能提交证据证明其对原告的损害是由于不可抗力、自我致害及第三者过错所致。那么，大暴雨能否算作不可抗拒的自然灾害呢？

本律师认为，夏季多暴雨是案发地区惯有的天气现象，被告在挖排污渠时应能合理地预见到这一天气现象，因而应采用设计合理深度和宽度的排污渠道的方式来预防和避免夏季可能出现的暴雨而致使排污渠溢水，但是本案中被告并未合理地预见并采取相应的措施来避免排污渠溢水，因而，被告在本案中不能主张因不可抗拒的自然灾害而免责。

（二）关于本案的焦点之二

原告主张自己受到侵害，那么原告是否需要举证证明被告的行为与受侵害的事实之间有因果关系？在环境侵权行为中举证责任如何分配？《侵权责任法》第66条规定："因污染环境发生纠纷，污染者应当就法律规定的不承担责任或者减轻责任的情形及其行为与损害之间不存在因果关系承担举证责任。"最高人民法院发布的《关于适用〈中华人民共和国民事诉讼法〉若干问题的意见》第74条规定，"因环境污染引起的损害赔偿诉讼"，对原告提出的侵权事实，被告否认的，由被告负举证责任。最高人民法院发布的《关于民事诉讼证据的若干规定》第4条也规定："因环境污染引起的损害赔偿诉讼，由加害人就法律规定的免责事由及其行为与损害结果之间不存在因果关系承担举证责任。"由此可以看出，在环境侵权案件中，法律已明确规定，举证责任的分配采用举证责任倒置，实行由被告举证制度。那么，是否在环境侵权案件中，原告就完全不必要就因果关系进行举证？加害者与受害者之间的举证责任与范围如何分配？下面，本律师以本案为例予以说明。

1.本案中原告的举证责任

本案中，原告主张其受到了被告的环境污染侵害，那么原告是否只要提交受损害事实的证据及被告危害行为的依据，进而不需要就两者之间的因果关系举证，将举证责任完全推给被告？本律师认为，并非如此。本案中，原告主张自己养殖的鱼类因为被告的排污行为而大量死亡，并主张是因为被告的排污废水渗入了原告的养殖池塘所致，在本案中，原告的处理方式是妥当的。原告在知晓自己的养殖用水受到被告排污废水的污染后，随即将自己受到污染的养殖用水及死鱼送检，检验结果显示，原告的养殖用水中的COD及氨氮大量超标，死鱼的检验结果显示不排除缺氧死亡。而依据一般生产经验，被告作为一家纺织用品印染企业，其生产工艺流程中排放的工业废水在未做进一步污水净化处理前会不可避免地含有大量超标的COD及氨氮，且被告的排污渠距离原告的养殖池塘近20米，由于暴雨的作用，被告排污渠中的废水溢出导致原告养殖池塘受污染，而且每次鱼类死亡都是在大暴雨之后，养殖池塘周边也没有其他污染源。因此，原告的举证已足以证明自己的鱼类死亡与被告的排污行为之间存在因果关系。原告就损害事实与危害行为之间的因果关系举证责任已经完成。

2.本案被告的举证责任

从上文引述的法律的明确规定可以看出，在环境侵权案件中被告负主要举证责任，如果被告否认侵权事实的存在，那么被告需要就侵权的事实、免责事由及损害事实与危害行为之间的因果关系一一举证，证明自己不需要承担赔偿责任。其中因果关系的证明是被告所需承担的关键且极为重要的举证责任。

在本案中，被告想要否认对原告的环境侵权损害事实，那么被告必须举证推翻原告对本案因果关系的证明。被告必须能够证明自己的生产经营行为与原告的环境损害之间不存在因果关系。被告可以举证自己在生产经营过程中采用了清洁生产工艺，装备了污水净化设施，污水是经多级净化后排入排污渠的，排污渠中的废水经检验后含有的COD及氨氮含量不及原告送检的养殖用水指标来证明原告所举证的因果关系不成立。被告还可以通过举证由于地质因素的存在，自己排污渠中的废水无法达到原告的养殖池塘等理由来抗辩原告所举证的因果关系不成立。显然，本案中，被告未能提出合理的理由来抗辩原告所举证的因果关系不成立。故而，本案中应该由被告承担举证不能的法律后果，由被告承担因环境侵权给原告带来的损失。

技术创新还是侵权帮凶

——浅析全国首例P2P视频播放器开发者侵犯著作权纠纷案

侯志纯 律师

一、案情与背景介绍

华夏视联控股有限公司（以下简称原告）经电影权利人授权，取得电影《十全九美》在中国境内独占性信息网络传播权及对第三方侵犯该剧信息网络传播权行为进行法律责任追究的权利。电影在国内公开上映后，原告发现通过巴巴在线电影网站搜索电影《十全九美》，可以显示《十全九美》的影片简介，点击播放后弹出窗口，根据提示安装深圳快播科技有限公司（以下简称被告）自主开发的播放器后即可免费观看完整的《十全九美》影片。2009年7月，原告向人民法院起诉，诉称被告于某某在线网站向公众非法传播影片，侵犯了原告对电影《十全九美》享有的独占性信息网络传播权。请求判令侵权方立即停止侵权行为，连带赔偿原告经济损失人民币50 000元、为制止侵权行为支出的合理费用人民币4000元。其他权利人同时立案起诉的类似案件还有8件。

本案被告快播公司是由奇虎360周某祎、腾讯创始人曾某青等投资并于2007年成立，是一家以网络流媒体技术开发与应用为核心的高科技公司，也是中国Web2.0理念的倡导者与实践者，其致力于研发基于准视频点播内核的、多功能、个性化的播放器软件，集成了全新播放引擎，支持自主研发的准视频点播技术。目前快播的Qvod播放器是国内最受欢迎的万能播放器之一，下载量达6亿余次，每天的用户数量4000万，并在国内高清网页点播技术提供方面，取得70%—80%的绝对市场份额。

二、社会影响与难点

笔者作为被告的代理人，通过初步的调查后，清楚地意识到：尽管表面上该案件原告所诉请的赔偿金额并不算高，但如果被告最终败诉，那么其商业模式和主营业务之合法性将遭受严重质疑，整个P2P技术以及相关平台的研发也不可避免地受到牵连，某些互联网创新技术的命运可能因此而改变。可以毫不夸张地说，从立案之日起这个案件就已经不是一个普通的著作权侵权纠纷，而是一个可能引发巨大社会影响与强烈示范效应的案件。

（一）该案的胜负可能决定了被告的生死存亡

“被告”是一家围绕在线点播系统进行技术开发的公司，其产品线包括视频播放器、资源服务器、网吧管理服务器等软件，这些软件都是基于互联网的视频种子而进行视频在线点播的软件，产品的多样化是针对不同类型的用户做出了功能上的区分和强化。不难想象，如果法院最终认定被告侵权，被告必须立即停止侵权行为，很可能意味着被告的视频在线点播技术与相关产品的应用与研发不得不停止，这对于一家以视频在线点播技术为基础的科技企业无疑是毁灭性的打击。2001年，在美国的“Napster案”中Napster是一个基于P2P技术应用的网站Napster专门提供交换MP3格式音乐的服务，由于Napster帮助用户共享和下载大量有版权保护的音乐，因而被唱片公司视为天敌。环球唱片、贝塔斯曼、时代华纳等唱片巨头联合起诉Napster，控告它协助网络盗版。最后美国第九巡回上诉法庭裁定Napster侵权，禁止Napster及其用户交换或使用具有版权的音乐文件。Napster被关闭后通过拍卖，被Roxio公司收购。假如法院最终认定被告侵权的话，那么等待着被告的可能是与Napster类似的命运。

（二）该案件可能给P2P网络技术开发商以及产业相关环节带来“牵一发而动全身”的巨大冲击

目前，除了被告开发的软件外，还有微软的media player、老牌播放器real player以及韩国的KM player等都是基于P2P技术的互联网视频点播软件。可以想象，假如被告公司真的不幸被判为侵权，法院判决的示范效应将强力刺激版权人维权的神经，来自版权人的诉讼将纷至沓来，对于国内从事相同或者相似技术软件开发的厂商而言，恐怕要时不时地担忧侵权诉讼这把"达摩克利斯之剑"何时会落到自己头上。再者，就国家利益与民族企业的角度而言，假如快播因败诉而式微，那么国内高清网页点播技术的市场结构将会重新分割，国外的软件巨头可能在短时间内抢占市场份额，这对民族产业来说也无疑是一个沉重的打击。

（三）对相关产业内的技术创新有一定程度的负面作用

技术创新与版权保护总是处于持续的角力关系之中，版权保护一方面保护、刺激了创作者的利益和动机，另一方面又在一定时间和地域上造成了知识和技术的垄断。当版权保护处于上风时，技术创新则在一定程度上受到抑制。假如被告最终败诉，则意味着技术创新在与版权保护的角力中处于下风，有可能意味着背后强大监管的来临，这必然对被告所处行业、所处地域的技术研发与创新将带来一定程度的不利影响。

（四）本案的难点除了技术与举证方面外，还在于广东高院2006年的一个类似的案例

尽管我国是成文法而非判例法国家，遵循先例原则在我国不适用，但是这不意味着最高人民法院和上级人民法院最终判决在司法实践中不会发挥事实上的约束力。实际上，这些案例被公布后，法官裁判案件时遇到同样情形，一般倾向于依先例作出裁决。一般来讲，发布这些指导性案例的上级法院将会关注此类案例，而下级法院若面对相同案例作出不同的判决，则判决可能会被撤销。北京慈文影视制作有限公司诉北京正乐佳科技有限公司（以下简称正乐佳公司）侵犯著作权纠纷案这个终审案例入选了2007年北京市十大知识产权案例，其影响力和示范效应是巨大的，对于本案的合议庭的影响也是可想而知的，如果本案的受理法院倾向于参考上述案例，那么对于被告方将是极为不利的。

三、代理思路

笔者根据我国现行的法律规定以及国内外的相关判例，针对原告的指

控提出了如下代理意见。

（一）“实质性非侵权用途”规则

1984年美国最高法院在“索尼案”中确立了一项具有深远影响的规则：不能仅仅因为一种具有“实质性非侵权用途”的产品被用于侵权，就推定该产品的提供者有意帮助他人侵权。

“实质性非侵权用途”规则的意义，在于确立了工具本身的中立性，为工具研发者提供侵权责任的抗辩。工具可以给人们生活娱乐提供便利，也可以用来侵害他人的合法权利，其本身无法实施侵权行为。侵权人利用工具实施侵权行为，只取决于使用者的目的和意图，与工具本身无关，只有人的行为，才具有道德上的可归责性，也能够成为法律评价的对象。当然，具有“原罪”的工具应被排除在外，一样工具本身如果可以并且只能用于侵权而不可能用于其他目的，比如专门用于盗取他人账号的木马程序，那么其开发和传播的行为本身就具有违法性，无论最终是否被他人用于侵权，其都应当承担法律责任。

对本案被告而言，其提供的仅仅是一款播放器软件，该软件的下载安装是开放式的，而且是免费的，任何人都可以在被告官方网站及软件下载网站上下载安装快播，被告无法选择安装使用者。该播放器既可以被用于播放某些已经得到版权所有者许可下交换某些视频，也可以被用于播放一些已进入共有领域的作品或者作者自愿传播的作品，当然，也可以被用于播放未得到许可的影视作品。因此，被告的软件是具有“实质性非侵权用途”的。

另外，被告提供的软件具有明显的可替代性，用户可以基于性能选择该软件工具，也可以选择别的软件比如微软的media player、real player作为播放工具。被告研发的点播技术与美国Adobe公司的Flash点播技术相同，在司法实践中，使用Flash点播技术的视频网站如优酷网、土豆网经常被诉侵权，但极少有人将为其提供视频点播技术的Adobe公司作为共同被告，这也是基于这种技术、软件具有“实质性非侵权用途”，法院不能仅依据这种技术、软件具有侵权的潜在可能，就认定该技术及平台的提供者要为用户的侵权行为承担侵权责任。

（二）被告不存在诱导、帮助、教唆侵权的主观故意和客观行为

在Napster侵权案中，法院判决侵权并不是因为它是P2P软件的开发者，而是因为它为用户提供了目录索引服务，为直接侵权者提供了便利的平台。在这些网站经营者的网站上虽然没有侵权的作品，但是有用户发布的共享文件的目录索引，这种目录索引无疑给终端用户侵权提供了极为便利的条件，使其毫不费力就可以下载、传播未经授权的音乐文件。因此，法院认定Napster存在诱导、帮助侵权的主观过错和客观行为，构成间接侵权。

在北京慈文影视制作有限公司诉正乐佳公司侵犯著作权纠纷案一审中，终审法院最终认定正乐佳公司侵权责任是因为该网站对其影视频道栏目内的影视作品进行了多层次、体系化的分类，对于其影视作品传播平台之内的影视作品已进行了选择和编排；该网站设置的“下载人气榜30强”栏目中电影《七剑》位居其首，且注明电影《七剑》的导演、主演、类型、片长、加入时间、人气指数、内容简介等信息，正乐佳公司对于其影视作品传播平台之内的影视作品进行的选择和编排显然非根据PP点点通软件所有在线网络用户的硬盘共享文件实际情况即时进行，且正乐佳公司将电影《七剑》列入“下载人气榜30强”栏目显然存在故意。

上述两个案例中法院其实都认可了涉案的软件具有“实质性非侵权用途”，最终还是判决侵权责任成立，这是因为他们存在为直接侵权者提供了便利和帮助的行为，具体表现为在其经营的网站上对他人的作品进行了人为选择和编排，具有明显的诱导性和主观恶意。

但是对于本案被告而言，尽管被诉的侵权网站确实在使用其开发的软件，却并不意味着被告有侵权行为，更不意味着其主观上有恶意。首先，被告既没有经营电影网站，也没有与电影网站合作，被告只是研发和推广快播，该软件没有任何播放内容，也没有提供播放内容的平台；其次，被告自有平台没有做任何影视节目的编排、整理、集合，没有任何收视、点播、下载等的排行推荐和热门渲染，也没有任何关于影视节目本身内容的简介；最后，尽管被告采取相应的过滤工具或监控技术以及合法使用的声明，但实际上其无法也没有义务控制和审核使用者使用该软件播放和观看的影视作品的内

容和性质。总之，被告主观上不存在诱导的意图，不应当被认为存在过错，所以被告不构成间接侵权。

（三）原告的证据不足以证明被告存在主观过错

基于举证责任的基本规则，原告必须举证证明被告主观上存在过错，被告向法院提供的主要证据是浙江省杭州市西湖公证处提供的公证书，但就其证明的对象和证明的内容而言，只能证明侵权用户使用了该软件，不能证明被告为用户实施侵权行为提供了便利和帮助，更不足以证明被告的主观过错。因此，原告应当承担举证不足的后果。

四、法院判决

鉴于案件的技术性和新颖性存在较大的审理难度，且判决结果又对被告的存续有着决定性影响，后续的社会影响也广泛而深远，本案引起了受理法院的高度重视，由知识产权庭庭长担任主审法官，多次组织开庭，积极向技术专家咨询，研究国内外法学理论，结合我国国情和知识产权保护政策仔细研究，表现出了极为严谨和审慎的态度。在本案的审理过程中，上级法院也非常重视，知识产权庭领导与资深法官以及相关的专家都出席旁听。另外，有业内人士也出现在了旁听席上。

最终，法院并未简单、机械地参考广东省高院的案例作出判决，而是在查清事实的基础上，采纳了被告方的代理意见，一审判决认定被告不存在主观上的过错，不构成间接侵权。之后，原、被告双方均未提出上诉，判决生效。

五、总结和反思

从本案以及国内外有关P2P软件侵权责任的案件中，笔者可以总结：法院判令为网络用户提供点对点P2P软件服务商构成间接侵权，并不在于软件开发商研发、提供软件的行为本身，主要是其在自己的门户网站上提供了涉及他人合法著作权的分类整理、信息排名、内容简介等内容，实际上是为用户侵权提供了直接的便利、帮助，使终端用户轻而易举地实施侵权行为。这种诱导、教唆侵权既有主观上的故意，又有客观的行为，完全符合间接侵权的构成要件，应当承担侵权责任。

从我国目前的版权保护制度来看，在保护水平上我国同保护完善的国家相比还有一定的差距，我国法律不认为P2P软件研发和提供给公众具有违法性，不强制要求软件开发对终端用户使用其产品时涉及的内容进行实质性审查，但应该注意以下两点：

第一，对于具有"实质性的非侵权用途"的P2P软件，技术、工具研发和提供者应当保持中立性和客观性，不得有分类整理、信息排名、内容简介等内容，不得有为终端用户侵权提供便利和帮助的行为，否则将被认定为有主观诱导意图而被认定为侵权。

第二，设法开发过滤工具或监控技术过滤工具来遏制用户对其软件的侵权使用，并且应当以明确的方式向使用者表明其防止用户侵权的局限性。

2012年第38期

房地产企业重整中的抵押权问题

成　媛　律师

江亚清　律师

卫克平　深圳迈瑞生物医疗电子股份有限公司

抵押权是民事法律制度中担保物权的一种，普遍存在于一般民事法律关系中。现行法律体系中，主要由《担保法》《物权法》对其基本属性、设立、效力及实现作出具体规定。除一般民事主体在进行法律行为时常常运用抵押权法律制度外，房地产行业中以房地产为抵押物向银行融资的行为更为常见，因此，抵押权这一法律制度在房地产企业经营过程中有着不可替代的地位和作用。本文中，笔者根据亲历的房地产企业重整案件，针对房地产企业重整中抵押权的特殊性、范围、界定标准、重整期间所受限制以及与重整计划的关系等一系列法律实务问题作出分析，就《企业破产法》(以下简称新《破产法》)及《担保法》、《物权法》中关于抵押权相关的法律空白及其引发的实务问题予以探讨，希望能对房地产企业重整中的抵押权相关问题的处理提供一些参考意见和建议。

一、抵押权概论

抵押权是在不转移财产占有的情况下，通过在债务人或第三人的财产上设定担保，保证债权人在债务人不履行到期债务或有当事人约定情形发生的情况下，可以通过折价或拍卖、变卖的方式优先受偿。

《担保法》第33条规定："本法所称抵押，是指债务人或者第三人不转移对本法第三十四条所列财产的占有，将该财产作为债权的担保。债务人不履行债务时，债权人有权依照本法规定以该财产折价或者以拍卖、变卖该财产的价款优先受偿。前款规定的债务人或者第三人为抵押人，债权人为抵押权人，提供担保的财产为抵押物。”

《物权法》第179条规定：“为担保债务的履行，债务人或者第三人不转移财产的占有，将该财产抵押给债权人的，债务人不履行到期债务或者发生当事人约定的实现抵押权的情形，债权人有权就该财产优先受偿。前款规定的债务人或者第三人为抵押人，债权人为抵押权人，提供担保的财产为抵押财产。”

目前在我国法律体系之下，抵押权法律制度主要存在于《担保法》和《物权法》之中，且二者的具体规定存在冲突之处，因《物权法》为新法，这些冲突应遵循《物权法》之法律规定。《物权法》和《担保法》除对抵押权的性质作出规定外，还对抵押权法律制度中抵押物的范围、抵押合同的内容、抵押权的产生时间、抵押期限、抵押担保范围均作出了具体规定。基于抵押权系由民事法律行为而产生，法律给予当事人自由约定的极大空间，以当事人的自由意志为主，关于抵押的期限、担保物的内容及抵押合同的内容等均可由当事人自由约定；但由于抵押权具有优先受偿地位，且实现抵押权的折价、拍卖等方式均具有强制性，基于保护民事主体中的弱势一方及对社会公共利益的考虑，法律也在给予自由约定空间的同时规定了必须遵守的法定条件。例如，涉及公共利益或权属不明的财产不能作为抵押物；又如，为避免不必要的纠纷的产生规定抵押合同必须采用书面形式，为要式合同；为保护债务人利益，规定抵押合同不得约定在债务人不能偿还时将抵押物的所有权转归债权人所有等。

相对于一般企业，房地产企业对抵押权法律制度的需求和依赖更加明显，通过将企业拥有的房地产抵押给银行进行贷款，更是房地产企业融资的主要途径之一，因此，抵押权在房地产企业经营过程中普遍存在。而当一个房地产企业发生亟待重整之情形或面临破产之境地，经法院批准进入重整程序后，抵押权的处理将直接影响其他债权人的利益，严重影响重整是否能够成功。因此，笔者将在下文中就抵押权在房地产企业重整中如何确认、在重整期间抵押证“被冻结”以及重整计划执行期间抵押权的形式问题作出具体讨论。

二、抵押权在重整程序中的特殊性及其确认标准

抵押权在重整程序中具有更加特殊的地位和重要影响，因此应在一般界定标准上进一步严格执行确认抵押权数额及享有有限受偿权的数额标准。

（一）抵押权在房地产企业重整中的特殊性

抵押权的优先受偿性不仅存在于一般民事法律关系中，在重整制度中抵押权人同样享有优先受偿的地位，在企业所欠税款以及职工相应权益得到全额偿付后，抵押权人将在债务人财产范围内优先全额受偿，但其受偿范围限于抵押物的价值。此优先受偿地位直接影响到普通债权人在重整中的受偿比例和数额，如果普通债权人在重整计划中受偿比例不能高于破产清算下的受偿比例，重整计划草案表决时将无法通过，因此享有优先权的抵押权数额的确定往往是重整能否成功的关键因素。

新《破产法》第109条规定：“对破产人的特定财产享有担保权的权利人，对该特定财产享有优先受偿的权利。”新《破产法》借鉴了别除权法律制度，但未直接在法条中使用别除权这一词汇，而是以“有财产担保的债权”代替，第109条明确规定为“对破产人的特定财产享有担保权的权利人，对该特定财产享有优先受偿的权利”。这里的“特定财产”指的是破产宣告前已经设定担保的财产，这里的“权利人”指的是对特定财产享有优先受偿权的人，即抵押权人，该条文再次明确抵押权人可以享有优先受偿权的范围限于设定担保的特定财产。

在笔者承办的临沂市罗湖房地产开发有限公司（以下简称罗湖公司）重整案件中，罗湖公司曾为第三方甲公司向乙银行的借款进行担保，担保方式为以罗湖公司相应价值的未售房屋作抵押，后在乙起诉甲和罗湖公司的诉讼中，罗湖公司以签订调解书的方式向乙承诺代其偿还全部借款，即作出债务承担的法律行为。在此过程中，就产生了相应的法律问题，债务人以外的抵押人成为债务人之后，其原来向乙银行提供的抵押担保是否继续有效？《物

权法》第192条规定:“抵押权不得与债权分离而单独转让或者作为其他债权的担保。债权转让的,担保该债权的抵押权一并转让,但法律另有规定或者当事人另有约定的除外。”若依此法条,罗湖公司受让了甲的债权,抵押权也一并转让,只是此处抵押权由原来的抵押人为第三方变为债务人为抵押人。而在该案中,最后管理人在确认此项债权时,也对该抵押权予以了确认。但此案例提示我们,作为在重整过程中对各方利益影响重大的抵押权,在对其予以确认之时,须严格考量其法律性质及范围,必须在符合法律标准的范围内才能赋予其优先受偿的法律地位。因此,笔者下文紧接着将对抵押权的界定标准及债权申报中抵押权的确认问题予以分析。

(二)房地产企业重整中抵押权数额的确定

根据《担保法》和《物权法》的规定,其优先受偿的数额首先受限于抵押物的价值,换句话说,须抵押物折价或拍卖的价格高于抵押债权,该抵押债权方能全额优先受偿,否则,必将有部分抵押债权遭受损失,无法优先清偿。而在重整法律制度中,除非抵押权价值高于抵押权数额,否则必将有部分抵押权不能享有优先受偿权而转入普通债权。

无论在一般民事关系下还是在房地产企业运营过程中,同一抵押物被多次抵押的情况是非常普遍的,同时也是合法的。债务人为了以有限的资产筹集到尽可能多的资金,必然在同一抵押物上进行多次抵押。《担保法》第35条明确规定“财产抵押后,该财产的价值大于所担保债权的余额部分,可以再次抵押,但不得超出其余额部分”,这确认了一物多押的合法性,但因抵押物的“财产价值”并非持续恒定的,而是随着时间和其他条件的变化而不断变化,因此经常出现再次抵押时,担保物的剩余价值已经低于再次抵押债权。而当多个抵押权同时要求实现时,将产生抵押物价值不能完全偿付全部抵押权人债权的现象。房地产企业重整中同样也存在这样的现象。罗湖公司重整案件中,数个债权人对同一抵押物同时享有抵押权,其全部担保金额已经远远超过该抵押物在重整时的评估价值(评估价值一般以市场价为基准,往往高于实际折价或拍卖价格)。因此,这些债权人的债权必然不能全部实现。

那么在重整中哪些抵押权可以全额实现,哪些抵押权将转入普通债权的问题就显得尤为重要。根据《担保法》第54条以及《物权法》第199条的规定，同一财产向两个以上债权人抵押的，拍卖、变卖抵押财产所得的价款依照下列规定清偿：抵押权已登记的，按照登记的先后顺序清偿；顺序相同的，按照债权比例清偿；抵押权已登记的先于未登记的受偿；抵押权未登记的，按照债权比例清偿。此规定确认了同一抵押物上的不同抵押权享有优先受偿权的先后顺序，同样适用于重整程序。因此，罗湖公司重整案件中，根据各个债权人提供的《抵押权合同》、抵押权登记时间以及抵押物的评估价值，将抵押权按顺序进行排位，保证第一顺位抵押权全额清偿后顺位计算下一抵押权的优先受偿数额，而不能享有优先受偿权的那部分抵押债权被直接归入普通债权，与其他普通债权以相同比例受偿。

三、抵押权在重整期间的限制

（一）抵押权的“自动冻结”

重整的目的在于企业再生，而企业再生将为债权人带来较破产清算更大的利益，因此，各国破产法律制度均采纳“自动冻结”制度，以保全重整企业的财产。自动冻结制度，是指在当事人向法院提出破产申请之后，所有有关债务人财产的执行行为及其他对债务人的财产构成消极影响的行为均应中止的一项制度。自动冻结制度将保护破产财产的价值不因各方当事人的行动而缩减，保护所有债权人利益不因单个债权人的单独行动而受影响，实现“债务人的重新开始”和“债权人的平等保护”，也给予债务人喘息的时间。限制担保债权人的权利行使便是权利冻结中的一项内容。

新《破产法》第75 条明确规定担保权在重整期间暂停行使，此法律条文以立法方式，强制以国家公权力干预并限制了自愿约定下形成的担保债权人的优先受偿权，将担保债权人的权利“自动冻结”。此条法律规定一方面表明我国新《破产法》在法律制度设定上已经与世界各国同步，另一方面也表明我国破产法立法理念中存在公法限制私法的内容，在私法权利极度膨胀的时代，立法在个人本位与社会本位的平衡与协调中试图发挥作用，更加重视社会公共利益的实现而不是着眼个别债权人利益。

如前所述，抵押权在房地产行业中普遍存在，而在房地产行业重整过程中，此种权利的影响更为深远。根据新《破产法》的规定，抵押权在重整期间受到明确的限制，这不仅为重整中的企业创造喘息的机会，更加为重整中的房地产企业带来更大的重生可能。笔者将在下文中通过罗湖公司重整案件，对房地产企业重整期间抵押权冻结的法律制度予以探讨和分析，希望阐明该制度给重整中的房地产企业带来的影响及变化。

（二）被冻结的抵押权的界定

之所以被称为“自动冻结”，是因为基于明确的法律规定，在规定的法律程序开始的时刻，“冻结”会“自动”对法律规定的权利产生效力，无须任何其他先行行为或专门的请求或命令。

新《破产法》第75条第1款规定：“在重整期间，对债务人的特定财产享有的担保权暂停行使。但是，担保物有损坏或者价值明显减少的可能，足以危害担保权人权利的，担保权人可以向人民法院请求恢复行使担保权。”该法律条文对被冻结的抵押权的界定标准作出了明确规定，根据该法条内容，被冻结的抵押权应属于以下范围内：

首先，抵押权被冻结要在一定时间范围内，即在“重整期间”，根据新《破产法》第72条的规定，重整期间为法院裁定债务人重整开始至重整程序终止。而“重整程序终止”在新《破产法》中有两种情形：一是法院裁定批准重整计划并终止重整程序，二是重整计划未获批准，法院裁定终止重整程序，宣布债务人破产。从上述两种情况可以看出，无论重整计划是否获得通过，重整程序都将终止，也就是说，“重整期间”终止于第二次债权人会议后法院对重整计划作出是否批准的裁定时。

其次，抵押权在重整期间仅是“暂停行使”，这表明法律在保护其他债权人利益和社会公共利益，力求企业再生的同时，仍然保护抵押权人的合法权益，认可其抵押权的合法性，明确对该权利行使的限制具有暂时性。因为重整法律制度中设计了实现抵押权人优先受偿权的程序和制度，因此，重整期间的暂停行使并不会影响其抵押权的实现。

最后，出于对抵押权（担保物权）的尊重和保护，新《破产法》也作出了

"但书"的规定，即在抵押物（担保物）有损坏或明显的价值减少并足以危害抵押权人利益时，抵押权人可以向法院申请恢复行使担保权。抵押权人在重整过程中被限制行使其自由的权利，是出于对其他债权人利益公平公正性的尊重，兼顾社会公共利益，目的是给债务人提供喘息和重生的机会，其受限的前提是其自身利益不受损害。而当债务人恶意利用抵押权冻结制度，损坏或降低抵押物价值时，将直接损害抵押权人的合法权益，即使该权益尚未经管理人审核确认。因此，法律作出明确规定，当抵押权发生"明显"损坏或价值减少，且"足以"危害抵押权人利益时，法院将恢复抵押权人行使抵押权的权利。

四、重整计划执行期间抵押权的行使

（一）重整计划与重整计划执行期间

新《破产法》第92条第1款规定："经人民法院裁定批准的重整计划，对债务人和全体债权人均有约束力。"

该条法律规定确认了重整计划在经法院裁定批准后对债务人和全体债权人的一致约束力。而重整计划的这种约束力究竟是合同性质的约束力还是法定的强制执行力？笔者认为，重整计划是债权人、债务人及相关利害关系人对其各自利益进行博弈后形成的一种合意，具有契约的性质，其效力应当属于合同性质的约束力，虽然不直接具有法定的强制执行力，但各方当事人对重整计划表决通过已经表明对重整计划的认可和对债务人的信任。

重整计划执行期间为在重整计划顺利执行完毕的情况下，自法院裁定批准重整计划开始直至重整计划执行完毕终止；而在重整计划执行完毕前，如果出现债务人不执行重整计划或不能执行重整计划的情形，管理人或债权人均可向法院请求终止执行重整计划进入破产清算程序，此时，重整计划的执行期间将止于法院裁定之日。

（二）重整计划执行期间的抵押权

重整计划进入执行期间表明享有抵押权的债权人已经表决同意重整计划，或者在法院强制批准重整计划的情况下享有抵押权的债权人的优先利益必然得到保护，因此，重整计划的执行与享有抵押权的债权人的利益具有一致性，只要重整计划顺利执行完毕，抵押权也将完全获得清偿，重整计划的执行与抵押权之间并无实质性的冲突。

重整计划开始执行时，重整期间已经终止，即抵押权被冻结的期间已经结束。法律制度之所以在重整计划的执行期间解除对抵押权行使的限制，乃是基于抵押权人利益实现依赖于重整计划的执行，而在重整计划执行期间，抵押权成为对抵押权人实现其权利的一种保障。如果重整计划的制定遵循公平原则且充分尊重抵押权的优先性，债务人又严格按照重整计划进行经营并偿还欠款，抵押权人的权利在逐步实现，也没有必要行使抵押权。而当债务人不执行或不能执行重整计划时，新《破产法》赋予作为债权人的抵押权人请求法院裁定债务人破产的权利，并且可以行使别除权，也无须直接行使抵押权。

重整计划的执行是重整程序真正完成的最后环节，如若任由抵押权人随意行使抵押权以保障个别利益，将造成债务人无法正常经营，可能导致重整计划的全面落空，带来的负面影响不仅将损害抵押权人的利益，而且也将损害其他债权人利益。重整法律制度作为一项以重整成功、公司再生为目标的法律制度，其赋予债权人的各种权利都致力于保护重整程序的顺利进行，形成全部利害关系人共赢的局面。

2012年第39期

以营业税税改为契机，促进深圳税务律师快速稳步发展

吕志合　律师

最近几年，随着国家依法治税步伐的加快和纳税人权利意识的觉醒，税收法律服务市场的需求日渐增大，为适应这一趋势，建立一支高素质的税务律师队伍已极为紧迫。作为深圳的一名税务律师，我一直在思考和关注深圳税务律师的发展。在参加了2010年首届中国税法论坛和2011年首届中国税务律师论坛后，我深切感受到了税务律师的可作为以及深圳税务律师发展的滞后。基于共同学习、共同发展的初衷，促使我写下如下建议，希望能够为深圳税务律师的发展尽微薄之力。

一、税务律师的角色定位和市场切入点

税务律师首先必须是律师，且是运用税法知识为纳税人提供税法法律服务的律师。税务律师服务于市场的切入点是税收的合法性审查。税务律师与注册会计师和注册税务师一起共同服务于税收服务领域，但是税务律师有别于注册会计师和注册税务师：税务律师主要是运用税法法律知识，侧重于在合法性方面提供税收服务；而注册会计师和注册税务师主要运用财务知识，侧重于在技术方面提供税收服务。

二、税收法律服务市场巨大，税务律师大有可为

税收法律服务市场首先包括常规的诉讼类业务，如涉税刑事辩护，涉税行政复议和行政诉讼。除此之外，还包括提供税务咨询、进行合同的税务审

查、担任税法顾问；帮助当事人合理、合法利用税收优惠政策；借助其他法律部门进行重大税收安排，为企业设置组织框架、安排投融资方案；帮助当事人进行跨境投资税法服务；为维护纳税人权利提供法律救济等。

目前，中国税收服务领域中的主要力量是中国注册会计师和中国注册税务师，他们几乎占据了所有税收服务市场的份额。但是，这并不可怕，因为税务律师的法律背景是注册会计师和注册税务师所不具有的，税务律师的特有服务领域是注册会计师和注册税务师难以占有的。可以说，税收法律服务市场巨大，税务律师大有可为。

三、深圳税务律师的发展严重滞后，急需改变

深圳目前在国内没有有影响力的税务律师和专门从事税法服务的律师事务所，这与深圳的经济发展水平和经济特区身份极不适应。

与之相对比，北京和上海的税法法律市场比深圳做得要好：北京和上海都有专门从事税法法律服务的律师事务所，如北京市华税律师事务所和上海左券律师事务所；一些大型的综合性律师事务所，如金杜律师事务所和大成律师事务所，都有专门的税法法律部；2010年和2011年两届中国税法论坛都是由北京市华税律师事务所承办，而出席两届论坛的深圳律师都只有3人，论坛的发言人没有深圳律师，其他地方的律师拿出了相当不错的实际案例报告和科研成果。深圳律师必须改变这一现状，积极进步。

四、改变深圳税务律师现状的建议

1.在深圳律师队伍中加强宣传，让深圳律师意识到税收法律市场的存在和可作为

一直以来，我们都是将税法法律服务市场简单地认为是为纳税人代理行政复议和行政诉讼，鉴于税务机关和律师在税法法律服务中地位不对等，因此很少涉足税法法律服务领域。但是，在欧美国家，有一半以上的律师从事涉税法律服务，涉税法律服务收入占律师收入的一半以上。最近几年我国税法法律服务市场的发展告诉我们，税法法律服务领域不局限于简单的常规

诉讼，税务律师可以服务的市场巨大，税务律师大有作为，如北京市华税律师事务所自2004年开始专门从事税法法律服务，该所目前税法法律服务的年收入额已突破2000万元。因此，我们有必要改变观点，加强宣传，让广大律师认识到税法法律服务的庞大市场和可作为之处。

2.引导具有财务会计知识背景的律师从事涉税法律服务，建设和培养深圳的税务律师队伍

税法不同于其他法律部门的特点在于税法包含了大量的财务会计知识，可以说，税法是财务会计和法律的综合体，因此从事税法法律服务应具有财务会计知识和法律知识背景。要组建深圳的税务律师队伍，首先应考虑在具有财务会计知识背景的律师中宣传、引导、培养和建设。

3.加强税法委员会的作用，让税法委员会成为税务律师学习、沟通和交流的平台

目前，我们的税法法律服务刚刚起步，队伍小，实务案例少，税务律师水平的提高有赖于大家共同学习和研究，这就需要一个平台。税法委员会无疑是一个好的平台，因此可建立长效机制，将其作为税务律师学习、沟通和交流的平台。

4.边学习、边研究、边推广，以学习和研究带动推广，通过推广寻找市场，以市场促进发展

税法法律服务市场的开拓，既有赖于税务律师服务意识和服务水平的提高，也有赖于纳税人对税务律师服务的认可。目前的情况是税务律师处于刚起步阶段，基础差，底子薄，而纳税人长久以来只知道注册会计师和注册税务师的服务，很少知道税务律师的作用和服务。因此，税务律师一方面应加强自身的学习、研究，提高自身素质，另一方面应积极推广，让纳税人知道税务律师的作用和服务领域。只有在纳税人了解到税务律师的作用和服务领域的情况下，才会将涉税服务交给律师，律师才会有实务，有了实务也才会有进步的可能。

5.以营业税税制改革为契机，加强宣传、学习、研究和推广，推动深圳税务律师的快速、稳步发展

2011年11月16日财政部和国家税务总局发布了《营业税改征增值税试点方案》等文件，将在上海进行营业税改增值税试点工作，预示着中国新一轮的税制改革已经拉开序幕，此次税制改革必将带动税法法律服务市场的进一步发展。利用营业税税制改革这一契机，加强宣传、学习、研究和推广，促进深圳税务律师的发展，这一点极为必要。

2012年第40期

推动房地产抵押贷款证券化

——以2012年深圳土地管理制度改革为契机

俞菁华　律师

2012年5月25日，国土资源部、广东省政府在深圳宣布，批准实施《深圳市土地管理制度改革总体方案》（以下简称《改革方案》），确定8大改革重点和20个改革事项。根据《改革方案》的规定，深圳将以“产权明晰、市场配置、节约集约、科学调控”为土地管理制度改革原则，先行先试，建立高度城市化的地区土地利用和管理新模式，推动土地资源配置市场化、土地利用高效化和土地管理的法治化。

《改革方案》在改革事项中明确提出创新土地金融工具，即创新以土地经营为目的的资金融通活动。一般来说土地金融和其他金融一样，其负债大多为短期负债，具有期限较短、流动性较强的特点，但其土地及其附属建筑物即不动产则具有期限较长、额度较大的特点，当该项信贷资产规模占银行信贷资产总量的比重达到一定比例，通常超过25%时，银行便可能面临资金的流动性风险。目前我国个人住房抵押贷款占商业银行信贷资产的比例不是很高，且银行采取的风险防范措施较为充足，这部分优质贷款总体上是较为安全的。对比来说，在2008年的金融危机中，美国“两房”的巨额住房抵押贷款坏账即为导火索之一，其金融衍生品脱离实体经济基础和贷款人还款能力而不断衍生繁殖，终导致崩盘。回到国内，近期几轮房地产调控的发力对深圳等一线城市房地产市场产生了重大影响，为了使银行这部分长期资产短期化，提升资产流动性，笔者认为深圳应当以此次土地管理制度改革为契机，学习并积极推进房地产抵押贷款证券化，以缓和商业银行短期性负债与房地产长期性运用的矛盾。

一、房地产抵押贷款证券化的内涵及法律关系

房地产抵押贷款证券化就是将房地产抵押贷款债权转化为房地产抵押证券的过程，具体而言，也就是金融机构将其持有的若干房地产抵押贷款依其期限、利率、还款方式进行汇集重组，形成系列房地产抵押贷款资产池（资产组合），再将该组合出售给从事抵押贷款证券化业务的特有目的机构（Special Purpose Vehicle，SPV），通过担保机构担保实现信用升级后，经信用评级机构评级，由证券承销商将信用级别较高的抵押贷款支持证券出售给投资者的一种证券化模式。房地产抵押贷款证券化肇始于20世纪70年代的美国，由于其具有解决银行信贷资产流动性不足，改善银行资产负债比，提升资产充足率，增加银行筹措资金来源渠道，降低其经营风险的功效，因而作为一种金融技术，其与金融自由化、金融全球化被称为国际金融创新的三大趋势。

以住房抵押贷款为例，笔者用简明的图示来描述住房抵押贷款证券化流程（见图1）。

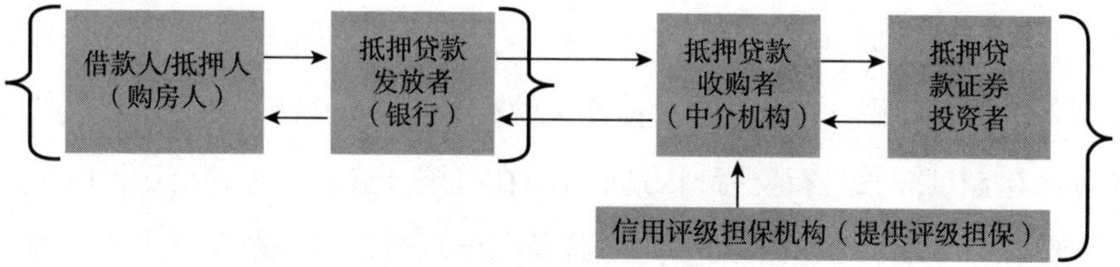

图1 住房抵押贷款证券化流程

房地产抵押贷款证券化是诸多不同的法律共同作用的结果，从证券化参与各方之间发生的法律关系为视角，笔者通过简要探视证券化运行机制中所涉及的不同法律制度及不同法律部门，发现涉及的法律关系就有：借款人（原始债务人）与原始权益人（抵押贷款提供者）之间的抵押贷款合同关系；原始权益人与SPV之间的抵押贷款让渡关系；SPV与投资者之间的债券投资关系；SPV与投资者、信贷机构三者之间的信托关系；SPV与投资银行之间的证券承销关系；SPV与流动性便利机构、资信增级机构、资信评估机构之间

的委托合同关系等。上述简要提及的法律关系中就涉及《合同法》《证券法》《信托法》等诸多法律规范，此外，抵押贷款证券化过程中政府的管理及监督法规如《商业银行法》《土地管理法》《房地产管理法》等其他法律也从不同角度对证券化过程进行多方面的法律调整。

二、推进房地产抵押贷款证券化的制度障碍

在我国住房抵押贷款证券化的提出已经有十余年了，随着抵押贷款在我国发展步伐的前进而逐渐跟进，随着抵押贷款的迅速发展，其逐步走到了前台。从1992年的海南首推地产投资券作为我国的首次尝试，到1999年深圳提出住房抵押贷款证券化的试点方案，到2005年国务院批准中国建设银行和国家开发行证券化试点进入了运作阶段，中国建设银行的“建元2005-1个人住房抵押贷款证券化信托优先级资产支持证券”公开发行。虽然在各个阶段我国对房地产抵押贷款证券化进行了一些有益的尝试，但是理论层面的讨论多，实践层面的实质性推进少。尤其在2008年国际金融危机爆发以后，国内对金融创新与金融管制的边界争论很大，监管层面对各种金融衍生产品亦在实际上采取更加严厉的审慎态度。

作为一种金融创新，房地产证券化一方面受到我国现有经济环境、法律框架等的限制，另一方面作为一种复杂的交易设计，其特殊的交易结构需要各种法律制度对其进行支持，因此，目前在我国开展此业务，从法律上来看，依然存在诸多有待解决的问题。尤其是我国现行法律规范整体上未完全实现计划经济向市场经济转变，相较于民商事法律制度，商业银行法、证券法等金融监管经济法体系中不合理、重行政监管轻市场自治的规定还大量存在，散乱在法律、行政法规、部门规章和地方性法规中，司法解释、最高人民法院相关答复意见等也有可待完善之处。

比如，我国《合同法》第80条规定的债权转让通知生效原则，房地产抵押贷款证券化要做到的是资产的真实出售（房地产抵押贷款证券化的发起人需要将其贷款从资产负债表上消除，做真实出售的会计处理），而债权类资产在转让时要做到逐笔债权都通知每一个债务人是非常困难的。在这种情

况下，如何有效地进行债权类资产的真实出售就会遇到很大的法律障碍。再如，我国《证券法》第2条规定，在中国境内，股票、公司债券和国务院依法认定的其他证券的发行和交易，适用本法。以房地产抵押贷款为支撑的证券在法律上并没有明确规定，也没有明确被国务院依法认定，因此，从实际推行的角度来说存在暂时没有法律依据的风险。此外，信用增级相关法律保障缺失的问题也亟待以立法形式突破现行制度之桎梏。

三、深圳推进房地产抵押贷款证券化的路径

深圳历经30多年改革开放，形成了较为充分的市场经济环境和市场运作机制，以此为基石的整体社会经济发展水平的提高是房地产抵押贷款为主的信贷资产证券化最有利的条件。从1987年12月1日深圳开始全国第一次土地使用权拍卖，迅速发展的土地使用权抵押贷款和个人住房抵押贷款使深圳具备了质量良好和较大规模的房地产抵押贷款。从全国范围来看，土地作为最大宗的投资品，作为溢价最高的投资品种成为地方财政的根基。所以，深圳在此次土地管理制度改革中提出的创新土地金融是对当前土地市场环境的理性回应，笔者亦试图从以下几个角度简要分析深圳推进房地产抵押贷款证券化的可行路径。

首先，从市场供求主体来看，除了中小型商业银行因抵押贷款比例较高而有意出售外，大型商业银行的业务中虽然住房抵押贷款比例不高但基础建设项目相关的房地产抵押贷款有相当的比重，在银根愈加紧缩的市场环境下，也设想出售部分住房抵押贷款和地产建设长期贷款以扩大信贷规模、降低存贷比、提高盈利能力。从投资主体的角度，根据国家现有的法律法规，在深圳设立的金融机构包括商业银行、保险公司、证券公司、基金管理公司、其他非银行金融机构等，以上均可成为金融债券的投资主体。在住房抵押贷款证券化参与者中，基于投资的风险控制能力和资金要求，机构投资者是其最大的投资者。因此，深圳可以在加强监管的前提下，逐步放松投资管制，向保险金、养老基金和福利基金等机构投资者开放资产证券化市场。

更为重要的是，以此次土地管理制度改革方案获批为契机，作为经济特

区的深圳可以在地方立法上寻求一些制度建设的突破。深圳可以考虑通过制定《深圳市房地产抵押贷款债券实施管理办法》等地方性法规来弥补证券监管体制的缺陷及解决相关操作过程中存在的种种困难，对房地产抵押贷款证券化过程中相关项目资产融资的发起、特殊目标公司即SPV的设立、融资结构的确立、信用评级机构的运作和责任承担、贷款抵押证券的发行和交易、抵押贷款证券化交易的会计处理和税收征收等均设立法定条件。同时，结合资产证券化的特性，完善相关会计审计、资产评估、法律服务等相关操作方法。

其次，在资产证券化过程中，信用评级机构的评级结果是投资者进行投资选择的重要依据，所以必须建立独立、客观的信用评级，证券信用评级机构对被证券化的抵押贷款信贷资产风险进行中立、科学、公正的评估，以便投资者能够根据评级机构出具的资信评级结果作出正确的投资选择。因此，深圳应当加强国内评级机构和国际著名评级机构的合作，引进先进的信用评级技术和经验，提高信用评级机构的素质和业务水平。在现行的市场评估能力下，应当建立评估机构准入和一票否决制度，即对于允许参与房地产抵押贷款证券信用评级的机构进行高门槛审核批准，同时，对入围公示的信用评级机构在提供相关评级服务中出现虚假、贪腐等规定情形的坚决予以清退。

再次，深圳应当完善相应的会计和税收制度，对被证券化的资产和相关债务是否必须分离出资产负债表、证券化资产的定价和会计处理问题（如是作销售处理还是作融资处理），以及包括交易环节的税收、特殊目标公司和投资者等交易主体的所得税处理等方面的问题均予以明确规定。

最后，整个房地产抵押贷款市场的运转必须有完善的抵押担保体系作为支持，在工程项目建设中的土地使用权抵押和住房贷款中的房屋产权抵押即为常态，其担保手段亦以相关土地房产权利证抵押登记为主。而抵押贷款证券化需要设立专门的证券化担保机构，为抵押证券提供信用支持和担保，美国的经验是在推行住房抵押贷款证券化的初始阶段，由政府出面提供担保以提高住房抵押贷款和抵押证券的信誉。在我国担保法律制度中政府作为担保人存在较大法律障碍的情况下，深圳可以考虑与相关第三方如土地储备中心等共同出资设立担保基金以规避对担保主体的限制，以在实质上确保房地产抵押贷款证券化初始阶段运行得安全稳定。

四、结语

金融必须服务于实体经济，金融的价值在于更加有效率地配置资源，发展土地金融不是通过不断地衍生产品而脱离土地及附属物真正的价值，这是房地产金融发展的底线。余波未平的美国次级贷款危机无疑为我们提供了一个非常难得的反省和完善自身制度的机会。房地产业是中国经济的支柱产业，房地产及相关行业在GDP中占有很大的比重，其在过去20多年的巨大进步使土地及其附属物凝聚了中国社会巨大的经济财富。在当前的市场环境下，推行房地产抵押贷款证券化对我国房地产市场的整体与长远发展有深远意义，对深圳推广金融创新、大力深化与拓展资本市场有重要作用。

2012年第41期

法律文书写作与律师实务

隋淑静　律师

关于法律文书的定义，有研究者认为，法律文书是司法机关适用法律、为解决诉争案件作出的具有法律效力的文书。也有观点提出，法律文书是指我国司法机关、国家安全机关、海关缉私机关、监狱等机关以及公证机构、仲裁组织依法制作和处理诉讼与非诉讼案件的法律文书和案件当事人、律师、律师组织自用或代书的法律性文书的总称。

无论法律文书的定义如何，对律师而言，法律文书是在专业工作中朝夕相伴的种种文件，是每日完成工作的基本工具。学习法律文书的写作要点，提高律师的写作素养与专业技能，实属律师的基本功课。诚然，不同种类的法律文书有不同的结构形式要求，但写作法律文书有其共通之原则。

一、法律文书写作的准备功课

法律文书写作要受法律思维支配。所谓法律思维，是以法律词语为媒介并主要以逻辑思维为指导的一种思维方式。依照事实与价值的“二分法”，可将任何一项法律业务解构为事实与法律适用两部分。法律文书写作前的准备功课，亦可从事实与法律两方面着手。

（一）进行事实调查做足准备

律师进行事实调查需要事先做好充分准备，不能受限于当事人陈述或提供资料。律师进行事实调查的意义，可举一例加以说明——司法考试中考生做案例题与律师办理案件，二者之间有无区别，有何区别？有些律师注意到：司法考试中的案例题均为给定条件，而律师办案不属于给定条件，案件事实依赖律师进行挖掘。写作法律文书前的重要准备工作之一，就是挖掘事实、组织证据。

通过观察律师实务工作可以发现，同一纠纷案件经由不同律师承办，往往会有不同的办案思路，形成大不相同的办案结果。办案思路与办案结果的差别，与律师能否全面了解事实、把握案情、分析法律关系以及适用法律密切相关。如何做到全面了解事实、把握案情？笔者认为关键是事实调查。

我们时常听当事人说："律师您帮我们看看，您比我们有经验，知道什么适合我们，希望给我们一些建议。"律师真的比当事人有经验吗？不一定。律师切记要保持清醒的认识。从理性的角度分析，律师应当在处理法律业务方面比当事人更有经验。但不要忘记，绝没有脱离事实背景的法律业务，也没有脱离行业知识的法律业务。当事人在发生纠纷时，因处理结果的不确定性转而对律师产生依赖，但不意味着律师能够超越职业训练的局限，在任何领域都具有专家能力，也不意味着律师脱离事实调查，便可全面了解案情。

律师对事实调查工作进行准备，涉及不同专业背景与行业知识，应当尊重当事人的行业经验，借助于当事人的经验，梳理事实调查的内容与方法，以期全面了解事实，组织证据。当然，由于人的本性总是趋利避害，且每个人的认知有其局限性，律师不可以完全依赖一方当事人的介绍，还必须做好另外的功课——通过查阅承办业务的行业背景知识，使自己达到能与当事人交流，能够运用法律逻辑对有关事实加以检验的程度，从而有质量地完成事实调查工作。

关于事实调查的准备工作，笔者归纳了以下四个原则：第一，案件事实不能以当事人提交的资料或说明为限，需要避免当事人故意或无意遗漏导致的"陷阱"或事实不完整；第二，事实调查通常不会一次完成，需要反复进行分析资料、补充调查、收集证据的过程。只有准备好往返于事实与法律之间，才能将事实调查到水落石出；第三，法律工作中，没有脱离证据的"客观事实"。"法律事实"必须得到证据支持，无论证据为何种形式，事实与证据的合理性值得重视；第四，没有完成全面的事实调查之前，应不带成见、不带偏见、不做结论。

(二)收集整理相关法律规范与案例

写作法律文书前还需要进行的另外一项功课，是收集法律规范与案例。规范与案例的收集，需要结合案件事实特点，系统收集整理。收集整理的范围包括相关法律、法规、行政规章、地方政府规定、地方政策、法院判例等。收集、整理、研读法律规范与案例，理解立法旨意、规范目的，把握判例反映的价值取向等，有助于厘清承办案件的法律关系与分析可能的法律后果。

值得一提的是，判例在我国虽不属于法律渊源，但律师实务中仍需重视研究，尤其是最高人民法院的审判指导案例，实际在一定程度上发挥审判指导的作用。

做指导案例研究，不可不知普通法系的“遵循先例”原则。遵循先例，运用的是法律逻辑上的类比推理。美国法学家伯顿认为，“当一个判例的事实与一个问题案件的事实相似到要求同样的结果时，我们就说一个法官或判决依照判例(除非这个早先的判决被否决)；而当一个判例的事实不同到要求有不同的结果时，我们就说一个法官或案件区别判例。在进行严密的分析之前，没有任何理由假设一个表面相似的判例应当被依照还是被区别”。

所以，当研究与比较指导案例时，既要分析承办案件与指导案例之间的相同点，也要分析二者之间的不同点。强调相同点，意味着主张参照判例；强调不同点，意味着主张与指导案例结果有所区别才能实现公平。

二、法律文书写作需要体现有效性

做好事实调查，法律规范与判例的收集、整理、研读等功课后，可以开始写作法律文书。写作法律文书的重点在于有效性，此处“有效性”是指法律文书的切合目的性，而非法律文书具有法律效力。

美国法学家伯顿说：“有效的法律计划要求敏锐地意识到在将来会发生的各种纠纷。为客户活动做计划的律师所从事的工作，在某种程度上就是设想可能由客户活动引起的纠纷，并采取预防措施以最小限度地减少在该纠纷中的损失。”这一说法揭示了法律文书的功能与目的。

笔者认为，有效的法律文书写作应符合如下要求：

（一）法律文书的结构清晰完整

任何一个法律文书，既应满足文书的形式结构要求，通常应包括首部、正文、尾部等；也应满足文书的实质内容要求，即内容要涉及事实、法律适用与结论意见。

以合同为例，合同是律师业务中最为常见的法律文书，律师受托起草合同，其内容必须满足结构完整的要求；律师审查合同风险，不仅要审查合同中已存在的条款，更要审查"不存在的条款"，即合同是否有结构欠缺，是否有重要事项未作约定等。伯顿认为："起草合同的语言优雅流畅，其风格或许值得称赞，但是，如果产生某种可以预见却在合同起草过程中未加预见的纠纷，它就一钱不值。"可见，合同内容结构的完整性是合同文书写作中的基础要求。

以IPO项目中的法律文书为例，IPO项目中律师需撰写的主要文书，包括法律意见书、律师工作报告与律师工作底稿等。针对上述几种法律文书的内容与格式，中国证监会发布了《公开发行证券公司信息披露的编报规则第12号——公开发行证券的法律意见书和律师工作报告》，根据编报规则以及管理办法等规定，律师调查事实与发表意见的事项多达20余项，硬背下来实属不易。但仔细研读规定事项便可发现，20余项事实调查与法律判断的要求，实以公司设立与运营活动为线索。只要把握事项之间的实质逻辑关系，理解监管机关的监管目的，就可通过描述、核查、验证事实，正确援引法律规范，进行法律适用分析，进而给出明确可靠的法律意见，而无须死记硬背、生搬硬套。

至于律师在并购业务中起草股权转让协议、资产收购协议，在投资业务中起草投资协议、公司章程等文书，也遵循同样的道理。

（二）法律文书中的事实写作详略得当

对法律文书中事实部分的写作，有律师认为应当做到内容完整、表述完备、以时间为序、特别交代、详略得当、叙述引用结合。笔者认为，法律文书需要达到主次分明、重点突出、删繁就简、专业理性为宜。

实务中，律师接受当事人委托，在不违反法律规定的前提下，律师的职责是最大限度实现委托人的利益。从认知科学的角度来看，人们对事实的认知永远存在不同视角；就职业伦理的角度而言，律师对事实的组织与呈现取决于委托人利益最大化的立场（当然律师绝不可以伪造证据）。因此，法律文书中事实部分的写作，必须要剪裁适当的事实背景，梳理结构清晰的法律关系，突出事实要点，以支持当事人的主张。如果只是将事实一股脑地堆砌起来，以其昏昏，使人昭昭，难免贻笑大方。

（三）法律文书的法律适用能准确援引法律并符合法律逻辑

整篇法律文书中，法律适用与分析部分最能体现律师的专业素养。德国法理学将确定生活事实与法律规范之间关系的思维过程称为涵摄（Subsumtion）。将事实涵摄于法律规范，就是检验事实是否满足法律规范的事实构成并因此产生法律规范所规定的法律后果。

法律适用的普遍特征，是将目光在事实与法律规范之间“来回穿梭”。法律适用过程，首先要选择可能“适合于”该事实的一个或若干个法律规范，然后淘汰（由于各种原因）被证明不能适用的法律规范。对生活事实与规范的事实构成进行权衡，最终将纠纷涵摄于相关规范。换言之，法律适用由根据规范标准对生活事实所进行的比较性观察和评价组成。

法律适用不是理所当然的简单活动，需要律师正确选择法律依据，援引规范条文。由于我国法律规范体系构成复杂，就同一事实难免存在多个规范条文。此时应当如何确定法律依据？《立法法》第79条—第84条确定了以下原则：（1）上位法优于下位法；（2）变通规定优先；（3）新法优于旧法；（4）特别法优于一般法；（5）法律一般不溯及既往。

法律文书中法律适用部分的写作要点，有的律师归纳为“严格依法、分析前提、分析方法、论证方法与层次、假设分析（假设须有基础，假设分析须有倾向）、避免法律分析中的失误”等。

笔者认为，法律适用的写作，应注意正确援引规范，做到条、款、项用语规范，引述准确完整。由援引法律规范至得出结论之间，需要进行法律分析，分析应符合法律逻辑。不可仅有援引的规范条文与律师结论意见，而缺少中间的分析论证。

三、结语

尽管律师工作离不开运用语言，尽管人们对律师的印象通常是口若悬河、滔滔雄辩，但在实务中我们可以发现，把话真正说清楚并不容易，将法律文书写得清晰、准确、简洁而有说服力，也不容易。

笔者曾见到这样一份证据——“张三2010年7月10日还欠款人民币10万元。”短短一行字，存在明显的表达歧义，使其无法证明事实乃至无法支持当事人主张。遗憾的是，在律师起草的法律文书中，表达歧义或事实不明的情况并不鲜见，有时甚至会酿成旷日持久的争讼。

法律文书写作需要良好的语言能力，文书语言应当做到简洁、清晰、准确、完整。但是，切不可将法律文书写作能力简单等同于修辞能力或文字表达能力，因为法律文书的写作，既注重语言表达形式，又以专业素养为内核。专业能力与法律文书写作能力互为表里、彼此倚重。

良好的法律素养，有助于律师写出专业流利的文书；流利的法律文书，关键在于事实完整、法律适用准确、论证缜密与结论可靠，而不是仅靠华丽的辞藻或复杂的修辞。综上所述，笔者认为，法律文书是律师承办事务不可或缺的工具，是律师执业的基本功，身为律师应注意训练自身的法律文书写作技巧，不断提升律师的专业能力。

2012年第43期

股份合作公司管理机制初探

李远勇　律师

一、案情梗概

深圳某区某街道的一个合作公司，董事长在职期间因经济犯罪于2010年5月被法院判处有期徒刑缓期执行。按照法律规定，该董事长失去担任公司董事、高管的资格，应当辞去董事长职务，不再担任该公司的法定代表人。但是该董事长拒不离任，继续以董事长身份召开董事会、股东代表大会和决定财务开支事宜。因其掌控着董事会，股东代表大会无法召集，董事会也无法提起相关议案，而监事会提起的议案又因票数不足而遭否决。此股份合作公司因此陷入混乱状态。该股份合作公司所在村的村民对此事持两派意见。一派强烈反对该董事长继续担任董事长，另一派则支持其继续担任董事长。并且这两派村民都集体上访反对另一派意见。该股份合作公司因管理层混乱、整体经营混乱和群体上访事件频发的状态一直持续到2011年5月底。当时，经区委、区政府出面协调，该董事长辞去董事长职务，该公司整体局面才有所好转。但经历了一年多的混乱与无序状态，该公司各方面的损失都很大。原本依照法律规定是很容易处理的事情，公司管理混乱了一年多依旧得不到解决，这个问题很值得我们深思。

二、不作为成因探讨

股份合作公司是按照《深圳经济特区股份合作公司条例》设立的，以集体合作为基础，公司资本由社区集体所有财产折合成等额股本并可再募集部分股金，股东人数和股本总额可以变动的股份合作经济组织。在我国公司法的概念中，一般分为有限责任公司、股份公司，广义上股份合作公司是股份公司的特殊形式。它的特殊在于，农村城市化后，原村委会改为居委会或社区，原村经济合作社或经济发展公司依据《深圳经济特区股份合作公司条例》改组成股份合作公司，公司的人、财、物的管理都带有浓郁乡村色彩。

这个乡村色彩最明显的是：原村集体财产是公司资本的重要组成部分；宗族、家族势力影响力较大。

我国大多的乡村，由于宗族、家族聚居并由此产生共同的经济利益关系，使村民对自己所属的家庭血缘共同体具有高度的心理认同，并形成鲜明的宗族、家族意识。基于财产、名誉等方面的共同利益，宗族、家族为其成员获得生存生产资料提供便利，成员之间也会形成相互协助的关系。当侵犯家族利益或侵犯家族成员利益的事情发生时，宗族、家族往往会一致对外，共同维护宗族、家族的利益。这样的宗族、家族意识是儒家伦理思想的主要组成部分之一，儒家学说的核心“仁”“礼”及其强调的“三纲五常”等理念都体现了人与人之间的血缘关系，强调了宗族、家族意识。可见，千百年来，宗族、家族思想已经深入民间，根深蒂固。当年的孙中山先生便看到家族文化力量的强大，他曾在《三民主义》中写道：“中国人最崇拜的是家族主义和宗族主义，所以中国只有家族主义和宗教主义，没有国族主义，中国人对于家族和宗族的团结力非常强大，往往因为保护宗族起见，宁肯牺牲身家性命。”故其终生致力于引导这种力量推进民族民主革命运动。

目前经济发达地区，为获得更多利益，宗族、家族势力以各种形式左右选举，由宗族、家族中的权威人士出面推出代言人，通过串联、游说和操纵，利用家族、宗族票多的优势取得选举的胜利，通过掌控村委会、居委会及其党支部和股份合作公司的董事会，从而获得不同程度的社会资源和经济利益。在家族、宗族势力的影响下，一些村民不是按德才兼备的原则选出自己满意的村委会和居委会主任、党支部书记、股份合作公司董事长，而是盲目随从，投违心票，使公正、廉洁并且有能力的候选人不能当选。

本文案例情况便是如此。该股份合作公司共有192名股东，其中131名股东来自同一家族，超过股东总人数的2/3，明显该股份合作公司的董事会、监事会是在这个家族控制之下的。在该公司所有的重大事项表决方面，其结果必然代表了该家族利益。案例中该公司董事长犯罪被判刑后长达一年仍居原职位。

股份合作公司的主要资本金都由原村集体资产折股组成，代表了全部村民（股东）的利益，这是股份合作公司区别于其他形式公司的特殊所在。公司的分红是大部分村民（股东）的主要经济来源，公司管理层长期处于混乱状态必然使公司资产贬值和流失，农村城市化后失去主要经济来源的村民面临的是生存问题，这将产生宗族、家族之间的冲突，将产生上访群体事件，不管或管不好其后果都是严重的。

当公司管理层出现混乱时，如果公司的股东会、董事会、监事会都不作为，不提出整治方案，整个公司都处于混乱状态，该如何是好？股份合作公司是受我国公司法范畴规范的经济组织形式之一，整顿治理是公司的内部自治行为，政府是否可以介入监管？

三、不能适用打破公司僵局的方法解决

因股份合作公司这一特殊公司形式出现的时间不长，立法机关、司法机关及政府部门尚未有成熟经验来指引各方面的治理，监管的问题一直在探索研究中。有人提出公司法是私法，根据公司自治原则适用国内外公司法理论的“公司僵局”来解决股份合作公司管理层混乱问题，是否可行有待研究。

“公司僵局”（corporate deadlock）是指公司在存续运行中由于股东、董事之间矛盾激化而处于僵持状况，导致股东会、董事会等公司机关不能按照法定程序做出决策，从而使公司无法正常运转，甚至瘫痪的状况。

公司的正常运行是通过公司管理机构行使职权和股东行使股东权利实现的。我国《公司法》规定，股东会、董事会和监事会通过任何决议都需要至少代表半数以上的表决权或人数的同意，对于股东大会增加资本、减少资本、分立、合并解散或变更公司形式以及修改公司章程等特别决议事项须代表2/3以上的表决权同意，对于董事会的决议，有的公司章程甚至规定了更高的表决多数。这样在股东表决权对等化、各方股东派任的董事人数基本相当

或相同之情形下，一旦股东或董事之间发生了矛盾和冲突升级，甚至完全对抗，任何一方可能都无法形成公司法和公司章程所要求的表决多数，公司的各项决议无法通过，公司的僵局状态由此形成。一般情况下，公司僵局的类型主要有股东僵局和董事僵局两类。

公司僵局对公司、公司股东、公司职工及债权人都会产生严重的损害：使公司陷于瘫痪和混乱、导致公司的无谓损耗和财产的流失、股东预期的投资目的也难以实现、公司业务的递减、效益下降、侵害职工利益、损害公司客户和供应商及其他债权人的利益。

很显然，公司僵局的表象和本文案例所指情况都引起了混乱，并且会损害多方利益。然而，公司僵局是指各派对抗股东或董事之间谁都不能占上风，谁都不能掌控公司而使公司无法管理陷入僵局，僵局会使公司瘫痪进而无法继续经营。本文案例所指情况是指一派股东掌控了股东会、董事会、监事会，但基于宗族、家族利益故意不作为引起混乱，这种混乱以损害、打击另一方股东为主要目的，掌控的一方会继续设法经营公司，公司不会因混乱而瘫痪。因此这种混乱不是公司僵局，更不能适用打破公司僵局的唯一方法——诉讼要求解散公司。

四、监管方法探讨

（一）政府介入监管的法理依据

其实公司法是私法与公法的结合，不能单纯地把公司法归入民事法律领域而视为私法。

《公司法》第147条不能担任公司高管的规定是强制性规范，不是任意性规范，这是必须遵守的，不是选择性地可以不遵守的。这就意味着，当公司的高级管理人员的任职资格出现了法律禁止性规定时，公司的管理层应及时根据法律及公司章程规定的议事程序启动罢免程序和重新选举。如果管理层不作为，但是有一定数量的股东提出异议而公司管理层置之不理，这部分股东向政府部门反映要求处理，此时政府部门基于法律的强制性规定和实际已发生的事实情况，可以责令公司的董事会、股东会限期启动罢免程序和选举程序，此时的罢免程序就是宣布罢免事项。但在实践中缺乏操作程序的规定，建议在股份合作公司条例中或区人民政府的监管办法中增加这部分规定，使政府部门在处理此类群体事件时有法可依。

（二）规定利害股东、董事表决回避制度

在公司章程中规定股东或董事与股东会或董事会讨论的决议事项有特别利害关系，可能导致有害于公司利益的情形发生时（如关联交易，为股东董事提供担保等），该股东或董事及其委托代理人不得行使表决权，股东也不得代理其他股东行使表决权，以免损害公司和其他股东利益。

（三）设立独立董事制度

独立董事（independent director），是指独立于公司股东且不在公司内部任职，并与公司或公司经营管理者没有重要的业务联系或专业联系，并对公司事务做出独立判断的董事。关于独立董事的设立，我国只在《公司法》第123条规定了“上市公司设立独立董事，具体办法由国务院规定”，以法律的形式确定了在股份公司中的上市公司设立独立董事。后由国务院授权证监会制定了《关于在上市公司建立独立董事制度的指导意见》，该意见要求独立董事对上市公司及全体股东负有诚信与勤勉义务。独立董事应当按照相关法律法规和公司章程的要求，认真履行职责，维护公司整体利益，尤其要关注中小股东的合法权益不受损害。独立董事应当独立履行职责，不受上市公司主要股东、实际控制人，或者其他与上市公司存在利害关系的单位或个人的影响。这是上市公司关于独立董事的规定，近年在很多上市公司的经营管理实践中，独立董事以其最根本的特征即独立性和专业性，使其存在和作用已得到各个层面的认可。

在本文所述案例中，家族人数少的股东因没有成员能被选举为公司董事会董事，被排除在公司决策层之外，大家族的利益通过合法程序可以表决通过或保留，而大家族的利益通常会侵犯小家族的合法利益，此种情况小股东往往不服，在公司又无处说理，经常造成上访事件。一般来说，公司的大部分事务都应通过意思自治原则处理，除非违反法律禁止性规定，政府不能对公司的所有事务进行监管。但这种带有浓厚宗族、家族色彩的股份合作公司的治理和权力机构的配置明显存在弊端，且带有普遍性。比如，(1)大家族控制了股东会和董事会，公司对人、财、物的管理都从大家族利益出发，如何让公司的决策趋于公平合理？(2)居委会主任、党支部书记、董事长三职，若分开了会使居委会、党支部经济地位降低被边缘化，在三职合一的情况下，又可能造成一人独大，如何监管、限制董事长滥用权力，各级政府及很多学者都在摸索和探讨解决这类问题的办法。本文认为，鉴于上市公司独立董事的独立性和专业性的特征，在股份合作公司中设立与家族利益没有直接冲突的独立董事制度不失为一个好办法。

公司的治理在任何一种权力配置结构中，自我监督总是最为弱化。所以必须在分工上要求有专门的董事承担监督之责，以达到内部权力制衡的目的。但是独立董事只独处于上市公司，其他性质的公司法律未有规定。深圳经济特区有立法权，秉持勇于创新的精神，建议在股份合作公司条例中或市、区人民政府的监管办法中要求公司章程增加设立独立董事制度的规定，特别是资产超过五千万元或一亿元的股份合作公司中应明确设立独立董事，明确独立董事的产生办法、权利和义务，充分保障独立董事在人格、经济利益、产生程序、行使权力等方面独立，不受控股股东和公司管理层的限制。独立董事的作用主要是监管，须具备专业的法律、财务及管理知识，建议从政府法律顾问、资深律师、注册会计师中产生。对于独立董事的权利与义务，特别是公司出现了违反法律强制性规定时须以什么方式提出议案，建议采用授权性条款，加强独立董事的权限。在股份合作公司中推行独立董事制度是一种新的尝试。实际操作肯定还有各方面的困难，可以采取试点方式，在每个街道选一个点进行试验，经过实践检验确实可行再全面推广。

2013年第44期

中国内地企业在香港上市的法律研究

陈海涛　律师

香港上市是我国企业利用国外资本市场的重要途径。香港证券市场的审批体制为注册制，企业申请上市材料只要符合香港联合交易所的要求，企业上市成功的把握就比较大，因此中国内地企业特别是民营企业把香港上市作为重要的扩大筹资渠道。但中国内地企业到港交所上市仍然存在一些问题，本文就中国内地企业到香港上市的法律问题进行探讨和研究。

一、港交所对中国企业的意义

一是募集国际资金的首要市场。2006年年初以来，我国香港特区的IPO融资额达到1670亿美元，超过了纽约的1600亿美元和伦敦的1040亿美元。香港市场IPO融资额3868亿港元，排名全球第一位。2010年，香港已超过伦敦成为全球首选的IPO场所，共募集资金4450亿港元（532亿美元），几乎是伦敦的6倍；发行者在香港筹集的资金超过了纽约、伦敦和新加坡三地的总和。2011年，港交所新股集资额2714亿元，第三年蝉联全球第一位。然而，2012年，受制于欧债危机阴霾未散、环球经济放缓等不利因素，香港新股市场表现欠佳，全年新股集资总额较2011年倒退近68%，只有约720亿港元，全球集资排第四位。这一结果与近年浑水公司等海外机构在国际公开资本市场对中国企业的做空狙击也有重大关系。但无论如何，作为亚太地区的主要国际金融中心，香港中西合璧的法律和经济环境，成为连接内地企业和美国、英国证券市场的桥梁，中国内地企业可以在香港实现股票全球发售。多年来，香港资本市场事实上已经成为中国企业募集国际资本的首要市场。

香港以机构股为主，散户所占份额不多。2011年2月，港交所发表的《现货市场交易研究调查2009》显示，机构投资者占大市总成交的64%，是连续第五年维持在逾60%的水平，个人投资者同期的交易比重则为26%，低于上一年度的30%。外地机构投资者是所有投资者类别中，交易比重最高的一项，占市场总成交的42%，以英国投资者的比重最高，他们的成交占外国投资者份额的29%。美国投资者的交易比重仅次于英国投资者，只占24%。

1993年，国企青岛啤酒成为第一家到港交所筹集资金的国内企业（"红筹"，"大红筹"）。截至2009年12月31日，香港证券市场的市值已高达17.9万亿港元，比1989年的0.6万亿港元增长了30倍。自1893年港交所开始接纳内地企业上市以来，内地企业对香港市场的重要性逐年增加。目前在香港上市的内地企业多达524家，占上市公司总数的40%。从市值上看，内地企业市值占比已经高达58%，内地企业股票成交量占香港市场总成交量的72%。

二是为国内民营企业上市提供了重要的、公平的渠道。2006年，有160多家内地民营企业在香港交易所挂牌上市，占当时在港上市内地企业数量的近一半。

民企银行贷款受歧视，民企A股市场上市也不容易。国内证监委、交易所都是官方机构，而非独立机构。据陈志武等经济学家研究，中国A股市场国有股占比超过60%，中国A股市场基本上是为国有企业融资服务。香港资本市场相对法制健全、管理规范，没有所谓的"审批制"。民企上市募资门槛相对较低、竞争相对公平。

例如，2009年在香港上市的"中国再生金属资源（上市代码773）"虽然法律上是港资企业，但是实质上由民企发展而来。

提到废旧金属回收，首先进入人们头脑中的可能是走街串巷、扯着嗓门回收破铜烂铁的小贩形象。也许不会有人想到，这样一个"捡破烂"的生意，可以做到100亿元的年收入，还可以在香港上市。

把捡破烂生意做到100亿元的，是中国国内最大的再生金属回收、生产处理、销售的资源公司，也是亚洲第一家再生金属上市公司，中国金属再生资源（控股）有限公司（以下简称中金再生）。

"虽然国内从事废金属回收的企业多如牛毛，但我们走的是不同的道路，比如规模化运营、现代化管理、环保机械化生产、全国策略性布点、拓展水陆路运输网络以及优质的客户群和完善的采购网络。”中金再生主席兼行政总裁秦志威这样总结其运营10年的“捡破烂”生意。“捡破烂的”想在A股上市恐怕有困难，有非常大的困难，但在香港可以成功上市融资。

二、内地法律对国内企业在香港上市的限制

一是并购限制。2006年商务部发布的《关于外国投资者并购境内企业的规定》[1]对外资并购境内企业需要满足的条件作出了更加具体的规定。例如，增加了关联并购的概念和反垄断审查的要求。再如，对外资并购完成的方式，特别是对以股权为收购对价、通过SPV（特殊目的公司）进行跨境换股等技术手段作出了具体的规定。这些规定最终对于“小红筹”模式产生了摧毁性的影响。“出台以来，还没有一家境内企业经商务部批准完成了标准意义上的跨境换股，从而实现红筹结构的搭建。”一位长期从事跨境投融资法律业务的资深律师说。与此同时，“协议控制”“代持股份”等未经监管部门正式认可的做法被广泛地采用，使中国企业海外上市普遍存在法律风险。

二是外汇管制。国家外汇管理局2005年发布国家外汇管理局名为《关于境内居民通过境外特殊目的公司融资及返程投资外汇管理有关问题的通知》的文件，即75号文。该通知规定，境内居民将其拥有的境内企业的资产或股权注入特殊目的公司，或在向特殊目的公司注入资产或股权后进行境外股权融资，应就其持有特殊目的公司的净资产权益及其变动状况办理境外投资外汇登记变更手续。

三、香港上市的中介机构

中国内地企业在香港上市的限制如此之多，中介机构的重要性开始凸显出来。

一是保荐人。保荐人（sponsor）实质上就是上市推荐人，主要职责就是

---

〔1〕 该规定于2009年进行了修改。

将符合条件的企业推荐上市，并对申请人适合上市、上市文件的准确完整以及董事知悉自身责任、义务等负有保证责任。尽管联交所建议发行人上市后至少1年内维持保荐人对他的服务，但保荐人的责任原则上随着股票上市而终止。香港推出创业板后，保荐人制度的内涵得到了拓展，保荐人的责任被法律延续到公司上市后的两年之内。

“保荐制”指由保荐人（券商）负责发行人的上市推荐和辅导，核实公司发行文件与上市文件中所载资料是否真实、准确、完整，协助发行人建立严格的信息披露制度，并承担风险防范责任。保荐机构及其保荐代表人履行保荐职责，但也不能减轻或者免除发行人及其高管人员、中介机构及其签名人员的责任。

保荐制度最引人注目的规定就是明确了保荐机构和保荐代表人责任并建立责任追究机制，将建立保荐机构和保荐代表人的注册登记管理制度、明确保荐期限、确立保荐责任、引进持续信用监管和“冷淡对待”的监管措施。据此，保荐机构或保荐代表人与发行人的任何合谋行为，最终都逃脱不了法律的惩罚。

二是审计师和律师。审计师和律师在上市过程中协助公司完善财务管理、设计公司重组、开展尽职调查等。多年来，北京、上海、深圳等地的内地律师从事涉及内地企业赴港上市的法律服务，已掌握成熟的服务技能。深圳作为离香港最近的内地一线城市，又有深交所作为A股上市交易场所的便利条件，拥有服务内地企业香港上市的诸多优势，但多年来深圳律师在这方面的开发力度稍显不足，这方面的业务量尚不及北京和上海的律师。

四、香港公开资本市场存在的问题

一是对科技企业支持不足。互联网企业、创新企业大多到美国上市，如新浪、百度。这两年在美国上市的有佳缘网和人人网。

二是创业板融资功能欠缺。香港创业板经过多年的发展，股价在20港元以上的仅有一家，10—20港元的只有两家，90%的创业板股价都在1港元以下，仅相当于几毛钱人民币，属于仙股级别，摘牌和退市的无数，所以，创业板风险之大可见一斑。

目前，在香港创业板上市的40家内地企业，股价高于1港元的屈指可数。浙江宁波的屹东电子首发价为0.5港元，目前的价格为0.095港元；北大青鸟环宇更是由11港元的首发价跌至0.355港元。

“本来想借香港市场的号召力募集资金，吸引更多国际公司的眼光，扩大业务范围。现在客户一看我们的股价已经所剩无几，有时候一天都没有成交量，大大降低了对我们公司的印象分，还不如不上市呢！”一个在香港创业板上市的公司高管颇感懊恼。香港创业板大量的低价股，对投资者而言已经失去了其现实投资价值。一些股价被低估的优质企业也被投资者忽略，对公司而言也失去了基本的融资功能。

五、港交所证券交易的巨大前景

一是人民币计价股票交易将带来国际资本市场巨变。

2011年，李小加在接受《华尔街日报》独家专访时曾说，香港交易所官员正准备应对中国更大规模的对外投资，投资将推动香港人民币相关产品的需求。

李小加的话反映出他十分关注将香港交易所与基本尚未被开发的中国内地投资者市场连接起来。李小加现为50岁，是北京人，曾是摩根大通（J.P.Morgan Chase & Co.）银行家，从事中国西北部油井业务。自2010年1月担任香港交易所行政总裁以来，他尤其注重把香港交易所打造成能够从人民币国际化中获益的交易所。他行动的成果之一是汇贤房地产投资信托基金（Hui Xian Real Estate Investent Trust，汇贤REIT），这是中国内地企业在境外上市的首只人民币计价股票，2011年4月29日在香港交易所上市交易。此次股票发行依托的是亿万富翁李嘉诚（LiKa-shing）在北京的房地产，已经筹集了人民币104.8亿元（16.1亿美元）。

对人民币升值的预期使香港人民币存款额增至人民币4077亿元，较2010年年初增加了五倍以上。银行家们预计香港的人民币债券发行将较2010年的人民币360亿元增长逾一倍。在汇贤REIT之后，李小加希望当年可以再看到数只人民币计价股票在香港上市。不过，李小加对人民币计价股票上市的雄心壮志却不是针对香港投资者的。他说，随着中国允许内地投资者在海外投资，他们将在我们的市场逐渐发生的巨大变化中发挥作用。李小加说，拦住内地大规模投资者的那扇大门、那个大坝将开始崩塌。他还说，结果是相对任何其他事物来说，将能够给目前的全球资本市场带来更多的变化。

长久以来，中国内地资本流出的梦想在香港一直具有独特的吸引力。2007年8月，一项允许内地投资者绕过现有壁垒直接购买香港股票的罕见计划推动香港基准股指十周内飙升近50%。后来该计划被取消，股票也随之回落。可见，人民币计价股票交易将带来香港资本乃至国际资本市场的巨变。

二是香港集聚百年的优良法治环境正在为大中华的企业提供巨大的国际融资平台，同时也塑造了她自身真正的金融中心地位。真正的金融是陌生人之间的交易，是现代市场经济的最高境界。这种交易和境界需要法治保障。金融是鱼，法治就是水。市场经济的基本前提是有一个保护产权的法律环境。在中国证券市场上存在广泛地操纵业绩的现象，这意味着投资者被系统性地欺骗了。一旦开启港股直通车，允许内地投资者到香港购买股票，香港公开资本市场将要对A股市场形成有力的竞争。

2013年第46期

谁动了谁的“红罐”

——对广药集团、加多宝“红罐之争”的法律思考

崔 军 律师

谢 东 河南创新投资集团有限公司

1996年推出第一罐红色罐装凉茶，1999年以外资形式在中国广东省东莞市长安镇设立生产基地的加多宝集团（以下简称加多宝），2012年换标生产“加多宝”凉茶。2012年7月，已经换标生产“加多宝”凉茶的加多宝与收回“王老吉”商标并开始生产“王老吉”红罐凉茶的广药集团，针对红罐包装、装潢的归属权再次展开了激烈的争夺。〔1〕2013年5月15日，加多宝与广药集团“红罐之争”在广东省高级人民法院开庭。〔2〕“红罐之争”引发的相关法律问题引起了社会的广泛关注，笔者简单就这些法律问题发表一些粗浅看法。

一、商标与包装、装潢能否分离

商标是商品或服务的提供者为了将自己的商品或服务与他人提供的同种、类似商品或服务相区别而使用的标记。商标权可以通过使用与注册取得，并获得法律的相应保护。当然，商标获得注册并不意味着注册人就享有了排斥他人使用的绝对权利，因为对注册商标的保护强度与其使用情况是紧

〔1〕 参见《加多宝与广药“争夺战”新闻大事记》，载搜狐新闻网，http://news.sohu.com/20130515/n375968596.shtml。

〔2〕 参见《商标与特有装潢能否分离》，载法律快车网，https://shangbiao.lawtime.cn/sbnews/20130521108471.html。

密相关的，商标法保护的主要对象是商标经过使用之后凝结的商誉。[1]

商品的包装装潢并不等同于商品的商标，《关于禁止仿冒知名商品特有的名称、包装、装潢的不正当竞争行为的若干规定》对包装与装潢有明确的定义。其第3条规定，“本规定所称包装，是指为识别商品以及方便携带、储运而使用在商品上的辅助物和容器。本规定所称装潢，是指为识别与美化商品而在商品或者其包装上附加的文字、图案、色彩及其排列组合”。商标与商品的包装和装潢的最大区别在于，商标能够起到将某一商家提供的商品或服务与其他商家提供的同种或类似商品或服务区别开来的作用，而商品的包装与装潢的首要作用则并不是对商品与服务的来源加以区分。

商品的包装与装潢获得法律保护的强度，因商品的知名度的不同而存在差异。非知名商品的包装与装潢的持有人，如果对该商品的包装与装潢享有著作权与专利权时，可以通过著作权法与专利法对该商品的包装与装潢进行相应的保护。但是，该非知名商品的包装与装潢并不能获得反不正当竞争法的保护。知名商品的特有包装、装潢不仅可以获得著作权法与专利法的保护，而且也可以获得不正当竞争法的保护。

商标权与商品的包装和装潢所可能涵盖的著作权、专利权等权利分属于不同的民事权利，并且皆为典型的支配权。支配权，指权利人的直接支配其标的，而具有排他性的权利。此类权利的作用有两方面，即于积极方面可直接支配其标的物，而不需其他人行为之介入；于消极方面可禁止其他人妨碍其支配，而具有排他性。[2]因此，各自的权利人可排他性地行使其权利，也即商标与商品的包装和装潢是具有可分离性的。固然，法律对知名商品的特有包装、装潢的保护有特殊的规定，可以适用反不正当竞争法的相关规定。但是，从我国的现行法律规定来看，反不正当竞争法与其他知识产权法之间的关系是多重的，而不是单一的补充性或兜底性关系。这种关系至少可以归纳为其他知识产权法的优先性、两者可以兼容的可选择性以及反不正当竞争

---

〔1〕 参见王迁：《知识产权法教程》（第3版），中国人民大学出版社2011 年版，第 347-348、357 页。

〔2〕 参见梁慧星：《民法总论》（第4版），法律出版社2011年版，第72页。

法的补充性。优先性与补充性意味着商品的包装和装潢所可能涵盖的著作权、专利权可以为权利人自由支配。可以兼容的可选择性乃指在反不正当竞争法与知识产权法发生法律规范的竞合时，无论按照法律的规定还是法律适用的性质，均不能认定其具有排斥关系。此时，权利人可以选择适用哪一部法律。〔1〕因此，商品的包装和装潢所可能涵盖的著作权、专利权亦可以为权利人所自由支配。

综上所述，无论商品是否为知名商品，商品的商标与商品的包装、装潢都是具有可分性的。商品的商标与商品的包装、装潢分开的表现形式有很多，二者分开的现象在社会中也屡见不鲜。比如，可以将同一商标分别使用于同一种类或不同种类的商品之上，“王老吉”商标既使用在红罐凉茶之上，也使用在绿盒凉茶之上，还使用在绿豆沙、聪明丸、妇女调经胶囊、暗疮片上。〔2〕将不同商标与相同或类似的包装、装潢组合使用的实例在社会中也十分常见，因为包装或装潢所涵盖的著作权与专利权权利人自然可以许可不同的商标持有人使用其包装或装潢。

二、谁动了谁的“红罐”

为了对加多宝红罐凉茶与王老吉红罐凉茶进行详细比较，笔者特意购买了这两种凉茶进行品尝。加多宝集团1996年推出第一罐红色罐装凉茶，红罐包装由鸿道集团董事长陈鸿道设计，并于1997年申请了外观设计专利，授权加多宝公司使用、投入商业生产经营。然而，该外观设计的专利权已经于2007年到期，故而从专利法的角度来看，涉案红罐外观设计的权利人并不能排斥广药集团于2012开始使用其外观设计。笔者注意到在庭审之中加多宝与广药集团并没有针对著作权的问题提起相关的争议，因此，针对红罐之争的焦点就集中在对红罐的包装、装潢权归属的判定之上。基于前述分析，红

---

〔1〕 参见孔祥俊:《知识产权法律适用的基本问题——司法哲学、司法政策与裁判方法》，中国法制出版社2013年版，第 102-108 页。

〔2〕 参见《王老吉凉茶创始人后人不满先祖肖像被占用》，载中国广播网，http://finance.cnr.cn/gundong/201305/t20130508_512532240.shtml。

罐的包装、装潢权要想获得法律的保护，必须适用《反不正当竞争法》的相关规定，而依据《反不正当竞争法》的相关规定，《反不正当竞争法》仅仅保护知名商品特有的包装与装潢。因此，涉案的知名商品究竟指的是哪一种商品便成了判定涉案红罐归属的关键点。加多宝方面将涉案知名商品定义为“加多宝公司生产的、采用王泽邦配方的红罐凉茶商品”，其中包括加多宝公司生产的贴有王老吉商标的红罐凉茶及贴有加多宝商标的红罐凉茶；广药集团方面则认为，知名商品是广药集团所生产的，拥有王老吉商标的凉茶产品。知名商品应该是享有商标所有权的广药集团所生产的“王老吉凉茶”〔1〕。

商品是满足人们某种需要，用来交换的劳动产品。〔2〕广义的商品除了可以是有形的产品外，还可以是无形的服务。最高人民法院发布的《关于审理不正当竞争民事案件应用法律若干问题的解释》第1条第1款规定：“在中国境内具有一定的市场知名度，为相关公众所知悉的商品，应当认定为反不正当竞争法第五条第（二）项规定的‘知名商品’。人民法院认定知名商品，应当考虑该商品的销售时间、销售区域、销售额和销售对象，进行任何宣传的持续时间、程度和地域范围，作为知名商品受保护的情况等因素，进行综合判断。原告应当对其商品的市场知名度负举证责任。”从该规定的内容来看，认定商品是否知名并不参考商品所使用的商标。知名商品与其所使用的商标是具有可分性的，这种可分性并没有为法律所禁止，而且在生活中也能找到很多这样的例子。在我们的生活中甚至还存在没有使用商标的知名商品，比如知名字号的商品即使没有使用注册商标，在司法实践中也可能被认定为知名商品。

当然，商品一旦被认定为知名商品，其特有的包装与装潢就与知名商品具有不可分性，应当受到法律的保护。广东省高级人民法院在2003年曾

---

〔1〕 参见《红罐之争庭审现场火爆 广药加多宝互相攻击》，载网易财经网2013年5月15日，https://www.163.com/money/article/8UTPKKTC00254TFQ.html。

〔2〕 参见荣兆梓主编：《政治经济学教材新编》（第2版），安徽人民出版社2008年版，第23-24页。

对加多宝以王健仪授权配方生产的凉茶（商标为“王老吉”）包装、装潢进行了认定，认为知名商品特有的装潢是当商品成为知名商品时，在该商品上的装潢即产生一种排他使用的民事权利，该权利与知名商品密不可分，由知名商品的合法经营者享有，并随知名商品经营者的变化可由新的合法经营者继续享有。〔1〕因此，由于王健仪授权的配方就是王泽邦的配方，笔者认为，无论是依据法律的规定，还是广东省高级人民法院2003年的司法认定，都明确地表明涉案知名商品应当为“加多宝公司生产的、采用王泽邦配方的红罐凉茶商品”，其中当然包括加多宝公司生产的贴有王老吉商标的红罐凉茶。那么，加多宝在2012年停止使用“王老吉”商标，使用“加多宝”商标的红罐凉茶是知名商品吗？笔者认为换标后的加多宝红罐凉茶依旧为知名商品，其特有的红罐包装和装潢应当受到法律的保护。理由为：第一，加多宝生产的红罐凉茶的配方、工艺等在换标前后并没有任何改变，生产的红罐凉茶依旧为同一产品，加多宝公司生产的贴有王老吉商标的红罐凉茶及贴有加多宝商标的红罐凉茶都是加多宝公司生产的、采用王泽邦配方的红罐凉茶这一知名商品；第二，换标对加多宝特有的红罐包装、装潢并没有产生显著的影响，因为换标前后两个商标的位置、颜色、字体并没有明显变化，因此并没有对加多宝红罐特有的包装、装潢整体产生影响；第三，笔者前面已经论及，商品的商标与商品的包装、装潢都是具有可分性的，因此加多宝红罐凉茶换标并不影响其特有的红罐包装和装潢所应当受到的法律保护。

笔者并不认可广药集团方面所声称的“知名商品是广药所生产的，拥有‘王老吉’商标的凉茶产品”。知名商品应该是享有商标所有权的广药集团所生产的‘王老吉’凉茶”。因为，第一，本案的涉案商品乃凉茶，属于产品而不属于服务。在2003年广药集团并没有生产红罐王老吉产品，即使加多宝生产的产品的商标为“王老吉”，但是该产品的生产者依旧为加多宝而非“王老吉”商标的专用权人广药集团。第二，广药集团在2003年并没有生产

---

〔1〕 参见曹中强：《加多宝红罐受反不正当竞争法保护》，载人民网，http://finance.people.com.cn/n/2013/0513/c70846-21462575.html。

任何“红罐凉茶”产品，自然更不能声称其拥有某项“红罐凉茶知名产品（商品）”。第三，广药集团在2012年才开始生产“王老吉”红罐凉茶，即使认定“王老吉”为知名商标，也不能当然得出“王老吉”红罐凉茶为知名商品的结论，因为“王老吉”商标既使用在红罐凉茶之上，也使用在绿盒凉茶之上，还使用在绿豆沙、聪明丸、妇女调经胶囊、暗疮片上，而知名商品的认定判断要素并不完全与知名商标等同。第四，即使认定广药集团在2012年才开始生产的“王老吉”红罐凉茶为知名商品，“王老吉”红罐凉茶也不能侵犯加多宝公司生产的贴有王老吉商标的红罐凉茶及贴有加多宝商标的红罐凉茶特有的包装与装潢。《关于禁止仿冒知名商品特有的名称、包装、装潢的不正当竞争行为的若干规定》第4条第2款对此明确规定：“特有的商品名称、包装、装潢应当依照使用在先的原则予以认定”。

所以，综上所述，笔者认为涉案知名商品应当为“加多宝公司生产的、采用王泽邦配方的红罐凉茶商品”，其中包括加多宝公司生产的贴有王老吉商标的红罐凉茶及贴有加多宝商标的红罐凉茶。

三、得红罐者得凉茶

“红罐之争”所涉及的法律问题还有很多，限于篇幅笔者不能一一进行详细论述，但是通过“红罐之争”所展现出的这些法律问题却是引人思考的。比如，加多宝如果将广告宣传语拟定为“自1997年使用‘王老吉’商标的加多宝集团生产的凉茶，正式于2012年停止使用‘王老吉商标’，启用全新商标‘加多宝’”，这构不构成虚假宣传呢？笔者一边思考着这些问题一边喝着加多宝凉茶登录了加多宝集团的官方网站，网站上的两则新闻让笔者再次陷入了新的思考。

新闻一为国家统计局、中国行业企业信息发布中心日前公布的“2012年我国饮料行业第1—3季度运行状况分析报告”显示，2012年前三季度，加多宝销量同比增长超过50%，份额超过72.96%，稳居凉茶行业第一的位置；在罐装饮料方面，加多宝市场销售份额近12%，在全国罐装饮料销量中排名第一位，这也是继2007年之后，加多宝凉茶连续第六年拿下“中国饮料第一罐”。[1]

新闻二为在汶川地震曾捐款1亿元、玉树地震捐款1.1亿元的加多宝集团，于26日宣布再捐1亿元给雅安地区，成为“4·20”雅安地震中捐赠数额最高的企业。[2]

---

〔1〕 参见《加多宝再捐1亿　成为雅安地震首个捐款过亿的企业》，载搜狐网，http://business.sohu.com/20130426/n374133796.shtml。

〔2〕 参见《加多宝夺罐装饮料市场第一　凉茶大战暂见分晓》，载新浪财经网，http://finance.sina.com.cn/chanjing/gsnews/20130126/010214408704.shtml。

2013年第47期

嫖宿幼女罪存废之我见

杨新发　律师

嫖宿幼女罪是1997年《刑法》修改时新增加的罪名，与原刑法中的强奸罪相区别。[1]嫖宿幼女罪自产生以来，就引起了诸多争议，2009年“陕西略阳县嫖宿幼女案”之后，嫖宿幼女罪更是被民众诟病，被指责为“放纵犯罪、为权贵提供免死通道”的恶法，民间及学术界为罪名的存废争论不休并逐渐形成泾渭分明的两大阵营。而最近发生的海南某校长开房案件，使废除嫖宿幼女罪成为舆论界压倒性的声音，在这种情况下，凡是反对废除“嫖宿幼女罪”的专家学者，都成了舆论口诛笔伐的对象。

笔者认为，在当前的刑法框架下，嫖宿幼女罪有其存在的价值，但笔者赞成废除嫖宿幼女罪，在将其重新纳入强奸罪范畴的同时对《刑法》第236条做相应的修改。

一、在当前的刑法框架下嫖宿幼女罪存在的价值

嫖宿幼女的行为，极大地损害幼女的身心健康和正常发育，且对幼女的思想具有极大的腐蚀作用，具有严重的社会危害性，必须予以打击和严惩，这也是设立嫖宿幼女罪罪名的立法初衷。但现行《刑法》关于强奸罪的规定无法涵 盖嫖宿幼女的行为，如果不单独设立嫖宿幼女罪，则无法对嫖宿幼女的行为进行刑事追究。

现行《刑法》第236条第1款规定：以暴力、胁迫或者其他手段强奸妇女的，处3年以上10年以下有期徒刑。第2款规定：奸淫不满14周岁的幼女的，

---

〔1〕 2015年8月29日通过的《刑法修正案（九）》将嫖宿幼女罪删除，《刑法》中不再规定该罪名。本文写作于2013年，行文时的“现行《刑法》”指2011年修正的《刑法》。

以强奸论，从重处罚。

《辞海》关于“奸淫”的释义有两项，第一义项是“不正当的性行为”，第二义项是“使用暴力或不正当手 段奸污”。如果《刑法》第236条第2款采用的是第二义项，则“奸淫”等同于“强奸”，第2款与第1款存在同义反复之嫌，没有必要规定“以强奸论”；如果采用的是第一义项，则“奸淫”等同于“通奸”“和奸”，所指为男女之间自愿、平等的性行为。鉴于幼女缺乏性的自主性，把 幼女与他人的性行为认定为“通奸”“和奸”显然是不合适的。

而无论是采用第一义项还是第二义项，“奸淫”都不能涵盖“嫖宿”这一行为。根据罪刑法定的原则，如果不单独设立嫖宿幼女罪，则无法根据《刑法》第236条对嫖宿幼女 的行为予以刑事追究。

二、“刑责过轻”不可作为废除嫖宿幼女罪的理由

很多人士认为现行《刑法》关于嫖宿幼女罪的刑责过轻，这是他们主张废除嫖宿幼女罪的一条重要理由。他们认为，《刑法》第236条关于强奸罪的最高刑罚是死刑，而嫖宿幼女罪的最高刑罚是15年有期徒刑，这样的刑责规定过轻，不利于保护幼女。

笔者认为，现行刑法关于嫖宿幼女的刑责规定是相当严厉的，足以惩治嫖宿幼女的犯罪行为，并不存在放纵、姑息犯罪之嫌。现行《刑法》关于嫖宿幼女罪的刑责为5年以上有期徒刑；而强奸罪（第236条第1款）的刑责为3年以上、10年以下有期徒刑，根据《刑法》第236条第2款的规定，奸淫幼女按强奸罪从重处罚，因此如无其他加重情节（第236条第3款），奸淫幼女的最高刑责为10年有期徒刑。由此可见，现行《刑法》关于嫖宿幼女罪的刑责规定是高于强奸罪（包括奸淫幼女）的。

嫖宿幼女的犯罪行为无疑损害了幼女的身心健康，但嫖宿行为一般发生在卖淫场所且本身不带有暴力、胁迫（如果在嫖宿过程中有暴力、胁迫等行为，则属于强奸），其直接的损害后果和社会危害性显然低于一般的强奸，当然更低于《刑法》第236条第3款规定的情形，但嫖宿幼女罪的刑责高于一般的强奸罪。

从犯罪源头考量,《刑法》第358条规定的组织卖淫罪、强迫卖淫罪和《刑法》第359条规定的引诱、容留、介绍卖淫罪和引诱幼女卖淫罪的行为才是侵害幼女身心健康的罪魁祸首,其社会危害性也远远超过嫖宿幼女罪。但是现行《刑法》中,嫖宿幼女罪与前述组织、强迫妇女卖淫等犯罪的刑责却大体相当:《刑法》第358条规定组织卖淫、强迫卖淫的一般刑责为5年以上、10年以下有期徒刑,强迫幼女卖淫的为10年以上有期徒刑或无期徒刑;《刑法》第359条规定引诱、容留、介绍卖淫的一般刑责为5年以下有期徒刑、拘役或者管制,引诱幼女卖淫的为5年以上有期徒刑。

综上所述,现行刑法对嫖宿幼女罪的刑责规定是相当严厉的,将其刑责提高到与组织、强迫卖淫犯罪大体相当而高于一般的强奸犯罪(含奸淫幼女)的程度,体现了国家关于严厉打击嫖宿幼女犯罪、保护幼女身心健康的决心。因此,"刑责过轻"不是废除嫖宿幼女罪的理由。

三、赞成废除嫖宿幼女罪的理由

设立嫖宿幼女罪违反了国际公约和国际共识。依据联合国《儿童权利公约》,所有儿童卖淫活动中的儿童均被推定为"被利用"的。而在实际生活中发生的幼女卖淫大多是被强迫、引诱的,属于主动、自愿卖淫的幼女只有极少数。而鉴于幼女在身体、心智方面尚未发育成熟,这种"自愿"也属于伪自愿,不能反映幼女的真正意志。而设立嫖宿幼女罪,等于将幼女卖淫等同于一般的妇女卖淫,在《刑法》上确认了幼女卖淫牟利的"自主性",违反了上述《儿童权利公约》关于"儿童优先""儿童最大利益"原则。

笔者认为,设立嫖宿幼女罪形成了对道德有"瑕疵"的幼女的歧视。设立嫖宿幼女罪意味着刑法对幼女的保护不再是平等的,而是将幼女在道德上做了区分——"良家幼女"和"卖淫幼女",从而对性侵不同幼女的行为按不同的罪名处罚,这显然与我国已签署的联合国《消除对妇女一切形式歧视公约》不符。

在司法实践中,如何认定幼女卖淫以及区分嫖宿幼女和奸淫幼女是一个难题且容易引发争议。性侵者以给予金钱或其他利益引诱幼女发生关系算不算嫖宿？幼女主动与人发生关系并索要钱财算不算卖淫？幼女被包养算不算卖淫或嫖宿？显然要正确界定嫖宿幼女存在诸多障碍且会耗费大量司法资源，而这种司法资源的耗损却并无司法价值，不但对于保护幼女合法权益毫无帮助，反而有可能对被性侵幼女的身心产生二次伤害。

现行《刑法》关于嫖宿幼女罪的刑责规定违反了罪刑相应的原则，且导致同一犯罪行为存在双重处罚标准。如笔者前文所述，现行《刑法》对嫖宿幼女罪规定的刑责是相当严厉的，该罪的社会危害性低于一般的强奸（含奸淫幼女），但刑责却较高，存在轻罪重责之嫌。而无论是嫖宿幼女还是一般的奸淫幼女，都是在性侵者基于幼女表面上“自愿”的情况下与幼女发生性关系，排除金钱交易的因素（奸淫幼女也可能存在金钱交易），其实是属于同一类型的犯罪，却适用不同的刑责标准，损害了刑罚的公平性和统一性。

四、对废除嫖宿幼女罪的立法建议

笔者认为，现行《刑法》第236条第2款关于奸淫幼女的规定不够合理、严谨，无法涵盖嫖宿幼女的犯罪行为。如果仅仅废除嫖宿幼女罪而不对《刑法》第236条进行相应的修改，将导致无法对嫖宿幼女的犯罪行为予以刑事追究。

笔者建议将《刑法》第236条第2款修改为：与未满14周岁的幼女发生性关系的，以强奸论，从重处罚；强奸幼女的，依本条第3款加重处罚。如果《刑法》做这样的规定，不但可以涵盖一切性侵幼女的犯罪行为，使嫖宿幼女罪纳 入强奸犯罪的体系，也可以减少争议和司法障碍。

2013年第47期

IPO过程中员工持股方案实务操作初探

李晓丽　律师

企业拟在国内进行首次公开发行股票并上市（Initial Public Offering，IPO）过程中，基于核心员工激励、优化公司股权结构等目的，通常会在股权架构层面设计员工持股方案。本文就IPO过程中员工持股方案的相关实务问题予以浅析，以期对各位同人的实务操作有所裨益。

一、直接持股与间接持股

根据国内IPO实践，员工持股通常分为直接持股及通过持股平台（如公司或合伙企业）间接持股两种方式。直接持股的，员工本人即为拟上市公司的直接股东，员工直接持有拟上市公司股份；换言之，若员工并不直接持有拟上市公司股份，而是通过持股平台如通过持有有限公司的股权而该有限公司同时持有拟上市公司股份的方式达到享有拟上市公司权益的目的，则为间接持股方式。

上述两种持股方式均为合法的持股方式，公司在选择适当的持股方式时需要综合拟上市公司企业性质、股份锁定期限、持股目的、管理成本等因素灵活确定。例如，拟上市公司为外商独资企业，且拟在股改前实施员工持股方案的，受限于我国现行法律禁止中国籍自然人直接以新增股东方式持有中外合资企业股权的规定，若员工为中国籍自然人的，只能通过持股平台间接持股。若员工为外国籍自然人的，鉴于目前对于外商投资企业资本金结汇所得人民币资金，通常除专业创投企业外，不得用于境内股权投资，若持股平台无法满足专业创投企业的要求，则作为普通的外商投资企业，其源于员工出资的结汇所得资金无法直接用于对拟上市公司投资，故而该等情况下适当的持股方式应当为外国籍自然人直接持股而非组建持股平台间接持股。

二、可否全员持股

依据现行《公司法》等法律法规的强制性规定，有限公司股东人数合计不得超过50人，股份公司发起人人数合计不得超过200人，上述股东（发起人）人数均指直接持股股东人数。而依据现行《证券法》及《非上市公众公司监督管理办法》等规定，向特定对象发行证券累计超过200人则构成公开发行，需取得中国证券监督管理委员会（以下简称中国证监会）或者国务院授权部门的核准，同时需依照非上市公众公司的监管要求进行规范运作。

而根据现行法律及中国证监会审核实践，直接及间接持股股东人数（此处所称间接持股股东通常仅包括为单一持有该特定拟上市公司股份而专门搭建的持股平台，不包括专业创投机构及其他不以单一持有该特定拟上市公司股份为主业而仅为对外投资目的持股的其他单位）不应超过200人；计算股东人数时，若涉及员工间接持股的，员工持股人数需追及至终极持股自然人，而不论该等间接持股是一层还是多层间接持股。

故为尽量减少IPO障碍同时尽量减少相关规范成本，通常在IPO过程中，需要严格控制直接持股及中国证监会实践操作意义上认可的间接持股股东人数合计不超过200人；纳入持股方案的人员中，实务中较为常见的为公司高管，同时兼顾部分核心中层管理人员，合计人数（追及至终极持股自然人）通常不高，20人左右较为常见，以50人以内为宜。对于有激励需求的其他员工，可以在公司上市后根据《上市公司股权激励管理办法（试行）》等规定对该等人员实施股权激励。

此外，中国证监会对持股人员的身份核查、资金来源核查趋严，股权激励安排须确保员工持股权益清晰明确，不存在委托持股、信托持股及不当利益安排或不当利益输送情况，直接持股股东或专门设立的持股平台股东（间接持股股东）中不能存在不适合担任股东的情况，例如，公务员、有对外投资约束机制的人员（如证券从业人员）等。另外，中国证监会通常要求发行人与发行人的董事、监事、高管及其亲属不得共同投资设立公司，拟上市公司在进行相关操作时须注意符合该等要求。

三、员工持股平台可否采取创投企业形式

严格意义上的创投企业，是指依据《创业投资企业管理暂行办法》在中国境内注册设立的主要从事创业投资的企业组织。若仅是企业营业范围包括类似“股权投资”的表述，不构成《创业投资企业管理暂行办法》意义上的创投企业，与实质意义上的创投企业存在较大差异，相关管理体例和各项优惠政策等存在差异。

依据《创业投资企业管理暂行办法》的规定，创投企业必须到省级（含副省级）发改委进行备案，方可被认为实质意义上的创投企业。进行备案时，除需满足注册资本、投资者人数、经营范围等条件外，还需有至少3名具备2年创业投资或相关业务经验的高级管理人员承担投资管理责任。且创投企业对单个企业的投资不得超过创投企业总资产的20%。

综上，公司拟设立的员工持股平台只有能够在管理部门进行创投企业的备案并持续符合创投企业的管理要求（如对单个企业的投资不得超过创投企业总资产的20%等），方可构成严格意义上的创投企业，并按照相关规定享受税收优惠等。但从国内IPO实践及相关要求的严苛程度看（如若员工持股企业的总资产只能对拟上市公司投资20%，势必对员工的投入资金有更高要求，而该等高额资金需求通常超出员工承受范围），设立严格意义上的创投企业可行性不强，且并无太大价值。从国内IPO实践来看，笔者从公开信息尚未检索到员工持股平台为《创业投资企业管理暂行办法》意义上的创投企业的案例。

四、不同的间接持股方式之税负成本

间接持股方式通常为通过持股公司及合伙企业持股。就该两种不同的间接持股方式而言，其税负差异主要如下：

（1）股改阶段，即公司由有限责任公司整体变更为股份有限公司时，除以源于资本溢价而形成的资本公积转增股本外，其他方式形成的公司净资产

转增股本的（如未分配利润转增股本、盈余公积转增股本等），若员工持股平台为持股公司，则无须缴纳企业所得税；若员工持股平台为合伙企业，合伙企业不用缴纳所得税，通常需由合伙人各自缴纳个人所得税。

根据财政部、国家税务总局《关于个人独资企业和合伙企业投资者征收个人所得税的规定》（财税〔2000〕91号）第4条的规定，合伙企业每一纳税年度的收入总额减除成本、费用以及损失后的余额，作为投资者个人的生产经营所得（该生产经营所得包括财产转让所得），比照《个人所得税法》的“个体工商户的生产、经营所得”应税项目，适用5%—35%的五级超额累进税率，计算征收个人所得税。

（2）分红阶段，若员工持股平台为持股公司，无须缴纳企业所得税，但该持股公司再分红给员工的，员工个人需缴纳个人所得税（适用税率为20%）；若员工持股平台为合伙企业，合伙企业不用缴纳所得税，通常需由合伙人各自缴纳个人所得税。

（3）股份转让阶段，若员工持股平台为持股公司，持股公司需缴纳企业所得税，该持股公司再分红给员工的，员工个人需缴纳个人所得税（适用税率为20%）；若员工持股平台为合伙企业，合伙企业不用缴纳所得税，通常需由合伙人各自缴纳个人所得税。

综上，鉴于两种持股平台方式在相关情形下所涉的税负情形不同，尚需拟上市公司根据具体情况如股改时转增股本来源及金额、未来可能的分红金额及股份转让金额等予以综合测算，并根据自身特殊情况最终确定。

五、员工入股方式及资金来源

受限于目前国内IPO审核政策，员工持股不能预先约定分期授予，即不可通过类似“期权”的方式实施；对于上市前不能确定给予的股权，须留待上市后通过上市公司股权激励计划等另行授予。目前上市前公司对相关员工进行股权激励的，通常只能采取两种方式：一是由公司老股东向该等激励对象转让股权，二是该等激励对象通过增资方式持有公司股权。而根据现行《公司法》的规定，股份公司设立后一年内发起人持有的股份不得转让，若员工持股计划在股改后实施且为直接持股的，新股东只能通过认购股份有限公司新增股份的方式获得公司的股份。

无论通过受让股权还是通过增资方式取得股东地位，均需确保资金来源合法、股权转让款或出资款实际到位，拟上市公司或其子公司不得以赠与、垫资、担保、补偿或贷款等形式，对该等入股员工提供任何资助。中介机构进行核查时，通常需要关注具体的资金来源及其真实性，若源于薪金所得的，需要提供任职单位开具的薪金证明；若源于投资收益的，需要提供具体的投资事项及收益凭证；若源于对外借款的，需提供借款合同及转账凭证等。

六、员工入股价格

按照目前审核政策的要求，若员工入股价格低于可比市场价，即价格不公允的（通常为入股前后6个月内的市盈率投资价格，但并无确定性规定），差价部分计作公司费用，须从利润中相应扣除，即财务处理方面须做股份支付处理。若公司拟在申报期最后一年实施员工持股方案，为避免影响发行价格及募集资金规模，通常不建议以低于市场价的价格进行股权激励，而需要以公允的市场价格进行。

七、员工持股变动之减持、回购安排

对于纳入持股方案的员工，若其在一定时间或一定情况下主动或被动产生减持（减少直接或间接持有拟上市公司股份份额）需求的，对于相关减持、回购操作，根据国内现行操作实践，在确保未违反法律法规及其他规范性文件的强制性规定的前提下，通常会做下列不同安排：（1）上市前减持的（主要系因股权激励理由丧失，如离职等），由指定的人员或者按照一定标准可以确定的人员（如核心高管）按照既定价格（可以是原价）回购；（2）上市后限售期满前发生减持需求的，由指定的人员或者按照一定标准可以确定的人员（如核心高管）按照既定价格（如按照市价进行一定比例折价后的价格）进行回购，但该等回购的实质意义为相关权益的终止，相关股权的交割尚待限售期满后方可进行;(3)上市后限售期满后减持的,应作统一、明确的减持计划,如对于持股方式为间接持股的,先由持股公司或合伙企业减持后,通过利润分配或清算方式分配给股东,亦可由其他股东协议受让。

需注意的是,在员工持股安排中,对其权益变动、权利义务具体规定,尤其是限制性规定的安排需特别慎重,如员工离职后股权的转让以及生效条件等。该等特殊约定或安排较易引起监管部门的关注,通常须确保:(1)持股员工均知悉协议或承诺的目的和内容,签署协议或承诺是自愿的,各方意思表示真实;(2)各方均需遵循公平、公正、合理的定价原则确定转让价格,确保员工离职后与公司不存在因履行协议或承诺而产生的任何纠纷及潜在纠纷;(3)员工离职后的回购安排,不影响上市主体未来股权结构的确定性,不影响实际控制人的控制地位。

八、其他注意事项

除上述主要实务问题外,员工持股方案制定及实施过程中尚需特别注意如下事项:(1)员工具体持股比例需注意确保对公司实际控制人的认定不造成实质不当影响(通常实际控制人持股51%以上较为妥当),并注意结合公司股本结构整体设计,为未来可能引入的其他股东(如私募股权等外部投资者)预留持股空间;(2)员工持股总额及持股比例尚需根据拟上市公司申报前的股本大小、股本结构、股份支付的处理对公司财务数据的影响等因素综合考虑;(3)员工持股方案理论上在股改前后均可实施,但在股改过程中即从确定股改基准日至取得股份公司营业执照期间不可实施;(4)具体持股人员及股权数额的分配标准需根据公司实际情况进行灵活把握,避免对员工稳定性造成不利影响;(5)员工持股方案设计利益方较多且本身超出单纯的法律判断,特别是股本结构设置、税负成本、股份支付等问题涉及公司战略、财务等多重问题,方案论证过程中及正式实施前,应取得包括券商、会计师在内的上市中介机构的一致确认。

2013年第48期

关于竞业限制问题的几点思考

曾常青　律师

近年来，在审判实践中出现大量劳动者离职后带走用人单位商业秘密，给用人单位造成经济损失及名誉损害的案件。企业商业秘密的保护和劳动者自主择业权的维护成为法律和劳动政策面临的重要现实问题。在这一背景下，竞业限制成为解决这一问题、平衡劳资双方法益的重要手段。订立竞业限制协议虽然已经较为普遍，但因缺乏必要的法律规范，在实践中引发的争议较多。如何平衡用人单位和劳动者之间的利益冲突，是竞业限制制度的关键所在。笔者以竞业限制的法律适用为基础，对有关问题做浅显剖析。

一、基本案情

郑某于2009年8月24日入职甲公司，担任甲公司研发部门经理兼研发管理办公室主任，负责甲公司车载导航软件产品的研发工作，劳动合同期限为三年。入职时，甲公司与郑某签订了《竞业限制协议》，约定郑某在甲公司工作期间及劳动合同解除或终止之日起两年内，不得在与甲公司有竞争关系的单位内任职或者以任何其他方式为其提供服务，也不得自主生产、经营与甲公司有竞争关系的同类产品或业务。劳动合同中约定郑某的月薪为8500元，其中3500元为竞业限制补偿金，按月与工资同时发放；《竞业限制协议》约定：若郑某违反竞业限制义务，需向甲公司支付10万元违约金。2012年5月31日，郑某辞职。同年11月，郑某入职与甲公司有竞争关系的乙公司，甲公司遂提起劳动仲裁，要求郑某支付违约金。郑某在仲裁中辩称：《竞业限制协议》中关于其在职期间也负有竞业限制义务的约定违反法律规定，且甲公司对其在职期间及劳动关系解除后的竞业限制均未支付相应的经济补偿金。

甲公司则认为，郑某的竞业限制经济补偿金已按月同工资一起发放，约定竞业限制适用于劳动者在职期间并未违反法律的禁止性规定，而且对劳动者在职期间的竞业限制不需要支付经济补偿金。

二、争议要点

根据本案资料，争议要点可归纳为如下三点：

(1)竞业限制是否可以适用于劳动者在职期间？甲公司约定郑某的竞业限制期限包括其在职期间以及劳动合同解除或者终止后两年内是否合法？

(2)若确认竞业限制适用于劳动者在职期间，那么对劳动者在职期间的竞业限制是否需要支付经济补偿金？

(3)双方关于月薪中包含竞业限制经济补偿金的约定是否有效？郑某对月薪中包含竞业限制经济补偿金的做法一概否决是否合理？

三、律师分析

(一)竞业限制是否可以用于在职期间

实践中，用人单位与劳动者竞业限制期限的约定一般为劳动者自用人单位离职之日起两年以内。但笔者在办理劳动争议纠纷案件时，看到不少劳资双方在签订竞业限制协议时，关于竞业限制期限的约定与上述案例的做法类似，即将在职期间一并纳入竞业限制期限内。那么，竞业限制是否适用于在职期间？

《劳动合同法》第24条第2款规定，在解除或者终止劳动合同后，负有竞业限制义务的人员竞业限制的期限不得超过2年；《深圳经济特区企业技术秘密保护条例》第23条规定，竞业限制的期限最长不得超过解除或者终止劳动合同后2年，超过2年的，超过部分无效。《劳动合同法》及相关法律法规都只对劳动合同解除或终止之后的期限作了规定，并无在职期间竞业限制禁止的强制性规定。由此可见，在职期间竞业限制这一问题，可以解读为立法将这一事项规定为双方可以约定的内容。

有观点认为，竞业限制的实质系法律为了保护用人单位的商业秘密而赋予其在一定程度上限制劳动者自主择业权的一项权利。那么劳动者在职期间，不存在自主择业这一问题，竞业限制也就没有了存在的基础，也无限制的必要。这一观点的错误之处在于以下两点：(1)忽视了劳动者在职期间同时与其他用人单位建立劳动关系这一情况。虽然《劳动合同法》第39条第4项规定，劳动者同时与其他用人单位建立劳动关系，对完成本单位的工作任务造成严重影响，或者经用人单位提出，拒不改正的，用人单位可以解除劳动合同。但是，解除劳动合同和追究劳动者因违反竞业限制约定而应负的违约责任是两个不同的概念。根据《劳动合同法》第39条的规定，劳动者的"兼职"行为，即使对其完成本单位的工作任务没有造成任何影响，只要经用人单位提出而不作改正，用人单位即有权与劳动者解除劳动合同并无须支付经济补偿。如果劳动者在职期间利用从用人单位了解到、接触到的商业秘密和技术，同时与其他有竞争关系的用人单位建立劳动关系或者用其他方式提供服务，此种行为与员工单纯的"兼职"行为相比，对单位的影响更大，其危害后果也更加明显。用人单位仅靠和劳动者解除劳动关系是无法弥补自己的损失的，根据"举重以明轻"的法律解释规则，应该确认竞业限制可以适用于劳动者在职期间。(2)竞业限制禁止的不仅是劳动者和与用人单位有竞争关系的企业建立劳动关系或者用其他方式提供服务这一种情况，还包括要求劳动者不得自己开业生产或者经营同类产品、从事同类业务的情形。如果不确认竞业限制可以适用于劳动者在职期间，那么劳动者完全可以利用在用人单位了解到、接触到的商业秘密和技术，自己开业生产或者经营同类产品、从事同类业务从而对单位生产经营造成不良影响甚至严重损失。此时，用人单位无法适用《劳动合同法》第39条第4项与劳动者解除劳动关系，也难以追究劳动者的责任，竞业限制的立法目的就大打折扣了。因此确认竞业限制可以适用于劳动者在职期间很有必要。

(二)对劳动者在职期间的竞业限制是否需要支付竞业限制经济补偿金

关于竞业限制经济补偿金的支付，《劳动合同法》第23条第2款规定，对负有保密义务的劳动者，用人单位可以在劳动合同或者保密协议中与劳动者约定竞业限制条款，并约定在解除或者终止劳动合同后，在竞业限制期限内按月给予劳动者经济补偿。最高人民法院《关于审理劳动争议案件适用法律若干问题的解释（四）》第8条规定，当事人在劳动合同或者保密协议中约定了竞业限制和经济补偿金，劳动合同解除或者终止后，因用人单位的原因导致3个月未支付经济补偿，劳动者要求解除竞业限制约定的，人民法院应予以支持。《深圳经济特区企业技术秘密保护条例》在第25条规定，竞业限制补偿费应当在员工离开企业后按月支付。用人单位未按月支付的，劳动者自用人单位违反约定之日起30日内，可以要求用人单位一次性支付尚未支付的经济补偿，并继续履行协议；劳动者未在30日内要求一次性支付的，可以通知用人单位解除竞业限制协议。这些规定都明确了劳动合同解除或者终止后竞业限制期限内要按月支付竞业限制经济补偿金，但因立法未提到竞业限制是否适用于劳动者在职期间这一问题，对劳动者在职期间的竞业限制是否需要支付竞业限制经济补偿金自然也缺乏相应的规定。

要解决劳动者在职期间的竞业限制是否需要支付竞业限制补偿金这一问题，笔者认为，先要确定竞业限制经济补偿金的实质。其实，从上述规定中不难看出，竞业限制经济补偿金的实质就是对劳动合同解除或者终止后，因限制劳动者自主择业权和生存权的一种经济上的补偿。既然是对劳动合同解除或终止后的一种补偿，那么对于劳动者在职期间的竞业限制自然不需要支付竞业限制经济补偿金。有人认为，如果确认竞业限制适用于劳动者在职期间，对其在职期间的竞业限制不需要支付经济补偿是不公平的，违背权利与义务对等的原则。这种观点看似有理，却错在没有分清用人单位对劳动者在职期间的竞业限制和劳动合同解除或者终止后的竞业限制存在着本质上的区别，劳动者所负竞业限制的义务来源实质上是有区别的。就劳动者在职期间的竞业限制来说，第一，不存在影响、限制劳动者生存权的情况，因为劳动者因工作已获得了相应对价——工资。第二，此种情形下，限制劳动者的自主择业权的实质上并不是用人单位，而是劳动者因择业结果的一种自我主动限制。劳动者在择业前完全可以自由选择与避免而无须承担任何责任。这与劳动者离职后因竞业限制带来的自主择业权的被动限制是不同的。就劳动者在职期间的竞业限制义务，从法学理论上来讲，更多地被认为是基于诚实信用原则而产生的忠实义务的一部分，在很大程度上就是劳资双方因签订劳动合同而产生的。劳动者因工作职责或便利了解、掌握了用人单位的商业秘密和技术，在获得了工作对价的同时，又利用这些技术或者秘密从事有损用人单位利益的事情，这本身就有违诚信原则。

上文中提到的关于在职期间的竞业限制，可以解读为立法将这一事项规定为双方可以约定的内容，实质是将因法理要求劳动者在职期间应负担的一种隐性义务利用约定明确化，并不能因此要求用人单位给予额外的对价。因此，即便在确认竞业限制适用于在职期间、劳资双方也约定劳动者在职期间也要遵守竞业限制的情况下，也不应要求用人单位支付竞业限制经济补偿金。当然，矫枉不能过正，在承认竞业限制可以适用于劳动者在职期间，且该期间其竞业限制义务的来源主要是基于诚实信用原则而产生的忠实义务的前提下，也不能把这种隐性义务认为是劳动者的法定义务。如果这种隐性义务没有通过双方的约定变成一种约定义务，那么即使劳动者在职期间违反了竞业限制，用人单位也不能基于竞业限制而要求劳动者承担相应责任。唯其如此，也才更符合实质上的公平。

（三）约定收入中包括竞业限制经济补偿金的做法是否有效

实践中，笔者遇到诸多劳动者向用人单位主张竞业限制经济补偿金的案子，而用人单位大都以每月薪酬中已包含竞业限制经济补偿金为由抗辩，但这一主张基本上得不到劳动争议仲裁庭或者法院的支持。

《劳动合同法》第23条第2款规定，对负有保密义务的劳动者，用人单位可以在劳动合同或者保密协议中与劳动者约定竞业限制条款，并约定在解除或者终止劳动合同后，在竞业限制期限内按月给予劳动者经济补偿。按此规定，竞业限制经济补偿金的支付应该是在劳动合同解除或者终止后，而不能包含在每月薪酬中。在前述案例中，郑某也是以此为由进行抗辩的。郑某认为，甲公司将工资拆分出竞业限制补偿费提前发放，实际是违反了《劳动合同法》的规定，应视为未支付补偿，因此其无须承担竞业限制义务。根据《深圳经济特区企业技术秘密保护条例》的规定，竞业限制补偿费应当在员工离开企业后按月支付。2012年6月21日，广东省高级人民法院、广东省劳动人事争议仲裁委员会在佛山召开的关于审理劳动人事争议案件若干问题的座谈会形成的会议纪要（以下简称《劳动人事争议纪要》）中，更直截了当地指出，劳动合同解除或者终止后，劳动者请求用人单位支付竞业限制经济补偿或者以用人单位未按约定支付竞业限制经济补偿为由要求不履行竞业限制义务，用人单位以其在劳动关系存续期间向劳动者支付的劳动报酬已包含竞业限制经济补偿进行抗辩的，不予支持。按照上述规定的理解，郑某的抗辩理应得到支持，司法实践中劳动争议仲裁庭和法院也是如此操作的。

然而，甲公司认为，对于薪酬结构中包含竞业限制补偿费是双方入职时约定的，提前发放并不损害郑某的利益，郑某违反竞业限制义务应承担法律责任。对此，笔者持赞同观点。无论是《劳动合同法》还是《深圳经济特区企业技术秘密保护条例》，抑或《劳动人事争议纪要》，虽然都规定竞业限制经济补偿款金是在劳动合同解除或者终止后支付，但我们在适用时要看到立法的目的及意见出台的背景。上述法条或指导意见如此规定，一方面，是因为劳动者即使签订了竞业限制协议，离职后是否还需要承担竞业限制义务不能确定，那么是否需要支付竞业限制经济补偿金也处于不确定状态。规定离职后支付竞业限制经济补偿金也有利于保护用人单位的权益。另一方面，也是为了防止在纠纷发生后，用人单位恶意“利用拆分工资结构的办法来替代经济补偿金的支付”的做法。防止用人单位在履行合同的过程中，将原本都属于劳动报酬的一部分工资拆分为竞业限制补偿费，或者补签协议概括约定工资中已包含了竞业限制补偿费，并要求劳动者承担竞业限制义务。因此，在判断“约定收入中包括竞业限制经济补偿金”这一做法是否合法有效时，应当以是否损害劳动者的合法权益或加重劳动者法律责任为判断标准。

案例中的情况的不同之处在于：月薪中的3500元为竞业限制经济补偿金是在郑某入职时双方就明确约定的，是双方真实意思的表示。而且，约定既然明确了此3500元为竞业限制经济补偿金，也就明确排除了其是劳动报酬的性质，这并不违背立法的目的与《劳动人事争议纪要》的指导意见。甲公司的行为并非在纠纷发生后恶意、强行将原属于劳动报酬的一部分工资拆分为竞业限制补偿费，不应认定无效。甲公司将“原本应离职后发放”的竞业限制经济补偿金在郑某每月的收入中提前发放就表明郑某离职后是否需要承担竞业限制义务并非处于不确定状态，而是其必须承担竞业限制义务。此种做法非但没有损害劳动者的任何权益，还有利于防止劳动者离职后因不愿履行竞业限制义务而恶意拒收竞业限制经济补偿金，并反以用人单位未按时支付竞业限制经济补偿金为由进行抗辩的做法。因此，对于月薪中包含竞业限制经济补偿金的做法不能一概简单地不予认可或支持，而是要分情况从保护劳资双方实质权益的角度加以区别和认定。

随着市场经济的进一步发展、企业对商业秘密和技术的重视，以及劳动者权利意识的觉醒，可以预见关于竞业限制的纠纷会越来越多。如何平衡用人单位的商业秘密和竞争优势与保护劳动者合法权益之间的关系，将是劳动法领域长期面临的问题。

第三章
蜕变与转身

《深圳律师》的第三个五年，杂志编印工作已经非常成熟，杂志深度参与律师行业的建设。2015年3月，深圳市律师协会举办了“口述历史——深圳律师业回顾与展望”活动，为全面梳理深圳市律师行业发展脉络，杂志组织专访亲历深圳律师行业及律师协会改革和发展的人物，并自此开设“人物”栏目。2017年12月，阔别六年的第十届中国律师论坛在深圳召开，为使论坛具有更深远的影响力，深圳市律师协会在论坛闭幕式上发布“中国律师深圳宣言”，宣言由杂志编辑部完成。

这一时期，立法层面确立了一系列对我国法治建设产生深远影响的制度。宪法宣誓制度、《民法总则》获得通过，各级人民法院由立案审查制转变为立案登记制，颁布了《关于依法保障律师执业权利的规定》《关于开展刑事案件律师辩护全覆盖试点工作的办法》《关于办理刑事案件严格排除非法证据若干问题的规定》等。

本部分共收录了《深圳律师》杂志第51期至第75期的精选专业文章。《深圳律师》关注律师行业的发展，刊载的文章体现了深圳律师对中国律师的国际化发展、法律顾问进社区、律师业务创新与律所管理创新、党政机关法律顾问等律师行业发展问题的研究；随着数字经济的发展，深圳律师也在积极探讨P2P借贷、互联网冲击下劳动关系的资金池、网络虚拟财产、网络借贷监管、互联网金融的行业自治、共享经济商业模式等具有时代特征的法律问题；同时，深圳律师在环境保护、遗嘱执行人制度、职业病民事赔偿、城市更新等前沿法律问题方面亦有深入思考。随着深圳律师行业的发展，《深圳律师》稳步前行。

2014年第51期

瓶颈与突破

——中国律师的国际化思考

郭世栈　律师

一、值得借鉴的国际化企业

随着中国经济的快速发展，以及综合国力的显著提升，一大批中国企业迈开了“走出去”的步伐，中国律师业也迎来前所未有的发展机遇——国际化。笔者之前一直在华为公司负责法律事务，从1996年至2010年，先后分管知识产权、海外法律直至管理整个集团的全球法律部门，有幸目睹和伴随了华为的国际化发展与成长。华为是中国最成功的国际化企业，是中国企业全球化进程中最有影响的代表。根据最新公布的数据，华为2013年全球销售收入达2400亿元人民币，同比增长约8%；营业利润294亿元人民币，同比增长43%。其中，该公司2013年运营商网络业务超过77%的收入来自全球排名前50位的电信运营商。运营方面，华为在全球19个区域设立了地区部，以及覆盖全球100多个国家和地区的代表处。华为的海外机构可能比中国政府的各国大使馆还要多，因为在很多目前还没有和中国建交的国家，华为都有自己的办事处和工作人员。华为的内部法律部门有约200名律师，加上知识产权部门共有约500人。和公司其他运营组织一样，华为的法律部门也是按照全球地区部的模式来设置区域总部的管理中心，管理和负责各个区域内共计100多个国家和地区的全部法律事务，其中超过70%的内部律师是分布全球各个国家和地区的、不同肤色的本地律师，这些律师每年处理约5000亿元人民币交易额的合同，约1000件大大小小的全球争议纠纷，其中超过1亿美元的合同/争议不下100件。毫不夸张地说，华为的法律部门完全可以媲美一个国际化的、管理严格规范的律师事务所。

华为的全球化、国际化可以给中国律师事务所的国际化带来哪些可借鉴之处？中国律师有没有可能走向海外，走向国际化？在这条国际化的道路上，中国律师会遇到哪些瓶颈和困境？又应该从哪些方面去突破？这是一个值得我们去探究和讨论的前沿话题。

二、何为律师业国际化

很多人都在谈论律师业国际化，但不同的人对"国际化"的概念有不同的理解。有的人认为，做涉外业务、做英文业务、做外国人业务就是国际化；也有人认为，一个律所具有与世界接轨的管理机制，团队具有国际化的背景和视野，具有与国外跨国律所相媲美的业务能力和管理水平，就是国际化。笔者倾向于更狭义、更细化地理解，所谓国际化，应该是在中国律所在具备一定的规模、业务能力和与世界相接轨的管理水平后，走出国门，在海外开设一定数量的分支机构，经营海外法律业务。

笔者认为，中国律师是完全有国际化的可能性的。我们现在看到所有的全球律所，包括在中国的内地、香港，在欧洲、非洲开设分所的全球律所，主要为美国和欧洲的律所。为什么美国和欧洲的律所能开设到全球各地呢？为什么在全球其他的国家（包括中国）也有很多非常优秀的本地律所，但并未曾有真正的国际化律所？笔者认为，其中最重要的一个原因，就是美国和欧洲的企业首先把业务拓展到了全球各地，以及把欧美文化输送到了全球各地，这是一个基础。美国企业来到了中国，他们更了解和信任之前他们在美国合作的律师，于是美国律师也跟着来到了中国，为美国企业继续提供服务。就这样，欧美企业的国际化带动了欧美律所的国际化。

那么中国的企业呢？中国的国家战略是让中国企业"走出去"。近十年间，虽然磕磕绊绊，但还是有相当一部分企业走出去了，成功与否，还需要时间来检验。刚开始是央企，后来是大量民企，到现在是很多隐形富豪也在海外收购、兼并、重组等。吉利收购沃尔沃、三一重工收购普茨迈斯特，还有更早的TCL收购阿尔卡特等，国内企业走上了海外之路，背后既有国际经济环境所赋予的时代机遇，也是中国企业在经过长达30年的成长后逐步登上世界舞台的真实剪影。随着中国企业“走出去”的越来越多，越来越强，也一定会带动一大批的中国律所走到国外。中国的律所，尤其是深圳的律所，在这个时代背景下，有着无与伦比的历史机遇。

三、律师业国际化的瓶颈

律所国际化的愿景很好，但是其中有什么样的瓶颈、困难？还是以华为为例，时至今日，华为发展海外市场的历史已有15年。今天大家都看到华为取得了巨大的成就，但华为“走出去”的历史道路也是异常的艰辛。1998年华为开始启动“走出去”的步伐，当时比较有趣的现象是，到海外发展的人员中，真正能说英语的员工非常少。但是任正非大手一挥，要开拓海外市场，在这个大战略下，“售而优则外派”，选取了当时一部分在国内做得很成功的省办事处主任，无论你会不会英语，更无论你懂不懂当地文化，就直接空投到海外。例如，当时有一位办事处主任被派往巴西，第一件事是花费了半年的时间来学习葡语，白天工作，晚上想儿子，坐在床上抱着儿子的照片掉眼泪。在华为完全不了解当地的情况，海外客户又完全不了解中国、不了解华为的情况下，很长一段时间内华为开拓海外市场的工作基本上没有任何实质性进展。直到2004年，类似这样的情况才有所突破，也就是说在前面的五六年发展中，基本没有任何收获。发展的道路非常曲折艰辛，但是方向十分明确，坚持下来这一点十分关键。

企业国际化所遇到的所有问题，如语言不通、文化差异、法律环境不同、管理不畅、成本高昂、长期亏损的可能等，在律所国际化的道路上都同样是必须要面对的，这些问题不同的人在不同的场合都讨论过，在此并不想赘述。本文希望探讨的是，与企业国际化相比，律所海外发展的道路中会还会遇到哪些特有的瓶颈。

第一个瓶颈，是律所的所有权问题，以及所有权带来的国际化动机问题。企业发展壮大，其最大受益者是股东，因为股东拥有企业股权，承担投资风险，享受投资收益。企业创始人为什么要发展壮大企业，大力发展海外市场，前仆后继地融资、上市，最关键的动机在于公司是自己的。但是，如大家所知，全球的律所，几乎清一色都是合伙制，合伙制中按照管理模式又可以分为公司管理模式和加盟管理模式。合伙制没有股东，合伙人没有股权，合伙人的收益主要是由自己创收或者和其他合伙人合作而来，即便是创始合伙人也是如此。当然有的公司模式的律所实行计点制，可以一定程度解决这个问题，但离股权的机制还差得很远。合伙人一旦哪一天走了、退休了，甚至去世了，这个律所就和他没有关系了，即便这个律所是由他亲手创立的。律所是谁的？国际化对现有合伙人有什么好处？发展国际化可能带来很多问题，如管理问题、赔偿问题，增加了很大的风险；另外，国际化带来的律所总体效益的增加，创始合伙人和其他现有合伙人并不能直接地享有。这就带来一个问题：国际化给现有合伙人增加了巨大风险，但只带来非常有限的收益，收益与风险完全不成比例，为什么要去国际化呢？国际化对合伙人、创始合伙人有什么好处不明显，坏处很明确，其动机显然不会很强烈。当然也有这方面做得不错的例子，如金杜与澳大利亚的斯莱特·戈登律师事务所合并成为全球性质的律所。另一个例子是盈科所，笔者以前在华为的一个同事独立发展后，在中东设立了一个盈科的分所，这也是一种国际化的模式。在这一点上律所与企业不同。

第二个瓶颈是产品复制性的问题。如大家所了解的，律所卖的是服务，卖的是律师经验，卖的是“人”。资历越深的律师价值越高，找他的人也越多，因此律师是一个以经验来衡量的专业职业。与企业不一样，产品是可以复制的，人是不能复制的。华为的产品为什么能在国际市场卖这么多？第一，它有需求和市场在，全球的所有人都有沟通的需求，这个需求还没有被满足的，所以市场在那儿；第二，是全球的客户都有一个共同的要求：必须产品的质量好，服务好，价格优，华为恰恰符合这样的要求，满足了这样的需要，所以有很强的市场存在价值和竞争力，于是华为把好产品无限地复制到全球各地，其国际市场就做起来了。而律师是无法复制的，经验是无法复制的，某个律师做得好，无法复制出100个同样的律师卖到海外。

第三个瓶颈，短期而言，律所国际化会遇到一个较为头疼的问题，就是客户是谁的问题。笔者认为，国外全球化的公司及海外当地的公司短期之内较难接受一个中国律所为它提供法律服务，因此律所的第一批客户主要是中国在当地的中资企业，这也是中国企业发展海外市场的大浪潮给中国律所带来的机会。但是，就现阶段而言，这里还会是有一个非常大的问题，走出去较早的企业，如华为，已经在全球各地布局了，在当地的本土化程度比较高了，它们相对倾向于找当地的律所，因为其价格实惠，也更容易解决当地的实际问题。而刚开始发展海外市场的中小企业，这些需求也是有的，但总体来说需求比较零散，短期仍难以形成规模效应，中国律所走出去短期内会面临客户资源不足、创收有限、经营亏损的窘境。谁能率先走出去，并且熬过前三五年甚至十年，谁就可能成为中国国际化最成功的律所。

当然，除了这几点以外，还有很多很多的问题，如风险。以前大家理论上都知道，律师是要承担无限责任的，但大家都觉得那只是欧美的常见事，离自己很遥远。但是最近发生在法律界的众所周知的大事——通商所和竞天公诚所在加拿大遭遇天价诉讼，又在国内起诉君合所进行天价索赔，让我们切身体会到其实风险就在我们身边，在我们的日常工作中，在我们出具的每一份文件、每一个字、每一个标点符号里。实际上，风险随时与律师相伴。常做并购、融资的律师，熬夜加班也是正常的事，辛苦积攒多年的业界名声，已经获得的一点经济上的收益，若遇到重大问题，就有可能会在一夜之间付诸一旦，这对律师合伙人来说风险实在太大了。在海外市场，律所应该更加看重风险问题。但现在律师的收费内容中只有服务的费用，都没有考虑风险的代价。因此笔者认为，律师协会应该组织研讨，或许在律师收费时应该把风险代价这一项考虑进来。这需要整个行业对风险问题进行考虑，单凭一两个所的实践是没有效果的。只有大家都考虑了这个因素，才能改变全行业欠缺风险意识的现象。

四、思考和建议

针对以上提到的问题，笔者亦有一些思考与建议，愿与大家分享和探讨。

第一，尝试从体制上进行突破。律师业务中的一项重要业务就是帮助企业融资、上市，但是律所为什么自己不能融资、上市呢？鉴于中国很多律所成长得非常快，收入、利润、成长性都非常可观，单纯从财务上来讲很多律所完全符合上市的条件。以汉坤所为例，汉坤在投资、融资、资本市场领域非常出色，2013年在美国新首次公开募股（Initial Public Offerings，IPO）以及IPO后再融资的8个项目中，有5个项目是由汉坤所做的，占比为62.5%。在诉讼仲裁、知识产权业务方面汉坤所表现也很突出，且在银行业务、金融租赁等新业务领域也取得重大突破，2013年代表的并购、投资等交易金额达到30亿美元，类似于这样或专注或综合的优秀律所有不少。在中国的A股市场创业板，利润达到1000万元、3000万元人民币的公司都能上市，利润超出这个数字的很多的律所，为什么不能上市呢？有没有可能律所实行公司制，由合伙人持有股份，即便合伙人有朝一日希望歇一歇，或者是退休以后，还可以从律所的发展中获得收益？在这样的机制下，股东和高管当然希望律所公司能够发展壮大，国际化、拓展海外市场顺理成章就成为其重要战略了。

第二，是一个与国际化没有绝对关系的分享，就是互联网和移动互联网给律师行业带来什么样的冲击。过去的十年，在互联网浪潮的冲击下，很多传统行业被冲击甚至颠覆了。比如说，出版行业，由于互联网信息量大、信息实时发布、成本低，出版社、报社没有了竞争力，会逐渐地消亡。再如，零售业，尤其电子零售业，过去深圳的华强北都是赛格电子的行业聚集地，每天熙熙攘攘，门庭若市，电子市场在每个大城市都曾经位于最繁华的地段。而现在的赛格基本上是门庭冷落，内陆城市的一些电子市场已经改作餐馆了。国美、苏宁如果转型不成功，迟早会被京东、淘宝消灭。传统行业被逐个颠覆，下一个会是律师业吗？很多人认为，律师还是人服务的行业，因此不受影响。笔者认为未必。覆巢之下，焉有完卵？医疗和出租车行业虽然都离不开人的服务，但也在发生很多的变化，最近特别火的打车应用如“滴滴打车”“快的打车”都在悄然改变出租车市场的格局。如果司机会使用这类应用，则他们的客单率、客单价都会提高，空载率会降低，通俗地讲，就能载更多的客，挣更多的钱。同理，律师行业也是在逐渐地改变。首先，是服务沟通的方式在变。每个人都感觉到，以前的项目大家都要坐在一起面对面地谈，后来大家可以通过邮件、会议电话进行谈判，现在都通过微信、微信群谈。其次，律师的营销方式也在改变，以前律师都是靠口碑传播，优秀的律师不需要做广告，客户自己会找上门，而对于没有知名度的律师，案源是个大问题。而现在，法律网站如法顾网、律云网可以协助知名度不高的律师寻找客户，后起之秀也可以有很好的渠道推销自己，这就带来了市场格局上的变化。据说这些网站营收还不错。互联网法律服务不需要太多的人员，而且不需要专业的律师从业人员，这对于律师行业是个挑战。移动互联网用户的爆炸性增长，给律师带来冲击和新机会，如何迎接挑战，拥抱变革，拥抱移动互联网，是所有律师需要认真思考的问题。

第三，就是服务产品化的突破。律师服务是否能减少对人的依赖？如何减少？笔者开的"药方"是律师服务产品化。其实，任何一个律师，他在同一个专业领域的不同案子中，80%的服务内容是重复的，80%的交付是重复的，把这80%的东西固化下来，重复利用，就是我们常说的流程和模板，或者说知识管理。经验的欠缺可以通过标准化的模板、流程和分工的细化来弥补。未来好律所的方向，应该是变经验化为产品化，变个性化为品牌化，变个人化为团队化，变生意化为产业化，变本地化为国际化。

每一个律所，无论规模大小，都更加强烈地感受到了如何在同质化竞争中脱颖而出的压力。只有接受互联网、国际化的洗礼，古老传承的法律服务才能突破、创新、蜕变和升华。

2014年第53期

保险金请求权与其他权利竞合研究

邢　硕　律师

当保险金请求权与其他权利竞合时，不同的选择可能引起不同的法律后果，对投保人、被保险人而言最终取得的效果可能完全不同，那么，如何有效行使选择权，才能获得最优的受偿效果？笔者结合自己的办案经验有一些心得体会。

一、案情背景

顺达物流公司与某保险公司（以下简称甲保险公司）签订货物运输保险协议书，约定顺达物流公司所承运的货物向该保险公司投保国内货物运输保险；根据顺达物流公司与托运人的承运协议，顺达物流公司为托运人运输电脑，电脑价值32万元，顺达物流公司于是以投保人身份向甲保险公司投保了“国内水路、陆路货物运输保险”，投保人为顺达物流公司，被保险人为托运人，保费由顺达物流公司向保险公司支付，但依据顺达物流公司与托运人的承运合同，保费实际由托运人支付给顺达物流公司。顺达物流公司将托运人的货物又转交第三方速达物流公司承运，速达物流公司向另一保险公司（以下简称乙保险公司）投保了承运人责任险，速达物流公司在运输货物过程中，货物全部被盗。因为顺达物流公司与托运人之间有长期业务往来，托运人直接在应付顺达物流公司的运费中扣减了32万元作为遗失电脑的赔偿款，顺达物流公司接受了此事实，向托运人出具了被扣运费的运费发票，托运人则向顺达物流公司出具了一份《权益转让书》，明确表示自己已从顺达物流公司处获得遗失货物的赔偿，并将保险索赔的权利转让给顺达物流公司。

随后，顺达物流公司向甲保险公司提出索赔，因保险条款中约定的某免责事由而遭遇拒赔，引发诉讼。甲保险公司委托笔者代理本案，笔者研究本案后发现仅用免责条款实际上难以拒赔本案，经过慎重考虑，笔者将本案争议焦点的重心从条款中的免责事由变成了保险金请求权与其他权利竞合的处理。

一审庭审过程中查明顺达物流公司曾向速达物流公司索赔，顺达物流公司自称速达物流公司从乙保险公司获赔19.5万元，但只支付给自己13.5万元。但顺达物流公司没有就此提供任何证据。

一审法院认为，顺达物流公司与甲保险公司之间签订的保险协议是双方的真实意思表示，应当认定合法有效。针对甲保险公司的答辩意见并结合顺达物流公司的诉讼请求，一审法院认为，从顺达物流公司与甲保险公司之间协议约定的内容看，签订的协议属于保险框架协议，具体保险事宜还应当以顺达物流公司每次承运时传真给甲保险公司的明细为准，同时甲保险公司按照顺达物流公司提供的明细出具保单。从上述一系列流程中能够看出，在签署保险协议时，甲保险公司已经知道顺达物流公司签署协议的目的系为其承运的货物投保，在保单中将货主列为被保险人仅仅是为理赔便利而采取的措施。甲保险公司提出本次保单保费由托运人支付，但根据协议，托运合同约定由托运人支付保费，属于顺达公司与托运人之间运输协议的约定，与甲保险公司无关。而且，在货物被盗后顺达物流公司已经实际向托运人支付了赔偿款，托运人也出具书面文书将保单的权益转让给顺达物流公司。按照甲保险公司的答辩意见，顺达物流公司作为承运人将托运人的货物丢失，甲保险公司向托运人赔偿后还可以向顺达物流公司进行追偿，那么顺达物流公司与甲保险公司签订的保险协议并支付保费就无实际意义。因此，甲保险公司以顺达物流公司不具有保险金请求权进行抗辩既有违诚信，又不符合事实。一审法院判决甲保险公司对顺达物流公司未获补偿的金额（32万元-13.5万元=18.5万元）承担保险责任。笔者代理甲保险公司提出上诉，上诉理由包括：

一是顺达物流公司只不过是保险单上列明的投保人，并不是本案保险合同的被保险人，依据合同的相对性原理，其无权直接向答辩人提出索赔。

二是在权利竞合的情况下，托运人已经选择依据货运合同主张权利，就无权再依据保险合同主张权利；从本案事实来看，托运人依据货运合同的途径已经获得足额赔偿，其依法就丧失了依据保险合同再行索赔的权利，因而托运人根本就没有权利向被上诉人转让一份其不再享有的权利，这种转让行为是无效的，顺达物流公司也就不能依据此无效的转让而获得索赔资格。

三是顺达物流公司相对于托运人而言恰好是被盗事故的责任人，依据《保险法》第45条的规定，若被保险人选择向甲保险公司索赔，则甲保险公司将取得向被盗事故责任人追偿的权利；反之，若被保险人选择向被盗事故责任人索赔，被盗事故责任人并不能转而依据保险合同向甲保险公司进行索赔，本案中即便被保险人签署了一份《权益转让书》来试图向顺达物流公司转让索赔权利，但因为其内容与《保险法》第45条的规定相悖，该《权益转让书》内容无效。另外，甲保险公司还针对判决金额提出了上诉意见。

二审法院最终支持了笔者代理的甲保险公司的上诉请求，二审判决认为：(1)托运人才是本案保险合同的被保险人，顺达物流公司仅仅只是投保人，并不享有保险金请求权；(2)保险合同保障的是被保险人的利益，本案事故发生后，被保险人选择了向承运方进行索赔并成功，其损失已经得到完全充分的补偿，故不能再依据保险合同向甲保险公司索赔，也就不存在将保险索赔权转让给顺达物流公司的基础。

二审终审判决驳回顺达物流公司的全部诉讼请求。对比一审、二审判决，其实各有各的理由，二审判决严格从合同相对性的角度认定只有被保险人才有保险金索赔权，进而推论出顺达物流公司并无保险金请求权；一审法院试图探究合同背后可能隐藏的真实目的，论证顺达物流公司应当直接享有保险金请求权，但终究欠缺法律依据。从研究的角度，笔者认为有必要对保险金请求权竞合的相关理论进行一些梳理、总结，这有助于我们面对同一个案件时选择更好的方向进行处理。

二、请求权竞合概述

请求权竞合，是指基于同一行为，于同一当事人同时具备两个以上的法律要件，在当事人之间并存的具有同一个目的、两个以上请求权的情形。请求权竞合所产生的法律后果因其形态的不同会有所差异，可能出现三种情形：第一，择一行使请求权，即选择行使其中一个请求权，若该请求权的目的达到而消灭，则另一请求权也随之消灭；若选择的请求权未能达到目的，则另一请求权仍然存在。第二，合并行使请求权，即其中一个请求权不足以弥补损失的，就不足部分继续行使另一请求权。第三，各请求权同时行使，此种情况可能产生受害人所获赔偿超过其实际损失而不当得利，引起新的纠纷，因而一般不采用第三种方式。

在请求权竞合的情况下，法律允许当事人同时拥有多项权利，但在行使时，当事人仅能就其固定的损失数额向其选择的责任承担人主张权利。换言之，受害人享有向何人行使赔偿请求权的选择权，通过行使选择权，使原本不确定的赔偿责任人予以确定。该选择权的行使表面上未对受害人的实质性权利造成影响，但其选择结果却可能对实际受偿效果造成决定性的影响。因此，如何行使选择权以期达到最优的受偿效果，从实务来看是值得研究和思考的。笔者所称保险金请求权的竞合在于保险金请求权与非保险金请求权竞合，如在保险金请求权之外，权利人可以选择向责任方索赔。而对于被保险人、受益人可以同时向多个保险人主张保险金请求权的情况，并不属于笔者所称的权利竞合，这属于保险法上的“重复保险”。

保险金请求权与其他权利竞合后的选择按照我国《保险法》第60条的规定，因第三者造成财产保险的标的损害而发生保险事故的，被保险人依据保险合同的约定对保险人享有保险金请求权的同时，可以请求第三人赔偿保险标的的损失。被保险人行使保险金请求权的，应在其请求给付的金额范围内，将请求第三人损害赔偿的权利转让给保险人；被保险人行使保险金请求权，未能弥补其全部损失的，可以继续请求第三人赔偿。

按照我国《保险法》第46条的规定，人身保险的被保险人因第三者的行为而发生死亡、伤残或疾病等保险事故的，被保险人或受益人享有保险金请求权的同时，可向第三人继续行使损害赔偿的权利。在本文案例中，顺达物流公司在正式提起保险索赔前，与身为被保险人的托运人达成赔偿方案，并履行赔偿，再由顺达物流公司向甲保险公司行使“保险金请求权”，最终败诉。对顺达物流公司而言，这场诉讼的失败无疑是没有正确选择保险金请求权行使方式所导致。

就笔者看来，顺达物流公司完全可以主动和作为被保险人的托运人协商一致，由托运人先直接向保险人索赔，若有赔款不足部分，顺达物流公司再向托运人补足差额。顺达物流公司可以主动承担起代托运人以被保险人名义索赔的事务，以换取托运人的理解和配合。

从本文案例我们可以看出，当保险金请求权与其他权利竞合时，不同的选择可能引起不同的法律后果，对投保人、被保险人而言取得的效果可能完全不同，那么，如何有效行使选择权，才能获得最优的受偿效果？通过对我国现行法律和实务的分析，我们可以获得一些启发。

第一，从赔偿能力而言，选择向保险公司主张保险金请求权无疑是最好的选择。一般的赔偿主体往往会千方百计地减轻或缓解自己的赔偿义务，而且因为赔偿能力方面的原因以及信用制度的欠缺，即便赔偿义务确凿无疑甚至取得法院生效判决，普通赔偿主体也往往可能拖欠赔款；而保险公司身为金融机构，具有足够的履行赔偿义务的能力，而且考虑到行业的竞争和商业信誉，在赔偿责任没有争议的情况，保险公司一般都会尽快做出赔偿。

第二，从赔偿项目而言，保险金请求权的范围和其他请求权的范围会存在差别，被保险人最好根据实际情况作出选择。并不是说有了保险，被保险人因保险事故造成的全部损失就一定都能从保险公司获得赔偿，事实上，保险金请求权限于保险合同约定的赔偿项目范围之内，而保险合同中往往会有一些免赔项目或免赔额方面的规定，例如，精神损害抚慰金、财产间接损失属于大多数财产保险的免赔项目；若被保险人向其他责任人主张权利时，类似精神损害抚慰金、财产损失等赔偿项目是可以列入主张范围并获得支持的。

第三，就人身保险中保险责任和第三者责任请求权竞合而言，部分赔偿项目可以获得双重赔付，如死亡赔偿金、残疾赔偿金等，这在实务中争议相对不大，但有的赔偿项目，如医疗费、误工费、护理费等，此类款项具有填补被保险人损失的功能，能否获得双重赔偿，实务中争议很大。《社会保险法》

第30条、第42条规定基本医疗保险基金、工伤保险基金可以就自己赔付的医疗费向侵权第三人追偿。这实际上是对被保险人双重索赔医疗费的否定。然而，除《社会保险法》外，我国《保险法》相关法律并未就有关填补性赔偿项目能否双重索赔作出限制性规定，实务中，除非保险合同对此有特别约定，否则，司法机关通常有以下做法：一是如果被保险人已从侵权方足额获得医疗费、误工费、护理费等项目赔偿而未能提供医疗费用收据原件、误工证明等，或事故处理文书明确记载第三者向被保险人赔偿了全部医疗费用的，则会将其视为被保险人的该部分损失已经获得赔偿，保险公司则不再承担该项费用赔付责任。二是被保险人已从第三人获得部分赔偿的，保险公司可在有效保额内承担差额部分的赔付责任。三是如果被保险人持有医疗费用收据原件、误工证明文件，则保险公司应予以赔付，至于被保险人能否从第三者处获得赔偿，则不在被保险人的举证范围之内，保险公司一般也在所不问。鉴于实务经验，并且考虑到目前在《社会保险法》之外，我国并无对人身保险的所有理赔项目进行限制性规定，笔者建议被保险人、受益人可考虑先向其他责任方索赔，并保留好医疗费等凭据原件，然后再向保险人索赔；反之，若先向保险公司索赔，则保险公司往往会收取医疗费等凭据原件，若被保险人还期望再向侵权人索赔，则索赔因缺乏凭据原件而难以获得支持。

不过，从长远来讲，笔者认为，对于一些以填补被保险人的经济损失为目的所为的给付，被保险人不应享有双重索赔的权利。为避免争议，体现公平原则，将来《保险法》修订时有必要对一些弥补性项目的双重索赔进行限制性规定。

三、结语

作为律师，注定要受人之托、忠人之事，对于几乎相同的保险案件，笔者有时候会代理被保险人，有时候会代理保险人，有点既卖矛又卖盾的味道，但任何事物都必然是辩证的，如何用最锋利的矛刺向对方相对薄弱的盾，或怎样建立坚固的盾抵挡对方存有瑕疵的矛，这在保险金请求权与其他权利竞合的案件中是值得慎重考虑的。

2014年第54期

打车软件的法律问题及“自我救赎”

王小敏　律师

打车软件作为刚兴起不久的移动互联网生活类App，因涉及监管部门、出租车公司、司机、乘客等各方利益，最近引起了各地交管部门的高度重视。北京、上海、南京等地交管部门纷纷表明对打车软件的态度，总体上都是有条件的支持。然而，深圳市交通运输委员会近日下发通知，紧急“叫停”手机打车软件，在全国率先对打车软件说“不”，使这一行业的争议更加白热化。

对于在全国各地接连遭遇监管审视，盈利模式还远不明朗的打车软件来说，这无疑是自诞生以来遇到的最大的一次打击，也为整个行业以后的发展带来了重重困难。在此转折点上，打车软件该如何进行努力，实现“自我救赎”，将是整个行业不得不认真思考的课题。

一、打车软件存在的主要问题

打车软件在各地受到阻碍甚至是被“叫停”，除了对相关部门利益造成冲击外，其自身也存在以下主要问题。

（一）加价功能，涉嫌违法

打车软件当中一般都设置有加价功能，加价从5元到100元，甚至更高。这也是目前政府监管部门对其叫停的主要原因之一。从市场自由交易原则来看，一方面乘客愿意加价，另一方面出租车司机愿意承接，系双方自愿协商的结果，无可厚非。但是，出租车行业属于社会公用事业，按照《价格法》的规定应依法实行政府定价或政府指导价，出租车服务收费标准的制定或变更需要经过听证，由政府价格主管部门征求乘客、出租车公司和行业协会等各方面的意见，论证其必要性、可行性。

此外，全国各省市对出租车的运价还有详细的规定，比如《广东省出租汽车管理办法》第27条第3项规定，出租汽车经营者应当执行政府价格主管部门制定的运价和收费标准；《深圳经济特区出租小汽车管理条例》第6条、第33条、第35条也规定，出租车租费标准的调整应当根据出租车经营成本的变化情况，由市运政管理机关提出申请，经市物价管理机关依法定程序审批后公布执行。乘客租用出租车应当依规定支付租费，但有权拒付超收的租费。禁止经营者和驾驶员以任何方式向乘客超收租费。

因此，打车软件提供的加价功能实际上打破了政府的统一定价，扰乱了正常的客运秩序，涉嫌违法，相关部门认定其违规并非完全没有依据，但是至于政府该不该“叫停”又是另外一回事了。

（二）软件无统一准入标准和规范，易被黑车钻漏洞

没有准入门槛的限制也是目前有关部门担心的问题，因为任何人都可以免费下载安装打车软件，有些打车软件并无设定相关的身份核实注册机制，有些打车软件即使对注册者的身份进行审核，也存在标准较低或不统一等情形，比如要求司机提供哪些证件、如何识别信息的有效或真伪等，都存在漏洞。现在各城市中，存在不少私家车或其他车辆进行专门揽客的营利活动，这些司机如果也通过钻软件的漏洞而获得认定注册，不仅对规范出租车市场运营秩序存在不利，也对乘客的权益保障缺乏有效监督。这也是打车软件目前亟须重视的问题。

（三）易引发其他纠纷，存在安全隐患

在实际使用打车软件时，也出现了司机误点、爽约或者乘客爽约等问题，甚至还有司机存在“挑肥拣瘦”“舍近求远”等挑客行为，导致乘客或司机不满，从而引发纠纷。有报道称，乘客预约定单后司机却不来或者司机根本就不接单等，导致乘客打车困难，甚至有司机与乘客因此相互打架。这些纠纷目前虽然还不是特别多，但是当打车软件大规模普及的时候，带来的纠纷也必将陡增。

打车软件目前并无自己的物理载体，必须通过安装在用户的智能手机或平板电脑中才能使用，这就导致司机在载客行车过程中，常常需要拿出手

机来看，或者在车上设置多部智能终端，分散了司机的注意力，影响了行车安全。而且，司机朋友在行驶过程中过多地关注打车软件，妨碍安全驾驶的，也涉嫌违法。《中华人民共和国道路交通安全法实施条例》第62条规定，不得在机动车驾驶室的前后窗范围内悬挂、放置妨碍驾驶人视线的物品；驾驶机动车不得有拨打接听手持电话、观看电视等妨碍安全驾驶的行为。司机朋友如果在驾驶过程中使用打车软件，难免会涉嫌违反道路交通安全法规。

此外，打车软件的安全性也有待提高。手机打车软件能准确地定位出租车的位置，这给乘客带来方便的同时也随意地暴露了司机的位置；同时，用户个人信息安全也无法得到有效保障，用户很可能在使用软件的过程中泄露自己的电话号码、打车地点、路途轨迹、目的地等个人隐私信息。这些虽然都是打车软件间接带来的问题，但是一旦发生纠纷，作为服务的提供者，打车软件必然牵涉其中，应当引起相关软件企业的重视。

二、打车软件面临的外部压力和风险

打车软件除了自身存在问题外，在实际的商业应用过程中还面临来自政府监管部门、出租车公司、同行的各种压力和风险。

（一）政府“叫停”

自从打车软件问世之后，就一直受到政府交管部门的关注，因影响了相关监管秩序和利益，全国很多城市已经对打车软件进行了限制甚至是叫停，这应该是打车软件当前面临的最大外部压力和风险。

据悉，北京市交通运输部门已经开始对部分打车软件的“加价叫车”业务进行清理；武汉市交通局客管处也要求各出租车企业对使用“加价叫车”软件的驾驶员进行监管，督促他们严格执行物价部门核定的收费标准；南京市客管处也表示严厉打击叫车软件的加价服务；上海市交港局对第三方叫车软件的“加价约车”行为也不予认可，认为其是一种违规行为。此外，杭州、武汉等城市的运管部门对打车软件的态度，也多为“不提倡”。

而在深圳率先“叫停”打车软件之后，其他一些态度模糊或者还未表态的城市是否会效仿，依然存在不可预知的风险。一旦“叫停”在全国普遍存在，必将影响打车软件行业的整体生存，这种压力和风险应当引起我们的注意。

那么，可以对政府的“叫停”行为提起行政诉讼吗？

笔者认为不可以提起行政诉讼。因为政府的该种行为属于抽象行政行为中的行政命令，不具有可诉性。根据《行政诉讼法》第13条第2项规定，人民法院不受理对行政机关制定、发布的具有普遍约束力的决定、命令提起的诉讼。因此，一旦被政府有关部门“叫停”，企业也无法通过提起行政诉讼这种法律途径寻求救济。

（二）出租车公司的夹击

在打车软件面临被“叫停”之际，各地的出租车公司也在跃跃欲试，试图开发自己的打车软件。据悉，目前上海的四大出租车公司大众、强生、锦江、海博均拥有自己的电调中心，并先后推出了自己的手机打车软件，强生出租公司甚至还推出了“微信叫车”。而其他城市的出租车公司也已经或正在开发相关手机打车软件。

虽然出租车公司的电话招车平台已经存在多年，但是一直不温不火，直到移动互联网时代出现了打车软件，对其电召业务造成了冲击，出租车公司才特别看重这一平台及发展趋势，于是竞相开发自己的手机打车软件，以希望从现有的打车软件手中抢占市场。一方面，政府部门鼓励出租车公司开发自己的打车软件；另一方面，政府部门却又限制第三方打车软件的使用。基于政策上的优势，出租车公司在与第三方打车软件的竞争中明显具有先天优势。但是，最终结果如何，只能等待市场和时间的检验。

（三）来自同行间的不正当竞争

由于移动互联网的发展，特别是智能手机等移动终端的普及，打车软件成为众多创业者瞄准的新领域。据《21世纪经济报道》报道，自2012年年初“摇摇招车”上线以来，各种创业型公司纷纷跟进，涌现出“滴滴打车”“快的打车”“打车小秘”“易打车”等多款软件，目前该市场上已多达几十款类似应用。虽然同行业者众多，但目前打车软件并没有出现一家独大的局面。各打车软件都忙着抢占市场份额。据《法制晚报》报道，为了生存与圈地，各家打车软件之间的竞争已到疯狂程度，地推团队“蹲点”的哥聚集地、送油送米送流量、给司机赠送虚拟订单、补贴乘客话费红包、送推荐费等。还有不少司机收到某打车软件群发短信，要求司机不要安装其他打车软件，其语音系统近来也时常插播类似的内容。

而在近期举行的一些线下活动中，除发放礼品外，某打车软件的销售人员也会偷偷地将司机手机上的同类软件卸载掉。为求生存，某些打车软件企业的行为已经涉嫌不正当竞争，同行竞争已经到白热化程度，必然会影响行业的整体发展。如何面对同行的该类竞争，是打车软件企业不得不面对的现实难题。

三、打车软件的“自我救赎”之路

在打车软件内外交困的局势下，如何才能打破行业发展瓶颈，实现“自我救赎”，相信是业界最为关心也最为忧虑的事情。以笔者的观察和了解，相关企业可以从以下方面寻找突破或出路。

（一）去掉加价功能或者设定加价上限

既然打车软件的加价议价功能合法性存疑，那么打车软件是否可以去掉该功能呢？有业内企业负责人表示，按目前的加价订单比例，取消该功能后对软件的影响也不大。既然如此，笔者建议一些打车软件可以取消该功能，这样不仅可以减少争议，也可以避免被政府部门“叫停”的风险。

此外，打车软件还可以对加价功能设定加价的上限，使其加价范围与出租车公司电调平台收取的服务费相当，如上海的几大出租车公司已经恢复收取电调服务费为每车次4元，打车软件也可以借鉴该做法，对加价设定相应的上限，以防过多触及出租车公司的利益。

（二）发展其他增值业务

目前打车软件主要靠从司机处抽取约车加价费等赚钱，盈利模式过于单一，一旦加价功能取消或受限，必然影响打车软件的生存。因此，发展其他增值业务是必经之路。

除了传统的广告业务外，可以考虑利用基于位置的服务（Location Based

Services，LBS）来获得收入，如在打车软件中提供相应的导航功能，实时反映路况，为司机提供最佳行驶线路，节省乘客的时间；或者建立用户信息采集数据库，用户将自己了解到的某街区乘客打车需求信息反馈到数据库中，供司机前来接单，缓解乘客打车难等问题。

（三）完善软件准入标准及安全漏洞

目前，打车软件的准入门槛低也是其存在的问题。因此，完善和加强软件的准入门槛也是打车软件可以改进的地方。比如，建立严格的身份审核机制，司机使用该软件前需要提供身份证、出租车运营证号、驾照、行驶证等相关资格证明，交由客服人工审核后方能注册等。另外，对软件存在的安全漏洞要及时补正，并建立相关的安全漏洞风险预警机制，严格保护获取到的用户信息，提醒用户注意保护个人隐私信息等。

（四）与出租车公司合作

打车软件目前所面临的发展限制，与出租车公司具有密切关联。与其被动等待，不如主动与出租车公司合作，共同开发打车软件平台，促进行业发展。

各地的出租车公司中，并非每家都有电调平台，许多小型出租车公司并未建立起自己的电调平台或打车软件，与这些公司合作，为其提供相关的软件平台，不失为一种好的选择，相信这些公司也愿意积极合作；至于那些已经有自己的电调平台或者打车软件的大型出租车公司，打车软件企业也可以主动寻求合作，为其提供软件技术支持或客服服务，实现资源优势互补、整合利用。

（五）与第三方企业合作

因打车软件目前并没有专门的终端载体，必须依附于智能手机等移动设备，用户在驾车过程中使用该软件存在安全隐患。因此，打车软件可与车载电子设备厂商合作，将打车软件嵌入车载影像系统设备中，这样就可以减少司机在车上另外设置智能手机等装置；还可以与车载导航终端制造商合作，在导航设备中植入打车软件或者将打车软件与导航软件整合在一起使用，在导航的同时兼具打车功能。

另外，还可以与相关互联网公司合作，共同开发LBS业务。现如今，各大互联网巨头都在跑马圈地，抢占移动互联网入口或平台。而作为移动互联网生活服务类应用程序，打车软件也符合这些公司发展的需要。有业内人士透露，百度地图正在建立“一站式打车服务”，或与多款打车应用深度合作，基于地理位置的打车软件服务或许在2013年迎来发展高峰，这或许是一大利好机会。

（六）建立行业联盟，规范业务发展及竞争秩序

目前打车软件众多，但是并未出现一家独大的局面，各家企业为抢占市场份额不惜采取各种手段竞争，有些甚至涉及不正当竞争等违法行为，导致市场混乱。鉴于此，相关企业完全可以联合起来，建立打车软件行业联盟，制定行业发展标准和规范，维护行业正常的竞争秩序，共同将整个产业做大做强。

（七）加强与政府部门的沟通，参与制定相关的服务标准和规范

因打车软件行业缺乏相关准入标准和服务规范，导致实际使用过程中出现各种矛盾，影响了出租车行业正常的运营和监管秩序，这也是政府部门对打车软件产生疑虑的主要原因，而政府也意识到应该加紧制定相关的服务标准和规范。在此情形下，打车软件企业没有理由缺席政府部门的规范制定，应当积极与政府沟通，参与到服务标准和规范的制定中来。

（八）重视产品或相关功能的合法性论证

打车软件目前所遇到的限制甚至被“叫停”，与其产品相关功能本身的合法性有很大关联，如果能在产品推出前，对其进行合法性论证，就可以避免出现类似的争议或障碍。

很多大公司在推出新产品或服务时，通常都会交由法务部门或聘请律师出具法律意见书，分析其合法性。比如，腾讯公司的服务产品众多，而且涉及的都是互联网前沿问题，为防止出现法律障碍或风险，其内部建立了庞大的法务团队，对其推出的每一款服务产品都要事先进行合法性分析。该做法值得打车软件学习和借鉴，特别是当企业只有一款核心产品的时候，对其进行合法性论证就显得尤为重要。

2014年第55期

“锁定房源”的法律性质分析

张茂荣　律师

2014年11月28日媒体曝出佳兆业集团控股有限公司（以下简称佳兆业）在深在售的4个楼盘2000多套房源被“管理局锁定”（以下简称“锁定房源”），其后经历个别项目解锁再锁、股权变更、资质暂停、董事会成员变更、多次停牌、深圳项目全面叫停、高管辞职、甩卖上海项目、主席辞职、债务违约、信用评级下调、合作伙伴撤资，甚至传闻破产重组，后发布澄清公告，短短几十天，佳兆业遭遇了“锁定房源”生死劫，且在继续发酵中，“佳兆业”事件由此产生。

关于佳兆业房源被锁定的原因，媒体和购房者多有猜测，而政府部门至今不予透露，佳兆业亦宣称不知，笔者认为，原因难测在于“锁定房源”并非严格意义上的行政处罚措施，只是政府行政审批流程中的一个环节事件，其适用条件、适用范围、解除条件、解除程序均无法律法规明确规定，但其结果却等同于责令企业停业，具有责令停产停业的行政处罚后果，具备可诉性，佳兆业有权提起行政复议或行政诉讼，现笔者分述如下：

一、“锁定房源”含义

“锁定房源”不是一个法律概念，根据深圳市规划和国土资源委员会网站一手房源项目信息公示的“状态解释”，“管理局锁定”指房屋处于限制状态或开发商存在违规行为，导致售房系统被管理局锁定，根据该解释，房源锁定后开发商将无法再办理商品房的销售，即无法办理预售备案、产权转移登记等相关事项，本质等同于禁止开发商售房。

二、“锁定房源”法律性质、本质属性

（一）“锁定房源”不属于规范的行政处罚措施

行政处罚是指行政机关或其他行政主体依法定职权和程序对违反行政法规尚未构成犯罪的相对人给予行政制裁的具体行政行为。根据《行政处罚法》的规定，行政处罚遵循公正、公开的原则，对违法行为给予行政处罚的规定必须公布；未经公布的，不得作为行政处罚的依据。行政处罚的种类有7个，即警告；罚款；没收违法所得，没收非法财物；责令停产停业；暂扣或者吊销许可证，暂扣或者吊销执照；行政拘留；法律、行政法规规定的其他行政处罚。政府主管部门锁定佳兆业待售房源不属于上述行政处罚中的任何一类。在做出锁定房源决定之前，没有告知佳兆业作出决定的事实、理由及依据；没有告知佳兆业依法享有陈述权、申辩权，没有组织听证；没有出具行政处罚决定书，故不属于规范的行政处罚措施。

（二）“锁定房源”具备责令停产停业的行政处罚后果

虽然“锁定房源”不是规范的行政处罚措施，但由于开发商预售房屋必须通过网上完成，“锁定房源”的结果是开发商无法登录网络完成预售备案、转移登记，无法销售已取得预售许可的房屋，无法经营运转，无异于停产停业，后果十分严重（从佳兆业房源被锁定几十天由兴旺到濒临倒闭即可看出）。

（三）“锁定房源”是对商品房预售许可的否定

众所周知，我国商品房预售实行许可证制度，预售前必须依照《城市商品房预售管理办法》规定取得政府部门核发的预售许可证。预售许可证是政府审核通过同意开发商预售房屋的合法凭证，开发商取得预售许可证预售房屋后，政府又“锁定房源”导致开发商无法预售房屋，本质是对预售许可的否认（不执行自己颁发的《预售许可证》）。

（四）“锁定房源”属具体行政行为，可以提起行政复议、行政诉讼

具体行政行为指行政机关行使行政权力，对特定的公民、法人和其他

组织作出的有关其权利义务的单方行为。“锁定房源”虽不属于行政处罚措施，但也是一种具体行政行为，根据《行政复议法》《行政诉讼法》的规定，可以提起行政复议、行政诉讼。

三、已签购房合同效力不受“锁定房源”影响，佳兆业不能履行应承担责任

如上所述，“锁定房源”属于政府对佳兆业的单方具体行政行为，是佳兆业与政府之间的行政管理法律关系纠纷。而已签认购书、购房合同属于佳兆业与购房者之间的民事房屋买卖合同关系，两者合同主体、法律关系完全不同。故佳兆业不能因房源被锁定无法履行与购房者之间的购房合同而免责。因此导致合同无法履行的，佳兆业应向购房者承担违约责任。至于由此产生的损失，佳兆业可另行提起行政赔偿诉讼予以解决。

2014年第55期

司法执行中迟延履行期间利息计算标准四大转变分析

江祚穆　律师

一、基本情况

2014年7月7日，最高人民法院公布《关于执行程序中计算迟延履行期间的债务利息适用法律若干问题的解释》（法释〔2014〕8号，以下简称8号司法解释），该规定自2014年8月1日起施行。与最高人民法院《关于适用〈中华人民共和国民事诉讼法〉若干问题的意见》（法发〔1992〕22号，以下简称《民诉法意见》）第293条、第294条，最高人民法院《关于在执行工作中如何计算迟延履行期间的债务利息等问题的批复》（法释〔2009〕6号，以下简称6号司法解释）相比，8号司法解释的颁行，进一步明确执行程序中延迟履行期间的债务利息的期间、基数、利率等重大问题，对保护银行等金融机构债权人合法权益、平衡债务人义务有重大意义。整体而言，8号司法解释体现了最高人民法院在计算延期履行利息问题上的四大转变，对银行等金融机构是一个巨大利好。

（一）延期履行利息计算方式的转变：由浮动利率到半固定利率的转变

根据6号司法解释的规定，清偿的迟延履行期间的债务利息＝清偿的法律文书确定的金钱债务×同期贷款基准利率×2×迟延履行期间；根据8号司法解释的规定，清偿的迟延履行期间的债务利息＝生效法律文书确定的一般利息＋加倍部分债务利息，加倍部分债务利息＝债务人尚未清偿的生效法律文书确定的除一般债务利息之外的金钱债务×每日1.75×迟延履行期间。

简言之，6号司法解释规定迟延履行期间利率按人民银行同期贷款基准利率2倍计算，由于人民银行同期贷款基准利率随着不同阶段的经济状况调整而变动，故6号司法解释所规定的延期履行利率是浮动利率；8号司法解释规定延期履行利率分两部分：一是生效法律文书确定的一般债务利息所依据的利率（这个利率是合同约定利率），二是固定利率为每日1.75‰，故8号司法解释所规定的延期履行利率是半固定利率，一般债务利率可由当事人约定确定，加倍部分债务利率按照固定数额每日1.75‰确定。

8号司法解释对一般债务利息的计算仅是笼统规定根据生效的法律文书确定的方法计算，若继续追问生效的法律文书如何确定一般债务利息，则8号司法解释未作详细说明。最高人民法院执行局负责人答记者问的权威观点认为，按照原来合同约定确定一般债务利息。

（二）计息基数的转变：从单一计息基数到分类计息基数的转变

根据6号司法解释的规定，清偿的法律文书确定的金钱债务是计算利息基数。在司法实践中，借贷合同债务清偿的法律文书确定的金钱债务往往包括贷款本金、利息、逾期利息、案件受理费、鉴定费、律师费等其他费用；侵权损害赔偿的法律文书确定的金钱债务往往包括赔偿金、抚恤金、案件受理费、鉴定费、律师费等其他费用，其计息基数就是法律文书确定的上述有关款项的总和。

8号司法解释对一般债务利息是计算基数虽然没有明确规定，但是根据最高人民法院执行局负责人答记者问的精神，计息基数仅指本金，利息和诉讼费等其他费用等并未包括在一般利息的计息基数中。关于加倍部分利息，明确规定其计算基数为债务人尚未清偿的生效法律文书除一般债务利息之外的金钱债务。由于该金钱债务包括了本金、利息和诉讼费等费用，实际上，延期履行利息两部分利息的计息基数并不相同。

（三）期间计算标准的转变：从法律文书确定到生效法律文书确定

1.迟延履行起算日转变：从法律文书确定履行期间届满次日到生效法律文书确定的履行期间届满的转变

根据《民诉法意见》第293条的规定："被执行人迟延履行的，迟延履行期间的利息或迟延履行金自判决、裁定和其他法律文书指定的履行期间届满的次日起计算。”故6号司法解释迟延履行期间起算日从法律文书确定的履行期间届满次日开始计算。《民诉法意见》第293条的规定在实践中会带来较多困惑，例如，某案一审判决表述为：“一、判决被告于本判决生效之日起十日内向原告支付本金×万元及利息（利息按合同约定计算至本判决确定的履行期限届满之日起）；二、如被告未按照本判决指定的期限内履行金钱给付义务，按照民事诉讼法第二百五十三条规定加倍支付延迟履行期间的利息。”被告不服，提起上诉。两年后二审判决的判项为：“驳回上诉、维持原判。”在二审判决生效后，如何确定法律文书指定的履行期间是一个很大问题。上述两个判决仅在一审判决中确定了履行期间，根据逻辑关系，二审维持一审判决，二审判决生效且一审判决间接生效。只有一审判决规定了履行期间届满的问题，那么是从一审判决生效后10天起算迟延履行期间还是从二审判决生效开始计算迟延履行期呢？根据6号司法解释和《民诉法意见》第293条的规定，应该是从一审判决生效后10天起算迟延履行期间。

根据8号司法解释第2条的规定，一律根据生效法律文书的表述确定迟延履行期间起算日，如果没有明确表述的，就从生效法律文书生效之日起计算，即上述例子中，从二审判决生效开始计算迟延履行期间。

2.迟延履行截止日转变：从法无规定到明确规定的转变

6号司法解释及《民诉法意见》均没有规定迟延履行期间的截止日，《民事诉讼法》中也未作规定。但是实际上强制执行中从法院扣划款项到债权人实际拿到款项还是有一个时间差的。除此之外，还存在判决分期付款导致分期延迟履行、案外第三人申请终止或暂缓执行等问题。由于法无规定，导致了实际执行中的混乱。8号司法解释第3条对延迟履行的所有情形的截止日都作出了明确的规定，克服了无法可依的混乱。具体规定如下：“加倍部分债务利息计算至被执行人履行完毕之日；被执行人分次履行的，相应部分的加倍部分债务利息计算至每次履行完毕之日。人民法院划拨、提取被执行人的存款、收入、股息、红利等财产的，相应部分的加倍部分债务利息计算至划拨、提取之日；人民法院对被执行人财产拍卖、变卖或者以物抵债的，计算至成交裁定或者抵债裁定生效之日；人民法院对被执行人财产通过其他方式变价的，计算至财产变价完成之日。非因被执行人的申请，对生效法律文书审查而中止或者暂缓执行的期间及再审中止执行的期间，不计算加倍部分债务利息。”

（四）清偿顺序的转变：从并还判决数额及罚息到先给付判决数额后罚息

6号司法解释第2条规定：“执行款不足以偿付全部债务的，应当根据并还原则按比例清偿法律文书确定的金钱债务与迟延履行期间的债务利息，但当事人在执行和解中对清偿顺序另有约定的除外。”整体而言，如果没有约定，对于债务及延期履行利息，6号司法解释主张按比例偿还原则进行。

8号司法解释第4条规定：“被执行人的财产不足以清偿全部债务的，应当先清偿生效法律文书确定的金钱债务，再清偿加倍部分债务利息，但当事人对清偿顺序另有约定的除外。”8号司法解释主张先还债务再还迟延履行期间利息，减少无力履行人的迟延利息负担，更进一步体现了公平性。

二、存在的问题

（一）确定一般债务利息的方法不完全明确

究其本意，对于迟延履行期间债务利息的计算，最高人民法院是本着“两条腿走路”的原则制定的8号司法解释，一是尊重合同当事人的约定，并以此确定一般债务利息；二是在当事人约定的基础上适当加罚，并以确定固定的利息。但实际上，一般债务利息的利率和计算基数问题，在整个8号司法解释中语焉不详。最高人民法院执行局负责人答记者问对这一问题作出了解释，认定一般债务利息就是合同等实体法律关系确定的利息。8号司法解释的本意是按照当事人合同约定确定一般债务利率和计算基数，但是当事人在合同中如果约定了正常利率和逾期（还款）利率，延期履行期间的一般债务利率应该适用哪个呢？根据延期履行与违约的性质类似的特点，该适用逾期利率。总之，这个一般债务利息的确定是法官运用自由裁量权的结果。

（二）没有明确法律文书的表述格式，导致实践障碍

由于8号司法解释已经明确了延迟履行期间的起算日以法律文书生效为

条件，充分考虑了目前二审判决中经常出现的“驳回起诉，维持原判”的表达方式导致的法律效力传递作用（本文第一部分第3点的例子），从而导致有两个所谓的“生效法律文书确定的履行期间届满之日”的问题。8号司法解释中应对法院此后的二审判决表述作出规范的表述格式，以防止出现这种逻辑上的纰漏。

（三）对侵权责任人、不当得利责任人等非合同债务人的惩罚过宽，不利于保护被侵权人等群体

根据最高人民法院执行局负责人的权威解释，8号司法解释主要是有利于保护有合同基础的债权人，因为一般债务利息是通过合同等实体法律关系确定的，对于侵权行为、不当得利行为造成的损失，无法确定一般债务利息，故对非合同的债权人迟延履行，仅仅需要支付每日1.75‰的利息，每年的资金成本在6%左右，对于被侵权人和原权利人的保护不力，也没用对侵权人或不当得利人形成履约压力。

三、对银行等金融机构债权人的工作建议

8号司法解释对于银行等金融机构的债权保护是一个重大利好，意味着延迟履行利率可以突破同期贷款基准利率的2倍（目前仅为12%左右），对于金融机构债权催收以及合法权益维护都是有利的。为了帮助银行等债权人做好相应的工作，结合司法实践，笔者提出工作建议如下：

（一）建议在借款合同中明确约定正常利率和逾期利率，并明确约定债务人违约、破产、清算等按逾期利率计算利息

目前司法实践尚未完全放开保护4倍同期贷款基准利率之外的利息，所以延迟履行利率总计原则上不能超过同期贷款基准利率4倍。银行贷款管理系统一般有自带的计息系统，如果约定正常利率或者逾期利率超过基准贷款利率3倍（固定利息约等于同期贷款利率），则迟延履行期间的利息超过4倍部分可能法院不予支持。但是如果约定的正常利率或者逾期利率以3倍为限，则履行期满前的利率约定空间尚未用尽，对贷款人不利。为了平衡银行利息管理工作与现行司法实践的矛盾，建议银行的计息系统采用分段计息的

方法，在履行期满前后启用不同的计息公式，履行期满前按照合同约定的计息公式计息，履行期满后，如果一般债务利息的利率加上固定债务利率超过同期银行贷款利率4倍的，采用4倍计算。另外，为了平衡贷款人利益和管理效率问题，建议约定的正常利率或逾期利率不超过人民银行同期贷款利率的4倍。

（二）建议做好起诉工作并加强与法院沟通，确保法院支持将逾期利率作为计算一般债务利息的利率

一般债务利息是对延迟履行人的有力惩罚措施，只有在起诉或者申请仲裁程序中做好沟通，获得法官支持，将逾期利率（逾期利率一般高于正常利率）作为计算一般债务利息的利率，债权人才能最大限度地维护自身的利益并促使债务人尽快履行义务。

（三）建议在借款合同中明确约定，迟延履行期间先还利息再还本金

由于8号司法解释规定了先还本金再还迟延履行利息，对债权人保护减弱。当然，8号司法解释也赋予了当事人约定的权利。建议在借款合同中事先约定，如果因合同纠纷判决生效后发生延迟履行情况，并且债务人不能全部偿付款项，偿还顺序为先偿还利息再偿还本金。这个约定可以增加在签订借款合同时，否则等到法律文书生效后再要求债务人同意这一偿还顺序就很困难了。

总之，8号司法解释对基于合同关系的债权人的延期履行期间的权益保护已经突破了2倍银行贷款基准利率的限度，这一政策变化是随着利率市场化、银行同期贷款基准利率废除的进程而同步的。一旦司法实践对超过银行同期贷款基准利率4倍的利息也实施保护，8号司法解释的能量将更多地释放出来，对银行等金融机构是一个巨大利好。

“冰桶挑战”，法律触手可及

刘国梁　律师

“冰桶挑战”是最先由新西兰的一个癌症协会发起，后在社交网站上兴起的活动，集公益慈善、互联网、公众人物、受助方体验、商业可复制模式、娱乐性等概念于一身，自境外传来中国后风靡一时。当一桶冰浇在头上，整个人似乎顿时感到清醒，清醒之余我们不妨探究下“冰桶挑战”背后的法律问题。借用演员孙红雷最新主演的影片《触不可及》的话，我想要说“冰桶挑战”，法律触手可及。

一、“冰桶挑战”与知识产权

如前所述，“冰桶挑战”是一个很好的创意，更是一个很好的服务项目。一时间，全球竞相效仿，风光无限。可是，创意或者设立的服务本身是否受法律保护呢？在中国，有关知识产权保护常见的法律有《专利法》《商标法》《著作权法》《反不正当竞争法》《民法通则》《刑法》等。我们知道，如果仅是一个创意或者我们常说的“点子”，实际上很容易复制，法律是很难予以保护的。显而易见，“冰桶挑战”也不是法律概念中的发明创造、实用新型、外观设计，因此不适用《专利法》。但是，“冰桶挑战”本身是一个耳熟能详、含金量极高的名称，完全可以注册成商标，甚至据此注册成一个公司，用名称权来保护。“爱心衣橱”就是一个采用商标注册保护得很好的例子。当然，如果“冰桶挑战”项目形成一个书面的文稿，有可能得到《著作权法》的保护。例如，禾邻社起诉万科公益基金会侵犯“全民植物地图”著作权案就是一个例子。因此，从“冰桶挑战”中我们也可以反思公益慈善组织如何学会用知识产权法保护自己及避免侵权的法律风险。

二、“冰桶挑战”与公募资格

根据现行法律，在获取社会公众的捐赠上，基金会或者社会团体分为公募和非公募两个阵营。简单地说，很多公益慈善组织是不能对外发起募捐的。根据现行各地慈善立法的现状，对于大部分草根组织来说发起公开募捐是需要募捐许可或者募捐资格认定的。《深圳经济特区慈善事业促进条例》送审稿中就明确规定无当然募捐资格的慈善组织需要开展慈善募捐活动的，应当向民政部门申请慈善募捐资格认定，并且开展募捐活动时需要备案。那么，向朋友圈发起的“冰桶挑战”是否属于向公众募捐呢？所谓公募，通常的理解是在公共场所向不特定人群公开募集。虽然“冰桶挑战”的开头或许只限于特定人群中几个朋友，但项目的方案实际上是基于特定的人群然后在不特定的受众中扩散，这显然属于法律上的公开募捐。正如“瓷娃娃”发起“冰桶挑战”接受社会公众捐款，是通过具有公募资质的中国福利基金会进行。当然，公募与非公募的划分是否合理，目前已经饱受争议，也需要我们继续深入分析进而推动立法的完善。

三、“冰桶挑战”与捐款自愿

根据《公益事业捐赠法》的规定，捐赠应当是自愿和无偿的，禁止强行摊派或者变相摊派，捐赠应当遵守法律、法规，不得违背社会公德，不得损害公共利益和其他公民的合法权益。因此，这里又衍生出一个新的法律问题，“冰桶挑战”是否属于“逼捐”？我们通常提到“暴力慈善”，这往往是从受赠方角度提出，需要捐赠方避免的情形。但是，从捐赠方角度逼捐也是一种“暴力慈善”。目前，社会公众普遍的反映是“冰桶挑战”非常有趣，属于朋友间的快乐慈善，被点名参与“冰桶挑战”不属于逼捐。但是，凡事均有一个边界。如果点名人与被点名人互不相识，没有达成任何默契，点名人非私信被点名人且刻意向社会公布，甚至在被点名人不参与回应仍执意散布信息，据此给被点名人施加压力的，那么这显然有逼捐嫌疑。因为这不是“冰桶挑战”，而是“挑战名人”了。有关慈善自愿原则，任何公益慈善组织在发起活动时都必须充分注意这一点，不能进行道德绑架。

四、“冰桶挑战”与定向捐赠

根据《公益事业捐赠法》第18条的规定，受赠人与捐赠人订立了捐赠协议的，应当按照协议约定的用途使用捐赠财产，不得擅自改变捐赠财产的用途。目前，“瓷娃娃”饱受“渐冻人”质疑，其中重要一点是能否保证捐赠财产用于“渐冻人”的治疗这一特定用途。或许，很多捐款人都没有专门与受赠方签订捐赠协议并明确约定用途，但这并不代表捐赠合同没有成立。根据《合同法》的相关规定，当事人订立合同的，可以采用书面形式、口头形式和其他形式。不仅如此，发起人发起募捐活动的相关书面资料如倡议书也可以作为合同的共同组成部分而予以遵守。值得一提的是，也有很多慈善公益组织借风顺水，借“冰桶挑战”为本机构的公益项目发起募捐。这里尤其需要注意的是，“冰桶挑战”已经成为一个具有相当知名度的活动项目，社会公众看到“冰桶挑战”，很自然地将资助“渐冻人”相挂钩。因此，假如慈善公益组织借“冰桶挑战”为本机构发起募捐，应当向社会公众对使用用途作出明确充分的提示和指引，不能误导社会公众造成对“冰桶挑战”的“消费”。

五、“冰桶挑战”与人身伤害

“冰桶挑战”非常有趣，但是存在人身伤害风险。如果被挑战人身体欠佳，一桶冰浇头上有可能发生伤害。对此，国外已经报道了若干“冰桶挑战”造成人身伤害的案例。这里，其实又引出一个话题，公益慈善活动中谁来承担意外伤害的法律责任？《广东省志愿服务条例》第36条规定，志愿者在参加经志愿者组织安排的志愿服务过程中，因志愿者组织或者志愿服务对象过错受到人身财产损失或者其他损害的，志愿者组织或者志愿服务对象应当依法承担民事责任。但是在“冰桶挑战”中，很多都是个人自发志愿参与，不存在志愿者组织和志愿服务对象，也似乎很难依据民事法律找到过错方。但是，这并不代表项目发起方没有责任。笔者认为，在类似“冰桶挑战”有一定人身伤害风险的活动中，发起方一定要在活动中给予足够的风险警示，并明确参与人风险自担的责任。

六、“冰桶挑战”与行政处罚

客观地说，法律总是落后于社会现实生活。尤其是面对这些年迅速发展的社会组织，几十年前的法律规定似乎力不从心，甚至与现实脱节。这样就会遇到一些问题需要修改法律。“冰桶挑战”后期引发的争议就是个典型的案例。投诉方认为“瓷娃娃”没有在募捐前提出详细的资金使用计划违反法律规定，应当给予行政处罚。但事实上在信息稍纵即逝的互联网时代与信息热点切换频繁的社会，短时间内提出详细的资金使用计划不现实，但如果没有在社会关注“冰桶挑战”的时候发起募捐将错失良机。这显然是个两难问题。那么，是不是所有违法活动都必须受到处罚呢？我们知道，行政处罚法有几个原则，一个是合法性原则，另一个是合理性原则，也就是行政处罚必须有法律规定，也应当具有合理性。根据目前披露的信息，“瓷娃娃”和中国社会福利基金会已经充分认识到这个问题，在事后也迅速补充和完善资金使用计划对之前的行为予以纠正。因此，根据《行政处罚法》的相关规定，对违法行为情节轻微，没有造成危害后果的依法可以不予处罚。基于此，笔者认为，慈善公益组织在参与各项活动时，不论基于何种动机都要遵守法律规定。如果发现有与法律规定不一致的行为，应当及时听取法律人士意见并及时纠正。

当然，“冰桶挑战”涉及的法律问题还有很多，笔者只是撷取其中一部分权作抛砖引玉。通过热点话题，可以告诉我们法律无处不在，触手可及！笔者希望借此唤起更多人参与对公益慈善机构乃至社会组织的法律探讨，为呵护慈善组织的健康成长和推动社会组织法律的完善一起努力！

2015年第57期

发挥律师专业优势　推动最严环保法实施

——律师如何适应环保新常态要求

李军强　律师

时代在发展，社会在进步，我国已经进入“四个全面”发展的新时期。党的十八大以来，随着改革的进一步深入，我国迎来了生态文明建设的新时代。而与此形成鲜明对比的是，总体环境状况恶化趋势进一步加剧。纪录片《穹顶之下》的播出，唤起了人们对大气污染的普遍重视。而大气污染只是大气、水、土壤“三大污染”中的一项，有更多的环境污染需要去治理，去改善。

社会要发展，环境要改善，法治要建设，治理是必然。在此背景下，新修订的《环境保护法》(以下简称《环保法》)于2015年1月1日正式实施。新《环保法》以多元、立体的制度设计，综合、系统的监管安排，严厉的违法责任得到社会的普遍认可，被认为是解决目前环境问题的“钢牙利齿”，被媒体称为“史上最严《环保法》”。

新《环保法》实施后，立法机关更加重视环保法律体系的完善和质量的提高；政府部门更加重视提高规范执法水平和能力；生产经营企业更加重视环保法律制度的落实和环境法律风险控制管理。

我们清楚地看到：新《环保法》实施后，提高环保标准、严查环保违法、扶持环保产业已经成为趋势，用目前最流行的话来说，这将会成为目前及今后一段时间内的环保“新常态”。

作为一名环保专业律师，如何适应环保新常态并且更好地服务于环保新常态，已经成为必须思考的话题。笔者将自己的一些思考简要归纳，与大家共勉。

一、“最严《环保法》”的几个体现

第一，时间跨度长，修订过程难。《环保法》的此次修改，是在1989年《环保法》实施25年，环境形势发展巨大变化的情况下进行的。在《环保法》修订的过程中，经历了争论、反复，最后是在生态文明建设被放在重要的地位后才实现的。

第二，修订幅度大，内容变化多。新《环保法》历经两届人大、四次人大常委会审议后才通过。此次修订，仅保留原有法条中关于《环保法》适用范围一个原文，对其他46个条文均进行了修改，并新增加了23个条文，新增条文占条文总数的1/3，修订后的条文总数达到70条。

第三，配套制度严，处罚力度大。新《环保法》在原有法律规定的基础上增设环境监测、公益诉讼等20余项制度。在明确政府环境保护主体责任的基础上，新《环保法》还要求进一步规范环境行政执法活动。环保部等部委针对行政拘留、按日计罚、查封扣押、限产停产、企业信息公开、环境突发事件应急处理等出台了具体办法。按照环保部的安排，最终出台的《环保法》配套办法将达到54个，全面实现新《环保法》制度的真正落到实处，有望从根本上改变生产经营企业“违法成本低、守法成本高”的现象。

第四，政府决心大，落实力度强。习近平总书记近两年来在各种场合多次谈及环境保护和生态文明建设话题。李克强总理在第十二届全国人民代表大会第二次会议上作政府工作报告时强调“我们要像对贫困宣战一样，坚决向污染宣战”。新任环保部部长陈吉宁在多个场合讲道：要让新《环保法》成为一个有钢牙利齿的“利器”。按照国务院部署，环保部将2015年确定为新《环保法》的“实施年”，全开展环保大检查，对违法者做到“四个不放过”，即“不查不放过、不查清不放过、不处理不放过、不整改不放过”。据环保部统计，除山西、海南、云南、西藏外，2015年1—2月，全国实施按日连续处罚案件共26件，罚款数额达1238.96万元，个案罚款数额最高为208万元；实施查封、扣押案件共527件；实施限产、停产案件共207件；移送行政拘留共147起。

第五，参与主体多，保护合力大。新《环保法》的实施，调动了所有部门参与者的积极性，上到中共中央政治局、全国人大、国务院等决策机构，最高人民法院、最高人民检察院、公安部、发改委、环保部、工信部等实施机构，下到各级地方政府及其相关组成部门，再到民间环保组织和全体公民，都以相应的方式积极参与到《环保法》的落实和实施中。中共中央、国务院发布《关于加快推进生态文明建设的意见》，国务院办公厅发布《关于加强环境监督执法的通知》，最高人民法院、最高人民检察院联合发布《关于办理环境污染刑事案件适用法律若干问题的解释》，最高人民法院成立环境资源审判庭并发布《关于审理环境民事公益诉讼案件适用法律若干问题的解释》。环保组织和全体公民积极参与环境公益诉讼和环境保护工作。环境保护的全民共治局面已经形成。

二、环保新常态的具体内容

新《环保法》的修改和实施，是环境形势日益严峻、有关部门高度重视的结果，也是人们提高生活质量的要求。据了解，新《环保法》实施后，在社会各领域、各层面已经产生了较为明显的影响。其主要表现为：

（一）环保法律体系正在完善

新《环保法》提纲挈领地规定了诸多新的制度和新的执法措施。为了使这些规定得到细化并具体落实，整个环保法律体系需要完善，相应标准需要调整，立法质量需要提高。

全面层面上，全国人大已经将《大气污染防治法》《环境影响评价法》等法律的修改和土壤污染防治法的制定纳入立法计划并组织实施。在地方层面，一方面，各地都在根据新《环保法》的要求，抓紧制定和修改地方环保法规。例如，最新修改的《广东省环境保护条例》将于2015年7月1日生效，其规定比《环保法》更多、更严。另一方面，根据新修改的《立法法》的规定，全国282个设区的市享有制定环保方面的地方性法规的权利，环保地方性法规的制定已经成为现实需求。研究新《环保法》并针对性地研究出台相关地方性环保法规，将成为现在和将来一段时间内政府法制部门的重要工作之一。

不难看出，以新《环保法》及其配套法规的出台为契机，我国的环保法律体系将会进一步完善，法律法规的数量和质量将会进一步提高。

（二）环保执法活动正在规范

新《环保法》在赋予政府及其管理部门新的执法权力的同时，也对执法活动提出了更严格的规范要求。由于新《环保法》规定的许多制度都是首次实施，没有现成的经验可供借鉴，规范执法压力较大。为此，主管部门正在紧锣密鼓地研究规范执法和裁量的细化办法。结合新《环保法》中的严厉问责规定，规范行政机关及其执法人员的行为、防范行政执法风险，已经成为政府环保主管部门的迫切需要。

（三）企业对环境法律风险防范更加重视

新《环保法》修改的重点之一，就是大幅提高环境违法成本。首先，新环保法规定了很多非常严厉的措施，如按日计罚、查封扣押、行政拘留、刑事责任等。其次，新环保法大大降低了环境违法者承担责任的门槛。再次，强化政府管理手段和方法，加大执法检查力度，严格环境监管执法。最后，强化公众参与，通过奖励环境违法行为举报人等方法，使环境违法行为暴露在阳光下。严峻的环境形势，严厉的法律要求，严格的环境执法，迫使企业不得不增加环保投入，不得不重视环境法律风险。

（四）公民更加重视环境质量、积极参与环保

新《环保法》实施后，公民关注自身健康和环境质量的意识普遍增强。新《环保法》确认了公民获取环境信息、参与和监督环境保护的权利。面对环境恶化造成的损失和各种不便，公民保护环境的诉求越来越多地表达出来，公民越来越多地自觉参与环境保护工作、越来越积极地进行环保监督。

三、律师如何在环保新常态中发挥专业作用

律师是法治建设中最重要的力量之一。作为专业人士，律师具有法律知识功底深厚、实践经验丰富的优势，能够在环境领域的立法、执法、风险管理、法律培训等方面发挥其他人士无法替代的作用。

律师应当适应“最严《环保法》”实施后的变化，服务环保新常态，助力环境保护法律体系的实施。

（一）律师工作内容

1.要为立法机关提供服务

现行环保法律体系是以新《环保法》为龙头，以相关法律、法规、规章、政策和标准为主体构成的。结合党的十八届四中全会的决定和全国人大提升立法质量的要求，修改和制定环保领域新的法律、法规，保证环保领域新的法律、法规等与新《环保法》相协调，提升环保领域法律、法规等的可操作性，已经成为立法机关当前和今后一段时间的主要工作。律师借助专业优势，能够在这些方面发挥非常重要的作用。常见的有如下内容：

（1）提出环保领域法律、法规等的制定和修改的意见和建议；

（2）受托进行环保领域法律、法规等制定和修改的前期调研工作，为环保领域法律制定或修改提供基础支持；

（3）受托进行环保领域法律、法规等的立法评估和实施后评估工作，为环保领域法律、法规等的正确实施提供支持。

2.要为政府提供服务

政府是环保法律、法规等实施的主导机构，在环保法治建设中的作用特别重要。为政府提供专业服务，主要从以下几方面着手：

（1）在规范性文件制定方面

① 受托单独或参与环保领域规范性文件的制定工作，为提升规范性文件质量提出专业的意见和建议；

② 受托对制定的规范性文件进行专家论证、合法性审查、风险评估及立法后评估等工作；

③ 受托对制定的规范性文件进行制定前的调研，为规范性文件制定提供前期服务。

（2）在规范执法方面

① 为依法进行环保决策提供程序和实体方面的支持；

② 为环保执法能力提出意见和建议，助力依法行政水平的提升；

③ 受托进行环境行政许可、行政处罚、行政强制的事前审查，提出专业意见和建议；

④ 为编制环保权责清单提供专业服务。

(3)在创新研究方面

受托进行生态文明建设和环保方面的探索论证，创新研究符合环保新常态以及党的十八届四中全会要求的生态文明建设和环保法治管理模式。

(4)在环保法治意识的培养方面

① 受托对企业进行环境法治和环境法律风险管理方面的培训，提升企业特别是重点监管环保企业的守法意识，减轻环境执法压力，改善和提升环境质量；

② 受托进行公民环保法治宣传教育，提升行政区域内公民的环保法治意识，培养全体公民自觉保护环境的能力。

(5)在环保项目建设方面

对政府投资的环保类基础设施建设项目提供全程法律服务，包括项目招标、合同起草和修订、政府和社会资本合作(Public-Private-Partinership，PPP)模式选择与规范等，推动项目建设顺利、健康进行。

(6)在公益诉讼方面

组织、培训专业律师进行公益诉讼，依托符合提起公益诉讼主体资格的社会组织，建立严格、规范、专业的环保公益诉讼队伍，通过公益诉讼推动《环保法》的实施和全社会环保意识的提高。

(7)在诉讼代理方面

代理政府部门处理环保领域的行政复议、行政诉讼案件。

3.要为环保企业提供服务

环保企业，特别是重点监管的环保企业，是环保领域法律、法规等实施，美丽家园建设的主要参与者。环保企业的守法程度直接决定着环保执法的效果和环境改善的程度。为环保企业提供法律服务，推动环保企业自觉守法用法，既有利于保护环境，又能提升企业竞争力。

为环保企业提供法律服务主要围绕提升环保企业竞争力进行，具体途径包括增加收益、规范管理、助力发展。

(1)在助力企业增加收益方面

① 协助或代理企业取得环保领域的优惠待遇;

② 帮助企业参与排放权交易,用技术进步创造收益;

(2)在规范管理,促进健康、顺利、快速发展方面

① 帮助企业完善环保管理制度,建立系统协调的制度,以推动企业规范管理;

② 帮助环保企业进行环境法律风险控制工作,通过参与企业的生产全过程,采用收集资料、分析识别、确定方案、组织实施和反馈提高等方式,预防和控制环境风险,减少风险对企业的影响;

③ 对员工进行法律知识、风险管理等的培训,提高企业相关人员的法律风险防范意识和法律风险防控能力;

④ 对企业遇到的环境问题做专项调查,并提出解决意见或建议。

(3)在解决环保企业发展中的困难,助力发展方面

① 提供投融资服务,解决企业经营过程中的资金压力;

② 为企业获得政府公共环保基础设施建设项目和组织项目的顺利实施提供专项法律服务;

③ 提供推荐专业机构等资源融合方面的个性化服务,建立机制并解决环保企业发展中的困难;

④ 代为处理各类纠纷,为企业发展保驾护航。

4.要为公民提供法律服务

(1)对公民进行环保法律知识的宣传教育,提升公民环保意识,推动全民参与环保工作。

(2)为受到环境污染损害的公民提供法律帮助,代为进行环境侵权案件的处理,维护公民的环境权利。

(二)律师为环保新常态提供服务时的注意事项

1.勤积累、多准备

专业律师提供上述专业环保法律服务,是一项系统性强、涉及内容多的

综合性工作，需要有丰富的法律、政策、行业等方面的积累。律师不仅要了解相关法律规定，也要了解相关行业情况，还要具备较强的综合协调、分析、处理问题的能力。律师要努力将自己打造成为一个环境保护法律服务方面的专家。

2.进行环保法治服务创新

创新就是对已有事物重新组合或创造新的事物。环保法治服务创新的方法之一，就是将环保法律的要求与传统法律服务的业务类型有机结合，实现服务内容和服务水平的双提升，最大限度地提升客户的收益水平，减少风险，提升竞争力。

3.规范服务流程，提高服务质量

服务流程是服务质量的程序保证。通过对服务流程和内容的细化，能够实现服务产品的规范化、流程化，实现批量服务，保证服务质量，维护客户利益。

4.全面了解服务对象，做到有的放矢

服务质量的提高，需要依靠对服务对象的全面了解。律师要全面了解服务对象的情况，有针对地确定合适的服务方案，实现个性化，并通过不断完善，确保服务质量和效果。

2015年第57期

试论我国遗嘱执行人制度的立法完善与创新

郭璇玲　律师

李立坤　律师

遗嘱执行人，是指有权按照遗嘱人的意志执行遗嘱的人。《中华人民共和国继承法》仅在两条条文中提及了“遗嘱执行人”的概念，但法律、行政法规、相关司法解释中并未对“遗嘱执行人”的身份、法律地位、权利义务、条件限制以及如何执行被继承人遗嘱作出明确规定。显然，现行法律法规在遗嘱执行人的权利义务、遗产管理与分配的程序和法律责任等方面均存在严重的立法空白且不具有可操作性。

一方面，随着我国市场经济的高速发展以及私人财富不断积累，公众开始有了财富管理和传承的意识和客观需求，而拥有巨额私人财富的高净值客户需求尤为迫切。聘请专业人士或专业机构作为遗嘱执行人为其财富传承提供全面服务，帮助其在生前对财产进行合理配置并对财富传承进行筹划，确保其百年后遗产得到有效管理、遗嘱能够被严格执行以及遗产能得以合理分派，这些都已然形成了一个潜力非常大又亟待拓展创新的法律服务市场。在这种背景下，遗嘱执行人制度如何尽快落地并依法实施，需要法律界立即行动。

另一方面，我国公司法领域的破产管理人制度已日臻完善，特别是自2007年6月1日《中华人民共和国企业破产法》实施以来，全国各地受理了大量的企业破产还债案件，最高人民法院也针对破产管理人制度颁布了多项操作规定，使破产管理人制度具有实际可操作性，而破产管理人在企业破产过程中扮演的角色及功能又恰好与遗嘱执行人在遗产继承中的角色非常类似，可以参考借鉴。与此同时，我国香港特别行政区也早已建立了成熟的遗嘱执行人及遗产管理人制度，经过40多年的运行，效果良好。两者均可在我国遗嘱执行人制度的制定、践行和完善中发挥参考借鉴作用。

因此，在《中华人民共和国继承法》立法规定的基础上，借鉴我国内地企业破产管理人制度及我国香港特别行政区遗产管理人制度的成功经验，可以通过扩充遗嘱执行人制度的外延并明确和完善该制度的执行，开创以律师作为遗嘱执行人的全新业务模式，并以实务操作中积累的经验继续推动继承法立法和完善。

一、我国关于遗嘱执行人的立法现状

自1985年10月1日起施行的《中华人民共和国继承法》第16条第1款规定："公民可以依照本法规定立遗嘱处分个人财产，并可以指定遗嘱执行人。"第23条规定："继承开始后，知道被继承人死亡的继承人应当及时通知其他继承人和遗嘱执行人……"但《中华人民共和国继承法》实施近30年来，我国的法律、行政法规、司法解释却从未对"遗嘱执行人"的法律地位、委任程序、权利义务、条件限制、解任、报酬等进一步作出明确规定。这种立法空白使得"遗嘱执行人"这一重要角色在实践中缺乏明确指引、职责模糊不清，导致在继承发生后的遗嘱执行、遗产管理过程中其原可发挥的巨大作用一直没有被发挥出来。因此，在目前的司法实践中，遗嘱执行人制度因没有具体的操作细则而几乎成为一纸空文，有关遗嘱执行人司法判例更为鲜见。

而笔者在处理的大量继承纠纷案件中发现，各继承人对遗嘱效力、其他继承人身份以及遗产分配方案难以达成一致是造成继承纠纷的主要原因。中国的传统文化讲求"家和万事兴"，亲人为了争夺遗产而大打出手，甚至骨肉反目，都让人叹息，绝非被继承人所希望发生的，而继承人亦同样希望能够避免纷争，从各被继承人处尽早获得遗产。因此，如果遗嘱执行人制度能够落实到位，通过专业的遗嘱执行人依据法律对遗产进行清点、管理并拟定分配方案或执行遗嘱，就可以有效缓解矛盾、减少财产损失。这样，既充分尊重了被继承人生前意愿，实现其财富传承，亦可以保障各继承人的合法权益，避免因遗产分割问题产生纠纷，伤害彼此亲情。因此，无论是被继承人还是继承人，无不迫切希望通过一套完善合理的制度，在专业人士的帮助下，实现遗产有效管理及合理分配、顺利传承。

二、内地破产管理人制度与香港遗产代理人制度的实施情况

（一）内地企业破产管理人制度

根据《中华人民共和国企业破产法》的规定，内地企业破产管理人制度，是指在公司破产程序开始以后，为了加强对债务人财产的管理，防止债务人随意处置财产，保护债权人的利益，由法院指定的专门机构接管公司对破产财产进行清算、评估和处理、分配的制度。其中，管理人可以由有关部门、机构人员组成的清算组或者依法设立的律师事务所、会计师事务所、破产清算事务所等社会中介机构担任。

近年来，内地各级法院受理了大量的企业破产还债案件，根据2014年最高人民法院工作报告显示，仅2013年一年，各级法院审结企业破产案件1998件。而在民营经济最发达的地区之一的浙江，根据浙江省高级人民法院今年1月公布的数据显示，2013年浙江省共受理企业破产案件346件，审结269件，同比分别上升约145.07%和265.79%；破产企业债务总额达到1595亿余元，比2012年的243亿元增长了近6倍。

在立法方面，除《中华人民共和国企业破产法》外，最高人民法院还陆续发布了《关于审理企业破产案件指定管理人的规定》《关于审理企业破产案件确定管理人报酬的规定》《关于〈中华人民共和国企业破产法〉施行时尚未审结的企业破产案件适用法律若干问题的规定》《关于债权人对人员下落不明或者财产状况不清的债务人申请破产清算案件如何处理的批复》《关于正确审理企业破产案件为维护市场经济秩序提供司法保障若干问题的意见》《关于适用〈中华人民共和国企业破产法〉若干问题的规定（一）》《关于适用〈中华人民共和国企业破产法〉若干问题的规定（二）》等规定，使破产

案件的审理依法、有序，而其中对破产案件的管理人进行了制度化安排，对管理人的成立、运作、监督、报酬等方面，均有明确的规定。而全国各级地方法院中，也有相当数量的法院在各自辖区内对破产案件的审理制定了实施细则，如深圳市中级人民法院发布了《审理破产案件规程》《企业破产重整案件审理规程（试行）》，其中也对管理人制度进行了规定。可见，管理人制度运行良好效果显著，已经成为法院依法审理破产案件的重要保障手段之一。

1.破产管理人的产生时间

根据《中华人民共和国企业破产法》的规定，企业法人不能清偿到期债务，并且资产不足以清偿全部债务或者明显缺乏清偿能力的，企业、其债权人或负有清算责任的人可以向债务人所在地的法院提出破产申请，法院应当在15日内裁定是否受理破产申请。对于符合破产条件的，法院裁定受理申请。法院在裁定受理的同时，应当指定破产管理人。

2.破产管理人的产生方式

根据最高人民法院《关于审理企业破产案件指定管理人的规定》的规定，法院审理企业破产案件应当指定管理人，管理人应当从管理人名册中指定。

根据上述规定，高级人民法院应当根据本辖区律师事务所、会计师事务所、破产清算事务所等社会中介机构及专职从业人员数量和企业破产案件数量，确定由本院或者所辖中级人民法院编制管理人名册。

而管理人名册分为机构管理人和个人管理人两种，其中，符合《中华人民共和国企业破产法》规定条件的社会中介机构及其具备相关专业知识并取得执业资格的人员，均可申请编入管理人名册。已被编入机构管理人名册的社会中介机构中，具备相关专业知识并取得执业资格的人员，可以申请编入个人管理人名册。社会中介机构及个人申请编入管理人名册的，应当向所在地区编制管理人名册的法院提出，由该法院予以审定。

3.破产管理人的选任条件与限制

破产管理人可以由有关部门、机构的人员组成的清算组或者依法设立的律师事务所、会计师事务所、破产清算事务所等社会中介机构或个人担任。

受理企业破产案件的法院，一般应指定管理人名册中的社会中介机构担任管理人。对于事实清楚、债权债务关系简单、债务人财产相对集中的企业破产案件，法院可以指定管理人名册中的个人为管理人。

但为保障破产清算程序的公正与客观，《中华人民共和国企业破产法》规定，因故意犯罪受过刑事处罚的、曾被吊销相关专业执业证书的、与案件有利害关系的以及法院认为不适宜担任破产管理人的，都不得担任破产管理人。

4.权利义务及职责权限

作为法院依法制定成立的客观中立的专门机构，破产管理人应履行的职责主要包括如下内容：

（1）接管债务人的财产、印章和账簿、文书等资料；

（2）调查债务人的财产状况，制作财产状况报告；

（3）决定债务人的内部管理事务；

（4）决定债务人的日常开支和其他必要开支；

（5）管理和处分债务人的财产；

（6）代表债务人参加诉讼、仲裁或者其他法律程序。

除此之外，破产管理人还应履行勤勉义务、忠实执行职务，没有正当理由不得辞去职务。

5.撤销与终止条件

尽管企业破产管理体系由法院指定，但出现最高人民法院《关于审理企业破产案件指定管理人的规定》第33条、第34条出现的情形时，债权人会议可依据法律的规定向法院提出更换管理人申请，法院也可以径行撤换管理人。

此外，若管理人利用职权徇私舞弊、谋取非法利益或者侵占破产企业财产的，法院也可撤销其管理人资格，构成犯罪的，管理人还需要承担刑事责任。

6.报酬法定

管理人报酬由最高人民法院《关于审理企业破产案件确定管理人报酬的规定》进行确定。具体而言，法院应根据债务人最终清偿的财产价值总额，在以下比例限制范围内分段确定管理人报酬：

（1）不超过100万元（含本数，下同）的，在12%以下确定；（2）超过100万元至500万元的部分，在10%以下确定；（3）超过500万元至1000万元的部分，在8%以下确定；（4）超过1000万元至5000万元的部分，在6%以下确定；（5）超过5000万元至1亿元的部分，在3%以下确定；（6）超过1亿元至5亿元的部分，在1%以下确定；（7）超过5亿元的部分，在0.5%以下确定。

担保权人优先受偿的担保物价值，不计入前款规定的财产价值总额。

高级人民法院认为有必要的，可以参照上述比例在30%的活动范围内制定符合当地实际情况的管理人报酬比例限制范围，并通过当地有影响的媒体公告，同时报最高人民法院备案。

（二）我国香港遗产代理人制度

在香港，遗产代理人（personalrepresentative）包括遗嘱执行人（executor）及遗产管理人（administrator）。根据香港《遗嘱认证及遗产管理条例》的规定，遗嘱执行人是借着立遗嘱人的委任而获托付执行立遗嘱人最后一份遗嘱的人。遗产管理人则是指获授予遗产管理的人。

1.遗产代理人的产生时间

（1）遗嘱执行人

尽管被委任的遗嘱执行人需要通过向香港法院遗产承办处提交申请的方式来确定，但实际上，遗嘱执行人的权利与责任均源自有关遗嘱，因此遗嘱执行人在继承发生时即随之产生。

（2）遗产管理人

针对被继承人未在遗嘱中指定遗嘱执行人的情形，香港法例规定，有资格申请成为遗产代理人需向香港法院遗产承办处提交申请，以获得遗产管理的权利。因此，遗产管理人的权利行使的起始时间是由遗产管理书上所载日期来确定的。

2.遗产代理人的产生方式

与内地企业破产管理人的产生方式相类似，香港遗产代理人的产生方式亦是由法院认证或指定。但不同的是，在香港法例中，遗产代理人的授予规则与程序十分详细，无论是在有遗嘱指定情形还是在无遗嘱指定情形中，法官均须依照《无争议遗嘱认证规则》的规定，对申请对象进行资格授予。

3.遗产代理人的选任条件与限制

在香港的遗产代理人制度中，自然人或信托法团都能成为遗产代理人的主体，但需满足以下条件：

（1）成为遗产管理人的自然人需要具有行为能力。（2）成为遗产管理人需要年龄在21岁以上。（3）法律所规定的涉及同一财产的遗嘱执行人的数量最多为4位；如果是涉及未成年人利益的遗嘱继承，遗产管理人必须为2位或者包括信托法团。

4.权利义务及职责权限

根据香港有关法例的规定，遗产代理人须履行的职责包括：

（1）编制财产清单提交法院；（2）代表被继承人参与民事活动，包括订立合约、处置财产等；（3）清理被继承人的债权、债务；（4）按照被继承人的意愿分派清偿债务后的被继承人财产。遗产代理人可将死者的动产或不动产的任何部分，包括处于司法程序中的财产，根据财产的实际状况或投资状态进行公平、合理分派。

5.撤销与终止条件

当法院认为对遗产代理人已作出的授予错误或该授予在相应利害关系人提出要求的情形下应被撤销时，法院有权撤销授予。

当法院出于对遗产妥善管理及遗产实际享有人利益考虑时，法院有权指定其他遗产代理人。

6.报酬法定

根据香港《遗嘱认证和遗产管理条例之规定》第60条的规定，法院可容许遗嘱执行人或遗产管理人从死者遗产中获发给法院认为适当的薪酬。目前的标准是，遗产代理人（包括遗嘱执行人与遗产管理人）的薪酬不得超过所管理的不论属何种性质的所有财产的总值的下述百分率，即首1000港元不得超过5%，其后4000港元不得超过2.5%，余额不得超过1%。

三、建议引入“遗产代理人”概念，并尝试以律师为主导全面推动遗产代理人创新业务

在参考内地企业破产管理人制度、并借鉴香港遗产代理人制度成熟经验的基础上，笔者认为，可以将内地继承法领域的遗嘱执行人制度进行立法和完善。具体构想如下。

（一）遗产代理人释义

如前所述，由于《中华人民共和国继承法》及相关法律法规、司法解释至今并未明确遗嘱执行人的职责和权利义务，缺乏对遗嘱执行人的明确定义，而根据继承的实务经验，国人避讳死亡，绝大部分继承纠纷中都没有“遗嘱”，因此，有必要修正称谓为“遗产代理人”，扩大其权利和职责范围，并定义为：“根据立遗嘱人的委托或者法院的指定，对遗产进行保管、清理、估价、处理和分配的人”，以切实满足实务的需求。

（二）遗产代理人的产生时间

遗产代理人的产生不应仅局限于继承发生时或法院发出选任命令时，被继承人在其生前即可委托律师作为其遗产代理人，负责对被继承人的财产进行清点、梳理并进行有效管理，指导被继承人订立合法有效的遗嘱或者设立信托。

（三）遗产代理人的产生办法

1.由被继承人生前委托或在遗嘱中指定

遗产代理人可以通过与被继承人签订委托协议或由被继承人在遗嘱中指定，而只要委托协议及遗嘱系基于被继承人真实意思表示作出且合法有效，则遗产代理人的身份在发生继承前或继承发生时即可确定。

2.继承人选任或由法院指定

在被继承人未通过生前委托协议或遗嘱形式指定遗产代理人的情形下，继承人可以在继承开始后协商推选遗产代理人；而继承人对遗产代理人选任

有争议的，可以由法院根据合法继承人的申请，从与继承人无利害关系的自然人或有资质的专业中介机构中指定，如律师和律师事务所等中介机构均可选任为遗产代理人。

3.设立遗产代理人名册

遗产代理人毕竟是一个专业性较强的法律服务内容，考虑到目前法律服务市场已进行了专业化分工，为了维护继承人和被继承人的利益，可以借鉴破产管理人的准入制度，由法院或行业协会建立遗产代理人名册，通过自愿申报与筛选考核，让具备民事专业特长的律师和律师事务所进入遗产代理人名册，并定期对遗产代理人进行考核，将不合格或不称职的遗产代理人剔除出名册，从而实现遗产代理人的专业化、规范化。

（四）遗产代理人的选任条件及限制

1.中立、无利害关系、具有完全民事行为能力

为保证遗产在管理、分配过程中既能够遵从被继承人生前意愿，同时又能保障继承人的合法权益，遗产代理人应当由中立、与继承人不存在利害关系的具有完全民事行为能力的自然人、法人或其他团体担任。从香港富豪霍英东的遗嘱执行案例来看，遗产受益人和遗产代理人的身份重叠为遗产之争埋下隐患，尤其在遗产范围不明确的情况下，极易产生遗产被占有方隐匿的事件，而遗产代理人和继承人身份分离，可使执行人对遗产的权利仅限于领取报酬，避免其参与将来的遗产分配，如此更有利于保护遗产安全和继承人的合法权益不受侵害。

2.具备专业素质

遗产代理人的选任对象应为具有专业素质的人。与企业破产管理人制度相似，遗产代理人须协调与平衡参与遗产分配各方的利益，并依据法律规定及公平原则对遗产作出合理分配。因此，这势必要求遗产代理人掌握丰富而专业的法律、财务管理知识及沟通协调技能，并具备较高的道德与职业操守。而律师作为具有丰富法律知识及较高职业素养的专业人士，是遗产代理人的最佳人选之一。

（五）遗产代理人的权利与职责

当律师作为遗产代理人时，可以提供的法律服务及履行职责应该包括但不仅限于：

（1）接受被继承人生前委托的，应对被继承人所拥有的财产进行清点、梳理，并制作财产清单；（2）接受被继承人生前委托的，应协助被继承人确立合法、有效的遗嘱或者设立信托；（3）继承发生后，应查明被继承人是否留有遗嘱，并确定遗嘱是否真实合法；（4）继承发生后，应查明并通知包括继承人在内的遗产承受权利人、被继承人的债权人及债务人；（5）对遗产进行管理，并制作遗产清单，办理公证相关手续；（6）清偿遗产债务；（7）向参与遗产管理、分配的人员发放薪酬；（8）召开继承人或遗产承受权利人会议，遗产代理人可在会议上将遗产分配方案交由与会人员表决，再根据与会人员的意见反馈制定最终的分配方案；（9）对遗产进行公平、合理分派，并协助办理继承公证；（10）在管理权限之内，可以采取必要的措施或通过诉讼保全遗产；（11）进行与管理遗产有关的其他必要行为。

（六）遗产代理人的报酬制度

在内地企业破产管理人制度和香港遗产代理人制度下，均赋予了破产管理人或遗产代理人获得报酬的权利。遗产代理人作为对遗产进行管理、分配的人，其实质上是在为被继承人及遗产承受权利人提供服务，因此向被继承人请求或从遗产中支取相应报酬是符合公平交易原则的，遗产代理人请求报酬的权利应受法律保护。

考虑律师提供此类服务可以归类为非诉法律业务，可以根据各地的实际情况，参照破产管理人的收费标准，对遗产代理人的收费标准进行确定，使该项收费制度化、明确化，以避免日后产生争议。

综上所述，遗产代理人制度是社会法治发展的必然要求，应当尽快予以立法完善。将遗产代理人制度进行完善，确切执行，既是庞大客户群的迫切希望，也是法律工作者特别是律师针对客户需求不断创新业务模式的必然要求。

2015年第58期

“法律顾问进社区”的冷思考

刘泽华　律师

受所属律师事务所指派，笔者有幸成为深圳市坪山新区的三个社区的法律顾问。自2015年5月19日笔者首次进驻社区以来，已接连四次为其中两个社区提供现场法律顾问服务。从值班情况和笔者的工作经验来看，社区法律顾问有冷有热，有忙有闲，不一而足，由此引起了笔者对“法律顾问进社区”的一些反思，未必绝对正确，权当工作总结。

一、为什么需要社区法律顾问

化解基层矛盾，培养法治意识，构建和谐社会，无疑是政府对社区法律顾问的基本要求。而社区呢？笔者认为，目前社区对驻点法律顾问的期待会因社区民情而有所差异：社区对法律顾问的希望在很大程度上保留在基本的法律需求层面，特别是协助社区解决正在或者将要发生的纠纷；对居民来说，若非碰到迫在眉睫的争议，一般也不会特别去寻求律师的帮助，哪怕免费的法律顾问就在身边。这也真实地反映出目前社区的整体法治现状，一方面表现出经济并非特别发达；另一方面也表现出传统人缘与民间自治意识依然占据主要地位。当然，笔者进驻社区的时间尚短，对社区民情了解有限也是重要原因。

为什么需要社区法律顾问？身为律师，笔者认为，居民的权利维护与义务厘清需要社区法律顾问；社区的治安维护需要社区法律顾问；而国家的法治建设尤其需要从最基层的村社建设抓起，让全体公民从最基本的衣食住行开始树立法律意识，从最常见的家长里短开始培育规则意识，推己及人，修身齐家，参政议政等，由小到大，见微知著，如此法治始能有坚实的民众基础。法治昌，则律师强。现在反之亦然律师强，更能为法治昌盛助力。

二、社区需要什么样的法律顾问

根据前文所述，法律顾问进社区，最初接触的往往是社区正在发生的争议。细分起来，此类争议范围其实也相对较为有限，以笔者所服务的两个社区来看，原农村转为社区、村民转为居民过程中伴随的集体股份制问题，以及原集体土地国有化过程中的土地和房产权属纠纷可能是目前深圳龙岗、坪山、大鹏等管辖社区最易引起的争议，并且动辄牵连数十年、二十年，属于典型的历史老大难问题。

除去股份与房地产问题，一般婚姻家事纠纷则是普通老百姓最为常见的争议，包括离婚、财产分割、继承、赡养与抚养等，这其中与前述股份和房地产关联起来的婚姻家庭纠葛就更为复杂。此外，目前深圳各社区一般都会或多或少有工商企业，由此带来的劳动争议也是社区较为常见的纠纷。至于其他纠纷，则要看各社区的实际情况，但相对而言，其他纠纷与前述三类纠纷相比，往往并不成规模，更为偶发和少见。

了解了社区的常见纠纷，也就不难理解法律顾问进社区初期被咨询最多的问题何以基本上都集中于上述三类，同样也就不难理解何以社区对法律顾问期待更多的并非“高大上”，而是“接地气”的对口、务实、简洁、高效的法律服务。当然，“接地气”并非不要求专业，可能恰恰相反，由于社区居民居住相对集中、相应的争议问题较为常见和普遍的特点，社区对法律顾问的法律服务要求更高，因为，处于这样低头不见抬头见的紧密型生活圈中，一次不专业的解答，可能严重误导有众多类似问题的法律服务需求者，这势必对社区建设包括法律顾问今后的工作带来不利影响。

因此，社区法律顾问，需要具备解决常规、传统法律争议所需要的专业知识，尤其是具备能够解决社区相对突出的实际争议的法律专业技能。

但是，仅具备这种技能并不足够。虽然社区顾问扎根一线基层，其所面临的问题也往往与普通民众日常生活息息相关，但站在法治建设这样的高度，从最大限度地发挥专业律师的效用出发，社区法律顾问还应当具更高的专业奉献精神，在解决社区实际需求的前提下，将专业服务精进、强化和提升，让社区纠纷化解于法律与规则中，让基层矛盾消弭于公民法律自治中。这或许是成熟的社区与成功的社区法律顾问所共同需要的和关注的。

三、目前社区法律顾问服务存在的问题

法律顾问走进社区，为社区提供必要的法律服务，律师也乐于为基层法治建设贡献绵薄之力，但良愿的实现总有个过程，在过程中难免会有些许的不尽如人意。

首先是法律顾问的投入、适应，与社区的认识、配合尚有待进一步磨合和提升。法律顾问和社区双方均认为法律顾问进社区是件好事，但如何真正实现社区法律顾问的价值，使双方互惠互利，还有待观察，也有待探索。法律顾问进社区没有固定的套路，一切要结合所在社区的实际情况来进行相应调整。笔者认为，这方面也亟待有关部门提炼和分享成熟的经验，同时也要进一步加强律师事务所、律师、社区与政府的多方良性互动。

其次是法律顾问工作模式存在一些问题，包括服务时间、场所、方式等。对多数地方社区法律顾问的要求的每月至少现场值班一天或者一次，而对坪山新区的法律顾问的要求每周值班一天，时间要求上明显提高。社区究竟需要法律顾问提供多长时间的现场值班才更合适，笼统来看似乎是多多益善，但实际执行时却未必如此。

刚进社区时，顾问律师会尽快与所接触到的社区工作站包括股份公司的工作人员交流，此过程中自然会有较多法律问题冒出来，但经过三四次接触（大概一个月）以后，能够“挖掘”到的法律问题基本较少，而社区居民对法律顾问的了解不足，短时间内还没有形成足够的信任，自然不愿意把一些并不紧迫的潜在法律纠纷提到顾问面前，此时法律顾问进社区就会面临“安静”期。而让一个有一定执业经验的律师每周固定一整天的时间去值班，估计相当多的律师都会犯难，虽然律师们既已承诺自然会全力以赴；何

况在很多时候律师即使在社区待上一整天也未必能有一个人来咨询，造成种发挥不了实际用处的时间消耗。因此，笔者建议：一是将值班时间稍作调整，根据律师进驻社区的前期、中期不同阶段遇到的法律需求数量和难易程度，设置不同的值班要求；二是可以规定居民提出服务要求，律师需要一周之内予以解决，居民有何问题，可以先集中到社区联络员处，以便律师根据服务需求的量和紧急程度灵活安排进社区的时间，提高社区法律顾问的工作效能。

四、法律顾问怎样才能服务好社区

无论是从基层管理的角度，还是从社区基层建设的高度，社区都需要法律顾问，这是毋庸置疑的。但有需要并不一定容易提供服务。通过总结一个多月来的社区法律顾问工作，笔者认为法律顾问要想服务好社区，大致需要做到以下几个方面：

首先是具备足够的专业知识。常见的与公众密切相关的专业领域包括：婚姻家事、房屋土地、股份股权、劳动保障、借款贷款、刑事责任等。当然即使主要涉及这几个领域，也未必每个律师都能储备全部相关知识，但进驻社区的律师至少需要具备初步解答这方面法律咨询的能力，以便在咨询解答的第一时间提供准确的专业服务，如此方不至于让问者失望，甚至误导民众。

其次是要有主动服务的精神。社区尤其是经济欠发达的社区，居民的法治意识有待提升，不少人仍习惯于有问题找熟人、找政府，虽然习俗化解也是解决矛盾的重要途径之一，但既然法律顾问进了社区，法律顾问就有责任也有条件将更多的法治资讯普及到居民中，这种用法普法的工作更多地依赖于法律顾问的主动推进，包括主动向社区工作站、股份公司工作人员、社区居民等普法，促进其用法，所谓“地头田间、家长里短”的顾问模式，强调的是主动服务精神。

再次是注重开展普法讲座。这种公开讲座在法律顾问进社区的全程中都非常重要，进驻初期的公开讲座有助于律师迅速熟悉居民并取得居民的认可，进驻中后期开展的有针对性的公开讲座则有助于集中解答居民的疑难困惑，疏导其内心纠葛。

最后是要扩大知识储备量。这种知识储备既包括了解社区、熟识社区居民习惯，也包括掌握与社区建设相关的资讯，当然且必要的是对相关法律专业知识及时更新。

2015年第59期

某跨国公司深圳独资企业性骚扰案例评析

李　严　律师

一、案情回顾

A公司是总部设在欧洲的某国际时装品牌连锁集团（B集团）在深圳设立的外商独资企业。L先生是欧洲总部派驻A公司的设计及营运总监、外籍人士。2010年，C女士17岁，是A公司的前台接待员。事发当日，C女士正在公司一楼接待大厅前台自己的工作岗位站着喝水，L先生从门口进来，在经过前台时绕到C女士的身后，将C女士的连衣裙提了起来，幅度很大，以至于C女士露出了底裤，C女士当即被吓得满脸通红，尖叫起来。L先生见状拍了拍C女士的肩膀，大笑着离开前台。这一幕刚好被正在附近复印材料的人事部门职员D女士看到并被吓了一大跳，一时不知如何应对，于是立即折返回到自己的办公室。D女士久久不能平静遂决定向财务总H女士（A公司职务最高的女性管理人员）汇报此事。H女士当即向C女士和D女士询问事件经过，C女士哭着讲述了事发过程，与D女士的描述一致。当晚，H女士考虑再三，决定越级向B集团欧洲总部的董事会成员报告此事。

二、相关法律背景及公司制度

B集团是一家历史悠久的欧洲企业，总部设在欧盟成员国内。根据2002年欧盟通过并于2005年在所有欧盟成员国生效的一项法律，性骚扰行为包括“损害个人尊严、具有性含义的所有形式的有害的语言和非言语行为以及身体动作”，该法律并规定性骚扰行为是一种歧视行为，行为人应该受到成员国的刑事处分。也就是说，性骚扰在欧盟国家被视作一种刑事违法行为。B

集团及其海外公司包括A公司的员工守则当中均明确规定，“公司保护其员工的个人权利及健康，并致力为员工创造一个相互尊重、信任并没有恐吓、不公平待遇及性骚扰的环境”，同时规定，“任何性骚扰或种族歧视行为都将导致被立即解雇”。

在这样的法律背景和公司制度之下，B集团欧洲总部董事会在收到H女士的事件汇报之后，高度重视此事，立即要求A公司的总经理委托当地律师就此事出具法律意见书。B集团还决定安排集团的首席法律顾问专程从欧洲赶到深圳，主持召开一次由当事各方参与的内部听证会（此时C女士已正式向A公司递交了一份针对L先生的投诉书）。

三、办案经过

笔者时任A公司的法律顾问，受委托就此事出具中国法律意见书，而面对的首要问题是如何判断事件当中L先生的行为是否构成性骚扰。事发当时，中国法律并没有对什么是性骚扰作出定义（事实上时至今日也并没有任何全国适用的法律法规对性骚扰给出明确定义），《深圳经济特区性别平等促进条例》也尚未修改，因此，笔者在法律意见书中只好回避这个事实判断的问题，而直接引用《妇女权益保障法》第40条“禁止对妇女实施性骚扰。受害妇女有权向单位和有关机关投诉”和第58条“违反本法规定，对妇女实施性骚扰或者家庭暴力，构成违反治安管理行为的，受害人可以提请公安机关对违法行为人依法给予行政处罚，也可以依法向人民法院提起民事诉讼”的规定，告知A公司L先生如构成性骚扰可能受到的法律制裁，以及C女士作为性骚扰受害者有权采取的法律救济方式。

一周后，B集团首席法律顾问S律师来到深圳，听证会在笔者所在的律师事务所会议室召开。在S先生的主持下，A公司的总经理和笔者参与了本次听证会。投诉方C女士、证人D女士及H女士，以及被投诉人L先生分别在听证会上进行了陈述，并回答了S先生所提出的相关问题。L先生对自己的行为做出辩解：当时以为C女士穿的是吊带裤而非吊带裙，这样做的目的仅是对这款设计表示赞赏，在发现这是一条裙子之后，立即意识到错误并向C女士做出了道歉。C女士及证人D女士均对L先生曾当场做出道歉一事进行了否定。

听证会结束后不久，B集团总部即要求L先生自动辞职，以换取不予解雇处理。距事发不到一个月的时间，L先生即辞职离开了A公司和中国。对于这个结果，笔者感到有些出乎意料，处罚会如此快速和严厉。受害人C女士在投诉书和听证会上，仅表示要求L先生向她正式道歉，并未要求L先生离职。事情的结局颇令她欣慰，因为在经历过此事后，她对继续与L先生共事已存在心理障碍。

四、结语

在办理本案的过程中，笔者深深体会到在对待职场性骚扰事件的态度上，不少欧洲企业真正做到了“零容忍”，这固然与企业管理层性别平等意识水平普遍较高有关，同时也要归功于欧洲企业所在国家的相关立法保护力度大、震慑作用强。在这一方面，中国无论在立法上还是在公共教育的倡导上，都还有很长的路要走。

然而，作为律师，我们完全可以在担任企业法律顾问的时候先行先试，协助自己的企业客户建立起职场性骚扰的内部防治机制。例如，在为企业起草或修订员工守则等内部规章制度时，参考《深圳经济特区性别平等促进条例》及其他地方性法规当中对性骚扰行为作出的定义，明确规定哪些行为被视为性骚扰，并规定对实施了性骚扰行为的员工，企业有权立即解除劳动合同而无须支付经济补偿金。同时，为企业设计出合理可行的性骚扰投诉争议解决机制，在发生相关投诉时立即启动相应的调查和听证程序，公平公正地处理投诉。这两项举措将极大地提高企业预防性骚扰行为的防治能力，对员工起到震慑和保护的双重作用，也可提升客户的企业形象，非常值得律师推广实施。这也是律师利用自己的专业力量，推动防治职场性骚扰法律实践的最便捷方式。

P2P借贷的资金池问题分析及解决思路

罗振辉　律师

P2P借贷是民间融资的新兴力量，起源于国外，在中国境内得以野蛮生长，并不断地适应中国的国情，演化成多种模式，游走在法律的灰色地带。中国P2P借贷有哪些特点？主要风险为何？为何非法集资总与资金池联系在一起？应如何解决资金池问题？笔者通过分析P2P借贷的特点及属性，以期寻找解决问题的可行路径。

一、P2P 借贷的产生及发展

P2P借贷的前身是一种传统的民间借贷关系，借款人参照市场行情向出借人支付一定利息，快速地进行资金融通。此种交易方式速度快，成本低，但多发生在熟人之间，市场规模有限且需求匹配困难。随着互联网技术的发展，众多的借款人与投资人可以突破地域和人脉关系的限制，绕开银行、小额贷公司等第三方金融机构直接进行点对点的借贷匹配，P2P借贷由此产生。

P2P借贷起源于英国，在美国得以发展。2007年8月，拍贷的成立意味着我国第一家P2P网贷平台诞生。

二、P2P 借贷的特点及主要问题

从2011年开始，P2P市场开始爆发式发展，呈现粗线条野蛮式生长，主要表现为：成立P2P公司无注册资本金额限制，无特许经营资质要求，无监管部门特别调控，门槛低容易入手；纯线上P2P借贷平台较少，投资人及借款人的开发多依赖线下渠道；除点对点直接借贷外，还存在债权转让等多种交易模式；现有征信体系不够健全，数字化、自动化审贷技术缺失，信用资料获取成本较高；P2P平台安全度存疑，频现因非法集资、资金链断裂所致的平台倒闭、老板跑路事件。

三、非法集资与资金池问题

通说的认为，P2P网贷平台与非法集资之间存在四条边界：一是要明确P2P平台的中介性质；二是要明确平台本身不得提供担保；三是不得将归集资金建立资金池；四是不得非法吸收公众资金。其中一个重点就是不能建立资金池。什么是资金池？把资金汇集到一起，形成一个像蓄水池一样的储存资金的空间，这就是资金池。保险公司有一个庞大的资金池，赔付的资金流出和新保单的资金流入使之保持平衡。银行也有一个庞大的资金池，贷款的流出和存款的流入，使这个资金池保持稳定。

P2P行业的资金池按业内的说法就是资金先于信息的流动，是指投资人借款后、借款人收款前，或借款人还款后、投资人收款前，该笔资金需先流入P2P平台公司的账户并有一段时间的汇聚期。在此期间，P2P平台实际占有该笔资金。以借款人向投资人借款人民币100万元、P2P平台居间促成为例，如果P2P平台在未得知有借款需求前，先行以某种名目归集了人民币100万元，这就形成了资金池。此状态因涉嫌非法吸收公众存款，一直遭遇非法集资的质疑。

P2P的本质在于促成及撮合，达到出借与借款两端的一致。为达到这一目的，必须解决两个问题：一个是数额的错配，另一个是期限的错配。以某甲欲借人民币100万元、借款期限1年为例，该需求放在P2P平台上，要促成借款协议的达成，要一个或N个出借人筹足人民币100万元，这是解决数额的错配；同时要达成这一个或N个出借人的出借时间也为1年，这是解决期限的错配。如数额和期限两个错配有其中一个无法解决，均易引发资金池的问题。此外，一旦平台的投入资金少于流出资金，就会导致资金链的断裂，如平台无法及时补仓，则会发生P2P平台关闭、老板跑路现象。

通过分析跑路的P2P平台，笔者发现，它们大多存在资金池的问题，在平台上虚构投资人角色，以自有资金放款，但出借款项无法按期收回；或将投资人资金挪作他用而无法按时归还。

由于无法完成数额或期限的错配，不能继续“拆东墙补西墙”导致平台负责人不得已跑路。跑路平台所存在的资金池问题，在其他平台上也大多存在。区别在于，尚未跑路的平台可能只是因为能够处理好两个错配问题，能按时支付款项及利息，可以继续运行下去。

四、P2P 平台的资金池解决方式

无法解决数额与期限的两个错配问题将导致P2P平台经营异常甚至产生倒闭风险，形成资金池能有效解决错配问题，但资金池一旦形成就有可能涉及非法集资，触犯《刑法》第176条关于非法吸收公众存款的规定。为解决这一矛盾，P2P公司亦一直在寻找避免资金池风险的解决思路，主要方式如下：

将资金归集于平台实际控制人的个人名下，以控制人名义投资并放款，可能存在金额与期限的拆分、组合。此种方式确实解决了平台资金池的问题，但将全部资金归集于一人账户且没有第三方监管，除易造成个人资金与用户资金混同外，投资人及借款人均无从得知资金流向，此方式下资金安全无法得到保障，风险较高。

通过投资人排队轮候的方式进行网贷操作，投资人、借款人基于平台的信息服务直接进行点对点借贷，于双方需求得以匹配时进行转款操作。此种方式亦解决了资金池问题，但由于投资人在未满标之前只能持币等候，平台向投资人支付等候期间的利息，需增加平台经济成本且要求平台与投资人间有高度信任，也会存在一定的道德风险，如投资人或借款人可能会在最后一刻反悔。

将资金归集至第三方支付公司名下，采用第三方支付公司的通道型服务，此种模式下，第三方支付公司虽可查询资金去向，但仅流于表面，平台实际上仍拥有资金的支配权。将资金归集至第三方支付公司名下，采用第三方支付公司的托管型服务，将平台自有资金与用户资金进行隔离。此种方式在极大程度上防止了平台挪用客户资金，大幅提高了平台造价成本，但平台仍可通过虚构交易的形式转移资金至平台自有账户。

将资金归集至银行名下，采用银行的资金托管服务。此模式效果同第三方支付机构的托管服务，因银行监管能力及公信力更高，是现如今较为热门的资金处理模式。

五、解决资金池问题的思路

提高P2P公司的注册资本要求。由于形成资金池即可能触犯《刑法》，平台资金流太少又无法正常运营，P2P公司的自有资金比例及财务实力便显得至关重要。适当提高P2P公司的注册资本要求能将大部分资质不够的公司剔除出P2P市场，有效减少资金池问题。

合理设置P2P公司组织架构。由于资金池需要解决好数额和期限两个错配问题，对平台运营管理者的资质要求较高，通过对平台主要运营管理人员的专业背景和工作经历进行优化组合，有助于提高资金调配能力。

将P2P平台资金进行托管。出于保护投资者利益及P2P公司自身目的，削弱或剥夺P2P平台控制操纵资金的能力，限定P2P公司必须将平台资金托管于第三方支付机构或银行，从而避免平台挪用交易资金而给交易双方带来风险或导致平台及其负责人承担法律责任。

减少网贷平台的身份属性，尽量做到纯信息中介的定位。投资人、借款人的开发，资金的支付及托管，逾期借款的催收均由第三方合作机构进行。

严格遵守法律规定及行业规范，特别是关于非法集资的规定，树立风险防范意识，不踩红线，合法经营。

加强P2P行业自律及团结合作，制定平台资金管理制度，规范资金操作流程及风险应急程序。因P2P市场受国家宏观经济环境及货币政策影响，存在市场整体不良、集体出现资金池的可能性，制定行业标准及形成互助氛围有助于促进P2P市场的良性、永续发展。

2015年第61期

法律援助设立公设辩护人制度探讨

黄美玲　深圳市法律援助处

一、何为公设辩护人

公设辩护人，是指由国家或者政府作为主体聘请的一部分具有一定执业经验的律师。学界、律师界接受的公设辩护人概念，是国家资助的专兼职刑事辩护律师。也有学者将公设辩护人定义为通过国家司法考试，具有一定司法实践经验，为贫穷被追诉人提供刑事法律援助，具有国家公职人员身份的专职或兼职刑事辩护律师。

公设辩护人办公室，是在国家相关机构设立的，为刑事案件中的被告人及符合条件的其他当事人指定公设辩护律师（由国家或者政府负责聘请的具有一定执业经验，在刑事案件中为当事人提供免费法律服务的辩护律师）的专门办公室，是对传统指定辩护制度的发展和完善。

目前，世界范围内刑事法律援助模式主要包括三种方式：指定律师制度、合同制度与公设辩护人制度。前两者属私人律师（我国亦称社会律师）模式，即国家履行为经济困难者提供辩护服务的职责，而向私人律师购买法律服务，私人律师具体实施辩护服务的刑事法律援助模式。当今我国的刑事法律援助大多是这种模式。公设辩护人制度则是国家直接雇佣辩护律师，即公设辩护人，作为国家公务人员的公设辩护人，专职从事辩护服务。公设辩护人和指定辩护律师在从事刑事法律援助时没有本质区别，公设辩护人不享有特权。两者都由国家出钱提供刑事辩护。

但两者又有明显的区别。一是指定辩护的法律援助是国家只出钱，但公设辩护人是国家既提供资金又提供律师。二是公设辩护人只能从事公职，是国家工作人员，领取的是国家支付的固定薪金，不能私下做其他有偿工作，承办刑事法律援助工作不再领取补贴；指定辩护律师主要从事收费业务，同时承担了法律援助的义务，承办刑事法律援助工作时，领取的是国家支付的办案补贴。

因此，从经济困难的犯罪嫌疑人和被告人获得辩护服务的经济来源看，公设辩护人制度属于刑事法律援助制度当中的一个特殊的表现方式或者形式。也就是说，公设辩护人制度是法律援助特殊的分支，是国家对经济困难的犯罪嫌疑人、被告人基于责任和义务提供的一个援助。

如果说，我国设立公设辩护人制度，那么公设辩护人制度在我国就是法律援助制度刑事辩护的专业化。公设辩护人并不是要把律师的身份变成国家干部，公设辩护人在从事刑事辩护时本质上是律师，而不是国家机关工作人员。

法律援助的实施模式多样，其中公设辩护人模式的最大特征是采用公制律师形式，即雇用公设辩护人专职从事辩护服务，其具有公职身份，领取固定薪水。

二、我国公设辩护人的机制选择

《刑事诉讼法》第34条、第267条规定，经济困难的犯罪嫌疑人和被告人提出刑事法律援助申请的对象是法律援助机构；法院、检察院和公安机关“应当通知法律援助机构指派律师”。也就是说，当事人因困难需要刑事法律援助服务时，只能向法律援助机构提出申请。法院、检察院和公安机关面对必须指派辩护人的当事人时通知的也是“法律援助机构”而不是律师，法院、检察院和公安机关承担为符合条件的犯罪嫌疑人和被告人通知法律援助机构指派律师的责任，而不是直接指派律师承担刑事法律援助辩护人职责。言外之意，承担法律援助责任的具体部门是法律援助机构，不是律师。能否给予刑事法律援助完全由法律援助机构按照法律援助条件来决定，这与《法律援助条例》规定的法律援助是政府职责完全一致〔1〕。

〔1〕《法律援助条例》第3条第1款规定：“法律援助是政府的责任，县级以上人民政府应当采取积极措施推动法律援助工作，为法律援助提供财政支持，保障法律援助事业与经济、社会协调发展。”

因此，从现行《刑事诉讼法》对刑事法律援助的规定来看，已经指明了如果未来建立公设辩护人机制，那么这种公设辩护人机制模式就是法律援助模式的一种。在政府承担法律援助责任的基础上构建公设辩护人制度。

三、我国公设辩护人的制度来源

在我国，公民享有获得律师帮助的权利是一项宪法性权利，根据我国《宪法》第125条的规定，被告人有权获得辩护。《刑事诉讼法》第11条也明文规定，被告人有权获得辩护，人民法院有义务保证被告人获得辩护。第34条进一步明确规定："犯罪嫌疑人、被告人因经济困难或者其他原因没有委托辩护人的，本人及其近亲属可以向法律援助机构提出申请。对符合法律援助条件的，法律援助机构应当指派律师为其提供辩护。犯罪嫌疑人、被告人是盲、聋、哑人，或者是尚未完全丧失辨认或者控制自己行为能力的精神病人，没有委托辩护人的，人民法院、人民检察院和公安机关应当通知法律援助机构指派律师为其提供辩护。犯罪嫌疑人、被告人可能被判处无期徒刑、死刑，没有委托辩护人的，人民法院、人民检察院和公安机关应当通知法律援助机构指派律师为其提供辩护。"第267条规定："未成年犯罪嫌疑人、被告人没有委托辩护人的，人民法院、人民检察院、公安机关应当通知法律援助机构指派律师为其提供辩护。"

此外，最高人民法院、最高人民检察院、公安部、司法部联合印发的《关于刑事诉讼法律援助工作的规定》共28条，主要内容是对因经济困难没有委托辩护人的犯罪嫌疑人、被告人，就申请、指派刑事法律援助工作的相关规定。

四、设立公设辩护人的可行性

（一）有助于提高刑事辩护服务质量

专设辩护人机构的目的在于维护犯罪嫌疑人、被告人的律师辩护权，同时也是履行国家对法治的基本承诺，然而，这些目标的实现，有赖于公设辩护人制度能够提供实质、有效的辩护，从另一个角度上说，这也是公设辩护人制度存在的正当性所在。

为什么说公设辩护人机制可以提高辩护质量？原因就是，公设辩护人制度可以帮助促进刑事法律援助的专业化、专职化，简单一点说，作为公设辩护人的律师长期专业、专职从事刑事辩护，从而提升他的辩护水平，进而提高辩护的质量。

在我国，较早研究公设辩护人制度的是复旦大学司法与诉讼制度研究中心主任、“公设辩护人制度研究”课题的负责人谢佑平教授，他一直在关注公设辩护人制度的发展。2012年3月开始，谢教授承担的关于公设辩护人的科研项目在湖南省长沙市法律援助中心专职辩护人办公室开展为期半年的试点发现，公职律师的精力更加充足，专业更强，责任心更强，效果也更好。

（二）无须突破深圳现有的法律援助规定

根据《深圳市法律援助条例》第12条的规定，法律援助的事项或者说范围没有限制。该条例第14条进一步规定，如果是法院依法为被告人指定辩护的，那么法律援助机构应当提供法律援助而无须进行经济状况审查。

《刑事诉讼法》第20条规定，中级人民法院管辖的第一审刑事案件主要是可能判处无期徒刑、死刑的案件及危害国家安全、恐怖活动案件。

最高人民法院《关于适用〈中华人民共和国刑事诉讼法〉的解释》（法释〔2012〕21号）第43条规定，具有下列情形之一，被告人没有委托辩护人的，人民法院可以通知法律援助机构指派律师为其提供辩护：（1）共同犯罪案件中，其他被告人已经委托辩护人；（2）有重大社会影响的案件；（3）检察院抗诉的案件；（4）被告人的行为可能不构成犯罪；（5）有必要指派律师提供辩护的其他情形。

也就是说，根据《深圳市法律援助条例》和《刑事诉讼法》及其司法解释的规定，其实现在的深圳刑事法律援助服务几乎涵盖了中级人民法院及以上管辖的刑事案件，仅剩下上诉至中级人民法院的刑事案件没有完全涵盖。

下一步，关键是如何通过建立公设辩护人机制来推进提升在侦查及审查起诉阶段和基层法院审理的刑事辩护率。

（三）深圳有足够人力、财力保障

据深圳市律师协会网站记载，目前，深圳有超过9000名律师执业，而且深圳每年通过法律职业资格考试的人数比例达百分之十几，深圳具有充足的人力资源——律师可以担任公设辩护人。此外，据研究表明，与私人律师模式相比，公设辩护人制度被认为花费最少，能更好地利用有限的公共资金，管理费用也低于私人律师模式，因此，其有助于节省政府开支，实现成本控制的目的。现行的市级法律援助机构已经获得市财政的充足保障，如果推动公设辩护人建设，在法律援助服务的财政方面只要少量增加就可以解决公设辩护人财政保障问题。

（四）设立公设辩护人机制有先例可循

司法部曾经进行过公设辩护人制度试点工作。司法部公设辩护人制度的试点单位，包括上海市浦东新区、江苏省扬州市、福建省厦门市等地的法院。2010年10月27日，上海市浦东新区“公设辩护人办公室”正式挂牌，成为全国首家成立的公设辩护人办公室，为公设辩护人制度的具体实践提供了可贵的经验。对于公设辩护人制度的研究也不少，早在2010年12月18日，复旦大学司法与诉讼制度研究中心就主办了首届“公设辩护人制度建设理论研讨会”。

（五）法律援助工作处于有利时机

2015年5月5日，习近平总书记主持召开中央全面深化改革领导小组会议，审议通过《关于完善法律援助制度的意见》。6月24日，中共中央办公厅、国务院办公厅以中办发〔2015〕37号文件印发了《关于完善法律援助制度的意见》，对进一步加强法律援助工作、完善法律援助制度作出全面部署。党中央、国务院对法律援助工作的高度重视是对进一步做好法律援助工作的极大鼓舞和鞭策。

《关于完善法律援助制度的意见》共5项14点，在第2项“扩大法律援助范围”中专门提到加强刑事法律援助工作，发挥法律援助在人权司法保障中的作用，保障当事人合法权益。在第4项“提高法律援助保障能力”中提到加强机构队伍建设，探索法律援助队伍专业化、职业化发展模式，加强法律援助人才库建设，培养一批擅长办理法律援助案件的专业人员。

这些规定，与公设辩护人具有的专业化、专职化、全职化等特征不谋而合。建立公设辩护人队伍，正是法律援助人才专业化、擅长办理法律援助案件的体现。

2016年第62期

律师业务创新与律所管理创新

童　新　律师

笔者所在律所每年都要对照律所“二十年发展纲要”，总结当年律所在专业化、规范化、国际化、品牌化上取得的年度进步。2015年，是本所实施第一个“二十年发展纲要”的收官之年，因此，一年前我们就开始了对过去二十年的总结，并着手第二个二十年发展纲要的制定工作。我们在回顾过去、立足当前、着眼未来的基础上，于2015年年底制定了第二个“二十年发展纲要”。谋划律所未来二十年的发展时，我们认识到：律师服务业同样必须以创新驱动未来的发展，将创新发展放在核心位置，抓住律师业务创新和律所管理创新两条主线，协同好两个创新之间的关系。

一、律所创新应从两方面着手

（一）从传统业务中创新法律服务产品

婚姻继承案件是律师的经典传统业务。过去一段时间，中国家庭的财富比较有限，随着中国私人财富的迅速增长，尤其是大量家族企业、民营企业及其他富裕人士的涌现，中国人的婚姻关系变化及财产继承情况都牵涉到巨额财产关系的变动。由此，催生了近年来非常火热的“私人财富管理”业务，银行、信托、保险、资产管理公司等机构都在瞄准潜在客户的需求，开展创新服务。律师针对目标客户提供专项的私人财富法律服务，参与私人财富传承管理也是一种业务创新。据笔者所知，一位专门做婚姻家事案件的优秀律师将自己的律所加盟到一家综合性大所，因为综合性大所能够满足私人财富法律服务需要的专业化、跨境化、综合化要求。高端私人财富管理在客观上要求从事服务的律师团队是熟悉婚姻法、继承法、信托法、保险法、公司法等多项法律的专业组合团队，与私人国际理财相关的法律服务更要求服务律师既要熟悉国际私法及法律冲突规范，又要熟悉跨境税法征免，在为客户进行财富筹划时，必须要有全球视野，能够协同其他专业部门人员综合提供服务。

（二）做精专项法律服务实现创新

纽约律所Wachtell，Lipton，Rosen & Katz（以下简称Wachtell所）被美国最具影响力的招聘排行榜Vault列为法律行业第一，这家律所由4个纽约毕业的大学生于1965年创办。在美国，这家律所规模不是最大，创收不是最高，但是全所267名律师在2014年创收7.025亿美元，人均营收263万美元，合伙人平均收益550万美元，是美国盈利率最高的律所。其高收益来自高度的专业化，该所在创办之初，就坚定不移地走专业化发展道路，根据钱伯斯（Chambers）的最新排名，Wachtell所在公司领域排名第一位，是公司领域特别是公司的并购重组、防止恶意并购领域的顶级大所，保护股东权益的“毒丸”（poison pills）策略就是由该所合伙人Lipton最先提出的。这家律所通常只做10亿美元以上的并购案，所做案例常常成为业界典范。创办伊始，律所的客户资源有限，甚至一家客户的费用占到全所收入的70%，但创始合伙人不认可这家客户的企业文化，以壮士断腕的决心在第二年合同届满时拒绝继续提供服务。Wachtell所发展至今，很少进行市场宣传或推广，但在业界却是无人不知，无人不晓。不少客户慕名而来，不是因为有多了解或多喜欢这家律所，而是害怕竞争对手把他们请了去。

就日前火爆网络的“万科保卫战”而言，双方的“口水战”后，随之而来的可能就是“资本战”“法律战”，而在目前的“口水战”中，顶级的专业律师顾问是双方都想求助的对象。在这种情况下，律所掌握了议价权，律所收多少律师费，对于当事人来说可能并不是问题。

有人认为，万科的章程里没有做防止恶意收购的设计。其实，经历早年君万之争的万科应该是有这方面设计的，万科2014年6月颁布了新公司章程，在第57条中对于“控股股东”给出了四种定义。问题是，如果这个第57条如果还不足以阻止这次宝能对万科的敌意收购的话，那么这一章程条款设计就是失败的，就是说万科还是没有聘请到真正懂得如何防止敌意收购控股的律师作为其法律顾问。

（三）紧跟经济和社会建设创新律师业务

为了扩大投资公共工程并缓解地方债务，政府近年来力推政府和社会资本合作模式（Public-Private-Partnership，PPP），吸引民营资本投资各项公共工程，第一批PPP项目有1043个。前不久，国家发改委公布的第二批PPP项目又有1488个，涵盖农业、水利、交通设施、市政建设、公共服务、生态环境等多个领域，总投资接近5万亿元。此外，还有地方政府推出的2400个PPP项目，又是接近5万亿元。可是到目前为止，只有325个项目签约，只占第一批PPP项目的31.5%。PPP推进缓慢，遭遇困难，究其原因，是法律规定不完善。在实际操作层面，存在包括税收等一系列法律问题，社会资本难以把握PPP项目风险，PPP项目利益分配上没有一个标准，难以达成共识。前面所述这些情况，对于我们律师而言，是挑战，但更是难得的机遇，因为这个时候，PPP项目的参与各方都需要律师来协助其完成法律文件的制作。

我国政府自党的十八大以来，积极实施"一带一路"倡议，新一轮对外开放背景下实施的自贸区，以及互联网经济、政府购买法律服务，都为律师业务创新提供了巨大空间。

二、创新律所管理，适应业务创新

"有没有一种律所管理体制，在互联网的背景下，基于管理与营销的专业化，基于律所信息化协同的提升，基于良好的运营管理体制，可以打破公司制与合伙制、提成制的界限？"笔者曾在《中国律师》杂志上看到这样一段话，颇有共鸣。律师业务的不断创新必然对律所平台管理的创新产生需求，用互联网思维不断创新律所管理。

（一）律所应将客户对律师服务的体验放在第一位

笔者认为，评价律所最重要的标准就是让接受过服务的客户称赞，即使我们的服务未达到客户的期望值，但客户仍然认可律所和律师的服务过程。真正好的诉讼律师，是在败诉的情况下，当事人仍然认可其服务并对其不离不弃的律师。

创新律所管理能获得律师的认同。为此，律所应该努力为律师提供执业的各种基本保障服务，强化业务协同，让律师获得公平的收益。基于律所应管控客户体验，即使在合伙制加提成制模式下，我们也应该建立常态客户服务反馈制度，并逐渐与律师收入挂钩；同时建立律师对于律所包括行政服务在内的各项服务的动态评价机制。让每一位律师对所内每一位服务人员作出量化性的评价，并将该评价与服务人员的工资奖励挂钩。

（二）建立专业的营运管理团队

小米的首席执行官雷军曾提出，互联网精神的核心包括专注、极致、口碑、快。律所平台也应该创造让律师把服务做到极致的执业环境。目前国内很多律所让律师甚至是律所最优秀的律师承担了太多律师业务之外的事情，除了各项人事、行政、财务、品牌宣传等事务外，律师还要在业务拓展、维系客户关系等方面花费不少精力和时间。如果将管理及其他业务之外的工作由律所聘请的专业人员负责，必将大大有助于律师专注业务创新发展。基于前面的认识，本所今年通过公开招聘，进行了一次行政服务人员升级行动，在律所原有行政服务基础上，增设了行政总监、财务总监、品牌专员、信息技术（IT）专员、人事专员等岗位，让专业的人做专业的事，逐渐将律所的日常运营交给专业人员来做，进一步优化律所服务管理。

努力将律所建成完善优秀的执业平台，包括以互联网思维观念创新律所管理模式，重新构建营运律所的内部机构，强化营销和服务中心，引进专业管理人才，建立强大信息化支撑，降低协同成本。

律所作为律师执业平台，由《律师法》规定，不断通过管理创新，优化律所平台上各个要素，就是要让律所提供给每个执业律师优良的工作环境，除了高大上的办公环境外，还要特别注意塑造良好的软环境，例如，在扩大律所知名度的基础上，不断提升其美誉度，形成良好口碑，让律所的每一位律师拥有自豪感、荣誉感。这其实也是马斯洛“人的需求”理论中第四个层次“尊重需求”得到某种满足的体现。马斯洛认为，人的尊重需求得到满足后，将产生自信，有价值能力和“天生我材必有用”的感觉，这种情绪无疑对律师圆满完成当事人的委托工作起着积极的正面心理暗示作用。律所作为执业平台，应促进律师与律师之间、律所与律师之间、总所与分所之间的协同化合作，例如，引导管理利用律所微信平台，加强律师间的办案合作。在“广和律师”这个微信群，每天都有各地广和律师发布咨询承办案件的各种问题，大多能获得其他同事的迅速回复和帮助，也有达成合作办案，或组成项目团队从事专项法律事务的。

三、业务创新与管理创新互为促进，相辅相成

律师业务创新需要有律所管理创新作为支撑。如前所述，“私人财富法律服务”律师业务的开展，就需要改变以往那种完全单一专业组建律师团队的做法，改为以客户需求为基点来组建律师团队，这需要从全所集合形成最佳团队力量，组建业务服务中心是一个比较好的办法。例如，2016年以来，本所就先后成立了知识产权法律中心、公益法律服务中心。

律师推广创新业务，应该依托用互联网思维武装起来的律所平台，由专门的营销人员进行平台运作，这种运营的效果肯定要好于律师个人的营销行为。现在，准客户们也知道很难找到完美的律师个人，但可以找到完美的律师团队。

成功的律所管理创新将会引领带动律师业务创新，律所将打造完美的，具有自我优化能力的“生态圈”作为已任，通过创新的精密流程和运营系统，有效调动平台各要素，达成各要素最直接、最有效的连接。通过市场调研，开发市场迫切需求的法律服务产品，制定有效的营销方案，再由律所以团队的名义进行推广，必然会带动更多律师更积极地进行业务创新。结合深圳的实际情况，本所将“律师团队化，团队公司化”作为律所管理目标和内容，其实对于我们广东地区的绝大部分律所来说，也是一种创新。要逐步做到在律所内部摒弃个人单打独斗，律所只有律师团队在做业务，没有律师个人在做业务。

律师的业务创新和律所的管理创新息息相关，律师业务的创新要求律所管理必须创新；反过来讲，律所的管理创新会有助于推动律师业务的创新。

2016年第62期

职业病民事赔偿诉讼程序探讨

辛钧辉　律师

“职业病民事赔偿”是指遭受职业病伤害的职业病病人在享受工伤保险待遇后，依照《职业病防治法》第59条及《侵权责任法》等民事法律向用人单位主张的侵权损害赔偿。

虽然《职业病防治法》第59条规定“职业病病人除依法享有工伤保险外，依照有关民事法律，尚有获得赔偿的权利的，有权向用人单位提出赔偿要求”，但是由于以上规定对于“民事法律”未进行明确，对职业病病人的“权利”未进行细化，对向用人单位提出的程序未予规定，导致实践中职业病病人依据以上条文主张民事赔偿时难上加难，全国不同的法院对于职业病病人关于职业病民事赔偿的案件判决结果亦缺乏统一性。暂且不讨论职业病民事赔偿案件实体判决的合理性，因法条中关于职业病病人主张职业病民事赔偿的程序未进行规定，在司法实践中不同的法官亦有不同的观点，使职业病民事赔偿案件进入诉讼程序都存在困难。

本文将结合深圳市福田区维德法律服务中心援助的深圳地区两例职业病民事赔偿个案，对职业病病人主张民事赔偿的程序进行分析探讨。

一、案例介绍

【案例1】王女士在某电子公司工作期间因接触含苯化学物质患白血病，后经深圳市职业病防治院诊断为职业性苯中毒，经深圳市人力资源和社会保障局认定为工伤，并经深圳市劳动能力鉴定委员会评定为劳动能力三级伤残。王女士在享受工伤保险待遇后认为公司在其患白血病一事上存在重大过错，故王女士根据《职业病防治法》第59条的规定诉请某电子公司承担残疾赔偿金、被抚养人生活费、精神抚慰金等民事赔偿。本案以劳动合同纠纷为案由，经过了劳动仲裁、一审、二审程序。

【裁判结果】本案由维德中心志愿律师代理仲裁、一审及二审程序，法院以请求事项不属于劳动争议案件审查范围为由，对王女士残疾赔偿金、被抚养人生活费等民事赔偿诉讼请求不予处理。

【案例2】吴先生在某公司工作期间因长时间接触噪音导致听力受损，后经深圳市职业病防治院诊断为职业性轻度噪声聋，经深圳市人力资源和社会保障局认定为工伤，并经深圳市劳动能力鉴定委员会评定为劳动能力七级伤残。吴先生在享受工伤保险待遇后认为公司在其听力受损一事上存在重大过错，故吴先生根据《职业病防治法》第59条的规定以生命权、健康权、身体权纠纷为案由直接向人民法院起诉，诉请公司承担残疾赔偿金、被抚养人生活费等民事赔偿。

【裁判结果】本案由维德中心志愿律师代理，法院认为本案诉争纠纷属于劳动合同纠纷，不属于平等民事主体间的侵权纠纷，故不属于人民法院受理民事诉讼的范围，从而作出驳回起诉的裁定，目前吴先生已对该裁定提起上诉。

二、争议焦点

从上述两个案例不难看出，司法实践中对于职业病病人主张职业病民事赔偿的程序存在不同的观点。案例1中的法官认为职业病民事赔偿纠纷不属于劳动争议，不应通过劳动争议程序处理；案例2中的法官则认为职业病民事赔偿纠纷是履行《劳动合同》时产生的，属于劳动争议，应通过劳动争议程序处理，不能直接向人民法院起诉。

三、律师评析

笔者认为，职业病民事赔偿纠纷不属于劳动争议，而是生命权、健康权、身体权纠纷。职业病病人可以直接以生命权、健康权、身体权纠纷为案由向人民法院起诉主张职业病民事赔偿应无异议。但是从有利于查清案件事实、节约司法资源、便于当事人的角度考虑，人民法院对于职业病病人在劳动争议案件中主张的职业病民事赔偿诉求亦应当考虑可以一并处理，理由如下：

在实践中，职业病民事赔偿不属于《劳动争议调解仲裁法》第2条所列的争议范围，职业病民事赔偿的主要法律依据为《职业病防治法》第59条及《民法通则》《侵权责任法》等民事法律中关于侵权的规定；职业病民事赔偿的诉讼请求也主要为残疾赔偿金、被抚养人生活费、精神抚慰金等人身损害赔偿项目，法院需要围绕侵权的构成要件进行审理并作出判决。故职业病民事赔偿纠纷不属于劳动争议，而是生命权、健康权、身体权纠纷。职业病民事赔偿纠纷既然属于生命权、健康权、身体权纠纷，那么职业病病人当然有权直接向人民法院起诉，无须经过劳动仲裁前置程序。

职业病病人患职业病后与用人单位发生争议的，不管是基于工资福利待遇的劳动争议还是职业病民事赔偿纠纷，均是在履行《劳动合同》的过程中引发的。人民法院审理职业病病人提出的职业病民事赔偿项目时需围绕侵权的构成要件进行审理，而劳动合同、职业保护、工作时间、工作岗位、职业病危害因素、工伤认定、劳动能力鉴定结论、工伤待遇核定等情况是事实认定的基础性证据材料，故职业病民事赔偿纠纷与劳动争议紧密相关，人民法院对职业病病人在劳动争议纠纷中一并提出的职业病民事赔偿进行合并审理，更有利于查清案件事实，减轻职业病病人及用人单位的诉累，同时节约了司法资源。事实上，根据广东省高级人民法院《关于审理劳动争议案件若干问题的指导意见》（粤高法发〔2002〕21号）第28条关于“劳动者被诊断患有职业病的，除依法享有工伤社会保险外，还可依照《民法通则》第一百一十九条的规定向用人单位请求损害赔偿，但该损害赔偿应扣除劳动者因职业病享有的工伤社会保险利益。人民法院受理劳动争议案件后，劳动者根据上述规定向用人单位请求损害赔偿的，人民法院可一并审理”的规定，广东省高级人民法院的意见也是认可人民法院可以对职业病病人在劳动争议纠纷中主张的职业病民事赔偿纠纷一并审理，但因以上规定毕竟不是法律及司法解释，所以造成在实践中有的基层法院不适用以上意见。

四、律师建议

虽然《职业病防治法》第59条规定了职业病病人除依法享有工伤保险外，依照有关民事法律，尚有获得赔偿的权利的，有权向用人单位提出赔偿要求。但是如前所述，因为该条文对于职业病病人主张职业病民事赔偿的诉讼程序未予明确，导致实践中职业病病人的该项主张进入诉讼程序都出现困难，从而出现案例1、案例2中的困境。

鉴于《职业病防治法》第59条在司法实践中争议比较大，故建议在今后的立法或司法解释中对职业病民事赔偿的实体及主张程序进行进一步明确：就职业病病人主张民事赔偿的主张程序而言，应当允许职业病病人可以单独以生命权、健康权、身体权纠纷为案由直接向人民法院起诉；同时，应当规定人民法院在审理劳动争议案件时，对于职业病病人在劳动争议案件中主张的职业病民事赔偿请求应当一并处理。

2016年第63期

论网络虚拟财产的性质认定与权责划分

赵　波　律师

随着互联网时代的到来，网络游戏开始兴起与风靡，涉及游戏内存在的虚拟财产的纠纷日益增加。对于侵犯网络空间中虚拟财产，如盗窃、诈骗网络游戏内使用的虚拟“货币”“宝物”“武器”等的行为，应当如何处理，目前在我国仍为立法、司法的真空地带。导致这一问题存在的根本性原因，是对网络游戏中虚拟财产的法律性质存在争议。下面笔者将结合司法实践经验与学界主流学说对这一问题进行详细阐释

一、网络虚拟财产的性质认定

对于网络虚拟财产的定义，目前学理上的通说可分为广义定义与狭义定义。就广义上而言，网络虚拟财产，是指存在于与现实具有隔离性的网络空间中、能够用现有的度量标准度量其价值的数字化的新型财产〔1〕。这是从虚拟财产的可现实化价值层面对其进行概括定义。刘惠荣教授则以列举的方式限缩这一概念的外延，其定义的网络虚拟财产为“网络游戏中能够为玩家所支配的游戏资源，主要包括：游戏账号（ID）、游戏金币、虚拟装备等”〔2〕。本文所指“虚拟财产”亦为刘惠荣教授提出之概念。

网络虚拟财产是否可成为传统意义上的财产而受到法律保护，可从财产权的基本属性进行分析。首先，网络虚拟财产具有价值性。所谓价值性，是指因满足人的某种需要而具备的使用价值以及因交易而具备的交换价值。

---

〔1〕 参见杨立新、王中合：《论网络虚拟财产的物权属性及其基本规则》，载《国家检察官学院学报》2004年第6期。

〔2〕 刘惠荣：《虚拟财产法律保护体系的构建》，法律出版社2008年版，第8页。

如QQ游戏，玩家的账号以及道具因玩家的劳动行为（注册、使用）而具备使用价值，又因玩家的交易行为而具备交换价值。其次，网络虚拟财产具有稀缺性，即财产不能无限量地存在。对于玩家来说，用户因其劳动行为及交易行为可进行升级、换装等，正是这些行为使得其游戏账号具有唯一性。再次，网络虚拟财产具有可支配性，即财产能够为人所支配。如QQ游戏中玩家可对其道具与账号进行使用、收益与处分。最后，网络虚拟财产具有合法性，即法律不禁止其在民事领域流转。就目前而言，网络中自发存在大量的虚拟财产交易行为，只要这一游戏本身及其所包含的虚拟财产之取得方式不违反强制性法律则自然取得合法性。

杨立新教授认为，"只要具有在法律上的排他支配性和管理的可能性，都可以认定为物"。[1]而目前我国在法律上将物定位于："主要是指有体物，但是在法律有规定的情况下财产权利也可以视为物。"[2]笔者亦认同这一观点。

从立法层面来看，目前对于网络虚拟财产法律性质的界定仍为空白。但在2016年2月出台的《中华人民共和国民法典·民法总则专家建议稿》第五章"民事权利客体"中规定了"网络虚拟财产受法律保护"。由此看来，网络虚拟财产即将正式纳入我国民事法律中，受到相应保护。

综上，笔者认为，网络虚拟财产可认定为具有财产权属性的特殊物权，从而适用相关规则进行保护。接下来笔者对网络虚拟财产在司法实践中出现的问题及解决方式之阐释亦基于物权说之观点。

二、网络虚拟财产的权责划分

在司法实践中，由于立法尚无统一定论，网络虚拟财产纠纷多出现同案不同判之现象，在庭审过程中有调查取证举证困难、对网络游戏虚拟财产的价值认定标准不统一等问题。总结来说，有以下几类案件类型：财产权属确

---

〔1〕 杨立新、王中合：《论网络虚拟财产的物权属性及其基本规则》，载《国家检察官学院学报》2004年第6期。

〔2〕《知识产权专家热议"嘀嘀"系列商标案》，载《中国知识产权报》2015年7月24日，第7版。

认纠纷、网络游戏服务合同纠纷以及侵权纠纷。这几类案件的争议焦点主要是：网络虚拟财产归属如何认定、网络虚拟财产可否继承以及用户协议对双方权益的约束力大小。

首先，是财产权归属问题。在司法实践中始终存在的争议焦点为网络虚拟财产究竟是游戏运营商的所有物还是玩家的所有物？笔者认为，网络虚拟财产的所有权确权可分为两个阶段：原始取得阶段与继受取得阶段。游戏运营商在开发游戏的过程中通过劳动行为创造了游戏的人设、环境、道具等网络虚拟物，并通过这一过程完成了运营商对网络虚拟财产的原始取得。当运营商将游戏投入运营之后，游戏用户可通过买卖、赠与、互易、继承、遗赠、免费的注册、抽取、赢取等方式完成对网络虚拟财产的继受取得。

其次，是网络虚拟财产可否继承的问题。要回答这一问题，需要认定的是网络虚拟财产是否为财产权以及网络虚拟财产归属于谁。笔者已经在上文中提及，网络虚拟财产因其具备财产权的基本属性而得以成为财产权受到法律保护。并且网络虚拟财产更加符合物的特性而在司法实践中以物权形式适用相关规则。在《继承法》第3条对遗产范围的界定并不包含网络游戏虚拟财产，但最后兜底条款规定了“公民的其他合法财产”。有学者认为，网络游戏玩家用了大量的时间、精力与金钱去获得这些虚拟财产，可以说是对价所得，并且通过劳动使其的价值持续增长，因而这也属于游戏玩家合法获得的其他财产，是可以作为遗产由其继承人加以继承的。〔1〕笔者赞同这一观点。

最后，是关于用户协议对双方关系约束力的问题。游戏玩家在注册账号之前多会签署一份用户协议，这份协议的法律性质可以认定为受《合同法》约束的网络服务合同。

用户协议的重要性在于对双方的权利义务以及发生纠纷时的责任划分进行明确认定，经双方同意后合法有效，故而使双方发生纠纷时有据可依，对双方的权利都能进行有效保护。因此，运营商在书写用户协议时应当注意

---

〔1〕 参见武慧卉：《网络游戏虚拟财产的民事法律问题研究》，河北经贸大学2015年硕士学位论文，第26页。

必须包含以下几类主要义务:(1)安全保障义务;(2)不干扰的义务;(3)保密义务;(4)信息披露义务。

在司法实践中,常出现玩家的游戏账户被盗或者遭到攻击时玩家与运营商发生财产纠纷的问题。这应当视具体案情而定,对于运营商来说,其与用户签订用户协议,依照协议规定的权利义务提网络服务即可免责。在运营商违反安全保障义务泄露玩家信息致使玩家账户被盗或被攻击的情况下,运营商理所应当要承担责任。在运营商依法履行自己的义务,只是因为玩家的个人原因造成其游戏装备的丢失等,运营商不需要承担经济赔偿责任,但应在技术可能的情况下,在用户已经提供账号密码或个人资料等可以确定身份的证明后,运营商应该为玩家提供可以重新获得自己权益的网络数据。在日常运营中,运营商应当确保服务器的数据安全,对于服务器被黑或出现异常情况时造成的数据更改、删除,应及时恢复数据。

三、结语

结合上述观点,笔者认为,游戏的运营商和玩家的核心关系为合同关系,根据合同设定的权利义务关系对发生的纠纷进行责任承担。就司法实践而言,网络虚拟财产价值的确定仍十分棘手,只能具体情况具体分析,综合玩家在网络虚拟财产上所用的时间、金钱、真实的交易价格以及运营商建议对此类虚拟财产的定价等多方面的因素进行考虑,最终确定。

笔者寄望于我国立法层面重视这一问题,构建相应体系,使网络虚拟财产得以被保护。笔者对于许多问题的研究和调查尚不深入,待各位同行斧正。

拆除重建类城市更新项目主体间法律关系评析

杨　道　律师

谢　伟　广东点津律师事务所

自2009年深圳市出台《深圳市城市更新办法》以来，深圳的城市更新已经走过了六个年头。城市更新本身是一项涉及多要素与多利益平衡的系统性、综合性工程，必然是过程复杂、历时漫长、不确定性大。本文通过对城市更新主体间法律关系的分析，明确了政府在整个城市更新中的地位和作用，希望对其他主体更好地参与城市更新提供指引。

一、概述

深圳的城市更新发展到今天，已经远远超出传统的空间规划层面，为妥善平衡城市更新活动涉及的不同利益主体的权益，仅依靠政策推动是远远不够的，对政府在尊重市场经济内在发展规律的前提下，依靠法律手段促进城市空间资源高效、公平配置提出了更高要求。2009年《深圳市城市更新办法》的出台，是深圳市人民政府在城市更新中由政策推动向法治推进的一个里程碑，至此，深圳市的城市更新被正式地纳入了法治轨道。

《深圳市城市更新办法》第2条的规定：本办法所称城市更新，是指由符合本办法规定的主体对特定城市建成区（包括旧工业区、旧商业区、旧住宅区、城中村及旧屋村等）内具有以下情形之一的区域，根据城市规划和本办法规定程序进行综合整治、功能改变或者拆除重建的活动：（1）城市的基础设施、公共服务设施急需完善；（2）环境恶劣或者存在重大安全隐患；（3）现有土地用途、建筑物使用功能或者资源、能源利用明显不符合社会经济发展要求，影响城市规划实施；(4)依法或者经市政府批准应当进行城市更新的其他情形。

因拆除重建类的城市更新为深圳比较常见的更新类型，因此本文将研究的重点放在拆除重建类的城市更新项目上，对其中的主体间的法律关系展开评述。

二、城市更新中的三类主体、四个阶段

(一)三类主体

拆除重建类城市更新项目的主体有三类：政府主体、权利主体及市场主体。政府主体主要包括深圳市、区两级人民政府及其相关职能部门；权利主体包括更新单元范围内就土地及其地上附着物享有合法、非法权利的所有人及归属不明的权利人；市场主体主要指权利主体以外的城市更新开发主体。整个城市更新，始终围绕这三个主体展开，并在三者间产生了错综复杂的法律关系，其中的任何一个法律关系处理不好，都会影响城市更新的进程甚至结果，可谓“牵一发而动全身”。

(二)四个阶段

就整个拆除重建类城市更新的过程来讲，主要分为四个阶段，第一阶段为计划立项，第二阶段为规划审批，第三阶段为实施主体确认，第四阶段为土地使用权出让。在前两个阶段，会有一个申报主体，就整个项目的实施进行申报，但申报主体并不必然发展成为第三阶段的实施主体。在四个阶段中，设立、变更、消灭的法律关系主要分为行政法律关系和民事法律关系，而且在很多情况下，行政法律关系与民事法律关系交叉并存于同一法律关系当中。

三、各主体之间的主要法律关系

(一)计划立项阶段的法律关系

在计划立项阶段，最主要的法律关系是申报主体与区、市两级政府城市更新主管部门之间建立的法律关系。根据《深圳市城市更新办法实施细则》

的规定，这部分规定在第五章第二节的“申报与审批”部分，但笔者认为这一阶段的法律关系主要是民事法律关系而非行政法律关系。

首先，申报主体是按照城市更新的主管部门深圳市规划和国土资源委员会发布的更新单元计划申报指引的要求进行申报的。申报指引是面向全社会不特定的人发出的，不具有强制性，因此申报指引具有要约邀请的性质，申报人根据申报指引所做的申报是在要约邀请下所发出的要约。

其次，区、市两级主管部门会对申报进行审查，但审查事项主要是围绕上一阶段发出的要约邀请的范围进行，最后作出是否通过的决定（区一级对没有通过的申报有回复，但市一级没有通过的不回复）。这一决定具有最终承诺的作用。

最后，在《深圳市城市更新办法实施细则》中，没有规定如果审批不通过，申报人是否可以向上一级主管部门进行复议的条款，对于更重视“有权利必有救济”的行政法领域，如果没有救济途径，唯一可行的解释就是这不是一个行政法律关系。如果审批没通过，只能说明申报人没有达到主管部门的要求，双方未形成合意，只需要再次申报即可，没有必要而且在实际中也不可能申请复议。

（二）规划审批阶段的法律关系

更新单元计划被批准后，申报主体要委托具有相应资质的机构，结合主管部门的土地核查结果，编制城市更新单元规划并报主管部门审批。这一阶段申报与审批具有明显的行政法律关系的特点。

首先，规划申报具有强制性，不申报将承担不利后果。《深圳市城市更新办法实施细则》第41条规定，申报主体必须在1年内完成，否则将被清理出更新单元计划。

其次，被批准的规划具有行政可执行性。《深圳市城市更新办法实施细则》第44条第2款规定，经批准的城市更新单元规划是相关行政许可的依据。

（三）实施主体确认阶段的法律关系

实施主体进行确认申报后，与主管部门的审批形成的是行政法律关系，这一点与规划审批阶段的性质是一样的。这一阶段，需要引起注意的是区级城市更新职能部门要与实施主体签订项目实施监管协议，这一协议既具有行政合同的性质，也具有一般的民事合同的性质，行政主体在这一阶段具有不同的角色。

1.监管协议的行政性

根据《深圳市城市更新办法实施细则》第52条的规定，实施主体需要向政府移交独立的城市基础设施和公共服务设施用地，完成搬迁并履行完成搬迁补偿，设立资金监管账户。第67条第2款规定，实施主体需要向政府无偿移交相关配套设施。以上规定明显具有行政合同的特点。与民事合同主体签订合同是为了自身利益不同，行政主体签订行政合同是为了实现行政管理目标，维护公共利益。《深圳市城市更新办法》第1条即以开宗明义的方式阐释了这一点："为规范本市城市更新活动，进一步完善城市功能，优化产业结构，改善人居环境，推进土地、能源、资源的节约集约利用，促进经济和社会可持续发展，根据有关法律、法规的规定，结合本市实际，制定本办法。"而且依据该办法，行政主体对合同履行的监督权、指挥权、单方变更权和解除权也明显体现出行政合同的特点。

2.监管协议的民事性

监管协议还明显地体现出民事合同的性质。虽然前面提到实施主体需要向政府无偿移交独立的城市基础设施和公共服务设施用地，无偿移交相关配套设施，但通过《深圳市城市更新办法实施细则》的明显和默示的规定，我们发现，政府取得以上土地、配套设施是支付了相应对价的，这个对价就是优惠与政策。

首先，《深圳市城市更新办法实施细则》第5条规定，城市更新项目免收各种行政事业性收费。在房地产开发过程中，"税""费"是一个庞大的系统，一笔巨大的开支，免去"费"这一部分，无疑给了实施主体以极大的优惠。

其次，实施主体取得土地使用权的方式，绕开了"招、拍、挂"的要求。2007年11月1日，国土资源部发布的《招标拍卖挂牌出让国有建设用地使用权规定》正式施行，规定建设用地使用权必须采用竞价的方式进行流转。城市更新的用地在性质上属于建设用地，但深圳市政府以城市更新的名义绕开了这一规定，无形中降低了实施主体取得建设用地使用权的门槛，实际上是一种变相的政策支持。

最后，在地价方面，按容积率、土地用途等做了分类、分段计收的方式，在收费方面给了实施主体一定的优惠。

通过以上分析可知，实际上政府系以优惠和政策为出资的方式与实施主体签订了一个民事合同，至于这个合同是买卖合同、加工承揽合同还是土地使用权出让合同，理论界一直争论不休，但总体来讲，这个合同具有民事法律关系的性质。

土地出让阶段的法律关系在这一阶段进入了正常的房地产开发阶段，其中最主要的法律关系是实施主体与主管部门签订的土地使用权出让合同。土地使用权出让合同同样既具有行政合同的性质又具有民事合同的性质。“国有土地出让合同，即具有合意性又具有行政性，这一基本法律特征正是引起学界对其性质界定分歧的‘始作俑者’。”〔1〕

（四）城市更新中的其他法律关系

以上四个阶段的法律关系只是围绕城市更新中最重要的法律关系的分析，实际上，在每个阶段还存在大量的民事、行政法律关系，包括权利主体与市场主体的合作关系、多个权利主体之间更新意愿的达成，土地及建筑物信息核查过程中违法建筑、历史遗留建筑的行政确权〔2〕，因继承、婚姻关系导致被搬迁人资格确认等〔3〕，拆迁补偿安置、建筑工程施工、投融资、回迁安置等相当庞杂的法律关系，每一种法律关系处理不当，都会影响城市更新的进程。

（五）政府在城市更新法律关系中的作用：以法律和经济的综合手段破解拆迁难题

城市拆迁是一个涉及多方矛盾的集合体，拆迁背后的法理基础是国有土

〔1〕 陈少琼：《我国国有土地使用权出让合同法律性质》，载《中国司法》2004年第12期。

〔2〕 参见钟澄、黄建新：《深圳市农村城市化历史遗留违法建筑沿革、现状与对策研究》，中国政法大学出版社2013年版，第136页。

〔3〕 参见贺倩明主编：《城市更新改造项目法律实务和操作指引》，法律出版社2014年版，第210页。

地征收、土地使用权收回[1]。城市更新项目中的拆迁，有的事关公共利益，有的具有公用性，有的具有商业利益，而在深圳的城市更新中，最大的问题在于同一块更新单元中可能会同时出现这三种情况，如果统一以国家征收的形式进行强拆，很有可能导致权力寻租的腐败行为，必将激发广泛的社会矛盾。

为了将好事办好，深圳市政府在拆迁问题上进行了创新，引入了“单一权利主体”这一法律概念，即在同一更新单元内，如果存在多个权利主体（被拆迁人），必须通过协议或作价入股的方式达成一致，统一由一个权利主体实施拆迁、开发、建设。从这一规定可以看出，政府放弃了拆迁前期的介入，将拆迁最核心的问题——拆迁补偿安置完全交给市场，所有拆迁人都对补偿安置满意，即可形成单一权利主体，如果有一个拆迁户对补偿安置不满意，也无法形成单一权利主体，城市更新就无法进行下一步。这最大限度地从法律角度保证了被拆迁人的知情权及公众参与，通过拆迁市场化也最大限度地保证了被拆迁人的利益，减少了社会矛盾的发生。

四、结语

通过以上法律关系的分析可知，深圳市政府通过创新法律手段进行的城市更新已经建立起了一套完整的系统。可以说，深圳的城市更新规模越来越大，呈加速发展态势，“对深圳当前阶段而言，城市更新活动的重要性甚至超过了新建活动”，“当前深圳城市更新取得的成就可以说是喜人的，城市更新已成为深圳挖掘用地潜力、拓展发展空间、优化城市结构、促进特区一体化建设的核心手段”。[2]

虽然当前的城市更新还存在很多问题，但这是任何改革实践所不可避免的，符合人类在改造世界的过程中的认识规律。相信在未来，深圳通过继续完善法制，进一步地解放和发展生产力，一定会有大作为，我们可以满怀希望地预见，在城市更新领域，深圳又将创造出一个全国第一。

---

〔1〕 参见张豪:《土地使用权提前收回制度研究》，法律出版社2011年版，第98页。

〔2〕 缪春胜:《深圳三十多年城市更新回顾及其下一阶段思考》，载《城乡治理与规划改革——2014中国城市规划年会论文集（03-城市规划历史与理论）》，2014年9月13日于海口。

2016年第65期

民间融资中问题企业债权债务处置的法律风险防范

席庆超　河南华浩律师事务所
邱旭瑜　律师

一、债权债务问题是当下民营企业的最大痛点

（一）企业陷入债权债务泥沼

2014年以来中国经济增长速度进入转型换挡期，经济下行压力激增，中小微企业经营质量普遍下降，多个行业面临资金链断裂的风险，而银行出于自保原因往往以“一刀切”的方式阻断银企合作，如随意提高合作门槛，不惜压贷（放慢审贷时间和压缩贷款笔数）、惜贷（降低单笔授信额度）、抽贷（只收不贷与企业还款后不予续贷），有些银行更是直接违反银行业“七不准”规定，要求贷款企业“做回报、保时点”，强行要求小微企业的流动资金贷款必须搭配票据业务，从而导致大批小微企业为避免资金链断裂，不得已转向民间融资。如民营企业倒贷的资金大多来源于民间借贷，其压力大、成本高众所周知，从而导致问题企业最终陷入债权债务的泥沼。

（二）问题企业自身丧失债权债务处置能力

“一切商业风险最终都表现为法律风险”，因债权债务处置工作不同于企业自身原有的经营行为，陷入债权债务危机的民营企业（以下统称问题企业）往往面临错综复杂的法律关系：（1）民事法律关系，须归还欠款本息、违约金等，面临被起诉、被执行等；（2）行政法律关系，被吊销、被撤销许可证照，不允许继续运营等；（3）刑事法律关系，可能因非法吸收公众存款罪、集资诈骗罪、伪造、变造印章罪等被追究刑责，问题企业被判处罚金、资产被收

缴没收等。

而作为弱者的债权人（投资人或者集资参与人）有选择起诉的，有申请仲裁的，有上访维权的，有动用社会势力的，有围追堵截的，有提起非法吸收公众存款或者诈骗罪的刑事控告的，甚至有因为感觉讨债无望而自杀自残的等。

问题企业面对种种纷繁复杂的问题，往往束手无策、一筹莫展、陷于慌乱。

（三）问题企业一站式的债权债务处置方案

问题企业的债权债务危机，涉及局势稳定、债权催收、债务化解三个模块，危机的解决是严肃和复杂的法律自救行为，涉及企业内部关系的处理（问题企业内部往往易出现分崩离析）、与政府部门关系的处理、与债务人关系的处理、与债权人关系的处理、与合作方关系的处理等，类似于一个健康躯体突患重病，绝对不能头痛医头，脚疼医脚。因为牵一发而动全身，只关注局部必然影响全局，因而必须全面规划，整体考虑，未雨绸缪。这就需要专业团队遵循法律规定合规运作，全面统筹并提供“一站式”的解决方案。

（四）问题企业债权债务处置中的刑事法律风险

民间融资往往涉及多种法律法规，单就刑事风险来说，就涉及《刑法》，最高人民法院、最高人民检察院、公安部《关于办理非法集资刑事案件适用法律若干问题的意见》，最高人民法院《关于审理非法集资刑事案件具体应用法律若干问题的解释》等。

以下重点讲述债权债务处置中常见的刑事法律风险，因处置团队能力原因导致处置效果不佳所产生的民事责任，可根据委托方与受托方的代理协议通过诉讼或者仲裁等法律途径解决，本文不再赘述。

帮助毁灭、伪造证据的法律风险。《刑法》第307条第2款规定：帮助当事人毁灭、伪造证据，情节严重的，处3年以下有期徒刑或者拘役。

虚假诉讼的法律风险。《刑法》第307条之一前3款规定：以捏造的事实提起民事诉讼，妨害司法秩序或者严重侵害他人合法权益的，处3年以下有期徒刑、拘役或者管制，并处或者单处罚金；情节严重的，处3年以上7年以下有期徒刑，并处罚金。单位犯前款罪的，对单位判处罚金；并对其直接负责的主管人员和其他直接责任人员，依照前款的规定处罚。有第1款行为，非法占有他人财产或者逃避合法债务，又构成其他犯罪的，依照处罚较重的规定定罪从重处罚。

掩饰、隐瞒犯罪所得、犯罪所得收益的法律风险。《刑法》第312条规定：明知是犯罪所得及其产生的收益而予以窝藏、转移、收购、代为销售或者以其他方法掩饰、隐瞒的，处3年以下有期徒刑、拘役或者管制，并处或者单处罚金；情节严重的，处3年以上7年以下有期徒刑，并处罚金。单位犯前款罪的，对单位判处罚金，并对其直接负责的主管人员和其他直接责任人员，依照前款的规定处罚。

拒不执行判决、裁定的法律风险。《刑法》第313条规定：对人民法院的判决、裁定有能力执行而拒不执行，情节严重的，处3年以下有期徒刑、拘役或者罚金；情节特别严重的，处3年以上7年以下有期徒刑，并处罚金。单位犯前款罪的，对单位判处罚金，并对其直接负责的主管人员和其他直接责任人员，依照前款的规定处罚。

非法处置查封、扣押、冻结财产的法律风险。《刑法》第314条规定：隐藏、转移、变卖、故意毁损已被司法机关查封、扣押、冻结的财产，情节严重的，处3年以下有期徒刑、拘役或者罚金。隐匿或者故意销毁依法应该保存的会计凭证、会计账簿、财务会计报告，情节严重的，处5年以下有期徒刑或者拘役，并处或单处2万元以上20万元以下罚金。

《刑法》第162条之一第1款规定：隐匿或者故意销毁依法应当保存的会计凭证、会计账簿、财务会计报告，情节严重的，处5年以下有期徒刑或者拘役，并处或者单处2万元以上20万元以下罚金。

非国家工作人员受贿的法律风险。《刑法》第163条规定：公司、企业或者其他单位的工作人员利用职务上的便利，索取他人财物或者非法收受他人财物，为他人谋取利益，数额较大的，处5年以下有期徒刑或者拘役；数额巨大的，处5年以上有期徒刑，可以并处没收财产。公司、企业或者其他单位的工作人员在经济往来中，利用职务上的便利，违反国家规定，收受各种名义的回扣、手续费,归个人所有的,依照前款的规定处罚。

二、债权债务处置工作的合规开展

(一)债权债务处置工作的开展原则

1.合法原则。尤其是进入刑事立案侦查程序的问题企业,处置工作必须严格遵循政府部门(含公安机关)的要求开展,严格遵守相关法律规定,不协助转移或者诱导转移已被采取司法查封、冻结措施的相关资产,不指示或者协助伪造、毁灭证据,不给刑事侦查工作造成任何妨碍,并及时向政府相关部门报告有关处置工作计划和进展。

2.自愿原则。因处置事项涉及众多民间债权人,故在和债权人协商化解债务过程中,必须严格遵循自愿原则,不得欺骗、胁迫。应设计合法方案,汇总并分析债权人意见,真正化解矛盾,帮助债权人切实解决实际问题。

3.专业原则。根据项目实际,专业的处置团队应包括律师、会计师、资管人员等,熟悉法律、财务、资产估值、不良债权的置换、收购业务,与第三方资源有合作经验等。

(二)债权债务处置工作的主要内容

第一,协助稳定局势。全力指导并参与问题企业的事件处理及协调应对,包括拟定初步解决方案,与政府部门接洽,接待债权人,释明法律规定,进行沟通、协商、解释、谈判,召集债权人会议,组织推举债权人代表,搜集并汇总各种意见,设计制作并组织签订和解协议;对问题企业相关工作人员进行业务培训,及时公布工作进展概况,交流相应经验并对紧急情况及时研讨、采取对策;参与重大事项决策,定期参加委托工作总结分析会;完成委托事项所需的各种工作文书、模板和表格的设计;建立健全工作档案和工作交接手续。

第二,债务化解。负责为债权人对接资产、债权等;对问题企业及其关联企业资产以及下游借款企业或者反担保企业的资产进行盘点、梳理和评估,通过重整清算、协议转让、折扣变现、债务重组、以资抵债、资产(债权)置换等方式,实现资产转化、资金流转,化解债务;根据实际情况协调引进第三方的资金、资产和资源，协助问题企业与债权人进行有效对接，以化解问题企业与债权人之间的全部或者部分债务。

第三，债权催收。组建专业的以律师为主的团队，负责对问题企业的债权通过诉讼或非诉的方法为其收回应收债权、预期债权等。

（三）债权债务处置的工作重点

1.政府关系的处理

与政府关系处理的主要目的是：在合法的前提下通过积极的自救行为及与债权人的和解行为，尽量避免非法吸收公众存款、集资诈骗等刑事法律风险的承担，或者尽量从轻、减轻、免于刑事处罚甚至不作为犯罪处理。因此除了根据国家法律规定外，还需要了解当地处理类似事件的政策，尽量在程序和实体方面符合国家法律和当地政策的规定，做到合法合规，争取达到好的社会效果。

根据问题企业实际，适时主动地与相关政府机构（金融办、工信局、处非办等）或者公安司法机关（主要是公安机关的经侦部门）对接和建立联系，采用事先报计划、报方案，事中报告具体进展，事后报告结果的形式书面汇报工作进展，对于突发、紧急或者重大情况形成专项法律意见，协助或者在政府部门的监督下开展工作，以坚定政府对问题企业帮扶的信心。

2.债权人关系的处理

按照剩余本金额度、合作时间长短、已获取利息金额、合作起源（区分员工及亲属与社会人员）甚至性格特征等对债权人进行分类，采用网格化管理模式，全面了解每一个债权人的具体情况，尤其关注偏执债权人和老弱病残急等特殊债权人人群。

通过面谈、电话交流、互联网交流等方式，接触每一个债权人，实现债权人沟通全覆盖，了解他们的具体需求和解决意向，听取他们的建议和意见，实现信息的公开透明传递，在阐明问题企业实际困难的前提下拿出多种方案供其自愿挑选，并对债权人的疑问进行公开释明，反复磋商，主动援引有关法律规定，告知相关法律后果（如刑事案件中对出资人利息、收益回报予以追缴和折抵本金的规定），以新合同或者补充合同的形式重新建立双方的民事法律关系。

必要时亦可通过债权人见面说明会、建立债权人代表委员会、债权资产债务核查公示等形式进一步稳定债权人，建立定期公示工作进展和见面会制度，将债权人纳入有序兑付解决的流程。

3.内部关系的处理

通过股东会议、高管会议、员工会议等形式，让大家统一思想，既认识到问题的严峻性和复杂度，又坚定信心，团结一致以大局为重互相配合开展工作。

4.债务人（借款人）关系的处理

针对不同借款企业或者反担保企业的实际，如有实力还款却想趁火打劫、暂时资金困难、自身资金链断裂但资产尚可等，采用诉讼、非诉（以物抵债、股权转让、债权转让、经营权转让方式）等实现债权，同时注意诉讼时效和担保时效、担保方式的补救、挽回和增加。

5.特殊或者重大事件应对

针对影响问题企业资金回笼、资产变现、项目推进的特殊或者重大诉讼及非诉事件，要厘清法律关系，组织专门律师团队依法行使和主张权利，确保债权不丧失、资产不贬值不流失、项目进展不受影响。

6.债务化解模式设计与实施

债务化解模式的设计应以自身现有或者可控资产、资源（实物、债权、股权等）为主，以自身债务人方即借款企业或者反担保企业的资产、资源为辅，适时借助外部第三方资源（如项目转让、企业重组并购等）。债务化解模式一定是多种模式的综合使用，包括分期还款、债权转让、资产转让、股权转让、经营权转让、转让附条件回购、再担保等，独立或者交叉使用，以达到满足债权人需求的目的。适用中讲究原则性与灵活性相结合，最终通过各种法律文书的设计，在化解矛盾、消化债务的同时为企业赢取自救或者发展的时间和空间，从而达到逐步化解债权债务危机的目的。

每种债务化解模式一定要具备可操作性，包括方案说明（含风险提示）、操作流程图、法律文本（各种合同文本、结清证明、最终债权确认书、支持声明书等)，做到既便于操作又进一步清晰法律关系。

综上所述，涉及民间融资问题的债权债务处置，是一种严肃的法律自救行为，必须依法而行；同时这也是一项复杂系统的长期工作，必须环环相扣。它不仅涉及纷繁复杂的法律关系，而且面对不同的企业状况，需要投入的人力、涉及的因素、整合的资源也有所不同，相应的处置方式也就一定有所区别。因此只有引入一个具有团队架构、实战经验、流程衔接、宏微兼顾的专业团队，才能合法、合情、合理地完成处置工作，而专业律师在这里正是不可或缺的。

2017年第66期

网络借贷监管迎来新挑战

徐　建　律师

《网络借贷信息中介机构业务活动管理暂行办法》(以下简称《网贷中介暂行办法》)的出台，使网贷企业具有了合法性，甚至可以上市了。所以不少平台欢呼“拥抱监管”，但回家后又“号啕痛哭”。因为该《网贷中介暂行办法》被称为史上最严厉的监管规定，“纯平台”“限借令”“十三条禁令”“前置备案”“信息经营许可”“信息披露”“违法查处”“一年期限”等规定中的核心字眼，足以使大部分平台心惊胆战。

当然，监管部门也不轻松。怎样把这“四十七条办法”变成现实？怎样做到“依法、适度、分类、协同、创新”监管？怎样实现“鼓励创新，防范风险，趋利避害，健康发展”的总体要求？这无疑是对网贷监管部门提出的新挑战。

一、依法监管

互联网是划时代的新生事物，对其监管历来有两种观点：一种观点认为，先破后立，任其野蛮发展，摸清规律后再立法予以规范；另一种观点认为，先立后破，应该先行立法，即使是不完善的恶法，也比无法可依强。显然立法者考虑目前网贷企业管理问题频出，有蔓延之势，采取了后一种“先立后破”的观点，出台了《网贷中介暂行办法》。该暂行办法的出台确实改变了网贷企业无法可依的现状，对规范发展网贷行业有着历史性的意义，网贷企业应该遵守，并在规定的时间内完成整改以求新生。但从立法的完善性和法律的可操作性来看，笔者认为，《网贷中介暂行办法》似有以下不妥之处。

互联网金融代表的是先进的生产力，必然要冲破现有的法律关系，这是国务院任何部委都无法独立承担的监管责任，所以才出现了罕见的十四个部委的专项整治会议、十部门联发的《关于促进互联网金融健康发展的指导意见》以及四部门联发的《网贷中介暂行办法》。笔者曾任职于中国人民银行原条法处和司法部，以笔者之浅见，从立法的权威性和全局性考虑，立法的主体应以国务院为宜，法律的位阶应是法规。因为依照《立法法》，没有法律法规等上位法的依据，部委出台的规章不能减损企业的权利，增加企业的义务，而《网贷中介暂行办法》中似有涉及。中国银监会负责监管银行业金融机构，既然网贷企业定性为非金融机构的“信息中介”平台，理应像房屋中介、婚姻中介一样归属工商行政管理部门管辖，而非中国银监会；从《地方各级人民代表大会和地方各级人民政府组织法》上讲，各省级政府只对国务院负责，四部委无权让省级政府根据其规章制定监管细则并报其备案；各省级政府的金融办是内设机构，不能对外发文，没有独立的执法权，也没有执行机构，难以完成《网贷中介暂行办法》规定的处分、罚款等繁重任务，否则，省长就可能成为行政诉讼被告。

当然，以上问题的存在并不影响《网贷中介暂行办法》的效力，四部委和各省级政府可以在今后的立法中补全完善，例如，增加工商行政管理部门作为监管主体，以求监管落地。笔者希望在“暂行”(《立法法》没有暂行的规定)后能看到国务院制定并出台相应的行政法规。

二、适度监管

《网贷中介暂行办法》提出了适度监管的原则，笔者认为，立法者提出这一原则的原因有二：一是互联网金融的迅速发展使立法者还不能够掌握其真正的属性和客观的规律，现行的立法只是一种试探性的摸索尝试，好过无法可依，所以称为“暂行”；二是国家的战略仍是大力推进互联网金融的发展，《关于促进互联网金融健康发展的指导意见》的监管原则将“鼓励创新”放在“防范风险”之前就是例证。因此在执法中，一定要注意适度。所谓适度，其具体表现应该是：

(1)设立的门槛要适度。不要将金融办的备案条件提得过高，把备案当成变相审批，要做到真正的事中、事后监督。要把工信部的审批仅限于技术设备和网络安全范围内。

（2）披露的事项要适度。《网贷中介暂行办法》已经规定了披露的基本范围，执法部门和行业协会不应擅自扩大，不能如有关部门要求网贷企业主动披露"有哪些违反十三项禁令的行为"，这属于严重越权，且涉嫌让企业"自证其罪"。

（3）整改的内容要适度。例如，20万元的限借令是从未有过的立法，这一立法是否涉及减损公民的民事权利，超出20万元的网贷纠纷法院是否应判无效，这一点尚有争议。对"大单模式"的企业，按照法无溯及力的规定，以前的大单并不违法，整改期内只要尽力了，不能完成整改也不应受罚；由于种种原因对银行存管不到位，也不应该"一刀切"地封杀。

（4）公安机关的打击要适度。公安机关重点打击的应该是集资诈骗，对各网贷企业普遍涉及的非法吸收公众存款罪，应该坚持"法陈旧当废"及"法不治众"的原理，在整改期内不要出手，不要严打。对因市场原因造成资金断链的，也不能客观归罪。非打不可的尽量"不抓人、不封账、不关平台"，以柔性执法、良性执法，将人为的损失降到最低，取得公众的理解和支持。深圳市福田区警方对网贷企业"融金所"责令整改，使其浴火重生的执法模式值得研究推广。

三、分类监管

由于互联网金融涉及网贷、众筹、第三方支付、网上理财等诸多领域，所以立法者采取了"谁的孩子谁抱走"的分类监管办法，将网贷企业归于中国银监会和各省级政府金融办监管，这是无可厚非的。但现实情况是，各级金融办是政府的办事机构，不是执法部门，如要名正言顺地担负对网贷企业的执法监管职责，建议将金融办改为各级政府的金融管理局。另外，《网贷中介暂行办法》规定了"地方金融监管部门有权根据本办法和相关监管规则对备案登记后的网络借贷信息中介机构进行评估分类，并及时将备案登记信息及分类结果在官方网站上公示"。此规定的出发点是好的，是为了让社会公众了解网贷企业的真实状况，但操作起来也有弊病。《互联网金融风险专项整治工作实施方案》将网贷企业评为三类，即合法类、整治类和取缔类，评比的条件和评比的方法要做到客观公正实属不易，且不说政府主持评比是否符合“小政府大社会”的理念，就说政府给合法类企业评比“背书”，一旦出事，政府的威信必将受损，公众可能由此追责；被政府评为取缔类的网贷企业，一旦公示必然信誉全无，极易爆发挤兑等群体事件；被评为整治类的网贷企业，也会惶惶不可终日，业务受到很大影响，失去整改的信心。这种评比也会给政府部门的寻租腐败开方便之门，且费力不讨好。如果必须评比，也应由行业协会或者第三方机构主持为宜，评比的结果可以公布于众，政府也可以此作为监管的参考。值得注意的是，《网贷中介暂行办法》要求网贷企业对出借人进行分级管理，这是必要的，也是可行的，网贷企业应当认真做好出借人尽职调查的工作，选好合格的出借人，根据不同的级别设置出借限额，给予风险警示，责任自负，以避免暴发群体事件。

四、协同监管

网贷的特点是地域广、金额大、投资人多、数据庞大、案情复杂，所以《网贷中介暂行办法》要求各执法部门协同监管，这种大监管的思路的好处是政令统一、条块结合，但协调的难点是各监管机构之间没有隶属关系，容易“扯皮”，中国银监会与各省级政府金融办没有手脚，监管很难落地。而配合监管的中国互联网金融协会归中国人民银行管理，各省的互联网金融协会又属于当地的金融办管理，这种“多龙治水”监管体系下的监管效果确实不容乐观。

笔者认为，《网贷中介暂行办法》出台后，各监管部门特别是省级政府金融办要制定实施细则。由于各地网贷企业发展情况不同，要特别警惕有的地方政府渴求全国资源，不惜冒险建立政策洼地，将发达地区的网贷企业吸引转移到本地，以吸收全国的资金资源，但爆发风险却要全国埋单。如何防止深圳等发达地区的网贷企业“大逃亡”，也是考验政府智慧和能力的一道难题。为此，《网贷中介暂行办法》也规定了“不协同”的责任，但遗憾的是仅对地方金融办未向中国银监会报告规定了处罚。且不论中国银监会有没有对地方金融办的处罚权，即使有，《网贷中介暂行办法》没有对四部委自身的渎职懒政规定处罚，也似有不公。

《网贷中介暂行办法》也提到了应当引入律师对平台的合规进行评估，这个思路无疑是正确的。利用中介机构的力量间接参与监管，可以节约许多政府的资源，也为中介机构开辟一个蓝海的市场。进一步说，建议可以参考上市公司需要律师出具法律意见，或私募企业备案要求律师发表法律意见的做法，由律师对网贷企业的合规性进行尽调评估，作为政府备案或整顿验收的必经程序。

笔者注意到，在《网贷中介暂行办法（征求意见稿）》中规定了中国银监会要建立网络借贷行业中央数据库，这对于各部门的信息共享、协同监管是十分重要，但不知为何《网贷中介暂行办法》却将中央数据库的设置取消，实为遗憾。

五、创新监管

"创新"，是当下最时髦的名词，用在网贷监管上尤为适当，因为网贷正是因为创新才发展到今天，千姿百态、千变万化，对其监管也必然要创新，《网贷中介暂行办法》就是创新的结果。创新，就是要把住系统性和区域性风险的底线，按照互联网的规律属性去构建信息社会下的法律规则和执法模式。

（一）监管的思维要创新——互联网思维

监管者应当知道，互联网是代表社会发展方向的先进生产力，它已经颠覆了人们的生活和经济模式，也必将颠覆法律和司法观念。因此，对网贷企业的监管应具有互联网的思维，注重它的先进性、新颖性和系统性，要克服技术障碍和行为模式的陌生，将互联网作为法律存在的新空间，遏制旧法的打压，用杀出一条血路的气概和摸着石头过河的务实精神创立新法，监管者和网贷企业应对立统一、共荣共存，共创合规新型的平台模式、产品模式、服务模式，摸索一条符合中国网贷监管和发展的新道路。

（二）监管的规则要创新——行政前置

《网贷中介暂行办法》规定了行政执法的主体和责任，较之前网贷企业违法却只有公安机关一个部门负责查处的状态是一大进步。但从保护企业的角度来说这还不够，笔者建议，应该在立法中明确：涉及网贷的案件应当行政前置，即非经行政机关调查移送公安机关不得受理。例如，逃税案主体经税务局处罚后，第二次逃税才由税务机关移送公安机关处理。

（三）监管的手段要创新——刑民并进

目前，在公安机关处理网贷非法吸存案件中，引发投资人最大不满的做法就是“先刑后民”，即只要公安机关立案，民事诉讼皆不受理，追回的款项也要等犯罪嫌疑人被法院判决后才能发还。因历时旷日持久，债权不得实现，投资人权益极易受损，因而极易爆发群体事件。笔者建议，在公检法处理非法吸存案时，应当允许投资人依民事法律起诉债务人，或者申请网贷企业破产，依法清理债权债务，按比例尽快发还投资人，做到刑案和民案并行诉讼，并行结案。互联网金融的发展使我国有了弯道超车与欧美发达国家并驾齐驱的机会，也有了使普罗大众公平享有金融民主化、金融大众化的可能，对此，我们一定要珍惜，切忌因噎废食、自废武功、断臂断腿，失去互联网金融发展的大好机遇。各级监管者对此应有充分的认识，使网贷企业平稳软着陆，此乃国之所幸，民之所幸也！

2017年第66期

我国互联网金融的行业自治及立法探索

张宪忠　律师

近年来，互联网金融得到了飞跃式的发展。2013—2014年，互联网金融陆续出现了新的业态，包括互联网支付、网络借贷、股权众筹融资、互联网基金销售、互联网保险、互联网信托和互联网消费金融等新型业务兴起；同时，互联网金融的触角开始延伸向社会生活的各个环节和不同领域。2015年，互联网金融的投资主体更加多元化，资本力量不断井喷，金融产品创新层出不穷。根据《2016—2020年中国互联网金融行业深度调研及投资前景预测报告》的数据，未来几年，我国互联网金融行业在现有业态持续发展的基础上，还将在移动支付、大数据分析、线上线下互动营销、大平台运用等领域得到进一步发展。基于此，如何规范互联网金融的行业自治以及相关立法，十分必要和急迫。笔者就此展开粗浅探索，以期抛砖引玉。

一、我国互联网金融的监管发展现状

2015年7月18日，为鼓励金融创新，促进互联网金融健康发展，明确监管责任，规范市场秩序，经党中央、国务院同意，中国人民银行、工业和信息化部、公安部、财政部、国家工商总局、国务院法制办、中国银监会、中国证监会、中国保监会、国家网信办联合印发了《关于促进互联网金融健康发展的指导意见》（以下简称《互联网金融指导意见》），提出遵循“鼓励创新、防范风险、趋利避害、健康发展”的总体要求和“依法监管、适度监管、分类监管、协同监管、创新监管”的基本原则，并规定了互联网支付、网络借贷、股权众筹融资、互联网基金销售和互联网信托、互联网消费金融应当遵守的基本业务规则。另外，《互联网金融指导意见》还提出要加强互联网金融行业自律，中国人民银行会同有关部门，组建中国互联网金融协会，制定经营管理规则和行业标准，推动机构之间的业务交流和信息共享；明确自律惩戒机制，提高行业规则和标准的约束力。该指导意见的出台，为未来一个时期的互联网金融行业发展和监管自律发展指出了明确的方向和目标。

2015—2016年上半年，互联网金融行业呈现“紧缩政策，规范管理”的态势，国家及各地方监管部门均陆续出台了各项监管政策及规定。

2015年12月28日，中国银监会会同工业和信息化部、公安部等下发了《网络借贷信息中介机构业务活动管理暂行办法（征求意见稿）》。

2016年1月，北京、上海、深圳的工商行政管理部门开始暂停互联网金融企业的注册，地方公安局和金融局也在抓紧时间规范对民间投资理财类平台的监管。北京地区暂停核准包含“投资”“资产”“资本”“控股”“基金”“财富管理”“融资租赁”等投资类经营项目。

2016年3月25日，深圳市人民政府办公厅发布了《关于完善住房保障体系促进房地产市场平稳健康发展的意见》，明确声明“严禁互联网金融企业、小额贷款公司等金融机构从事首付贷、众筹购房、过桥贷等金融杠杆配资业务”。北京、上海也采取了类似动作，进行全面检查。

2016年3月24日，中国人民银行、中国银监会联合印发《关于加大对新消费领域金融支持的指导意见》，从积极培育发展消费金融组织体系、加快推进消费信贷管理模式和产品创新，加大对新消费重点领域金融支持、改善优化消费金融发展环境等方面提出了一系列金融支持新消费领域的细化政策措施。2016年4月，国家工商管理总局等十七部委下发《开展互联网金融广告及以投资理财名义从事金融活动风险专项整治工作实施方案》，明确划定互联网金融广告整治的“九条红线”。

2016年4月，由国务院决策部署、十余部委共同行动的互联网金融专项整治在全国范围内展开。在本次整治活动中，中国人民银行、中国银监会、中国证监会、中国保监会分别对网络支付、网络借贷、股权众筹和互联网保险等领域开启专项整治计划。在整治期间，全国各省市暂停登记注册在名称、经营范围中含有金融相关字样的企业。

2016年8月24日，中国银监会、公安部、工信部、国家网信办四部委联合发布的《网贷中介暂行办法》明确了网贷内涵、适用范围及从业机构的法律定位；确立了网贷监管体制；明确了网贷业务规则，以负面清单形式划定了业务边界，明确提出不得吸收公众存款、不得归集资金设立资金池、不得自身为出借人提供任何形式的担保等；同时，对信息披露、业务管理、风险控制等均提出了具体要求。

以上文件及措施表明：国家对于前一阶段互联网金融行业所取得的成果，予以认可及保护；但针对前一阶段暴露的问题和风险，将予以严厉制止和纠正。这也预示着互联网金融行业将逐步走向诚信经营、规范管理，将以更加正面的形象继续服务于我国的实体经济和新经济领域。

二、互联网金融的行业自治和立法探索

自2016年上半年以来，国家和各地方相关监管部门陆续展开互联网金融行业的整顿活动，互联网金融行业面临重新洗牌。或许，这对互联网金融行业而言是最艰难、恶劣的时候。但反过来说，这也是促进互联网金融从业机构增强风险意识、增加合规意识、规范经营管理，促进互联网金融行业长期、良性、有序发展的重要契机。因此，互联网金融行业应当抓住这次机会，通过制定相关规则和监管政策等，促使从业机构完善内控制度，提高内控质量，建立健全第三方存管、信息披露及消费者权益保护等各项制度，加大信息安全保护，有效防止反洗钱等犯罪风险。为互联网金融行业重新树立诚信经营、规范管理的正面形象，从而促进金融包容，扩大金融业开放，提升金融服务质量和效率，规范民间金融活动，惠及扶持中小微企业发展，使互联网金融行业能够切实为我国实体经济发展服务。

从规范管理角度来说，互联网金融的发展离不开行业自治和外部监管。

（一）互联网金融的行业自治

中国互联网金融协会的成立，表明了党中央、国务院及各部门对互联网金融行业进行整顿、规范的决心，以及对互联网金融予以扶持发展的信心。协会也应当发挥自身的作用，通过制定业务规则、管理规范和自律措施等，

对协会会员的日常业务活动予以指导、监督和管理。

1.分类制定经营管理规则和行业标准。根据《互联网金融指导意见》，中国互联网金融协会已被赋予了制定经营管理规则和行业标准的职能。因此，协会应当在充分了解行业业态和发展现状、规模及亟须解决的问题的基础上，制定自律规范、经营管理规则和行业标准。

2.促进业务交流和信息共享，强化风险披露和风险预警。互联网金融协会既是互联网行业的自律组织，同时也应当成为互联网金融各从业者相互交流和促进发展的平台。同时，协会应在制定行业标准和自律规范的基础上，逐步开展互联网金融统计监测、信息共享、风险披露和风险预警等基础设施、制度和手段建设。

3.明确自律惩戒机制，提高行业规则和标准的约束力。协会应尽快制定自律惩戒管理办法，提高行业规则和标准的约束力。将各项管理规则、制度等落到实处。对于不遵守协会章程和自律规范的会员予以有效惩戒，真正实现互联网金融行业的自律管理。

（二）互联网金融的立法探索

在金融机构、非金融机构、个人、各类资本疯狂涌入互联网金融行业的同时，我们应当认识到，依托于互联网技术、移动通信技术的互联网金融的本质还是金融；应当关注到金融行业的固有规律，应当对金融行业的广泛性、突发性、传染性的特点有所警觉；同时，更加应当清醒地认识到：金融的核心是对风险的经营和把握。通过立法和加强执法来完善互联网金融的外部监控，将是控制互联网金融行业风险的有效途径之一。

1.完善互联网金融行业的相关立法。互联网金融所涉及的法律关系繁多，同时具有其特殊性。现行的民事法律、刑事法律等法律制度应当随之作出调整。通过法律修正案或司法解释的形式等，调整互联网金融行业的特定法律关系。从而规范互联网金融行业各从业者与市场参与者的活动行为，促进互联网金融规范管理和诚信经营。

2.完善互联网金融行业的配套监管政策。互联网金融各业态发展既具有金融的本质属性，同时还涉及工业化、计算机技术、互联网信息、网络安全等方方面面，使得互联网金融行业的监管相较于其他传统行业更为复杂和困难。这就要求各有关主管部门相互协同、互相配合，针对互联网金融的各业态及其不同发展状态，共同制定业务规范政策。除了网络借贷，对于互联网金融的其他业态，如互联网支付、股权众筹融资、互联网基金销售、互联网保险、互联网信托和互联网消费金融等，同样应当通过法律文件形式确认其内涵、适用范围及业务活动基本原则，确立监管体制和业务管理、风险控制、信息披露的基本方法和措施，从而指导互联网金融各个领域的健康有序发展。

三、结语

互联网金融如同任何新事物的发展一样，已经历了一个高估值阶段。目前，随着互联网金融“井喷式”发展和监管滞后所带来的隐患、风险和问题逐步暴露，互联网金融行业面临整顿、互联网金融的从业机构将面临洗牌，未来一个时期互联网金融也可能会经历一个低估值阶段。但是，互联网金融行业将在加强行业自治和外部监管、建立健全经营管理规则和行业标准之后，以一个全新的面貌面对市场竞争环境。互联网金融将在经历两个阶段之后，慢慢回到一个缓步向上的阶段。在这一阶段，互联网金融的行业发展将趋于理性，内部管理与外部监管将实现协同，市场预期将逐步达到合理的估值阶段。届时，才是互联网金融行业发展和壮大的春天。

2017年第67期

从聂树斌一案看如何提高刑事案件律师辩护率

张　斌　律师

2016年12月2日，最高人民法院第二巡回法庭对聂树斌故意杀人、强奸妇女再审案公开宣判，宣告撤销原审判决，改判聂树斌无罪。这一宣判为这件牵扯了22年的冤案画上句号。欣慰之余，我们应该意识到：保证被控告人获得专业律师辩护权，或许是避免此类冤案再次发生的关键，即国家不仅具有此类人权保障义务，也应该切实保障辩护权实现，对辩护权负有给付义务。

全国刑事案件律师辩护率大数据报告显示，目前我国刑事案件律师辩护率约为14%。从地区来看，上海、安徽、北京辩护率最高，新疆、海南、青海辩护率最低；从罪名来看，律师辩护率排在首位的罪名为非法吸收公众存款罪，比率为55.6%，律师辩护率居于末位的罪名为强奸罪，仅为3.93%。我国的刑事案件律师辩护率之低，令人担忧。

个人面对国家追诉，所处的地位决然不平等，为了弥补国家和个人之间力量的天然悬殊，除将司法权力关在笼子里外，更为重要的是，要为个人提供防御和抵抗司法权力滥用的切实有效手段。在刑事诉讼制度的构架设计中，辩护权的作用就在于此。

辩护权能否得到有效行使，关乎的不仅仅是个案中被控告人权利的保障及防止出现冤假错案，更关乎到公民基本人权的保障及社会正义的充分实现。因此，联合国《公民权利和政治权利国际公约》中规定了辩护权，尤其是强调通过法律援助使刑事被告人获得公正审判的基本权利。第七届联合国预防犯罪和罪犯待遇大会通过的《律师的作用》中也指出：要使公民的权利得到充分的保护，就需要使所有的人都能够有效地获得由律师提供的法律服务。

笔者认为，在现代法治国家，保证被控告人获得专业律师辩护权应当是国家的人权保障义务，对于辩护权的落实，国家亦负有给付义务，应切实保障辩护权的实现（国家以积极作为的方式为公民行使辩护权提供某种利益的义务），这是现代司法文明的重要标志，也应当成为现代法治的题中之义，即为被控告人提供律师辩护应当是政府提供的公共法律服务。

在美国大多数刑事案件都是由公共刑事辩护律师辩护的。据估算，大约80%的刑事被告人的律师是由政府出资聘请的。党的十八届四中全会通过的中共中央《关于全面推进依法治国若干重大问题的决定》中作出了加强人权司法保障的决定，为了落实这一决定，要切实改变我国刑事案件律师辩护率低这一现状。在刑事案件中加强人权司法保障，笔者认为这一问题需从以下几个方面着手解决：

（1）用法治思维来重新审视辩护律师在法治社会建设中的地位，破除“律师是为坏人说话”的错误观念。

（2）切实保障辩护律师在刑事诉讼中享有的调查取证权、阅卷权、辩论权等执业权利，同时对于那些侵害辩护律师执业权利的行为严加处罚。

（3）扩大刑事案件法律援助的范围，对于凡是没有聘请律师的犯罪嫌疑人均指派刑辩律师担任辩护人，做到刑事案件律师辩护普遍化；同时，提高刑辩律师担任辩护人的法律援助报酬，在条件成熟时由政府设立公设辩护人制度，由专业的律师从事政府指派的刑事案件辩护工作，使之由公益法律服务向公共法律服务转变。

（4）加大对辩护律师的正面宣传，培养一批金牌刑辩律师。让刑辩律师真正成为检察机关的对手、法院的咨询者、公民权利的维护者、防止冤假错案的重要力量。

2017年第67期

个人信息保护的百万罚单时代来了？

宁宣凤　北京市金杜律师事务所

尹冉冉　锐敏律师事务所

《网络安全法》的一大亮点是关于个人信息保护的相关条款。《个人信息保护法（草案）》曾于2008年提交国务院立项审查，但此后立法进程即停滞不前。因此，在《网络安全法》出台之前，我国个人信息保护规则仅散见于多部不同的法律法规和规范性文件中，如《侵权责任法》《刑法》《治安管理处罚法》《消费者权益保护法》和全国人大常委会《关于加强网络信息保护的决定》等。《网络安全法》的出台为个人信息保护制度开创了多个“首次”，尤为引人注目。

一、新标杆树立，开创四个“首次”

（一）首次在法律层面确立了一般意义上“个人信息”的概念

《网络安全法》第76条规定：个人信息，是指以电子或者其他方式记录的能够单独或者与其他信息结合识别自然人个人身份的各种信息，包括但不限于自然人的姓名、出生日期、身份证件号码、个人生物识别信息、住址、电话号码等。

“个人信息”及其他类似概念，如“个人电子信息”〔1〕“个人金融信息”〔2〕以往散见于不同的法规和规范性文件中。而《网络安全法》首次在法律层面确立了一般意义上的“个人信息”，进一步扩大了个人信息的保护范围。一方面，个人信息不再要求有特定的记录方式，即通过任何方式记录下来的信

〔1〕 见全国人大常委会《关于加强网络信息保护的决定》。
〔2〕 见中国人民银行《关于银行业金融机构做好个人金融信息保护工作的通知》。

息都将被包括在内；另一方面，《网络安全法》中“个人信息”的概念强调可识别性，即使是通过与其他信息结合才能识别身份的信息，也属于《网络安全法》保护的个人信息。

（二）首次明确了禁止向他人提供个人信息的例外情形

《网络安全法》规定，未经被收集者同意，不得向他人提供个人信息。而与此同时，《网络安全法》首次明确了上述禁止性规定的例外，即如果特定信息经过处理无法识别特定个人，并且不能复原，则不受上述限制。

根据此前的相关规定，收集个人信息均要求经个人同意方可进行，并未设置例外条款。事实上，由于经过处理且不能复原的信息很难指向特定个人，利用此类信息侵害个人合法权益的可能性也较小。因此，在国家鼓励和推动大数据产业发展的大背景下，《网络安全法》给予脱敏信息在侵权领域的“豁免性”地位，有利于保障利用脱敏信息进行数据挖掘及其他方面研究行为的合法性与积极性，推动数据产业的发展。

（三）首次在法律层面规定特定个人信息的存储位置，维护国家信息安全

《网络安全法》对关键信息基础设施运营者的个人信息存储地点提出了特殊要求，要求在我国境内运营中收集和产生的个人信息和重要数据应当在我国境内存储。

目前，我国仅在某些特殊领域有对个人信息存储位置的要求。例如，根据中国人民银行的有关规定，在中国境内收集的个人金融信息的储存、处理和分析应当在中国境内进行，银行业金融机构不得向境外提供境内个人金融信息。鉴于关键信息基础设施的认定尚无明确规定，该条款加大了企业储存个人信息过程中面临的潜在风险和不确定性。

（四）首次在法律层面明确了违反个人信息保护规则的行政责任

根据《网络安全法》的规定，侵害个人信息相关权利时，将面临警告、没收违法所得、罚款、暂停相关业务、停业整顿、关闭网站、吊销相关业务许可证和吊销营业执照等法律责任。其中对直接责任人员的罚款数额可达10万元，对网络运营者的罚款数额更可高达100万元。

此前，对违反个人信息保护规则的法律责任，具体的罚则散落于全国人大常委会《关于加强网络信息保护的决定》《刑法》《治安管理处罚法》《消费者权益保护法》等各部独立法律法规及规范性文件之中。相较于此前的规定，《网络安全法》对违法行为的罚款力度明显提高；此外，与全国人大常委会《关于加强网络信息保护的决定》相比，《网络安全法》增加了对直接责任人员的罚款，并且明确了侵犯个人信息情节严重时的多种罚则，即新增了责令暂停相关业务、停业整顿以及吊销营业执照。

二、体系性归纳，收集个人信息“有规可循”

《网络安全法》第四章针对收集、使用个人信息作出的规定，将此前散落在多个法律法规中关于个人信息保护的一般规则进行了体系性的归纳。为便于大家理解，我们将这些规则进行了整理。

在确立个人信息保护基本规则的基础之上，《网络安全法》更在若干方面进一步拓展了个人信息的权利范围，为公民的个人信息提供了更为全面的保护。

1.拓展公民知情权。《网络安全法》第22条和第42条规定，在发生或可能发生信息的泄露、篡改和毁损，或发现其网络产品、服务存在安全缺陷、漏洞等风险时，网络运营者或者网络产品、服务提供者应当及时告知客户。

因此，企业在开展业务的过程中如需收集、使用公民个人信息，不仅应当告知信息收集和使用的规则、目的、方式和范围，更需注意在发生或可能发生潜在危机时及时履行告知客户的法定义务，以便客户采取应对措施、降低潜在损失。这就要求企业完善内部危机应对机制，更为密切地关注信息安全，以便在突发情况下及时、有效地做出应对。

2.明确泄露信息删除权。《网络安全法》第43条规定，网络运营者收集、使用个人信息违反法律规定或双方约定的，个人有权要求删除。也就是说，个人不仅在网络运营者违法收集信息的情况下有权要求删除相关信息，还可以网络运营者违反双方约定为由要求删除信息。

实际上，《网络安全法》对删除权的确定与收集使用信息需遵循的正当性、必要性原则一脉相承——无论是违反法律规定，还是违反双方约定的收集使用信息的范围和期限，即意味着企业失去了留存使用信息的合理理由，依法应当删除相关信息。因此，从合规角度，企业在制定与用户的合同条款时需对有关收集使用信息的合同约定内容予以充分关注，从企业内部制度设计的角度降低潜在风险。

3.确立错误信息更正权。《网络安全法》第43条规定，网络运营者收集、存在的个人信息有错误的，个人有权要求予以更正。

此前，我国仅在个别领域对此种权利有明确规定，如《个人信用信息基础数据库管理暂行办法》曾规定个人有权向征信管理部门就错误信用信息提出异议。〔1〕此次，《网络安全法》则从更广泛的意义上赋予了个人信息主体更正错误信息的权利。

三、拭目以待，企业合规依然任重道远

鉴于《网络安全法》中有关个人信息保护规则的适用主体为网络经营者，而《网络安全法》中“网络经营者”〔2〕与“网络”〔3〕的概念都极为宽泛，在没有进一步具体规定的情况下，很难将某一特定类型的经营者排除在适用范围之外。换言之，《网络安全法》在法律层面对个人信息保护的主体范围达到了前所未有的广度。

《网络安全法》首次成体系地从法律层面对个人信息保护制度的相关规则进行了梳理和确认，并强化了法律责任，为企业收集、使用个人信息提出了更高的要求。而部分规定的具体操作规程尚待明晰和完善，也为企业建立健全内部的信息安全管理机制带来了新的挑战。此外，《网络安全法》并未

〔1〕《个人信用信息基础数据库管理暂行办法》第16条第1款规定：“个人认为本人信用报告中的信用信息存在错误（以下简称异议信息）时，可以通过所在地中国人民银行征信管理部门或直接向征信服务中心提出书面异议申请。”第20条第1款规定：“征信服务中心收到商业银行重新报送的更正信息后，应当在2个工作日内对异议信息进行更正。”

〔2〕《网络安全法》第76条第3项规定：“……（三）网络运营者，是指网络的所有者、管理者和网络服务提供者。”

〔3〕《网络安全法》第76条第1项规定：“（一）网络，是指由计算机或者其他信息终端及相关设备组成的按照一定的规则和程序对信息进行收集、存储、传输、交换、处理的系统。”

明确依法承担保护个人信息职权的监管机构，这在一定程度上也增大了执法的不确定性。

从合规经营的角度考虑，企业应对个人信息保护给予充分重视，制定和完善企业与用户，以及与第三方就个人信息收集使用签订的合同文本及其他相关政策，并密切关注相关立法的发展，以确保企业经营合规性。值得注意的是，国家网信办网络安全协调局局长日前表示，为更好地保护个人信息，国家网信办正在着手制定个人信息收集规范标准。可以预见，企业未来在收集使用个人信息过程中将面临日趋严格的法律规制，我们将与企业一同密切关注个人信息保护立法与执法的发展。

2017年第69期

浅析企业环境刑事法律风险的变化趋势

邵卫国　律师

一、《刑法》出台与修订

1979年7月1日,《刑法》(以下简称1979年《刑法》)通过,并从1980年1月1日起实施。1979年《刑法》仅192条,基于当时的环境并未普遍受到污染的客观状况,没有规定污染环境属于犯罪行为。

1997年3月14日,第八届全国人民代表大会第五次会议对1979年《刑法》进行了修订。修订后的《刑法》(以下简称1997年《刑法》)从原来的192条增加到452条,并在第六章"妨害社会管理秩序罪"中增加了第六节"破坏环境资源保护罪"。从此,我国从刑罚的层面上,对污染环境行为进行了规治。

1997年《刑法》第六章第六节从第338条到第346条,所对应的罪名分别是:第338条为重大环境污染事故罪;第339条第 1 款为非法处置进口的固体废物罪,第 2 款为擅自进口固体废物罪第3款为走私固体废物罪;第340条为非法捕捞水产品罪;第341条第 1 款为非法猎捕、杀害珍贵、濒危野生动物罪,非法收购、运输、出售珍贵、濒危野生动物、珍贵、濒危野生动物制品罪,第 2 款为非法狩猎罪;第342条为非法占用耕地罪;第343条第 1 款为非法采矿罪,第 2 款为破坏性采矿罪;第344条为非法采伐、毁坏珍贵树木罪;第345条第 1 款为盗伐林木罪,第 2 款为滥伐林木罪,第 3 款为非法收购盗伐、滥伐的林木罪;第346条是关于违反上述规定,对单位和单位直接负责的主管人员和其他直接责任人员进行双罚制的规定。

在上述新增加的罪名中,对企业影响最大的就是第338条的"重大环境污染事故罪",这也是本文接下来所要论述的重点。此后,我国开始动用刑罚的手段惩罚污染环境的行为，并规定单位可以成为该罪的犯罪主体，与单位直接负责的主管人员和其他直接责任人员一起承担刑事责任。因此，在污染环境罪对单位和个人同时定罪处罚的双罚制度下，每一次法律的修改，都意味着两个犯罪主体的刑事法律责任同时发生变化。

二、《刑法修正案（八）》的发布

1997年《刑法》发布后，全国人大常委会从1999年12月至今，连续发布了10个修正案。2011年2月25日，第十一届全国人民代表大会常务委员会第十九次会议通过了《刑法修正案（八）》。在该修正案中，对《刑法》第六章第六节中的第338条、第343条进行了修改。第343条不是本文研究的对象，在此不再论述。

修改前的《刑法》第338条规定：违反国家规定，向土地、水体、大气排放、倾倒或者处置有放射性的废物、含传染病病原体的废物、有毒物质或者其他危险废物，造成重大环境污染事故，致使公私财产遭受重大损失或者人身伤亡的严重后果的，处三年以下有期徒刑或者拘役，并处或者单处罚金；后果特别严重的，处三年以上七年以下有期徒刑，并处罚金。

修改后的《刑法》第338条规定：违反国家规定，排放、倾倒或者处置有放射性的废物、含传染病病原体的废物、有毒物质或者其他有害物质，严重污染环境的，处三年以下有期徒刑或者拘役，并处或者单处罚金；后果特别严重的，处三年以上七年以下有期徒刑，并处罚金。

从以上的条文变化可知，《刑法》第338条修改后，主要变化体现在以下两个方面：

第一，罪名变了，由原来的“重大环境污染事故罪”，变成了现在的“污染环境罪”；

第二，犯罪构成的客观方面变了，去掉了原来条文中的“向土地、水体、大气”的表述，不再限制排放、倾倒或者处置的对象；由原来的“其他危险废物”，变成了“其他有害物质”；由原来的“造成重大环境污染事故，致使公私财产遭受重大损失或者人身伤亡的严重后果”，变成了“严重污染环境”。

从以上变化中，笔者所得出的结论是：修改后的《刑法》第338条，降低了入罪门槛，扩大了入罪的范围。

三、三个司法解释的发布

1997年《刑法》实施后，最高人民法院单独或联合最高人民检察院共发布过三个关于审理环境污染刑事案件方面的司法解释，以指导司法实践。分别是：

1.2006年7月21日，最高人民法院单独发布《关于审理环境污染刑事案件具体应用法律若干问题的解释》(2006年7月28日起实施，现在已经废止，以下简称2006年司法解释)；

2.2013年6月18日，最高人民法院、最高人民检察院联合发布《关于办理环境污染刑事案件适用法律若干问题的解释》(2013年6月19日起实施，现已废止，以下简称2013年司法解释)；

3.2016年12月23日，最高人民法院、最高人民检察院联合发布《关于办理环境污染刑事案件适用法律若干问题的解释》(2017年1月1日起实施，以下简称2016年司法解释)。

在这三个司法解释中，主要针对1997年《刑法》第338条中的入罪情节进行解释。对比2006年和2013年两个司法解释，笔者发现。从1997年《刑法》第338条的文义可知，构成重大环境事故罪，客观方面要达到“使公私财产遭受重大损失或者人身伤亡的严重后果”。2006年司法解释中的“公私财产遭受重大损失”与2013年司法解释中的“严重污染环境”中所指的财产损失相比，表述没有变化，内容完全一致。即便是这样，笔者认为，基于物价上涨、货币贬值等因素，2006年的30万元和现在的30万元相比，差别较大，这就相当于降低了对财产损失的认定标准。

在涉及人身伤亡方面，2013年司法解释比2006年司法解释规定的入罪标准要低。比如，2013年司法解释规定：致使30人以上中毒的；致使3人以上轻伤、轻度残疾或者器官组织损伤导致一般功能障碍的；致使1人以上重伤、中度残疾或者器官组织损伤导致严重功能障碍的，即达到该司法解释所规定的严重污染环境的定罪标准。而2006年司法解释规定，致使1人以上死亡、3人以上重伤、10人以上轻伤，或者1人以上重伤并且5人以上轻伤的，才构成重大环境污染事故罪的定罪标准。由此不难看出，2013年司法解释在人身伤亡方面的入罪标准要比2006年的低。

不但如此，2013年司法解释所规定的“严重污染环境”除了以上情节外，还有：(1)在饮用水水源一级保护区、自然保护区核心区排放、倾倒、处置有放射性的废物、含传染病病原体的废物、有毒物质的；(2)非法排放、倾倒、处置危险废物3吨以上的；(3)非法排放含重金属、持久性有机污染物等严重危害环境、损害人体健康的污染物超过国家污染物排放标准或者省、自治区、直辖市人民政府根据法律授权制定的污染物排放标准3倍以上的；(4)私设暗管或者利用渗井、渗坑、裂隙、溶洞等排放、倾倒、处置有放射性的废物、含传染病病原体的废物、有毒物质的；(5)两年内曾因违反国家规定，排放、倾倒、处置有放射性的废物、含传染病病原体的废物、有毒物质受过两次以上行政处罚，又实施前列行为的；(6)致使乡镇以上集中式饮用水水源取水中断12小时以上的。

以上这6种情节，在2013年司法解释之中是没有规定的。换句话说，针对这6种情节，2013年司法解释不认为是犯罪行为。

另外，2013年司法解释还对有毒物质进行明确。其中第10条规定，下列物质应当认定为“有毒物质”：(1)危险废物，包括列入国家危险废物名录的废物，以及根据国家规定的危险废物鉴别标准和鉴别方法认定的具有危险特性的废物；(2)剧毒化学品、列入重点环境管理危险化学品名录的化学品，以及含有上述化学品的物质；(3)含有铅、汞、镉、铬等重金属的物质；(4)《关于持久性有机污染物的斯德哥尔摩公约》附件所列物质；(5)其他具有毒性，可能污染环境的物质。

如前所述，《刑法修正案(八)》修改第338条时该条犯罪构成的三点变化之一，就是把“其他危险废物”修改为“其他有害物质”。由此可见，2013年司法解释所称的“有毒物质”，不但包括“危险废物”，还包括部分化学品、部分含有重金属的物质及其他具有毒性，可能污染环境的物质。

总之，无论是从财产损害方面，还是从人身伤害的标准来看，2013年司法解释与2006年司法解释相比，大大降低了入罪的门槛，扩大了违法行为入罪的范围。对比2013年司法解释和2016年司法解释，构成“严重污染环境”的情节由14种变成了18种。2016年司法解释的主要变化有：

1.将2013年司法解释中“非法排放含重金属、持久性有机污染物等严重危害环境、损害人体健康的污染物超过国家污染物排放标准或者省、自治区、直辖市人民政府根据法律授权制定的污染物排放标准三倍以上的”进行细化，分别规定排放、倾倒、处置含铅、汞、镉、铬、砷、铊、锑的污染物，超过国家或者地方污染物排放标准3倍以上的；排放、倾倒、处置含镍、铜、锌、银、钒、锰、钴的污染物，超过国家或者地方污染物排放标准10倍以上的，构成“严重污染环境”的入罪标准。对排放危害不同的重金属规定了不同的标准，这样修改不但增强了操作性，也体现了罪刑相适应的处罚原则。

2.除保留其他入罪情节外，新增加了3个“严重污染环境”的入罪情节。主要有：(1)规定重点排污单位篡改、伪造自动监测数据或者干扰自动监测设施，排放化学需氧量、氨氮、二氧化硫、氮氧化物等污染物的，属于犯罪行为；(2)规定违法减少防治污染设施运行支出100万元以上的，属于犯罪行为；(3)规定造成生态环境严重损害的，属于犯罪行为。当然，司法解释未就生态环境严重损害的标准作出明确的规定。如何认定，需要法官根据个案的不同情况，进行自由裁量。由此可见，2016年司法解释自2017年1月1日实施后，“污染环境罪”的入罪范围在2013年司法解释的基础之上进一步扩大。

不但如此，2016年司法解释根据环境管理的客观需要，还明确了一些环境违法行为的法律适用。主要有以下几点。

1.规定无危险废物经营许可证从事收集、贮存、利用、处置危险废物经营活动，严重污染环境的，按照污染环境罪定罪处罚；同时构成非法经营罪的，依照处罚较重的规定定罪处罚。构成生产、销售伪劣产品等其他犯罪的，以其他犯罪论处。

2.规定违反国家规定，排放、倾倒、处置含有毒害性、放射性、传染病病原体等物质的污染物，同时构成污染环境罪、非法处置进口的固体废物罪、投放危险物质罪等犯罪的，依照处罚较重的规定定罪处罚。

3.规定环境影响评价机构或其人员，故意提供虚假环境影响评价文件，情节严重的，或者严重不负责任，出具的环境影响评价文件存在重大失实，造成严重后果的，应当依照刑法第229条、第231条的规定，以提供虚假证明文件罪或者出具证明文件重大失实罪定罪处罚。

4.规定违反国家规定，针对环境质量监测系统实施下列行为，或者强令、指使、授意他人实施下列行为的，应当依照刑法第286条的规定，以破坏计算机信息系统罪论处：(1)修改参数或者监测数据的；(2)干扰采样，致使监测数据严重失真的；(3)其他破坏环境质量监测系统的行为。

可以说，2016年的司法解释不仅针对排污者，对危险废物的经营者、固体废物的进口者、环评机构及环境监测设施的维护及运营人员所可能涉及的违法行为，从入罪的门槛到法律的从重适用，都作了明确的规定。

至此，环境违法行为所涉及的罪名就不再仅仅是污染环境罪了，可能是非法经营罪、破坏计算机信息系统罪、投放危险物质罪、提供虚假证明文件罪或者出具证明文件重大失实罪等。根据不同的罪名及情节，最高量刑也不再是污染环境罪的7年，可能是非法经营罪的15年有期徒刑，是生产、销售伪劣产品罪的无期徒刑，是投放危险物质罪死刑，企业及其主要责任人的环境刑事法律责任大大提高。责任就意味着风险。因此，2016年司法解释自2017年1月1日实施之后，对企业及主要责任人而言，应更加注意避免环境刑事法律风险。

2017年4月27日，环境保护部通报了各地环保部门2017年第一季度执行《环境保护法》配套办法及移送环境犯罪案件的情况。与2016年第一季度相比，案件总数增长195%。其中，按日连续处罚案件数量上升54.5%，适用查封扣押案件数量上升229.3%，适用限产停产案件数量上升308%，移送拘留案件数量上升206.1%，移送涉嫌环境污染犯罪案件数量上升46%。

从上述数据看，涉嫌环境犯罪的案件与2016年同期相比，数量增长近一半，这进一步印证了笔者的观点。笔者认为，相关法律的修改提高了企业及相关责任人的环境刑事法律风险，应当引起我们的高度重视。

2017年第70期

涉港公证法律业务实务简析

王偕林　律师

一、香港公证业务的基本概念

香港公证业务，其准确称谓应为“由香港的委托公证人出具之证明文书”，其作用类似于内地的公证员公证，但行使权力的机构、依据的法律基础、流程等均不同于内地公证员公证。香港公证业务应由中国委托公证人协会有限公司Association of China-Appointed Attesting Officers Limited之协会会员，即具备香港法例第159章《法律执业者条例》认可之法律执业者资格，并已获中华人民共和国司法部委任为中国委托公证人来进行承办，此类中国委托公证人均应为香港的执业律师且在任期内必须参加协会成为协会会员。

中国委托公证人出具的公证文件一般为以下几类：《证明书》——中国委托公证人签署证明公证文书内提及的法律事实或法律行为；《委托书》——申请人在中国委托公证人面前签署委托书，中国委托公证人签署见证；《声明书》——申请人在中国委托公证人面前根据香港法例第11章《宣誓及声明条例》对声明书内容的真实性作出声明及签署，此时中国委托公证人以香港执业律师身份宣誓及签署。

香港公证业务所包含的业务内容一般为以下事项：申请同内地人士结婚声明书；申请内地亲属来港声明书、继承（放弃继承）遗产声明书、申请办理夫妻关系（结婚）声明书、申请回内地收养子女声明书、内地人士出国读书经济担保声明书、个人委托书、赠与书、公司委托（授权）书、公司资料（状况）证明书、公司董事会决议证明书、房地产买卖合同、房地产抵押合同等。

香港公证业务的基本流程如下：（1）申请人选定在协会名单中具备资格

之中国委托公证人并进行委托;(2)申请人亲自到律师事务所办理文件的签署;(3)中国委托公证人基于香港法律核查资料真实性合法性,并起草及制作公证文书;(4)中国委托公证人将公证文书正副本(正本副本均为原件,其区别在于首页以蓝色方章加盖了正本、副本章)交"中国法律服务(香港)有限公司"(系经中华人民共和国司法部批准,在香港注册设立的公司)进行盖章转递;(5)中国法律服务(香港)有限公司进行盖章后,正本交还中国委托公证人,副本直接转递到内地的公证文书使用机关。

二、香港公司办理公证业务的实务提示

此类公证业务较多的场合是在国内涉诉业务中,原告、被告的一方或双方为香港公司的。

首先,需要向法院提交一套香港公司公证文件,证明该公司的真实存续,明确该公司在本次案件中的授权签字人,明确该公司在本次案件中的授权代理律师。

其次,是公司资料(状况)证明书,用于证明香港公司的真实合法存续,其内容主要应包括:(1)证明书正文(由中国委托公证人负责起草);(2)公司注册证书,简称CI,显示的是公司繁体中文以及英文名称;(3)公司成立时间,其中应注意的是,如该公司曾经进行过更名,则会有一份"公司更改名称注册登记证",显示其更名的事实;(4)商业登记证,简称BR,显示该公司的英文注册地址;(5)周年申报表,简称AR1,显示的是该公司较为详细的资料,包括其托管的秘书公司之地址、公司董事名称、公司股权结构等,一般作为主体资格公证的文件使用时,不涵盖该公司的公司章程。

最后,是公司委托(授权)书、公司董事会决议证明书,用于证明香港公司委托处理本次事务的具体签字人以及代理律师,其中一般通过公司董事会决议证明书的形式涵盖了需要作出的委托授权之内容,值得注意的是:(1)委托公司的某位具体个人作为公司的授权签字人,代为签字并接收本次事务的文件,并代公司就该事务作出相应意思表示,由于香港公司并无法定代表人这一设置,因此需要该内容;(2)委托律师代为处理诉讼/非诉事宜,建

议在标准授权内容的基础上尽可能多涵盖内容，避免产生重复公证增加成本，如能够在委托时即明确是否进行财产保全，是否继续代理二审、强制执行环节，则可以将前述授权内容一并列入其中，但仍应注意商业登记证的有效期限的问题。

公司的董事需要亲自到香港的中国委托公证人所在律师行面签该等文件。一般在前述文件中，公司董事会决议证明书的小部分内容由中国委托公证人进行起草，大部分内容是由办理内地法律事务的律师出具相应授权书然后直接照搬到证明书中，因此内地律师应对授权书内容进行严格把关，不能产生错漏。

公司资料（状况）证明书、涵盖授权内容的公司董事会决议证明书，组成一套完整的香港公司主体及授权公证文件，在由委托公证人负责起草的证明书正文中，也需要明确该等公证文件是在内地哪个地方用于什么用途，例如，可能涉及广东省内多个地点，则可列为“广东省内诉讼使用”；又如，涉及查档、诉讼、执行等多项业务并涉及多个省份的，可较为详细列明。

三、香港居民办理人身关系公证业务的提示

笔者所在律所处理此类公证业务较多用于香港居民（本文特指香港永久性居民）在内地购买住宅，香港居民内地房产继承（内地居民继承香港居民内地房产/香港居民继承香港居民内地房产），香港居民内地房产赠与（亲属关系为双方均是香港居民或受赠方为内地居民两种情况）。

香港居民在内地购买住宅，根据住建部和国家外汇管理总局《关于进一步规范境外机构和个人购房管理的通知》的规定，在符合购买条件的前提下，其在内地仅能购买一套自用商品房，因此，香港居民在购买住宅时，需要向不动产权登记部门出具相应的承诺函，承诺其在内地仅有已购买的一套住宅，而在深圳本地，如需要向税务部门申请首套住宅的购置税费减免的，则需要由香港的中国委托公证人出具相应的亲属关系声明书（香港没有户口簿的设置），用于证明其家庭成员在内地也仅有这一套住宅。该等证明书的内容，一般包含证明购房者婚否以及配偶/子女的情况，以申请人在香港的中

国委托公证人面前进行宣誓出具声明书的形式来出具。香港居民内地房产继承，内地居民继承香港居民内地房产/香港居民继承香港居民内地房产这两种情况的办理流程基本一致，一般分为办理公证文书（香港及内地）、办理营业税免征事项（房产所属地税务局）、至房地产权登记中心（本文以深圳市房地产权登记中心为例）办理房地产转移登记（二手商品房转移登记）手续。简要分析如下：

1.继承人首先须先行在香港委托有中国委托公证人资格之香港律师出具《亲属关系及遗嘱状况声明书》。

一般情况下该声明书应对被继承人的夫妻关系（包括缔结时间及地点）、子女情况（包括婚生、非婚生、养继关系等情况）、遗嘱遗赠订立情况等事项进行公证。该声明书办理时长一般为5—7日。

2.在领取《亲属关系及遗嘱状况声明书》后，继承人须持该声明书至内地公证机关办理继承权公证、放弃继承权公证（非必须、如有其他合法继承人）。

如有意委托他人（如律师）办理后续办税、转移登记等手续，亦须办理授权委托书公证。授权委托书的内容建议涵盖领取公证文件、申请税费减免、办理房产过户、领取房地产证等内容。

3.继承人在领取上述公证文书后，可以到标的房产所在地的税务机关办理免征营业税手续，办理免税事项无须缴费。

所需材料为继承人（纳税人）与被继承人的有效身份证件（香港永久性居民身份证、往来内地通行证），亲属关系及遗嘱状况声明书、继承权公证书、放弃继承权公证书（非必须）、授权委托书公证书（如有）、原房地产证。上述材料于办事窗口提交，除继承权公证书收取原件外其余验原件交复印件。纳税人无须先行填表，窗口工作人员实时打印《个人无偿赠与不动产登记表》及《纳税人减免税（费）申请表》，经纳税人或委托人签署后领取《税务事项通知书》，在7个工作日后（不含申请当日与领证当日，即申请后第8个工作日）领取办理结果（即获批后的《无偿赠与不动产登记表》《税务事项通知书》）后，免征营业税事项办理完毕。

4.免税事项办理结束后，后续按照公开手续办理房产继承的转移登记即可。

香港居民内地房产赠与，同样需要具备中国委托公证人资格的香港律师出具《亲属关系声明书》。一般情况下该声明书应对夫妻关系（包括缔结时间及地点）、子女情况（包括婚生、非婚生、养继等情况）等进行公证。在领取《亲属关系声明书》后，赠与人和受赠人须持该声明书至内地公证机关办理赠与合同公证书。后续申请税费减免程序以及过户程序与办理继承事项基本一致。如同一标的房产既有待继承又有待赠与的情况，则建议将两类授权内容综合起来办理授权委托书公证并一同办理继承和赠与的公证。前述基于继承目的办理的《亲属关系及遗嘱状况声明书》亦可在办理继承及赠与两项程序时重复使用，无须再另行出具单独的《亲属关系声明书》。

综上，随着前海深港现代服务业合作区的蓬勃发展，粤港澳大湾区的推进落实，涉港公证法律业务的需求将日益增加，作为内地律师，对于此类业务流程有所了解和掌握，既有利于客户服务的提升，也有利于与香港律师的顺畅合作及交流。

防、预、辩、险

——商事犯罪预防与辩护的“四字法宝”

刘平凡　律师

随着我国市场经济的确立和发展，市场主体呈现多元化，经济活动广泛而频繁，特别是随着自由贸易试验区的建立及我国“一带一路”倡议的全面推进，各种新的经济形态源源不断地涌入我国经济市场，伴随而来的是各种新的经济现象、经济行为不断出现。这在商事领域显得尤为突出，例如，由于金融、房地产、中介服务、高科技等专业市场的兴起和迅猛发展，各种危害市场经济秩序的违法犯罪相伴而生，这些领域已然成了犯罪的重灾区。近两年，商事犯罪总量不断攀升，涉案金额也在不断增大。商事领域犯罪严重破坏了市场秩序，直接危害到国家的经济安全和社会稳定。

因此，在商事犯罪领域，刑辩律师不能只在企业已经涉嫌犯罪后才发挥作用，而应该在企业建立、运营直至终结的整个过程中，全程为企业及企业家提供专业的法律服务，从源头上杜绝商事犯罪，在商事行为的各个环节、阶段扮演好自己的角色。据此，笔者结合自身执业经历，总结了商事犯罪预防与辩护的四个要诀：防、预、辩、险。

一、建立初期“防”为先

长期以来，无论是企业还是刑辩律师都只重视刑事辩护，而不注意企业刑事风险防控的非诉讼业务。而商事领域的犯罪恰巧具有超强的专业性与隐蔽性，这要求刑辩律师在企业建立初期为企业建立一套专业的商事犯罪风险防控体系，变被动辩护为主动防范，充分发挥刑辩律师在“防”方面的作用。

从目前的刑法体系上看，我国现行《刑法》有137个罪名涉及商事犯罪，涉及企业融资、经营、结算等多个核心环节。尽管法律对商事犯罪的规定已经颇为详尽，但大多数企业家的工作重心仍在于企业经营，而忽视刑事风险防范，不能有效避免刑事犯罪风险。主要表现为：(1)经营者藐视法律，主动行为或者消极放任行为以致犯罪；(2)不了解《刑法》体系针对商事犯罪方面的规定，在不知不觉中触犯刑律，构成犯罪；(3)由于法律规定不明晰、界限混乱，导致企业或企业家犯罪；(4)企业内部的防控制度侧重民事，轻刑事；(5)公司律师及法务人员刑事法律意识及诉讼经验欠缺。此外，法律的机械性和滞后性也是造成企业犯罪的一个重要风险因素。

那么，如何有效防范企业商事犯罪？笔者认为，应该从以下两个方面着手。

一方面，企业人要主动增强法律意识。上至高管，下到员工，要具备基本的法律素养，遵守规则，做到“心中有法、敬畏法律”。马克思有一段名言：“一旦有适当的利润，资本家就会大胆起来，有50%的利润，他就铤而走险；为了100%的利润，他就敢践踏一切人间法律；有300%的利润，他就敢犯任何罪行，甚至冒绞死的危险。”“我们不能让商人不追逐利益，但也不能纵容其只盯着利润，心中无法。”所以，心中有法、敬畏法律才是防范刑事风险的关键，要树立“不能犯罪、不敢犯罪”的思想底线。笔者认为，作为一个企业人，可以没有法律知识，但绝不能没有法律意识。

另一方面，专业律师团队要协助企业建立并实施刑事法律风险防控机制。首先，可以在企业组织架构、管理制度、经营模式等方面提供法律支持，这是在源头上杜绝企业商事犯罪的最有效、最直接的方法。其次，通过对法律和案例的研究，对商事犯罪的法律风险进行有效的识别，这是有效规避刑事法律风险的前提。再次，对刑事法律风险进行有效的评估，并帮助企业制定规避刑事法律风险的规划，对企业高管和员工进行必要的培训。最后，在企业经营运行的核心环节做好防控工作，为企业提供精准、专业的法律支持。例如，企业的融资行为可能涉及的罪名有贷款诈骗罪，骗取贷款、票据承兑、金融票证罪，非法吸收公众存款罪以及集资诈骗罪等；结算过程可能涉及虚开增值税专用发票罪等；具体经营行为可能涉及合同诈骗罪、串通投标罪、侵犯商业秘密罪等罪名……对此，律师要把可能涉及的犯罪解释清楚，并根据自己的专业法律知识为企业提供可行方案供其参考，有效地杜绝企业商事犯罪的发生。

《人民的名义》中有一句台词："企业家不是在监狱里，就在去往监狱的路上。"这句台词并不夸张，恰恰反映了在我国目前市场经济发展过程中，企业可能面临的刑事法律风险之大。作为专业的刑辩律师，要为企业和企业家负起责任，要为社会经济发展负起责任。

二、运营阶段"预"为主

在企业建立初期，可能由于诸多原因影响了刑事风险的预见性，或因运营的多样化等外部原因致使企业经营中出现了诸多漏洞，这需要律师对企业运营的几个核心风险点进行检查，发现问题及时解决，发挥"预"字作用。下面对几种企业运营阶段的高发风险进行具体分析。

（1）财务管理风险。企业的财务管理仍然处于"十大风险"之首，是企业刑事风险的第一高发点，其主要原因在于：这一领域存在大量的资金流动，为从事、分管或者主管财务管理工作的相关人员实施侵吞、窃取、骗取和挪用企业财产、资金的行为提供了客观基础；企业高级管理人员对企业各方面拥有绝对的控制权，财务大权处于企业的核心位置，为企业高管的犯罪行为提供了现实可能；企业内部的财务制度不健全也是诱发犯罪的重要原因。在财务管理过程中涉及的罪名也比较多，主要有隐匿、故意销毁会计凭证、会计账簿、财务会计报告罪，伪造增值税专用发票罪，非法购买增值税专用发票、购买伪造的增值税专用发票罪，虚开增值税专用发票罪等。

（2）企业融资风险。企业要发展，资金是关键，为此企业经常要借助借贷、证券发行、证券交易等融资渠道获得更多的资金支持。而这一融资过程中容易触犯的罪名很多，最为突出、发案率最高的就是非法吸收公众存款罪。"e租宝"就是活生生的例子。

（3）结算风险。结算环节的突出特点就是与纳税有关，依法纳税是企业要承担的重要社会责任和应尽的社会义务。在履行这类义务过程中，企业为追求利益，可能会有偷税、漏税，虚开增值税发票等行为。因为对《刑法》的不了解，经营者会简单地认为偷税、漏税只是违规（行政违法）行为，以为通过“关系”或者补缴税款就可解决。殊不知这些行为一旦越过“红线”就会触犯《刑法》，接受严格的刑罚。

企业运营中的刑事法律风险远不止上述的几种情况，因此更需要律师为企业诊断，针对关键问题对症下药。具体做法如下：

第一，定期为企业进行刑事风险评估，尽可能找出企业存在的刑事风险点，形成评估报告，并提供解决方案供企业管理者参考决策。

第二，开发层级管理的内部框架模式，对极易发生刑事法律风险的业务，可从权力授予、报告呈送、限时审批、责任审计、业务考评等几个程序方面建立刑事犯罪风险分散机制。这样可将由于权力引发的企业刑事法律风险进行有效分散，将风险点化繁为简，以便预防和解决。

第三，确立公开、透明的决策机制和财务流程。建立律师监督服务机制，发挥律师专业职能，让律师成为企业服务者的同时赋予其一定监督权力，随时为企业把脉，确保企业合法、合规运营。

三、涉嫌犯罪“辩”为宗

经过前两个阶段的预防、补漏后，有些企业仍然会触碰或者已在不知不觉地触碰法律、法规的“红线”，走上犯罪道路。此时，刑辩律师就要尽最大可能为企业做到有效辩护，帮助企业“起死回生”。如何做到有效辩护？笔者认为，刑辩律师要做到以下三点。

首先，要走专业化的道路，要在专业领域进行深入研究，尤其是对商事犯罪的研究要有针对性，根据大数据统计分析，得出商事犯罪发案率高、涉案金额高、社会影响高的罪名，从而对这类罪名及犯罪行为进行进一步分析。

例如，我们可将商事犯罪进行大体分类。根据《刑法修正案（九）》，以及最高人民法院、最高人民检察院关于执行《刑法》确定罪名的系列补充规定的具体规定，商事犯罪共137个罪名，占《刑法》法定罪名总数的1/4。这137个罪名大体可分为六大类：（1）金融类犯罪34个，以破坏金融管理秩序罪和金融诈骗罪为主；（2）公司类商事职务犯罪18个，以妨害公司企业管理秩序罪为主；（3）公司类违反社会责任犯罪25个，以危害公司安全、侵犯公民人身权利、民主权利、破坏环境资源罪为主：（4）公司类不当营业犯罪23个，以生产销售伪劣产品罪和扰乱市场秩序罪为主；（5）涉税类犯罪14个，以危害税收征管罪为主；（6）妨害监管类23个，以走私罪为主。

对于上述六大类罪名，虽暂无一个有效全覆盖的辩护模型，但所涉及的所有罪名中，仅有少数占较高的发案率。以破坏金融管理秩序罪为例，据笔者统计，2014年1月—2017年6月，深圳市公安机关侦查终结的破坏金融管理秩序罪25项罪中，除去非商事犯罪的窃取、收买、非法提供信用卡信息罪、妨害信用卡管理罪及假币类犯罪，涉及商事犯罪的罪名绝大部分为非法吸收公众存款罪。那么，掌握非法吸收公众存款罪的典型案例、风险点、相关判决及辩护要点，应当是商事犯罪辩护专业律师的必备技能。

其次，律师要将相关法律、法规吃透，尤其重要的是与行政相关的法律、法规，因为大部分商事犯罪是以行政违法为先决条件的，如逃税罪、非法吸收公众存款罪等。这要求刑辩律师要做“万金油”（专指某个商事犯罪领域的“万金油”），除了掌握这个罪名在刑事层面上的相关规定，还要掌握行政层面上的规定，更要将企业的内部架构和运营模式吃透。要熟悉企业运营过程中采取了哪些方式、做了哪些事情、企业的各个组成部分在整个运营过程中起什么作用，是单位犯罪还是个人犯罪等情况。只有做好了这个领域的“万金油”，刑辩律师才能够判断出企业的行为是否构成犯罪，从而找到辩点，做到有效的辩护，才能做好企业的“救命医生”。

最后，规范化的刑事辩护是有效辩护的不二法宝。依据《刑事诉讼法》第37条的规定，辩护人要充分保障犯罪嫌疑人的诉讼权利和其他合法权益。当前的很多律师还在奉行“老三套”的辩护方法，这明显没有履行好《刑事诉讼法》规定的义务。对于商事犯罪的有效辩护要从立案开始，贯穿于刑事诉讼的各个阶段，做到程序辩护与实体辩护相结合，特别要在程序上保障当事人的诉讼权利。在整个商事犯罪标准化辩护流程中，尤其要重视审前辩护。根据有关部门的统计，全国各级法院审理的刑事案件，无罪判决的案件只占约0.08%，而一审前作出撤销案件、不批捕、不起诉等的案件占全部案件的约15.15%，通过以上数据的对比，审前辩护的重要性不言而喻。

四、律师执业要避"险"

陈瑞华教授曾说道："辩护律师本应利用自己的专业知识和技能来维护当事人的合法权益；但是，明明是维护别人权利的这样一种职业，自身却要时刻面临受到追诉的风险""可见，刑事辩护律师不仅要懂得如何为当事人的自由及合法权利而辩，更要清楚如何规避刑事辩护律师执业道路上的种种荆棘"。

刑辩律师执业中存在的风险主要有四个来源：(1)社会黑恶势力的纠缠威胁；(2)当事人的不解或迁怒；(3)因工作的失误或过失而导致的法律风险；(4)其他方面不可预见的原因。而作为商事犯罪的辩护律师，所面临的风险却更为险峻。

首先，是《刑法》第306条所引发的律师执业风险。根据全国律协的调查统计，从《刑法》第306条颁布至今，有近200名律师因此被起诉，虽然绝大多数最后都不予定罪，却给刑辩律师群体造成了不可磨灭的创伤。就商事领域的刑事法律服务而言，商事犯罪往往涉及民刑交叉、行刑交叉的情况，由于证据种类繁多，信息量巨大，律师在从事防控、辩护工作时，很难在海量的证据中保证每一份证据的真实性。而委托人可能将伪造的证据掺杂其中，使律师最后卷入制造伪证的旋涡之中。面对这类风险，律师应坚持做到处处留痕迹。例如，在每一次谈话和履行职责的过程中都做好记录，把提交的证据及材料做好存档工作，向当事人做详尽和清楚的阐释，并由当事人签字后存档，以确保将来出现风险时做到有据可依。

其次，涉嫌商事犯罪的犯罪嫌疑人、被告人，与一般暴力犯罪的犯罪嫌疑人、被告人的身份区别显著，不再是"街头混混"，往往是一些"有钱、有势、有头脑"的高智商嫌疑人。这类人可能比律师还懂得专业甚至法律知识，他们为了规避自身的风险，往往会请律师从事一些以合法形式掩盖非法甚至犯罪目的的行为，而律师却又没有意识到这些潜在的危险，在不知不觉中做了企业犯罪的帮助犯。

五、律师如何避免这类风险

笔者认为，应以敏而远之、敬而远之为原则，以礼相待，在给予企业必要尊重的同时，不提供具体的法律意见，不以任何形式参与企业的发展。但若作为企业的法律顾问，就需要认真仔细了解企业的情况，包括组织机构框架、运营模式等细节，同时将《刑法》规定的相关犯罪构成要件进行对比，找出风险点，帮助企业布防，做好工作日志并留下痕迹，在杜绝企业犯罪的同时也避免自身的风险。在接受委托为已经涉嫌犯罪的企业服务时，切忌在执业或办案过程中表现得过于武断，或在没有合法依据的前提下即为当事人作出任何判断或承诺。

在商事犯罪过程中，很多当事人在从企业开始运营，再到涉嫌"犯罪"被立案侦查的整个过程中都很明确地知道自己的行为系违法，甚至他们对于自己所涉及的法律法规的掌握要比一般的律师还要深刻。实践工作中律师的失误往往表现在程序或形式上，实体上的错误往往都是因为方向性的错误造成的，或定性错误或适用法律错误，这完全是由律师的专业水准和实践工作经验不足造成的。化解这类风险的良方就是辩护律师必须按规范化的流程办理案件、提供服务，将工作量化并留下痕迹，时刻具有风险意识。

《民法总则》关于诉讼时效规定的变化和相关问题解析

陈　群　律师

《民法总则》于2017年3月15日第十二届全国人民代表大会第五次会议通过，自2017年10月1日起施行。这标志着我国民事法律制度又向前迈进了一步。

《民法总则》规定了民事活动的基本原则和一般规定，分为基本规定、自然人、法人、非法人组织、民事权利、民事法律行为、代理、民事责任、诉讼时效、期间计算和附则共11章、206条，涉及经济和社会生活的方方面面，影响着我们每一个人。《民法总则》的出台，对于健全民事法律秩序，加强对民事主体合法权益的保护，更好地维护人民群众的切身利益有重要意义。

《民法总则》相比过去的《民法通则》有很多重要的变化，其中关于诉讼时效的规定则篇幅更长、内容更为翔实、科学，同时也更符合当下社会的发展规律。本文将对新旧诉讼时效制度规定进行对比以及对其中所存在的问题进行解析，以期让广大读者更加明确《民法总则》中诉讼时效制度的运用。

一、诉讼时效更长，有利于权利的保护

《民法通则》第135条规定：向人民法院请求保护民事权利的诉讼时效期间为2年，法律另有规定的除外。

《民法总则》第188条第1款规定：向人民法院请求保护民事权利的诉讼时效期间为3年。法律另有规定的，依照其规定。

1.《民法总则》把《民法通则》所规定的2年改为3年，民事诉讼时效长了

1年。也就是说，民事主体获得国家强制力保护的时间多了1年。这样民事主体可以更加充分地准备，争取和解，争取自力救济，争取外力帮助；对律师而言，便有更多的时间充分地收集、整理、运用证据材料，精细地论证并确定诉讼请求，安排好诉讼策略，帮助当事人通过诉讼维护合法权益。

2.无论是《民法通则》的2年还是《民法总则》的3年，都是普通诉讼时效。普通诉讼时效是普适性的诉讼时效，只要不是法律有另行规定的情形，都应当适用。

3.诉讼时效具有强制性、法定性。（1）任何时效都由法律明确规定；（2）任何单位或个人都无权以合同、协议等形式对时效进行“自行约定”，任何单位或个人对时效的延长、缩短、放弃等的约定都是无效的。

4.“法律不保护权利上的睡眠者”。这是西方谚语，意思是如果权利人无视自己的权利、对自己的权利漠不关心，即使权利受侵害也无动于衷，不觉醒、不行动，这是对权利的轻慢，更是对法律的漠视，其权利就不应得到法律保护。也就是说，法律只帮助积极主张权利的人，而不帮助怠于行使权利的人。

国家对于大多数案件采取“不告不理”的原则，只主动过问那些违反人类生存秩序的严重违法行为。这是因为社会矛盾纷繁复杂，民事纠纷多种多样，并不是所有矛盾都需要用法律来解决，也不是所有纠纷都要诉至法院。矛盾、纠纷的解决途径是多元化的，法庭的人力、效率及能量是有限的，通过诉讼来保护每个权利人是不可能的、不现实的、不合理的，也不经济的。

民事主体的合法权益受到侵害时，必须在法律规定的时效期间内主张权利。如果没有及时主张权利、超过时效，法院对抗辩人的诉讼时效已过的抗辩予以采纳，对权利人的权利不再进行保护，权利人便丧失了诉讼的权利。这样的制度设计为的是防止时过境迁，证据灭失，也为了集中有限资源解决现实矛盾。这不是对权利人的苛刻，而是督促权利人尽快行使权利。需要指出的是，这里的不受保护不是不能立案，而是裁判不支持权利人的诉讼请求。

时效制度的设计目的是促使当事人尽快行使权利，以维护正常的社会秩序,从而从根本上维护社会稳定。法律保持被动和中立、尊重当事人的意思自治,对没有提起诉讼的案件不予审理,对没有提出请求的事项不予审查,这是法律的性质所决定的。

二、按诉讼时效类别细看新规变化

诉讼时效期间可划分为三类:普通诉讼时效、特殊诉讼时效、最长诉讼时效。

(一)普通诉讼时效

普通诉讼时效是普适性的,也就是说,在没有法律特别的或专门的规定的情况下,所有的民事诉讼一律适用普通诉讼时效。《民法总则》规定,民事诉讼的普通诉讼时效为3年,自2017年10月1日起施行;此前执行两年的普通时效。对于普通老百姓的一般性民事诉讼事务,了解普通时效即可。

(二)特殊诉讼时效

这是为某些特定的民事法律而制定的诉讼时效。特殊时效优于普通时效,凡是有特殊时效规定的,都适用特殊时效。

特殊时效有两种:

1.短期时效

它是针对一些时过境迁易使证据灭失、案情难以查明、不能长久处于不确定状态之类的法律关系而设立,是一种较普通时效要短的时效。适用情形主要有:(1)身体受到伤害要求赔偿的。(2)出售质量不合格的商品未声明的。(3)延付或者拒付租金的。(4)寄存财物被丢失或者损毁的。(《民法通则》第136条规定,上述特殊诉讼时效期间为1年。这里特别需要注意的是,《民法总则》没有这样的规定,也就是说,上述4类纠纷的诉讼时效,从1年延长为3年)(5)就海上货物运输向承运人要求赔偿的请求权。(6)有关海上拖航合同的请求权。(7)《海商法》第169条第3款规定的追偿请求权。(8)有关共同海损分摊的请求权。(上述(1)—(8)特殊诉讼时效期间为1年,规定于《海商法》第257条、第260条、第261条、第263条)(9)在时效期间内或者时效期间届满后,被认定为负有责任的人向第三人提起追偿请求的(该特殊诉讼

时效期间为90日，规定于《海商法》第257条）

2.长期时效

（1）《环境保护法》第66条规定，提起环境损害赔偿诉讼的时效期间为3年。（2）《海商法》第265条规定，有关船舶发生油污损害的请求权，时效期间为3年。（3）《合同法》第129条规定，因国际货物买卖合同和技术进出口合同争议提起诉讼或者申请仲裁的期限为4年；很显然，上述规定于《环境保护法》《海商法》的3年长期时效，自《民法总则》施行之后与普通时效一致了。

（三）最长诉讼时效

根据《民法总则》第188条的规定，最长诉讼时效为20年。最长诉讼只可延长，不能中止、中断。对20年最长时效的延长，新规定表述为“人民法院可以根据权利人的申请决定延长”。相比《民法通则》，《民法总则》增加了两个要素：一是要“根据权利人的申请”，即是否延长，要由权利人以申请的方式来启动这个程序；二是人民法院“决定”延长，即延长是决定，不是判决、裁定。

三、诉讼时效期间起算点的变化

1.《民法总则》第188条第2款规定，诉讼时效期间自权利人知道或者应当知道权利受到损害以及义务人之日起计算。法律另有规定的，依照其规定。但是自权利受到损害之日起超过20年的，人民法院不予保护；有特殊情况的，人民法院可以根据权利人的申请决定延长。

《民法通则》中诉讼时效期间的起算点是从知道或者应当知道权利被侵害时计算，最长不得超过20年。而《民法总则》规定诉讼时效期间的起算点是从权利人知道或者应当知道权利被侵害并且还要知道义务人之日。这样的变化也更加科学、公平。

2.《民法总则》第189条规定，当事人约定同一债务分期履行的，诉讼时效期间自最后一期履行期限届满之日起计算。

这是针对新的经济形势下分期付款这种支付方式比较多见而作了安排，适应了经济生活的需要。对于债务人，这样可以得到更多的期间利益；对于债权人，可有更多的维权时间。

3.《民法总则》第190条规定，无民事行为能力人或者限制民事行为能力人对其法定代理人的请求权的诉讼时效期间，自该法定代理终止之日起计算。

《民法总则》新增了被代理人对法定代理人请求权的诉讼时效规定，这个时效的起算点比较特殊，它既可能是确定的，如未成年人因成年而使法定代理人代理终止，这时，起算点是确定的、可期待、可预见的；而对成年人因心智问题而导致的民事行为能力的“无”或“限制”，却很难确定“终止”之日，甚至根本不会有终止之日。

4.《民法总则》第191条规定，未成年人遭受性侵害的损害赔偿请求权的诉讼时效期间，自受害人年满18周岁之日起计算。

对于“未成年人遭受性侵害的损害赔偿请求权”的诉讼时效期间，《民法总则》规定了一个十分有特色的起算点，即“自受害人年满十八周岁之日起计算”。这就包含了好几层意思，一是是否请求赔偿，由受害人自行决定，所以要等到未成年人成年之日；二是加大对未成年人的保护，同时加重对此类犯罪嫌疑人的打击，其侵害的对象越是年幼，诉讼时效的时间越长。

四、明确了诉讼时效的强制性和不适用的范围

(1)《民法总则》新增了第192条“诉讼时效期间届满的，义务人可以提出不履行义务的抗辩”的规定，还规定了诉讼时效期间届满后，义务人同意履行的，不得以诉讼时效期间届满为由抗辩；义务人已自愿履行的，不得请求返还。

这是《民法通则》所没有的内容，新规定的目的是督促权利人尽早主张权利，在权利上“睡觉”的人，其权利可能就得不到法律保护。这一条的第2款设计周密，规定了同意履行、自愿履行两种常见情形的处置，以避免当事人随意反悔，有助于引导形成守信守约的良好风尚。

(2)增加了第193条“人民法院不得主动适用诉讼时效的规定”。也就是说，在诉讼中，诉讼双方均未提及诉讼时效规定的，人民法院不能主动适用

诉讼时效的规定进行判决，既堵住了人民法院过当行为漏洞，也使未进行时效抗辩的当事人只能自行承担不利后果。

（3）对于时效终止的事由，见《民法总则》第194条，该条增加了“（四）权利人被义务人或者其他人控制”的内容，可以看出，“于欢事件”等对民事法律也有所影响。

（4）《民法总则》增加了不适用诉讼时效的情形，见第196条，下列请求权不适用诉讼时效的规定：请求停止侵害、排除妨碍、消除危险；不动产物权和登记的动产物权的权利人请求返还财产；请求支付抚养费、赡养费或者扶养费；依法不适用诉讼时效的其他请求权。

这是全新的规定，上述四类案件不适用时效，也就是说任何时候都可以起诉。

（5）《民法总则》增加了第197条“诉讼时效的期间、计算方法以及中止、中断的事由由法律规定，当事人约定无效。当事人对诉讼时效利益的预先放弃无效”。这里明确指出诉讼时效必须由国家管理、国家规定，不能由当事人约定。

综上所述，《民法总则》对诉讼时效有不少新增关注点，使诉讼时效的覆盖面更加广泛、指导性和应用性更强。

《民法总则》在我国的民事立法史上具有里程碑式的意义，虽然其中关于时效的规定尚存在一些不完善的地方，但相信会在后续出台的民法制度及司法解释中予以完善和解决，我国的法治事业也必然会迈步向前！

共享经济商业模式的法律结构关系

于智亮　律师

共享经济是指基于互联网等现代技术，将海量分散化的闲置资源进行整合并共享，主要体现为使用权的暂时性转移，也包括剩余所有权的让渡，以及时间、空间、技能等无形资产的共享，是一种新型经济形态和资源配置方式。在商业环境中，共享经济的概念逐渐延伸至B2C自营（如分时租赁）、C2B（如手机回收）、C2B2C（如二手服装寄售）、B2B2C（如服务众包）等形式，本质上还是强调"使用而非拥有"的核心，充分提高资源的使用效率。

共享经济的本质是暂时性转移闲置资源的使用权。共享经济模式的前提是产能过剩，存在剩余价值，有多余的闲置资源拿出来分享，共享经济模式转让的是使用权而不是所有权，通俗地说是"租用"而不是"买卖"。2017年共享经济的运营模式分为三种：出租使用权、置换所有权和提供服务。区别于传统的交易行为，共享经济的本质表现为所有权和使用权的分离，目的在于各取所需，盘活闲置资源。究其原因，在于全球资源分配不均匀，供需断层严重。加上移动互联网的发展，即时需求大量涌现，用户希望能够在需要时就能够即时使用，但并不一定要获得该物品，其观念和模式就是"使用而非拥有"。

一、共享经济的特点

（一）共享经济风口来袭，以租代用冲击传统消费观

金融危机的爆发，全球经济显著下滑，造成世界范围内需求严重萎缩，激发了产能过剩的危机，也由此引发失业浪潮。加上环境恶化、新价值观的诞生，以及技术的迅猛发展等时代背景因素，共同推动了共享经济的到来。

共享经济强调人人参与，使用权和所有权分离，优化资源配置，提高利用效率。

（二）中国市场成为共享经济发展沃土，动力强劲，表现亮眼

随着中国经济步入新常态，中国经济也进入了转型的关键期，2017年第三产业对国内生产总值的贡献率达到58.8%，同比增长1.3%，比重居首，推动共享经济发展对推进供给侧结构性改革，培育经济发展新动能意义重大。在政策和资本利好的作用下，中国市场虽然起步较晚，但发展势头强劲。

（三）细分领域百花竞放，出行场景仍稳坐共享第一交椅

2016年各共享经济市场发展态势良好，各典型领域表现突出，同比增速基本超过100%。医疗共享、知识付费等虽然目前规模较小，但未来发展潜力巨大。继共享单车之后，共享充电宝又掀起了资本市场的投资热潮，受到瞩目。

（四）消费者参与度较高，但对信任安全问题仍有忧心

艾瑞调研显示，2016年平均100人中有77人使用过共享经济App平台。虽然共享经济强调人人参与，但目前大部分消费者还是作为“买家”角色参与到市场活动中。共享经济绿色环保、给生活带来便捷以及提高收入增益等，是消费者参与的主要因素。但共享同时涉及的人身、财产等安全问题，仍是消费者心中的担忧之处。

（五）新思路呼唤新模式，共享经济扩大想象空间

共享经济进一步渗透各行各业，给传统业态带来了新的变革机遇。此外，参与方由原先单一领域的深耕，走向了更大范围的生态化布局，由此扩展了多元化的变现途径：由传统的广告收入，增加了金融、电商、佣金、其他增值服务等更多的盈利渠道。人工智能、区块链、物联网等高科技的应用，扩大了共享经济的想象空间。

二、中国共享经济行业发展现状

（一）典型共享场景之一：出行

随着共享概念在商业化领域中的延伸，也为了满足人们对于日常出行

经济、环保的需求，目前出行共享领域给出了两种模式。一种是平台模式，即由个人车主或传统出租车公司提供车辆，对接需求方，平台扮演的是交易撮合的角色，代表企业有滴滴出行、嘀嗒拼车等。另一种是分时租赁，即由企业主自行研发或购买车辆，租给需求方使用。区别于传统的分时租赁，共享经济模式下的租赁搭载了移动互联的信息化优势，通过大数据、物联网等技术进行车辆管理，减少不必要的资源浪费，高效便捷。代表企业有Car2Go、盼达用车等共享汽车，以及摩拜单车、ofo等共享单车。

（二）典型共享场景之二：闲置交易

随着“90后”新生代崛起成为消费主力军，环保、高性价比的生活态度受到追捧。产品的功能性成为考量的重要因素，由此催生了移动化闲置交易市场的兴起。按照卖家买家属性划分，闲置物品的交易模式一般有两种：一种是卖家买家均为个人消费者，目的在于提高物品的剩余价值利用率；另一种是卖家为B端企业，买家是个人消费者，卖家通过事先回收二手物品，进行标准化处理后售出，赚取差价。二手交易网站由传统的分类信息网站、垂直类网站中二手信息板块向新兴的移动端二手物品担保交易平台演变。

三、共享经济模式下的法律结构关系

共享经济模式下的法律结构关系可以分为内部法律结构关系和外部法律结构关系。内部法律结构关系中主要包括两组主体，即共享平台，一组闲置资源提供方，一组闲置资源需求方，不同组合方式结成不同法律关系，并影响对其权利义务的设定。外部结构法律关系主要是政府监管部门监管下的共享平台类企业与同类竞争者及传统行业竞争者之间的法律关系。内外部法律结构关系相互交织形成了共享经济模式下的特殊复杂的法律结构关系和法律后果。

四、共享经济模式下的法律结构分析

（一）需求者信赖利益的保护

共享经济模式的一个基本特点是暂时性转移闲置资源的使用权，它注重的是服务的一次性体验，不同于网购物品的实际占有。资源需求者通过线上共享平台搜索到闲置资源提供者所登记和提供的信息，在线下消耗时间、精力、财力寻找闲置资源满足需求，若闲置资源提供者提供的资源存在严重瑕疵，与共享平台提供的信息不符，则需求者该如何维护利益呢？一方面，需求者坚决拒绝使用和实际体验，难以维护自己已经支付的信赖利益；另一方面，需求者能否向共享平台追究责任和主张权益？因此，为保护需求者的信赖利益，共享平台有必要对需求者的信赖利益和损失为闲置资源提供者提供担保责任，而这种担保责任可以通过保险机制进行转嫁。以家政线上到线下（Online to Offline，O2O）为例，在政府对平台资质进行审查后，在市场的竞争下，平台会自觉地提高运营能力和服务水平。在多个家政O2O的App平台上看到，已经出现平台承诺打扫不干净可重做，并提供家政保险理赔、“磨洋工”退款等标准化服务。通过互联网可以跟踪各个服务环节，并且客户还可以用手机对服务进行评价或上传照片，倒逼保洁员注重细节服务。随着服务标准化，从业人员数量、质量都将呈现快速增长趋势。

（二）供需双方侵权责任的承担

闲置资源供需双方在人身、财产等方面发生侵权的事件中，共享平台虽然帮助供需双方对接，但很难及时承担责任，多数情况是由交易双方自行处理，共享平台对双方有监管责任。闲置资源提供给者对共享平台具有很强的依赖性，共享平台往往事先决定了准入主体、交易方式、交易条件甚至交易价格等，并且往往是由共享平台来开具发票，所以倘若没有共享平台的运作，不可能实现线下闲置资源供需双方间具体而实际的交易。共享平台除了事前进行资格审查（主要对闲置资源提供方设置一定的准入门槛，如提供无犯罪记录证明以降低风险等）外，还可以通过提前为双方购买人身和财产保险的方式来担保风险，如果共享平台未能尽到安全保障义务的，也应当承担相应的补充责任。

2016年11月，北京市海淀区人民法院对“首例涉网约车案件”进行了宣判，乘客颜某与涉案网约车公司对超出交强险部分各承担50%的赔偿责任。“平台公司与注册司机之间，可考虑将其认定为一种新型用工关系”，对于首例涉网约车案件的判决，北京市海淀区人民法院通报表示，网约车平台注册司机根据平台公司的指示，提供劳务服务，从而获取一定的报酬，在法律特征上更贴近于事实上的劳务关系。因此驾驶人系在接受平台指派履行合同过程中造成他人损害，平台作为接受劳务的一方应承担相应的侵权责任。

共享单车的侵权责任纠纷似乎更加复杂。相对于机动车事故责任认定，骑自行车发生意外的原因以及造成共享单车缺陷和故障的原因影响因素更多，现实情况更加复杂。据相关统计，2017年以来，已公开的因骑共享单车发生的意外事故近20起，其中既有车辆故障问题，也有用户违反交规的问题，甚至很大一部分当事人不满12周岁。

（三）提供者转租的风险控制

闲置资源的提供者不是闲置资源的所有者而只是其合法占有者，那么其是否也有权通过共享平台来转租他人所有但自己合法占有的闲置资源呢？比如，共用汽车、共享房屋。根据《合同法》的规定，对房屋的转租行为要经过产权所有人同意，否则承租人要承担一定损害赔偿责任。由此可见，从保护闲置资源需求者的角度，以及交易的安全和稳定角度考虑，再度转租的行为存在一定的交易风险。不同行业，不同交易形式的风险也不相同。

（四）共享平台违约支付风险的监管

共享平台作为闲置资源供需双方交易中的第三方支付费用预存平台，在闲置资源供需双方完成交易后，对供方具有完全支付的法律义务，但是当共享平台出现经营困难、公司破产或因违法导致财产被查封、扣押、冻结或者出现经营者个人犯罪危及公司财产安全以及共享平台账户被入侵等情况时，闲置资源的提供方应得报酬以及需求方预存平台公司的资金都难以从共享平台按期获得支付或返还，如共享汽车、闲置交易等共享平台一旦瘫痪势必造成交易混乱，引发矛盾，因此需要提前建立保险机制和制定监管措施。

（五）个人隐私与信息安全的风险监管

共享平台围绕着时间、地点、价格三大要素展开的平台服务经过大数据、云计算等互联网技术分析，使闲置资源提供者的个人经济信息以及需求者的行踪信息都暴露于共享平台的视域下，已经完全触及了个人的隐私。一旦用户的个人信息及隐私遭到泄露，势必损害用户的利益。如何降低共享经济下个人隐私及信息安全方面的风险，切实保护好用户的个人利益，不仅需要行政部门通过技术等手段监管，也需要通过民事赔偿及担保、行政处罚甚至刑事追责等相关法律手段进行保护。

五、创新共享经济模式对法律的挑战

在发展迅猛的共享经济领域，目前的立法明显滞后。骑共享单车发生意外找谁赔偿？共享服务从业者的资质和服务的质量谁来保证？进入共享平台的相关资金池如何保障等问题。在互联网这个大江湖，法律界定变得模糊，规制对象涉及多行业、跨领域，商品交易量级随时间的增多、空间的扩张早已超出实业领域的负荷，法律在面对这些全新的理念、全新的产业时是否有全新的视角以应对日新月异的变化，能否实现政府监管、法律研究及社会治理同步，是最大的挑战。

加强监管的根本是立法，只有跳出现有法律规制的窠臼，以新的立法明确新的模式，才能使监管更加具有针对性和有效性。2017年年初出台的《关于促进移动互联网健康有序发展的意见》，明确将基于移动互联网的租房、约车等分享经济新业态纳入政府重点培育和引导的方向。因此，急需针对不同共享经济内容的共同点，对现有法律法规进行调整或创新，加强立法的前瞻性，保障消费者权益的同时，也给新型互联网产业创造宽松的环境。

2018年第73期

律师履职党政机关法律顾问的若干思考

张　弢　律师

在新的形势下，随着我国民主法治进程的快速发展，公民的权利意识和法治意识空前提升，对法治国家、法治政府、法治社会建设的要求越来越高。如何优化并创新律师履职党政机关法律顾问服务的内容和模式，既是律师面临的时代挑战，更是律师行业发展的时代机遇。

一、找准定位

党政机关法律顾问不同于企业法律顾问，党政机关的顾问服务涉及民生的方方面面，土地征收、拆迁补偿等业务领域更是涉及人民群众的切身利益，如果处理不当，可能会激化社会矛盾，影响大局稳定。做好、做专、做精律师履职党政机关法律顾问是我国法治建设的新议题。习近平总书记在党的十九大报告中指出，“全面依法治国任务依然繁重”，必须“坚持依法治国、依法执政、依法行政共同推进，坚持法治国家、法治政府、法治社会一体建设”。《关于推行法律顾问制度和公职律师公司律师制度的意见》明确要求，2017年年底前，中央和国家机关各部委，县级以上各级地方党政机关普遍设立法律顾问，外聘的法学专家和律师可以担任法律顾问。这是继党的十八届三中全会提出“普遍建立法律顾问制度”工作任务和目标后，国家层面再次确认党政机关法律顾问的价值和方向。问服务，首先要找准党政机关法律顾问的定位，防止法律顾问服务出现偏差。

《国富论》中将政府形象喻为“守夜人”的角色，政府的合理定位应当是服务政府和有限政府。《律师法》第2条第2款规定了律师的三大职责，“维护当事人合法权益，维护法律正确实施，维护社会公平和正义”。实践中我们不禁会有这样的疑问：党政机关法律顾问的职责定位为何？党政机关利益的维护者，党政机关决策的附和者，党政机关法律服务咨询的提供者，党政机关依法行政的参与者，抑或法治的守护者？

无论从法律角度还是从政府角度，党政机关聘请顾问律师的真正意义在于为决策获取专业、客观的法律意见，而非寻求一个法律附庸。所以，律师履职党政机关法律顾问需要增加自身的政治责任感和使命感，保持一定的超脱和独立地位，在法律许可的范畴内，维护党政机关的合法权益，并最终维护和保障人民群众的合法权益。

二、优化服务

参与处理行政复议、诉讼、仲裁等法律事务，参与合作项目的洽谈，协助起草、修改重要的法律文书或者以党政机关为一方当事人的重大合同是党政机关对顾问律师最基础的法律服务需求。党政机关法律顾问十分强调认可和信任，而此种认可和信任获取的前提是夯实基础法律服务。只有基础法律服务到位了，方能深入到党政机关法律服务内容的深层次领域，洞察党政机关法律服务的发展趋势，更好地发挥党政机关法律顾问的使命和职责。笔者认为，在夯实基础法律服务、取得党政机关认可和信任的基础上，顾问律师至少可以从以下三个方面优化和创新党政机关法律顾问服务的内容和模式：

（一）用项目管理思维拓宽法律服务的广度

所谓项目管理思维，就是要在特定的时间、预算、资源限定内，依据规范完成预定的、明确的目标或目的。项目管理具有如下优点，能够拓宽党政机关法律顾问服务的广度。

首先，项目化管理可以把一系列单独的、零散的并相互关联的活动统筹为一个项目。比如，深圳市规划和国土资源委员会某管理局在2016年之前，为了做好普法宣传工作，要分别与户外广告公司、广播电视机构、高校、视频制作机构等洽谈、对接。在时间安排、预算控制、资源统筹等方面耗费了大量精力，总体效果欠佳。在法律顾问提出以项目化方案开展普法宣传工作后，该律师事务所会负责选择与监督各家专业机构做好各自工作，而且会在专业效果上充分把关。

其次，项目化的管理可以把一些反复出现的工作通过项目做精、做专。在服务型政府的时代定位下，高效行政是党政机关依法行政的重要价值追求。行政执法程序流程化、执法文书标准化是做好依法行政工作的重要抓手，而这正是优化、创新律师履职党政机关法律顾问的重要内容。

最后，项目化管理可以把一些工作中最新遇到的难题和疑问通过课题研究的方式进行深入分析和解读。提高法律广度、高度、深度的具体内容参见图1。例如，《〈深圳经济特区规划土地监察条例〉若干条文理解与适用》项目就是通过对《深圳经济特区规划土地监察条例》第38条的研究，全面、深入地解读了通知有关单位停止供水、供电、供混凝土的性质是行政强制措施还是行政协助行为等争议较大的问题。该项课题研究为行政机关日后的相关执法提供了巨大帮助。

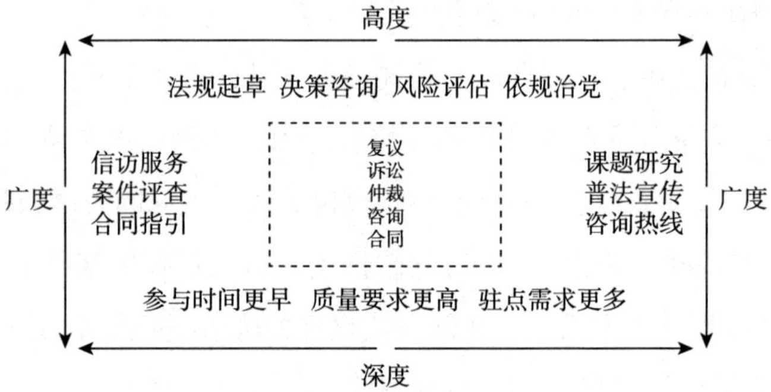

图1 提高法律广度、深度、高度的具体内容

（二）从参与顶层设计提升法律服务的高度

大智立法。立法是执法、司法、守法的基础。如果立法出现缺失或者立法不完备，就会引发一系列的问题，不利于法律的运行和法律权威的维护，最终损害广大人民群众的合法权益。因此，应当充分发挥党政机关顾问律师的独特作用。

1.积极参与立法工作

首先，党政机关顾问律师应当积极参与规范性文件的起草、完善、论证和审核，以完善立法的方式从个案维权走向维护社会整体利益。如此，方能体现律师在法治社会中的社会责任与价值。例如，笔者曾参与的《深圳市福田区临时用地和临时建筑管理实施办法（暂行）》《深圳市福田区棚户区改造实施办法（试行）》的起草与论证，从制定规范性文件的目的、结构、内容和禁止性事项等多方面向行政机关提出了法律意见，取得了较好的成效。

其次，党政机关顾问律师应当洞察我国目前立法领域的空白，并可就相关空白向立法机关建言献策。例如，我国破产法律制度因为缺少个人破产制度，因此被称为是“半部”破产法。深圳市律师协会向深圳市人大提出的《深圳经济特区个人破产条例》立法建议函，以及深圳卢林律师起草的《深圳经济特区个人破产条例》（律师建议稿），即为极具洞察力和远见的尝试。

2.积极推动立法评估

我国大多数地区和机关未开展过立法评估，仅以实验的形式实践于特定地区、特定领域。在广东省，广东省人大关于《广东省固体废物污染环境防治条例》的立法后评估和深圳市规划和国土资源委员会关于《深圳经济特区规划土地监察条例》的立法后评估均已经开始委托律师事务所开展。笔者认为，立法评估作为评价立法水平的机制，具有较为重要的社会意义和一定的市场前景，可以成为创新律师履职党政机关法律顾问的新业务。

3.推行重大决策法制审核

党政机关的行为和决策，由于具有普遍适用性，因而对行政相对人造成的影响更为广泛、更为深远。党政机关在作出重大决策之前，应当进行法制审核。如国家发改委等部门出台的《公平竞争审查制度实施细则（暂行）》，就对具有排除、限制竞争效果的政策措施进行了规范。今后，具有排除、限制竞争效果的政策措施在未经审查前不得出台，通过审查的才可以出台。这是未来行政机关重大决策审查的新动向，不仅能够使党政机关的决策更加合法合理，还能使行政相对人的权益得到更为充分、有效的保护。

（三）以用户体验为中心挖掘法律服务的深度

体验经济以发达的服务经济为基础，正在如火如荼地开展。用户体验是体验经济时代衡量律师服务水平甚至专业水准的一个重要尺度。如何进一步提升用户体验是创新律师履职党政机关法律顾问的重要课题。提升用户体验的方式多种多样，其中之一就是从空间、时间和感知等维度提升用户对服务的感知度。

1.空间维度

提升体验度的方式之一在于加大空间参与力度。以信访服务为例。信访服务历来都是党政机关的大难题，如何更好、更快、更和谐地解决信访难题是党政机关所要面临的一大课题。实际上，律师对信访服务的参与度还远远不够，尚有诸多提升空间。例如，各部门信访室可以有律师提供驻点服务，及时解答法律方面的疑难点，使信访工作能够在专业知识的帮助下更具法治色彩。在有专业律师在场的情况下，信访服务人员的应对更加从容自信，体验度自然能够得到提升。

2.时间维度

提升体验度的方式之二在于前移参与时间。通常情况下，一个法律问题的解决不是一蹴而就，而是分阶段地、循序渐进地实现。每个阶段有每个阶段独特的重点、难点和痛点，若法律顾问能够更早地参与进项目中，就可以根据各个阶段不同的特点，有针对性地提供法律服务。此外，由于较早参与项目，就会对项目的了解更为全面，更便于法律顾问顾及全局，尽量避免前后矛盾的情况发生。简言之，参与时间越早，服务质量越高，用户体验越好。

3.感知维度

提升体验度的方式之三在于提供灵活的感知方式。若法律顾问能够在用户存在疑惑的情况下，通过流程图、表格或数据报告等可视化方式向用户呈现法律服务成果，将专业性的问题糅合进可视化方式之中，解答用户的疑惑，那么用户的体验感就会大幅度提升。这属于工具性的层面，比较容易操作且更易得到实现，是创新律师履职党政机关法律顾问的技术破局点。

三、放眼未来

法律顾问服务的内容从来都不是模式化的、一成不变的，而是根据用户的需求随时变动的、充满活力的。在不断更新服务内容的同时，律师应当

“立足基础，打破边界；立足当下，放眼未来”。放眼未来，需要律师要有敏锐的观察力和洞察力，洞悉用户后续可能需要的服务内容和类型，未雨绸缪。

党的十九大报告指出要“依法执政”，进一步明确了法治的作用，即党和党员都应当在法律的框架内行事。根据中共中央办公厅法规局全面系统的梳理，1949年10月—2016年12月中央党内法规和规范性文件共260件，形成了“1+4”党内法规制度体系的基本框架，即党章以及党的组织法规制度、党的领导法规制度、党的自身建设法规制度、党的监督保障法规制度四大板块。

法律和党内法规虽然分属于两个不同的体系，但是对党政机关都有约束力。那么法律和党内法规的关系如何，如何理解和运用党内法规制度进一步规范和约束党政机关的行为，都将是创新律师履职党政机关法律顾问领域的处女地。若能帮助相关部门对党内法规进行解读，并为党政机关制作行之有效的机制或流程提出有价值建议，都无疑将扩宽律师履职党政机关法律顾问的广度，大幅提升党政机关的体验度。党内法规制度的理解与运用将成为党政机关法律顾问服务的下一个风口。

在强调全面建设法治中国的今天，律师履职党政机关法律顾问仍需继续学习。顾问律师应当找准角色定位，适时调整和更新法律服务内容，不断提升自身的专业素质和法律服务水准，在保证与党政机关法律顾问身份相匹配的同时，为党政机关依法执政和依法行政提供更为客观、全面、专业的法律意见。

2018年第74期

“一社区一法律顾问”工作的经验与展望

覃俊翔　律师

2015年10月，深圳市委市政府办公厅印发《关于进一步推进一社区一法律顾问工作的意见》。该意见是在总结10年来深圳市“律师进社区”工作经验的基础上，为保障和组织相关工作协调出台的“一社区一法律顾问”工作“升级版”。目前，深圳市已建立起法治宣传、人民调解、法律咨询等律师参与公共法律服务的协调新机制，社区律师积极参与法律咨询、人民调解工作，进行法治宣传。“一社区一法律顾问”工作亮点频频，以法治思维展开的基层治理工作全面开花。

国家的法治建设是一个系统工程，必须加强基层的法治建设，社区的法治建设更是重中之重。法治建设如果不能从基层抓起，就像空中楼阁。作为深圳的人口大区，笔者所在的宝安区有6个街道，120多个社区。每个社区居住的外来流动人口平均起来数以万计，最大的社区人口超过30万人。直面外来人口众多、体量庞大、社会结构多元复杂等基层现状，作为改革开放前沿阵地，宝安正将更多的法律资源倾斜到基层社区，充分发挥律师在法治社会建设中的作用，让普通百姓得到更多的法律服务。2015年6月5日，25名社区驻点律师在深圳市宝安区石岩街道25个社区和工业园正式“上岗”，这是我国首批正式纳入基层配置的社区驻点律师，开始探索将律师纳入社区管理过程中的固定化配置工作。

一、开展“一社区一法律顾问”的工作目的

该项工作的目的在于实现法律服务全覆盖，群众不出社区即可享受到法律服务，困难群体能够及时得到法律援助，群众对法律服务的满意度不断

提高；基层干部群众的法律意识显著增强，逐步养成知法守法、依法办事的良好习惯，能够自觉通过合法途径反映利益诉求，解决矛盾纠纷，维护合法权益；基层自治管理明显改善，形成以法治思维和法治方式管理社区公共事务、化解基层矛盾纠纷、维护居民合法权益和社会和谐稳定的新格局。

二、社区律师的社会责任

律师“进驻”社区，而不是“进”社区，区别就在于服务时间。现在社区法律顾问在社区一周值班五天，能真正做到深入基层，了解基层，帮助把居民矛盾化解在萌芽状态。社区法律顾问既是服务社区居民的律师，又是普法宣传的宣传员、法律知识的讲解员、法律援助的承办员，还是社区纠纷的调解员、基层管理执法的参谋员、涉法事务的服务员。

三、“一社区一法律顾问”工作经验

笔者从2015年9月开始进驻深圳市宝安区石岩街道塘头社区，驻点两年来，主要开展以下工作：

（1）为社区居民提供义务法律咨询，包括现场咨询及电话咨询。据统计，至今平均每月接待现场咨询11人次，电话咨询9人次。

（2）开展社区法制宣传教育活动及法律培训活动。从驻点至今，平均每个月开展一次。法制宣传内容包括妇女儿童权益保护、老年人权益保护、消费者权益保护、反家庭暴力、生产安全教育、禁毒教育等；法律培训活动包括中小企业经营者专题法律讲座、食品安全法律问题培训、宪法与公民专题法制讲座、青少年消防安全及常见法律问题讲座等。

（3）开展人民调解工作。开展律师进驻社区后，塘头社区由律师担任人民调解委员会的副主任参与到人民调解的工作中。驻点以来律师参与调解的案件有8宗，其中争议标的较大、调解时间较长的有3宗，主要涉及劳动争议、婚姻纠纷、相邻关系纠纷等，除此之外，驻点律师还参与了一些涉访涉诉案件的调解工作。通过调解，大部分案件的当事人双方都达成了和解，通过引导一部分案件的当事人也选择仲裁、诉讼等合法途径主张其诉权。

（4）为社区股份合作公司提供法律服务。律师进驻社区后，同时也担任社区股份合作公司的常年法律顾问，为公司起草、审查相关法律文件，针对具体事项提供法律意见，形成了股份公司与驻点律师的良性互动机制。

总体来说，通过开展“一社区一法律顾问”工作，笔者觉得取得以下几点成效：第一，通过律师进驻社区开展法律咨询、举办法制讲座、参与人民调解等形式，让社区居民在享受优质法律服务的过程中，增强了法律意识，培养法治思维。第二，让居民享受到更为便捷的法律服务。驻点律师按时坐班，用心、耐心地为居民群众提供专业的法律咨询意见，帮助居民群众妥善解决工作中和生活上遇到的法律问题，有效保障了合法权益，同时提高了社区居民对律师的信任度、尊重度和依赖度。第三，矛盾纠纷及时化解。对于突发事件、疑难案件及群体性案件，驻点律师都能及时地、全程地参与案件的处理，并提出专业的法律意见，引导群众通过合法途径表达利益诉求，有效将矛盾纠纷化解在了社区、化解在了萌芽状态，从源头上预防和化解矛盾纠纷。

当然，目前工作中仍然存在一些不足之处，如对一些当地的村规民俗了解得不够。在进行调解时，为了能更好地、更高效地为居民解决纠纷，了解村规民俗并参考村规民俗进行调解是十分必要的，虽然笔者不是本地人，但也应该多到社区走访，多多了解；此外，对于法律咨询的回访工作有待完善，大部分的咨询只是解决了咨询群众的燃眉之急，但对其纠纷后续处理的情况没能进行及时的回访，通过回访才能知道律师提供的法律意见是否有用，存在哪些问题，才能发现工作中的不足，继续改进工作。

四、“一社区一法律顾问”工作的建议及展望

为积极发挥社区法律顾问服务基层的作用，有效延伸法律顾问服务功能，笔者结合自身的工作经验提出以下建议：

首先，司法行政部门应探索通过积极运用“互联网+”、大数据等先进技术手段，建立起移动互联网“线上+线下”实体联动，全天候全覆盖、服务多渠道多样化的“一社区一法律顾问”工作平台。继续发挥“互联网+一社区

一法律顾问”的作用，为社区法律顾问工作搭建创新性网络服务平台。指导社区律师利用好深圳“法治地图”，实现“一社区一法律顾问”工作从“一对一”到“一对多”的服务升级，并通过服务在岗的形式解决法律顾问服务时空限制，以“送法上门”的形式拓宽法律顾问宣教辐射范围，打造每一位社区居民都能享受到所有社区法律顾问服务的新模式。

其次，在对社区法律顾问的监督指导方面，除了完善现有“一社区一法律顾问”工作检查评估办法和工作量化考核标准，还应充分利用互联网搭建沟通平台，实行实地走访或视频通话方式加强指导和考勤抽检，以规范和加强“一社区一法律顾问”管理工作。

社区法律顾问已成为社区矛盾纠纷化解的重要力量、法治宣传教育的主力军，成为居民群众身边和基层民主自治的贴心法律管家，是值得肯定和付出的一项利国利民的事业。笔者对社区法律顾问工作的未来充满信心，展望如下：

第一，针对性地派驻律师。社区律师不应局限于社区，哪里有需求，律师就出现在哪里，这才是推行“一社区一法律顾问”工作，以法治思维进行基层社会治理期望达到的目的。因此，应继续推动向创客社区、大型工业园区、产业孵化中心社区等新兴产业聚集的社区派驻法律顾问，或向医院、小商品市场、农贸市场等矛盾多发社区，以及综治信访维稳中心值班大厅、劳动纠纷调解工作室等地派驻专门法律顾问。

第二，推出家庭法律顾问工作模式。以家庭单位为切入点，实现社区普法的精与准，对于增强全民法治意识，推动法治社会进程，无疑具有重要意义。工作实践中，社区律师经常会遇到社区居民关于财产处分、传承、继承等法律问题，由于这些问题的专业性较强，而且涉及居民的家庭隐私，不方便在社区层面解决，这时就需要社区法律顾问服务细化为家庭法律顾问服务。司法行政部门可以发挥牵线搭桥的作用，让社区律师与居民家庭“结对子”，让社区居民家庭享受法律顾问的“私人订制”，提高居民对社区律师的信任度、依赖度。可以制作家庭法律顾问服务卡，由居委会牵头派发，旨在为社区内每户家庭进行免费法律咨询、提供家庭法律服务，让社区居民感到法律服务不再是“奢侈品”，不再是商人、企业和精英的专利，普通百姓也能拥有自己的“私人律师”，也能共享法治进步的成果，共享品质生活。

第三，探索建立“社工+律师”服务联动机制。打造社工服务与法律顾问服务联动平台，推动公益创投居家养老助残综合服务和“一社区一法律顾问”工作实现联动。一方面，可培养熟悉法律服务的社工机构和社工人才，丰富社会工作内容；另一方面，可促进法律服务深入基层，切实解决法律服务“最后一公里”问题。建立定期沟通机制，并要求居家养老助残综合服务承接机构积极配合社区法律顾问工作，实现资源共享、服务互动，包括联动开展法律咨询、法律援助、普法宣传和人民调解等工作。在开展法律咨询和法律援助服务的过程中，引进社工服务，将法律咨询服务、法律援助与社工服务相结合，提升公共法律服务效果。

总之，开展“一社区一法律顾问”工作的意义就是让法治阳光照亮基层每一个角落，将法治提到了社会治理新高度，这是社会发展的重大进步。律师在公共法律服务的广阔天地中大有可为。

2018年第75期

互联网冲击下劳动关系演变规律的经济学分析

段海宇　律师

劳动关系的本质特征是劳动者对用人单位的组织从属性，但是，由于互联网平台对劳动者个人的赋能，团队化向个体化的转变成为可能，用户也因为互联网平台的互动、支付、交付和监督体系的完善，相较传统科层制组织交易节省了交易成本，也越来越信任互联网平台上的供应商（本文的供应商特指企业家、劳动者或其联合体）。这两者结合，使劳动者倾向于脱离传统的科层制组织，即不再寻求与组织建立劳动关系。同时，现代组织在互联网技术帮助下，原来需要近距离监督的事情在互联网平台上可以轻易完成，跨组织的协作越来越容易实现，这必然使企业倾向于尽可能少地雇用员工，更少地与劳动者建立劳动关系。

那么，这种演变的内在原因是什么呢？本文结合诺贝尔经济学奖获得者罗纳德·哈里·科斯的交易成本和管理成本理论，从组织角度对劳动关系的演变规律做一些阐释和分析。

一、交易成本和管理成本

罗纳德·科斯在《企业的性质》一文中，以“交易成本”和“管理成本”的概念对企业的产生作出了经典的解释。他认为市场的运行是有成本的，通过形成一个组织，并允许某个权威（一个“企业家”）来支配资源，就能节约某些市场运行成本。他提出，企业之所以存在是因为它可以节约外部交易成本。科斯同时提出了另一个重要概念——管理成本，他认为企业管理也是需要组织成本、机会成本、代理成本等成本的。

因此，我们可以得出结论，企业是否有必要存在，取决于内部管理成本和外部交易成本的比较，如果管理成本小于交易成本，供应商自然就会选择组成企业；如果管理成本大于交易成本，供应商自然就会选择解散企业。

二、人力资源成本

人力资源成本也可以分为外部交易成本和内部管理成本。

人力资源交易成本可以分为寻找成本、信息成本、议价成本、决策成本、监督成本和违约成本。例如，企业为了吸引优秀人才，参加优秀雇主评比活动而支付的品牌建设费用，向人力资源服务机构或个人支付的摊位费，介绍费，猎头或劳务派遣、劳务外包等中介服务费等就是寻找成本。

人力资源管理成本包括人力管理体系构建成本。培训成本、考核成本、保持成本（指企业支付的薪酬福利、交通费、医疗保险费、办公费用等）和遣散成本。

在科层制组织中，组织企业与劳动者的纽带就是我们所讲的劳动关系。在科层制下，企业家和劳动者形成紧密的内部管理组织，对外表现就是相互结成一个等级森严的组织并严格按照劳动规章制度进行运作。

整体而言，劳动关系这种用工模式相比于非劳动关系，前者的人力资源成本主要为管理成本，后者的人力资源成本主要为交易成本。根据前面的分析，如果管理成本高于交易成本，则供应商自然会倾向于选择劳动关系，如果管理成本小于交易成本，则供应商自然会倾向于选择非劳动关系。

所以，利用科斯的交易成本和管理成本理论，我们不仅可以发现劳动关系的本质，而且可以通过内部管理成本和外部交易成本之间的比较，发现劳动关系的边界。

三、互联网冲击下的人力资源交易成本

（一）交易成本和管理成本塑造作业类型

这里笔者用一个象限图，根据不同产品及其作业的标准化或团队化程度，将作业分成四种不同类型。横轴代表产品的个性化或标准化程度，纵轴

代表作业的个人化或团队化程度。之所以如此区分，是因为作业的标准化或团队化程度，会影响乃至决定一个团队的组织方式。作业类型象限见图1。

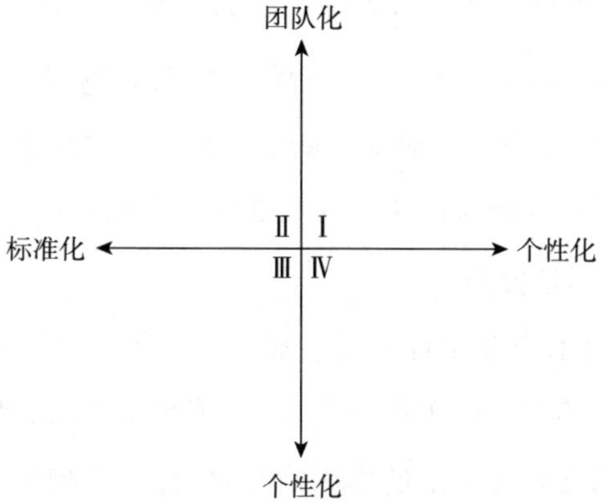

图1　作业类型象限

其中，第一象限表示需要团队化协作才能完成、提供个性化产品的作业方式。这种作业常见于奢侈品行业，如手工打造劳斯莱斯幻影的作业流程。第三象限代表需要团队化协作才能完成、提供标准化产品的作业方式。自1913年世界第一条汽车流水装配线在福特的工厂诞生之日起，现代社会大部分的工业产品都是如此打造的。第二象限代表个人即可完成标准化产品，如银行催收业务、交通事故案件的处理等，这类作业的处理流程和所需要的知识与技能往往是固定的，在各种办公软件和操作工具不断诞生、个人可以被互联网平台赋能的今天，越来越多之前需要团队化协作才能完成的业务，现在只需要一个人即可完成。第四象限代表个人即可完成、提供个性化产品的业务，如手工艺品的制作。

作业的团队化或个人化为什么会出现呢？从交易成本和管理成本角度，笔者作如下解析。

纵轴越往上表示作业对团队化要求越高，它表示相关产品不是一个人能够完成的，顾客需要找到若干提供相关作业的个人，由他们协作提供产品。如果由科层制组织来完成的话，就可以让顾客免去了寻找供应商，与每一位供应商单独谈判的麻烦。在这里，顾客信任的是组织，而不是这个组织里的每个人。

纵轴越往下表示作业对个人化要求越高，它表示顾客只需要与单个供应商协商，并监督这个供应商的生产服务状况即可。例如，顾客在寻找律师代理案件时，一般都是直接通过人脉网络完成对律师的寻找，并且一对一地进行信息交流、讨价还价、交易决策和跟踪监督。这时，科层制下的反应机制反而显得烦琐，顾客对个体供应商的信任很多时候高于该个体供应商所在的科层制组织。所以在现实的个人化作业中，顾客往往首先知道的是办理该类业务的个人，而不是公司。

横轴越往右表示作业个性化程度越高，这类作业所需的知识难以通过科层制的知识管理的方式被沉淀下来，而更依赖于个人的智慧。科层制组织在降低这类作业的交易成本上的作用是有限的，更依赖个人根据特定情况的自主发挥。

横轴越往左表示作业标准化程度越高，这类作业所需的知识容易通过科层制的知识管理体系沉淀下来，辅助个人提供更加高效和有质量保证的服务，从而降低作业的决策成本和监督成本。

（二）互联网平台降低人力资源交易成本

在互联网特别是移动互联网的背景下，我们发现，人力资源交易成本大大地降低了。

第一，从搜寻成本来讲，过去由于传播技术的限制，搜寻的人力资源信息范围有限，信息传播速度也很慢，但是随着互联网科技的进步，人力资源的真实信息的获取越来越容易，传播速度越来越快，使用人单位的人力资源品牌建设信息传播成本得以大大地降低。

第二，从信息成本来讲，互联网平台可以通过大数据、云计算实现对供应商的供应能力和顾客需求的精准分析，实现了供给侧与需求端的精准匹配和跨地域合作的临时搭建，而且大大降低了信息成本。

第三，从议价成本来讲，当所有用人单位和劳动者的岗位、职级、薪酬、绩效等交易信息都在互联网上呈现时，互联网平台交易系统就能够自然地解构出其中的价格信息。这样的交易价格是经过市场价格机制发现的，具有相对的公平性，用人单位和劳动者双方自然能够在此基础上更快地达成价格共识，从而降低议价成本。

第四，从决策成本来讲，人力资源运营和管理团队的内部管理与协作能够通过软件即时服务（SaaS）等互联网手段大幅度降低成本，使用人单位可以更低的成本实现行业的信息化建设，帮助用人单位实现跨行业、跨地域的大数据共享，如此势必降低决策成本。

第五，从监督成本来讲，当用人单位与劳动者的协作可以更加便捷地在互联网上进行，双方之间的监督成本也自然随之下降。

第六，从违约成本来讲，当就业市场的信用机制建立以后，就业市场便能共享信用数据，任何一方违约被发现的可能性就大幅度提高，一处失信，处处受限，用人单位和劳动者的违约成本将大大提高，这势必降低双方的违约率。

这也就意味着，互联网平台能够以比传统科层制组织更低的成本实现企业与劳动者的供需对接，并且帮助双方找到合适的合作伙伴。组织不再需要为了整合更多业务领域和地域资源而扩大规模。

（三）互联网冲击下不同作业类型中的劳动关系演变

互联网平台的发展，必然也导致组织制度发生相应的变化，它们对作为组织劳动力的劳动关系的需要也在发生变化。

就第一象限的个性化、团队化作业而言，这类作业提供的是个性化产品，供应商倾向于独自完成自己的作业流程，对组织的依赖较低，组织对个人的监督也难以进行，因此，组织也倾向于不建立紧密型组织。但是由于这类作业往往非常复杂，如装配一辆手工打造的红影劳斯莱斯，其业务难以被拆分，需要固定团队的长期协作，因而即使利用互联网，其目的不是打破相互之间的紧密关系，反而是为了建立更加紧密的协作关系。它们将保有在降低监督成本、协同成本上的优势，同时又将受惠于平台在降低搜寻成本、信息成本等方面的作用，如需要团队化协作的国际专利分类（IPC）法律业务等。

就第二象限的标准化、团体化作业而言，这类作业因其标准化，相关知识和技能能够通过外部渠道模块化快速获得，其学习效率非常高；另外，这类标准化作业对个体的要求相对较低，业务也更容易被拆分，互联网平台正好可以通过个体的临时组合和跨地域的协同作业来降低交易成本，因此，他们越来越倾向于打破劳动关系的枷锁，建立松散的协作关系。但是，这类作业由于是团体化的，为了降低成员之间的磨合成本，供应商对建立劳动关系有一定的需求。

就第三象限的标准化、个人化作业而言，这类作业一个人就可以完成，因此，对建立人身隶属性的组织没有需求，加上作业的标准化，相关知识和技能能够通过外部渠道模块化快速获得，其学习效率非常高，也不需要建立封闭性组织来学习。即使要建立组织，供应商也倾向于建立松散型组织来实现品牌和内部业务转介来降低信息成本，如阿里巴巴等。即使要建立劳动关系的组织形式，往往仅承担法定的执业资格管理的职能，其存在仅因为法律法规要求，如很多从事简单诉讼法律服务这类标准化作业的律师事务所之所以存在，只是因为法律要求律师必须以律师事务所的名义对外执业。

就第四象限的个性化、个人化作业而言，这类作业的知识封闭性比较强，个人就可以完成，提供个性化产品，但其互联网化速度比较慢，导致对个性化作业的分析和在此基础上的资源调配依赖于相关领域的数据积累和技术发展，需要一定的过程，这就是为什么尽管互联网已经非常发达，但是大型的能够完全通过互联网提供个性化法律服务的互联网平台至今尚未出现的根本原因。

四、互联网冲击下的人力资源管理成本

根据前面的分析可以发现，劳动关系在互联网时代是有缺陷的。尤其是跨公司的大规模协作已经开始实现了。外包越来越普遍，许多原本在公司内部完成的流程已经开始向外部转移；开源的技术贡献也逐渐成为主流，公司内部的技术正在无边界地向外扩张；更重要的是，互联网让社会化协作成为可能，无组织的组织力量开始显现，“百度百科”就是最典型的例子。

通过后端“云平台”加前端灵活创新的方式，互联网可以打破公司和劳动关系的边界，形成一种平台式的新架构和跨组织的协作关系。在这样的关系中，由平台提供用户体系、支付体系、信用体系、交易流程、服务标准控制等多方面的基础服务，并且以数据为导向，更高效地匹配资源。“滴滴打车”是最典型的例子。它并不拥有一辆出租车，但通过互联网，它让愿意提

供出行服务的车主与有出行需求的人进行交易的成本降低了。这样的成本远远低于由出租车公司组织出行服务时的交易成本。同时，由于平台的技术支持，大量的普通车主也拥有了提供出行服务的能力，闲置的社会资源因此被激活，这实际上正是我们常说的互联网条件下平台对个人的赋能。从根本上说，互联网的基础设施使全社会的协同成本下降了。它打破了信息的不对称，去除了不必要的中间渠道，搭建了线上的协作平台和协作关系，从而使平台组织交易的成本有可能低于甚至远远低于公司内部管理成本。这时，科层制和劳动关系就变得没有必要了。

所以说，去科层制和劳动关系是互联网带来的一次新的商业运动。在许多领域，过去的“公司+雇员”模式，都正在逐渐被“平台+个人”模式取代。

五、劳动关系的位移

随着人工智能、大数据、云计算技术的进步，组织可以更加及时地响应并满足顾客的个性化需求，如在工业4.0智能工厂，工厂可以非常迅捷地采集顾客的个性化数据并立即组织生产，如此，导致第四象限的个性化需求作业变成团队化的个性化需求业务。而由于互联网平台对个人的赋能，过去必须要好几个人协作才能完成的工作，现在一个人借助互联网工具或许就能完成了。如此，导致第二象限的团队化。标准化作业变成个人化、标准化作业。作业变动趋势见图2。

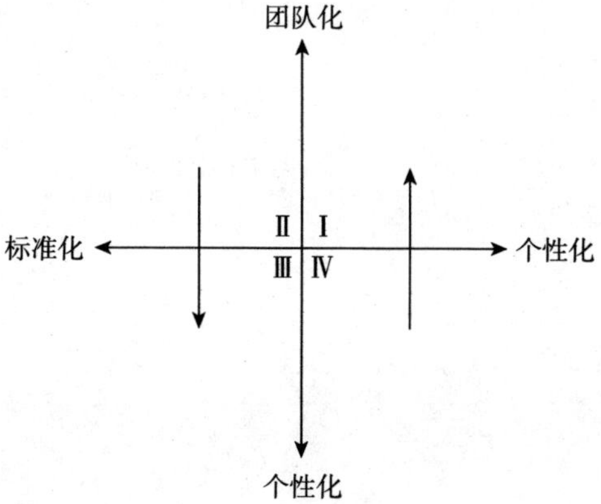

图2　作业变动趋势

综上，随着人工智能、大数据、云计算技术进步，团队化、个性化作业和个人化、标准化作业会越来越多。随着团队化、标准化需求作业越来越少，劳动关系这种制度适用范围会越来越小；另外，随着个性化需求作业越来越多，它更多依赖于智慧和创造力，劳动关系这种容易压制个体创新的制度也不适用了。两者结合，可以预见，未来劳动关系适用的范围会越来越小，即使适用劳动关系，也会越来越倾向于适用有利于发挥员工主动性、创造性的非标准劳动关系，如不定时工时制、综合计算工时制或者非全日制等弹性工作制。

2018年第75期

应收账款质押的法律分析及风险防范

金振朝　律师

一、案情简介

2012年10月18日，中国人民银行与中国石油天然气股份有限公司签订了《流动资金贷款合同》和《质押合同》，合同约定，中国石油天然气股份有限公司从中国人民银行借款1650万元，借款期限为2012年10月18日至2013年10月17日，由出质人中国石油天然气股份有限公司以《物权法》第223条、第228条首次以法律的形式确立了应收账款属于可以出质的权利范围，并规定了质权设立要件和出质后的应收账款转让限制。为履行应收账款质押登记职责，保障应收账款融资业务的顺利开展，中国人民银行设计并建成了动产融资统一登记系统。

为配合该系统上线，中国人民银行先后制定了《中国人民银行征信中心中征动产融资统一登记平台操作规则》（以下简称《规则》）修订了《应收账款质押登记办法》（以下简称《办法》）。下面结合案例，对应收账款质押的有关法律问题及风险防范进行分析。

其依法可以出质的普通应收账款提供质押担保等内容。同时，双方签订了《应收账款质押登记协议》，协议约定，出质人以质押合同项下应收账款出质；应收账款质押登记通过中国人民银行征信中心的应收账款质押登记公示系统办理质押登记，将出质人未来一年内为中国石油天然气股份有限公司及其下属企业提供服务产生的所有应收账款一并质押并办理登记等内容。而后，中国石油天然气股份有限公司届期一直未偿还借款。

后因Q公司与中国石油天然气股份有限公司之间发生买卖合同纠纷，于

2012年11月29日向中级人民法院提起诉讼，中国石油天然气股份有限公司败诉。该案判决执行过程中中国人民银行以该案执行的到期债权系其质押物，其享有优先受偿权为由，提出执行异议。后中国人民银行又撤回异议，以借款合同纠纷为由另行提起民事诉讼，请求确认其对到期债权有优先受偿权。原审法院遂裁定：因该案的继续执行需等待与中国人民银行借款合同纠纷的判决结果，故应先行退出该执行程序，待影响案件执行的情形消除后，继续执行。

在中国人民银行与中国石油天然气股份有限公司借款纠纷一审中，中级人民法院判决：中国人民银行的主张，事实清楚，证据充分，故中国石油天然气股份有限公司依法应当承担清偿借款本金及其利息的责任，中国人民银行的应收账款质押登记有效；中国人民银行对中国石油天然气股份有限公司质押的应收账款依法享有优先受偿权。

Q公司作为第三人不服原审判决，向高级人民法院提起上诉，称中国石油天然气股份有限公司转让债权未履行通知义务，该债权转让对次债务人不发生效力，同时，中国人民银行对出质人的基本信息登记错误，质权未设立。

二审判决：虽然上述登记关于出质人信息有误，但没有影响到信息公示系统依照本案质押登记的其他信息确认出质人及质权，Q公司上诉主张的本案系债权转让关系，应当向债务人履行通知义务这点，没有事实和法律依据，维持原判。

上诉人不服，向最高人民法院提起再审，最高人民法院维持二审判决并裁定驳回再审申请。

二、律师分析

（一）应收账款质押登记的内容

1.质权人和出质人的基本信息

《办法》规定，出质人或质权人为单位的，应填写单位的法定注册名称、注册地址、法定代表人或负责人姓名、组织机构代码或金融机构代码等。出质人或质权人为个人的，应填写有效身份证件号码等信息。该办法第15条还规定，质权人办理登记时所填写的出质人法定注册名称或有效身份证件号码变更的，质权人应当在变更之日起4个月内办理变更登记。第24条规定，质权人、出质人和其他利害关系人应当按照登记公示系统提示项目如实登记，提供虚假材料办理登记、给他人造成损害的，应当承担相应的法律责任。

上述出质人法定注册名称或有效身份证件号码变更导致质押登记无效之规定，颇值得商榷。其一，出质人法定注册名称或有效身份证件号码变更未必一定能在4个月内为质权人所知晓，若对质权人的不知情有无过错不进行区分，则该规定为出质人逃避出质义务打开了方便之门；其二，只要不是刻意规避，注册名称或有效身份证件号码的变更通常皆有一定的联系，质权人、第三人皆可以通过公开渠道获知出质人的变更信息并在与其交易时进行适当的注意，尤其是第三人可以通过变更前的信息进行应收账款质押登记的查询，故注册名称或有效身份证件号码的变更并不必然影响质押登记的公示效果。

如因登记内容填写错误，导致登记不能查得或不能正确公示权利的，或因虚假或不实登记给他人造成损害的，由发起登记的当事人承担全部责任。根据该条规定，若出质人将登记信息填写错误，可能会影响质权的设立。对于该错误信息，笔者认为要看是否达到影响应收账款债权可识别的程度。

2.应收账款描述

登记公示的目的是向社会公众告知应收账款已被质押的事实，从而维护交易安全。为了使公众获知应收账款质权的具体范围，应收账款质押登记应当包含应收账款描述。

根据《办法》第2条的规定，“本办法所称应收账款是指权利人因提供一定的货物、服务或设施而获得的要求义务人付款的权利以及依法享有的其他付款请求权，包括现有的和未来的金钱债权，但不包括因票据或其他有价证券而产生的付款请求权，以及法律、行政法规禁止转让的付款请求权”。即可以质押的应收账款范围不仅包含了现有债权，还包含了未来将会产生或者可能产生的债权。应收账款不以设质时已存在的财产为界，亦可以是未来预期的收益，且不以是否已至履行期限为限。

3.登记期限

《办法》第12条、第13条对应收账款质押登记期限和展期作出了规定。质权人自行确定登记期限，登记期限以年计算，最长不得超过30年。登记期限届满，质押登记失效。在登记期限届满前90日内，质权人可以申请展期。质权人可以多次展期，每次展期期限不得超过30年。《规则》的规定也不尽相同，[1]但同样缺乏法律依据，《物权法》并未授权《办法》和《规则》规定登记期限，也没有规定质权人行使质权的期限，上述规定与我国现行法律规定不符。

4.登记协议

按照《办法》的规定，质权人办理质押登记前应与出质人签订协议。协议应载明质权人与出质人已签订质押合同及由质权人办理质押登记，并将协议作为登记附件提交登记公示系统。若出质登记因为欠缺《登记协议》，或虽有《登记协议》但未上传登记公示系统，或内容不符合上述规定，按照规定都可能导致登记无效和质权未能设立。根据物权法定原则，物权的种类、内容、效力和公示方法一概由法律规定，不仅当事人不得任意约定改变或者创设，《办法》也不应擅自设定。

（二）次债务人的权利和义务

这里所谓次债务人，即应收账款对应的付款方，也称第三债务人。对于应收账款的转让，根据法律规定，必须通知次债务人后始对次债务人发生法律效力。但对于应收账款质押，《物权法》的规定中并没有将通知次债务人作为质押合同生效或者质权设立的要件。在设质阶段，出质人、质权人是否将质押事项通知次债务人，并不影响应收账款质押的效力。在本案中，Q公司上诉主张本案系债权转让关系，应当向债务人履行通知义务，没有事实和法律依据。应收账款作为一种权利，可以作为质押标的，质权属于担保物权，合同债权转让则属于债的范畴。所以，根据《物权法》第228条第1款规

〔1〕《规则》第15条第3款规定："发起登记的当事人可以根据权利公示需要自行选择登记期限，期限范围是1至30年。"第17条规定："在登记到期前90天内，可以申请展期登记。登记期限届满未展期的，登记不再对外提供查询。用户可进行多次展期，但每次展期期限不得超过30年。"

定，“以应收账款出质的，当事人应当订立书面合同。质权自信贷征信机构办理出质登记时设立”。因此，只要有书面合同并办理登记，质权即成立。不能因为未将质押登记事项通知应收账款债务人，就否定质押登记的效力和质押权人享有的质权。

（三）应收账款质权的实现

《物权法》第219条第2款规定，债务人不履行到期债务或者发生当事人约定的实现质权的情形，质权人可以与出质人协议以质押财产折价，也可以就拍卖、变卖质押财产所得的价款优先受偿。该条关于质权的实现方式规定于动产质权部分，根据《物权法》第229条的规定，权利质权的实现也同样适用上述规定。

首先，作为法定担保物权的一种，应收账款质权一旦依法设立，质权人就取得了以应收账款协议折价和拍卖、变卖质押财产所得的价款优先受偿的权利。除了以应收账款折价需要与出质人达成一致外，根据上述分析，质权人以拍卖、变卖的方式行使质权的，可以直接委托有关拍卖、变卖机构进行，拍卖、变卖成交后，出质人或者质权人通知次债务人，自通知到达次债务人之日起，发生应收账款转让的效力。这里存在的问题在于，应收账款存在巨大的差异性和不确定性，如何按照市场价格确定折价或者变卖的价格？笔者认为，这里可以参照民法上的“帝王条款”之诚实守信原则，将市场价格解释为公平合理价格更为合适。

其次，根据债法原理，合同债权大多可以转让，那么，应收账款出质后能否转让？《物权法》第228条第2款有明确规定，即非经质权人同意，出质后的应收账款不得转让。经质权人同意后转让应收账款所得的价款，应当向质权人提前清偿债务或者提存。

再次，出质的应收账款先于主债权到期并获得清偿的，该如何处理？《物权法》中并未作出明确规定。笔者认为，应当参照《物权法》第225条关于票据、存单、仓单、提单的兑现日期先于主债权到期和第228条第2款关于出质后的应收账款转让之规定，获得清偿的款项应当向质权人提前清偿债务或者提存。

复次，出质人可以替代给付，以供债权清偿。出质人为了取回质押财产或者解除应收账款质押，可以代替债务人履行债务。出质人替债务人履行债务后，质权人应当向出质人返还质押财产或者解除应收账款质押，但前提应当是质押财产并未以协议折价、拍卖或变卖方式处置。

最后，质权人能否直接向次债务人主张债权？根据最高人民法院《关于适用〈中华人民共和国担保法〉若干问题的解释》第106条的规定，“质权人向出质人、出质债权的债务人行使质权时，出质人、出质债权的债务人拒绝的，质权人可以起诉出质人和出质债权的债务人，也可以单独起诉出质债权的债务人”。因此认为质权人有权在应收账款质押的范围内向次债务人主张权利。

三、风险防范对策及建议

（一）强化贷前调查，防范信用风险

1.严格客户准入。应收账款质押仅是第一还款来源的补充和风险缓解，一旦客户第一还款来源出现问题，就容易产生贷款风险。因此，贷前调查应更多关注第一还款来源，同时，还需对应收账款债务人的经济情况、偿债能力、信用等级、信誉等进行认真审核评估。

2.严格应收账款审核。一是尽量选择《办法》明确的应收账款品种，对于不在《办法》范围内的应收账款，应谨慎对待；二是关注企业应收账款的账龄、占比、周转率、平均收回期等指标，在综合考虑信用人的资信状况、偿债能力，信贷业务的期限、风险度，质权实现难易程度等因素的基础上，合理确定应收账款质押率；三是在办理应收账款质押时，通过收集留存企业销售合同的原件、卖方企业的发货单、买方企业的收货单及货物验收合格入库的证明等企业真实交易的情况，最大限度地保证办理质押的应收账款均为企业的真实交易款项。

（二）规范业务操作，防范操作风险

1.规范签订应收账款质押合同。在贷前调查的基础上，依法在借款合同、质押合同中明确约定风险防范措施。应针对应收账款质押的特点，在合

同中加入特定条款。另外，在签订合同时还要注意应收账款和贷款期限的差异问题，尽量使应收账款的到期日早于或等于借款合同的还款日等。

2.规范办理应收账款质押登记公示系统登记。应收账款质押登记由质权人办理，登记内容由登记当事人自行录入，登记内容的真实性、合法性和准确性由发起登记的主体负责。同时，由于登记应收账款质押业务不要求提交质押合同，仅要求登记质权人、出质人、质押物等信息，因此在质押登记时应正确录入相关信息，对用于质押的应收账款情况清楚地进行界定，在“质押财产描述”一栏，尽量对应收账款进行详尽的描述，如清楚登记应收账款基础合同的总价款、履行期限、支付方式、债务人的基本情况、收费项目等要素。

（三）强化贷后监管，确保债权实现

1.设立应收账款回款专户。银行在发放贷款时，可以要求出质人在贷款银行处设立应收账款回款账户，要求应收账款债务人将相关款项支付到回款账户，来防范出质人在应收账款回款后不用来还款而挪作他用的风险。同时可以和出质人约定，在贷款未偿还前，应收账款在贷款额度内不得转出或保持一定的份额，来确保质权担保足值。

2.加强贷后动态监控。银行应加强贷后动态监控，监督出质人与其债务人的业务往来，了解出质人、应收账款债务人财务变化状况，重点关注应收账款的变动情况。如果出质人擅自转让、恶意减免出质应收账款的，银行应及时要求其停止不当行为并向法院提起诉讼行使撤销权或要求其提前清偿贷款。总之，一旦质押应收账款出现坏账或其他减损情况，银行应尽快与出质人、应收账款债务人协商，要求补充提供担保或尽早采取措施以实现质权。

第四章
进阶与新征程

《深圳律师》的第四个五年，也是高速发展的五年，《深圳律师》迎来了第100期的出版。2022年4月，通过“云展网”平台，杂志正式升级了电子期刊阅览模式，实现纸电同步，移动阅读方便读者随时自由阅览。2022年10月，杂志由双月刊变更为季刊，内容更加丰富，选稿更加严格，稿件质量稳步提升。2023年4月，深圳市律师协会审议通过《〈深圳律师〉杂志编辑制度》，杂志管理制度更加完善。2023年6—10月，杂志开展了出版百期系列庆祝与总结活动，全面总结杂志创刊以来的办刊经验，表彰先进，补充新力量，打造新优势，扩大影响力，召开了历任杂志主编、编辑及撰稿人经验总结座谈，举办了优秀编辑表彰会、特约撰稿人聘任仪式等活动。

这一时期，《民法典》《中华人民共和国香港特别行政区维护国家安全法》《个人信息保护法》《关于建立涉案企业合规第三方监督评估机制的指导意见（试行）》《深圳经济特区个人破产条例》等涉及国家重要制度的法律、规定获得通过，《预防未成年人犯罪法》得以修订，我国在全面依法治国、科学立法、公正司法、市场经济法治保障等方面均取得了重要进展。

本部分共收录了《深圳律师》杂志第76期至第100期的精选专业文章。“回归专业，服务大局”是深圳律师协会第十一届理事会坚持的发展理念。深圳律师立足大湾区，坚定不移地走专业化路线，潜心研究《民法典》、重大疫情法律问题、企业合规、数据交易、债券虚假陈述、大湾区法律问题、个人破产……至2023年8月，《深圳律师》已出版100期，《深圳律师》将不断总结经验，力争在第二个百期新征程上再创辉煌。

私募基金法律服务是“背锅侠”还是“守门人”？

陈嘉欣　中兴通讯股份有限公司

2018年4月13日，中国证券投资基金业协会（以下简称协会）发布公告指出，因江苏东方之光律师事务所、北京市同硕律师事务所和广东嘉得信律师事务所在出具私募基金管理人登记法律意见书时未能勤勉尽责，存在虚假记载、误导性陈述或者重大遗漏，协会决定，三年内不再接受上述三家律师事务所出具的私募基金管理人登记法律意见书。

这一消息在律师界，特别是主要业务领域为私募基金业务的律师群中炸开了锅。协会2018年3月27日刚发布《关于进一步加强私募基金行业自律管理的决定》（以下简称《自律管理决定》），其中明确“出具登记法律意见书一年内，相关私募基金管理人被公告注销的，三年内不再接受相关律师事务所和律师出具的登记法律意见书”。距离《自律管理决定》发布不到20日，协会即公告了一批不接受登记法律意见书的律师事务所和律师名单，可见协会“建立健全私募基金管理人登记法律意见书的责任追究机制”的决心。也有律师感叹道，被处罚的申请机构实际控制人弃用登记主体即可“金蝉脱壳”，而律师事务所和律师就是板上钉钉的“背锅侠”。

一、律师应发挥资本市场“守门人”的作用

综观协会自2016年2月5日通过《关于进一步规范私募基金管理人登记若干事项的公告》（以下简称《二五公告》），确定私募基金管理人登记和已登记的私募基金管理人发生部分重大事项变更需提交法律意见书以来，协会多

次就私募基金律师服务提出具体要求。

一方面，协会通过发布《私募基金管理人登记法律意见书指引》，从正面指导律师事务所应当提供私募基金管理人登记法律服务，提出私募基金管理人登记法律意见书需要遵守的大原则——经办执业律师及律师事务所应当勤勉尽责，根据《律师事务所从事证券法律业务管理办法》《律师事务所证券法律业务执业规则（试行）》及协会的相关规定，在尽职调查的基础上对指引规定的内容发表明确的法律意见，制作工作底稿并留存，独立、客观、公正地出具《法律意见书》，保证《法律意见书》不存在虚假记载、误导性陈述及重大遗漏。

笔者认为，协会引入私募基金管理人登记法律意见书制度，正是因为信任律师和律师事务所能够发挥其法律专业能力，促进私募基金业务合规健康发展。协会强调，律师应把法律意见书作为律师行业与基金行业的纽带，维护好客户的合法权益，维护好法律法规和自律规则的权威，不断提高法律服务专业水平，真正发挥资本市场“守门人”的作用。

另一方面，协会也不断总结私募基金登记备案中的经验和所发现的问题，不断完善对没有“守好门”的律师事务所、经办律师的责任追究制度。例如，协会在2017年1月25日注销北京天和融汇投资基金管理有限公司和北京天和融旺投资基金管理有限公司的私募基金管理人登记时，即将出具法律意见书的北京市盈科律师事务所和北京市中闻律师事务所涉嫌未能勤勉尽责的有关情况移送中国证券监督管理委员会进一步查处，并在调查期间停止接受上述两家律师事务所的法律意见书。另外，协会还发布了《私募基金登记备案相关问题解答（十四）》（以下简称《问答十四》），明确了六种不予登记的情形，并建立对不予登记申请机构及所涉律师事务所、律师进行公示的工作机制。截至2018年3月9日，协会已经公示不予登记申请机构85家，其中律师事务所接近70家。可见协会在重拳出击整治律师提供私募基金法律服务乱象的同时，强调了对律师事务所及律师的执业质量和执业信誉的严格要求。

二、“背锅”律所的前车之鉴

笔者总结了协会公布的北京天和融汇投资基金管理有限公司等五家公

司（以下统称违规机构）私募基金管理人登记法律意见书的核查报告（见表1），以分析律师事务所“背锅”的原因。

表1 协会对五家违规机构私募基金管理人登记法律意见书核查报告分析

违规机构	违规事项	具体内容
北京天和融汇投资基金管理有限公司	协会登记信息与事实不符	1.存在分/子公司及关联方但未披露； 2.股东信息披露存在遗漏； 3.实际控制人披露有误，且实际控制人学历信息披露不真实； 4.高管人员披露有误，且高管履历披露不真实； 5.近三年存在诉讼和仲裁但未披露
	业务开展违规	1.未履行对投资者进行调查和风险评估程序； 2.向非合格投资者推介、销售基金产品； 3.销售的部分基金产品未进行备案； 4.承诺保本保息（签署回购协议）
	法律意见书内容与事实不符	1.未披露公司向协会备案但未通过的基金产品和未备案即发行的基金产品； 2.未披露公司与股东、实际控制人及其控制的主体的关联交易； 3.子公司、分支机构及其他关联方披露不真实； 4.实收资本披露不真实； 5.近三年涉及诉讼和仲裁披露不真实
北京天和融旺投资基金管理有限公司	协会登记信息与事实不符	1.未及时变更控股股东和实际控制人登记信息； 2.股权结构披露错误； 3.存在分/子公司及关联方但未披露； 4.法定代表人学历信息披露不真实； 5.所披露的募集说明书信息不真实
	业务开展违规	1.公司办公场所不独立，与其他方共用； 2.公司官网披露虚假项目信息
	法律意见书内容与事实不符	1.基本信息披露不准确（包括经营范围、股东身份证号码、统一社会信用代码、公司住房所有权人、取得《企业集团登记证》的时间等）； 2.股权结构披露不真实； 3.控股股东和实际控制人披露不真实； 4.关联方披露不完整； 5.异常经营信息披露不真实； 6.未披露公司在完成管理人登记前即发行私募基金产品； 7.法定代表人学历披露不真实

续表

违规机构	违规事项	具体内容
中源诚信(北京)资产管理有限公司	协会登记信息与事实不符	核查报告未说明
	业务开展违规	1.公司失联； 2.募集资金异常转让给其他主体； 3.担任执行事务合伙人的合伙企业未在协会进行备案； 4.涉嫌伪造公章和非法集资； 5.募集资金与约定投向不符
	法律意见书内容与事实不符	1.工商登记信息、股东出资时间与底稿不符； 2.除营业执照、公司章程外，法律意见书描述的其他事项没有底稿支持； 3.工作日志与尽调无关； 4.未披露公司被列入经营异常名录
康汉投资管理（北京）有限公司	协会登记信息与事实不符	1.登记的机构类型披露不真实； 2.高管、基金经理信息披露不真实； 3.子公司、关联方信息披露不真实； 4.未及时变更办公场所信息
	业务开展违规	核查报告未说明
	法律意见书内容与事实不符	1.网络检索情况披露不真实； 2.工商底档、分公司、高管访谈、高管简历、现场走访、提交年报、从业人员等信息缺少底稿支持； 3.公司架构设置与底稿不符； 4.高管情况披露不完整； 5.未披露公司存在关联交易及未备案即发行基金产品； 6.未披露公司存在违规展业、公开宣传和募集资金； 7.未就《审计报告》所体现的重大债权进行专项核查
深圳恩力集昌基金管理有限公司	协会登记信息与事实不符	1.所披露的基金经理与公司不存在劳动关系； 2.所披露的办公地址与实际办公地址不符； 3.高管与基金经理的履历披露不真实； 4.内控制度制定时间不符合常理
	业务开展违规	1.私募基金产品的协议签署真实性存疑； 2.未核查投资者的资产情况； 3.公司员工身兼数职

续表

违规机构	违规事项	具体内容
深圳恩力集昌基金管理有限公司	法律意见书内容与事实不符	1.未进行访谈但披露现场访谈情况，访谈笔录签字可能存在不实情况； 2.披露的部门设置、各部门职责、公司制度、披露的员工人数与底稿不符； 3.披露已核查重大业务合同、网络核查情况、高管及基金经理履历、涉诉和负面信息等情况没有底稿支持； 4.未进行现场核查

从表1中可见，违规机构的私募基金管理人登记法律意见书均存在虚假记载、误导性陈述及重大遗漏，且未制备完整的工作底稿的问题。不予登记情形中最多的是《问答十四》规定的第一问回答中的第2项“申请机构提供，或申请机构与律师事务所、会计师事务所及其他第三方中介机构等串谋提供虚假登记信息或材料；提供的登记信息或材料存在误导性陈述、重大遗漏”，第3项[1]和第1项[2]紧随其后。这也印证了被不予登记或公告注销的法律意见书中存在的问题主要是经办律师对尽职调查过程描述、判断依据和工作底稿的整理和搜集不够重视，执行尽职调查程序不够严谨。

三、在私募基金法律服务中如何避免“背锅”

通过对违规机构核查报告的分析，我们能更好地把握协会对于私募基金法律服务的要求，也更应该思考如何在控制律师和律师事务所执业风险的前提下提供高质量的私募基金法律服务。

（一）前期洽谈阶段应谨慎选择合作对象

在与拟申请私募基金管理人登记的机构（以下简称申请机构）进行洽谈时，应当向申请机构提供前期法律尽职调查清单，主要对申请机构是否具备

〔1〕《问答十四》第一问回答中的第3项规定：“申请机构兼营民间借贷、民间融资、配资业务、小额理财、小额借贷、P2P/P2B、众筹、保理、担保、房地产开发、交易平台等《私募基金登记备案相关问题解答（七）》规定的与私募基金业务相冲突业务的。”

〔2〕《问答十四》第一问回答中的第1项规定：“申请机构违反《中华人民共和国证券投资基金法》、《私募投资基金监督管理暂行办法》关于资金募集相关规定，在申请登记前违规发行私募基金，且存在公开宣传推介、向非合格投资者募集资金行为的。”

展业能力以及是否可能涉及《问答十四》中罗列的不予登记情形进行初步核实，确保机构具有清晰明确的展业计划及不存在被不予登记的重大障碍，避免接受不具有相应展业能力的机构的法律服务委托。

在签订委托合同时，建议约定律师事务所有权自申请机构登记为私募基金管理人之日起一年内，根据申请机构的展业情况自行决定通知协会撤销法律意见书。日后律师事务所发现申请机构违规情形时撤销法律意见书权利即存在合同依据。

（二）尽职调查过程中应注意形成完整证据链

1.文件、现场、网络调查相结合

从对违规机构核查报告的分析可以看出，经办律师事务所均没有严格执行尽职调查程序，未能通过多渠道核实申请机构提供的资料信息是否真实、全面、准确。

例如，对于尽职调查所必需的工商底档，最好能由律师自行前往工商行政主管部门打印，确保所打印的工商底档的完整性；若律师未能自行前往打印，也应在国家企业信用信息公示系统对申请机构所提供的工商底档对应的历史沿革情况的真实性、连贯性进行核查；查询国家企业信用信息公示系统时同步打印企业报告，并在打印件上标记查询时间。

又如，关于违规机构中多次出现的高管学历信息与事实不符的问题。对于高管提供的学历证书，可通过中国高等教育学生信息网（学信网）进行核实。

2.借助其他中介机构的力量

律师在尽职调查过程中，特别是对资本充实、关联交易、业务收入等方面的核查，往往需对申请机构的财务状况进行调查，然而律师并不具有完备的财务核查能力，此时则应当要求申请机构聘请会计师事务所、资产评估机构等提供专业判断。

3.注意工作底稿的收集和整理

违规机构的违规事项中都存在某一事项没有底稿支持或与底稿不符，这类不必要的失误和疏忽均是因为没有对工作底稿进行全面的收集和整理造成的。应当说，律师在草拟法律意见书过程中所描述的每一句话，都应该有底稿的支持。如律师在法律意见书中描述“根据本所律师的现场走访”，那么底稿中就应当有律师前往现场实地调查的照片或录像。

4.注意尽调过程中对已尽调事项的二次核实

由于申请机构在申请登记的过程中可能会经历一段较长时间的尽职调查，提交法律意见书后，也可能面临协会的多次反馈，在此期间，申请机构本身也可能发生变动。因此，律师在答复协会的反馈意见的同时，也应当对协会未反馈的事项进行二次核实，以免申请机构已经发生了相关变动，甚至是违规的变动而律师不知情。

（三）争取自行在申请机构的私募基金登记备案系统填报信息

根据笔者的实务经验，有些申请机构并未安排专业的法务人员填报系统，而是指派行政人员开展填报工作。因为该等人员不具备私募基金领域的法律知识，无法对系统的填报要求进行全面准确的把握，往往存在大量错漏。虽然填报私募基金登记备案系统一般不属于律师的服务范围，但出于填报准确性及律师执业风险考虑，建议律师与申请机构争取自行填报。

（四）完成私募基金管理人登记后也不能掉以轻心

由于有些申请机构对私募基金管理人登记制度理解错误，抱有侥幸心理，认为成功登记后的违法违规行为难以监管。鉴于《自律管理决定》明确规定“出具登记法律意见书一年内，相关私募基金管理人被公告注销的，三年内不再接受相关律师事务所和律师出具的登记法律意见书”，建议经办律师在与申请机构签订委托合同时即要求申请机构聘请该律师事务所提供登记完成之日起一年的常年法律顾问服务。在该年度的常年法律顾问服务过程中，经办律师应定期核查所服务机构的展业情况，如发现该等机构存在被公告注销风险的，则应及时与客户沟通，并及时通知协会撤销相关法律意见书。

中国证券投资基金业协会引入法律意见书制度，就是希望能借助律师行业的法律服务专业力量来推动私募基金行业牢固树立合规意识；协会对私募基金管理人及相关律师事务所进行事后纪律处分，也是对“跑偏”了的申请机构和律师事务所的行为进行修正。律师和律师事务所也应当“爱惜羽毛”，严格根据私募基金相关法律规定和律师开展尽职调查的指引，恪尽职守，勤勉尽责地出具法律意见书，做好资本市场的“守门人”，这才是避免“背锅”的终极原则。

2018年第77期

粤港澳大湾区城际合作的法律制度探析

陈　方　律师

我国的粤港澳大湾区是继美国纽约湾区、旧金山湾区以及日本东京湾区之后的世界第四大湾区。2017年7月1日，国家发改委与粤港澳三地政府签署了《深化粤港澳合作　推进大湾区建设框架协议》。据该协议，粤港澳三地将在中央的支持下，完善创新合作机制，促进互利共赢合作关系，将粤港澳大湾区建设成为内地与港澳深度合作的示范区，打造国际一流的湾区和世界级城市群。粤港澳大湾区是新的国家战略，未来势必成为中国经济发展的新动力，也是粤港澳三地城际合作、经济腾飞的时代机遇。

法治是市场经济发展的基础，谋求粤港澳大湾区的快速稳定发展，必须法治先行，构建城际合作的法律制度是粤港澳大湾区成功治理的必然要求；为粤港澳大湾区营造法治化、国际化和市场化的营商环境，以法治推进粤港澳大湾区发展，是湾区城际合作协同发展、创新发展的现实、必然选择。

一、城际合作中的法治难题与解决路径

一个国家、两种制度、三个关税区、四个核心城市，粤港澳大湾区的“一二三四”格局是它最大的特点和优势，也是大湾区城际合作、法治融合的难点所在。李克强总理在《政府工作报告》中多次强调，支持香港、澳门更好融入国家发展大局、深化内地与港澳地区交流合作。近几年来，内地与港澳之间的经济合作发展良好并逐年升温，但法律合作尚未取得理想效果，城际合作的法律制度建设也没有足够的研究成果，法律冲突与适用问题仍是大湾区城际合作建设过程中面临的最大挑战。

香港属于英美法系，澳门属于大陆法系，内地是具有中国特色的社会主义法系，无论是实体法还是程序法都有很大的不同，在三种不同的法律制度下开展区域、经贸合作，不仅会面临具体的民商事等方面的法律制度的冲突，也存在三地在立法权、司法权、执法权设立和行使上的冲突。因此，要实现大湾区城际良好合作局面，必须法律先行，构建粤港澳大湾区城际合作的法律框架和机制，促进粤港澳大湾区法律服务业实现流通，即政策沟通、人员流通、信息互（联）通、业务融通、专业共通、民心相通。具体有以下几点分析与建议：

（一）构建粤港澳大湾区特色法制体系

粤、港、澳三个行政区域虽然毗邻相依，但在社会治理、法治建设等方面各具特色。因此法律合作治理是湾区城际合作的有益思路。构建粤港澳大湾区特色法治体系，一方面，应将法治建设纳入整个大湾区发展战略纲要，调动社会、市场多元化主体的力量，以市场化促进法治化，将法治化贯穿市场化。另一方面，粤、港、澳三地政府应尽快磋商，共同制定粤港澳大湾区城市之间的经贸合作条例，包括完善的法律法规体系、廉洁透明的法治政府、公正的司法系统、有效的市场监管机制、自由公平的市场竞争环境、健全的商事纠纷解决途径等。

（二）法治创新，接轨港澳地区的先进法律体系

借鉴港澳地区立法、司法、执法先进经验，探索在社会管理、公共服务等方面与港澳法律体系接轨。例如，涉港澳商事案件适用港澳法律进行司法裁判；引入香港陪审员参与庭审过程，完善以庭审为中心的诉讼制度；构建多元化国际化的纠纷仲裁和调解机制，引入香港国际仲裁中心及全球仲裁机构，吸引香港仲裁员、调解员、专家等以代理人身份参与大湾区商事争议的解决。同时，积极探索政府间合作、公私合作及私人合作的法律治理模式，以府际合作、公私合作及私人合作促城际合作，深化涉外涉港澳台案件审判机制改革，健全港澳台和外国法律查明与适用机制，推动内地与港澳之间的司法互信，破解不同区域民商事裁判执行难题。

二、合作共建粤港澳法律服务行业

要促进粤港澳大湾区各城市之间的和谐发展，法治水平应协调、统一发展。横向来看，大湾区11个城市的法治水平参差不齐；纵向来看，城市内部的法治发展水平在立法、执法、司法及文化等方面也存在高低差异。这种差异在一定程度上阻碍了湾区城市群法治协同发展，限制了湾区城际合作的法律制度建设。对此应采取有力措施，促进法律服务业市场全方位开放、高质量发展。具体探析如下：

（一）大力发展涉外法律服务业，做好粤港澳青年法律人才培养工作

首先，要完善大湾区涉外法律服务业的扶持政策，各级政府将发展涉外法律服务业纳入发展战略规划，将培养一批通晓国际规则、具有国际视野的高素质涉外法律服务领军人才，打造一批规模大、实力强、服务水平高的涉外法律服务机构作为目标；其次，确保资金、财政、税收等政策的扶持力度；最后，应建立涉外法律服务人才选拔培训机制。

在处理粤港澳大湾区问题时要站在国家的高度去思考，在“一国两制”的基础上更强调“一国”，从内地治理角度考虑，实质上港澳律师就是我们中国律师的一部分。香港律师通晓英美法系，澳门律师通晓葡语法域的大陆法系，港澳律师就是我们非常宝贵的而且数量众多的高端涉外法律人才，具有丰富涉外法律经验的港澳律师的大力参与极大助推了国家在“一带一路”建设和全方位对外开放领域的高速发展。因此，要充分发挥港澳律师的作用，将港澳律师作为国家涉外法律服务业一个重要的依靠力量，积极和大湾区律师整体合作。同时，建议在大湾区建立对港澳律师政策扶持的指引下，应更加关注重视加强对港澳青年法律人融入国家发展大局，积极投身粤港澳大湾区建设的引导和培养，加强爱国爱港爱澳的教育，建立粤港澳大湾区港澳青年律师创业园，将青年法律人纳入大湾区法律人才库的培养，为粤港澳大湾区发展储备强大充足的人才力量。

(二)构建粤港澳大湾区营商法治指数评价体系

要建立科学的法治建设指标体系和考核标准。前海在2017年率先制定并发布了全国自贸区首个法治指数,法治指数已成为一个国家或一个地区法治水平和营商环境的风向标和温度计,因此,促进粤港澳城际紧密合作,离不开对法治化营商环境的考量。作为商业法治的核心内容,法治化营商环境建设是增强大湾区营商竞争力的关键点,也是推进大湾区发展的创新路径。鉴于此,应开发并定期发布粤港澳大湾区的营商法治指数、法治创新案例及成果,为粤港澳大湾区各个城市的经贸合作提供风向标。

(三)建立邦联式法律职业共同体

粤港澳大湾区城际合作的法律制度发展应由政府牵头,律所承接,进而推动三地行业协会签署发展法律服务的合作备忘录,共同制定统一的行业规则、指引,推动法律从业资格证在三地的颁发和通行。促进涉外法律服务人才的互通,拓宽港澳律师和联营律所的执业范围,吸引港澳律师"走进来",将粤港澳律师全部纳入大湾区,实行一体化管理。港澳与内地律所通过联合经营提供法律服务,在深圳前海与珠海横琴已取得一定经验。下一步,应逐步放开试点城市,从广州、深圳、珠海三地扩大至粤港澳大湾区其他城市。简化派驻律师执业手续,拓宽联营事务所执业范围,使联营所优势在粤港澳大湾区内得以充分发挥。

发挥港澳律师的优秀模范作用,以竞争、合作并存的方式带动内地律师整体水平的提高;发挥粤港澳大湾区律师联盟的作用,积极推动深港两地律师的合作发展,深化粤港澳联营律所试点,从而达到律师、律所都向大湾区聚集,以邦联的形式推动整个大湾区的法律服务业向前发展。

(四)构建多元化的争议解决机制,共建粤港澳调解专业队伍

建设规范的诉讼和非诉讼对接平台,深化诉调对接机制。积极推动港澳和国际仲裁机构在内地设立分支机构,推动粤港澳地区建立商事调解、仲裁机制,推动粤港澳三地调解员、仲裁员的联合培训和资格互认。共建粤港澳商事调解专业队伍,吸引以律师为主,包括金融从业人员、工程师等各界英才加入粤港澳商事调解专业队伍,借鉴港澳先进调解经验,推动粤港澳大

湾区调解员认证制度；逐步构建大湾区国际商事调解中心、大湾区国际仲裁机构，扩大湾区法律服务的辐射范围和影响力。

（五）拓宽粤港澳大湾区法律从业人士交流渠道，建立湾区法律论坛

对具体法律适用的不熟悉，是阻碍内地与港澳地区达成城际合作共识的重要原因之一。建立湾区法律论坛，促进港澳律师与内地律师的学术交流、实务切磋，增强港澳律师对内地法律的认同感，提高内地律师对港澳法律的熟悉程度；鼓励粤港澳大湾区内高校法学院搭建交流平台，吸引港澳法律人士到粤港澳大湾区内大学法学院学习。

习近平主席在庆祝香港回归祖国20周年大会暨香港特别行政区第五届政府就职典礼上的讲话中强调，“中央政府将一如既往支持行政长官和特别行政区政府依法施政……支持香港在推进‘一带一路’建设、粤港澳大湾区建设、人民币国际化等重大发展战略中发挥优势和作用。”粤港澳大湾区不仅是一个经济发展战略，更是中国全面走向法治现代化的改革试验区。做好大湾区城际合作的法律制度建设对促进中国法治建设和维护港澳繁荣稳定有着十分重要的意义，同时，也为国家推行“一带一路”倡议提供了重要的经验和有力的支撑。粤港澳要秉持“法治中国”的价值观，加强融合，不断探索，逐步设立更高效便捷的城际合作法律协调机制，推动“一带一路”和“一国两制”在大湾区建设中的贯彻、传承与创新。

2019年第79期

以案探析城市更新土地方违约困境及对策

王劲松　律师

在城市更新合作项目中，开发商常常要与拥有土地资源的单位（如村集体股份合作公司）签订合作协议或类似合同。此类协议法律关系复杂，近年来，因土地方违约而产生的城市更新诉讼、仲裁案件已呈现高发态势。笔者试以深圳金稻田项目为例，浅析城市更新土地方违约的司法裁判态势并提出对策。

一、案情简介

2007年11月，深圳市龙岗区城中村改造领导小组确定深圳宝源置地有限公司（以下简称宝源公司）为布吉街道金稻田片区改造项目首期约10万平方米改造范围的改造单位，深圳市布吉投资股份有限公司（以下简称布吉公司）为该范围内原东光厂房地产和附属设施的合法权利主体。

2009年7月20日，宝源公司与布吉公司签订《拆迁补偿安置协议书》，约定布吉公司将其位于金稻田片区的5.9万平方米土地交由宝源公司进行改造，移交期限截至2012年12月31日；宝源公司同意缴付500万元作为履约保证金；如因宝源公司的原因造成补偿房屋交付超过半年的，应按月支付违约金，如逾期达2年的，布吉公司有权解除本协议；布吉公司未按期腾空移交房地产的应按月支付违约金；逾期超过3个月的，宝源公司有权解约，布吉公司除须赔偿宝源公司投入本项目的全部款项并赔偿一切损失外，另外要支付违约金2000万元。

签约后，宝源公司按约支付了保证金，开始推进项目的各项工作。此时，布吉公司变更了大股东，如火如荼的城市更新令布吉公司股东心生悔意。2011年9月25日，布吉公司召开股东大会，决议撤销其与宝源公司的《拆迁补偿安置协议书》。宝源公司提出异议，回函要求继续履行该协议。2011年12月，布吉公司控股股东——深圳市百合股份集团有限公司与项目内另一权利主体布吉一村股份合作公司（以下简称布吉一村）签署拆迁补偿合同，并部分履行。

2012年3月，布吉公司发函称宝源公司超出政府规定期限，其项目改造资格已丧失，且因布吉一村已经与其他单位签约，宝源公司无法通过政府取得项目改造的主体资格，故通知中止履约。之后，布吉公司向龙岗区人民法院起诉宝源公司，诉讼请求为：（1）解除双方签订的《拆迁补偿安置协议书》；（2）宝源公司赔偿其违约保证金500万元；（3）本案诉讼费由宝源公司承担。

龙岗区人民法院经审理认为双方签署的《拆迁补偿安置协议书》合法有效，宝源公司已按约定履行了合同义务。合同履行期限未到期，合同解除条件未成就。根据《深圳市城市更新办法》及实施细则的规定，涉案项目由城中村改造项目结转为2010年度实施计划的城市更新项目，2011年3月该项目单元规划批准实施，至今未满两年，政府规划批准实施期限未到，宝源公司的项目更新主体资格并未丧失。布吉公司的行为有违诚实信用原则，其要求解除合同不符合约定及法定解除条件，判决驳回布吉公司的全部诉讼请求。

布吉公司不服，向深圳市中级人民法院提起上诉。深圳市中级人民法院经审理认为，双方签署的协议合法有效，布吉公司以行使不安抗辩权为由解除合同不符合法律规定，因此其无权单方解除合同也无权要求赔偿违约金。但因同一规划项目范围内的另一权利主体布吉一村已经明确拒绝与宝源公司签订改造协议，宝源公司未能成为涉案城市更新单元的单一权利主体，已不可能获得该项目改造资格，双方合同事实上已经不具备继续履行的条件，因此判决双方签署的《拆迁补偿安置协议书》终止履行，驳回布吉公司其他诉讼请求。

二、违约的司法裁判态势

城市更新纠纷案件逐年上升，因土地方违约而引发的诉讼在其中占比很高。在司法裁判实践中，如有证据证明一方违反合同约定，且合作协议中明确约定了违约金条款的，守约方索赔违约金相对容易得到法院或仲裁机构的支持；如守约方能举证证明因此产生的实际损失，也较容易得到支持。但如守约方主张土地增值损失或可预期利益，则较难取得裁判机构的认同。

对于一方违约，涉案合同是否应解除，各法院或仲裁机构的判法各异。有的认为违约方"违反合同约定且违背诚实信用原则"，故判令合同继续履行（如本案龙岗区人民法院的一审判决）；有的则判令解除或终止合同，守约方的损失另寻法律途径解决（如本案深圳市中级人民法院的二审判决）。

三、应对之策

如遇土地方违约，开发商前期巨大投入将可能血本无归。那么，应如何防范这种法律风险？笔者认为，开发商应多管齐下，采取以下六大措施来管控风险，保障自身合法权益。

（一）尽职调查

在与土地方合作前，应委托专业人士进行深入细致的城市更新专项尽职调查。除对原房地产权属开展调查外，调查内容还应包括原土地权利人是否涉及诉讼或仲裁案件，是否因该地块与他人产生过纠纷，纠纷是何原因，土地方股东内部意见是否一致等。通过尽职调查可以更深入地了解土地方的信用情况，预判合作风险。

（二）完善合作协议条款

城市更新合作协议是各方合作的基础，对各方都有法律约束力。城市更新过程的复杂性，对合作协议的严谨性、预见性提出了更为严格的要求。因此，在合同起草阶段就应有专业律师参与，拟订详细的合同条款，防止纠纷的发生。对义务履行的先后应予以明确；尽可能为土地方创设担保条款；对解除合同的条件应在法律允许的范围内予以明确限制，避免合同解除权的滥用；对各自应承担何种违约责任，合同条款应约定全面、细致，以提高违约成本，遏阻恶意违约。

（三）综合运用物权保护方法

为了避免土地方违约、恶意引进第三方的情况出现，开发商可以提前在同一规划项目范围内收购并实际控制部分处于重要位置的房地产，防止他人恶意争夺项目。某开发公司曾在笔者的建议下，对拟更新项目采取“四角加一心”的方法进行物权保护，有效地阻止了第三方争夺该项目的企图。

（四）严格履约，避免己方违约

开发商应特别注意《合同法》第94条规定的五种单方解除合同情形和合作协议约定的违约、解约条款，及时、全面地履行合同义务，如因客观原因延迟履行应及时取得相关证据或对方的书面认可，尽可能做到无懈可击，避免被土地方抓住把柄，让其有理由行使合同解除权。

（五）抓紧取得政府审批

对合作项目，开发商应增强“与时间赛跑”的意识，科学统筹安排，抓紧进行向街道办备案、申报计划及专项规划、实施主体确认等工作，通过取得政府部门审批来巩固合作地位。

（六）如遇违约应立即采取行动

如土地方明确表示或者以自己的行为表明不履行协议，开发商应第一时间通知专业人士，分析原因、研究对策，按照“立足于打，以打促谈”的原则积极采取行动，在包括法律在内的多个层面向违约方“施压”，扭转被动的局面。此时最忌讳的是心存幻想、观望等待，错过解决良机。

当前一段时期，城市更新政策变化频繁，不少更新项目尤其是城中村项目将遇到新情况、新困难，开发商的法律风控能力将面临考验。只有对此高度重视，必要时向专业人士寻求帮助，综合运用多种方法和手段，才能有效避免违约纠纷的发生，保证项目的推进。

2019年第80期

论共享单车企业破产程序中消费者押金的性质及受偿顺位

胡　聪　律师

著名共享单车ofo小黄车近日曝出押金退款困难的问题，据媒体报道，有超过1300万ofo小黄车用户在排队申请退取押金。共享单车企业经营困难，极有可能进入破产程序，最近的一个著名案例是小鸣单车破产，2018年5月18日广州市中级人民法院发布公告称，该院已受理申请人对广州悦骑信息科技有限公司（共享单车小鸣单车的经营者）的破产清算申请并指定管理人。实际上，根据《人民日报》的报道，全国已有数10家共享单车企业倒闭，涉及消费者押金损失已超过10亿元，各地消费者协会收到押金投诉事件亦有数千起，共享单车的消费者押金问题已引发社会广泛关注。消费者有权参与到共享单车企业的破产程序中没有疑问，不过，消费者更关心的似乎是自己的押金能不能退回、能退回来多少，而这与押金的性质及其在破产程序中的受偿顺位紧密相关，本文拟就此问题进行探讨分析。

一、消费者押金的法律性质——构成债权关系的押金

根据笔者对共享单车注册使用过程的观察，共享单车企业一般通过自行开发的共享单车App向消费者提供共享单车租赁服务，消费者使用共享单车，需要先下载手机App进行注册并交付100—200元不等的押金，退还押金只基于消费者的申请，共享单车企业一般承诺在退押申请后的1—7个工作日内予以原路退还。由此可知，消费者通过注册账户、支付押金的方式，与共享单车企业建立起租赁合同关系，当消费者提出退费申请时，共享单车企业

经审核即予以退费。

共享单车企业将消费者交付的款项称为押金，而我国现行法律并未对押金作出规定，尽管如此，押金在租赁实践操作中却极为常见。〔1〕“押金实际上是承租人为保证自己在租赁物的使用过程中不对租赁物造成损害，或保证自己不违反双方的约定，而在租赁合同成立时交给出租人的一定数量的金钱，租赁期满，出租人之出租物或约定利益没有受到损害，则将该笔金钱退还承租人，反之则将其用于赔偿出租人的利益受损”〔2〕。

那么，应如何认定押金的法律性质呢？目前理论界存在债权关系说和物权关系说两种主张。

债权关系说认为，押金关系体现为一种债权关系，具体而言押金属于一种附条件的债权，在承租人将押金交付出租人后，承租人便对出租人享有押金返还请求权，但该返还请求权只能在租赁关系解除之后才能主张。物权关系说认为，押金关系体现为一种物权关系，具体而言押金构成动产质押，即作为货币的押金是一种特殊的动产，在承租人将押金交付出租人后，出租人即转移占有了押金，从而在承租人与出租人之间建立起质押关系，以担保租赁合同的履行，在出租人破产的情况下，承租人有权对交纳的押金行使取回权。

笔者赞同债权关系说，原因在于：首先，债权关系说更符合人们的一般认知习惯，即押金（货币）作为一般等价物，占有即表示所有，占有了押金的实物形态，也就占有了押金的价值，即取得了押金的所有权，〔3〕而质押仅是

---

〔1〕 押金制度自我国民国时期起就出现在房屋租赁关系中，有关机构编制的《民事习惯调查报告录》中指出，押金制度在江苏省房屋租赁中已经成为一种交易习惯。参见王利明：《物权法研究（下）》（第4版），中国人民大学出版社 2016 年版，第 147 页。

〔2〕 邓大鸣、李子建：《共享单车押金的性质及其监管问题探究》，载《西南交通大学学报（社会科学版）》2017 年第 4 期。

〔3〕 最高人民法院在《关于长峰公司对一般结算账户上的资金能否行使取回权问题请示的答复》（〔2008〕民二他字第 33 号）中强调，根据货币所有与占有一致的原则，海南汇通国际信托投资公司对其占有的结算账户内资金享有所有权，在该公司破产时，长峰公司可以申报债权，但不享有取回权。最高人民法院在《关于河南省高级人民法院就郑州亚细亚五彩购物广场有限公司破产一案中董桂琴等 50 家商户能否行使取回权问题请示的答复》（〔2003〕民二他字第 14 号）中亦强调，由于货币作为动产的特殊属性，五彩购物广场代商户收取的货款不属于破产取回权行使的对象，商户可以普通债权人的身份参与五彩购物广场破产财产的分配。

质权人转移占有质押物而已（不享有所有权），但物权关系说下的出租人不仅转移占有了押金，而且获得了押金的所有权；[1]其次，押金（货币）作为一种特殊的种类物而非特定物，决定了一般情形下不可能对其采取登记货币号码等个别化的措施使其特定化，故其无法作为质押权人行使优先权的对象；最后，在没有对押金采取单独保管、禁止使用等保障措施的情况下，出租方收取的押金往往和自有货币资金发生混同，在此情况下，物权关系说与债权关系说在主张退还押金的法律效果上并无实质区别，都是主张取得作为一般等价物的货币资金。

由此可见，将交付押金认定为债权关系更加合理。不过，前述三点意见均奠基于押金未能特定化的假设，如果消费者交付的押金可以特定化，[2]又该如何认定呢？

二、构成质押担保的押金

根据《物权法》第208条及《担保法》第63条的规定，动产可以作为质押的标的，最高人民法院《关于适用〈中华人民共和国担保法〉若干问题的解释》第85条规定："债务人或者第三人将其金钱以特户、封金、保证金等形式特定化后，移交债权人占有作为债权的担保，债务人不履行债务时，债权人可以以该金钱优先受偿。" 目前我国未有货币不能成为质押标的的法律规定结合上述司法解释规定，货币可以用于质押[3]。

在实务认定上，亦不乏相关案例。在最高人民法院指导案例54号即"中国农业发展银行安徽省分行诉张某标、安徽长江融资担保集团有限公司执行

---

〔1〕 参见王欣新：《破产法》（第3版），中国人民大学出版社 2011 年版，第 300 页。

〔2〕 最高人民法院在《关于河南省高级人民法院就郑州亚细亚五彩购物广场有限公司破产一案中董桂琴等 50 家商户 能否行使取回权问题请示的答复》（〔2003〕民二他字第 14 号）中指出，五彩购物广场与 50 家商户形成委托收取销售货款的关系，现有证据不足以证明五彩购物广场对所收取的货款开立专门的账户加以管理，即五彩购物广场代收的货款没有特定化，故该 50 家商户对没有特定化的货款不具有所有权。可见，特定化是货币形成物权关系的关键因素。

〔3〕 货币可构成质押的相关理论分析，参见毋爱斌、陈渭强、刘晓宇：《保证金账户可以特定化并构成货币质押》，载《人民司法》2012 年第 10 期；陈宜芳、吴凯敏：《保证金账户资金质押的成立要件探析》，载《人民司法》2013 年第 24 期；唐志伟、靳春营：《货币存款的所有权归属及货币质权的成立》，载《人民司法》2013 年第 24 期。

异议之诉纠纷案”中，法院确立两个裁判规则，一是是否存在书面质押合同，并不完全取决于合同有明确的“质押”字样的存在，“长江担保公司为担保业务所缴存的保证金设立担保保证金专户，长江担保公司按照贷款额度的一定比例缴存保证金：农发行安徽分行作为开户行对长江担保公司存入该账户的保证金取得控制权，未经同意，长江担保公司不能自由使用该账户内的资金；长江担保公司未履行保证责任，农发行安徽分行有权从该账户中划扣相应的款项。应认定农发行安徽分行与长江担保公司之间订立了书面质押合同”。二是交付金钱可认定为质押，金钱作为一种特殊的动产，可以用于质押。金钱质押作为特殊的动产质押，不同于不动产抵押和权利质押，还应当符合金钱特定化和移交债权人占有两个要件，以使金钱既不与出质人其他财产相混同，又能独立于质权人的财产。也即当事人依约为出质的金钱开立保证金专门账户，且质权人取得对该专门账户的占有控制权，符合金钱特定化和移交占有的要求，可以认定为质押。

回到消费者交付共享单车企业的押金问题，根据上述法律规定及指导案例，若消费者在共享单车App注册时与共享单车企业所形成的租赁合同中明确约定，共享单车企业设定押金专户用于储存消费者交付的押金，并负责押金专户的管理和控制，在双方解除租赁合同关系时，应全额退还押金，如此，即便租赁合同未出现质押字样，也可以认定消费者交付共享单车企业的押金构成金钱质押担保。当然，根据《担保法》第73条之规定，质权因质物灭失而消灭，如共享单车企业在管理和控制押金专户期间，擅自挪用押金的，质押担保的标的灭失，质权随之消灭，消费者只能向共享单车企业主张获得赔偿，该赔偿请求权属于普通债权的范畴，并无优先性。

三、消费者押金在破产程序中的清偿顺位

基于前述分析，消费者交付共享单车企业的押金可能被认定为普通债权，也可能被认定为构成质押担保。《企业破产法》第113条第1款规定，破产财产在优先清偿破产费用和共益债务后，依照下列顺序清偿：(1)破产人所欠职工的工资和医疗、伤残补助、抚恤费用，所欠的应当划入职工个人账户

的基本养老保险、基本医疗保险费用，以及法律、行政法规规定应当支付给职工的补偿金；(2)破产人欠缴的除前项规定以外的社会保险费用和破产人所欠税款；(3)普通破产债权。该法第38条规定，人民法院受理破产申请后，债务人占有的不属于债务人的财产，该财产的权利人可以通过管理人取回。

根据上述规定，若消费者交付的押金被认定为普通债权，则其处于破产清偿的劣后地位，在共享单车企业因资不抵债进入破产清算程序的情况下，消费者将很难足额获得清偿，作为普通债权其清偿率甚至可能为零。若被认定为构成质押担保，在消费者不存在违约且押金专户储存未发生挪用的情况下，消费者可以主张退回押金。

在有关消费者押金清偿顺位的相关观点中，有人提出，消费者交存的押金(指构成普通债权的押金)能否参照《保险法》关于保险金、《商业银行法》关于个人储蓄存款的本息破产清偿顺位之规定〔1〕获得优先受偿?

该问题的答案应当是否定的，原因在于，保险金及个人储蓄存款的本息获得相对于普通债权的优先清偿顺位，乃是基于特殊政策考量作出的明文法律规定，在没有法律规定的情况下，不存在押金打破《企业破产法》规定的债权清偿顺位的正当化根据，消费者的押金不能参照保险金、个人储蓄存款的本息之清偿顺位获得优先清偿。认为可以参照相关法律规定使押金获得优先清偿顺位的观点，实际上并没有真正理解破产法的立法目的，破产程序所欲实现的目的在于对全体债权人的平等保护，除特殊债权外，优先清偿不是破产清偿的常态，实务中也存在如侵权之债尤其是人身侵权之债〔2〕等与押金一样具有特殊性但仍被认定为普通债权的情形，故没有理由为押金的清偿设定例外。

---

〔1〕《保险法》第91条第1款规定，破产财产在优先清偿破产费用和共益债务后，按照下列顺序清偿：(1)所欠职工工资和医疗、伤残补助、抚恤费用，所欠应当划入职工个人账户的基本养老保险、基本医疗保险费用，以及法律、行政法规规定应当支付 给职工的补偿金；(2)赔偿或者给付保险金；(3)保险公司欠缴的除第(1)项规定以外的社会保险费用和所欠税款；(4)普通破产债权。《商业银行法》第71条第2款规定，商业银行破产清算时，在支付清算费用、所欠职工工资和劳动保险费用后，应当优先支付个人储蓄存款的本金和利息。

〔2〕 相关主张参见韩长印、韩永强：《债权受偿顺位省思——基于破产法的考量》，载《中国社会科学》2010 年第 4 期。

至于主张通过立法确定押金的优先清偿顺位，实无必要，因为企业破产时，破产财产通常十分有限，设定过多的优先清偿顺序，客观上并无实益，且与破产法的发展历史相违背，从发展历史来看，各国都经历了逐步削减优先债权的过程，表面上看是削弱了对优先债权的保护，效果上却是一种实务地放弃“幻象”，另谋“出路”的正确选择。[1]

四、超越破产法

随着“互联网+”时代的到来及共享经济的倡导，会出现越来越多的类似于共享单车的企业，而收取押金的经营方式因存在手续简单、使用者人数众多、“一物多租”、押金总额大、押金的储存和使用监管缺位等因素无疑会成为众多共享经济企业的青睐之选，长此以往，共享经济中的押金会逐步演变为关涉民生、经济、金融甚至社会稳定的大问题，故而不得不引起关注。

较为妥善的应对之举在于国家从立法层面对押金的性质及监管作出明确规定，有学者建议在《电子商务法》中作出相关规定，遗憾的是，2019年1月1日施行的《电子商务法》第21条没有规定押金的性质这一关键问题。不过，目前共享单车经营企业专户储存消费者交付押金已经成为政府监管的方向，2017年8月3日，交通运输部等10部门发布的《关于鼓励和规范互联网租赁自行车发展的指导意见》指出，企业对用户收取押金、预付资金的，应严格区分企业自有资金和用户押金、预付资金，在企业注册地开立用户押金、预付资金专用账户，实施专款专用，接受交通、金融等主管部门监管，防控用户资金风险。企业应建立完善用户押金退还制度，加快实现“即租即押、即还即退”。江苏省镇江市、福建省福州市等地近来出台的共享单车管理实施意见中也提出了相似要求。但上述规定未对消费者交付押金的性质作出明确规定，相关规定也仅停留在政策层面。

笔者认为，在相关立法未明确前，基于对消费者的特殊保护，可以通过监管机关为共享单车企业强制提供格式条款的方式，约定消费者保有所交付

---

〔1〕 参见许德风：《破产法论——解释与功能比较的视角》，北京大学出版社 2015 年版，第 192 页。

押金的所有权、使用权和收益权，非经消费者明确同意，收取押金的企业不得动用押金；同时，交通金融等主管部门亦需要加强对消费者交纳押金的日常监管，做到押金专户储存，且只能用于退还消费者，防止企业私自挪用、占有押金。

当然，以上建议是建立在给予消费者特别保障的前提下，考虑到激发经济活力、促进资金融通等因素亦可在格式条款之外为消费者提供第二种选择，在保障消费者知情权、自主选择权的情况下，赋予收取押金企业以押金使用权，在此前提下，一则消费者有权主张获得一定比例收益，二则需要企业加大对押金收取、使用及收益等情况的信息披露，三则需要企业通过提供相应比例的资金担保、购买保险等方式保障所使用押金的安全。如此，则使共享单车企业与消费者之间关于押金的使用权和收益权的权利义务关系明确化，从而保障处于弱势地位的消费者的合法权益。

2019年第81期

江苏华工对赌回购案之评析

——基于公司资本维持原则

王永敬　律师

近日，中国裁判文书网公布了江苏华工创业投资有限公司（以下简称江苏华工）与扬州锻压机床股份有限公司（以下简称扬锻公司）、潘某虎等请求公司收购股份纠纷一案（以下简称江苏华工案）的再审民事判决书，该案再审判决被投资公司向投资者履行回购义务，原股东对该等回购义务承担连带清偿责任。[1]

该再审判决书发布后，一时成为法律界、私募投资界的讨论及研究热点，并将该案与“对赌第一案”（甘肃世恒案）进行比较。甚者，将该再审案判决作为私募领域对赌回购案新的司法裁判思路，冀图模仿、复制、推广该等裁判之理念。

笔者认为，江苏华工案再审判决对该案一审、二审裁判观点的修正及对投资者与被投资公司利益权衡考量，有其可取之处，关于判决被投资公司直接向投资者履行股份回购义务，与《公司法》层面存在需合理解释之处，特以本文探讨之。

一、基本案情

江苏华工与扬锻公司及其股东于2011年7月6日签订了《增资扩股协议》和《补充协议》，其中《补充协议》约定了对赌条款：若扬锻公司未能在2014年12月31日前完成境内资本市场的上市，江苏华工有权要求扬锻公司回购江

〔1〕 参见江苏省高级人民法院民事判决书，(2019)苏民再62号。

苏华工持有扬锻公司的股份。

2011年7月20日，江苏华工履行了《增资扩股协议》中的增资义务。扬锻公司于2011年11月20日召开股份公司创立大会，通过公司章程，成立扬州锻压机床股份有限公司，江苏华工为股东之一。其中章程明确了回购公司股份的情形：(1)减少公司注册资本；(2)与持有本公司股份的其他公司合并；(3)将股份奖励给本公司职工；(4)股东因对股东会作出的公司分立、合并决议持异议，要求公司回购其股份。除上述情形外，公司不进行买卖本公司股份的活动。与对赌协议产生了矛盾。

因证监会暂停18个月IPO申报，扬锻公司于2014年10月16日召开临时股东大会通过申报新三板的议案，并于2014年10月22日致函江苏华工要求其明确是否支持公司申报新三板。

2014年11月25日，江苏华工致函扬锻公司，述称江苏华工除口头提出请求外，亦以书面提出回购请求如下：根据《补充协议》，鉴于扬锻公司在2014年12月31日前不能在境内资本市场上市，现要求扬锻公司以现金形式回购江苏华工持有的全部公司股份，回购股份价格同《补充协议》的约定。后扬锻公司未能履行回购义务，因此成讼。

二、主要争议焦点

(一)《补充协议》约定的股份回购义务主体除扬锻公司外是否还包括原股东

在本案中，江苏华工主张股份回购义务主体除扬锻公司外，还包括原股东。对此，审理的法院均认为股份回购的义务主体只有扬锻公司。

(二)扬锻公司改制后的章程是否对对赌协议作出了变更

一审法院认为，扬锻公司新章程对公司回购股份情形的重新约定系各股东真实意思表示，构成对《补充协议》约定的否定，对江苏华工具有约束力。二审法院认为，相关法律和扬锻公司新章程均明确扬锻公司不能从事本案所涉回购事宜，否则明显有悖公司资本维持这一基本原则和法律有关规定。再审法院认为，扬锻公司新章程虽然对公司回购股份作出明确的限制，但同时载明因符合该章程规定的事由，扬锻公司仍然可以依据章程和法律规定回购本公司股份。因此，章程与对赌协议之间没有产生冲突。

（三）案涉股份回购约定是否有效

1.一审、二审法院判决股份回购约定无效

一审法院认为，案涉股份回购约定因违反《公司法》禁止性规定且违背公司资本维持和法人独立财产原则及违反了《公司法》第142条规定而无效。二审法院认为，相关法律和扬锻公司章程均明确公司不能从事该回购事宜，否则明显有悖公司资本维持这一基本原则和法律有关规定。

2.再审法院判决股份回购约定有效

（1）我国《公司法》并不禁止有限责任公司回购本公司股份，回购本公司股份不当然违反《公司法》的强制性规定。

（2）在有限责任公司作为对赌协议约定的股份回购主体的情形下，投资者作为对赌协议相对方所负担的义务不仅限于投入资金成本，还包括激励完善公司治理结构以及以公司上市为目标的资本运作等。

（3）案涉对赌协议中关于股份回购的条款内容，是当事人特别设立的保护投资者利益的条款，属于缔结过程中当事人对投资合作商业风险的安排，系各方当事人的真实意思表示。

（4）江苏华工、扬锻公司及其全体股东关于上述投资收益的约定，不违反国家法律、行政法规的禁止性规定，不存在《合同法》第52条规定的合同无效的情形，亦不属于《合同法》所规定的格式合同或者格式条款，不存在显失公平的问题。

（5）案涉回购协议具备履行可能性。

三、律师评析：以《公司法》为基准研讨再审判决之理由

（一）裁判基准：《公司法》优于《合同法》

笔者发现，再审判决十分强调案涉补充协议回购条款不存在《合同法》第52条规定的合同无效的情形，亦不属于《合同法》所规定的格式合同或者格式条款不存在显失公平的问题。似乎《合同法》第52条乃本案裁判之基

准法律理由。笔者认为，第一，《合同法》第52条固然属于效力性法律规范，可基于其规定界定合同有效或无效，但该条款本身具有概括性条款、援引性条款的属性，简言之并具体到本案须先行考量分析回购约定是否违反《公司法》强制性规定及其内涵基本原则，进而才可适用《合同法》第52条。

第二，按照一般法与特别法的关系分析，《合同法》是民事合同的一般法，不能成为所有合同的效力问题的最终依据，在具体效力问题上应以特别法的规定为优先考量。关于股份回购条款的效力问题，《公司法》应优于《合同法》得以适用。

（二）股东与债权人身份不可叠加

首先，江苏华工与扬锻公司签订《增资扩股协议》及《补充协议》的目的在于江苏华工成为扬锻公司的股东，事实上江苏华工已成为扬锻公司的股东，认定其属于债权人与事实不符。

其次，公司股东与公司债权人属于完全不同的概念，取得相应身份的合同基础应各有不同，基于一种法律关系及其合同取得两种性质不同的身份，在逻辑上无法自足。

最后，《公司法》关于财产独立、有限责任之法律拟制，是以债权人及社会公众利益之有效保护为前提，否则应否认公司人格而穿透至股东承担责任，是故，公司股东与公司债权人之身份及其权利义务应严格区分、分别保护。

（三）固定收益股份入股约定违反《公司法》

案涉《补充协议》股份回购条款的实质，是约定江苏华工在股权投资期间享有投资本金及年化8%的固定收益，该等约定与《公司法》基本原理及规定不符。

首先，公司有限责任以分散商业风险之功能及其独立人格之法律拟制，乃以股东实际出资并以出资承担风险、享受收益为前提。允许公司股东保本保收益，不承担投资责任及风险，并且以公司作为本金及收益的支付责任主体，违反了公司财产及其人格独立法律拟制的基准，破坏公司独立人格之完整，实有侵害债权人及社会公众利益之虞。

其次，有利润且有积累是《公司法》规制下股东投资收益分配的强制性规则。不考虑盈利、完税、提取公积金、持股比例而直接对部分或全部股东实施年化固定收益分红的做法及其约定不符合《公司法》第166条的强制性规定。

再次，对股份有限公司而言，以章程规定利润分配方式是《公司法》的强制性规定，利润分配条款是章程的必备条款。

最后，无决议不分配是《公司法》的强制性规定，未经股东大会决议而实施对股东利润或收益分配违反《公司法》之规则。

（四）案涉公司章程未构成对补充协议回购条款之修改

笔者认为，一审、二审的观点旨在否定股份回购条款的现实存续性，回避矛盾焦点，该观点存在偏颇，再审法院认定新章程没有修改股份回购条款与法律及事实依法有据。

一方面，从文字内容及表述形式而言，扬锻公司新的章程第21条只不过是对《公司法》第134条内容的重述及复制，没有证据表明扬锻公司各股东存在对股份回购事宜进行了重新约定并将其落实到公司章程的事实及过程。

另一方面，如一个硬币的两面，案涉股份回购义务的履行能够通过扬锻公司减资来落实，扬锻公司履行回购义务与新章程并不冲突，新章程并不构成对股份回购条款的修改。需注意的是，履行回购义务与公司减资之间不存在法律及事实上的冲突，并不表示案涉股份回购合法可行。

（五）公司减资必然减少公司资产及净资产，必然影响债权人等相关方利益

从会计视角来看，按照“资产=所有者权益+负债”的公司资产构成与平衡原理，公司因偿还债务而用资产现金或实物等以公允价值进行偿付时，必然会减少公司资产总值，但不会减少净资产价值，不会损害债权人等相关方利益。用资产以低于公允价值进行偿付时，必然会减少公司资产总值，减少净资产值，损害债权人等相关方利益。因公司减资而用资产进行偿付时，无论是否以公允价值偿付，均同时减少公司总资产及净资产，均影响债权人及相关方利益。

从法律视角来看，当公司净资产价值低于实收资本时或公司净资产小于0时，即使是按资产公允价值对减资额进行偿付，减资行为实质是在公司资本未能维持出资额或达到破产临界点以下时对股东进行个别清偿。而在破产临界点以下时，对债权人的个别清偿都是法律不允许的，何况对股东进行个别清偿。

（六）案涉股份回购条款的履行可能性不确定

第一，逻辑起点认知混乱。在《公司法》规制框架下，公司向股东支付股份回购的减资款（或财产）的逻辑起点是股东大会已经决议同意该股东减资为前提。

第二，股东大会决议减资是必经程序，而股东大会决议行为不可强制履行。再审判决并未判决股东大会必须做出减资决议及承担责任，何况股东大会决议行为不是金钱债务，法院依法不适宜强令公司作出何种决议。没有股东大会减资决议，股份回购义务就无法履行。

关键在于，公司减资的决定权不仅在于股东大会，更在于债权人。按照《公司法》第177条的规定，公司减资时如不能按债权人的要求清偿债务或提供担保，债权人将可能以公司及股东为被告诉请法院判决撤销减资决议及行为。

可见，案涉股份回购约定的履行可能性存在很大的不确定性，再审判决尚未完全考虑到未来的履行及强制执行问题。

（七）返璞归真，案涉回购款由原股东承担更为妥当

在案涉《增资扩股协议》及其《补充协议》项下江苏华工的相对方不仅在于扬锻公司，更在于原股东，增资扩股行为本质上更贴近于江苏华工与原股东之间构建合资经营协议，只有在入股、退股这个环节扬锻公司才是江苏华工的交易相对方。因此，增资扩股协议及其补充协议有关于《合同法》项下的权利义务更应在江苏华工与原股东之间分配和承担。

案涉补充协议关于股份回购约定等，虽然约定是由扬锻公司履行回购义务，但该等约定实际上是明示或隐含了扬锻公司与原股东的系列综合性义务安排：要履行回购款支付义务，扬锻公司应实施减资，原股东须为减资作

出决议，且在扬锻公司未能履行回购义务时由原股东承担连带责任。

笔者认为，以原股东未履行补充协议项下股份回购所需的股东大会决议等义务导致股份回购无法实施为由，并以原股东的连带责任条款为依据，判决原股东连带支付股份回购款，并获得回购股份的股东权益，在增资协议为真实意思表示、补偿协议合同目的合法、《公司法》与《合同法》的均衡适用、公平合理性等方面，更显得圆满而不突兀。同时，该裁判思路也更吻合“对赌第一案”（甘肃世恒案）已建立起来的对赌协议不得违反公司资本维持原则这一司法理念，有利于维护司法理念的持续性、稳定性，从而树立其权威。

再审判决的核心理据是案涉股份回购约定的履行并未违反公司资本维持原则。本文虽然没有专门分析公司资本维持原则，但从多个角度分析，笔者认为该案再审判决没有真正符合公司资本维持原则。

再审判决书的判决理由存在诸多可供商榷、检讨之处，取《合同法》领域内的合同自由原则，弱化了《公司法》规制下的公司资本维持原则，其判决结果的履行存在较大不确定性。对于该再审判决应予以认真分析评判，不可盲目效仿、复制。私募股权等投资协议项下之对赌条款，涉及新股东、原股东、被投资公司、债权人、公司其他利益相关方的利益均衡和突破，其效力受到《公司法》《证券法》《合同法》等法律法规的影响，其落地需要在法律、会计等方面综合考量。投资者与被投资公司在协商、签署该等协议时，不可仅从一法例、一条文、一案例、单视角进行考虑，需审慎而为之。

2019年第82期

从争议解决视角看员工股权激励方案设计

李　红　律师

员工持股作为一种制度构想安排，被提出的目的是让员工正常获得劳动收入的同时获得资本收入。“员工股权激励”，一般是指根据企业制定的股权激励方案，企业员工在达到相关要求时直接持有任职企业或者关联企业的股权/股份，或者通过持股平台（包括有限合伙、有限公司或股份公司）、自然人代持等方式间接持有任职公司的股权/股份的激励制度安排。在更宽泛意义上，有人将实践中的以企业股权/股份的价格/价值/增值作为奖励金额核算依据，以及根据企业内部核算对象（如“阿米巴”“事业部”等）管理规定来核算部门及个人薪酬和奖励等做法也归为员工股权激励，但因不涉及法律意义上的员工持有股权，故不在本文讨论范围。

一、员工股权激励制度中企业与员工的关系与劳动关系有关但不同

员工股权激励制度与劳动合同关系密切。一般来说，被激励员工与企业保持劳动关系是企业对该员工进行股权激励的前提，同时，劳动合同履行情况，如绩效考核目标是否达成、是否遵守公司劳动纪律和规章制度、是否履行保密及竞业限制义务等相关情况也会影响股权激励结果，员工离职经常触发员工所持股权的回购机制。

虽然企业与员工之间的劳动合同及其履行情况是企业实行员工股权激励制度的前提和事实依据，但员工股权激励安排并不等同于劳动关系，也不仅是劳动关系的加强和深化。员工股权激励制度的目的在持股，必须符合国家关于股权、持股平台等相关法律规定的员工股权激励方案中的股权来源、

员工取得股权方式及持有方式、股权内容限制、股权回购等，要在《公司法》《合伙企业法》《合同法》相关民商事法律规定的框架中设计和执行。

从法律关系来看，股权激励下的员工因其与企业之间签署有劳动合同和员工股权激励协议，分别产生不同的法律结果：根据劳动合同，企业和员工之间建立劳动关系，适用《劳动法》《劳动合同法》，员工接受企业管理、提供劳动、获得劳动报酬，具有人身关系上的从属性；根据员工自愿签署的股权激励协议，企业和员工之间形成平等的民商事合同关系，员工依据协议取得和持有企业股权，成为企业限制性或者非限制性股权/股份的股东。上述两个法律关系清晰可辨。然而，由于上述两个法律关系中的主体与行为关联密切，且劳动争议与民商事争议在我国存在截然不同的争议解决司法程序——劳动争议首先适用《劳动争议调解仲裁法》的劳动仲裁前置程序，且时效为1年；民商事纠纷直接适用《民事诉讼法》《仲裁法》，诉讼时效一般为3年。司法实践中对因员工股权激励引发的争议适用的争议解决程序问题，存在不同的观点。

二、员工股权激励争议是否属于劳动仲裁事项的裁判观点不同，各有逻辑

笔者通过公开的司法文书中对一家企业——深圳市方迪科技股份有限公司（以下简称方迪科技公司）与其员工张某等（以下简称员工）因股权激励协议引发的争议处理情况，探讨法院的主要观点。该案中，公司与员工签订劳动合同后，全体公司股东与员工签订股权激励协议并事后得到公司确认，约定员工完成符合公司要求的产品开发后，公司股东将给予其相应的公司股份；约定共同设立有限合伙企业，作为持股平台持有公司股权。后员工依据股权激励协议公司违约，公司依据股权激励协议要求员工交付产品和赔偿损失，目前已经至少走完程序，[1]但争议远未处理完结。（具体程序见图1）

---

〔1〕 相关内容根据公开途径查询到的裁判文书的内容梳理得出，涉及案号包括：深圳国际仲裁院华南国仲深裁裁决书，[2017]D442号；深圳市福田区人民法院民事裁定书，2017粤0304民初53301-53307号；深圳市中级人民法院民事裁定书，(2017)粤03民特818号；广东省深圳市中级人民法院民事判决书，(2018)粤03民终3995-4001号；广东省深圳市中级人民法院执行裁定书，(2017)粤03执3148-1号；广东省高级人民法院民事裁定书，(2018)粤民再271号等相关裁判文书等，劳动仲裁文书文号未计入。

图1　深圳市方迪科技股份有限公司与张某股权激励协议印发争议时间轴

通过梳理相关裁判文书可以看出，不同裁判机构对股权激励协议争议是否应作为劳动争议处理，观点不一，且各有其逻辑。概述如下：

一种观点主张股权激励协议争议属于劳动争议。根据相关裁判文书，深圳市劳动争议仲裁委员会受理了方迪科技公司提起的劳动争议仲裁申请，并就实体作出裁决，表明该机构认为该案属于劳动仲裁范围；深圳市中级人民法院作出的裁决表明其持相同观点，其理由主要为：股权激励协议书性质上属于员工因需完成公司要求的工作任务而取得一定股权的股权受让协议，该协议与《劳动合同》的签订目的及工作要求一致为对《劳动合同》在工作要求和劳动报酬方面的细化和补充。员工完成工作任务后所能获得的公司股权，性质上属于劳动报酬，因此相关争议属于履行劳动过程中产生的争议，相关案件属于劳动仲裁受理的劳动人事争议案件范围。该观点在其他各地法院的裁判文书中也可见到。例如，上海金融法院在上海三汰包装材料有限公司票据利益返还请求权纠纷二审民事裁定书中认定："无论案涉定存优惠方案是否属于股权激励，劳动关系均是其存在的前提，而劳动关系中的报酬是一个组合概念，既包括工资、奖金，也包括福利计划和股权激励等物质激励。因此案涉定存优惠方案应当属于劳动法律关系规范的范畴。三汰公司与其起诉人员之间因定存优惠方案而发生的纠纷属于劳动纠纷，应先向劳动争议仲裁委员会申请仲裁，未经仲裁前置不得向法院提起诉讼。”[1]

另一种观点认为股权激励争议属于民商事争议。方迪科技公司与张某等员工的纠纷处理中，深圳国际仲裁院受理相关争议并作出了实体裁决，表明该机构认为相关争议属于商事争议；福田法院、广东高院也支持该观点：福田法院作出的民事裁定书认为，虽然股权激励协议中员工履行的合同义务内容均系员工依据劳动合同提供的劳动，但是在股权激励协议中，员工获得的对价是公司股份，且支付条件可以自行约定，相关股权权利的实现是基于公司运营情况以及公司法的相关规定，在股权激励协议中，双方为平等的民事主体，争议属于典型的商事纠纷。[2]广东高院还认为，股权激励协议从主体上看属于股权转让协议，不能视为劳动合同的补充协议或者组成部分。[3]

笔者认为，将与股权激励协议相关的纠纷一概认定属于劳动关系或者民商事关系，都不够准确。依笔者对劳动合同与股权激励之间法律关系的辨析，判断与股权激励协议相关纠纷法律性质，应根据具体请求事项所依据的法律关系来判断，即是基于劳动关系中对劳动相关权利的主张，还是在相关劳动合同履行情况及劳动关系的权利义务已经确定的情况下基于股权关系对相关权利的主张。前者，属于劳动争议，后者，属于民商事争议。假设相关主张系关于股权的权利和义务，但是影响股权权利义务的劳动合同履行情况的事实即劳动争议尚未处理，则应中止民商事争议，先行处理劳动争议。这类似于离婚案件中是否判决离婚与分割财产二者之间的关系，二者之间是两个法律关系，但是彼此有牵连，后者需要以前者争议的结论作为事实依据。两个法律关系合并处理效率高，但是结果不确定性大。依据一个案件一个法律关系的案件受理原则，司法实践中除了离婚案件外，一般不合并处理。况且，员工股权激励引发的争议中，劳动争议与持股争议的司法解决机

[1] 上海金融法院民事裁定书，(2019)沪74民终295号。
[2] 参见广东省深圳市福田区人民法院民事裁定书，(2017)粤0304民初53301-53307号。
[3] 参见广东省高级人民法院民事裁定书，(2018)民再271号。

制差异过大，目前还未有认可合并处理的司法实践。

三、将股权激励（协议）相关争议归入劳动争议观点的成因分析

（一）错位理解的规定依据

目前判断劳动争议的主要依据是《劳动争议调解仲裁法》第2条。从法院将股权激励（协议）相关争议一概归入劳动争议的理由来看，笔者推想应是做了如下逻辑推演：

情形一：将整个股权激励制度（协议）全部认定为劳动合同的组成部分，从而将所涉争议归为《劳动争议调解仲裁法》第2条第2项“因订立、履行变更、解除和终止劳动合同发生的争议”情形；情形二：虽然股权激励制度（协议）不被认为是劳动合同的组成部分，但若股权激励被认定为用人单位为员工提供的“福利”，则所涉争议可归为《劳动争议调解仲裁法》第2条第4项的情形；情形三：虽然股权激励制度（协议）不被认为是劳动合同的组成部分，但若股权激励被认定为员工“劳动报酬”的组成部分，则股权激励争议归为《劳动争议调解仲裁法》第2条第5项的情形。

（二）错位理解的事实原因

在实施员工股权激励制度过程中，未厘清股权激励制度中持股关系与劳动关系的界限，是对争议性质理解产生分歧的根本原因。

有的企业将本应是双方平等协商，自愿参加的员工股权激励制度变成了融资手段或者考验员工的强制性要求，如员工不按照要求认购入股，就强制要求其离职，直接将本应发放给员工的劳动报酬强制转化为员工认购股权的资金，相关做法均违背了民商事法律关系中平等自愿的基本原则。如果认购股权并非出自员工自愿，双方就已经不是平等的主体关系。还有的企业在实施股权激励时，淡化股东义务和持股责任及风险，夸大或者承诺股权收益，将分配股权作为劳动报酬或福利发放，甚至有些企业负责人会跟员工说，不能只看工资，公司还会给股权。该种情形下确实会让员工认可员工股权激励制度，但名为“激励”实为“劳动报酬”或者“福利”。

四、降低员工股权激励争议解决风险的措施建议

鉴于前文所述，为进一步明确持股民商事法律关系的性质，使司法裁判观点与员工股权激励方案设计的初衷一致，减少不确定性带来的争议解决成本，笔者建议从如下几个方面应对：

（1）企业在准备进行股权激励前，企业负责人及实际控制人、管理人员应对该制度有较为正确和深入的理解，选择适当的激励方式——道路千万条，股权激励不一定是企业必须作出的选择。一个股权激励制度，如果不能触动灵魂是不能长远的。一些咨询机构在宣传服务产品过程中夸大员工股权激励的优点，会让一些企业经营者误以为分出股权就能解决企业管理问题，甚至可一蹴而就地坐等企业成功这是不可取的。

（2）员工股权激励方案应充分明确股权激励关系与劳动关系的性质区别，充分告知股权激励关系中企业与员工之间的平等地位，在实施中真正让员工自愿选择参与股权激励，享受持股权利的同时承担风险与责任。

（3）员工股权激励方案中对激励人员的要求、股权回购安排等相关条件，宜清晰、明确且易于操作。例如，一些员工股权激励制度中将员工离职时有无过错与股权回购价格高低相关联，而解除劳动合同往往会引发争议，对股权激励做出相关安排，企业管理者就要做好准备，一旦双方对离职原因及归责这一事实有争议，如协商不成，则往往需要依据生效法律文书对相关事实进行认定，而这一争议可能耗时几个月甚至一年以上。如果企业不愿意因此而影响员工离职的股权处置进度，则可以考虑将股权回购条件简化。

（4）企业对员工劳动用工管理流程、员工股权激励管理流程以及二者之间的衔接应分别作出规定并告知员工，以作为处理依据。

（5）实施股权激励制度一般应不影响原有劳动合同的履行，劳动报酬与福利的发放，与员工缴纳认购股权资金、实施股权激励制度一般应不影响原有的劳动合同的履行，劳动报酬与福利的发放，与员工缴纳认购股权资金、发放分红分开执行，各自归入相应的会计项目，账册规范清晰。

（6）对股权激励处理事宜，可设置专门的管理小组或者管理委员会，管理小组中可以有企业内部管理人员、律师、会计师等成员，为股权激励制度的执行负责日常的咨询、事实调查、争议调解处置等事务。

（7）一旦企业与员工之间发生争议而诉诸法律途径解决，要根据主张的请求事项所依据的是劳动关系还是股权关系，明确诉求以及依据，便于司法机关作出判断。在股权激励协议中约定争议管辖的，可优先考虑通过法院诉讼解决，方便法院就此案件作出裁判。

2019年第82期

拨开学位房虚假宣传迷雾

颜宇丹　律师

每年中考，都牵动着无数家长的心。尤其是今年的“深圳中考海啸”，引发社会对深圳教育资源紧缺的关注。近期公开的数据显示，今年深圳中考的公办普通高中录取率不到50%，这意味着将有一半学生需要选择民办高中或者职业学校，而大部分家长都希望孩子能考上公办普通高中，那么小学、初中的学位就显得尤为重要，因此更是坚定了部分深圳家长抢购名校学位房的决心。但是，那些不惜投掷重金购置的学位房，到底是否值得？学位房等于100%直读率吗？买学位房应该要注意哪些“雷区”，如何避“坑”？

一、学区房和学位房的区别

学区是指教育行政主管部门根据每年片区入学生源划出来的一个范围，在这个范围里学生可通过享受义务教育免试就近入学。学区每年的招生范围会随着片区内各社区入住率及人口变化或政策因素等略有调整，故不能百分之百地保证在学区内能够就读所谓的名校，因为面临着巨大的政策风险，不稳定性较强，建议人们购买学区房要慎重，曾经发生过花巨额资金购买学位房，遇到教育局学区调整，最后出现竹篮打水一场空的情况。

笔者认为，很多购房者对学校周边的房子都有这样一个认识误区：只要房子周边有学校，就意味着是学位房，只要买了学校附近的房子就一定能上学。所谓“学位房”，是因业主在买房后能获得相关学校“学位”而得名。一般来说，楼盘项目有“学位”名额往往是因为其引进了学校，或与某些“名校”有联建、合作方面的关系。这种情况下，业主子女入读指定的学校无须跟别的孩子一起参加入学考试、电脑派位等程序。但有的“学位房”由于名额有限，并不能保证 100%的直读率；还有一些楼盘，其实只是在“名校”招生范围内，却将自己包装成“学位房”。而“学区房”是政府根据生源情况来划分的，按最新政策规定，如若业主户口已迁入“学区房”，那么其子女可以按规定“免试就近入学”。但“学区”存在变数，原规划的学校有可能因政府原因变更规划，也有可能原来的学校由于需要扩大规模而搬迁换址。买了学位房，孩子就能够进入家长期望的“目标学校”；而学区房一定可以就近入学，但由于各种条件限制，并不确定能否进入“目标学校”。

二、开发商或二手业主对于销售虚假学位房要承担的责任

目前，深圳市划定义务教育阶段学校的招生地段，是按地段招生的方式落实就近入学政策。具体学校的招生地段由所在区教育局根据辖区人口分布等情况，按道路和住宅小区的边界等进行划分。也就是说，学校的学位是根据接纳量来决定的，而不是开发商决定的，对于教育部门来说，从来没有明确的“学位房”概念，所以开发商无权也无法承诺所售楼盘就是学位房，除非开发商与学校有相关协议。

笔者认为，销售虚假学位房违规但不一定违约，业主买到虚假学位房，不能想退就退。根据国家工商总局（现由国家市场监管总局行使职权）发布的《房地产广告发布规定》（2016 年2月1日起实施）第3条的规定，房地产广告必须真实、合法、科学、准确，不得欺骗、误导消费者；第18条规定，房地产广告中不得含有广告主能够为入住者办理户口、就业、升学等事项的承诺。若开发商违反以上规定，购房者可向房地产管理部门、工商部门进行投诉，由有关部门对开发商作出相应的处罚，但这种处罚也只是行政管制，不能成为认定开发商承担民事违约责任的依据。如果买卖合同明确约定如买方无法获得学位，有权解除合同，卖方承担违约责任，买方当然可以依照合同追究卖方违约责任。未约定在合同内的承诺若构成要约也可追究违约者法律责任，如果学位房属于在开发商规划范围内所做的承诺或宣传广告的内容等

具体、明确，并且对购房者购买房屋的房价和购房合同的签订产生了重大的影响，即使合同里没有约定，也具有法律上的约束力，在《合同法》中称为要约。如果购房者接受了要约，而开发商却没有实现该要约，则购房者可以追究开发商的违约责任。购买二手学位房，如果出卖人迁出户籍对房屋买卖合同的订立和房屋价格的确定有重大影响，买受人因出卖人拒不迁出户籍主张解除合同并赔偿损失的，应予支持。因为迁户对合同目的也即获取学位的实现有重要影响，应认定是出卖人的主要义务，出卖人不履行的，买受人可以据此要求解除合同、赔偿损失。

三、购买学位房需要注意的问题

笔者认为，在与开发商签约前应到房屋所在地的相关部门查询是否能获得学位，如果开发商承诺有学位，要在合同中对此作出明确约定，并约定如果没有获得学位开发商应承担的违约责任。如果购买的是二手房，还要先了解房屋内是否有他人落户，应在房屋买卖合同中约定房屋产权转移后多少日之内卖方迁出户口，若卖方违约，买方有权解除合同，卖方应退还房款，赔偿契税、中介费等一切损失，并支付一定比例的违约金给买方。笔者认为，具体还需注意以下几点：

学位有人数限制。正常情况下，在楼盘规划之前，按照一定的教育配套措施，在附近的中小学有一定的学位配套，但是这种学位并不一定能够满足所有业主子女的入读需求，因此在开发商销售楼盘时，就会有业主先到先得的情况。

学位有年限。部分学位是有年限限制的，有可能等到业主的子女长大，准备入学的时候，才发现该学位已经过期。

学位被占用。这主要是针对购买二手房的购房者，在购买前要先了解清楚该楼房的学位和户口是否已被使用，如果户口已经被使用，则要求前业主将其户口迁出，以方便自己的户口迁入后子女获得入学学位。因而，购房者购买学位房时，一定要查清楚该房子的学位使用情况和原户主是否已经将户口迁出等情况。

四、学位房未落实，购房者起诉开发商承担违约责任，法院对此所持观点

该类案件的焦点往往在于开发商就“购房享有学位”的宣传是否具体确定、是否带有允诺性质以及开发商作出的允诺是否构成要约。

法院判决开发商或卖方承担违约责任的理由大致有以下几点:(1)开发商在其销售广告和宣传单中关于“购房上某某学校”的承诺具体明确,对购房人是否订立商品房买卖合同及房屋价格产生了重大的影响,因此该承诺应当视为合同内容的一部分,对开发商应当具有法律约束力。(2)开发商在商品房销售宣传中明确载明,其楼盘配套学校为某某小学、某某中学,但合同中未对配套学校的定义进行解释,开发商的行为对购房人的期待落空有一定的影响,应酌情赔偿购房人的损失。(3)开发商售楼时宣传“享某某校区省级名校学位”“享某某小学省级名校学位”,即对其所开发的房屋作出“享有某某学校学位”的具体确定的允诺,开发商主张某某小学不在楼盘规划范围内,属于对法律条文理解有误,购房者在购买房屋时,按开发商的宣传,可就读某某小学,现规划涉案房屋小区学位在另一所某某小学,不在当时宣传的小学,导致购房者不能实现购房目的。因此,可以认定开发商的允诺对商品房买卖合同的订立以及房屋价格的确定有重大影响,开发商的宣传构成要约。

法院认为开发商或卖方不构成违约大致有以下几种情况:(1)购买某特定区域内房屋以保证其子女就读该区域内学校,属于当事人签约时的动机问题,按我国现行民事法律及司法解释,“动机错误”不属于撤销合同的“重大误解”情形。(2)双方签订的合同中没有对某一具体学校学位进行约定,而开发商在广告宣传中作出的关于案涉房屋附带公立小学学位的承诺,仅是对购房者享受市政文化教育基础设施的说明,并非开发商就自己开发规划范围的房屋及相关设施所作的说明。(3)从买卖双方的约定来看,买受人确认出卖人所作的销售广告、宣传资料、售楼书、售楼模型、样板房以及任何其他形

式的宣传广告并非具体确定的说明和允诺，对商品房买卖合同的订立及房屋价格的确定不具有重大影响，不作为合同的组成部分，对双方不具有约束力。(4)开发商所宣传的学校不在涉案小区商品房开发规划范围内，对于开发商就非开发规划范围内的配套设施所作的销售宣传，非开发商所能决定和实现，不构成要约，不应当认定为合同内容。(5)开发商发布的销售广告及其发出的宣传册上均注明“本广告仅为要约邀请，所涉文字及图片资料仅供参考，开发商保留最终解释权”。因此，开发商关于学位房的相关宣传为要约邀请，不构成要约。

2020年第84期

疫情期间企业降薪求存的法律边界

叶 冰 律师

2020年春节来临之际，新冠肺炎疫情让很多企业受到冲击，春节黄金期被迫停业的旅游、餐饮、娱乐等产业更是惨遭重创。据媒体报道，2020年2月10日复工第一天，某传媒企业创始人宣布高管集体降薪20%。企业在经营困难甚至面临生存危机时，是否有权单方面决定降低员工薪酬？企业行使用工自主权的法律边界在哪里？本文将对疫情期间企业降薪自救的合规操作问题进行阐述。

一、新冠肺炎疫情属于劳动法中的“客观情况发生重大变化”

2020年2月10日，全国人大常委会法工委明确：当前我国发生了新冠肺炎疫情这一突发公共卫生事件。为了保护公众健康，政府也采取了相应疫情防控措施。对于因此不能履行合同的当事人来说，属于不能预见、不能避免并且不能克服的不可抗力。《劳动合同法》第40条和《劳动法》第26条均有关于“客观情况发生重大变化”的表述，原劳动部发布的《关于〈劳动法〉若干条文的说明》也进一步阐述《劳动法》第26条中的“客观情况”指发生不可抗力或出现致使劳动合同全部或部分条款无法履行的其他情况。笔者认为，疫情发生时，劳资双方应根据不可抗力原则分担法律责任。

二、审核企业是否具备降薪条件

《劳动法》第47条虽然赋予企业享有确定本单位工资分配方式和工资水平的经营自主权，但“自主”并不等同于“任意”。疫情期间，企业降薪牵涉员工切身利益，应遵守法律规定及劳动合同约定，并应先行审核是否具备以下降薪条件：

一是降薪理由和降薪方案是否合法、合理。根据人力资源和社会保障部办公厅发布的《关于妥善处理新型冠状病毒感染的肺炎疫情防控期间劳动关系问题的通知》(以下简称人社厅明电〔2020〕5号文)第2条和人力资源社会保障部、全国总工会、中国企业联合会/中国企业家协会、全国工商联《关于做好新型冠状病毒感染肺炎疫情防控期间稳定劳动关系支持企业复工复产的意见》(以下简称人社部发〔2020〕8号文)第3条的规定，企业受疫情影响导致生产经营困难是降薪的法定前提条件。何谓“生产经营困难”目前尚无明文规定，企业有权根据生产经营状况进行自主判定，但应确保评判标准客观，并能提供相关财务报表、审计报告、现金流量表、人工成本核算表等数据、资料予以证明，且保证降薪方案合理。二是审核劳动合同或经民主程序制定并已公示的薪酬制度中有无涉及降结的约定或规定，如有，企业可依据约定或规定处理。三是若无相关约定或规定，企业需评估采取其他途径降薪的合法性及可行性。

三、企业降薪的途径

(一)单独协商降薪

疫情期间，企业若能与员工协商一致，依照《劳动合同法》第35条对薪酬条款进行变更，是最佳降薪方式，可有效规避法律风险，基本流程如下：

1.坦诚沟通。企业如实说明生产经营现状，鼓励员工与企业共渡难关。

2.企业可允许员工通过电话、网络等灵活方式在家办公，或缩短工作时间、轮岗轮班以减少工作量，并同员工协商降薪事宜。

3.企业与员工协商暂停发放福利费、各项补贴绩效工资、奖金等浮动工资。

4.企业与员工就降薪事宜经平等协商、达成一致意见后，制作劳动合同变更协议，明确约定薪酬调整项目、调整幅度、薪酬结构、执行期限等内容。

5.员工确认已全部理解、同意劳动合同变更条款后，与企业签署劳动合同变更协议。

6.签订后的劳动合同变更协议由企业与员工各执一份。

7.履行劳动合同变更协议,依约降低员工薪酬。

（二）民主协商,全员降薪

与第一种降薪途径相比,企业采取此方式降薪应格外重视降薪理由和降薪方案的合法性、合理性,确保民主协商的程序和内容均符合法律规定,避免引发群体性劳资纠纷。基本流程如下:

1.向全员传达企业因受疫情影响发生生产经营困难的事实,让全员了解降薪的必要性、紧迫性。

2.尚未成立工会的,选举职工代表。参照《企业民主管理规定》第8条及中华全国总工会办公厅发布的《关于规范召开企业职工代表大会的意见》第6条的规定,选举的职工代表人数不少于全体职工人数的5%,最少不少于30人,企业职工人数在50人以下的,应当召开职工大会。

3.向工会或职工代表提供企业生产经营困难的相关证据,如财务报表、审计报告、现金流量表、人工成本核算表等数据、资料,说明疫情对企业的具体影响及包括降薪在内的各项自救措施,争取工会或职工代表的认可与支持。

4.邀请工会或职工代表与关键员工充分沟通,鼓励关键员工带动全体员工与企业共渡难关。

5.拟定全员降薪方案,内容包括降薪目的、原则、范围、项目、幅度、执行期限、降薪方式等。

6.全员降薪幅度从高到低的顺序一般为:企业高层管理人员、中层管理人员、普通员工、家庭困难员工。

7.企业将全员降薪方案交工会或职工代表讨论,充分听取员工意见,与工会或职工代表经平等协商修改、完善后共同确定降薪方案。

8.公示并实施全员降薪方案。

有观点认为,根据《劳动合同法》第4条的规定,企业进行全员降薪只需要在形式上走一下与工会或职工代表协商的程序即可,用人单位拥有最终决定权。笔者认为,根据人社厅明电〔2020〕5号文和人社部发〔2020〕8号文的政策取向，全员降薪不宜通过企业单方作出决定的方式进行。企业在与工会或职工代表协商降薪时，应确保信息对称、充分沟通、反复协商，最后达成一致方案、共同决策。

(三)集体协商，签订工资协议或变更集体合同

根据《劳动合同法》第5条、第6条、第52条和《工资集体协商试行办法》第3条以及《集体合同规定》第40条、第42条和第47条的规定，疫情期间，经营困难的企业可通过集体协商方式与职工代表签订工资协议，企业与员工订立有集体合同的，可在协商一致后签订集体合同变更协议，降低员工薪酬。与第二种降薪途径相比，此种降薪方式多了企业需将工资协议或集体合同变更协议报送行政部门审查的环节。

以上是疫情期间企业降薪的三种途径，笔者建议企业无论通过何种途径降薪，均应注意固定并保存相关证据，包括劳动合同变更协议、薪资调整协议、确认书、工资协议、降薪决定、降薪方案等降薪依据；谈话备忘录、录音、录像、电子邮件、QQ聊天记录、微信聊天记录等协商过程证据；降薪公告、选票、会议签到表、会议纪要、文件签收表等可证明降薪理由的证据；职工代表产生、降薪方案系经民主程序制定并已向全员公示等其他证据。

在员工提供劳动的情况下，降薪后的员工薪资不得低于当地最低工资标准，因调整岗位降薪的，调整后的岗位不得具有歧视性、侮辱性、惩罚性；对因依法被隔离导致不能提供正常劳动的员工，企业应按正常劳动支付员工在此期间的工作报酬，隔离期结束后，对仍需停止工作进行治疗的员工，企业应按医疗期有关规定支付员工病假工资，企业不得降低员工隔离期、医疗期的薪酬；不得对孕期、产期、哺乳期的女员工降低薪酬；员工因工作遭受事故伤害或者患职业病需要暂停工作、接受工伤治疗的，在停工留薪期内，企业不得降低其薪酬。

四、疫情期间降薪，协商不成的处理方式

确因新冠肺炎疫情导致生产经营困难的企业，无法就降薪与员工协商一致的，可根据《劳动合同法》第40条第3项的规定，即“劳动合同订立时所

依据的客观情况发生重大变化，致使劳动合同无法履行，经用人单位与劳动者协商，未能就变更劳动合同内容达成协议”，在提前30日以书面形式通知员工本人或者额外支付员工1个月工资后，依法与员工解除劳动合同，并依法向员工支付经济补偿金。值得注意的是，企业依法不得与被实施隔离措施如医学隔离的员工解除劳动合同。

新冠肺炎疫情期间，拟降薪求存的企业应当知晓根据《劳动合同法》第30条、第38条和第85条企业未及时足额支付员工劳动报酬导致劳动者被迫解除劳动合同的，需补足薪酬差额并支付经济补偿金；若劳动者向劳动行政部门投诉，用人单位限期仍未支付薪酬差额的，企业还应向劳动者加付赔偿金；欠薪行为达到严重程度的，根据《刑法》第276条之一的规定，企业及直接负责的主管人员和其他直接责任人员还可能被追究刑事责任，企业的商业信誉更将荡然无存。笔者认为，疫情导致经营困难的企业，应采用合法合规的降薪操作方式，切不可逾越法律的边界。有观点认为，企业在疫情期间有权通过轮岗轮休或缩短工时的方式单方降薪，笔者认为，基于轮岗轮休和缩短工时的降薪，本质上仍属于劳动合同的变更，企业无权单方作出决定。即便企业通过与员工协商一致，或通过民主协商，共同决策及签订、变更集体合同的方式降薪，也应合规操作，不可逾越法律边界。

2020年第84期

新冠肺炎疫情对涉房产类合同履行的影响

钟胜荣　律师

2020年2月10日，全国人大常委会法工委发言人表示新冠肺炎疫情属于不可抗力。许多人认为义务方可以疫情为由无须再履行义务甚至要求变更或解除合同，这是失之偏颇的。笔者认为，此次疫情对民事法律关系的影响无非包括“量”和“质”两个方面，“量”表现为变更合同部分内容，即一方当事人能否以此为由主张减少或免除某项义务，或延迟履行义务；“质”表现为解除合同，即一方当事人能否以此为由依照《合同法》[1]第93条第2款的规定行使约定解除权或依照第94条第1项规定行使法定解除权。[2]而判断前述两方面影响是否成立，要看合同的具体约定、义务是否确实无法全部或无法部分履行、疫情与前述后果是否存在因果关系、疫情对前述后果的影响力大小、合同目的是否无法实现，同时结合地区和行业差异，以及市场经济规律、公平原则和日常生活经验法则等来分析。现本文就以下四类涉及房产类合同作出探讨，并提出对策建议。

一、房屋买卖合同

房屋买卖合同包括新房买卖合同和二手房买卖合同，买方的主要义务是付款，包括支付定金、办理资金监管、申请按揭贷款、申请过户等；卖方的主要义务是过户和交房，包括配合买方资金监管、涂销权利负担、申请过户、交房等。具体区分以下情形进行处理。

---

〔1〕《民法典》于2020年5月28日通过，2021年1月1日起施行，《合同法》同时废止。

〔2〕参见《民法典》第562条、第563条。

（一）某项义务不受疫情影响，则应按合同约定履行

义务方只要无法证明某义务确认受疫情影响导致无法及时履行，根据《合同法》第60条[1]规定的合同严守原则，就应按约定履行，如买方支付定金的义务、卖方出具赎楼公证委托书的义务等。

（二）某项义务确实受疫情影响，则义务方可要求迟延履行

例如，新房买卖合同关系中，确因疫情影响，一方签署认购书后无法及时签署预售合同，开发企业无法及时办理产权过户、交房等；二手房买卖合同关系中，确因疫情影响，银行无法及时办理资金监管、接收买方贷款申请资料，一方所在区域被封锁或正在隔离、接受治疗，导致无法及时办理资金监管、赎楼等手续。此类情形下，义务方应在履行期限到来之前提前告知另一方，以请求理解配合，一旦障碍解除，应立即通知另一方恢复履行，另一方拒绝配合的，义务方可请求继续履行。

（三）除非有法律规定或合同约定的明确事由，一方当事人不得要求变更价款或解除合同

维护合同严肃性、尽量促使合同履行是法律和市场经济发展的要求，2019年11月公布的《全国法院民商事审判工作会议纪要》（以下简称《九民纪要》）第三部分“关于合同纠纷案件的审理”亦强调“要坚持鼓励交易原则”，“审慎适用合同解除制度”。以下要求变更价款及行使解除权的情况均不应支持：一是在前述第二点所述义务方确系因疫情影响没有及时履行义务的情况下，另一方单方通知解除合同；二是买方“看空后市”，故要求降低价款或解除合同；三是买方提出因疫情导致收入下降，无法再承担购房资金压力，故要求降低价款或解除合同。

二、房屋租赁合同

笔者认为，应根据合同约定，结合公平原则和最高人民法院发布的《关于适用〈中华人民共和国合同法〉若干问题的解释（二）》（以下简称《合同法

---

〔1〕 参见《民法典》第509条。

解释(二)》)第26条规定的“情势变更”原则及市场经济特点具体分析。

（一）关于承租人要求免除或减少租金的处理

1.合同约定了减少或免除租金情形的，优先适用该约定。无论是经营性物业还是住宅物业，只要合同对不可抗力、租金减免等情形作出了明确约定，就应优先适用，此系意思自治原则的要求。应当强调，适用减免租金的期间应当严格限于“因不可抗力导致无法使用物业的期间”，即对于经营性物业，前述期间应为原法定春节假期结束后第一天（2020年1月31日）至政府部门批准复工之日，对于住宅物业，若存在承租人因疫区封锁或正在隔离、接受治疗无法返回租赁物业的情形，则前述期间应为2020年1月31日至前述障碍消除之日。

2.合同无明确约定的经营性物业租赁合同。如果合同没有第一点所述的类似减免约定，而承租人确实系因不可抗力无法使用租赁物业的，笔者认为，此时不能全部免除租金，而应以减半为基准，结合实际情况适当上下浮动。比如，已实际履行期间越接近于合同全部期间的，因出租人已经收取的租金利益越多，故减收的比例应当大一些，反之则小一些。

之所以不能全部免除租金，是因为：第一，大多数情况下租赁房屋系出租人贷款购买，出租人仍然要照常偿还银行贷款；第二，承租人作为经营者须承担商业风险是市场经济的特点，此风险必然造成承租人的收入时高时低，而出租人只能根据合同约定收取固定租金，故承租人收入降低甚至无收入时，出租人当然无义务免除租金；第三，如果全部免除租金，那么意味着将承租人因疫情遭受的经营损失和风险全部转嫁给出租人承担，这极不公平，亦不符合商业伦理。

3.合同无明确约定的住宅租赁合同。承租人仍应依约交纳全部租金，理由包括两个方面。一是个人收入不会产生重大变化。人社部办公厅发布的《关于妥善处理新型冠状病毒感染的肺炎疫情防控期间劳动关系问题的通知》对企业员工在停工期间内的工资作出了保障规定，故承租人为企业员工的，其收入短期内不会有重大变化；承租人为国家机关或事业单位人员的，其收入更不受影响。二是退一步而言，承租人的收入水平波动是其应当合理评估并承担的正常风险，故其无权以此为由要求减免租金。

（二）关于一方要求解除租赁合同的处理

在双方无法对租金减免达成一致，或承租人因受疫情影响导致其经营困难或收入下降，其认为无法继续履行时，可能会出现一方要求解除合同的情形，主要有以下三种情形。

1.承租人因出租人坚持不同意其减少或免除租金的要求，通知出租人解除合同。租赁合同与订餐合同、口罩订购合同等一次履行合同不一样，后者可以因政府出台禁令而合法解除合同，但前者系长期合同，因疫情无法使用租赁物业的特殊期间仅占全部合同期间的一小部分，故从维护合同严肃性和交易秩序出发，承租人不能因出租人不同意的自己的请求就贸然单方解除合同，否则构成根本违约。

2.出租人一直未回复或明确回复不同意承租人提出的减少或免除租金的要求，双方未能对租金变更达成一致，承租人遂按自己提出的要求履行合同（如不付或减付某个期间的租金），导致合同约定的交纳租金期限的宽限期届满后承租人未按合同约定足额支付租金，出租人遂通知承租人解除合同。此情形下承租人并非恶意逃避租金义务，不具有主观恶意性，且其提出减免的金额占全部合同租金金额的比例极小，故仅应认定为一般违约而非重大或根本违约，本着鼓励交易的原则，参照《九民纪要》第三部分第47条“违约方的违约程度显著轻微，不影响守约方合同目的的实现，守约方请求解除合同的，人民法院不予支持”内容的精神，对出租人的单方解除合同行为不予支持，承租人可以要求继续履行合同，至于因疫情无法使用物业期间的租金如何确定，由法院或仲裁机构裁判。

3.承租人因受疫情影响导致其经营困难或收入下降，其认为无法再继续履行合同（包括经营性租赁合同和住宅租赁合同）时，在无法与出租人达成一致的情况下遂通知出租人解除合同。在疫情持续期间和结束之后会出现不少前述情形，处理时应把握以下要点：一是应当允许承租人解除合同。根据《九民纪要》第三部分第48条内容精神，此时双方已形成合同僵局，承租人确实系因疫情影响无法继续履行合同，不存在主观恶意，故为有效激活市场要素，应当解除合同。二是在责任认定上，仍应认定承租人构成违约，理由详见前文。三是在结果处理上，应当参照“情势变更”原则、公平原则妥善处理，具体是：第一，对于租赁押金（保证金）是否退还的问题，可以减半退还为基准，结合实际情况适当上下浮动；第二，对于装饰装修补偿的问题，可拆除带走的尽量拆除带走，无法拆除但出租人可以继续利用的部分（如地板，吊顶等），在考虑折旧因素后由出租人给予合理补偿。

（三）关于政府征用租赁房屋的处理

政府因疫情防控需要依法征用房屋的（如征用仓库用于存放医疗物资），则租赁合同关系应予解除，双方互不追究责任。

三、房屋交易居间合同

房屋交易居间合同主要包括以促成房屋买卖合同成立为目的的居间合同和以促成房屋租赁合同成立为目的的居间合同两类。疫情的影响主要包括以下两方面：

（一）交易双方对交易合同作出变更，成功解除后对居间人居间报酬的影响

《合同法》第426条[1]规定：“居间人促成合同成立的，委托人应当按照约定支付报酬。”可见判定居间报酬的依据为是否促成合同成立，而不是合同是否履行，若合同成立后又提前解除或非因居间人服务原因被认定为无效的，不影响居间报酬的支付。所以即使交易双方因疫情变更或解除交易合同，仍不影响居间报酬的全部实现。

（二）对认定居间法律关系成立的影响

认定居间法律关系成立能否综合微信、短信、视频、录音等证据进行判断，是否必须由委托人与居间人签署书面居间合同方能认定？疫情形势下许多经纪机构和经纪人员积极通过自媒体、互联网等线上模式开展业务、促成交易合同成立，只要根据微信、短信等证据能够综合判断居间法律关系成

〔1〕 参见《民法典》第963条。

立，就应当支持其居间报酬的请求，而不必拘泥于书面居间合同的形式。

四、物业服务合同

疫情对物业服务合同履行的影响主要包括两类情形。

（一）因疫情原因无法使用物业的业主或者使用人能否请求减少或免除物业服务费

笔者认为不能减免，因为一方面交纳物业服务费不仅是物业服务合同约定的义务，还是法律（《物业管理条例》第41条）规定的义务。另一方面物业服务费的收取与是否实际使用物业没有必然的逻辑关系，如新房交付给买方后，买方长时间没有装修使用，但其仍需依约交纳物业服务费。

（二）物业服务企业因额外承担了防疫任务增加了人力物力成本支出，能否要求加收额外服务费

额外防疫任务主要包括：测量体温、登记来访人员、消毒、开展防疫宣传等。笔者认为应按以下顺序解决：第一，首先应争取政府补贴，事实上地方政府一般会给予补贴。第二，如果无政府补贴，则应尽量采取业主捐款的方式解决增加的成本，实践中很多小区成功举行了募捐活动。第三，如果无法采取前述两种方式解决的，若物业服务合同约定的服务内容没有包含前述公共防疫工作的，则应参照《物业管理条例》第43条“物业服务企业可以根据业主的委托提供物业服务合同约定以外的服务项目，服务报酬由双方约定”之规定支持物业服务企业加收一定的服务费。

五、对策建议

（一）对合同主体对策的建议

一方面，合同各方要清醒意识到受疫情的影响，一旦解除合同或陷入合同僵局，要另行寻找交易相对方的难度较大，届时自己的损失会更大，因此，不应过分坚持自己的立场，而应互谅互让，用同理心去看待和解决问题，推进合同和交易的履行，即使解除合同，也要考虑各方长期友好合作的因素，尽量顾及对方利益。另一方面，合同主体要注意谈判沟通技巧，要采取协

商、商量口气，切忌使用要挟命令式的语言，以免激化矛盾。

(二)对行业协会对策的建议

相关行业协会(如房地产开发企业协会、房地产中介协会、房地产租赁协会、物业管理协会)要体现社会责任担当，一是要尽量减免会员单位的会费等负担，提供线上培训和业务办理支持，减轻会员单位的压力；二是要通过官网及媒体发出倡导书，倡导会员单位适当减免合同相对方的付款义务，同时呼吁会员单位的相对方适当减免会员单位的付款义务；三是采用精神激励手段，对适当作出让步、促成合同顺利履行的有关主体通报表扬，颁发“抗疫工作爱心企业(个人)”之类的表彰证书。

(三)对法院和仲裁机构实施对策的建议

疫情过后肯定会有一批纠纷案件通过法律途径解决，建议法院和仲裁机构：一是尽快进行“前瞻性”研究，初步形成对此类纠纷案件的一般处理思路和原则。二是法院要加强对诉前联调工作的指导，首先是尽快组织对诉前联调人员的专门培训，传达此类纠纷案件的一般处理思路和原则，引导他们将来正确调解；其次是将来开展诉前联调时，业务庭要派员靠前指导以提供专业支持，提高调解成功率。三是加强法制宣传。在作出有普遍示范意义的生效裁判后，要通过媒体广泛宣传，以案例发挥法律的规范、指引功能，让社会了解裁判思路和规则，让合同主体先行能预判争议的处理结果，从而促进他们在谈判协商中尽早调整立场、达成一致意见。

2020年第85期

深圳个人破产制度“破冰”前后

卢 林 律师

2020 年 4 月 29 日，深圳市第六届人大常委会第四十一次会议通过《深圳经济特区个人破产条例（草案）》，引发了社会的广泛关注，这意味着个人破产制度在深圳“破冰”，深圳的市场主体退出机制由此更加健全。

个人破产制度在我国长期处于立法空白地带。1986 年，我国出台了《企业破产法（试行）》。在20世纪90年代酝酿修改这部法律初期，便有研究者提出，根据西方发达国家的经验，先有个人破产，后有企业破产，企业破产是个人破产的放大和延伸，中国要发展市场经济，必然应配有个人破产制度。但基于对当时国内的个人信用制度和财产登记制度尚不完善，民众对“欠债还钱”的观念根深蒂固，以及个人破产易引发逃废债务的道德风险等因素的考虑，个人破产制度未能建立，也因此，中国的破产法律被戏称为“半部破产法”。

法律制度应促进和服务经济现实。对于当下的中国，个人破产问题已经无法绕开。深圳作为法治城市示范、改革的先行区，拟出台个人破产条例，体现了深圳用足用好制度优势，敢为天下先的创新精神。

一、个人破产制度酝酿已久

作为一名长期从事一线破产重整和破产清算业务的律师，笔者深刻体会到我国“半部破产法”的尴尬。2014 年 5 月，笔者在担任第九届深圳市律师协会（以下简称深圳律协）公司解散与破产清算法律专业委员会主任后，遂组织委员们共同探讨深圳建立个人破产制度的可行性和必要性。尽管当时大家对这一全新的破产制度存有疑虑，但是，深圳律协本着服务于实务的需要和创新的精神，于同年9月向市人大常委会提交了《关于提请深圳市人大率先在深圳经济特区实行个人破产制度的立法建议》，提议运用深圳特区立法权，探索制定《深圳经济特区个人破产条例》。同年 11 月，市人大召开了“个人破产条例立法座谈会”，就深圳建立个人破产制度的可行性、必要性展开了深入讨论，其间也存在不同观点的碰撞。

与会人员普遍认同有必要在深圳率先建立个人破产制度，主要基于如下理由：

第一，建立个人破产制度能更好地帮助“诚实而不幸”的债务人摆脱困境，鼓励创新创业，增强经济活力。在创新创业的过程中，部分债务人由于主观之外的原因，如融资失败、资金链断裂等，导致债台高筑，而根据我国法律，企业破产后，个人为其提供的债务担保不会免除，这意味着即便公司破产重整了，个人依然要继续偿还相关债务。创业人想要实现二次创业，逆风翻盘，可谓困难重重。有数据显示，在个人消费信贷领域，中国家庭负债率逐年攀升，目前已超过50%，部分消费者贷款不理性甚至完全超越偿还能力，一旦遭遇失业或大病便难以按期还款，而民间催收乱象丛生，暴力纠纷频发。个人破产制度的建立将为陷入严重财务困境但诚实守信的个人提供债务重组机会，促进债务人继续创业创新。

第二，建立个人破产制度能更好地体现公平原则，维护债权人合法权益，并提示债权人在出借资金时树立“负责任信贷”理念，了解客户，做好尽职调查、个人征信报告查询，预防自然人、家庭出现过度负债现象和未来可能发生恶意逃废债务的问题。

第三，建立个人破产制度有助于企业破产制度的进一步推进。破产法律制度的不健全，导致市场主体退出机制问题日益突出。个人破产法是企业破产法的基础，企业破产是个人破产的扩大和延伸，通过建构个人债权债务责任意识，进而建构企业债权债务责任意识，建构个人信用、企业信用，然后扩展为全社会信用责任体系。

第四，建立个人破产制度是法院审判执行工作的实际需要。执行退出机制不完善，是造成法院“执行难”问题的重要原因之一。法院可以宣告企业法人破产，通过执行退出程序，终结这类执行案件。自然人作为被执行人经强制执行无可供执行财产的案件，也属于执行不能案件，但是，由于我国没有建立个人破产制度，法院无法启动破产程序，只能按照《民事诉讼法》的规定裁定中止执行程序或者终结本次执行程序，而无法终结案件，导致这类执行案件久拖不决。

第五，建立个人破产制度是进一步提高深圳国际化水平的需要。个人破产制度是市场经济发展比较成熟的国家和地区破产法的重要内容，美国、英国、德国、法国、日本、澳大利亚等国家以及我国香港地区等都制定了个人破产方面的法律法规。借鉴发达国家和地区的做法，建立个人破产制度与国际惯例接轨，有助于提升深圳的国际化水平。

此外，由深圳率先建立个人破产制度具有可行性。首先，深圳在探索建立社会主义市场经济法律体系方面积累了一定经验，迄今为止，深圳市人大及其常委会共制定法规231项，其中经济领域的法规共84项，有力促进了深圳市场经济体制的发育完善，营造了良好的市场经济环境。其次，深圳市场化程度比较高，商事主体法治意识比较强，个人破产制度在深圳有良好的实施土壤。再次，深圳有比较完备的个人信用系统和社会保障体系，经过多年的建设和发展，深圳已经建立较为完备的个人信用系统和健全的不动产登记制度，动产登记制度也正在探索建立。深圳在全国率先建立了相对比较健全的社会保障体系，可以为申请个人破产的债务人提供基本的生活保障。最后，深圳拥有较为丰富的破产审判经验的审判团队和优秀的破产管理人队伍。处理破产案件过程中，深圳法院系统研究制定了一系列破产案件处理的规程、办法、指导意见等，已经形成了较为完备的标准化办案体系；同时，深圳有一支优秀的破产管理人队伍，目前广东省高级人民法院登记在册的深圳执业机构管理人有57家、个人管理人10人，机构管理人包括律师事务所、会计师事务所、清算公司等各个类别，从业人员超过600人，清算人才的数量和质量都居于全国前列。

尽管部分与会人员赞同个人破产制度在深圳建立的必要性和可行性，但仍提出了不少顾虑，主要如下：第一，我国当下社会信用体系不健全，个人征信不完善，难以支撑起个人破产制度，尤其是个人信用信息不仅涉及深圳市内，还涉及全国其他地区；第二，各地对债务人的宽容程度不一，导致对债权人利益的保护程度存在差异，在深圳率先建立个人破产制度，可能导致“破产移民”的出现，第三，公众“欠债还钱”的思想根深蒂固，政策恐难以被公众接受，同时可能导致部分行为人举借更多的债务和更不节俭等行为的发生。

长期以来，个人破产与社会信用体系一直处于“先有蛋还有先有鸡”的悖论中。但通过研究西方国家个人破产历史，个人破产法发端于古罗马时期，在中世纪时的意大利与英国得到较大发展。1978年，美国破产法将消费者破产纳入其中。西方国家亦是在信用体系不健全的情况下建立个人破产制度的，破产制度其实是社会信用体系的重要组成部分。至于“破产移民”问题，可以通过完善制度加以解决，如对条例的适用范围作出规定等。个人破产制度不仅不会导致恶意逃债，反而可以起到防范这类行为的作用。个人破产制度建立与个人财产申报制度密切相关，需要债务人自行申报财产清单，由律师、会计师、审计评估人员等专业人士来调查核实财产，并与个人信用评估、破产后的复权机会相结合，通过环环相扣的制度设计，会给“诚实而不幸”的人东山再起的机会，也会让不诚信的人尝到苦头。

最终，本次座谈会就个人破产制度立法工作达成了较为一致的意见。深圳市人大采纳了上述立法建议，部署深圳市中级人民法院、深圳大学、深圳律协各自起草《深圳经济特区个人破产条例草案》。

深圳律协积极响应人大号召，于2014年年底就开始了紧锣密鼓的条例草案起草工作。由笔者牵头组织律师成立了起草小组，于2015年9月完成《深圳经济特区个人破产条例草案》初稿起草工作，并撰写了35万字的立法理由、说明及各国立法例，草案共178 个条文。

2015年12月18日，经深圳市第六届人大常委会第十二次主任会议通过，《深圳经济特区个人破产条例》正式被纳入深圳市人大的五年立法规划项目。

2016年1月31日，深圳市第六届人大常委会第二次会议开幕。深圳市人大代表王晓泸和其他代表共 15 人提出《关于加快制定〈深圳经济特区个人破产条例〉的议案》，议案后附了笔者主编的《深圳经济特区个人破产条例草案建议稿附理由》一书，[1]一并提交至市人大。同时，市人大代表于秀峰等17名代表向人大提出“关于加快制定《深圳经济特区个人破产条例》的建议”。上述议案于2016年2月3日获得深圳市第六届人大常委会第二次会议主席团审议通过，列入了大会议案审查委员会决定正式立案的七件议案中。

二、重磅文件助推立法新进展

在深圳市人大、深圳市中级人民法院、深圳律协等多方的共同努力下，个人破产制度在深圳建立已初见曙光，但基于个人破产制度涉及面之广，对公民基本权利影响之大，[2]深圳市人大向全国人大请示，全国人大常委会彼时对个人破产地方立法持谨慎态度，担心破坏法律统一性，同时草案涉及限制人身自由的强制措施和处罚，存在违反《立法法》第8条规定的潜在可能，因此，全国人大常委会提出对草案须进一步论证。

2017 年，深圳市人大常委会授权深圳市中级人民法院落实王晓泸等 15 名人大代表的议案。深圳市中级人民法院就此组织召开了座谈会，会上大家一致认为应当加速个人破产条例的制定。司法界也愈加重视个人破产制度在司法实务中可能发挥的积极作用。2018 年 10 月 24 日，最高人民法院院长周强在向全国人大常委会报告执行工作时表示，“基本解决执行难”处于攻坚克难的最后关键时期，也到了推动长远解决执行难问题的窗口期，建议完善执行立法，推动建立个人破产制度，畅通案件依法退出路径。2019 年4月26日，浙江省台州市中级人民法院发布《执行程序转个人债务清理程序审理规程（暂行）》，对个人破产制度的施行进行了积极探索。

---

〔1〕《深圳经济特区个人破产条例草案建议稿附理由》一书中吸收了《深圳经济特区个人破产条例草案》初稿内容，该书结合深圳地区发展的实际，对深圳制定个人破产条例提出建议草案，在国内个人破产理论和实际相结合的研究方面较为靠前，具有理论创新的先导性和实务操作的实用性。

〔2〕例如，《深圳经济特区个人破产条例草案》中关于“失权”制度的规定，失权内容具体包括不得在乘坐交通工具时选择飞机、列车软卧、轮船二等以上舱位、动车组列车一等以上座位；不得在三星级以上宾馆、酒店、夜总会、高尔夫球场等场所进行消费；不得购买不动产、机动车辆；不得新建、扩建、装修房屋；不得旅游度假；不得支付高额保费购买保险理财产品等。

伴随市场经济活动的不断深入，为鼓励民营企业、创业企业的发展，满足社会发展所需，在积累前期研究和实践经验的基础上，2019 年 6 月 22 日，国家发改委等 13 个部门联合印发了《加快完善市场主体退出制度改革方案》。该方案为当下及未来中国市场主体有效退出提供了进一步的政策指引，包括研究建立个人破产制度，重点解决企业破产产生的自然人连带责任担保债务问题；明确自然人因担保等原因而承担与生产经营活动相关的负债可依法合理免责；逐步推进建立自然人符合条件的消费负债可依法合理免责，最终建立全面的个人破产制度。同年 8月 9日，中共中央、国务院印发了《关于支持深圳建设中国特色社会主义先行示范区的意见》，该意见指出，要坚持全面深化改革，用足用好制度优势，确定了深圳作为法治城市示范，用法治规范政府和市场边界营造稳定公平透明、可预期的国际一流法治化营商环境的战略定位。

这两份重磅文件，特别是《关于支持深圳建设中国特色社会主义先行示范区的意见》的出台，为深圳市率先建立个人破产制度传递了明确的政策信号。深圳市人大积极把握政策良机，用足用好深圳作为经济特区的制度优势，推动立法工作向纵深发展。

三、个人破产制度在深圳“破冰”

2020 年 2 月，深圳市人大常委会就个人破产条例草案向笔者个别征求意见。笔者提出，为维护深圳广大创业者的合法权益，鼓励创业创新，建议将原先草案中第2条第1款“本条例适用于户籍所在地在深圳经济特区，且连续居住一年以上的自然人”后增加“或在深圳经济特区连续缴纳社保三年以上的自然人”。4月14日，深圳市人大常委会举行了“深圳经济特区个人破产条例征求意见座谈会”。会上，笔者结合自身多年的实务经验，提出了些许意见和建议，部分得到了采纳与吸收。例如，草案第118条规定免责考察期限届满，债务人可以申请复权，但实际上，免责制度与失权、复权制度在个人破产领域属于两种独立的制度，免责考察期与失权期不一定要重合，因此，笔者建议，债务人申请复权的时间并不一定要以免责考察期满为前提条件。

又如，破产案件繁简分流，部分案件可适用简易程序的建议，该建议是在参考分析香港破产案件情况的基础上提出的。香港每年有近2万起破产案件，其中主要是个人破产案件，香港人口是深圳人口的一半，以深圳目前从事破产案件的法官人数来看，显然不足以匹配未来个人破产案件发生的数量，制定简易程序有助于及时解决纠纷，提高司法效率，减轻司法系统工作的压力。通过广泛听取意见与建议，深圳市人大常委会最终决定将制定个人破产条例列入了 2020 年的立法计划。4 月 29 日，深圳市第六届人大常委会第四十一次会议上通过了《深圳经济特区个人破产条例（草案）》，意味着个人破产制度在深圳“破冰”，深圳的市场主体退出机制由此更加健全。

四、个人破产制度前瞻

据统计，深圳商事主体总量已达到 313.9 万户，继续保持全国大中城市首位；每千人拥有商事主体 241户，拥有企业 149.1 户，创业密度稳居全国第一。个人破产制度率先在深圳破冰，体现了深圳作为经济特区，用足用好制度优势，为推动特区经济高质量发展，解决市场主体退出难题提交了的深圳答案。目前该草案还需征求社会意见，有望在2020年下半年正式出台。

《深圳经济特区个人破产条例（草案）》的审议通过不意味着个人破产相关配套制度的完善。换言之，该项制度要真正发挥实效，仍需建立健全相关配套制度。结合对各国立法的了解以及实务经验的总结，笔者认为，以下方面值得我们深圳律协以及律师界同人后续关注和重点探讨：第一，需进一步完善自由财产制度。尽管草案对债务人自由财产进行了列举式的规定，但自由财产的范围还需进一步明晰，如将债务人的相关职业发展必需品纳入自由财产的范围。考察各国立法例，自由财产的范围一般包括了债务人为职业发展所必需的相关工具、物品、书籍和其他物品等，以凸显个人破产制度的挽救功能，帮助债务人“重新开始”。第二，建立个人征信恢复制度。个人破产制度与信用制度是相互促进、共同发展的关系。申请破产的个人复权后，需会同中国人民银行等征信机构协商确立个人信用恢复制度。第三，深圳律协应加强破产法的培训。基于我国实情，目前具备从事个人破产业务知识和经验的人员仍较为短缺，草案第33条规定了律师经破产事务管理部门考核合格后可担任管理人，可见，未来在此领域律师有大量的业务开拓空间，深圳律协也将积极承担责任，组织好律师业务培训工作。第四，鼓励资本进入个人破产领域，积极探索建立法庭外个人破产清算模式。该模式旨在应对未来可能发生的大量破产案件，债权人与债务人在庭外就破产清算达成一致意见，从而有效减轻法院负担，降低当事人成本。引入社会力量的参与也可创新治理模式，体现共建共治共享的社会治理理念，如由金融机构及其他企业和社会组织等设立个人债务清理基金，用该基金来分担债务清理的费用，达成经济效益与社会效益的统一。

2020年，受新冠肺炎疫情影响，全国不少地区企业、个体工商户的经营遇到了阻碍，客观上导致了群体性债务危机的发生，使个人破产制度立法成为一个亟待解决的问题。2020 年 5 月 11 日，中共中央、国务院再次出台重磅文件，发布《关于新时代加快完善社会主义市场经济体制的意见》，提出改革完善企业破产法律制度，推动个人破产立法，建立健全金融机构市场化退出法规，实现市场主体有序退出。

个人破产立法已箭在弦上，而此项制度在深圳的试点和破冰，必将对我国破产制度的完善起到积累经验的作用。个人破产制度在深圳的确立及实施仍任重而道远。从深圳律协第一次向深圳市人大常委会提交建立个人破产制度的书面建议至今，已经过去6年。6年里，草案从无到有，不断完善，凝结着我们共同的努力与智慧的结晶，往后我们也将一如既往地支持深圳个人破产制度的落地施行，推动相关配套措施的建立健全，为深圳营造良好的法治营商环境贡献我们作为法律人的一份力量。

2020年第85期

新《证券法》下的中国集体诉讼实务

赖冠能　律师

我国新修订的《证券法》自2020年3月1日起施行，除规定全面实施注册制外，该法的另一创举就是建立了中国特色的证券集体诉讼制度，在现有的代表人诉讼的基础上创设了全新的以"默示加入、声明退出"为核心的中国式集团诉讼模式。随后，上海金融法院和深圳市中级人民法院（以下简称深圳中院）相继出台了相关规定指引，确保了集团诉讼制度的落地实施。由此，对于集体诉讼的实务研究亟待开展。

一、渊源——美国集团诉讼

我国新证券法创设的集体诉讼制度，借鉴了美国的集团诉讼。集团诉讼是指由一个或者数个代表人为了集团全体成员共同的利益，经法院许可，代表所有成员进行的诉讼。集团诉讼源于英美衡平法下的代表人诉讼，[1]即由具有"相同利害关系"的多数人推选诉讼代表人，判决适用于全体被代表人，法院对是否构成集团诉讼享有审查权，对于符合集团诉讼条件的，则发布集团诉讼令。1853年，美国联邦最高法院通过判例确立了集团诉讼制度。1938年，美国《联邦民事诉讼规则》打破集团诉讼只适用于衡平法救济的传统，将集团诉讼引入普通法救济领域。1966年，美国国会修订该法第23条，增设了集团成员范围的"声明退出"规则，至此，美国现代版的集团诉讼终告成型。[2]

集团诉讼有加入制和退出制两种模式。加入制集团诉讼，是指集团成

〔1〕 参见李响、陆文婷：《美国集团诉讼制度与文化》，武汉大学出版社2005年版。

〔2〕 参见郭雳：《美国证券集团诉讼的制度反思》，载《北大法律评论》2009年第2期。

员的确认必须经过登记，未经登记的受害者将不被视为当事人。英国为加入制集团诉讼的代表。相反，退出制集团诉讼中，所有被通知的具有共同利益的受害者均被推定为集团成员，除非明示退出。美国为退出制集团诉讼的典型代表，后来韩国、澳大利亚也相继效仿。

研究表明，尽管制度尚不完善，但退出制集团诉讼取得了相对较好的效果，我国如今采用的便是退出制集体诉讼制度。

二、我国集体诉讼制度的建立

新《证券法》实施前，我国的证券诉讼主要以传统的单独诉讼和共同诉讼方式进行，实践中通常的做法是分别立案、集中审理、批量裁判。虽然最高人民法院2003年出台的《关于审理证券市场因虚假陈述引发的民事赔偿案件的若干规定》明确规定了人数确定的代表人诉讼，但实践中鲜有采用。至于《民事诉讼法》第54条规定的人数不确定的代表人诉讼，则一直被限制适用于证券诉讼领域，直至新《证券法》确立了代表人诉讼在证券诉讼中的地位后，2020年3月才有杭州市中级人民法院在审理投资者诉五洋债虚假陈述索赔系列案件中的采用，[1]该案成为证券诉讼领域首例采用人数不确定的代表人诉讼的司法实践。这些诉讼方式均须投资者主动申请加入，而由于证券群体性纠纷普遍存在“小额多数”的特征，受侵害的投资者遍布各地。由于专业能力不足、诉讼成本（包括机会成本）往往与胜诉金额不匹配等因素，投资者起诉维权的意愿较低，容易陷入“集体行动困境”，无法达到理想的效果。

近年来，司法实践中有一些创新性的机制，如证券支持诉讼、示范判决加平行案件调解机制等，对于构建多元化的证券纠纷解决方式、化解证券群体性纠纷起到了积极作用。但是，证券支持诉讼须由投资者保护机构（以下简称投保机构）发起，且仅针对部分典型案件，受支持的投资者人数极少，示范判决制度也仅在部分地区试行，从中受益的投资者非常有限。同样地，这

---

〔1〕 参见《五洋债欺诈发行案判了　券商、会计师事务所承担连带赔偿责任》，载百度网2021年1月4日，https://baijiahao.baidu.com/s?id=1687914502434854999&wfr=spider&for=pc。

些机制也无法解决集体行动问题。

由于上述证券诉讼机制在保护投资者方面仍显乏力，加之此前《证券法》规定的处罚数额很低，威慑力严重不足，证券违法的成本极低，虚假陈述、内幕交易操纵市场等违法行为屡禁不止，近期又出现了康得新康美药业等财务造假恶性案件，极大地打击了投资者的信心，对证券市场造成了极为恶劣的影响。社会普遍呼吁建立"默示加入、声明退出"的集团诉讼制度，以加大对中小投资者的保护，震慑不法分子。正是在这样一个时代背景下，历经数年修订的新《证券法》终于在四审稿中开创性地设立了中国特色的集体诉讼制度，实现了退出制集团诉讼的目的。

三、新《证券法》关于集体诉讼的规定

我国的证券集体诉讼是在代表人诉讼的基础上建立的。首先，新《证券法》通过第95条第1款和第2款明确了人数确定的代表人诉讼和人数不确定的代表人诉讼在证券诉讼中的适用。其次，第95条第3款通过在代表人诉讼中由投保机构为全体集体成员登记的方式，实现了"默示加入、明示退出"的集体（团）诉讼。具体表现为，在法院决定采用人数不确定的代表人诉讼，发出公告并受理登记时，投保机构受50名以上投资者委托，可作为代表人参加诉讼，并为经证券登记结算机构确认的权利人（适格原告）办理登记，从而实现全体集体成员的"默示加入"，同时赋予其明示退出的权利，巧妙地实现了中国式的集团诉讼。

第95条前两款早在《民事诉讼法》第53条和第54条中就已有规定，而第3款则是在代表人诉讼之下的重大创新。我国现行民诉法实行不告不理原则，原告必须主动提起诉讼，无论是人数确定的还是人数不确定的代表人诉讼，原告均须主动加入。如若由《证券法》直接创设退出制集团诉讼，无疑与现行民诉法不符。因而，为了不突破现行民诉法的框架，立法者巧妙地借用了《民事诉讼法》第54条规定的人数不确定的代表人诉讼制度，通过由投保机构为全体适格投资者办理登记的方式，实现了看似加入制、实为退出制的效果，实现了集团诉讼的目的。

四、我国集体诉讼的具体实施

由于新《证券法》关于集体诉讼的内容只有一个条款，为了解决实施的问题，2020年3月24日，上海金融法院发布了全国首个证券纠纷代表人诉讼机制，〔1〕4月23日，深圳中院发布《关于依法化解群体性证券侵权民事纠纷的程序指引（试行）》，提出了解决群体性证券民事纠纷的系统化方案。两个规定均对集体诉讼制度的具体实施进行了专门规定，而在具体的操作细节上，两个法院又各有异同。

对于新《证券法》第95条第3款规定的集体诉讼，上海金融法院称为特别代表人诉讼（与之相对应的第1款和第2款规定的代表人诉讼称为普通代表人诉讼），而深圳中院则称为“默示加入”的人数不确定的代表人诉讼，本文则不妨直接称之为集体诉讼。

（一）适用范围

上海金融法院明确规定证券集体诉讼只限于证券虚假陈述、内幕交易、操纵市场等引发的大规模侵权案件，其他群体性金融民商事纠纷可以参照关于普通代表人诉讼机制的规定处理。深圳中院则在前述三类案件的基础上增加了“欺诈发行责任纠纷”。笔者认为，软欺诈发行也属于虚假陈述的一种，深圳中院在指引中将其并列，想必是因新证券法也有相关表述，如第93条“发行人因欺诈发行、虚假陈述或者其他重大违法行为给投资者造成损失的”的规定。

笔者预计，短期内，我国的证券集体诉讼多半只会出现在虚假陈述（含欺诈发行）案件中，因为目前仅有这类案件出台了专门的司法解释，通过信赖推定的方式大大减轻了投资者对交易因果关系的举证责任。实践中，投资者起诉的多为这类案件，较为容易满足50人以上的适用条件。而对于内幕交易和操纵市场案件，由于至今没有出台相关司法解释，投资者很难完成交易因果关系的举证责任，近20年来起诉者较少，胜诉者更是寥寥无几，恐难以

---

〔1〕 参见上海全融法院《关于证券纠纷代表人诉讼机制的规定（试行）》。

达到50名以上适格投资者的适用条件。

（二）前置程序

深圳中院规定提起虚假陈述、内幕交易、操纵市场欺诈发行等侵权诉讼，仍应适用前置条件，即在起诉前存在认定被告虚假陈述的前置程序，但对前置程序的认定范围有所扩大，除了相关行为被行政处罚和认定构成犯罪外，还增加了“可以认定构成证券市场虚假陈述内幕交易、操纵市场、欺诈发行等侵权行为的其他证据”。笔者认为，如存在证券交易所作出纪律处分、发行人自认等情形，可视为“其他证据”。比如，在近期发生的浑水公司做空瑞幸咖啡事件中，瑞幸咖啡已公告承认自己存在财务造假，即已符合前置条件。

（三）管辖

从目前来看，对于集体诉讼的管辖，法院并无专门规定，仍与此前一致。以当前审理虚假陈述案件为例，主要由直辖市、省会城市、计划单列市、经济特区所在地的中级人民法院专属管辖。而对于科创板上市公司案件，则一概由上海金融法院集中管辖。

（四）公告发布与成员登记

深圳中院规定，先由法院发布公告，投保机构受50名以上投资者委托作为代表人参加诉讼，并为证券登记结算机构确认的权利人向法院登记，或接受法院委托代为登记，然后再由投保机构发布集体诉讼公告，投资者可在公告期内选择退出。此外，投保机构对于和解、调解、变更（或放弃）全部（或部分）诉讼请求、宣判、上诉及申请强制执行等重要诉讼事项均应通过适当形式及时告知全体原告。上海金融法院的做法是，由投保机构事先取得50名以上投资者委托并向法院申请参加诉讼，法院审查同意后再发布案件受理公告，确认采取集体诉讼，投保机构再向证券登记结算机构调取权利人名单并向法院申请登记。

相较而言，深圳中院的做法更符合新《证券法》的规定，但最终是否发动集体诉讼取决于投保机构，法院存在无法掌控后续程序的风险，而上海金融法院则要求对投保机构进行事先审查，最终的发动权掌握在法院手中。

（五）诉讼费用

两地法院均规定集体诉讼案件不预交案件受理费，结案后按照诉讼标的额由败诉方缴纳。

（六）特别授权问题

两地法院均规定，投保机构接受50名以上投资者委托作为代表人参加诉讼时，应取得委托人的特别授权。委托人不同意特别授权的，视为明确退出代表人诉讼，可以另行起诉。对于通过证券登记结算机构确认登记的成员，投保机构自动享有特别授权，有权代表全体成员撤销或变更诉讼请求，进行和解、调解，提起或撤回上诉、申请强制执行。

笔者认为，上述规定或存在法理上仍有可探讨之处。如前所述，集体诉讼是从人数不确定的代表人诉讼衍生而来，其目的就是不脱离《民事诉讼法》的框架。《民事诉讼法》第54条明确规定，代表人进行变更、放弃诉讼请求或者承认对方诉讼请求，进行和解等特别事项，须经被代表的当事人特别授权。沪深两地法院的做法与规定不一致。不过，此实为无奈之举。由于集体诉讼成员人数众多，如要求投保机构必须取得全体成员特别授权，显然存在现实困难，而且这也丧失了“默示加入”的意义。而如无特别授权，则投保机构无法变更、放弃诉讼请求，无法进行和解、调解，集体诉讼势必难以进行，这也与我国化解群体纠纷时重和解、调解的司法理念不符，因此法院不得不赋予投保机构特别授权。

为了缓和上述问题，上海金融法院赋予了被代表的成员二次退出的权利，具体包括：（1）投保机构与被告达成和解、调解的，原告可在公告期间内向投保机构声明退出，和解或调解协议的效力不及于声明退出的原告；（2）在是否上诉的问题上，一审判决后，投保机构上诉的，原告可以明确表示不上诉，投保机构不上诉的，原告可以明确表示上诉。深圳中院则规定，投保机构与被告达成和解或调解的，原告无权退出；原告没有上诉权，投资者对一审裁判不服的，可以向投保机构提出，由投保机构根据决定是否提起上诉。

笔者认为，上海金融法院的做法，既赋予了投保机构特别授权，又将最终的处分权归还给投资者，在一定程度上保障了原告的自主选择权，其做法更为稳妥。深圳中院的做法则更为激进，剥夺了原告的处分权，与《民事诉讼法》的规定难以相符。但客观地说，深圳中院的做法更有利于高效地处理大规模的集体诉讼，更接近集团诉讼的要义。笔者期待最高人民法院能尽快出台司法解释，统一尺度，如要从根本上解决此问题，恐需修改《民事诉讼法》相关规定方可达至。

（七）法院对和解、调解协议的审查权

两地法院均规定，投保机构代表原告与被告达成和解或调解协议的，和解或调解协议内容须经法院审查确认。这与美国集团诉讼的做法相一致，有利于保护缺席原告的利益，防止代表人与广大集体成员存在利益冲突。

（八）投保机构辅助参与执行

两地法院均明确建立投保机构辅助参与生效判决执行的机制。笔者认为，可以借鉴万福生科、绿大地等案件中先行赔付的做法，判决生效后，法院可将执行款项交由投保机构提存，由投保机构通过证券交易结算系统向胜诉原告进行二次分配，便捷、高效地完成执行分配问题。

五、结语

在新《证券法》实施后，我国的证券群体性诉讼，既可采用传统的单独诉讼合并共同诉讼的方式，又可采用普通代表人诉讼方式，并可视情况转换为“默示加入、明示退出”的集体诉讼，实现了加入制和退出制的巧妙融合，无疑是立法上的重大创新。不过，集体诉讼潜力巨大，具有一定风险法院一定会慎用。可以预料的是，在新《证券法》实施之初，对于大部分案件，法院仍然会采用合并审理、示范判决加委托调解、普通代表人诉讼等方式，只有对于性质非常恶劣、影响巨大的案件，才会有条件地启动集体诉讼。

2020年第86期

深圳城市更新：坚守与重构

——《深圳经济特区城市更新条例（征求意见稿）》解读

赖轶峰　律师

赵裕秀　律师

城市更新是各方把土地资源价值从“小馒头”做成“大蛋糕”并“分好蛋糕”的诱人故事。历经16年的探索和实践，深圳以城市更新为核心的旧城改造模式已经遇到制度性“瓶颈”，需要更高层级的立法作出回应和支持。因此，2020年7月，深圳市人大常委会公布了《深圳经济特区城市更新条例（征求意见稿）》（以下简称《征求意见稿》）。《征求意见稿》坚守市场化原则、重构和优化项目实施规则，本文对深圳城市更新法规制度演进和实践发展进行回顾、梳理、评析，在此基础上对《征求意见稿》进行解读并提出一些修改和优化建议，期待与业界同人进行交流。

人类城市发展史，就是城市不断拆除、重建、更新的过程。1979年邓小平同志在中国南方画了一个圈，作为改革开放试验田，诞生了土地面积仅1997平方公里的深圳。21世纪初，深圳最早面临“土地空间资源难以维系”的问题，倒逼深圳成为国内首个全面从增量供地转型为存量改造供地的城市。城市更新是城市整体空间与土地价值的重构，涉及政府、市场主体、物业权利人和村集体、村民、业主等多方利益主体。深圳城市更新坚持政府引导、市场运作、利益共享，实现政府和市场双轮驱动，促进了深圳的经济发展。

一、深圳城市更新探索和回顾

2004年，深圳出台《深圳市城中村（旧村）改造暂行规定》[1]，启动了城

〔1〕 该规定于2014年7月21日失效。

中村旧村改造工作。2009年深圳在“三旧改造、旧改、旧城改造、旧村改造”等当时流行称谓的基础上，提出了更丰富的“城市更新”概念，出台了《深圳市城市更新办法》。之后市、区两级政府部门陆续颁布了约200个配套政策文件，为推动城市更新提供了有力的支持。

总览全国各地城市更新法规和实践，深圳既是先行者又是“市场在资源配置中的决定性作用”的虔诚践行者。2019年12月，中央经济工作会议提出“加强城市更新和存量住房改造提升”，也体现了对深圳城市更新工作的肯定。

（一）深圳城市更新1.0版

2004年发布的《深圳市城中村（旧村）改造暂行规定》代表深圳城市更新1.0版启动，当时国土资源部（现由自然资源部行使职权）两次发文规定经营性用地应采取招拍挂方式出让，2007年《物权法》正式确定招拍等公开竞价的出让制度，深圳政策并未突破法律法规对搬迁（拆迁）完成后土地使用权出让事宜的规定，导致深圳当时的城中村改造工作停滞。当时权宜之计则是市场主体与区政府核算拆迁成本和项目规划指标等要素后，测算出招拍挂的底价，若最终多家竞价导致成交价格高于底价，参与拆迁的市场主体对高出部分不用实际支付，或者可先付后返。

（二）深圳城市更新2.0版

2009年8月，广东省政府印发《关于推进“三旧”改造促进节约集约用地的若干意见》。省、市提前密切沟通，深圳市同步拟定《深圳市城市更新办法》的草案，并于2009年10月迅速颁布了《深圳市城市更新办法》，开启了深圳城市更新2.0版，其根本创新是土地出让制度创新，即城市更新了《物权法》和国土资源部（现由自然资源部行使职权）的相关规定，项目用地在搬迁完成后可以协议出让。

《深圳市城市更新办法》颁布后，2012年深圳市人民政府出台了《深圳市城市更新办法实施细则》（以下简称《实施细则》），随后又陆续出台《关于加强和改进城市更新实施工作暂行措施》（以下简称《暂行措施》）等200多个市区两级配套政策、专项规定及指导意见等。据统计，深圳颁布的相关法规政策共计400余个，业界戏称"用四百多个法规政策管理八百多个城市更新项目"。

虽然深圳通过"打补丁"方式制定了比较繁杂的城市更新法规政策体系，但其仍然存在较多难点和痛点，如"搬迁难""项目前期融资难""城市更新纠纷裁判规则不一"等。

近几年涉及城市更新争议纠纷逐年增加，因缺少高位阶的专门法律法规，导致城市更新纠纷裁判规则不统一。例如，笔者经办的龙华某城市更新案件中，对于一份《搬迁补偿意向协议》的法律定性，区法院、市中院、省高院三级法院明显不同。又如，法院对超过30年的集体租赁合同的定性也存在完全不同判决，让参与城市更新的各方感到无所适从。首次审议的《深圳经济特区城市更新条例（草案）》（以下简称《条例（草案）》）规定了"司法裁决"，但《征求意见稿》公布时将其删除，笔者认为，是为兼顾地方改革的积极性与司法的谦抑性。据称，截至2020年第一季度，深圳16年来城市更新项目（含之前70个历史遗留项目）中立项859个、专规批复498个、实施主体400个、开发地300多个。[1]城市更新项目投资成为高风险投资，使市场主体、金融机构和物业权利人等各方参与主体积极性受挫，深圳城市更新整体实施状况远低于预期，《深圳经济特区城市更新条例》的出台迫在眉睫。

（三）深圳城市更新3.0版

社会各界期待的《深圳经济特区城市更新条例》制定和实施必将拉开城市更新3.0版的序幕。2020年5月，深圳市政府组织起草了《条例（草案）》，经市政府常务会议审议后，2020年6月深圳市人大常委会第一次审议了《条例（草案）》；深圳市人大常委会法工委根据审议意见修改完善，形成了目前的《征求意见稿》。

《征求意见稿》在坚持市场化运作的同时，对城市更新实施的单元计划申报、单元规划的编制监管落实、市场主体的选择和限制、搬迁补偿标准引导、引入"个别征收+行政诉讼"破解搬迁难等多个方面进行了优化和重构。

---

〔1〕 实施主体确认后也存在多个项目未能如期出让土地进行后续开发的情形，如龙岗区4个取得了实施主体确认的项目因未如期办理土地出让手续导致可能被清退。

城市更新涉及政府、市场主体、物业权利人、租户、居住权人[1]等多方主体权益，涉及面广，针对目前城市更新项目实施存在的诸多难点和痛点，《征求意见稿》进行了回应并提出了解决方法。

二、深圳城市更新的坚守

与广州、东莞、上海等地的旧改城市更新遵循“政府主导”原则相对应，深圳市在2004年发布的《深圳市城中村（旧村）改造暂行规定》、2009年发布的《深圳市城市更新办法》和2020年发布的《征求意见稿》均坚持“政府引导，市场运作”原则。《征求意见稿》在市场化原则的基础上，特别调整和规定了重点城市更新单元、旧住宅区项目分别由城市更新局和街道办负责申报立项，前述两个类型项目立项之后仍由市场主体负责实施。

深圳市的城市更新除了坚持市场化原则外，还遵循法治化的原则，创设、创新了诸多制度，包括城市更新单元划定、历史遗留土地处置、城市更新单元规划编制、实施主体确认、地价核算、用地协议出让等。这些创新通过不断完善和修改制度实现法定化，构建由法规、规章、规范性文件和技术规范组成的城市更新制度体系。

深圳城市更新的重要机制创新获得广东省政府和国家的充分肯定。深圳的城市更新经验在广东省乃至全国其他城市予以试行，如《广州市城市更新办法》、东莞市人民政府印发的《关于深化改革全力推进城市更新提升城市品质的意见》等，体现了深圳经验和规则输出的先行示范。

三、深圳城市更新的重构

《征求意见稿》在坚持市场化运作的同时，对单元计划申报、单元规划、市场主体选择、搬迁补偿标准、破解搬迁难等多个规则进行了优化和重构。

近期不少业界专家已对《征求意见稿》呈现的亮点做了较为全面的解读，本文仅从抑制“钉子户”、破解“搬迁难”的“个别征收+行政诉讼”方案

---

〔1〕《民法典》第366条规定居住权人有权按照合同约定，对他人的住宅享有占有、使用的用益物权，以满足生活居住的需要。

进行评析。这项制度安排也是经历了十多年城市更新探索，由最近几年棚改实践、演化总结而来。

2012年发布的《实施细则》第73条规定项目签约率达到双90%以上时，可以申请由政府组织实施该项目。但因没有明确厘清市场主体与政府之间的权利义务关系、项目退出利益安排，导致该条款成为无法落地的“僵尸条款”。

2015年深圳开始酝酿制定《深圳经济特区城市更新条例》的草案，当时讨论了是否引入香港旧改中的房屋强制售卖制度。

2018年深圳市人民政府发布的《关于加强棚户区改造工作的实施意见》规定，签约期内达不成补偿协议的，区政府可以根据公共利益的需要依法实施房屋征收。棚改实务中，项目签约率达到95%时便列入棚改年度实施计划，对尚未签约的房屋进行征收。

2019年广东省政府发布的《关于深化改革加快推动三旧改造促进高质量发展的指导意见》规定实行政府裁决和司法裁判，即“三旧”改造项目，多数（搬迁签约率达到2/3）原权利主体同意改造，少数原权利主体不同意改造的，按照《土地管理法》及其实施条例、《国有土地上房屋征收与补偿条例》相关规定处理；法律法规没有规定的，可积极探索政府裁决。但是该规定争议很大，并没有落地实施。

针对“搬迁难”，《条例（草案）》规定点状征收和司法裁决，市场主体在搬迁难的情形下可以作为原告起诉未签约业主；《征求意见稿》提出“个别征收+行政诉讼”的解决方案，当已签订《搬迁补偿安置协议》（以下简称《搬补协议》）的合法产权比例不低于95%且符合房屋征收规定的，政府可以依法对未签约部分房屋实施个别征收，对征收决定不服的，可提起行政诉讼。此外，对于合法旧住宅区城市更新项目，自市场主体选定之日起12个月内签订《搬补协议》的专有部分占建筑物总面积未达9%时，该项目调出城市更新单元计划；12个月内已签订《搬补协议》的合法产权比例不低于9%时，市场主体按照搬迁补偿标准与未签约业主进行协商，协商未果，可向区政府申请行政调解，区政府也可以主动调解。

"个别征收模式"经过多轮探索、论证而来，其内涵与"点状征收""零星征收"一致，都是在项目签约率达到9%后，政府需要对少数"钉子户"房屋实施征收。一个项目范围内9%的人同意并签约，并且项目本身包含相当部分涉及土地贡献和政府公建配意，加上城市总体规划优化，此时的项目已属于公共利益，剩下5%的业主拒绝签约便侵害了公共利益，实施个别征收与基础法理是契合的。笔者相信此规定可较为有效地缓解搬迁难问题。

四、修改优化建议

《征求意见稿》亮点突出，是业界期待的地方性法规，但其从逻辑严谨性、内容可操作性等仍需进一步商榷完善，笔者就以下三个方面作简要评析并提出修改优化建议。

（一）关于市场主体的选择

市场主体是深圳城市更新的主导力量。《征求意见稿》第7条和第30条对市场主体做了一些规定；2016年发布的《暂行措施》也规定了申请实施主体确认时申请人应具备房地产开发资质，自行改造的项目除外。关于市场主体的规制，需要考虑行业实务和惯例。

第一，实务中，市场主体一般是开发商下设项目公司对城市更新项目进行操盘，《征求意见稿》要求市场主体在实施主体确认时具备房地产开发资质，必要性不大，出让取得国有土地使用权是房地产二级开发前提，实务中项目公司取得土地后便可以取得专项房地产开发资质。为应对此规定，市场主体也许可通过申请暂定资质证书来处理，增加了不必要的审批许可。

第二，《征求意见稿》在《暂行措施》的基础上，增加"具有房地产咨询服务"的表述，房地产咨询服务属于房地产中介服务，不属于市场主体许可经营项目监管清单，因此，《征求意见稿》的规定实则降低了对市场主体的资质要求，是否存在政府有意将项目前期服务商与项目后期二级开发商进行切割、培育专门进行项目前期孵化的前期服务商的可能性。《征求意见稿》应对此作出更为清晰和严谨的规定。

第三，《征求意见稿》规定"市场主体拟发生改变的"具体含义并不明确，无法确定是指股权变更还是更名操作。若“改变”意指股权变更，则其股权限制之事有名无实，若市场主体设置多层股权架构，通过股权转让的方式转让项目权益难以禁止，况且有些公司可将股权架构一直延伸至境外国家和地区，更加无法控制，且严格控制市场主体股权转让并非上策，很有可能因为“用力过猛”而“误杀无辜”。在项目土地出让之前的项目前期，尤其是搬迁补偿安置阶段，一般会支付巨额的补偿资金和地价，往往需进行融资，融资过程中金融机构至少会对市场主体股权进行质押，实务中通常将绝对控股的份额股权过户给金融机构的“明股实债”，并以此方式作为交易结构，目的是实现股权的让与担保效果，若限制市场主体股权转让和质押，实质上是掐断了项目融资，对项目顺利推进明显不利。因此，笔者推定“市场主体拟发生改变的”，此处的“改变”是指更名操作，而非股权层面的变化。笔者认为，《征求意见稿》在措辞表达上应更为清晰。

（二）关于产权冻结与预告登记

目前，在实务中，往往在实施主体确认阶段进行《搬补协议》的集中备案，无法做到签订一份备案一份，使《搬补协议》的备案并未与不动产登记系统及时有效衔接，无法防止物业权利人、被搬迁人再次处置被搬迁房屋。《搬补协议》签订后，若持红本房产证的被搬迁人与其他第三方签订被搬迁房屋的买卖合同，或将被搬迁房屋进行抵押，并在不动产登记系统办理过户或抵押登记，此种情形下，如何保障开发商或市场主体的合法权益往往比较棘手。更有甚者，被搬迁人与其他第三方串通，在签订《搬补协议》后仍将被搬迁房屋过户给其串通的第三方，再由其串通的第三方向市场主体索要更高的搬迁补偿，而搬迁人很难举证被搬迁人与第三方恶意串通。

为了解决上述类似问题，《征求意见稿》规定主管部门应当制定并发布《搬补协议》示范文本，包括产权冻结期限等内容，《搬补协议》签订后，市场主体可以按约定向不动产登记机构申请预告登记，预告登记后，未经预告登记的权利人同意，不动产登记机构不予受理不动产转移、抵押或者变更登记等业务。《征求意见稿》拟通过示范文本、产权冻结及预告登记创新安排，能更有效地规范城市更新参与主体的权利义务、平衡各方利益。此创新性的

“产权冻结”“预告登记”条款，需要做好相关法规政策的衔接及配套文件相支持，做好与深圳市不动产登记中心的沟通和制度对接，进一步完善和细化条款内容。

（三）关于项目抵押

《征求意见稿》规定实施主体不得擅自销售或者抵押城市更新项目公建配套物业。此处规定保护了公共利益，但忽视了被搬迁人的权益保护。

在项目融资实务中，往往是以项目宗地为单位进行整体抵押。笔者经办的诸多城市更新项目在前期融资项目中，若融资周期跨越土地出让取得后的二级开发期，金融机构通常要求项目公司在取得项目国有土地使用权之后，马上追加土地抵押。即使未做前期融资的项目，取得土地之后在“四证齐全”时通常也会进行开发贷融资，土地抵押是标配的融资担保增信措施。若土地抵押的资金用于项目开发，往往会促进项目顺利开发建设，与产权置换的物业权利人、公建配套物业的政府方利益是相向而行的。但是，若土地抵押的资金被全部或者部分挪用到市场主体的母公司或者其他项目中，就存在融资资金无法如期偿还的可能，引发项目土地被行使抵押权、被拍卖等情况，导致项目易主或者烂尾。这时候仅依赖与政府部门或街道办和市场主体之间签订的《项目实施监管协议》及其保证金大概率无法有效保障公建配套物业和回迁物业的权益。鉴于上述内容，笔者建议该处规定既要考虑公建配套物业和回迁物业权益，也要考虑项目土地抵押时，将公建配套物业和回迁物业对于土地使用权进行分割抵押登记。

五、结语

据称，深圳大约还有两千多个项目基本符合城市更新立项条件，但是目前已经立项的八百多个项目经过十多年推动，顺利实施的不到一半。站在“双区驱动”的历史背景下，深圳确实应该加快制定内容完善、解决痛点、实操性强的城市更新条例。但是也应该客观看到，城市更新制度创新需要平衡物业权利人、市场主体、政府、公众等多方利益，实在是一项艰巨任务，期待高质量的《深圳经济特区城市更新条例》早日出台。

2020年第86期

《民法典》中第三人权利扩张对房产诉讼案件的影响

周争锋　律师

《民法典》修改了原《合同法》有关合同相对性的规定，以法律的形式规定了合同相对性可以有例外的情形。《民法典》第465条第2款规定，依法成立的合同，仅对当事人具有法律约束力，但是法律另有规定的除外。《民法典》第四章合同的履行中第522条第2款和第524条用法律的形式规定了合同以外第三人的权利，在不改变合同主体及其责任承担的情况下，规定了利益第三人合同和第三人代替履行。

一、利益第三人合同在房产纠纷中的运用

《民法典》第522条第1款规定："当事人约定由债务人向第三人履行债务，债务人未向第三人履行债务或者履行债务不符合约定的，应当向债权人承担违约责任。"《民法典》第522条第2款规定："法律规定或者当事人约定第三人可以直接请求债务人向其履行债务，第三人未在合理期限内明确拒绝，债务人未向第三人履行债务或者履行债务不符合约定的，第三人可以请求债务人承担违约责任；债务人对债权人的抗辩可以向第三人主张。"

该条在保留《合同法》[1]第64条(《民法典》第522条第1款)的基础上，在第2款直接规定真正利益第三人合同规则，赋予第三人直接履行请求权及对债务人的违约责任请求权。利益第三人合同规则的明确，解决了司法实践中的很多现实问题。

---

〔1〕 2021年1月1日起《民法典》施行，《合同法》同时废止。

(一)借名买房协议中的第三人履行问题

司法实践中,出借姓名人和实际产权人因产权问题发生纠纷,实际产权人往往在第一项诉讼请求确认代持协议有效的基础上,在第二项诉讼请求中要求人民法院判令将争议的房产过户到实际产权人指定的三人名下。因该请求违反了原《合同法》第64条规定的合同相对性原则,法院往往要求实际产权人变更诉讼请求,不变更则驳回诉请,让其具备购房资格后再行诉讼。

依据合同相对性原则,代持协议只在签字的双方当事人之间生效,实际产权人无权要求代持人把房产过户到其指定的第三人名下,除非经过合同相对人,即代持人的同意,但双方有纠纷时代持人断然不会同意,实际上产权人最后不得不撤诉处理。但这类纠纷案件撤诉引起的后果往往是查封也必须解除,若还有轮候查封,或实际产权人的查封被解除后又被他人申请查封的,后果将是灾难性的。

《民法典》第522条第2款规定了利益第三人合同规则后,在代持协议中增加了一个条款,约定可以由第三人直接请求履行的条款,就可以完美解决此类问题。比如,增加"甲乙双方明确约定":甲方指定的"(姓名)"可以直接请求乙方"(姓名)"将房产过户到其名下,乙方应予以配合。当然,这要求实际产权人在诉讼时随时可以找到具有购房资格的第三人顶替实际产权人,提出过户到其名下的诉求。

(二)拆迁补偿安置合同的受益人问题

以产权调换为补偿方式的拆迁补偿安置合同为以物易物的互易合同,拆迁补偿权利人可以在合同中约定拆迁补偿的安置房直接登记到他人名下并赋予其请求权,他人可以依据该约定直接向拆迁人主张权利,避免以后继承和办理更名手续的麻烦。

(三)一次性付款的房产买卖合同指定买家问题

在全款购房合同中可以约定最终登记产权人的请求权,登记产权人就可以依据合同条款的约定,直接向开发商主张权利。比较典型的如父母全款为未成年子女购房,子女成年后可以自己办理房产证等手续。

实践中,买受人明明是要办理买受人主体变更,也就是合同权利义务的概括转移，因为对第三人履行和权利义务概括转移的法律性质不了解，在买卖合同的备注条款中约定，买受人过户时可以指定第三人办理或递件时可以过户到第三人名下。此时依据双方合同约定的字面意思理解，买受人指定的第三人不享有买受人在递件过户前应该享有的权利，如办理首期款监管、向银行申请按揭贷款等权利，只能先由买受人支付全款，然后第三人去办理过户手续。

也就是说，买受人想要约定买受人的权利义务概括转移给第三人，由第三人代替自己履行买卖合同，实际上签订的却是利益第三人合同。法律没有明确利益第三人合同规则时，勉强可以理解为由第三人代为履行买受人的全部合同内容，即权利义务的概括转移。《民法典》生效后，备注条款中约定买受人过户时可以指定第三人，只能有一种解释——利益第三人合同，即买受人支付全款后，出卖人把房产过户给买受人指定的第三人。

（四）共有人析产中的利他合同

共有人析产中的利他合同包含婚姻关系结束后的析产、各继承人之间的析产及其他共有人之间的析产协议。实践中，最常见的是夫妻双方在离婚协议书中约定，房产归子女所有。就此，子女究竟有没有诉权，一直是司法实务中的老大难问题。

很多法院按照赠与合同来处理此类纠纷，但这在法理上存在明显的问题，赠与合同在形式上需要赠与双方的意思表示，即赠与人作出将自己的财产无偿给予受赠人的意思表示，受赠人作出接受赠与的意思表示，子女不是离婚协议书中的任何一方当事人，赠与合同难以成立。认定子女和父母之间依据父母签订的离婚协议存在赠与关系，违反合同相对性原则。

《民法典》第522条第2款解决了上述问题。此类离婚协议认定为利益第三人合同性质，协议中约定子女有请求履行的权利。依据《民法典》第522条第2款的法律规定，子女享有直接请求权。

二、第三人替代履行在房产纠纷中的运用

《民法典》在合同篇总则部分第524条第1款规定“债务人不履行债务，

第三人对履行该债务具有合法利益的，第三人有权向债权人代为履行：但是，根据债务性质、按照当事人约定或者依照法律规定只能由债务人履行的除外”。这是《民法典》新增加的规则，实际上该规则源于原《物权法》[1]第191条第2款规定的买受人的涤除抵押权，即有抵押权的房产，出卖人在出售房产时虽然没有经过抵押权人同意，但是买受人可以直接替出卖人偿还债务，消灭抵押权，双方继续履行合同。

第三人代替履行解决了抵押房产、查封房产及城市房屋连环买卖的现实问题，使过去不可能继续履行的合同的继续履行成为可能。

（一）抵押权人不再成为买受人诉讼继续履行的障碍

在审理房屋买卖合同诉讼继续履行时，法院都要征求抵押权人的意见。尤其是在深圳，二手房诉讼继续履行必须把抵押权人列为第三人，一审没有追加抵押权人作为第三人的，二审会因程序问题发回重审。

《民法典》第406条规定：“抵押期间，抵押人可以转让抵押财产。当事人另有约定的，按照其约定抵押财产转让的，抵押权不受影响。抵押人转让抵押财产的，应当及时通知抵押权人。抵押权人能够证明抵押财产转让可能损害抵押权的，可以请求抵押人将转让所得的价款向抵押权人提前清偿债务或者提存。转让的价款超过债权数额的部分归抵押人所有，不足部分由债务人清偿。”

《民法典》该条规定改变了抵押房屋必须还清抵押权人的债务才能够过户的规定，明确抵押期间抵押人可以转让抵押财产，抵押财产转让的，抵押权不受影响。也就是说，出卖人可以连同房产上依附的抵押权一起出售给买受人。结合《民法典》第524条的规定，在抵押权人行使抵押权时，买受人可以代为清偿、消灭抵押权。

这两个法条结合起来，可以得出，若诉讼继续履行，在买受人愿意承担抵押权风险的前提下，可不把抵押权人列为诉讼程序中的第三人，征求抵押权人的意见。这就解决了离婚协议书中夫妻双方约定有抵押权的房屋所有

〔1〕 2021年1月1日起《民法典》施行，《物权法》同时废止。

权归属后办理变更登记的问题。过去依据原《物权法》第191条的规定，必须还清银行欠款、消除抵押权才能办理变更登记手续。登记在一方或双方名下有抵押的房产，在离婚协议书中约定归另一方所有，但由于注销抵押登记费用高，很多人离婚后，没有及时按照离婚协议的约定办理所有权人变更登记手续，结果可能发生离婚协议约定的所有权人，一直没有办理变更登记取得房产的物权权利，房产仍然登记在另一方名下，被对方私自处分或被法院查封拍卖的情况。一方依据离婚协议取得所有权，受物权公示公信原则的限制，无法直接以所有权人的身份向第三人主张权利。该问题也给法院审判和执行增加了很多麻烦，特别是出现了很多矛盾的判决，严重损害司法公信力。

（二）金钱债务产生的查封将不再成为买受人诉讼继续履行的障碍

查封房屋买卖合同的效力，从合同绝对无效到合同有效，有一个逐步达成共识的过程。目前，除极个别地区的法院依旧坚持查封房屋买卖合同无效外，绝大多数的法院认为，依据合同效力和物权效力相区分的原则，查封房屋的买卖合同有效，只是不能办理物权转移登记。

查封房屋能不能通过诉讼继续履行，实践中还存在很大的争议。实践中，有依据买受人的诉请判决出卖人继续履行合同并在该不动产解封后办理过户手续的案例，根据为2012年广东高级人民法院发布的《全省民事审判工作会议纪要》第3条；也有把买受人之前的查封权利人追加为第三人，判决中明确买受人满足在其前面查封权利人的合法债权后，可以继续履行合同。

依据《民法典》第524条第1款的规定，“债务人不履行债务，第三人对履行该债务具有合法利益的第三人有权向债权人代为履行”。此时，诉讼继续履行的买受人可以代替出卖人，向查封申请人偿还债务，以消灭查封的障碍。此时的查封权利人就如同原《物权法》第191条第2款中的抵押权人地位，买受人依法享有涤除查封的权利。

因此，在《民法典》生效后，金钱债务的查封买受人完全可以将房产前面的查封权利人列为诉讼中的第三人，在诉讼中买受人依据《民法典》第524条的规定向前面金钱债务的查封权利人主张涤除查封的权利。

（三）城市房屋连环买卖有了明确的处理依据

城市房屋连环买卖是常见的涉及二手期房的买卖二手回迁房的买卖及均没有办理房产登记手续的连环买卖。

关于二手期房的买卖，买受人最担心的是上一手业主断供，引发银行没收开发商的保证金，开发商解除预售合同。今后，买受人可以依据《民法典》第524条第1款的规定代为偿还月供，避免银行没收开发商的保证金，导致开发商解除商品房预售买卖合同。

二手回迁房的买卖合同的买受人，可以依据《民法典》第524条第1款的规定，代为向开发商支付各种费用，督促开发商办理房产证。

二手期房的买卖、二手回迁房的买卖及均没有办理房产登记手续的连环买卖中，需要特别注意，最后一手的买受人在提起诉讼时，要确保涉案的房产已经办理大产权证，也就是已经被行政部门登记确权，没有被行政部门登记物权的房产，是不能提起城市房屋连环买卖诉讼，要求办理房产证登记的。

处理城市连环房屋买卖合同此类纠纷的规则，此前在北京市高级人民法院发布的《关于审理房屋买卖合同纠纷案件适用法律若干问题的指导意见（试行）》（京高法发〔2010〕458号）第14条、广东省高级人民法院发布的《关于审理房屋买卖合同纠纷案件的指引》（粤高法〔2017〕191号）第25条〔1〕中有体现。

广东省高级人民法院《关于审理房屋买卖合同纠纷案件的指引》出台前，笔者在深圳代理的此类案件，提交了北京市高级人民法院发布的《关于审理房屋买卖合同纠纷案件适用法律若干问题的指导意见（试行）》第14条，最终该案调解结案。《民法典》第524条直接规定第三人为了自己的利益可

〔1〕《关于审理房屋买卖合同纠纷案件的指引》（粤高法〔2017〕191号）第25条规定："房屋连环买卖均未办理所有权转移登记，最终买受人以其合同相对人为被告提起诉讼，请求协助办理房屋所有权转移登记的，人民法院可以通知参与房屋买卖的其他当事人作为第三人参加诉讼。被告以及第三人不提出抗辩或者抗辩理由不成立的，可以判决当事人依次办理房屋所有权转移登记。第三人提出的抗辩理由成立的，人民法院可依照合同法第一百一十条第一项的规定驳回最终买受人的诉讼请求。"

以主张代为履行债务后，城市房屋连环买卖合同纠纷便会更容易解决。

（四）次承租人可以替代承租人支付租金和违约金阻止出租人解除租赁合同有了明确的法律依据

《民法典》第524条第1款规定："债务人不履行债务第三人对履行该债务具有合法利益的，第三人有权向债权人代为履行；但是，根据债务性质、按照当事人约定或者依照法律规定只能由债务人履行的除外。"该规则为次承租人代替承租人向出租人支付拖欠的租金，继续维持承租人与出租人之间的租赁合同关系提供了法律依据。过去，一旦二房东故意拖欠租金，导致一房东解除租赁合同，三房东的租赁合同关系就没有了继续履行的前提条件。

《民法典》在第719条中对次承租人可以替代承租人支付租金和违约金的规则予以进一步细化规定："承租人拖欠租金的，次承租人可以代承租人支付其欠付的租金和违约金，但是转租合同对出租人不具有法律约束力的除外。次承租人代为支付的租金和违约金，可以充抵次承租人应当向承租人支付的租金；超出其应付的租金数额的，可以向承租人追偿。"《民法典》的规则包罗万象，需要进一步继续探索。

2020年第87期

浅析出租人自力救济权在房屋租赁合同纠纷中的运用

——由一则恶意拖欠房屋租金案例引发的思考

陈永亮　律师

在当前新冠肺炎疫情的影响下，房屋租赁纠纷数量迅猛增长，引导当事人在司法程序之外，妥善运用自力救济的方式对小额、简单的租赁纠纷进行处理，将更有利于减少诉讼、节约司法资源、加速商业流转和优化社会资源配置。

案情简介

2015年2月5日，出租人甲方与承租人乙方签订《房屋租赁合同》，将某商铺租赁给乙方经营快餐，租期4年，至2019年2月4日止，合同约定乙方拖欠租金30天时，甲方有权解除合同。

至2017年1月，乙方拖欠租金已达7个月，甲方遂于2017年2月将乙方告上法庭，要求判令乙方支付所欠租金、解除合同、收回商铺。立案后，乙方以进入诉讼程序为由不再支付租金，但仍继续使用商铺经营。一审法院于2017年8月31日作出一审判决，判令解除租赁合同、收回商铺并支付拖欠的租金。乙方不服，提起上诉。二审法院作出终审判决，驳回上诉，维持原判。在甲方向法院申请强制执行后，乙方于2018年7月停业，将部分桌椅、餐具等物品锁在商铺后一走了之，失去联系。法院又用了2个月的时间就遗留物品的处理进行清点、公告、评估、变卖，最终于2018年10月将商铺交还给甲方，承租人所欠租金因其无可执行财产，执行法院在将其纳入失信被执行人名单后，终结了本次执行程序。

至此，甲方这场持续时间较长的纠纷虽然赢了，但从2017年2月起诉，至2018年10月结案，经过一审、二审、执行三个阶段，耗时21个月，加上已拖欠的7个月租金，不仅损失了28个月的租金，还承担了律师费和乙方欠下的水电费、物业费等一大笔损失。

律师评析

新冠肺炎疫情发生以来，各行各业都受到全方位的冲击，餐饮零售业首当其冲。西贝餐饮透露，春节前后的一个月时间损失营收七八亿元，餐饮巨头尚且如此，小型餐厅、快餐店更是雪上加霜，经营者经营困难，拖欠租金的情况时有发生，给出租人带来很大的困扰，租赁纠纷频发。

在诸多纠纷解决机制之中，司法作为捍卫社会公平正义的最后一道防线，担负起“纠纷终结者”的职责。但由于司法程序强调程序正义和实体正义，诉讼流程相对复杂、时间周期较长、对法律专业人员依赖程度较高，加之受“司法资源的有限性”“案多人少”等因素的制约，整个诉讼程序走下来，持续时间较长，特别是碰到那些恶意拖欠租金、有意逃避债务的承租人，很可能出现与前述案例一样无法执行到位的情况，导致出租人最终赢了官司输了钱，还倒贴律师费和清场费用。

因此，从出租人的角度来考量，对于那些恶意欠租或偿债能力有限、个人信用较差、可能随时跑路的承租人出现欠租的违约行为，选择合理方式行使自力救济权，也许是最经济、最明智的选择。笔者结合当前法院的相关判例，就出租人自力救济权在房屋租赁合同纠纷中的运用，阐述如下观点和实务建议。

一、自力救济权的概念

自力救济又称私力救济，是指纠纷主体在没有中立的第三者介入的情形下，依靠自己的力量捍卫自己权利的行为。私力救济作为公力救济的补充，在权利受到侵犯但来不及使用公力救济时，才允许例外使用，以弥补公力救济的不足。

自力救济分为自卫行为和自助行为，前者法律有相关规定，但对后者

“自助行为”并无明确法律规定。现实生活中与自助行为相关的民事纠纷大量存在，由于缺乏具体的法律依据，加之司法实践中对自助行为与侵权行为的区分界线模糊，导致出租人在行使该项权利时畏首畏尾，担心被认定为侵权而承担相应法律责任。

二、出租人行使自力救济权的方式

（一）对长期拖欠租金的房屋采取断水、断电措施的可行性

针对承租人长期拖欠租金或在租赁合同到期后不愿及时退还房屋等情形，不少出租人会采取断水、断电等措施。这种情况下，是否完全符合自力救济权的行使条件，需要具体情况具体分析。

1.对于承租人与供水、供电部门直接签约建立供水供电合同关系的，如果出租人断水、断电，可能被认定为侵权。

2.对于双方未在租赁合同中约定“在欠租情况下出租人有权断水、断电”内容，在租赁合同未被解除的情况下，如果出租人断水、断电，则可能会被认定违约。

3.对于租赁合同已到期或解除后，承租人继续使用房屋且拒不归还时，出租人采取断水、断电行为，通常会被认为属于行使自力救济权。供水、供电是保证房屋正常使用的条件之一，租赁合同终止后，出租人无须继续履行其合同义务。

4.对于双方已在租赁合同中约定“在欠租情况下，出租人有权断水、断电”内容，在租赁合同未被解除的情况下，出租人在行使该项权利时，一是要对承租人履行书面告知程序，避免因突然断水、断电行为给猝不及防的承租人造成较大损失而面临索赔，二是要有合理的限度，如果断水、断电给承租人造成的损失远远大于欠付的租金，则有可能会被认为超过合理的限度而承担赔偿责任。

5.司法实践中法院认可断水、断电行为属于自力救济措施，参考案例如定西市通达贸易公司与中国人民解放军某部队一分队、中国共产主义青年团定西市委员会租赁合同纠纷案。法院认为，部队与定西喜成食用菌加工厂签

订的房屋租赁合同自2007年2月28日期满后，双方再未续签租赁合同，部队之后已多次通知承租方搬离，直至2008年11月12日，再审申请人仍未搬离，部队按照合同约定采取自力救济措施既有合同依据，又未违反法律规定，通达贸易公司称部队应赔偿其损失无法律和事实依据。

（二）出租人因承租方长期欠租而单方解除合同，承租方又拒绝交还房屋，出租人履行通知义务后，采取对出租房屋上锁、阻止承租人使用等措施

单方解除合同是法律赋予守约一方当事人的权利，只要法律规定或合同约定的解除条件成就，守约方便可单方解除合同。先依法依约单方解除合同，才构成出租人行使后续相关自力救济权利的前提。由于合同已经解除，承租人继续占有租赁房屋已经没有合同依据，在此情况下，出租人可以在给承租人发送解除通知后，待承租人离开房屋时另行加锁，使该房屋实际处于承租人、出租人双重控制之下，从而达到阻止承租人实际使用租赁物业，尽早收回房屋之目的。出租人通过这种方式，及时排除承租人的非法占用，并将房屋早日另行出租取得收益，有利于加速商业流转和促进资源的合理配置。

该项自力救济措施实施后，在实务操作中可能会遇到如下几种情形：第一种情形，承租人强行将出租人的锁砸开，继续使用租赁房屋。出租人需要采取向公安机关报警的方式寻求救济，避免与其直接冲突。公安机关出警后，通常不会对双方的合同纠纷进行处理，但由于承租人不是房屋的产权人，租赁合同亦被解除，公安机关通常会认定承租人是无权使用人，要求其产权人实现对房屋的实际占用，达到收回房屋的目的。第二种情形，承租人由于不能继续使用租赁房屋，可能会与出租人进行协商，双方达成妥协，最终由出租人在给予其合理的搬迁时间后，将房屋交还。第三种情形，若承租人拖欠的租金较多，且租赁房屋内遗留的物品经济价值不高时，为避免冲突或纠纷，有可能会一走了之。届时，出租人再依法依约对其遗留物品进行妥善处理，达到收回房屋的目的。第四种情形，在出租人上锁后，承租人或出租人再诉至法院寻求公力救济。在此情况下，双方当事人可能都不适宜采取

进一步自力救济措施，而是维持现状直至诉讼结束，但就出租人而言，自其对出租房屋上锁之日，由于承租人不能实际使用租赁房屋，通常法院会判令租金支付至上锁之日止。

司法实践中法院认定出租人对房屋上锁行为属于自力救济措施的参考案例如上海永安机械设备有限公司与上海瑞铂慧家互联网科技股份有限公司房屋租赁合同纠纷案，法院认为，虽然被上诉人在发送《解约函》之前即将租赁房屋上锁，但被上诉人该行为系对上诉人逾期支付租金的自力救济，并非双方《房屋租赁合同》解除的原因，一审也据此对被上诉人主张的上诉人欠付租金金额进行了调整，并无不妥。

（三）在承租人长期拖欠租金达到合同约定的解除条件时，出租人可单方解除合同，并行使自行清场腾房的自力救济措施

《合同法》第227条规定[1]，承租人无正当理由未支付或者迟延支付租金的，出租人可以要求承租人在合理期限内支付。承租人逾期不支付的，出租人可以解除合同。该条款是出租人行使租赁合同解除权的直接法律依据。在法律规定或合同约定的解除条件成就时作为守约方的出租人便可单方解除合同。但是单方解除合同后承租人拒不腾空并返还房屋，则出租人的权利仍得不到保护。因此，出租人合理采取自行清场的自力救济措施才能有效地避免损失进一步扩大，维护自己的权利。

笔者对采取自行清场的自力救济措施的程序建议如下：

第一步，书面催告。在催告函中，出租人给予合理期限，供承租人支付逾期租金，并告知其逾期则可解除合同。出租人可根据实际情况，通过邮政、张贴公告、发短信等方式向承租人送达通知，并保留有关送达凭证。出租人还可委托律师发送律师函，要求承租人限期支付拖欠租金。

第二步，在催告期限届满，承租人仍不履行时，则可以发出书面单方解除合同通知。在通知中主要阐明几点内容：一是明确解除合同的时间节点；二是要求对方在合理期限内搬走遗留物品，将房屋交还；三是交房期限届

---

〔1〕 本文案件审理时适用《合同法》，《民法典》尚未生效，相关规定参见《民法典》第722条。

满，承租人未能交还房屋时，出租人于某时间节点自行清场。该通知仍需通过邮政、张贴公告发短信等方式向承租人送达，并保留有关送达凭证。

第三步，自行清场，收回租赁房屋。由于单方清场很容易演变为侵权行为招致对方索赔，为降低后期承租人主张存放物品丢失、损坏风险，出租人最好在第三方现场见证下做好清场工作，确保清场过程公开透明，做好证据保全，避免产生争议或冲突。租赁管理所、社区工作站、物业管理处等部门均可作为第三方参与见证，或者委托公证处进行现场公证。在清场过程中要做好全程录像，物品一一清点，记录在册。同时还要妥善保管滞留物品，并将物品存放地点、领取方式以书面方式通知承租人，以达到通知其领取且承租人未能领取时，损失扩大的责任由其自行承担的目的。

在司法实践中，法院认可出租人对房屋自行清场属于自力救济措施的参考案例如刘某、陈某英房屋租赁合同纠纷案，法院认为，“因刘某仍未主动清空并交还租赁房屋，陈某英、黎某华自行清空房屋并将刘某留存的物品存在租赁的仓库中，该行为属陈某英、黎某华合法实施的自力救济行为。刘某在合理期限内拒不腾空房屋，没有法律依据，由此产生的损失应由其自行承担。陈某英、黎某华代为清空房屋、储存物品所产生的费用，应由刘锐承担”。

三、出租人行使自力救济权时应当注意的相关事项

1.租赁合同要完善，为未来有可能因承租人违约而行使自力救济权留下合同依据。在合同中，除常规条款外，要特别注意以下几点：一是要明确承租人拖欠租金达到一定金额或相应天数时，出租人有权行使合同解除权；二是要明确出租人有权在承租人违约的情况下，对租赁房屋采取停水、停电、上锁限制、使用单方合同解除权收回房屋等措施；三是要明确合同解除后，承租人未能自行对滞留物品处置时，则视为其放弃并授权出租人代为处理；四是要明确双方的送达地址和送达方式，避免在自力救济措施下，承租人变动未收到出租人的任何通知，也可避免在进入司法程序后，承租人恶意不签收相关文书，导致法院采用公告送达方式而使审判期限延长。

2.在行使自力救济权时，要在专业法律人士的帮助下，谋定而后动，积极收集承租人违约的证据，及时履行相关通知程序，并给予承租人合理的宽限时间，在采取措施过程中还要把握必要的限度，避免冲突升级，造成双方损失扩大。

3.在租赁纠纷进入诉讼或仲裁程序后，出租人不应再采取任何自力救济措施。在上海银座信息技术有限公司与广州朗域实业有限公司上海分公司房屋租赁合同纠纷案中，银座公司在诉中肆意采取停电、强行收回等自力救济手段，使原本一起相对简单的纠纷，人为地加以复杂化，法院认为，“有关搬运费、视频录像费的请求，此系银座公司不当自力救济而发生的费用，应由其自行承担”。

4.出租人采取自力救济措施时，不得对承租人的物品造成破坏，还应采取适当的措施予以安置。同时，在承租人领取其遗留物品时，不应予以阻止、扣留；但在承租人拖欠租金，且租赁合同明确约定出租人对其物品享有留置权的情况下除外。例如，在田某兵与杨某萍、赖某强之间及深圳市京基房地产股份有限公司房屋租赁合同纠纷案中，法院认为，“对于物品损失，杨某萍、赖某强在双方提起诉讼前即自行清场，将商铺内物品直接堆放在露天的路边，对上述物品损失的发生具有过错，应当赔偿上述物品损失”。

房屋租赁与人们日常的切身利益息息相关，在实际中牵扯的问题相互交织，在双方出现纠纷的情况下，如果都选择诉讼，不仅将占用有限的司法资源，让法院疲于应对、不堪重负，同时也由于租赁房屋在诉讼期间产生空置，或者承租人以通过诉讼解决为由不再继续支付租金，将造成社会资源的严重浪费，给出租人造成经济损失和精神困扰。因此，出租人合理地选择运用自力救济权，及时、专业、妥善地处理小额、简单的房屋租赁纠纷，有利于尽快化解矛盾，缓解司法压力，节省公共资源，加速商业流转，减少租赁双方经济损失。

2021年第90期

竣工验收备案审核纠纷对建设主管部门的几点启示

谭娇玲　律师

一、基本案情

2014年3月原告黄某某等74人与第三人深圳市某置业有限公司（以下简称置业公司）分别签订了《深圳市房地产买卖合同（预售）》，购买置业公司开发的商品房，合同对所购房产的房号、面积、价款、付款时间、交房标准、交房时间及对应的违约责任进行了明确的规定。黄某某等74人依据买卖合同约定履行了付款义务。

2012年11月26日，涉案房屋项目的桩基工程和地下室、主体工程分别取得建筑施工许可，2014年7月23日，燃气工程取得建筑工程施工许可。置业公司就涉案房屋工程向深圳市住房和建设局（以下简称市住建局）申请竣工验收备案，并提交了相应材料。2015年2月4日，被告市住建局对涉案房屋工程出具了《深圳市建设工程竣工验收备案（回执）》，予以竣工验收备案。

当黄某某等74人收到置业公司的入伙通知书对房屋进行验收时，发现置业公司交付的房屋存在严重的质量问题，如厨房无烟道、厕所无下水道，无法实现居住目的。为此，黄某某等74人提起诉讼，请求法院依法撤销市住建局对置业公司涉案房屋出具《深圳市建设工程竣工验收备案（回执）》的备案行为。

二、原被告及第三人意见

（一）原告起诉意见

黄某某等74人认为市住建局负有对建设工程质量监督管理的法定义务，负责对建设工程竣工验收备案管理，对涉案房屋存在的质量问题不予确认，但其受理了置业公司就涉案房屋的建设工程竣工验收备案的申请，并准予备案，未履行对涉案房屋质量的监督职能，损害了黄某某等74人的合法权益。

（二）被告答辩意见

被告市住建局认为对涉案房屋项目进行竣工验收备案符合法律规定。其委托代理人提出：

1.涉案房屋工程竣工验收备案符合相关规定。2012年11月26日，涉案房屋项目的桩基工程和地下室、主体工程分别取得建筑施工许可，2014年7月23日，燃气工程取得建筑工程施工许可，根据相关规定，置业公司提交了相应资料就涉案房屋工程申请竣工验收备案，市住建局经审核后予以竣工验收备案。

2.竣工验收备案为告知性备案。根据国务院《关于取消第二批行政审批项目和改变一批行政审批项目的管理方式的决定》的规定，竣工验收备案为告知性备案，建设主管部门只作形式审查，不作实体审查，只要申请人提交的资料符合要求，主管部门应予以备案，置业公司在申请竣工验收备案时，提交了完备的资料，市住建局应予以办理。

3.黄某某等74人所提的房屋质量问题属建设工程保修制度的范畴。根据《深圳市建设工程质量监督管理条例》第4条、第6条、第12条的规定，市住建局作为市建设行政主管部门，依法具有对管辖范围内的建设工程履行质量监督的行政职责，委托深圳市建设工程质量监督总站（以下简称质监总站）具体实施，根据国务院制定的《建设工程质量管理条例》第2条、第3条的规定，建设工程质量由各参建单位负责。市住建局已依法对涉案项目发了施工许可证，由质监总站在施工许可范围内对涉案项目的施工及竣工验收程序进行监督，市住建局已依法履行建设行政主管部门的监督职责，且依法办理竣工验收备案手续，因此，黄某某等74人在竣工验收备案完成后以房屋存在质量问题为由，主张撤销竣工验收备案没有法律依据。根据《建筑法》第62条的规定、国务院制定的《建设工程质量管理条例》第39条的规定、《商品房销售管理办法》第33条规定，我国建筑工程实行质量保修制度，项目竣工验收后，由建设单位向房屋买受人承担保修责任，黄某某等74人主张房屋存在质量问题属民事诉讼管辖范围之列，与涉案房屋的竣工验收备案行为无关。

（三）第三人意见

第三人置业公司认为：（1）置业公司根据法律规定开发建设涉案项目，并严格按照法定程序办理了相关验收手续，取得了《深圳市建设工程竣工验收备案（回执）》；（2）置业公司按照合同的约定已如期交房，涉案的74户业主中已有69户办理了入住手续并开始使用涉案房屋；（3）黄某某等74人已对涉案房屋进行装修和改造。

三、法院认定与判决

深圳市宝安区人民法院经审理，将本案的争议焦点概括为“被告对涉案项目予以房屋建筑项目竣工验收备案行为是否合法”。国务院制定的《建设工程质量管理条例》第49条第1款规定：“建设单位应当自建设工程竣工验收合格之日起15日内，将建设工程竣工验收报告和规划、公安消防、环保等部门出具的认可文件或者准许使用文件报建设行政主管部门或者其他有关部门备案。”《深圳市建设工程质量管理条例》第59条第1款规定：“建设单位应当自房屋建筑工程竣工验收和消防、电梯、燃气等工程验收合格之日起十五日内，将竣工验收报告和有关合格证明文件或者准许使用文件报住房建设部门备案。”《建设工程质量管理条例》是现行有效的行政法规，《深圳市建设工程质量管理条例》是现行有效的较大市地方性法规，非经济特区法规。根据《立法法》第88条第2款的规定，行政法规的效力高于地方性法规、规章，故国务院制定的《建设工程质量管理条例》也应适用于本案。

本案中，置业公司在申请竣工验收备案时，除了提交房屋建筑工程竣工验收报告和消防、电梯、燃气等工程验收报告资料外，还应提交规划、环保等部门出具的认可文件或者准许使用文件，报建设行政主管部门办理备案手续。被告市住建局在办理备案的过程中未审查规划、环保等行政主管部门出具的认可文件，即向第三人办理了竣工验收备案，备案行为与上述法规的规定不符。鉴于涉案项目大部分业主已办理入伙手续，部分业主还办理了房地产证，若撤销该竣工验收备案将会对整个小区业主的共同利益造成重大影响。因此依照《行政诉讼法》第6条、第74条第1款、第76条的规定，确认被告市住建局于2015年2月4日作出的涉案房屋建筑项目竣工验收备案行为违法，责令被告采取相应的补救措施。

四、律师分析

(一)行政执法人员应该增强依法行政的意识

封建专制意识，官本位思想、特权思想，这些都是行政执法人员迈向依法行政的绊脚石。本案中，由于被告市住建局依法行政意识较薄弱，适用法律法规错误，违法向第三人置业公司办理了竣工验收备案，最终导致败诉的后果。《建设工程质量管理条例》是国务院制定的行政法规，《深圳市建设工程质量管理条例》则是深圳市制定的地方性法规，根据《立法法》第89条第2款的规定，行政法规的效力高于地方性法规、规章，市住建局在本案中应当适用上位法《建设工程质量管理条例》，而非下位法《深圳市建设工程质量管理条例》。

依法行政是行政法的基本原则，是指行政机关实施行政管理，应当依照法律、法规、规章的规定进行；没有法律、法规、规章的规定，行政机关不得作出影响公民、法人和其他组织合法权益或者增加公民、法人和其他组织义务的决定。深圳作为改革的前沿阵地，行政执法所面临的环境更为复杂，相应地，对行政执法人员的法律素养也提出了更高的要求。为此，行政执法人员应该增强依法行政的意识，提升行政执法水平，推进行政执法规范化建设。

(二)建筑工程竣工验收备案应合法有据

建筑工程竣工验收备案不具有行政监督管理的性质，仅是一种法律程序。根据《建设工程质量管理条例》《房屋建筑工程和市政基础设施工程竣工验收备案管理暂行办法》等,我国确立了建筑工程竣工验收备案法律制度的竣工验收备案,是指建设单位自工程竣工验收合格后,在法定期限内依法向建筑工程所在地的县级以上地方人民政府住房和城乡建设主管部门提交建筑工程竣工验收材料,住房和城乡建设主管部门验证文件齐全后,予以收讫备份在案,以供查考的行为,是建设行政主管部门对建设单位竣工验收这一行为作出的确认。

由此可知,竣工验收备案仍然属于行政行为的一种,但不具有行政监督管理的性质,对于建筑工程质量的监督管理,是在建筑工程的规划设计、施工、监理过程之中,由住房和城乡建设主管部门以建设用地规划许可、建设工程规划许可、施工许可等形式来实施的,另外,在建设过程中则是由建设监理单位和建筑工程质量监督机构对建设工程质量进行监督。竣工验收备案更多是作为一种法律程序体现的"正当性",建设行政主管部门在受理该类告知性备案时,只作形式审查,不作实体审查,基于此也应符合程序正当的基本要求,使备案行为体现其意义。本案中,被告市住建局在办理备案过程中未审查规划、环保等行政主管部门出具的认可文件,即向第三人办理了竣工验收备案,未能完全履行形式审查的义务。在行政执法实践中,行政机关往往在形式审查上过于粗放,没有意识到形式审查的程序价值,甚至把形式审查简单地定义为"收材料"。行政机关应明确竣工验收备案的应有之义,并予以严格执行。

(三)行政部门在法规适用上应审慎注意

深圳作为改革的腹地,不断探索和推进经济改革,为摆脱老旧规定对经济发展的束缚,通常会根据经济发展的状况灵活调整现有的法律规定,尽管绝大多数调整都是在法律范围之内进行的,但少数法规条例仍有待分析。本案中,《建设工程质量管理条例》是国务院制定,于2000年1月30日发布实施的行政法规,《深圳市建设工程质量管理条例》则是由深圳市制定,于2003年7月1日实施的地方性法规,其中《深圳市建设工程质量管理条例》的第59条第1款规定与上位法《建设工程质量管理条例》的第49条第1款规定相抵触,缩小了承担义务者即建设单位的履行义务范围。基于对深圳特区改革和涉案人员共同利益的全局性考虑，法院通常不会直接以法规条例的效力为由否定行政行为的合法性。但行政机关在今后的执法活动中，适用特区制定的法规条例时应持审慎态度，避免出现本案这种情况，维护好行政机关的公信力及法治形象。

2021年第91期

阿里巴巴被行政处罚案件的法律思考

冯　江　律师

2021年4月10日，国家市场监督管理总局公布了对阿里巴巴集团控股有限公司（以下简称阿里巴巴集团）滥用市场支配地位案的处罚决定。该决定认定阿里巴巴集团实施的“二选一”行为构成滥用市场支配地位，依法处以182.28亿元的罚款。该案引起了社会普遍的关注。

一、“二选一”行为的性质

经查，国家市场监督管理总局认定阿里巴巴集团在中国境内网络零售平台服务市场具有支配地位。自2015年以来，阿里巴巴集团借助市场力量、平台规则、数据算法和多种奖惩措施，对平台内商家提出“二选一”要求，禁止平台内商家在其他竞争性平台开店或参加促销活动，获取不正当竞争优势，排除、限制了相关市场的竞争，妨碍了商品服务和资源要素自由流通，侵害了平台内商家的合法权益，损害了消费者利益。

二选一是对电商平台独家交易协议等行为的通俗说法，一般是指电商平台通过各种手段阻止商家进驻其他电商平台的行为。虽然电商平台缺乏对消费者的控制力，但对商家具有锁定效应，因此，对商家或明或暗的“二选一”行为便成为电商平台经常采用的竞争手段。二选一包括合意性“二选一”和强制性“二选一”。合意性“二选一”是指平台和商家双方在互相尊重和完全自愿的情况下达成的独家交易协议，一般不涉嫌违法。强制性“二选一”是指电商平台利用自身的市场支配地位和手段迫使商家“选边站”的独家交易等行为。商家反映强烈的多是指强制性“二选一”，一般具有较大的违法嫌疑。《反垄断法》《反不正当竞争法》《电子商务法》等法律对“一选一”行为作出了规制。

二、《反垄断法》对“二选一”行为的规制

（一）相关市场的界定

尽管界定相关市场并非任何反垄断案件中竞争分析的必经程序，但是，根据国务院反垄断委员会发布的《关于相关市场界定的指南》的规定，界定相关市场对识别竞争者和潜在竞争者、判定经营者市场份额和市场集中度、认定经营者的市场地位、分析经营者的行为对市场竞争的影响具有重要的作用。所以，相关市场的界定是作为分析阿里巴巴集团“二选一”行为是否涉嫌滥用市场支配地位的起点。

1.相关商品市场。根据行政处罚决定书，受阿里巴巴集团“二选一”行为直接影响的主体有两类，一是竞争对手的其他电商平台，二是平台内选择受限的商家。如果是平台内商家的举报或诉讼，只涉及单边市场，相关商品市场界定为平台内商家主营商品的零售市场。如果是竞争对手的举报或诉讼，涉及双边市场，是同业竞争者，因而没有界定两边市场的必要，但只需界定其中一边市场，为不同类别商家提供的网络零售平台服务属于同一相关商品市场，故相关商品市场整体界定为网络零售平台市场。

2.相关地域市场。中国境内网络零售平台市场与境外市场不具有紧密替代关系，故相关地域市场界定为中国境内。

（二）市场支配地位的认定

市场支配地位是指经营者在相关市场内具有能够控制商品价格、数量或者其他交易条件，或者能够阻碍、影响其他经营者进入相关市场能力的市场地位。根据《反垄断法》第18条、第19条，《电子商务法》第22条及国家市场监管总局发布的《禁止滥用市场支配地位行为暂行规定》第11条的规定，认定电商平台经营者具有市场支配地位应重点考虑以下因素。

1.市场份额

《反垄断法》第19条规定，一个经营者在相关市场的市场份额达到1/2的，即可以推定该经营者具有市场支配地位。根据行政处罚决定书，2015—

2019年，阿里巴巴集团网络零售平台商品交易额在中国境内网络零售商品交易总额中，份额分别为76.21%、69.96%、63.58%、61.70%、61.83%，已经超过1/2。

2.网络零售平台市场竞争状况

相关市场竞争状况重点考虑的是现有竞争者的数量、市场份额、资金技术实力。根据行政处罚决定书，2015—2019年，中国境内网络零售平台服务市场的HHI指数、赫达尔—赫希曼指数分别为7408、6008、6375、5925、5350，CR4指数市场集中度指数分别为99.68、99.46、98.92、98.66、98.45，显示相关市场高度集中，同业竞争者数量较少。

3.对网络零售平台市场的控制能力

第一，阿里巴巴集团具有控制服务价格的能力。阿里巴巴集团在与平台内商家的商业谈判中，通常以格式合同方式，直接规定交易佣金费率和年度营销推广费支出水平，平台内商家谈判能力较弱。第二，阿里巴巴集团具有控制平台内商家获得流量的能力。其通过制定平台规则、设定算法等方式，决定平台内商家和商品的搜索排名及其平台展示位置，从而控制流量，对平台内商家的经营具有决定性影响。第三，阿里巴巴集团具有控制平台内商家销售渠道的能力。阿里巴巴集团经营的淘宝和天猫平台商品交易额在中国境内网络零售商品交易总额中占比超过50%，是商家开展网络零售最主要的销售渠道，与阿里巴巴集团签订“二选一”独家交易协议的商家数量之庞大可以作为衡量电商平台市场控制力的指标之一。

4.雄厚的财力和先进的技术条件

第一，阿里巴巴集团具有雄厚的财力。2015—2019年，阿里巴巴集团净利润年均增长率24.1%，市值从2015年12月的1.32万亿元增长至2020年12月的4.12万亿元，强大的财力可以支持其在相关市场及关联市场的业务扩张。第二，阿里巴巴集团具有先进的人工智能技术，并建立了相应的安全系统。阿里巴巴集团凭借进入网络零售平台服务市场的先发优势，积累了大量的平台内商家和消费者，拥有海量的交易物流、支付等大数据，大数据的规模效益具有递增效应，对比其他竞争性平台优势明显。

5.商家在交易上高度依赖阿里巴巴集团

第一，阿里巴巴集团平台对平台内商家具有很强的路径依赖、网络效应和锁定效应。证据表明，阿里巴巴集团平台拥有大量消费者用户，且平均消费水平远超其他竞争性平台。同时，其消费者用户黏性很强，跨年度留存率达98%。因此，阿里巴巴集团对平台内商家具有很强的跨边网络效应和锁定效应，商家的销售额高度依赖电商平台的庞大消费者群体和巨大流量。第二，阿里巴巴集团平台是品牌形象展示的重要渠道，经营者和消费者对其拥有很高的认可度。第三，平台内商家从阿里巴巴集团平台转换到其他平台的成本很高。平台内商家积累的用户和数据是重要资源和无形资产，难以迁移到其他竞争性平台。

6.网络零售平台市场的进入难度大

进入网络零售平台服务市场不仅需要投入大量资金建设平台，建立物流体系、支付系统、数据系统等设施，还需要在品牌信用、营销推广等方面持续投入，进入相关市场成本较高。与阿里巴巴集团建立“二选一”独家交易关系的商家越多，越能提高其商业吸引力，吸引更多的消费者从而增强其市场势力，而这种市场势力又更有利于电商平台与其他商家达成独家交易，最终导致市场发展成为“赢家通吃，一家独大”的局面。

7.阿里巴巴集团在关联市场具有显著优势

阿里巴巴集团在物流、支付、云计算等领域进行了生态化布局，为其网络零售平台服务提供了强大的物流服务支撑、支付保障和数据处理能力，进一步巩固和增强了阿里巴巴集团在关联市场的市场力量。

综上，市场监督管理总局根据《反垄断法》第18条、第19条的规定，认定阿里巴巴集团在中国境内网络零售平台服务市场具有支配地位。

（三）滥用市场支配地位行为的认定

“二选一”限制了市场交易行为，损害市场竞争秩序。本质上这是一种通过限制商家的选择权，来封锁、排斥竞争对手的行为，遏制在位竞争者的发展，影响潜在竞争者进入市场，阻碍了资源和信息自由流动，排除和限制了市场竞争。

"二选一"行为损害了其他竞争对手平台、商家和消费者的利益。互联网平台的商家有权同时在多个互联网电商平台开展经营活动,"二选一"使互联网电商平台的商家被迫放弃与其他电商平台合作,强迫商家放弃一部分经营利益。对消费者来说,无法通过单独一个电商平台获得足够的公平交易权和交易选择权。互联网电商平台之间的竞争被削弱,损害了消费者的福利。

行政处罚决定书阐明,国家市场监督管理总局认定阿里巴巴集团在中国境内网络零售平台服务市场实施"二选一"的行为违反《反垄断法》有关规定,构成滥用市场支配地位的行为。

三、《反不正当竞争法》对"二选一"行为的规制

《反不正当竞争法》第12条规定:"经营者利用网络从事生产经营活动,应当遵守本法的各项规定经营者不得利用技术手段,通过影响用户选择或者其他方式,实施下列妨碍、破坏其他经营者合法提供的网络产品或者服务正常运行的行为:(一)未经其他经营者同意,在其合法提供的网络产品或者服务中,插入链接、强制进行目标跳转;(二)误导、欺骗、强迫用户修改、关闭、卸载其他经营者合法提供的网络产品或者服务;(三)恶意对其他经营者合法提供的网络产品或者服务实施不兼容;(四)其他妨碍、破坏其他经营者合法提供的网络产品或者服务正常运行的行为。"

市场监管总局公布的2018年查处不正当竞争行为典型案例之一的浙江海盐查处嘉兴市洞洞拐网络科技有限公司利用网络技术手段妨碍竞争案,就是一个外卖平台利用技术手段迫使商家"二选一"的典型案例。其违反了《反不正当竞争法》第12条第2款第2项的规定,构成不正当竞争行为。因此,《反不正当竞争法》第12条是规制互联网领域"二选一"行为的有力武器。

四、《电子商务法》对"二选一"行为的规制

《电子商务法》第22条规定:"电子商务经营者因其技术优势、用户数量、对相关行业的控制能力以及其他经营者对该电子商务经营者在交易上的依

赖程度等因素而具有市场支配地位的，不得滥用市场支配地位，排除、限制竞争。”该条规定有利于解决认定电子商务经营者是否具有市场支配地位的困境，强调电子商务经营者不得实施滥用市场支配地位行为，同时起到宣示和引导作用。

《电子商务法》第35条规定：“电子商务平台经营者不得利用服务协议、交易规则以及技术等手段，对平台经营者在平台内的交易、交易价格以及与其他经营者的交易等进行不合理限制或者附加不合理条件，或者向平台内经营者收取不合理费用。”该条规定主要是对电商平台内中小商家的保护，避免电商平台滥用相对优势地位行为欺凌商家，同时也保护与电商平台交易的其他经营者。

五、规制“二选一”行为适用的法律和维权方式

（一）适用《反垄断法》和维权方式

受害者（包括商家、消费者等）可以依照《反垄断法》规定向反垄断执法机构举报，反垄断执法机构有权对电商平台涉嫌“二选一”行为立案调查，如果电商平台实施的“二选一”行为违反《反垄断法》，由反垄断执法机构责令停止违法行为，没收违法所得并处上一年度销售额1%以上10%以下的罚款。违反《反垄断法》的处罚责任较重。

受害者（包括商家、消费者等）可以直接向法院提起反垄断损害赔偿诉讼。《反垄断法》第50条规定经营者实施垄断行为，给他人造成损失的，依法承担民事责任。受害者更需要的是获得赔偿来弥补损失。但是，需要受害者证明电商平台的相关市场范围，证明涉嫌电商平台具有市场支配地位、实施了滥用市场支配地位的行为，证明“二选一”行为与损害赔偿之间的因果关系。对受害者来说，其处于弱势，举证责任较重，导致受害者在反垄断损害赔偿诉讼中，因举证不能而败诉的情形占大多数。因此，直接向法院提起反垄断损害赔偿诉讼，需要考虑诉讼风险。

受害者（包括商家、消费者等）向法院提起反垄断诉讼后继续提起损害赔偿诉讼。在电商平台“二选一”行为被反垄断执法机构行政处罚之后，提

起行政处罚后的后继损害赔偿诉讼。以往的诉讼实践中，由于行政处罚决定书所披露的信息有限，记载事项的范围存在争议，人民法院一般会认可行政处罚决定，但并不能减轻受害者的举证责任，尤其是损害赔偿的举证责任。因此，导致受害者在诉讼中因举证不能而败诉的情形不少。希望下一步市场监管总局与最高人民法院能够建立反垄断执法协调机制，使行政处罚与后继损害赔偿诉讼衔接机制逐步畅通，不断完善。

（二）适用《反不正当竞争法》和维权方式

与《反垄断法》相比，《反不正当竞争法》第12条的适用门槛较低，不需要证明涉嫌电商平台具有市场支配地位。与《电子商务法》相比，《反不正当竞争法》第12条适用范围更广，不限于电子商务领域，而是适用于所有互联网领域。因此，依据《反不正当竞争法》规制电商平台的“二选一”行为有着一定的优势。

受害者（包括商家、消费者等）可以向市场监管机构投诉举报，市场监管机构有权对电商平台涉嫌“二选一”行为立案调查，依照《反不正当竞争法》第24条规定予以处罚。

《反不正当竞争法》第12条对于“二选一”等行为的规制也有局限性，仅限于规制通过技术手段实施的互联网不正当竞争行为。在“二选一”的实施手段上，电商平台多数是通过下架商品，屏蔽店铺搜索降权，流量限制，中断、消减和拖延商家在平台上的交易等隐蔽技术手段迫使商家就范。对于商家而言还有可能是事前格式合同约定或者交易规则制定被“自愿”接受的，有可能超出“技术手段”范围。这导致市场监管机构的调查取证工作可能存在一定的困难。

《反不正当竞争法》另一不足之处是行政处罚责任较轻。其第24条规定，被认定为不正当竞争行为，由市场监管机构责令停止违法行为，处10万元以上50万元以下的罚款；情节严重的，处50万元以上300万元以下的罚款。

（三）适用《电子商务法》和维权方式

《电子商务法》第22为市场监管机构和人民法院提供了判断电商平台是否具有市场支配地位的依据，有利于解决认定电商平台的市场支配地位的困境。但是，不足之处是在适用时，需要转至适用《反垄断法》关于滥用市场支配地位的第17条、第18条和第19条规定。

虽然《反垄断法》第17条可以适用于所有领域的经营者，但需要以证明经营者具有市场支配地位为前提条件，门槛较高。《电子商务法》第35条适用主体仅限于在电子商务领域的经营者，鉴于证明滥用市场支配地位存在一定困难，《电子商务法》第35条可以在无须证明市场支配地位的前提下，对排除限制竞争行为进行规制，弥补了《反垄断法》的高门槛问题，《电子商务法》第35条为市场监管机构和人民法院提供了更加可行的判断标准。

受害者可以向市场监管机构投诉举报，市场监管机构有权对电商平台涉嫌"二选一"行为立案调查，依照《电子商务法》第82条规定予以处罚。但《电子商务法》不足之处同样是行政处罚责任较轻。

（四）适用法律和维权方式的选择

对于被迫"二选一"的电商平台内的商家，《电子商务法》《反不正当竞争法》都可以作为法律武器。受害者（包括商家、消费者等）可以依照《电子商务法》《反不正当竞争法》向市场监管机构举报，如果市场监管机构对电商平台予以行政处罚，受害者可以考虑提起行政处罚后的后续损害赔偿诉讼。与受害者直接向电商平台提起损害赔偿诉讼相比较，后续损害赔偿诉讼的风险比直接提起损害赔偿的诉讼风险小得多，不失为一种可选择的维权方式。但是，后续损害赔偿诉讼需要先经过行政调查和行政处罚程序，还有人民法院诉讼程序，存在行政程序风险和诉讼程序风险，程序烦琐，周期较长，这是其不足之处。

对于"二选一"造成竞争损害的经营者（包括竞争对手、其他经营者等），运用《反垄断法》可能是一个比较合适的反击手段。受到损害的经营者有权向市场监管机构（包括反垄断执法机构）举报，如果反垄断执法机构对电商平台予以行政处罚，受到损害的经营者可以考虑提起行政处罚后的后续损害赔偿诉讼。

对于"二选一"造成损害的广大消费者，在维权方式上，广大消费者可以依照《电子商务法》《反不正当竞争法》《反垄断法》向市场监管机构（包括反垄断执法机构）举报，如果市场监管机构对电商平台予以行政处罚，可以考虑提起行政处罚后的后续损害赔偿诉讼，广大消费者可以采用集体诉讼方式。消费者组织也可以考虑代表广大消费者提起行政处罚后的公益诉讼。

综上所述，受到损害的商家、消费者和竞争对手等如何选择适用《电子商务法》《反不正当竞争法》《反垄断法》以及选择不同的维权方式，以上方式各有利弊，需要根据具体案情综合考虑。

2021年第94期

读懂综合保税区与自贸试验区

——对大湾区涉外法律服务相关海关法律的解读与思考

封海滨　律师

综合保税区是目前海关特殊监管区域的主要形态和未来的单一形态。自由贸易试验区是新时期打造对外开放高地的新起点。粤港澳大湾区是广东省“十四五”规划带动全省更高水平参与国内国际双循环的主平台。〔1〕

海关特殊监管区的提质增效，是建设贸易强省、促进外贸发展的重要环节。与此对应，大湾区涉外法律服务，特别是货物和服务贸易进出口法律服务，离不开对海关特殊监管区域法律制度的把握和应用。本文对海关特殊监管区/综合保税区与自贸试验区、自贸区的区别与联系作整理和介绍，以期为广东省“十四五”规划下粤港澳大湾区涉外法律服务，提供海关法律方面的提示与参考。

一、海关特殊监管区与综合保税区

（一）海关特殊监管区的由来

海关特殊监管区是为了适应外向型经济发展要求设立并实施特殊进出口监管政策的区域，由海关实施监管，与境内其他区域之间设立符合海关监管要求的隔离设施。在海关特殊监管区制度发展过程中，先后出现过不同名称，如保税区、出口加工区、保税物流园区、跨境工业区、保税港区、综合保税区等。在政策和功能上，各区既有重叠，又有区别。仅从名称上看，有的非常相似，如“保税区”和“保税港区”仅有一字之差，但具体监管内容上往

〔1〕 参见《广东省国民经济和社会发展第十四个五年规划和2035年远景目标纲要》，粤府〔2021〕28号，2021年4月6日发布。

往区别很大。

(二)海关特殊监管区的整合

从2012年起,针对海关特殊监管区存在命名不统一、功能重合、政策重叠等问题,国务院开始推进海关特殊监管区域的整合。这个过程大体分为两个阶段,对应国务院出台的两个意见。

1.引导统一命名。2012年10月27日印发的国务院《关于促进海关特殊监管区域科学发展的指导意见》(国发〔2012〕58号)指出,国务院先后批准设立的保税区、出口加工区、保税物流园区、跨境工业区、保税港区、综合保税区等6类海关特殊监管区域,存在种类过多、功能单一、重申请设立轻建设发展等问题,要稳步推进整合工作,逐步将现有出口加工区、保税物流园区、跨境工业区、保税港区及符合条件的保税区整合为综合保税区。新设立的特殊监管区域原则上统一命名为"综合保税区"。

2.刚性统一命名。2015年8月28日国务院办公厅《关于印发加快海关特殊监管区域整合优化方案的通知》(国办发〔2015〕66号)印发。该通知要求逐步将现有出口加工区、保税物流园区、跨境工业区、保税港区及符合条件的保税区整合为综合保税区。新设立的海关特殊监管区域统一命名为综合保税区。此后,新设立海关特殊监管区域,从"原则上统一命名"的引导性要求,转变为强制性要求"统一命名",并且在整合功能、整合政策、整合管理方面提出了具体要求。

(三)综合保税区的"双高"开放和发展要求

2019年1月12日,国务院《关于促进综合保税区高水平开放高质量发展的若干意见》(国发〔2019〕3号)印发。该意见对促进综合保税区高水平高质量("双高")开放和发展提出了要求。

首次对综合保税区作了"五个中心"的权威定位,打造对外开放新高地,推动综合保税区发展成为具有全球影响力和竞争力的加工制造中心、研发设计中心、物流分拨中心、检测维修中心、销售服务中心。

明确海关总署的牵头地位。要继续做好牵头工作,进一步优化区域布局,发挥东部地区创新引领作用,促进中西部地区承接加工贸易产业转移,提高开放水平。

再次强调整合提升。要继续促进海关特殊监管区域整合提升，推动符合条件的各类型海关特殊监管区域优化为综合保税区。

明确综合保税区的龙头地位。承接自贸试验区改革试点经验，提出要支持综合保税区制度创新，率先全面复制推广自贸试验区相关改革试点经验。

二、自由贸易试验区与综合保税区

（一）自由贸易试验区：中国（广东）自贸试验区

作为我国全方位、高水平对外开放的新起点，以2013年9月18日中国（上海）自由贸易试验区总体方案发布为标志，自由贸易试验区成为中国对外开放的新引擎。此后，全国陆续批准设立了21个自贸试验区。中国自贸试验区分分布见表1。

表1 中国自贸试验区分布（截至2020年）

设立年份	设立数量	设立省级行政区域
2013	1	上海市
2015	3	广东省、福建省、天津市
2017	7	四川省、陕西省、重庆市、湖北省、河南省、浙江省、辽宁省
2018	1	海南省
2019	6	云南省、广西壮族自治区、江苏省、山东省、河北省、黑龙江省
2020	3	北京市、安徽省、湖南省

我国的自贸试验区与国际通行的自由贸易园区（Free Trade Zone，FTZ）概念一致，按照《关于简化和协调海关制度的国际公约》(《京都公约》)给出的定义，是指“一国的部分领土，在这部分领土内运入的任何货物，就进口关税及其他各种税而言，被认为在关境以外，并免于实施惯常的海关监管措施”。

建设自贸试验区是新时期全面深化改革、扩大开放的战略任务[1]，目标是通过大力简政放权和健全事中事后监管体系，为全面深化经济体制改革探索新路子。通过在局部地区率先扩大开放，为全国实施新一轮高水平对外开放进行压力测试，积累经验，建立健全相关制度。通过深化改革、扩大开放，打造动力更强、结构更优、质量更好的经济增长极，为全国经济结构调整和转型升级发挥示范和带动作用。面向世界，对标国际经贸规则和通行做法，探索“准入前国民待遇+负面清单”等新理念、新体制，为我国双边、区域自贸协定和投资协定谈判积累经验，为参与和引领国际规则制定奠定坚实基础。自贸试验区的核心在于制度创新，在自贸试验区内形成可复制、可推广的创新成果，打造对外开放的新高地。

2015年4月8日，《中国（广东）自由贸易试验区总体方案》印发，广东与福建、天津作为第二批成立自贸试验区的省份，进入自贸试验区“俱乐部”。根据国务院部署，广东自贸试验区突出促进内地与港澳经济深度合作，依托港澳、服务内地、面向世界，将自贸试验区建设成为粤港澳深度合作示范区、21世纪海上丝绸之路重要枢纽和全国新一轮改革开放先行地。

（二）海关法律体系下综合保税区与自贸试验区的关系

当我们步入广东自贸试验区的某一个片区，会有明显的标识。但是，除此之外，自贸实验与正常的城市空间并无不同，没有围墙、围网等物理隔离设施。自由贸易试验区虽然也是实行特殊监管制度的区域，但是与自贸试验区内的综合保税区相比，并不是一回事。

就二者关系而言，自贸试验区一定包括海关特殊监管区，以综合保税区为主。自贸试验区的地域空间范围大于综合保税区。自贸试验区不设卡口和围网，自贸试验区内的贸易监管制度创新，必须以作为海关特殊监管区（以综合保税区为主）为载体，实施“境内关外”（国境内关境外）的特殊进出口监管制度。自贸试验区全域绝大部分仍为“关内”（国境内关境内）。以广东自贸试验区为例，中国（广东）自由贸易试验区包括广州南沙新区、深圳前

---

〔1〕 参见《国务院关于自由贸易试验区工作进展情况的报告——2015年4月22日在第十二届全国人民代表大会常务委员会第十四次会议上》。

海蛇口、珠海横琴新区三个片区。按海关监管方式划分，广州南沙新区片区和深圳前海蛇口片区内的非海关特殊监管区域重点探索体制机制创新，积极发展现代服务业和高端制造业；广州南沙保税港区和深圳前海湾保税港区等海关特殊监管区域，试点以货物贸易便利化为主要内容的制度创新，主要开展国际贸易和保税服务等业务；珠海横琴新区片区试点有关货物贸易便利化和现代服务业发展的制度创新。〔1〕

由此可见，自贸试验区的地域范围内，包括海关特殊监管区域与非海关特殊监管区域。而自贸试验区中实施的制度创新，特别是以贸易便利化为重点的贸易监管服务制度创新，必须以具有物理隔离设施的海关特殊监管区域为载体，在海关特殊监管区范围内实行“一线放开、二线管住”的进出口贸易自由流通制度。

（三）自由贸易试验区与自由贸易区

与“自由贸易试验区”相近的另一个概念“自由贸易区”，两者非常容易混淆。

自由贸易区（Free Trade Area，FTA），是指双边或多边国家或地区之间，通过签订自由贸易协定形成的以最终实现贸易和投资自由化为目标的特定区域。2020年11月15日签署的《区域全面经济伙伴关系协定》是我国最新加入的自由贸易协定，涵盖了22亿人口（占全球将近30%）的市场、26.2万亿美元国内生产总值（占全球约30%）和将近28%的全球贸易，（基于2019年数据）生效后将形成史上最大的自由贸易区。商务部数据显示，截至2021年3月10日，我国签订或加入的双边、多边自由贸易协定或贸易安排数量为19个。

而自由贸易园区/试验区，指在某一国家或地区境内设立的实行优惠税收和特殊监管政策的小块特定区域，即前文述及《京都公约》所定义的FTZ，与我国目前设立的自由贸易试验区基本一致。二者的联系和区别如图1。

〔1〕 参见《中国（广东）自由贸易试验区总体方案》，国发〔2015〕18号，2015年4月8日公布。

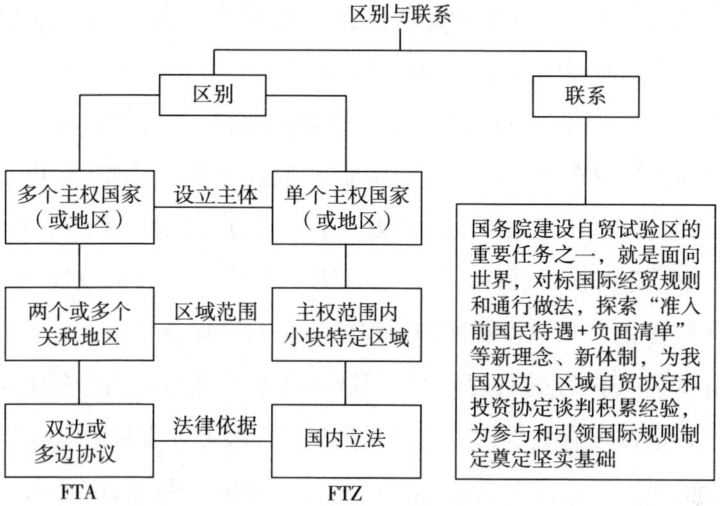

图1　自由贸易区（FTA）与自由贸易园区（FTZ）的区别和联系

中国对外自贸协定见图2。

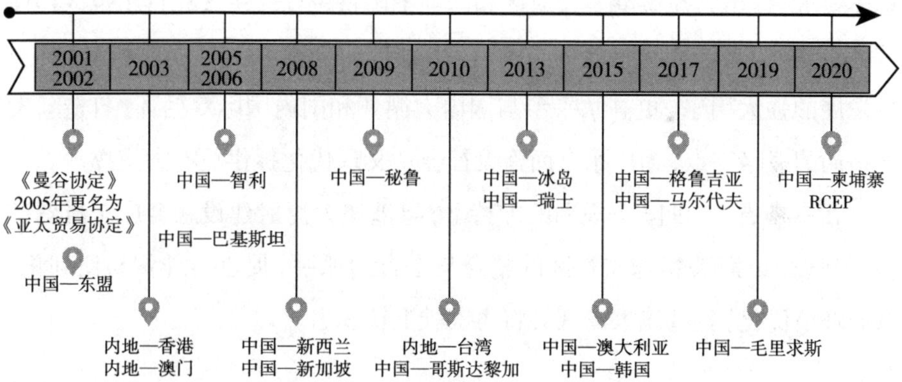

图2　中国对外自贸协定一览（截至2021年3月）

三、粤港澳大湾区和中国（广东）自由贸易试验

2019年2月18日，中共中央、国务院印发《粤港澳大湾区发展规划纲要》，提出继续深化改革、扩大开放。要加快制度创新和先行先试，建设现代化经济体系，更好融入全球市场体系。依托粤港澳良好合作基础，充分发挥深圳前海、广州南沙、珠海横琴等重大合作平台作用，为粤港澳发展提供新动能，为内地与港澳更紧密合作提供示范。该纲要专设篇幅对优化提升深圳

前海深港现代服务业合作区功能、打造广州南沙粤港澳全面合作示范区、推进珠海横琴粤港澳深度合作示范进行了部署。

对比《中国(广东)自由贸易试验区总体方案》,粤港澳大湾区发展与广东自贸试验区建设在三大片区的制度创新、监管优化上实现了聚焦融合。该方案确定的自贸试验区实施范围涵盖三个片区;广州南沙新区片区、深圳前海蛇口片区、珠海横琴新区片区。三个片区确定了各自的发展重点,在自贸试验区范围内广州南沙和深圳前海的海关特殊监管区域,试点以货物贸易便利化为主要内容的制度创新,开展国际贸易和保税服务等业务;珠海横琴新区片区试点有关货物贸易便利化和现代服务业发展的制度创新。在三个片区的发展和布局上,该方案与《港澳大湾区发展规划纲要》完全融合一致。

基于大湾区的独特优势,广东省“十四五”规划提出了“双区引领”的总体要求,提出紧抓粤港澳大湾区和深圳中国特色社会主义先行示范区建设重大机遇,以粤港澳大湾区为主平台,引领带动全省形成推动国家经济高质量发展的强大引擎,更高水平参与国内大循环和国内国际双循环,打造新发展格局的战略支点,为广东全面建设社会主义现代化提供更有力支撑。

在广东省“十四五”规划的加持下,粤港澳大湾区建设融合广东自贸试验区建设,以海关特殊监管区的整合与融合为抓手,促进对外贸易便利化、营商环境优化,粤港澳大湾区必将再次驶上快车道。

四、海关法律在大湾区涉外法律服务中的作用

综合国务院和海关总署发布的文件、公告,粤港澳大湾区由国务院批准的海关特殊监管区共有6类:保税区、出口加工区、保税物流园区、跨境工业区、保税港区、综合保税区。随着形势的发展,综合保税区成为政策引导的明确主流形态,并且将是海关特殊监管区未来统一整合后的单一形态。

根据海关总署统计数据,截至2020年12月,全国31个省、自治区、直辖市共有海关特殊监管区域160个。其中,保税港区2个,综合保税区147个,保税区9个,出口加工区1个,珠澳跨境工业区(珠海园区)1个。全国海关特殊监

管区域总规划面积超445平方公里。[1]

位于粤港澳大湾区的内地海关特殊监管区，共16个，具体见表2。

表2 粤港澳大湾区的内地海关特殊监管区

所在区域	特殊监管区名称
广州	广州南沙综合保税区
	广州白云机场综合保税区
深圳	深圳前海综合保税区
	深圳盐田综合保税区
	福田保税区
	深圳坪山综合保税区
黄埔	广州黄埔综合保税区
	广州保税区
	广东广州出口加工区
	东莞虎门港综合保税区
拱北	珠海保税区
	珠澳跨境工业区珠海园区
	珠海高栏港综合保税区
汕头	汕头综合保税区
	梅州综合保税区
湛江	湛江综合保税区

在上述海关特殊监管区中，又有部分属于中国（广东）自贸试验区的实施范围。

总结海关特殊监管区、综合保税区、自贸试验区、自贸区、粤港澳大湾区的内容，可以发现，这些概念和相应的制度，都与一个法律渊源有关，那就是《海关法》。

海关特殊监管区、综合保税区的直接法律渊源是海关法律，自贸试验

〔1〕 参见《全国现有海关特殊监管区域分布及名单（截至2020年12月底）》，载搜狐网2021年1月10日，https://www.sohu.com/a/443548628_468675。

区、自贸区、粤港澳大湾区的建设和发展，在贸易监管制度创新这个层面上，离不开海关法律。

作为大湾区涉外法律服务的一部分，无论是在营商主体层面上对外货物和服务贸易的准入评估、营商保障、争议解决，还是监管主体层面上相关制度创新的法律论证和评估，都必须对相应的海关法律制度有全面、准确地把握和应用。

海关法律服务领域的法律人才和服务机构也需要加大对粤港澳大湾区对外贸易监管制度现状和发展的创新研究，从理论和实务上更好、更有效地为大湾区涉外贸易法律服务贡献智慧和力量。

2021年第94期

华澳信托民事赔偿案的法律思考

——基于刑民交叉视角和程序法的展开

安　健　律师

陈　铭　律师

陈凯君　律师

一、案情概述

2013年，陈某志等人为骗取投资人的钱财，先伪造杭州保障房项目及相关文件，后在上海设立多家有限合伙企业，并安排其任职法定代表人的杭州某公司担任合伙企业普通合伙人。随后，通过上述合伙企业与华澳信托公司签订“华澳·浙江联众贷款项目单一资金信托合同”，诱骗投资人购买，涉案金额共计2.8亿元，并通过信托通道业务款项打到犯罪分子关联公司的账户。期间，华澳信托受犯罪分子所托，出具了一份《项目风险排查报告》，认定项目风险可控。而后投资人的钱财被陈某志等转移且挥霍一空。2015年公安机关以集资诈骗罪、非法吸收公众存款罪立案侦查，上海市第一中级人民法院于2018年判决上述被告人构成集资诈骗罪、非法吸收公众存款罪，该案业已生效。但由于上述涉案钱款多数已被犯罪分子转移并挥霍殆尽，导致投资人的2.3亿元款项难以通过刑事追赃得到赔偿。在该案审理过程中，25名该项目投资人以被害人身份委托律师参与了相关诉讼过程。

该刑事案件审结后，涉案投资人（该刑事案件被害人）委托律师以原告身份起诉华澳信托，要求华澳信托承担相应的民事赔偿责任。该民事案件经上海市浦东新区人民法院一审、上海金融法院二审后，法院最终认定华澳信托在有关被动型信托事务管理过程中存在多处重大过错情形，并据此判定华澳信托对原告在不能获得刑事赔偿的范围内承担不超过20%的补充赔偿责任。

该案从民事起诉到审理乃至判决的最终生效，是一起与刑事案件相关联的民事赔偿案件。由于案涉的华澳信托属于金融机构，在当前资本金融市场依法监管日渐趋严的大背景下，该案引起不少业界同人的关注。有关的审理和判决将会在未来一段时间内成为资本金融市场的相关机构承担相应法律责任的风向标，值得我们认真思考。本文尝试从刑民交叉的角度，对华澳信托民事赔偿案件作以下梳理。

二、问题的提出

（一）关于法院受理华澳信托民事赔偿案件是否违反一事不再理原则

一事不再理原则特指基于同一个事实的案件不能经历两次裁判，其目的是保证法院审判活动的稳定性和保障诉讼效率。我国最高人民法院发布的《关于适用〈中华人民共和国民事诉讼法〉的解释》（以下简称《民事诉讼法解释》）明确规定了“禁止重复起诉”的要件，这是一事不再理原则在民事诉讼领域的重要体现，而在刑事领域，虽未以明文规定这一原则，但从保障公民的人权角度出发，一事不再理原则理应同样适用。近年来与经济犯罪有关的民商事案件大幅度增加，刑事和民事案件事实复杂交织，利用单一的刑事或民事法律关系分析已不能穷尽案件事实，因此，如何在刑民交叉案件中理解与适用一事不再理原则，是不能回避且要解决的首要问题。

以华澳信托的系列民事赔偿案件为例，投资人在前述刑事案件中以被害人的身份参加了庭审，同时在本系列民事案件中，又以民事原告的身份起诉被告华澳信托。这一做法是否违反了一事不再理的基本法律原则呢？

从最高人民法院发布的《关于审理民间借贷案件适用法律若干问题的规定》第5条[1]及最高人民检察院、公安部发布的《关于办理非法集资刑事案件若干问题的意见》关于集资参与人权利保障问题的相关

---

〔1〕 最高人民法院发布的《关于审理民间借贷案件适用法律若干问题的规定》第5条规定：“人民法院立案后，发现民间借贷行为本身涉嫌非法集资等犯罪的，应当裁定驳回起诉，并将涉嫌非法集资等犯罪的线索、材料移送公安或者检察机关。公安或者检察机关不予立案，或者立案侦查后撤销案件，或者检察机关作出不起诉决定，或者经人民法院生效判决认定不构成非法集资等犯罪，当事人又以同一事实向人民法院提起诉讼的，人民法院应予受理。”

规定[1]来看，如果刑案和民案的当事人是相同的，且审理的相关事实是同一事实，则人民法院在受理相关案件时应当严格依照一事不再理原则作出不予受理或驳回起诉的裁定。值得注意的是，在该刑事案件中，华澳信托只是作为被犯罪分子利用的工具并未被公诉机关列为该集资诈骗、非法吸收公众存款案件的共同被告人。民事案件审理的核心是华澳信托在本次信托业务活动中的过错问题，与刑案被告人陈某志的犯罪活动并非同一事实。

基于此，笔者认为本案并未违反一事不再理。

（二）关于相关案件审理程序当中的先刑后民、刑民并行、先民后刑问题

通常而言，在法院涉及刑民交叉的案件时，主要有先刑后民、刑民并行、先民后刑等几种做法，其中先刑后民是主导原则。在华澳信托民事赔偿案件中，在前述刑事案件审结之后，投资人与华澳信托之间的系列民事赔偿案件陆续开庭审理，法院在审理程序上适用的是先刑后民的审理程序。

究其原因，以笔者通过检索获得的投资人顾某群起诉华澳信托民事赔偿案件的判决书为例，上海市浦东新区人民法院相关一审民事判决书显示，在顾某群向法院提交的30项证据中，有不少属于刑事案件的相关证据材料，其中包括涉案数名被告人的讯问笔录、华澳信托员工的相关询问笔录、华澳信托向公安机关递交的情况说明、相关司法会计鉴定意见、起诉书等。以上刑案证据材料，系该民事案件中法院认定华澳信托在办理信托业务时存在重大过错的核心证据。显然，法院要查明华澳信托在办理该信托业务时是否存在过错情形，必须要依据相关刑事案件的证据材料加以判定。在这种情形之下，法院审理相关的系列民事赔偿案件，在审理程序上适用先刑后民的原则，是非常合适也是必要的。

为了进一步加强对资本证券金融市场的治理整顿，维护好投资人的合

---

〔1〕 最高人民法院、最高人民检察院、公安部发布的《关于办理非法集资刑事案件若干问题的意见》第10条第2款规定："人民法院、人民检察院、公安机关应当通过及时公布案件进展、涉案资产处置情况等方式，依法保障集资参与人的合法权利。集资参与人可以推选代表人向人民法院提出相关意见和建议；推选不出代表人的，人民法院可以指定代表人。人民法院可以视案件情况决定集资参与人代表人参加或者旁听庭审，对集资参与人提起附带民事诉讼等请求不予受理。"

法权益，最高人民法院在《全国法院审理债券纠纷案件座谈会纪要》文件中明确取消了把相关机关的行政处罚或者生效刑事判决作为当事人提起民事赔偿诉讼的前置程序。基于上述的文件和指引，在未来一段时间内，法院在审理程序方面，则会逐渐从先刑后民原则调整为刑民并行或者先民后刑的审理程序。

取消了前置程序，对于广大的投资人而言，通过及时提起诉讼维护自身的合法权益，无疑是非常有益的。另外，正如之前列举的顾某群民事赔偿案所提到的那样，由于信息不对称等原因，投资人等原告要举证证明被告在从事相关民事活动中是否存在过错，过错大小以及与造成损失之间的关系等，在证据方面往往要高度依赖行政监管机关的调查结论或者法院的刑事判决认定的事实。可以想见，由于当事人提交的证据有限，难以举证。如此一来，虽然投资人能够比较快地通过民事立案的方式维护自身的合法权益，但是通过相关的实体审理和获得赔偿，则会耗时不短。这也提醒我们在办理相关的民事赔偿诉讼案件时，需要认真梳理案件证据材料，必要时及时申请法院调查取证。

（三）关于华澳信托民事赔偿案件当中的证据认定和转化问题

同样以顾某群民事赔偿案为例，从一审民事判决书来看，原告为证明其诉请提供了不少来源于刑事案件的证据。同时，原告顾某群的代理律师均为前述刑事案件受害人的代理律师，上述证据材料是直接从之前代理的刑事案件卷宗材料中经过筛选作为民事赔偿诉讼案件的证据提交的还是申请法院调取的，这里溯及到民事证据的认定以及与刑事证据之间的转换问题。

我国现行法律法规及司法解释中关于证据的转化仅规定了行政机关收集的证据向刑事证据的转化情形，同时还规定该种证据转化还需要满足法庭查证属实、收集程序合法的条件，即证据的转化要同时兼顾证据的合法性、客观性。但我国相关法律法规未提及刑事证据和民事证据的转化问题，那么涉及刑事案件的证据材料，我们是否可以简单地依据刑事证据具有更高的证明标准从而认为相关刑事证据可以不经过质证直接作为民事诉讼的证据使用还存在疑问。具体到顾立群案中在原告律师向法院提交了包含多项刑事诉讼证据的材料之后，在庭审中，被告华澳信托对以上证据材料逐项进行了质证，法院也在相关证据材料经过双方质证后通过审理查明的方式对双方提交的证据进行了确认。由此可见，相关刑事案件的证据材料应当需要双方质证。《民事诉讼法解释》第103条第1款规定："证据应当在法庭上出示，由当事人互相质证。未经当事人质证的证据，不得作为认定案件事实的根据。"由此可以得知质证是庭审必经环节，除非该事实是《民诉法司法解释》规定的免证事实，即使刑事证据有更高的证明标准，在民事案件中也需要质证。

除此之外，本案还涉及证据收集程序是否合法的问题。根据《关于适用〈中华人民共和国刑事诉讼法〉的解释》第55条及《律师办理刑事案件规范》第37条的规定，相关的刑事证据是需要严格保密的。

由于投资人顾某群的代理律师为刑民两案的代理人，并且参加了全部的庭审活动，因此，我们合理地认为，律师是有该刑事案件的全部卷宗材料的，如果上述民事赔偿案件原告提交的证据材料，是由律师直接从刑事案件的卷宗材料当中经过筛选作为民事赔偿案件的原告证据向法院提交的话，那么就可能存在是否合法合规的问题。如果以上证据材料是向法院申请，法院依职权调取获得的，那么基于资本证券金融市场的刑事案件卷宗材料数量庞杂，是全案调取还是选择性调取？再加之此类案件往往投资人人数众多，如果都要求申请法院调取相关刑事诉讼的材料，事实上就可能造成刑事案件卷宗材料的被动扩散。因此，如何协调此类刑民交叉案件当中刑事证据与民事证据的认定和转换问题，也是一个亟待解决的实务问题。

(四)关于刑事生效判决的财产刑执行与民事生效裁判的执行衔接问题

仍以顾某群诉华澳信托民事赔偿案件为例，依据已经生效的上海两级法院的民事裁判结果，华澳信托应在民事判决生效之日起10日内对顾某群根据相关刑事判决通过追赃程序追索不成的损失范围内承担相应的补充赔偿责任。华澳信托对不超过损失款项20%的部分承担补充赔偿责任。由此引出一个问题，刑事赔偿以什么时间作为终了的计算时日？因为如果不能够确定刑事生效判决的财产刑执行终了之日，就无法启动申请华澳信托承担补充赔偿责任的民事执行。

顾某群案确定的补充责任，突破了刑事追赃尚未完成的情况下如何确定相应的民事赔偿金额的局限，具有开创性的意义。如果被害人的财产损失在刑事诉讼过程中不能够得到全额的补偿，则有权通过相应的民事诉讼获得全部或者部分的赔偿，这对维护被害人的合法权益具有正面意义。

但在执行问题上，申请人向上海市浦东新区人民法院申请强制执行时，因有关的刑事追赃程序仍在持续当中，相关金额仍不能确定，人民法院认定顾某群申请民事执行的条件还不具备，并驳回其执行申请。这就导致此类具有刑民交叉因素的民事赔偿案件在涉及民事执行的实务操作中存在一个较大的难题，如果相关刑事案件裁判的追赃执行没有终了，则民事裁判执行就变得遥遥无期。

最高人民法院发布的《关于刑事裁判涉财产部分执行的若干规定》第3条规定，“人民法院办理刑事裁判涉财产部分执行案件的期限为六个月。有特殊情况需要延长的，经本院院长批准，可以延长”，最高人民法院发布的《关于严格执行案件审理期限制度的若干规定》第5条第1款规定，“执行案件应当在立案之日起六个月内执结，非诉执行案件应当在立案之日起三个月内执结；有特殊情况需要延长的，经本院院长批准，可以延长三个月，还需延长的，层报高级人民法院备案”，刑事追赃往往需要历经几个时间段。首先，人民法院刑事审判部门将相关材料移送至执行机构，执行机构何时立案，法条仅表述为“及时”二字，法律并未明确具体期限；其次，立案后办理刑事裁判涉财产部分执行案件的期限为6个月，经本院院长批准，可以延长，但对于具体延长的期限没有规定，参照适用民事执行的有关规定，即经本院院长批准，可以延长3个月，还需延长的，层报高级人民法院备案，这一规定对延长的期限和延长的次数均未作出明确规定，这会导致实践中刑事裁判涉财产部分结果的得出变得遥遥无期。

如何破解有关此类刑事判决的财产刑执行与民事裁判执行的衔接问题？笔者通过检索有关刑事裁判涉财产执行案件的情况，发现一些刑事执行法院在发现被执行人无可供执行的财产时，会出具结案通知书，以此作为执行终结的依据。例如，浙江省绍兴市中级人民法院对陈某集资诈骗罪一案作出的结案通知书显示，因被执行人无其他财产可供执行、申请执行人书面同意而终结本次执行。该刑事一审判决作出的日期是2015年8月，执行结案通知书显示执行的是一审判决，即本案被告人未上诉，该案于2016年2月立案，于2017年10月底执行终结，从判决之日至执行终结，历时两年多。参照该案的执行处理方式，在华澳信托的相关民事赔偿案件中，负责刑事执行的法院在依法不能查获被执行人的财产时，可以及时终结本次执行，以便投资人可以及时通过民事执行的方式获得相应的民事赔偿。

三、结语

一方面，华澳信托民事赔偿案经过上海两级法院的审理，最终确认由华澳信托对顾立群等投资人在刑事赔偿不能的范围内承担不超过20%的补充赔偿责任，这一判决的生效为今后类似案件如何站在投资人的角度维护被害人的权益提供了一个新的思路和救济途径。

另一方面，华澳信托民事赔偿案作为具有比较浓厚刑民交叉色彩的民事案件，和一般的民事赔偿案件相比，无论是在案件的审理还是在案件的执行过程当中，和普通的民事案件审理执行以及纯粹的刑事案件的财产刑执行差别比较大。基于此，涉及资本证券金融市场的刑民交叉案件也需要做进一步的深入分析和研究。

2022年第95期

临时建筑认定及程序适用问题研究

——以《深圳经济特区规划土地监察条例》为例

姜 迪 律师

临时建筑认定及程序适用问题，在理论界和实务界均有争议。深圳作为改革开放的窗口，在土地资源日益稀缺且违法建筑数量较多的局面下，执法部门面临着前所未有的挑战。本文试图从《深圳经济特区规划土地监察条例》[1]制定及修订的背景出发，结合具体条文和查违实践两个方面进行分析，以期对临时建筑进行一个全面清晰的认定，同时对违法临时建筑适用的特殊程序进行深入探讨。

一、《深圳经济特区规划土地监察条例》的历史沿革

1992年7月1日，七届全国人大常委会第二十六次会议依据《第七届全国人民代表大会第二次会议关于国务院提请审议授权深圳市制定深圳经济特区法规和规章的议案的决定》，授权深圳市人民代表大会及其常务委员会根据具体情况和实际需要，遵循宪法的规定以及法律和行政法规的基本原则，制定法规，在深圳经济特区实施，并报全国人民代表大会常务委员会、国务院和广东省人民代表大会常务委员会备案；授权深圳市人民政府制定规章并在深圳经济特区组织实施。

---

〔1〕 根据深圳市人民代表大会常务委员会于2021年7月6日发布的《关于暂时停止适用〈深圳经济特区城市管理综合执法条例〉〈深圳经济特区规划土地监察条例〉有关规定的决定》，暂时停止适用《深圳经济特区规划土地监察条例》第4条第1款中“市、区两级执法的工作机制”和第2款、第12条第2项至第4项、第13条、第18条、第55条第2款的规定。暂时停止适用上述有关规定的期限为3年。暂时停止适用期间，街道城市管理综合执法工作和规划土地监察工作按照市人民政府有关完善街道综合行政执法体制机制的规定执行。实践证明可行的，应当修改完善有关法规规定；实践证明不宜停止的，恢复施行有关法规规定。

1995年，深圳市第二届人民代表大会常务委员会颁布实施《深圳经济特区规划土地监察条例》。该条例比《行政处罚法》更早出台，条例的体例及条文均是结合当时规划、土地管理的背景进行的创新，也是深圳经济特区率先在规划土地监察立法方面的实践和探索。

在《城乡规划法》(《城市规划法》废止之后的名称)、《土地管理法》、《行政处罚法》、《行政强制法》等国家法律出台之后，深圳市人大常委会结合深圳的实际情况，对条例逐步完善，监察条例至今已进行了五次修正或修订（2001年、2005年、2014年、2017年、2019年）。

虽然该条例经过多次修订，但体例基本不变。《深圳经济特区规划土地监察条例》修订的内容为对各个章节之下法条的全面和细化，不仅规定了市级—区级—街道执法的层级职责和管辖，亦详细规定了执法机关处理规划违法行为的具体办案流程。

其中，在2005年的修正中，该条例第2条明确规定，规划土地监察的活动由城市管理综合执法部门行使，同时该条例授权城市管理综合执法部门对违法建筑强制拆除的权力，并规定了组织强制拆除的程序。

2010年以来，市规划土地监察支队及各区（新区）规划土地监察大队（市规划土地监察局及各区规划土地监察局的前称）相继成立，在明确职能主体、保证工作连续性的基础上，初步确立了“两级执法、多级管理、部门联动、共同责任”“条块结合、以块为主”的规划土地监察工作新体制。但在日益紧迫的工作形势下，基层执法机构体制尚未健全，违法建筑尤其是抢建、临时建筑等数量增多，查处难度增大，规划土地监察体制改革和机制创新工作亟待完善落实。

2014年的修订，就是在总结2010年直属于深圳市规划和国土资源委员会的深圳市规划土地监察支队挂牌成立的实践基础上进行的，进而推动了深圳规划土地监察体制环境的完善和健全。此次修订，规划国土部门又重新参与到规划土地监察执法工作中，并作为规划土地监察工作统筹主导的核心部门。同时，此次修订还创造性地规定了径行拆除制度、张贴送达制度以及针对深圳经济特区内未经批准或者未按照批准内容进行建设及超过批准期限未拆除的临时建筑物、构筑物、设施的处理方法,《深圳经济特区规划土地监察条例》增加了第35条的规定,专门设置了查处违法临时建筑的特殊程序。

二、临时建筑的认定

对于何为临时建筑,在理论界和实务界均有争议。在立法层面,《城乡规划法》及《深圳经济特区规划土地监察条例》虽然将违法建筑分为永久性违法建筑和临时违法建筑两类,且对调查程序和处理结果已作了相应规定,但没有对临时建筑的概念进行界定。

目前,在深圳市的规定中,《深圳市临时用地和临时建筑管理规定》从肯定和否定两个方面对临时建筑作了规定。其中,第2条第2款对何为临时建筑作了具体规定,临时建筑是指单位和个人因生产、生活需要搭建的结构简易并在规定期限内必须拆除的建筑物、构筑物或其他设施。也就是说符合临时建筑需要满足三个条件:一是生产、生活需要;二是结构简易;三是在规定期限内必须拆除。第14条则明确规定临时建筑不得采用现浇钢筋混凝土等永久性结构形式。该条与前述临时建筑需要满足的后两个条件——结构简易和在规定期限内必须拆除相对应。

另外,住房和城乡建设部发布并于2010年7月1日起施行的《施工现场临时建筑物技术规范》(JGJ/T188—2009)"3基本规定" 部分亦对临时建筑作了相关规定,其中3.0.7规定,临时建筑不宜采用钢筋混凝土楼面、屋面结构;严禁采用钢管、毛竹、三合板、石棉瓦等搭设简易的临时建筑物;严禁将夹芯板作为活动房的竖向承重构件使用。该规定相较《深圳市临时用地和临时建筑管理规定》第14条的规定更加明确和细化。

在查违实践中,关于违法建筑是否属于临时建筑的情形,一般由行政机关根据现场勘验、调查笔录等予以认定。对材料简易或层数为两层以下以及一些构筑物的加建认定为临时建筑。

整个查违实践证明,快查快拆机制是治理违建的有效手段。一旦违建建成,若要通过拆除、没收、罚款等手段进行事后惩戒,一是难以执行,二是易造成不良社会效果。因此对于行政机关对临时建筑的认定,除明显为永久性建筑外,法院的司法审判中一般不做实质性审查。

三、违法临时建筑适用的特殊程序

根据《行政处罚法》的规定,行政处罚的程序分为简易程序和普通程序。其中,简易程序适用的条件为违法事实确凿并有法定依据,对公民处以200元以下、对法人或者其他组织处以3000元以下罚款或者警告的行政处罚。除简易程序外,其他行政处罚均适用普通程序。

而《深圳经济特区规划土地监察条例》作为特区法规,在第35条规定了"对未经批准或者未按照批准内容进行建设的临时建筑物、构筑物、设施以及超过批准期限未拆除的临时建筑物、构筑物、设施"的责令限期拆除程序。这一程序是区别于简易程序与普通程序之外的特殊程序。

首先,《深圳经济特区规划土地监察条例》第35条是对临时建筑物进行限期拆除的程序规定,限期拆除不属于《行政处罚法》中简易程序适用的上述任何一种情形。因此,从立法本意和目的来看,《深圳经济特区规划土地监察条例》第35条规定的程序不属于简易程序。

其次,若查处违法临时建筑物按照《行政处罚法》规定的普通程序进行,这与违法临时建筑物的纠正程序应当及时、高效的原则相违背,亦不符合查违工作的实际,《深圳经济特区规划土地监察条例》第35条将形同虚设。如前所述,"限期拆除"这一行政行为不符合行政处罚简易程序的条件,若要按照《行政处罚法》的普通程序执法,则在行政机关作出行政处罚决定之前,应当依法告知当事人享有陈述、申辩以及要求举行听证的权利,当事人申请听证的,按照听证的有关规定办理。但在执法实践中,若临时建筑的执法程序耗时太长,可能出现处罚程序还未结束、决定还未作出但违法临时建筑已经自行拆除的局面,造成立法与实践的脱节,亦不符合《深圳经济特区规划土地监察条例》第35条的立法原意。

再次,《深圳经济特区规划土地监察条例》第35条的适用并不以违法建筑物存在"规模很小、结构简单、权益影响不大"等特征为前提,而是针对未经批准或者未按照批准内容进行建设以及超过批准期限未拆除的临时建筑物、构筑物、设施。即使违法建筑物规模很大、结构复杂、权益影响较大，只要属于临时建筑，亦应按照《深圳经济特区规划土地监察条例》第35条规定的特殊程序进行限期拆除。

最后，实施临时违法建筑拆除的前提是规划土地监察机构已经发出《限期拆除通知书》，而无须按照行政处罚程序发出《行政处罚决定书》，且临时违法建筑的拆除程序不同于永久性违法建筑的查处程序，因此，不能照搬关于永久性违法建筑查处的有关程序性规定。

综合以上分析，并结合查违工作的实践，“限期拆除”既不能适用行政处罚的简易程序，亦不能适用行政处罚的普通程序。从《深圳经济特区规划土地监察条例》第35条的立法本意出发，该法条是根据深圳经济特区规划土地监察部门自身情况和需要制定的针对违法临时建筑物的特殊程序。

2022年第96期

操纵证券、期货市场案件中“对敲”行为的刑法规制与律师实务

洪 灿 律师

莫丽冰 律师

使用对敲手法牟利是期货交易市场的一种违规操作行为。期货交易员作为公司指定的下单人，利用其掌握的公司账户进行对敲等违规操作，给期货公司及期货市场管理秩序带来巨大伤害，《证券法》第55条、《刑法》第182条将该类行为界定为操纵证券、期货市场的不法行为并予以明令禁止。因此，分析期货交易员实施“对敲”牟利行为的刑事法律规制具有现实意义。

近日，笔者团队经办了一起期货交易员使用对敲手段牟取个人利益引发的刑事案件，在侦查阶段为犯罪嫌疑人成功办理了取保候审。

现笔者就期货交易员实施的“对敲”牟利行为应当如何进行刑事法律规制的律师实务问题，并结合办案过程中的法律思考提出以下粗浅的法律分析，供金融证券领域从业者和律师同行参考。

一、期货交易员使用“对敲”牟利行为的法律界定

使用对敲手法牟利的行为表现为：行为人为谋取个人利益，在不活跃的合约上，利用公司的账户和自己实际掌握的账户进行对敲交易，在大致相同的时间内进行价格或数量相近、方向相反的交易，买卖价格不是根据市场供求关系，而是由自己随意决定，人为地干预期货交易的价格，导致公司账户高买低卖，不断亏损，自己账户高卖低买，不断盈利。

对敲牟利行为是一种发生在期货交易市场的特定违规模式。根据《期

货交易管理条例》第70条的规定，这种违规模式“以自己为交易对象，自买自卖，影响期货交易价格或者期货交易量的”作为行为特征。在期货交易市场中，对敲行为一般都具有欺诈性，是由行为人同时控制两个账户并按照行为人设定的价格来达成特定期货合约的买卖，又或者行为人串通他人按照事先约定的价格达成特定期货合约的买卖。

有的对敲行为是为了牟取个人的非法利益，有的对敲行为是为了欺骗期货交易市场的公众或第三人以使公众或第三人跟进市场。我国《刑法》并没有就欺诈性期货交易做专门规定。从目前司法实践来看，实施对敲行为牟利的期货交易员有可能涉嫌职务侵占罪或操纵期货市场罪。

在具体的司法实践中，我国目前刑法上如何对实施对敲行为的期货交易员进行规制？下文将结合案例论述分析。

二、实施“对敲”牟利的期货交易员是否涉嫌职务侵占罪

（一）案例简介

2014年7月，被告人王某被聘任为湖北某股份有限公司（以下简称某公司）交易部经理从事期货交易操盘工作，按公司指令进行棉花合约交易。2015年11月至2016年3月，王某在郑州期货市场内的CF603、CF607和CF611三个期货合约上通过其个人期货账户与其掌控的公司在郑州商品交易所的多个期货账户多次进行对敲交易。被告人王某共获利225 700元，造成某公司经济损失83 050元。某公司发现交易异常后，到公安机关报案。2016年9月8日，王某因涉嫌犯职务侵占罪被刑事拘留。武汉市江岸区人民检察院指控被告人王某犯操纵期货市场罪，于2017年5月17日向法院提起公诉。〔1〕

（二）案例解析

从王某案件的罪名变化来看，司法实践中办案单位对于“对敲”行为的定性看法并不一致。被害公司针对王某“对敲”牟利的行为，是以王某构成职务侵占罪进行控告的，公安机关以职务侵占罪这一罪名进行刑事立案并对

---

〔1〕 参见湖北省武汉市江岸区人民法院民事判决书，（2017）鄂0102刑初629号。

王某刑事拘留。但此案罪名定性在检察院及法院阶段发生了变化，检察院变更了公安机关的立案罪名，以操纵期货市场罪指控王某。

那么，期货交易员实施的“对敲”牟利行为，是否构成职务侵占罪，还是同时触犯职务侵占罪和操纵期货市场罪而构成法条竞合犯？

有观点认为，交易员利用职务之便，利用“对敲”的手段将自己控制的公司账户上的资金转移到自己实际控制的账户，属于将公司的资产占为己有的行为，金额较大的，即达到刑事追诉的立案标准6万元以上的，涉嫌职务侵占罪。

该观点的核心理由是期货交易员利用职务上的便利，侵占的资产属于公司资产，而且职务侵占罪属于身份犯，对于有特定职务的员工是有法律约束力的。基于上述理由，该观点认为职务侵占罪和操纵期货市场罪是法条竞合的关系，假如期货交易员没有达到操纵期货市场罪的违法所得100万元的追诉标准，只要能达到职务侵占罪的6万元追诉标准，还是应该依法追究期货交易员的刑事责任。

（三）律师分析

对此，笔者认为该观点擅自扩大了职务侵占罪的犯罪构成范围，对刑法进行了扩大解释。根据罪刑法定的原则，期货交易员的行为不符合职务侵占罪的犯罪构成要件，因此不构成职务侵占罪，笔者以本案件为例展开分析如下：

1.从犯罪的主观方面来看，王某的主观故意不是为了侵占公司的财产，而是为了通过“对敲”行为在期货市场中牟利，其核心的主观故意是期货市场交易的牟利，在犯罪主观上与职务侵占罪的构成要件并不一致。

2.从犯罪的客观方面来看，职务侵占罪是利用职务上的便利，将数额较大的单位财物非法占为己有的行为。而期货交易员使用“对敲”行为的牟利方式是于期货市场中进行牟利，所赚取的是期货交易市场上未来可能存在的若干次交易而产生的“未来利润（或损失）”，并非直接将单位的现有财产直接非法地占为己用。如果将不可预期的且与单位财产不对等的“未来利润”解释为“单位财物”并强行予以固化，显然脱离了“单位财物”的核心意义，违背了罪刑法定原则。

由于存在行为人操控公司账户时再将期货合约卖出给第三人或通过平仓获益的合理怀疑，亦即存在公司因交易员的“对敲”行为而在期货交易市场中获利的可能性。基于此，公司的财产不一定被“侵占”。另外，在职务侵占罪中，公司的损失等于行为人的非法获利，行为人的非法获利是来源于公司的损失。但在“对敲”牟利的行为中，行为人的获利是根据期货市场的变化而变化的，受到行为人对市场主观判断的影响。

金融期货是指交易双方在集中的交易场所以公开竞价方式进行的标准化金融期货合约的交易，期货市场的公开竞价方式是影响职务侵占罪构成的介入因素，行为人的获利来源于期货市场，公司账户的资金损失也是源于期货市场。这正是众多期货“对敲”案件中，期货公司的实际损失金额、交易员的实际获利金额、案件查处时认定的违法金额三者并不一致的原因所在，也是期货“对敲”行为应当以操纵证券期货市场罪，而不应当以职务侵占罪定罪处罚的核心原因。

本案例中，王某在郑州期货市场内以期货合约进行“对敲”交易，获利225 700元，而被害公司的经济损失为83 050元，王某获得的财物不是被害公司的财物。

3.从犯罪客体来看，使用“对敲”牟利的行为不只是损害了公司合法财物的法益，更是损害了期货交易市场秩序的法益。无论实施“对敲”行为的行为人是公司、期货交易员还是普通自然人，通过实施“对敲”行为而牟利的行为内容、所侵犯的法益都是一致的，并不会因为行为人的身份而导致其所构成的罪名不同。例如，期货交易的受托人接受自然人委托代为操盘期货，也是实施“对敲”行为为自己谋取非法利益，那这位期货交易的受托人和公司的期货交易员所侵害的法益是一致的，也不应构成有差异的罪名。

综上所述，笔者认为王某确实不构成职务侵占罪。但被害单位经济损失在6万元至100万元区间的，公安机关很可能基于维护被害人合法权益的立场，在掌握指控犯罪的基本证据的情况下，对期货交易员以涉嫌职务侵占罪立案侦查，期货交易员大概率会迅速卷入刑事法律风险当中。

三、实施“对敲”牟利的期货交易员的刑事规制问题研究

根据《刑法》第182条第1款第3项之规定，操纵证券、期货市场，以自己为交易对象，自买自卖期货合约的，影响证券、期货交易价格或者证券、期货交易量，情节严重的，构成操纵证券、期货市场罪，处5年以下有期徒刑或者拘役，并处或单处罚金；情节特别严重的，处5年以上10年以下有期徒刑，并处罚金。因此，期货交易员使用“对敲”牟利的行为应当是涉嫌操纵期货市场罪，而非职务侵占罪。关于操纵期货市场罪的适用，同时需要注意以下问题。

（一）正确区分“操纵证券、期货市场罪”与“职务侵占罪”

据笔者观察，司法实践中之所以对期货“对敲”行为以职务侵占罪立案查处，多是因为行为人交易牟利的数额无法达到操纵期货市场的立案标准，但是又远远超过6万元的职务侵占罪的立案标准，基于控告人的压力及挽回损失的需要，故对其以职务侵占罪进行立案。笔者认为，“对敲”行为不构成职务侵占罪，根本性原因在于期货市场交易价格变化的巨大不确定性，详细理由如前所述。

（二）《刑法修正案（十一）》第182条第1款第3项删除了“影响证券、期货交易价格或者证券期货交易量的”的表述

关于操纵证券、期货市场罪，2020年12月26日通过的《刑法修正案（十一）》对《刑法》第182条第1款第3项规定进行了删减，删除了“在自己实际控制的帐户之间进行证券交易，或者以自己为交易对象，自买自卖期货合约，影响证券、期货交易价格或者证券、期货交易量的”这一“罪状表述”中的“影响证券、期货交易价格或者证券、期货交易量的”。由此可见，针对“对敲”牟利行为，并不要求其产生“影响证券、期货交易价格或者证券、期货交易量”的结果。自2019年6月27日最高人民法院、最高人民检察院《关于办理操纵证券、期货市场刑事案件适用法律若干问题的解释》（以下简称《司法解释》）出台后，操纵证券、期货市场罪原来的追诉标准已不适用，即2010

年5月7日出台的最高人民检察院、公安部《关于公安机关管辖的刑事案件立案追诉标准的规定(二)》第39条失去了法律约束效力。[1]对比2010年的追诉标准，应注意到2019年《司法解释》增加了“违法所得数额在一百万元以上”的追诉标准。

(三)刑事立案追诉标准包括交易量和违法所得两个考量依据

根据《司法解释》第2条的规定，笔者列举了“对敲”交易牟利有以下几种追诉标准：

1.第4项规定，实施《刑法》第182条第1款第1项及《司法解释》第1条第6项操纵期货市场行为，实际控制的账户合并持仓连续10个交易日的最高值超过期货交易所限仓标准的2倍，累计成交量达到同期该期货合约总成交量20%以上，且期货交易占用保证金数额在500万元以上的。

2.第5项规定，实施《刑法》第182条第1款第2项、第3项及《司法解释》第1条第1项、第2项操纵期货市场行为，实际控制的账户连续10个交易日的累计成交量达到同期该期货合约总成交量20%以上，且期货交易占用保证金数额在500万元以上的。

3.第7项规定，实施操纵证券、期货市场行为，违法所得数额在100万元以上的。如果行为人违法所得在50万元以上的，且符合《司法解释》第3条所列举的情形的，也构成“情节严重”的刑事追诉标准，包括行为人明知操纵证券、期货市场行为被有关部门调查，仍继续实施的，因操纵证券、期货市场行为受过刑事追究的，两年内因操纵证券、期货市场行为受过行政处罚的等情形。

(四)计算违法所得需严格依法进行

《司法解释》对违法所得的认定作了明确规定，操纵证券、期货市场“违法所得”，是指通过操纵证券、期货市场所获利益或者避免的损失。

但由于期货市场本身的复杂性，以及目前并没有明确的司法解释规定应该如何计算操纵期货市场的违法所得，笔者认为目前急需针对违法所得的

---

〔1〕 最高人民检察院、公安部研究修订了《关于公安机关管辖的刑事案件立案追诉标准的规定(二)》(公通字〔2022〕12号)，该规定于2022年5月15施行。

计算方式作出规定。

目前，有学者主张以有利于国家指控犯罪的方式，区别于传统的有利于被告人的原则进行推定。同时，对于有利于指控犯罪的推定是允许反证的，即允许辩方提出反证的证据和意见。笔者认为，“对敲”牟利的行为对于期货交易员来说是相当容易的操作，新闻常用“几秒钟对敲交易，几百万元不翼而飞”来表述。因此，根据罪刑法定原则以操纵期货市场罪对期货交易员予以追诉非但没有放纵犯罪，反而提高了侦查机关办理新型金融犯罪调查取证的能力。

笔者认为，办案机关办理案件时必须严格按照《司法解释》的规定审查相关证据，只有达到相应的证据要求，形成完整的证据链条，才能将某一行为认定为犯罪。虽然证券、期货犯罪的证据标准规定比普通刑事犯罪或其他经济犯罪都要更细致，证明难度更大，但是也不能“退而求其次”地以职务侵占罪来代替。

（五）被害人经济损失不属于刑事追诉标准

在期货交易员使用“对敲”行为牟利的过程中，被害单位账户的经济损失并不是期货交易员是否要受到刑事追诉的判断标准。根据罪刑法定原则，即便期货交易员实施了“对敲”牟利的行为，若没有达到《司法解释》规定的刑事追诉标准，也不应以操纵期货市场罪对其定罪处罚。

在上述案例判决中，法院认为王某操纵的一个合约代码的期货交易量占比38.39%，另一个合约代码的期货交易量占比25.86%，均达到了刑事追诉标准，最终法院判处王某犯操纵期货市场罪，判处拘役5个月，缓刑6个月，并处罚金30 000元。至于王某案中被害公司经济损失的具体数额并不影响王某的定罪量刑，但是王某是否赔偿被害公司经济损失是重要的量刑情节。

笔者认为，根据《证券法》第55条的规定，操作证券市场行为给投资者造成损失的，应当依法承担赔偿责任。若犯罪嫌疑人或被告人不主动退赔或无能力退赔的，被害单位或自然人财产损失的赔偿诉求可以另寻法律途径解决。

四、结语

期货交易员“对敲”牟利的行为属于新型金融违规行为，在司法实践中存在职务侵占罪和操纵期货交易罪之争。

笔者认为，《刑法修正案（十一）》和《司法解释》已明确“对敲”牟利行为应按操纵期货市场罪论处，为了加大打击力度，还增加了违法所得的追诉标准。假设公司或自然人在期货交易中的经济利益受到损害，希望得到专业、高效、充分的法律救济，建议深入咨询或委托专业的法律人士。

2022年第97期

非法集资案件的有效辩护

马　成　律师

近年来，非法集资案件频繁发生，方式和手段也在不断翻新，这无疑给律师的辩护工作带来了一定的挑战。笔者团队办理了大量各种类型的非法集资案件，作为辩护律师，我们既要埋头行路，也要抬头看路，有时还需回望来时路，因此，笔者结合多年办案经历撰文总结非法集资案件的有效辩护方法，既是经验总结，也是自我复盘，以期对同行有所裨益。

一、非法集资案件的司法现状

结合多年办案经历和对行业的观察研究，笔者认为，近年来非法集资案件在司法实践中呈现以下特点。

（一）类型化案件定性趋于稳定，无罪辩护成功率极低，但新型案件仍有一定的无罪辩护空间

例如，前几年频频爆雷的点对点网络借贷（Peer to Peer Lending，P2P）和私募基金类案件，尽管并无司法解释明确规定 P2P 一定构成非法吸收公众存款罪或者集资诈骗罪，但该类型化案件在司法实践中高发，定性已趋于稳定，无罪辩护的成功率极小。

但如果是新型案件，司法实践中对于如何定性尚未达成共识，个案差别可能比较大，结合案件的具体情况，如果有无罪辩护空间的，可以大胆尝试，积极争取。

（二）追赃挽损是司法机关办案的主要目的之一，案件过程及结果在一定程度上要考虑投资人的因素

非法集资类案件的一个典型特点是，每个案件背后都有一群投资人，司

法机关办理案件的过程中，必须要考虑投资人相关因素追赃挽损的效果会在很大程度上影响案件的处理结果

二、常见非法集资类案件的辩点梳理

虽然《刑法》中涉及非法集资犯罪的罪名有七个之多，但最常见的还是非法吸收公众存款罪和集资诈骗罪，因此，本文也主要围绕该两罪来展开。

（一）定性之辩

定性之辩无非两点：(1)有罪还是无罪；(2)此罪还是彼罪。

1.无罪之辩

如果是新型案件不要轻易放弃无罪辩护，从非法集资的“非法性”“公开性”“利诱性”“社会性”这四个特征入手，结合案件事实和证据进行分析，或许会有惊喜。如何合理运用这四个特征进行辩护？下文以非法吸收公众存款罪的非法性特征为例，展开分析。非法性特征，是指违反国家金融管理法律规定吸收资金，具体表现为未经有关部门依法批准吸收资金和借用合法经营的形式吸收资金两种形式。以往专家学者对这个罪名的分析，主要集中于如何理解“未经有关部门依法批准”以及如何认定“借用合法经营的形式”上，因此提到非法性特征时，大多想到上述两个方面。但当年首次印发行（Initial Coin Offering，ICO）刚刚兴起时，笔者团队办理的一宗 ICO案件却是从另外一个极易被忽视的角度进行辩护的。当事人吸收募集的不是法定货币，而是同样为虚拟货币的以太坊，如果认定集资诈骗罪，则等于认定以太坊就是刑法和相关司法解释中的资金，这不仅违背罪刑法定原则，也等于间接认同代币的合法性。如果不认定以太坊是刑法意义上的资金，就不能认定李某行为具有非法性。笔者团队将此观点与检察机关沟通后，检察机关最终没有对当事人批捕，后来又经过持续争取，公安机关最终撤案了。事后笔者了解到，检察机关还将该案件呈报到最高人民检察院请示，该案件对后续此类案件的影响是极大的。这也告诉我们，无论出现什么样的新类型、新情况，要大胆质疑，小心求证，结合案件的具体情况进行分析。

2.罪名之辩

我们知道，对于非法集资案件而言，最重要的罪名之区分一定是非法吸收公众存款罪和集资诈骗罪的区分，而两罪的区别又在于行为人是否具有非法占有目的。对于行为人是否具有非法占有目的如何判断，最高人民法院《关于审理非法集资刑事案件具体应用法律若干问题的解释》第7条以及最高人民检察院《关于办理涉互联网金融犯罪案件有关问题座谈会纪要》第14条、第15条均有明确规定，本文不再展开论述。需要特别注意的是，即便当事人开始是以非法吸收公众存款罪被立案、逮捕，并且其除了工资、奖金外没有拿任何来历不明的钱，也不能轻易判定案件后续定性没有变更或新增集资诈骗罪的可能。对此要特别关注，保持警惕。在笔者团队办理的一起案件中，当事人为某私募基金公司总裁（非股东），公司股东变更后，新股东提出要新发行基金，当事人签字同意了，新发行的基金没有一分钱进入他的口袋，大部分都用来向此前的投资人兑付了。起初，公安机关仅以非法吸收公众存款罪立案，当事人在投案自首前来咨询，笔者团队第一时间向当事人提出，新发行的基金有被认定为集资诈骗罪的可能，提醒他尽力收集保管好可用于证明其没有非法占有目的的相关证据，并在投案自首时如实将上述情节向公安机关陈述，万一将来被以集资诈骗罪追责，依然可以争取自首情节。不出所料，检察院在移送法院起诉的最后一刻，新增了集资诈骗罪的指控。截至本文写作时该案件还在办理中，最终罪名尚未确定。从上述案例也可看出，罪名随时可能变换、增加，我们一定要提前做好预判和应对，尽最大的努力，做最坏的打算。

（二）数额之辩

关于非法集资案件数额认定的规定，散见于最高人民法院、最高人民检察院、公安部《关于办理非法集资刑事案件若干问题的意见》《关于办理非法集资刑事案件适用法律若干问题的意见》、最高人民法院《关于审理非法集资刑事案件具体应用法律若干问题的解释》、最高人民检察院《关于办理涉互联网金融犯罪案件有关问题座谈会纪要》等解释中，其中以下三个问题需要重点把握。

1.非法吸收公众存款罪和集资诈骗罪分别有哪些资金不应计入犯罪数额?

第一种情况:犯罪嫌疑人、被告人自身的资金。在非法吸收公众存款罪中,根据最高人民检察院《关于办理涉互联网金融犯罪案件有关问题座谈会纪要》第11条规定,犯罪嫌疑人自身的资金不应计入吸收金额。

在集资诈骗罪中,根据最高人民法院《关于审理非法集资刑事案件具体应用法律若干问题的解释》第8条规定,集资诈骗的数额以行为人实际骗取的数额计算,自己的资金当然不能算是骗取的资金,故也不应计入犯罪数额。

第二种情况:犯罪嫌疑人或被告人亲友投资的资金。

在非法吸收公众存款罪中,最高人民检察院《关于办理涉互联网金融犯罪案件有关问题座谈会纪要》第11条规定,近亲属所投资的资金不应计入吸收金额;而根据最高人民法院、最高人民检察院、公安部《关于办理非法集资刑事案件若干问题的意见》第5条的规定,将三种特殊情形下向亲友或者单位内部人员吸收的资金与向不特定对象吸收的资金一并计入犯罪数额。可以看到,后者表面上是对前者的细化,实际上作了更严格的限制,相当于只单纯吸收近亲属资金等特殊情况才不计入犯罪数额,缩窄了范围。在集资诈骗罪中,没有任何司法解释对集资诈骗罪骗取亲友资金作特殊规定。故即便骗取的资金是亲友所投资的,只要没有归还,也应计入犯罪数额。

2.向投资者的返利以及支付的广告费、中介费等费用,是否可从犯罪数额中扣除?

对于非法吸收公众存款罪,最高人民法院、最高人民检察院、公安部《关于办理非法集资刑事案件适用法律若干问题的意见》第5条第1款规定:"向社会公众非法吸收的资金属于违法所得。以吸收的资金向集资参与人支付的利息、分红等回报,以及向帮助吸收资金人员支付的代理费、好处费、返点费、佣金、提成等费用,应当依法追缴。集资参与人本金尚未归还的,所支付的回报可予折抵本金。"对于集资诈骗罪,最高人民法院《关于审理非法集资刑事案件具体应用法律若干问题的解释》第8条第3款规定:"集资诈骗的数额以行为人实际骗取的数额计算，在案发前已归还的数额应予扣除。行为人为实施集资诈骗活动而支付的广告费、中介费、手续费、回扣，或者用于行贿、赠与等费用，不予扣除。行为人为实施集资诈骗活动而支付的利息，除本金未归还可予折抵本金以外，应当计入诈骗数额。”这两条规定所表达的意思相近，主要为以下三点：

第一，集资诈骗罪中，如果支付的返利超过本金，超出的部分不能从犯罪数额扣除，并应予以追缴。

第二，非法吸收公众存款罪中，向投资人支付的利息不可从犯罪数额中扣除，如果有本金未归还的，可以折抵需返还本金，但超出本金的部分，也应予以追缴。

第三，集资诈骗罪和非法吸收公众存款罪中，行为人为实施犯罪向第三方支付的广告费、中介费、代理费、好处费等费用都应追缴，不能从犯罪数额中扣除。

3.重复投资的资金是否应计入犯罪数额？

对于非法吸收公众存款罪，最高人民法院、最高人民检察院、公安部《关于办理非法集资刑事案件若干问题的意见》第5条第2款规定：“非法吸收或者变相吸收公众存款的数额，以行为人所吸收的资金全额计算。集资参与人收回本金或者获得回报后又重复投资的数额不予扣除，但可以作为量刑情节酌情考虑。”由此可见，重复投资的资金应计入犯罪数额，但需要注意的是，司法解释明确规定，有重复投资的部分，可以明确提出来，作为量刑情节酌情考虑，律师在辩护过程中千万不要遗漏了这一点有利的情节。

集资诈骗罪中，诈骗的数额应以行为人实际骗取的数额计算，故重复投资的部分不应计入犯罪数额。

（三）量刑之辩

1.法定情节之辩

自首、从犯、立功这三个情节不是非法集资案件中所独有的，但却是刑法中最常见的可以减轻处罚的法定情节，可以说是永恒的重点。在办理非法集资案件时，如果可能，一定要努力争取认定这几个情节。

2.特别情节之辩

《刑法修正案(十一)》对非法吸收公众存款罪新增了第3款规定:“有前两款行为,在提起公诉前积极退赃退赔,减少损害结果发生的,可以从轻或者减轻处罚。”这是一个对行为人有利的特定量刑情节,通常情况下,只有具备自首、从犯、立功这些法定情节方有可能减轻处罚,而在非法吸收公众存款案件中,如果符合上述规定,即可减轻处罚,需要予以重视。

三、非法集资类案件的有效辩护方法

在办理案件过程中,仅是找到辩点还不足以把案件办好,办理刑事案件尤其是比较复杂的非法集资类案件是一个系统工程,不仅要找到有效的辩点,还要知道怎么把有效的辩点转化为有效的辩护。

(一)什么是有效辩护

说起有效辩护,自然就联想到无效辩护,除此之外,笔者认为还有一种情形叫作“有害辩护”。将这三种情况做比较,就能更深刻地理解有效辩护的含义。

1.有效辩护

笔者认为,有效辩护至少有两层内涵,一是判决采纳了部分辩护人的意见,取得较为明显的辩护效果;二是当事人对案件结果比较满意。实践中,必须二者兼顾,既要取得好的辩护效果,又要重视与当事人的沟通,取得当事人的认可,这才是真正有效的辩护。

2.无效辩护

与有效辩护对应的就是无效辩护,即案件结果没有达到预期的辩护效果,没有帮到当事人,或者起到的效果较小,与当事人的心理预期相差很远,当事人并不满意。无效辩护对当事人的伤害是很大的,会让当事人错失一些从轻减轻的机会。

3.有害辩护

无效辩护还不是最可怕的,最可怕的是有害辩护。笔者认为,有害辩护,即是律师的辩护方向出现根本性错误,最终不仅没有帮到当事人,反而使当事人的利益受损。有害辩护的结果都是不可逆的，是非常致命的。

作为辩护人，追求有效辩护应该成为我们执业的一个信念，让有效辩护成为常态。

（二）非法集资类案件的有效辩护之道

1.要有同理心、责任心和使命感

为什么要把同理心、责任心和使命感放在第一位？因为刑事辩护不仅关乎当事人的自由、财产，更关乎其命运，甚至是其家庭、家族的命运。有些情况下，如果辩护人多付出一些努力，发现一个重要的细节，案件的结果可能就会彻底改变。

因此，辩护人首先需要有同理心、责任心和使命感，将心比心，换位思考，把当事人看作自己的亲友。如果高墙之内关押着的是我们的亲友，那么我们只有十分力，也会出十二分；今天可以完成的事情，绝不会拖到明天；每一份文书、每一个细节都不会允许出错；每一个可能使结果更理想的机会都不会轻易放过。只有抱着这样的心态，才能把案件办好，才能做到极致，这比方法、技巧更重要。

2.认真研判，确立正确的方向和思路

做任何事情，方向对了，越努力越幸运；方向错了，越努力越可怕。刑事辩护尤其是非法集资类案件的辩护更是如此，如果当事人根本不构成犯罪，或者案件定性尚存在重大争议，我们却对此视而不见，案件最终结果不可能会好；相反，如果案件有罪证据非常充分，却坚持无罪辩护，结果可能会错失很多有利情节。一念之差，天上地下。

辩护人在接手案件后，需要做的第一件事情，便是认真研判案情、证据和法律，把案件彻底吃透，从宏观到具体，对案件每一个症结所在都要烂熟于心，才能制定科学合理的辩护思路。

3.密切关注法律和政策的调整

近年来，由于非法集资类案件高发，相应的政策、法律、司法解释也频繁调整。办理非法集资案件时，一定要密切关注法律、政策的变化，及时抓住新法律、新政策对当事人有利的部分，提出相应的辩护意见。例如，非法吸

收公众存款罪新增的提起公诉前积极退赃可减轻处罚的条款，若符合该条件一定要及时向办案机关提出意见。

4.与办案机关有效沟通

沟通是一门学问，也是一门艺术，沟通的方式会影响沟通的效果，而沟通的效果往往会影响案件的结果。因此，在办理非法集资案件及其他刑事案件时，与司法机关、司法人员的沟通要努力争取做到及早沟通、主动沟通、友好沟通、有效沟通。

四、结语

在强监管的时代，也许像 P2P那样某一行业引起社会巨震的现象很难再发生了，但是，可以预见的是，中小企业融资需求多但融资难的局面短期内仍难以扭转，普通公众投资需求多但渠道少的情况短期内也不会改变，这两个需求犹如干柴烈火，一旦碰在一起，就给非法集资案件的发生提供了合适的土壤，非法集资案件依然会不断产生。

把目光放在更长远的未来，金融创新不会停止，在创新的过程中有时边界没那么清晰，不同主体的金融行为始终存在利差，资本逐利的属性及人的投机心理也决定了非法集资案件在相当长一段时期内依然会高发。鉴于此，作为律师，我们需要提升办理非法集资案件的能力，以应对新的挑战。

2022年第98期

刍议“跟随型”老鼠仓交易的刑事可罚性

张自柱　律师

钟海伟　律师

一、什么是“跟随型”老鼠仓?

老鼠仓，一般是指利用未公开信息交易的违法违规行为。最典型的老鼠仓行为是基金经理等金融机构从业人员在用自己管理的客户资金买入证券产品前，利用其所知悉的机构投资决策等信息抢先建仓，在用客户资金进行交易抬高证券价格后又率先平仓，从中谋取利益的行为，这种行为通常又被叫作“抢先交易”。但随着我国证券市场的发展，当前监管层面的老鼠仓概念已经不仅限于传统的“抢先交易”。目前，我国证券监管部门主要利用大数据分析系统对老鼠仓行为进行查处，实践中也逐步发展出“趋同交易”理论，即只要证券监管部门经过数据比对分析，认定某交易与关联基金等机构交易的情况高度趋同，一般就会对该交易进行查处，并将该趋同交易情况作为认定存在利用未公开信息交易的重要依据，而关于趋同交易的时间，实践中一般采用“前五后二”的认定标准，即关联基金等机构交易日的前五个工作日及后两个工作日。

“前五后二”的认定标准，将基金等机构交易日之后的交易也纳入计算范围，这导致那些后于基金等机构交易的交易行为也可能被认定为趋同交易，进而可能最终被认定为利用未公开信息交易。提到基金等机构交易日后进行的趋同交易，就不得不提到“跟随型”老鼠仓交易。所谓的“跟随型”老鼠仓交易，也被称为“模仿交易型”老鼠仓，是指采取跟随策略，模仿基金等机构交易策略的交易行为。实践中，行为人可能出于多种动机模仿基金等机构的交易策略，如出于对知名基金或网红基金经理的追捧，或者出于对基金等机构的决策水平或投资眼光的信任，认为其选择的股票价值被低估。“跟随型”老鼠仓交易与前述提及的“抢先交易”等老鼠仓行为最大的不同在于，“跟随型”老鼠仓交易虽然也利用了基金等金融机构的未公开信息，但其交易从时间上看是完全晚于关联基金等金融机构的交易时间的。

根据我国《刑法》第180条第4款关于利用未公开信息交易罪的相关规定，构成该罪的行为人应当是具有获取未公开信息职务便利的特殊主体。在特殊主体范围内按其对未公开信息接触程度的直接性又可分为两类主体，一类是“掌握型主体”，即相关机构中能够直接接触、知晓未公开信息的人员；另一类是“跟随型主体”，即上述“掌握型主体”之外无法直接接触或掌握未公开信息，需要通过其他方式得知大盘的买入卖出等情况的主体，这类主体获取到的未公开信息一般具有滞后性，如基金公司中存在的双挂名基金经理，或公司内涉密岗位的电脑技术人员等〔1〕。以深圳市中级人民法院、广东省高级人民法院先后审理的涂某2、涂某1利用未公开信息交易案为例〔2〕，涂某1为中国证券登记结算有限公司深圳分公司员工，其利用在公司证券账户管理岗位具有的证券账户查询权限，在知悉相关信托产品、金融机构资管产品的股票拥有及变动情况等未公开信息后，与另一行为人涂某2趋同买入股票。该案涂某1作为中国证券登记结算有限公司深圳分公司员工，其只是利用自己的职务权限查询已经形成并执行了的未公开信息，属于典型的“跟随型主体”，其从事的也是典型的“跟随交易”。

二、当前司法实践对“跟随型”老鼠仓交易的态度

如前所述，目前我国证券监管部门主要通过大数据对利用未公开信息交易行为进行查处，只要行为人的交易行为与关联基金等机构交易趋同，就有可能被认定为利用未公开信息交易。加之我国目前实践中认定趋同交易

〔1〕 参见陆圳：《精准判断趋同交易时间点，打击“老鼠仓”犯罪》，载《检察日报》2021 年 2 月 23 日，第 7 版。

〔2〕 参见广东省高级人民法院刑事裁定书，(2018)粤刑终 479 号。

时广泛采用“前五后二”的时间标准，导致关联基金等金融机构交易前后的可疑交易行为均有可能被认定为利用未公开信息交易。从这一角度而言，我国监管实践似乎并没有对老鼠仓的具体类型进行区分，即在目前的认定模式下“跟随型”老鼠仓交易似乎与“抢先交易”没有区别，符合相关立案标准的情况下两种情况均会被追究刑事责任，笔者检索到的相关案例也印证了这一判断。除了上述提及的涂某2、涂某1利用未公开信息交易罪案外，笔者还检索到如下几起“跟随型”老鼠仓交易被追究刑事责任的案例，具体分析如下。

（一）白某利用未公开信息交易案[1]

本案中，白某利用担任世纪证券有限责任公司交易员，能够接收公司投资基金经理下单指令的便利条件，在获取公司交易指令后，违反规定于当天或第二天、第三天使用其亲属账户进行趋同交易。公安机关按照“前零后二”的计算标准计算其趋同交易及获利情况。深圳市中级人民法院认定白某构成利用未公开信息交易罪。

（二）杜某江利用未公开信息交易案[2]

本案中，杜某江利用其担任招商证券资产管理总部理财投资部投资经理的职务便利，利用其负责管理的 26 个定向资产管理业务账户股票交易的非公开信息，操作自己控制的 8 个账户同步或稍晚于其管理的定向资产管理业务账户交易相关股票。杜某江供称其利用未公开信息交易的具体做法就是“跟投”，即跟进跟出。深圳市中级人民法院与广东省高级人民法院均认定杜某江构成利用未公开信息交易罪。

（三）王某1、王某强等利用未公开信息交易案[3]

本案中，王某1利用自己在华夏基金管理有限公司交易管理部从事债券交易员的工作便利，工作期间通过个人账号查看证券买卖方向、投资类别、证券代码等信息，并将该信息告知王某强等人，利用该未公开信息从事证券交易。重庆市第一中级人民法院认定王某1等人构成利用未公开信息交

〔1〕 参见广东省深圳市中级人民法院刑事判决书，(2018)粤 03 刑初 681 号。

〔2〕 参见广东省高级人民法院刑事裁定书，(2020)粤刑终 436 号。

〔3〕 参见重庆市第一中级人民法院刑事判决书，(2015)渝一中法刑初字第 00162 号。

易罪。

通过以上几个典型的“跟随型”老鼠仓交易案例可以看出，当前我国司法实践还是将“跟随型”老鼠仓交易作为利用未公开信息交易罪处理，而且正如前文提到的，我国实践中并不会对老鼠仓的类型进行具体区分，相关行为只要符合趋同交易等条件就会被认定构成利用未公开信息交易罪。实际上，如后文所述，“跟随型”老鼠仓交易与“抢先交易”等典型老鼠仓在行为表现与社会危害性上都有明显差异。

三、“跟随型”老鼠仓交易不具有刑事可罚性

（一）老鼠仓交易的刑事可罚性基础

分析“跟随型”老鼠仓交易是否具有刑事可罚性，首先要明确“老鼠仓”的社会危害性，即刑法为何要设立利用未公开信息交易罪。全国人大常委会法工委刑法室副主任黄太云在《〈刑法修正案（七）〉解读》一文中指出：“一些基金公司、证券、期货、保险公司等资产管理机构的从业人员，主要是机构经理、操盘手，在用客户资金买入证券或者其衍生品、期货或者期权合约等金融产品前，以自己名义，或假借他人名义，或者告知其亲属、朋友、关系户，先行低价买入证券、期货等金融产品，然后用客户资金拉升到高位后自己率先卖出获利，使个人以相对极低的成本牟取暴利……其利润来源中的大部分其实是对基金资产（就是基民的资金）的转移……它（老鼠仓）严重破坏金融管理秩序，损害市场的公平、公正和公开，严重损害客户投资者的利益，严重损害金融行业信誉，从而影响投资者对金融机构的信任，到头来也损害从业人员所在单位的利益，如不严惩，将会严重影响资产管理和基金、证券、期货市场的健康发展。”〔1〕

由上述立法背景材料可知，我国《刑法》增设利用未公开信息交易罪原本针对的是“抢先交易型”老鼠仓，而利用未公开信息交易行为侵害的法益主要分为两部分，一是损害投资者的利益，二是损害金融行业信誉。故要认

---

〔1〕 黄太云：《〈刑法修正案（七）〉解读》，载《人民检察》2009年第6期。

定“跟随型”老鼠仓交易是否具备刑事可罚性，需要分析其是否像“抢先交易”型老鼠仓一样损害了投资者的利益和金融行业的信誉。

(二)“跟随型”老鼠仓交易区别于一般老鼠仓

交易行为社会危害性小，缺乏刑事可罚性传统的“抢先交易型”老鼠仓之所以损害了投资者的利益，是因为行为人在客户资金买入金融产品前自己先买入，从而可能拉升金融产品价格，增加后续客户资金买入该金融产品的成本，变相将本该属于客户的利润转移到了行为人手中，而用客户资金抬高该金融产品价格后自己又率先卖出获利的行为更是将投资的风险转移到了客户投资者身上。而就“跟随型”老鼠仓交易而言，由于相关交易均为基金等机构交易完成后进行，无论老鼠仓的规模多大、如何影响了股价，实际都已经与基金无关，此时老鼠仓行为甚至可能抬高股价，有利于基金财产和基金份额持有人。[1]因此，从这一角度考虑，“跟随型”老鼠仓交易并不会损害其他投资者的利益，将损害投资者利益作为“跟随型”老鼠仓交易的刑事可罚性基础并不合理。

既然“跟随型”老鼠仓交易直接损害投资人利益的观点并不成立，那么需要考察的就是“跟随型”老鼠仓交易是否损害了金融行业的信誉。必须肯定的是，只要基金经理等金融机构从业人员利用其职务便利获取未公开信息从事相关交易，无论是否实际损害投资人的利益，其行为都将危及投资人对金融机构及其从业人员的信任，损害金融行业的信誉。但在研究刑事可罚性问题时，我们有必要进一步探究所谓的金融行业信誉以及投资者对金融机构或金融从业人员的信任的背后实质到底是什么。

对于投资者而言，其期待自己处于一个公平公正的市场环境，期待自己委托给基金等金融机构的资产能被专业人员勤勉管理；对于基金等金融机构及其从业人员而言，其最大的责任就是管理好客户委托给自己的资产，并通过自己的专业能力努力使之保值增值。

但由于投资者与金融机构从业人员之间存在巨大的信息不对称，金融

---

〔1〕 参见彭冰：《重新定性“老鼠仓”——运动式证券监管反思》，载《清华法学》2018 年第6期。

机构从业人员在管理客户资金的过程中可能会做出损害客户利益的行为，出现道德风险。因此，所谓金融行业的信誉并不是空洞的概念，其背后的实质其实都是要求金融机构及其从业人员履行忠实、勤勉义务，不要损害投资者的利益。若金融机构及其从业人员的特定行为已经被证明不可能损害投资者的利益，则即使其行为使投资者或公众对其信任出现动摇，损害金融行业的信誉，这种信任的动摇以及所谓对行业信誉的损害依然缺乏实质依据，相关从业人员的行为仍然由于缺乏实质的社会危害性而缺乏刑事可罚性。

除此之外，也有观点提出金融机构买入或卖出股票后，该交易行为对证券交易价格的影响有一定的持续期，涉案账户在该期间内从事相关交易也能达到获利或避损的效果。〔1〕这一观点的逻辑与内幕交易的入罪逻辑一致，即认为行为人在对证券交易价格造成明显影响的未公开信息公开之前，利用职务便利获取未公开信息，这种先于普通投资者进行相关交易的行为在资本市场中获取了不正当的优势，损害了正常市场秩序。但笔者认为，从利用未公开信息交易案件的实际情况来看，将这一理由作为"跟随型"老鼠仓交易的刑事可罚性基础并不可行。虽然理论普遍将"价格敏感性"作为未公开信息的特征，但不同于内幕交易案件，实践中证券监管部门及司法机关在此类案件中就未公开信息对证券价格的影响的论证极为罕见，正如有论者指出，"不得不承认，因证明的困难性，这一特征(价格敏感性)在司法实践中的判断价值其实已被弱化"〔2〕。此外，即使是机构投资者，事实上可能也因为各种原因而难以对证券价格产生影响，如机构交易规模较小，交易的股票本身体量较大属于大盘股等。因此，若认为"跟随型"老鼠仓交易与内幕交易行为类似，行为人相对于一般投资者取得了不正当优势，并以此作为其可罚性基础，则将在实践操作时面临司法证明的难题，即难以证明涉案未公开信息对证券、期货价格产生影响，或者即使因果关系得以证明，该理由也无法对所有的"跟随型"老鼠仓交易提供刑事处罚依据。

---

〔1〕 参见王涛、汤琳琳:《利用未公开信息交易罪的认定标准》,载《法学》2013 年第 2 期。

〔2〕 潘庸鲁:《利用未公开信息交易罪的判断规则与证据标准》,载《人民司法》2021 年第22期。

因此，笔者认为，“跟随型”老鼠仓交易与一般的老鼠仓行为之间具有明显差异，前者不具有明显的社会危害性，目前司法实践不对老鼠仓类型进行具体区分，一概追究“跟随型”老鼠仓交易刑事责任的做法值得商榷。

（三）可通过行政处罚对“跟随型”老鼠仓交易进行规制

如前所述，即使“跟随型”老鼠仓交易不会对投资者造成损害，但毕竟对于投资者而言，其对管理自己资产的专业人员提出一定道德要求是完全合理的，而专业的金融从业人员也理应有自己的职业操守。“跟随型”老鼠仓交易虽然事实上没有对投资者造成损害，但确实动摇了投资者对金融机构及其从业人员的信任，损害了金融行业的信誉，最终将对行为人自己所在的整个行业造成负面影响。

因此，笔者认为，虽然由于不具有明显的社会危害性，仅对行为人自身所在的行业造成负面影响不足以作为追究从事“跟随型”老鼠仓交易行为人刑事责任的依据，但为维护金融行业的健康发展，也确有必要对这一行为予以规制。事实上，除《刑法》外，我国《证券法》第54条也明确禁止证券公司等金融机构从业人员，有关监管部门或者行业协会的工作人员利用未公开信息交易，《证券法》第191条也规定了相应的法律后果。《证券法》第54条与《刑法》第180条第4款关于证券市场利用未公开信息交易的规定基本一致，已经足以对“跟随型”老鼠仓交易进行有效规制。

综上所述，笔者认为，犯罪的最本质特征是其社会危害性，刑法作为法律后果最严厉的部门法，其制裁的对象应当是那些具有明显社会危害性的行为，而“跟随型”老鼠仓交易行为并没有体现明显的社会危害性，缺乏刑事可罚性，一般情况下不应作为犯罪处理，在我国目前法律体系下，追究从事“跟随型”老鼠仓交易人员的行政责任即足以达到规范目的。

2022年第98期

如何开展刑事危机应对法律服务

方　亮　律师

贺志忠　律师

与传统的刑事辩护、企业反舞弊、刑事控告以及新兴的刑事合规业务一样，刑事危机应对法律服务已逐渐成为刑事律师业务的重要类型。何为刑事危机应对？简而言之，就是在自然人、单位的刑事危机来临时，律师协助客户在法律框架范围内正确应对、合法管控，以实现当事人合法利益最大化的一种法律服务。在此过程中，专业的刑事律师是非常重要的角色，在协助当事人合法、正确进行程序应对、实体应对中起到决定性作用。笔者结合经办的案件项目，对刑事危机应对法律服务做一些讨论。

一、什么是刑事危机应对法律服务？

（一）刑事危机应对法律服务的重要性

刑事法律服务的内容见图1。

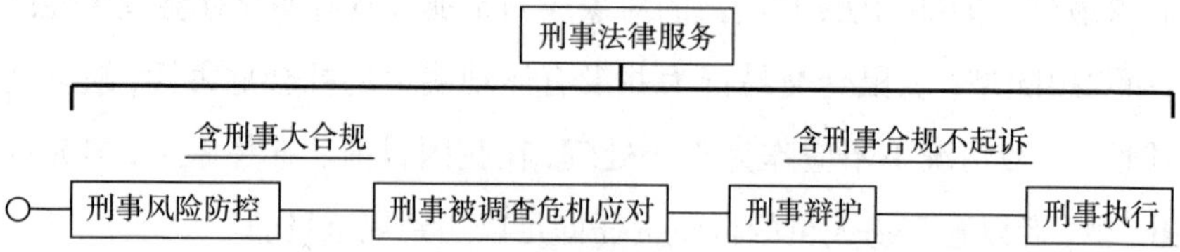

图1　刑事法律服务的内容

根据所处时间点的不同，刑事法律服务的内容亦不同，如上图所述，笔者将刑事法律服务的内容分为四类：一是刑事风险防控法律服务。无论是单位还是个人，应当重视刑事风险的防控，尤其是单位，一旦刑事风险爆发，则有可能给单位带来灭顶之灾。二是刑事被调查危机应对法律服务。如前所述，当刑事风险已经爆发，并且相关部门已介入调查时，则需要正确应对、合法管控，此时刑事律师可以提供被调查危机应对法律服务。该阶段如果处理得当，可以避免风险进一步扩大，甚至全部化解；也可以在刑事追责无可避免时正确应对，为后续刑事辩护创造有利条件。三是刑事辩护法律服务。刑事辩护是刑事律师最为传统、最为典型的法律服务，但是客户对专业律师的要求在不断提高，不仅局限于“法庭上的辩护”，而要求律师辩护前置，如不捕辩护、不诉辩护等。四是刑事执行法律服务。刑事判决生效后，则面临执行，包括财产执行和人身自由刑的执行，上述刑事律师均可提供专业法律服务，如对于刑事财产的执行，根据生效判决内容的不同可以提起执行异议、复议或刑事审判监督等。

笔者将法律主体的刑事法律服务以时间为轴横向切割为上述四类，它们也呈现出前后关联、无缝对接的态势。当被追责法律主体刑事执行完毕后，其又进入另一个刑事法律风险防控的起点，理论上来说这个周期可以重复。在这个四类刑事法律服务中，刑事危机应对法律服务处于非常重要的位置，处理得当可以起到阻却后续刑事追责程序的发生或者即使发生也能起到“减损”的法律效果。

（二）刑事危机应对法律服务的期间

《刑事诉讼法》第34条规定，犯罪嫌疑人自被侦查机关第一次讯问或者采取强制措施之日起，有权委托辩护人。也就是说，上述时间点之后意味着刑事辩护法律服务的开始。然而，在当事人被采取刑事强制措施之前，当事人已经感受到现实的、紧迫的刑事危机已经来临，在这个期间，当事人显然需要专业的法律服务。基于以上论述，笔者将刑事危机应对的终止时间点界定为刑事辩护的开始时间点，也就是当事人第一次被讯问或被采取强制措施之日。那么，如何界定刑事危机开始的时间？笔者认为，狭义地理解，侦查机关受理案件即正式触发了刑事危机的开关。广义地理解，与他人或单位产生争议，而该争议中当事人对应的行为又涉嫌刑事犯罪风险，此时就会产生刑事危机。但广义的刑事危机充满不确定性，其取决于行为相对人是否会采取刑事报案的法律措施，以及争议本身是否确定属于刑事案件。相比较而言，狭义理解的刑事危机产生时间更为确定。通过以上分析，刑事危机应对的法律服务时间为“始于侦查机关受理案件、终于第一次被讯问或被采取强制措施”见图2。

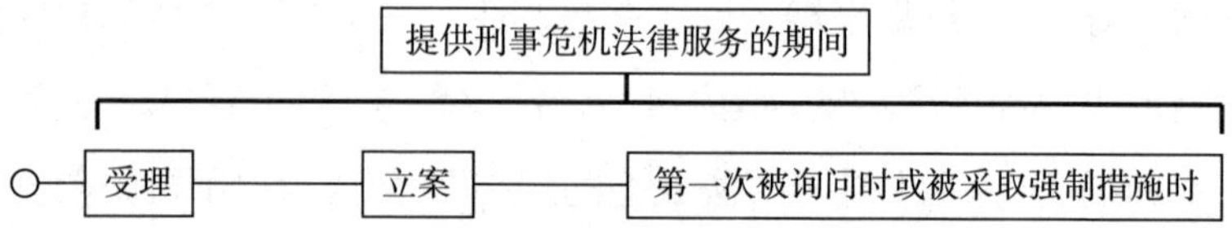

图2 提供刑事危机法律服务的时间

当然，这其中还有一个重要的时间节点，便是“立案”。根据2017年最高人民检察院和公安部发布的《关于公安机关办理经济犯罪案件的若干规定》，涉嫌经济犯罪的案件立案审查时间最长为60日，根据公安部发布的《关于改革完善受案立案制度的意见》相关规定，其他刑事犯罪案件的立案审查时间最长为30日。以立案时间点为分界，前后两段的刑事危机应对法律服务的内容也有所不同。

二、如何开展刑事危机应对法律服务？

从笔者多年来办理过的刑事危机应对法律服务来看，这项业务的开展不仅要求承办律师具备专业的刑事辩护能力，而且在综合施策、有效沟通、心理应对等方面提出了更高的要求。

（一）访谈与搜集证据

访谈的对象包括当事人以及与事件相关的人员，当客户为单位时，还需要与单位的有关知情人进行访谈，笔者建议访谈时制作访谈笔录并在条件允许时录音。

访谈是非常重要的一项工作，但是我们绝对不能忽视其他证据的搜集和整理工作。参照《刑事诉讼法》中八类法定证据的搜集方式，我们需要在当事人的协助下，尽可能搜集与案件有关的证据材料，必要时聘请第三方专业机构来协助进行，比如说电子数据的检索、勘验、提取、恢复等技术性工作。

必须注意的是，此时的访谈与证据搜集需秉持客观与中立的态度，不能忽视对当事人有利的证据，更不能回避对当事人可能不利的证据。上述工作的内容就是律师用证据去还原涉案事实，对当事人进行一个全面的“体检”，拿出求医问药者是否“生病”、是否“病重”的诊断意见，然后开出法律药方。

（二）出具法律意见与风险评估

扎实的调查取证工作是律师分析研判工作的基础，接下来就需要律师根据证据情况反映的法律事实，结合法律规定、经验、案例等出具专业的法律意见。笔者团队一般会出具书面的法律意见，内容包括对法律事实的梳理、法律规定的理解、类似案例的研究分析等，最终得出是否涉嫌犯罪的分析意见。

根据分析意见便可判断客户是否面临刑事风险，即风险评估，风险评估可以分为低风险、中风险及高风险三个等级。

（三）制定应对方案

不涉嫌犯罪和涉嫌犯罪的应对方案见图3。

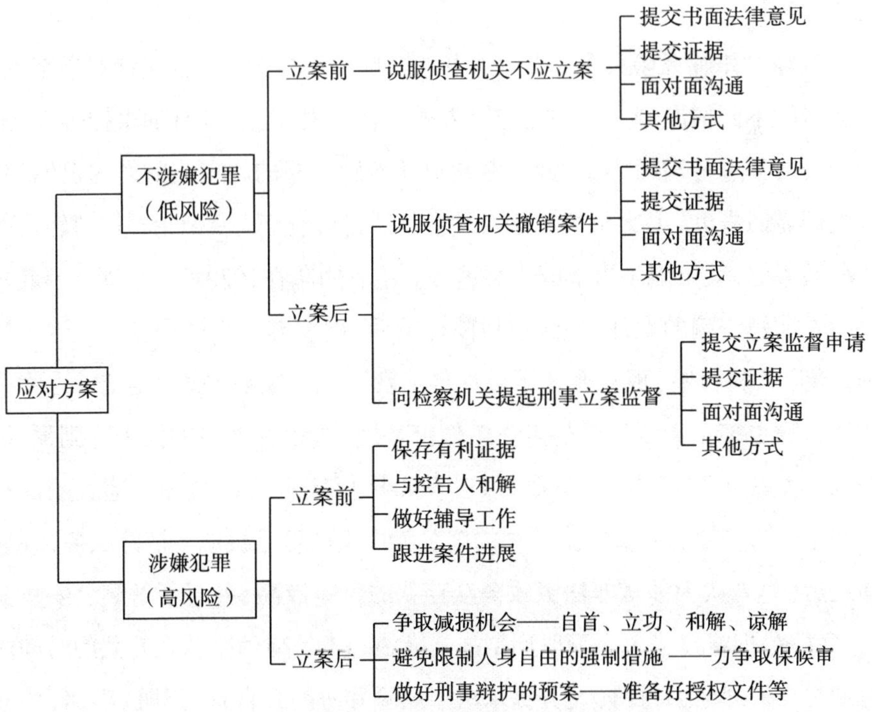

图3　不涉嫌犯罪与涉嫌犯罪的应对方案

根据是否涉嫌犯罪以及风险等级的不同，需要制定不同的应对方案，笔者结合实践总结出上图所示的方案分类。此处就重点内容作如下说明：

若律师介入时，认为案件不构成刑事犯罪，且案件尚在审查受理阶段，需要积极与办案机关进行沟通，提交法律意见及证据，则有可能说服办案机关不予立案；若律师介入时，办案机关已经立案，应首先说服公安机关撤销案件，包括向上级公安机关提起执法监督。若是在一定时间内没有取得理想结果，则可根据评估情况向检察机关提起刑事立案监督。笔者团队在2021年曾通过此方案成功化解了某教培机构股东及高管的刑事风险，团队经审慎评估，认为该案属于不应当立案而被立案的情形，遂决定向检察机关提起立案监督，请求启动刑事立案监督程序，通知公安机关撤案。在属地检察院不同意受理的情况下，经反复沟通和据理力争，最终检察院同意启动本案的刑事立案监督程序，并听取了律师团队的专业意见。经过为期两个多月的调查，检察机关决定通知公安机关撤销案件。同日，公安机关作出撤销案件的决定。

若经过律师风险评估，认为当事人或单位涉嫌犯罪，也应针对立案前、立案后的不同情况制定不同的应对方案。在立案前，若是有刑事控告人，应当积极与其进行沟通协商，建议客户返还涉嫌犯罪的款项或财产，促使控告人主动撤回告诉，办案机关出于对社会矛盾已经化解、涉嫌犯罪情节轻微等情况的考虑，就可能不再继续立案追责。笔者团队在2020年曾处理过一起房产买卖涉嫌诈骗的案件，在经过风险评估后，建议客户立即向控告人退还款项，消除不利后果，成功避免了被刑事追责。在立案后，律师制定的方案及所做工作更多是为了后续的辩护工作打基础，力争将客户的损失降到最低，如与办案机关积极沟通，争取自首，获得取保候审的机会等。笔者团队在2019年曾为某知名私募基金公司的副总裁提供刑事危机应对法律服务，在评估之后，笔者认为涉嫌非法吸收公众存款的风险极高，并且了解到公安机关已经立案，即将对当事人采取刑事强制措施。于是律师团队在有限的时间内协助客户梳理证据材料，充分提示法律风险并协助其自首、退赃、退赔，为其被羁押后的辩护工作做好了准备。

（四）被调查应对辅导

被调查应对辅导包括三方面：一是法律辅导，律师需要将自己对法律和案件事实的理解，以通俗易懂的方式向客户表达，使其"知其然并知其所以然"，充分调动当事人积极性，做好"辩方律师"的好帮手。二是模拟问答，当事人时刻会面临被办案机关传唤、询问及讯问，对此如何应对则需要律师的专业辅导。在此类法律服务中，笔者通常会向当事人解释刑诉法关于询问、讯问的流程及具体法律规定，说明当事人在接受询问、讯问时的权利和义务，必要时笔者会进行模拟问答，根据案件事实和法律规定设计一些问题，辅导客户正确回答办案机关的问题。三是心理辅导，面临刑事危机的当事人，心理上没有安全感，需要律师给予信心和疏导，帮助其克服心理障碍，确保其专注于需要解决的问题。若是经过评估所涉调查事项不涉及刑事犯罪，则要坚定地给予其信心，以正确应对不定期的调查；若是涉嫌犯罪的风险较高，则要提供强有力的建议，传递专业的力量，打消其侥幸心理，力争在被采取强制措施之前自首、立功、退赃等，为后续的刑事辩护做好铺垫。2021年笔者接待过一个自然人客户，公安机关已经传唤其第二天到办案场所接受调查，经评估其极有可能被采取强制措施，于是笔者连夜进行了长达8个小时的刑事咨询法律服务。根据案件具体情况，笔者综合进行了上述三类辅导，并且结合其提供的证据，给出了具体的处理建议，事实证明此次法律服务对案件后期的刑事辩护起到了极大的帮助作用，并且固定了自首情节。

（五）与办案机关的良性沟通

无论是公安机关还是检察机关，办案人员均是受过专业培训的专业人士，很多警官和检察官也愿意与律师沟通。若是律师的判断意见与办案人员的判断意见不一致，则需要了解导致出现分歧的原因，并辅以证据力争使办案人员听取有效意见。

（六）预案准备

预案准备包括两个层次：一是刑事危机应对法律服务中的预案，即需要预判办案机关的证据搜集情况、预判客户可能面临的询问或讯问内容、预判提交法律意见和证据后办案机关的反应和下一步动作等。二是刑事辩护的预案，对于大概率需要被追究刑事责任的客户，需要为刑事危机应对后的刑事辩护做预案，如授权文件的签署、相关证据材料的搜集等。一旦客户被刑事拘留后，这些预案工作将会为辩护工作创造一些便利。

三、刑事危机应对法律服务的风险提示

（一）刑事危机应对法律服务的正当性

《刑法》及《刑事诉讼法》等相关法律从未禁止律师向面临刑事危机的客户提供法律服务，相反，被采取强制措施的犯罪嫌疑人都有获得法律帮助的权利，“举重以明轻”，律师提供此类法律服务是合理的，这也是法治社会应当倡导和鼓励的。

（二）保密

保密义务不仅是《律师法》的规定，也是律师职业素养的体现。刑事危机应对法律服务具有独特性，从而对其要求的保密程度更高。在此类法律服务中，尤其要注意对客户提供的资料予以最高级别的保存和保密。

（三）留痕

刑事危机应对法律服务中的访谈、证据搜集等工作全程留痕，作为工作底稿予以存档。例如，在访谈中，可以对照公安机关讯问犯罪嫌疑人的要求，具备录音录像条件的应当录音录像；在搜集证据中，可以借鉴中华全国律师协会发布的《律师办理刑事案件规范》的相关规定。将所有证据材料留痕，既是对客户的负责，也是对执业律师自身的保护。

（四）不要逾越伪造证据的红线

《刑法》第306条规定了辩护人、诉讼代理人毁灭证据、伪造证据、妨害作证罪，在刑事危机应对法律服务中，同样不能逾越上述红线，不可帮助客户毁灭、伪造证据，更不可引诱证人违背事实、改变证言或者作伪证，这是最基本的要求。

2023年第99期

企业民间借贷融资的合规治理

——以预防非法吸收公众存款罪为例

闫　波　律师

公开数据显示，在 2012~2021年，中国民营企业从 1085.7 万户增长到 4457.5 万户，在企业总量中的占比率从 79.4%提高到 92.1%。据新华社报道，民营企业贡献了 50%以上的税收、60%以上的国内生产总值、70%以上的技术创新成果、80%以上的城镇劳动就业。但随着非公有制经济朝气蓬勃地发展，民营企业家刑事处遇的风险正在不断上升。据不完全统计，2020年，共有 3063 名企业家被提起公诉，其中 2876 名为民营企业家，民营企业家触犯频次最高的罪名是非法吸收公众存款罪，共计 647 次，占所有犯罪的 20.01%。[1]这表明经济犯罪风险仍然是民营企业及民营企业家面临的重要风险形态。本文拟以预防非法吸收公众存款罪为切入点，分析民营企业民间借贷融资中的合规治理重点。

一、民营企业民间借贷融资的困境及触犯非法吸收公众存款罪的风险

（一）民营企业借贷融资的现状

1.民营企业传统融资渠道的困境

民营企业常规的融资渠道为银行融资和互联网融资，由于银行也是互联网融资资金的主要来源，故中小企业实际上还是通过银行的途径取得融资。金融机构顾虑中小企业稳定性差、风险性大、信誉能力不足的固有问

〔1〕 参见张远煌：《企业家刑事风险分析报告（2020）》，载《河南警察学院学报》2021年第4期。

题，一般只以抵押保证的形式开展信贷业务，而民营企业可以用来担保抵押的固定资产相对有限，使民营企业很难从银行拿到融资。据有关统计，即使头部企业资金充裕，没有融资的需要，商业银行的资金还是主要流向资信优秀的头部企业，民营企业贷款只占到当今银行业贷款余额的 25%，这与非公有制经济在国内生产总值中超过 60%的比重严重不相匹配。

2.民营企业的民间融资渠道

民间经济主体对资金的需求与正规金融资金供给不足之间的矛盾，形成了民间金融的制度需求；而民间富余资金的投资需求以及民间金融同正规金融相比所具有的内在优势，构成了民间金融的制度供给。〔1〕相较于传统的融资渠道，民间金融具有融资手续简便、融资难度小、无须担保和放款周期快等特点，成为 80%中小微企业生存的依靠，据有关机构测算，2014 年我国民间融资的规模为 7.26 万亿元。网络的蓬勃发展推动着互联网金融的发展，网络与民间金融资本的结合催生了大量的“一站式”网络融资服务平台，如微粒贷、蚂蚁借呗、融金所、玖富网、宜人贷、e 租宝等，到 2019 年 2 月，我国网贷平台的数量达到 6555 家。

3.民营企业民间借贷融资的风险

融资平台的出现在一定程度上解决了民营企业融资困难的问题，但由于民间融资行为具有相当的社会性、公共性、传染性等特点，极易引发系统性的风险，影响金融秩序和社会秩序的稳定。融资型民间借贷的行为按照资金的用途、走向，可以划分为实体经济型融资和虚拟经济型融资两种。〔2〕实体经济型融资，是指将所募集的资金用于企业合法的生产运营及商业活动，而虚拟经济型融资，是指将资金用于货币、资本市场和金融市场的经营。但无论是实体经济型融资民间借贷还是虚拟经济型融资民间借贷，都有可能侵害金融管理秩序，进而导致企业面临刑事处罚的风险。

〔1〕 参见王新:《民间融资的刑事法律风险界限》，载《当代法学》2021 年第 1 期。

〔2〕 参见盛浩:《融资型民间借贷的刑法规制界限——从非法吸收公众存款罪切入》，载《天水行政学院学报》2019 年第 4 期。

（二）企业民间借贷融资行为触犯非法吸收公众存款罪的风险

1.非法吸收公众存款罪的背景及内涵

近年来非法集资案件频发，居民存款受到严重损失，金融秩序受到严重挑战，为妥善解决非法集资对金融秩序的风险，保护居民的合法利益，2020年12月26日，《刑法修正案（十一）》出台，对非法吸收公众存款罪进行了刑罚结构的优化调整。与修改前相比，本罪法定刑的调整主要体现在三个方面：第一，将限额制罚金刑改为无限额制罚金，赋予法官更多的自由裁量权，进一步加大对非法集资犯罪的打击力度；第二，将提起公诉前的退赃退赔情节从酌定从宽量刑情节擢升为法定从宽量刑情节；第三，增设了“数额特别巨大或者有其他特别严重情节”的法定量刑情节，处十年以上有期徒刑，并处罚金。非法吸收公众存款，是指违反国家金融管理法律规定，向社会公众（包括单位和个人）吸收存款的行为。根据最高人民法院《关于审理非法集资刑事案件具体应用法律若干问题的解释》（以下简称为《非法集资解释》）的规定，成立非法吸收公众存款罪需要同时具备四个条件：第一，未经有关部门依法许可或者借用合法经营的形式吸收资金；第二，通过网络、媒体、推介会、传单、手机信息等途径向社会公开宣传；第三，承诺在一定期限内以货币、实物、股权等方式还本付息或者给付回报；第四，向社会公众即社会不特定对象吸收资金。即成立非法吸收公众存款罪需满足非法性、公开性、利诱性、社会性。

2.非法吸收公众存款罪在实践中的争议

司法实践中，对于非法吸收公众存款罪的认定在公众存款的定义、集资对象的判断、资金用途三个方面存在较大的分歧：第一，公众存款概念模糊，《非法集资解释》第1条规定：“违反国家金融管理法律规定，向社会公众（包括单位和个人）吸收资金的行为，同时具备下列四个条件的，除刑法另有规定的以外，应当认定为刑法第一百七十六条规定的‘非法吸收公众存款或者变相吸收公众存款’……”使得司法实践将非法吸收公众存款罪的罪状表述中的“存款”理解成“资金”，可能扩大犯罪范围，使得企业正常的民间借贷融资行为稍有不慎就会触犯刑法。第二，集资对象认定标准存在差异，《非法集资解释》第 1 条第 2 款规定，未向社会公开宣传，在亲友或者单位内部针对特定对象吸收资金的，不属于非法吸收或者变相吸收公众存款；第 3 条规定，非法吸收或者变相吸收公众存款对象 150 人以上的应当依法追究刑事责任。“亲友论”将企业向亲友、单位内部特定对象的融资行为设定为出罪条件，但是亲友关系的认定是实践中的棘手问题。“人数论”的标准能够缓解实践中亲友关系难以确定的问题，但是以数量作为入罪标准，扩大了本罪的入罪口径。第三，资金用途能否作为出罪标准存在争议，非法吸收公众存款如果是用于正常经营，相比用于其他途径危害性较轻，及时清退所吸收的资金可以免除刑事处罚，如果情节显著轻微危害不大的，不作为犯罪处理。

二、企业民间借贷融资的合规治理

（一）民营企业营商司法环境的变化

党的十九大报告强调，要“激发和保护企业家精神，鼓励更多社会主体投身创新创业”“毫不动摇鼓励、支持、引导非公有制经济发展”“支持民营企业发展，激发各类市场主体活力”“加强对中小企业创新的支持”。2018 年 11 月 1 日，习近平总书记在民营企业座谈会上强调，要“大力支持民营企业发展壮大”。民营企业和民营企业家的刑事保护问题得到持续关注。最高人民检察院明确表示，要保护民营企业的合法权益，严禁以刑事手段介入经济纠纷，做到“少捕慎诉慎押”。最高人民法院《关于充分发挥司法职能作用助力中小微企业发展的指导意见》指出，坚决防止利用刑事手段干预中小微企业经济纠纷。

（二）防止民间借贷融资触犯非法吸收公众存款的合规治理方案

1.企业民间借贷融资合规治理的基本理论

公司治理风险的基本理论将公司面临的风险分为经营风险、财务管理风险、合规风险。与公司治理风险相对应，现代企业形成了三大公司治理结构：（1）为规避经营风险所建立的公司治理结构，就是“业务治理结构”；（2）为规避财务风险建立的公司治理结构，称为“财务治理结构”；（3）企业为避免特定的合规风险，所建立的包括防范、识别、应对机制的管理体系或治理体系，即“合规治理结构”。[1]所谓企业合规，就是企业为判别、防备、监测、应对可能存在的合规风险所建立的全部公司治理体系。非法吸收公众存款罪所保护的法益是金融管理秩序和投资者资金安全，企业应从非法吸收公众存款罪的非法性、公开性、利诱性、社会性四个要件入手识别、防备、监测、应对风险。“非法性”的表现为违反国家金融管理法律法规；“公开性”表现为主动向社会公众通过各种途径传播吸收资金的信息及明知吸收资金的信息向社会公众扩散而予以放任；民间借贷融资的目的是追求利益，属于正常商业经济活动的范畴之内，但如果利息、回报超出正常的范围，该行为就符合“利诱性”的特征；“社会性”是指企业向不特定的对象吸收资金，因亲友和单位人员身份的特殊性，其并不属于不特定的对象。

2.防止民间借贷融资触犯非法吸收公众存款罪的合规治理方案

虽然每个企业的规模、业务模式、组织结构、合规投入并不相同，但良好的企业合规治理体系却总是有着共通之处，这些共通之处就是企业合规治理体系的基本原则。第一，合规治理体系应根据企业的经营范围、组织结构和业务规模等实际情况出发，兼顾成本与效率，提高合规管理的有效性，并随着企业业务的改变与外部环境的变化持续调整和改进合规管理体系；第二，企业合规治理体系应覆盖企业经营活动全业务领域、各部门、各层级子经营者、分支机构和全体员工，贯穿决策、执行、监督、反馈等各个环节，体现于决策机制、内部控制、业务流程等各个方面；第三，企业合规治理体系应有内部监督与外部制约机制，保持组织机构设置、制度设计、汇报路径等方面的独立性，合规部门及合规人员承担的其他职责不应与合规职责产生利益冲突；第四，企业合规治理体系应涵盖法律风险防范、监察、审计、内控、风险管理等工作的统筹和衔接，确保合规治理体系有效运行。

（1）建立风险识别合规治理体系

企业应根据非法吸收公众存款罪非法性、公开性、利诱性、社会性的构罪要件，建立识别非法吸收公众存款罪的风险合规治理体系。风险识别的基

〔1〕 参见陈瑞华：《企业合规的基本问题》，载《中国法律评论》2020年第1期。

础是合规义务的梳理和辨别,具体为识别企业业务活动、产品和服务等触及非法性、公开性、利诱性、社会性的风险。企业应当配备专门的机构和人员,按照合规治理体系确定的方法,落实风险识别合规治理制度,遵照识别合规流程,形成识别合规风险的文件化信息。企业还需安排人员对识别出的合规风险进行评估和分级,根据风险发生概率和影响程度,确定风险等级和优先管理顺序,并将这些排序、分级的合规风险与业务活动、产品和服务相关联,确保合规风险评估和分级与管理措施更新相结合。

(2)建立风险监测合规治理体系

企业在经营过程中面临的风险并非一成不变,而是随着刑事规定、刑事政策的变动、企业经营活动的变化甚至是企业员工个人行为的影响而变化。企业需通过订立和实施日常监测机制来建立风险监测合规治理体系,推动合规治理体系持续改进。风险日常监测机制包括日常监测合规风险的机构、方法、措施、频率、信息来源、结果运用、操作流程等,企业依据自身特点明确监控的重点人员、重点岗位和重点环节。日常的监测措施包括监控计划、预警指标、合规审计、管理层合规评审、合规调查等。企业应当安排员工重点监测非法集资罪刑事政策的变动,一并监测企业新制度的落地情况、新业务的开展情况、新产品的风险情况、新市场的开拓情况等重点领域,形成监测的文件化信息。风险监测合规治理体系是企业合规治理体系重要的组成部分。

(3)建立风险报告机制及持续改进机制

风险报告机制是企业经营者及时作出决策及持续改进企业合规治理体系的重要依据,企业应当建立风险报告机制,配备专门人员,定期制作真实、客观、全面的合规报告并根据风险报告机制的制度和流程向经营者直接提交合规报告,以使经营者及时审查合规报告并作出经营决策或改善企业合规治理体系。企业还应当建立持续改进机制,任何合规治理体系均有其时限性,良好的合规治理体系应随着企业的发展而更新迭代。企业具体可通过对员工不合规行为进行整改和问责,开展合规培训与交流,关注培育合规文化,指定人员跟踪和评估合规风险变化,分析管控措施与合规管理目标偏离的原因，定期或不定期对持续改进机制有效性进行评审等措施建立持续改进机制，以确保合规治理体系与企业的发展相适应。

（4）建立风险应对合规治理体系

风险应对合规治理体系，是指企业根据风险评估和分级结果设置风险应对责任人、应对措施、应对流程，记录与沟通机制、监督与检查机制，以及针对突发合规事件的应对预案。建立企业风险应对合规治理体系的具体措施包括配备风险应对人员，落实应对措施，实施应对流程或应对预案，形成合规风险应对的文件化信息，对合规风险应对机制有效性进行定期或不定期评审等。在涉及非法吸收公众存款罪及其他类型的刑事案件中，往往律师介入的时间越早，取得的辩护效果越好。故企业在建立风险应对合规治理体系时，可考虑聘请律师常态化介入合规治理体系，以第一时间应对处理刑事危机。

（5）建立企业合规治理文化

企业的经营者对建立企业合规治理的文化负有重要责任，往往企业家越重视企业合规治理，企业的合规治理文化就越浓厚，合规风险就越小。企业合规治理文化由企业员工对不合规行为的反应、企业行为习惯的改变、客户对企业合规形象的印象等组成。企业可通过经营者和管理层率先作出合规承诺的表率，要求各层级员工均作出合规承诺，对员工的合规职责进行绩效考核，定期开展合规知识和观念的宣传和培训、合规政策的传达与学习等具体措施建立企业合规治理文化。

3.企业完整合规治理体系示例

完整的企业合规治理体系包括三个部分：

第一部分，是建立参与人员企业合规治理体系。首先，明确党委、纪委的合规管理职责以及董事会、监事会及经理层的合规职责。其次，建立合规综合、专项、参与管理部门组成的“三位一体”的合规部门管理模式。合规综合管理部门负责建立、推动并持续完善合规管理体系；合规专项管理部门负责合规审核、合规检查、违规查处、合规评价、合规考核等专项管理工作；合规参与管理部门负责各自业务相关的合规管理工作。合规综合管理部门下辖法律合规部是合规治理的主要部门，承担风险识别、分析、防备、应对责任。董（监）办、发展规划部、人力资源部、纪委监察部、物资设备管理部、投融资管理部、公司办公室、工会等是合规专项管理部门，分别履行各自的合规管理职责。企业所有的业务部门和分支机构均为合规参与管理部门，履行执行合规管理制度的合规管理职责。最后，建立全体员工的合规职责手册，明确全体员工的合规职责。

第二部分，是建立企业合规管理内容。企业建立合规风险管理机制，合规咨询与审核机制，合规检查机制，违规举报、调查与问责机制、合规评价与考核机制、合规管理报告机制。

第三部分，是建立合规管理保障体制。企业建立机构、人员、经费保障机制，合规培训机制，合规信息库管理机制，合规激励约束机制。

三、结语

民间借贷融资满足了民营企业融资的多元化需求，在一定程度上缓解了民营企业对经营资金需求的压力。但由于非法吸收公众存款罪的法律规定存在抽象性和高度概括性的特点，致使民间融资的刑事法律风险界限并不明晰。因此，建立风险合规治理体系，防止因触犯刑法而遭受灭顶之灾是企业必须承担的责任。同时，司法机关也要认识到刑法在规制民间借贷融资时应处于最后的监管位置，防止扩大刑事打击的边界，这是刑法谦抑原则在监管民间借贷融资中的应有之义。

2023年第100期

涉港商事与金融争议解决过程中的法律适用问题

——以一例香港孖展业务引发的跨境诉讼案件为例

黄恩霖　律师

何　原　清洪资深大律师办事处

程竞达　隆安律师事务所(香港)

中国实行改革开放以来,各项跨境经济、金融活动日益繁荣。与内地仅有一河之隔的香港,一直以来与内地之间存在频繁的跨境经济、金融活动。1997年,随着中国对香港恢复行使主权后,作为特别行政区,香港在《宪法》《中华人民共和国香港特别行政区基本法》下,实行与内地不同的法律制度和司法制度。香港与内地之间的经济、金融往来越发频繁、便捷,大量中资背景的金融机构、商事主体,开始在香港投资、设立和运营。同时,实际控制人或主要资产来自内地的众多企业,在香港特别行政区设立后,纷纷在香港联合交易所上市,促进了两地资本市场繁荣,同时使两地在经济、金融领域有了更多交融。近年来,随着粤港澳大湾区一体化发展与建设,香港与内地之间的经济、金融往来正处于历史上最为活跃、繁荣的时刻,而这样的大好势头,势必将继续推动粤港澳大湾区的高速发展。

内地与香港之间的经济、金融往来,尤其是资本市场领域的大量交易活动,也将无可避免地引发跨境争议(以下简称跨境金融争议)。由于两地法律制度、司法制度均存在较大的不同,涉及多种语言,发生于资本市场中的金融、证券交易(或金融产品)本身在结构上具有复杂性等,从而导致在开展有关跨境金融争议之诉讼、仲裁活动中,面临较大的障碍,这对两地的法律工作者，都是一种挑战。妥善办理跨境金融争议解决业务，需要办案的法律工作者对有关法律问题和金融实务问题有较为良好、准确的把握。

笔者认为，在上述这些难点中，最具代表性和根本性的法律问题之一，便是相关跨境金融争议解决中的法律适用问题。在跨境金融争议解决过程中，法律适用问题，往往还会引发与之关联的关于管辖权、证据和程序法等较为复杂、疑难的法律问题。因此，笔者特借此文，结合自身相关服务经验和实践案例，以一例香港孖展业务所引发的涉港跨境诉讼案件为例，就跨境金融争议解决过程中关于法律适用的相关问题，提出自己的理解与建议，希望能够给读者提供思路和参考。

一、孖展业务、交易风险的产生与跨境金融诉讼

（一）香港证券市场下的孖展业务

孖展业务（Securities Margin Financing），又称保证金信贷业务或（证券）保证金融资业务，通常是指在香港证券、金融市场中，由商业银行和证券公司在提供融资服务时，允许开设“孖展账户”的投资者使用股票作为抵押标的，[1]借用商业银行或证券公司的资金进行证券投资的交易活动。孖展业务与内地境内证券交易活动中常见的融资融券交易有一定的相似性。

根据香港特别行政区现行有效的《香港法例》第571章《证券及期货条例》以及第571N章《证券及期货（财政资源）规则》的相关条例，证券保证金融资指提供财务通融，以利于取得在任何证券市场上市的证券及继续持有该等证券，而不论该等证券或其他证券是否被质押作为该项通融的抵押。[2]

（二）孖展业务的交易风险和跨境金融诉讼

通常在香港的孖展业务的实操中，由于香港的证券公司等金融机构（以

---

〔1〕 在《香港法例》下实施的抵押，其法律制度与我国内地的担保物权中的抵押权有较大不同。

〔2〕《香港法例》第571N章《证券及期货（财政资源）规则》第2条规定：“证券保证金融资（securities margin financing）具有本条例附表5第2部给予该词的涵义，但尽管有该定义第（iii）段的规定，该词包括就第1类受规管活动获发牌的持牌法团向该法团的客户提供的、以利便——（一）取得在任何证券市场（不论是认可证券市场或香港以外地方的任何其他证券市场）上市的证券的；或（二）（如适用的话）继续持有该等证券的财务通融。”

下简称香港金融机构）对交易所涉股票等有价证券设置了抵押，根据香港的相关法律规定以及孖展业务中香港金融机构与开户申请人之间签订的合同，香港金融机构一般都有权在相关证券流通价发生下降或其他约定的条件成就后，分配、出售全部或部分在证券孖展账户下持有之抵押品、证券、资产或其他财产以清还任何债务。这样一来，香港金融机构在孖展业务中的信用风险便可以通过行使前述权利而得到弥补或"填平"。这一点与我国内地证券交易市场中场内交易下的证券公司依约实施"平仓"较为类似。

然而，若发生孖展账户中的上市公司股票被监管机构停牌等情形，从而导致孖展账户中的证券价值在短期内发生骤降，则可能会导致香港金融机构在出售抵押品（证券）后，仍未能清还全部保证金信贷资金的（孖展账户仍有欠款）情况，则对该金融机构而言，就发生了风险事件，其风险敞口无法"填平"，从而也就可能需要以采取诉讼等法律行动，来向债务人（孖展账户的开户申请人）以及其担保人追索所欠的保证金。而如果该等孖展业务中的债务人、担保人是内地的自然人、法人的，香港金融机构就可能需要根据《中华人民共和国民事诉讼法》的规定，以在内地发起民事诉讼的方式进行债务追索。

二、以真实案例分析跨境金融诉讼中的法律适用及其他法律问题

（一）案情简述

以笔者曾代理、参与的一起涉及孖展业务的跨境金融诉讼来举例：

F某，系经常居住地在内地的中国人。2021年年末，F某来到香港，在香港证券公司Z公司处开立孖展账户，并申请保证金信贷额度。证券公司Z公司批准并提供占其所持股票一定比例的可按贷值（Margin value），随后，由于该可按贷值低于已占用的信用额度，Z公司通过电子邮件向F某送达当日《日结单》，通知F某需补按金（Margin call）港元700余万元。

2022年5月，F某主要持有的港股上市公司W公司的股票停牌。随即，F某账户中所抵押证券市值已为0。

此后，Z公司通过电子邮件向F某送达当日《日结单》，通知F某需要依约补充保证金若干，且计以相应的融资利率（年化15.25%，按复利计算）。但F某此后未曾履行上述任何合同义务。Z公司沟通无果后，向内地某人民法院起诉F某，要求其依约承担相应的违约责任。

（二）管辖权（Jurisdiction）与程序法的适用

上述案例中，案涉的孖展账户开户文件等合同性法律文件（以下简称案涉合同）约定："本协议受香港法律管辖并依其诠释。各方特此接受香港法院的非专有司法管辖权管辖。"这种管辖权的约定，一般称为"非专属管辖"（Non-exclusive Jurisdiction）。关于"非专属管辖"条款的效力，我国法律并未对其作出限制或禁止性规定，因此原则上都应当从充分尊重当事人意思自治的角度，认定该等约定为有效。这一观点，也能够从内地相关司法实践中得到印证。最高人民法院一份民事裁定书中认为，"非专属管辖"条款中的"非专属"之措辞表明，双方当事人并未选择将香港法院作为解决涉案争议唯一的、排他的法院，该约定实际上是赋予当事人一种选择管辖法院的权利，即当事人可选择香港法院作为解决涉案争议的法院，但这一选择不能被认为排除了其他有管辖权法院的管辖权。〔1〕换言之，如果当事人的意图在于选择将香港法院作为唯一的、排他的管辖法院，可在约定的条文中排除使用"非专属"之措辞，也可以通过更明确的措辞来表明其所选择的管辖法院具唯一性和排他性。因此，案涉合同的当事人，并未排除香港法院以外的其他地方法院的管辖权，内地人民法院对案涉合同纠纷是具有管辖权的。

如上所述，内地人民法院具有案涉合同纠纷的管辖权，则在内地发起的民事诉讼，其程序法则必然是《中华人民共和国民事诉讼法》，本案的受理、送达、证据规则、诉讼程序等，均应当根据《中华人民共和国民事诉讼法》的规定进行。

（三）实体法律的识别与适用

世界范围内，各国法律大多有关于尊重当事人意思自治（Party Autonomy）

〔1〕 参见最高人民法院民事裁定书，（2015）民四终字第57号。

的规定。而在合同中选择其适用的法律（Choice of Law），不仅体现和尊重了当事人意思自治，更是跨境商事谈判、合同起草等法律工作中的重要法律问题。我国内地法律制度，亦是高度体现了尊重当事人意思自治的多个方面，其中就包括在内地审理涉外民事案件的有关法律制度。

根据《中华人民共和国涉外民事关系法律适用法》（以下简称《涉民法》）第41条的规定，当事人可以协议选择合同适用的法律。当事人没有选择的，适用履行义务最能体现该合同特征的一方当事人经常居所地法律或者其他与该合同有最密切联系的法律。

上述案例中，案涉合同约定选择适用的法律（Applicable Law/Governing Law）为香港法（The Laws of Hong Kong SAR）。因此，根据《涉民法》的规定，本案虽然系根据《中华人民共和国民事诉讼法》在中国发起的民事诉讼，但是本案适用的实体法律（国际私法、冲突法中的"准据法"），应当为香港法。

（四）涉港案件中香港法律的查明问题——香港律师在境内涉港案件中的角色

根据《涉民法》和最高人民法院发布的《关于适用〈中华人民共和国涉外民事关系法律适用法〉若干问题的解释（一）》（以下简称《涉民法司法解释（一）》）的有关规定，当事人选择适用外国法律的，应当提供该国法律。《涉民法司法解释（一）》第17条也明确规定，涉及香港特别行政区、澳门特别行政区的民事关系的法律适用问题，属于参照适用《涉民法》《涉民法司法解释（一）》相关规定的情形。

由于香港与内地在金融法律制度、合同法律制度、监管模式、行业现状等方面，均存在较大的不同，因此涉港金融诉讼中的准据法识别以及该案的实体法律部分是否能够成功地适用香港法，将对案件的裁判结果和当事人的权益保护产生重大影响。比如，金融案件中最常见的利息问题，即香港法与内地法在合法利息上限、复利是否能够得到司法上的支持等问题香港和内地就存在巨大的差异。又如，最高人民法院发布的《关于适用〈中华人民共和国民法典〉有关担保制度的解释》第8条、第9条所规定的可能导致上市公司对外担保行为无效的法律规则，在香港法下的相关规定是完全不同的。

实务中，涉外案件中由当事人提供域外法律的常见方式，就是由当事人委托域外律师，由域外律师就案涉域外法律问题发表法律意见，并出具书面的法律意见书。根据香港法的有关规定，香港律师分为大律师和事务律师，他们都可以就涉港诉讼中涉及香港法律的问题发表法律意见即出具法律意见书。从法律服务的角度来说，这对香港律师也是一项可以开展的法律服务种类。而随着粤港澳大湾区一体化的不断深入，可以期待类似的法律服务需求或将会呈现不断上升的趋势。

三、结语

理解当事人的核心利益诉求，根据当事人的利益诉求和案件的情况，快速、准确地把握案件的适用法律及相关的法律问题，是办理涉港金融诉讼过程中的首要事项。这对案件的代理律师能否较为敏锐地识别、探究内地与香港在金融法律制度、合同法律制度、监管模式、行业现状等方面的不同之处，是一个不小的挑战。然而，这个挑战，却可能在当下的新形势、新环境中，转化为律师的优势和机遇。

在粤港澳大湾区一体化进程中，内地与香港之间的经济、金融往来将越发频繁、深入，在金融、证券市场领域的交易，也将呈现高度交融的状态。伴随经济、金融活动所产生的相关法律服务，无疑也会出现相同的趋势。通过与香港律师的交流合作，内地律师也能够顺利地办理包括涉港金融诉讼在内的跨境法律服务。值得一提的是，两地律师制度也产生了新的变化。对香港律师而言，粤港澳大湾区律师（制度）——这一在粤港澳大湾区一体化进程中孕育而生的新产物，是这个时代给予香港律师行业的特殊机遇，使香港律师能够在与内地不断加深融合、交流的过程中，更好地提升自身法律服务的多元性。

2023年第100期

数据交易合规之个人信息合规交易

龙　军　深圳市网安计算机安全检测技术有限公司

李兰兰　律师

孙鹏程　北京大成(杭州)律师事务所

一、引言

据不完全统计，全国有80多家数据交易机构先后成立，还有大量商业机构陆续进入数据流通与数据服务市场。而在数据交易的数据产品合规评估中，有两类特殊的数据需要重点关注，第一类是个人信息，第二类是重要数据。《个人信息保护法》及《数据安全法》的相关条款并未专门针对禁止交易的数据类型作出规定。《深圳经济特区数据条例》规定包含个人数据且未依法获得授权的数据产品和服务不能进行交易。

数据交易在国家标准《信息安全技术　数据交易服务安全要求》中被定义为：数据供方和需方之间以数据商品作为交易对象，进行的以货币或货币等价物交换数据商品的行为。根据此标准的第6.1条禁止交易数据条款，企业在“告知+同意”情形下是可以对个人信息数据进行交易的。

而在新版《数据交易服务安全要求（征求意见稿）》2023版中涉及特定个人权益的数据设置了禁止交易数据目录，目录出了详细清单，哪些情况下的个人信息数据是禁止交易的。

在此基础上，综合对以上两个版本的《数据交易服务安全要求》进行分析，个人信息在合法合规的情形下是可以交易的。但是，“告知+同意”情形下，庞大的授权成本不可避免地成为开展个人信息数据交易活动的巨大挑战；而在非“告知+同意”情形下，大量个人信息的数据价值潜力挖掘以及数据交易场景的开发也亟待探讨。

本文主要针对在非“告知+同意”情形下对个人信息的合法合规交易进行初步分析探讨，讨论如何从技术和法律相结合的层面，开展合法合规的数据交易活动，促进数据要素的流通。

二、基础知识

（一）数据交易模式分类

依据新版《数据交易服务安全要求》的介绍，数据交易模式可以分为三种模式：委托加工模式，指数据交易场所依据数据供方的数据进行加工，再寻求数据交易可能性的一种交易模式；交易撮合模式，指数据交易场所依据数据供方和数据需方需求，为供需双方提供撮合业务，数据交付通过供需双方直接完成或第三方参与完成的一种交易模式；计算交付模式，数据交易场所协商数据供方和数据需方需求，按协商结果提供数据加工及交付服务的一种交易模式。

（二）匿名化

《个人信息保护法》第73条规定：“匿名化，是指个人信息经过处理无法识别特定自然人且不能复原的过程”。

（三）去标识化

《个人信息保护法》第73条对“去标识化”进行了定义，“去标识化是指个人信息经过处理，使其在不借助额外信息的情况下无法识别特定自然人的过程”。

（四）重要数据

《数据出境安全评估办法》第19条规定，重要数据是指一旦遭到篡改、破坏、泄露或者非法获取、非法利用等，可能危害国家安全、经济运行、社会稳定、公共健康和安全等的数据。《信息安全技术　重要数据识别规则（征求意见稿）》对重要数据的定义是“特定领域、特定群体、特定区域或达到一定精度和规模的数据，一旦被泄露或篡改、损毁，可能直接危害国家安全、经济运行、社会稳定、公共健康和安全”，那么某些特定群体的个人信息也有可能属于重要数据。

三、合规交易分析

（一）委托加工模式下的个人信息数据交易

1.从技术层面分析

个人信息进入委托加工模式，是指对需要交易的数据进行加工后再交易的情形，而不是直接进入交易撮合模式。因此，数据交易场所在交易数据来源合法合规的前提下，首先应对数据提供方提供的敏感个人信息和重要数据进行识别，并进行数据脱敏处理，确保交易的数据不包含个人信息数据和重要数据。如果委托加工是由第三方参与的数据分析服务，则第三方需具备相关数据分析挖掘服务资质，并对提供给第三方的数据进行严格审查监督，以电子服务合约或合同地点形式约定交易的数据用途和范围。最后还需要对加工后的数据进行审核，若加工后形成了去标识化后的数据，则应使用国家标准《个人信息去标识化效果评估指南》的要求进行评估，确定是否已经达到了表1个人信息标示度第4级的要求。

表1　个人信息标识度4级划分

分级	划分依据
1级	包含直接标识符，在特定环境下能直接识别个人信息主体
2级	消除了直接标识符，但包含准标识符，且重标识风险高于或等于可接受风险阈值
3级	消除了直接标识符，但包含准标识符，且重标识风险低于可接受风险阈值
4级	不包含任何标识符

并且还应在此基础上，针对处理后的数据集基于数据使用环境进行有动机的攻击测试，满足以下所有条件完成匿名化：

（1）不可识别性，处理后的数据集不再能够直接或间接地识别特定的自然人；

（2）不可关联性，处理后的数据集无法与其他数据关联，从而无法识别特定个体；

（3）不可复原性，处理后的数据集不能恢复原始数据。

达到以上情形才算真正做到了个人信息数据的匿名化处理，符合《网络安全法》《个人信息保护法》对个人信息的合法合规的处理交易。

若加工后的数据不包含个人信息数据，则需按照《信息安全技术 重要数据识别规则（征求意见稿）》判断是否属于重要数据。如果属于重要数据，那么首先应满足国家或行业主管部门的要求，在合法合规的基础上还应满足《信息安全技术 重要数据安全处理要求（征求意见稿）》《信息安全技术 数据安全风险评估方法（征求意见稿）》的要求。数据提供方需要对数据接收方的数据安全管理制度以及数据备份、加密、访问控制等安全防护措施进行评估，评估数据接受方发现和处置数据安全风险的有效性。数据接受方应具备不低于数据处理者的数据安全保护能力，确保数据接收方满足相关的技术保障能力后才能按照合法合规的流程进行数据交易。

2.从法律层面分析

如果委托加工是由第三方参与的数据分析服务，委托方应当事前得到个人信息主体的授权同意，同步进行个人信息保护影响评估。在开展数据分析服务时，应在电子服务合约或合同中约定加工后数据的权属关系，确认加工后数据的相关权益，并且应对加工前的原始数据进行不可逆地数据删除。因为交易的数据已经做到匿名化处理，所以无须再次得到个人信息主体的授权同意。如果交易的数据在交易前被识别出属于重要数据，还需要进行重点审核，核查第三方专业服务机构在数据交易前出具的《数据安全风险评估报告》，确保数据可交易。

（二）交易撮合模式下的个人信息数据交易

撮合模式下的数据交易在合法合规的前提条件下可以通过供需双方直接完成或第三方参与完成。

1.从技术层面分析

数据交易场所在交易数据来源合法合规的前提下，首先需要对数据提供方提供的个人信息数据进行识别，判断是否属于重要数据，如果仅属于个人信息，那么在技术层面需要对交易过程进行安全控制；其次还需要对挂牌交易个人信息的描述和样本的准确性、真实性进行审核；最后应通过日志等方式记录交易过程中的操作处理、权限管理、交易过程等信息，日志留存时间一般不少于3年的诉讼时效，但法律法规和主管部门有另外规定的除外。

如果在交易前识别出交易的数据不仅属于个人信息，还属于重要数据，此类数据交易不仅需要得到个人信息主体的明确授权，还需要具备上文委托加工模式下对重要数据的安全技术要求。

2.从法律层面分析

交易撮合模式下的个人信息的数据产品和服务交易需要根据相关法律法规的要求，符合"告知+同意"的情形才能满足可以交易的基础条件，还应满足《个人信息安全规范》中关于个人信息的安全要求，并且要求数据提供方进行个人信息保护影响评估，确保数据可以交易。如果交易的个人信息数据产品和服务在交易前被识别为重要数据，还需要重点审核上文所述的《数据安全风险评估报告》，确保数据可交易。

（三）计算交付模式下的个人信息数据交易

此模式是在委托加工模式及撮合交易模式下的叠加，不同于委托加工模式，此种模式是先进行交易撮合，成功后再由数据提供方根据需求对数据进行加工处理；此模式也不同于交易撮合模式，是交付数据加工处理后的产物，而不是交付的原始数据或数据集。

此模式主要存在如下5种可能场景：

（1）交易撮合后，交付个人信息匿名化处理后的数据；

（2）交易撮合后，需要对个人信息数据集进行加工，加工后的数据仅是去标识化后的数据集，但交易后数据需方可能会使用采购的数据与现有数据（包含去标识化后的数据）进行汇聚融合使用，此过程可能会重新识别出个人信息，在此使用情形下就面临重识别个人信息的风险；

（3）交易撮合后，需要对个人信息数据集进行加工，加工处理后输出的数据不带有任何个人信息数据标签，对于数据供方而言，此数据属于去标识化后的数据集，数据需方在合法合规的情形下，不借助额外信息无法识别特定自然人；

（4）交易撮合后，需要使用特定算法模型对个人信息数据集进行加工，输出特定的结果值或者标签，而数据需方可能会将此数值或标签与数据需方的个人信息数据集进行融合，也可能仅用于业务使用，不与数据需方的个人信息数据融合；

（5）交易撮合后，需要对个人信息数据集进行加工处理，用于输出特定的数据分析算法模型或者分析报告，而数据需方对这些算法模型或者分析报告进行使用，使用的用途可能对个人信息主体无任何关联，也有可能对个人信息主体造成一定的影响。

以下主要对5种可能场景在交易数据来源合法合规的前提下从技术合规以及法律合规层面展开分析。

第一种场景按照上文分析的委托加工模式进行匿名化处理模式处理，遵守相应的法律法规和技术保护措施即可。

第二种场景加工后的数据仅是去标识化后的数据集，交易后数据需方可能会面临采购的数据与现有数据进行汇聚融合使用。从技术层面分析，此模式下的技术合规要求应满足第一种场景交易撮合模式下的技术合规要求，并且在数据交易前后都要按照国家标准《信息安全技术　个人信息去标识化效果评价指南》以及其他风险评估模型进行个人信息数据重识别的风险评估。因为涉及个人信息的数据交易，因此双方还应进行个人信息保护影响评估，确保数据可以交易。另外，此场景的数据交易涉及大量的个人信息处理，因此个人信息处理加工平台（也有可能是加工及交易平台）需符合《网络安全法》第21条的要求，还应符合等级保护三级标准要求。从法律层面分析，数据提供方提供的是去标识化后的个人信息数据，因此需要在“告知+同意”情形下进行交易，而数据需方购买后的数据如果需要进行汇聚融合，汇聚融合的原始数据若包含个人信息数据（包含去标识化后的个人信息数据），则也需要与数据供方一样满足“告知+同意”。

第三种场景中数据供方与第二场景的处理模式一致，首先需要满足第二种场景下的技术合规及法律合规要求。但是在数据需方角度，通过数据交易所获取的数据在合法合规的情形下，若不借助额外信息便无法识别特定自然人。因此数据需方需要按照采购合同在数据使用范围内进行数据的处理。在技术层面，数据需方需要按照合同约定，防止采购的数据泄露或超过约定范围使用，在服务结束、数据供方停止提供数据、数据授权到期等情况后，应进行不可逆的数据删除，还应定期对删除效果进行审计，有相关法律法规另有要求的除外。

第四种场景从技术层面分析，比较常见的技术实现方式为隐私计算。数据供需双方的个人信息数据都仅在双方本地存储，通过使用隐私计算，使数据可用不可见，实现了数据交易的最终目的。隐私计算在数据交易中解决的是隐私泄露的技术问题，但是并没有完全解决个人信息的合法权益的法律问题，隐私计算的结果可能会对个人信息主体的权益造成损害。因此，从技术层面分析，该模式下的技术合规要求首先得满足第三种场景中的技术要求。在此基础上，隐私计算的产品模型还应得到国家权威机构的检测，具有检测报告，防止隐私计算平台、模型存在漏洞或其他安全隐患。此外，隐私计算平台的部署还应符合对应的安全合规要求。从法律层面分析，数据的供需双方可能仅对个人信息进行了加工处理，但是并没有对个人信息进行交易，仅对个人信息进行隐私计算从而得到交易的数据，此情形下的法律法规要求建议与实际的数据交易的应用场景相结合再来判断是否要做到“告知+同意”。

第五种场景可以分为两类情况，第一类，数据提供方对个人信息进行加工处理，生成分析报告或者研究报告，此报告并不能直接关联到具体的个人信息主体，但是分析报告或研究报告使用了个人信息或者个人信息主体关联的业务数据进行了加工，从而得出分析或者研究报告。因此，此加工分析平台应满足第三种场景中的技术合规要求。从法律层面分析，此情况需要和第四种场景中的法律合规要求一致，应根据分析或者研究报告是否使用了个人信息还是仅使用了业务数据进行加工来判断法律合规要求。第二类，数据供方使用个人信息进行加工处理，输出了一个算法模型或者其他数据产品，或者帮助数据需求的算法模型进行训练优化后，提供升级版的算法模型。对于数据提供方而言，并没有交易原始个人信息，交易的数据也不能对个人信息主体进行重新识别，交易的数据是一套算法模型，不再属于个人信息。那么在此情况下，数据供需双方的技术合规要求需要符合第三种场景中的技术合规要求。从法律层面分析，此情况5种场景中与第一类情况的法律合规要求一致。

四、总结

数据交易可以促进数据要素的流通，在现有法律法规要求中，有禁止交易的数据，但是除禁止交易的数据外，还有大量的可交易数据因为技术合规及法律合规要求存在空白点，无法顺畅开展数据交易，阻碍了数据的交易流通。本文仅针对个人信息从技术和法律合规的角度分析可能存在的数据合法合规交易路径，希望起到抛砖引玉的作用，以期对我国数据交易合法合规体系的建设起到积极的作用，也期待监管层面能尽快制定通用的数据交易法律法规，以规范完善整个数据交易市场。

2023年第100期

企业合规大有可为

曾　迈　律师

傅政杰　律师

企业合规正式诞生的标志是1991年的美国《组织量刑指南》的发布，根据该指南的规定，如果企业能够证明曾试图通过建立一个有效的合规计划来阻止不当行为发生，国家将为涉案企业减轻乃至免除处罚。近年来，企业合规已逐渐成为我国公司治理、法律服务、社会发展的主流命题之一，受到了极大的重视。2018年11月2日，为推动中央企业全面加强合规管理，国务院国有资产监督管理委员会制定了《中央企业合规管理指引（试行）》；2020年3月，最高人民检察院启动了涉案企业合规改革试点工作，把企业合规纳入刑事司法程序；2021年6月，为推进企业合规改革试点工作中建立健全涉案企业合规第三方监督评估机制，有效惩治预防企业违法犯罪，最高人民检察院、司法部联合多部门制定了《关于建立涉案企业合规第三方监督评估机制的指导意见（试行）》；2022年8月，国务院国有资产监督管理委员会发布了《中央企业合规管理办法》，明确央企应严格推动合规要求在本企业的遵循和落实。企业合规因监管层各项规定的陆续出台而一度开启新章，并且不断推动合规的理论研究和实务探讨，为本土合规的发展增添了浓墨重彩的一笔。本文尝试对企业合规开展功能性认识和问题性思考，有助于强化人们对合规大有可为的理解。

一、企业合规是什么？

（一）企业管理中的一种新颖的治理方式

传统的公司治理结构主要调整的是股东（大）会、董事会、监事会和管理层在公司决策、经营等方面所形成的相互制衡关系。但出于防范法律风险、减少公司损失的需要，合规逐步被纳入公司治理的结构之中。由此可见，公司的治理结构由传统的业务管理、财务管理的双马车，演变成包含合规管理在内的“三驾马车”，并相应地由外向内附加了公司合规管理的职能。而合规管理的职能是使企业的行为遵守法律、法规、社会规范、商业准则等，不同于传统的模式，此时合规的权力和职责并非源于董事会、股东（大）会，而是执法部门从外部施加给公司的内部治理方式，公权力部门通过建立一系列如行政和解制度、暂缓起诉制度、辩诉交易机制等减免处罚的方式激励企业通过自我管理的活动，实现企业的良性运营、预防违法犯罪行为的发生。

（二）与违法犯罪行为进行切割的一道“防火墙”

实践中，企业因为内部员工、子公司、分公司或第三方的行为而承担行政责任或者刑事风险的可能性，往往会大于企业自身所实施违法犯罪行为承担相应责任风险的概率。这种非企业主体的行为往往容易被推定为企业的责任。而企业要对抗这种“推定责任”，需要自行证明没有实施违法犯罪行为，证明自身对违法犯罪事实的发生没有主观上的积极或放任心态，由此才能免除企业的责任。英美等国的经验表明，在内部员工、子公司、分公司、第三方实施违法犯罪行为的情况下，企业唯有证明建立有一套有效的合规管理体系，才能证明自己既没有鼓励或者同意前者的违法犯罪行为，也不存在因管理失职而具备明显过失，因此不承担行政责任或刑事责任。在我国，也有通过“合规体系”抗辩而将员工等第三方行为与企业责任进行有效切割的实践经验。例如，在我国著名的“兰州雀巢案”中，兰州雀巢公司的员工为抢占市场份额推销奶粉，多次通过不法手段从医务人员手中非法获取公民个人信息，多名员工辩护系单位行为，所得利益归属于单位。正是因为雀巢公司内部已经建立了完善的合规管理体系，对员工进行过相关合规培训，从而否定了公司具有实施犯罪行为的积极或放任的“主观意志”，将单位与员工个人行为进行了切割，使公司不承担刑事责任。因此，企业合规是企业依法经营的防火墙，将企业与员工的违法犯罪行为进行有效切割。

(三)企业涉罪后获得重生的机会

企业合规不单纯是一种公司治理方式、一道与责任承担进行切割的防火墙,也可以是企业涉罪后获得法律激励的企业自我改进方式——刑法激励。在国外,刑法激励是指刑事追诉部门对那些涉嫌实施违法犯罪行为的企业,可以其建立合规计划为依据,对其作出不起诉决定,或者申请法院减轻刑事处罚。检察机关也可以通过与企业达成暂缓起诉协议或者不起诉协议,责令其缴纳高额罚款,在考验期内完善合规计划,并派驻合规监察官,在考验期结束后可以撤销起诉。在国外,很多企业都是在受到调查后,与相应的机构达成和解协议或不起诉协议,获得了重生、再次发展的机会。

我国检察机关从2020年开始在多个地方试点探索涉案企业合规改革,也是力求促进涉案企业积极进行企业合规工作,通过内部合规的整改落实,让企业"活下来""站起来"。2023年最高人民检察院在两会上的工作报告显示,2020年起检察机关探索涉案企业合规改革试点:对依法可不捕、不诉的,责成涉案企业作出合规承诺、切实整改。试点以来,共办理相关案件5150件,已有1498家企业整改合格,3051名责任人被依法不起诉。检察机关通过促进企业内部合规整改、填补合规漏洞,帮助企业获新生。经过这几年的发展,可以说,企业合规整改逐渐成为企业涉刑后获得轻处理、延续生命的可贵机会之一。

二、企业合规发展的现实瓶颈

(一)企业合规有一定门槛

企业合规是一个涉及多个法学学科的前沿课题,也是多个专业领域的知识项目,不仅要求参与者具备专业的法律知识及领域学科知识,还要求具备其他专业领域的实操背景。一方面,企业在日常经营管理中所出现的专门问题趋向复杂化,并不是传统的刑法学、民法学、行政法学或其他单一学科所能解释和处理的。例如,涉环境保护问题,就有可能同时涉及民法、行政法、刑法等多个学科的内容;涉出口管制问题,就有可能涉及行政法、国际法、民法等多个学科的内容。另一方面,企业合规在企业内部的体现是各具体要素，这就要求参与者做合规还需要有实践经验的背景。例如，数据合规领域，只懂法律而不懂数据传输、存储等技术，便不能有效开展该领域合规；反舞弊合规，不具有侦查意识、证据链思维，也不能有效开展内部调查；廉洁合规体系建设，不了解企业内部架构、不熟悉业务运作模式，做合规也只是纸上谈兵、脱离实际。

（二）缺少专项规范性文本参照

企业合规属于舶来品，在我国起步较晚，国内企业对于合规的认知还处在一个很原始的状态，从企业的职能部门的设置就可以看出，大多数的国内企业目前基本上是将合规方面的事务交由法务部门处理，认为只要是涉及法律相关的问题就“一刀切”地直接交给法务部门。但一方面，因法务部门对合规的认识不足且缺少必要的合规咨询和辅导；另一方面，国内企业环境缺少规范性的专项合规文本参考。目前，虽然国资监管部门出台了《中央企业合规管理办法》，银行金融机构早年也发布了相关的合规指引，《合规管理体系　指南》（GB/T 35770 2017）、《合规管理体系　要求及使用指南》（ISO37301）也相继出台，但这类指引都是普适性的基础合规框架，对于解决专门领域、深层次的、新发生的风险问题明显不具有针对性。不仅如此，由于国内大多数企业既没有受到过欧美执法部门的调查，也没有受到过如世界银行之类的国际组织的制裁，大多数企业所推行的属于前述的“大而全”的合规计划，并没有根据企业的性质和主要合规风险点“量身打造”一套有针对性的合规计划的国际经验，更没有制定专项合规指引文本。

（三）短期成本高于效益

合规是企业的内部环境建设，需要经历搭建、持续运营、定期检查、有效改进的循环过程，短期内不仅不能为企业直接带来经济效益，而且还需要企业投入必要的人力、物力、时间成本，这对于很多刚摆脱困境的企业或尚未发展成熟的中小型企业而言，动力尚显不足。

三、企业合规未来发展的出路

(一)加强领域内学科学习

合规的参与者应做到“一专多能”,既要精通自身业务领域的专业知识,又要掌握相应学科知识,还要熟练了解合规问题所涉及的专项领域知识。这里可以从以下问题寻求思路:第一,参与企业合规工作应以专项合规计划为中心,即针对特定的合规风险所建立的专门性合规管理体系,合规解决方案要集中体现专门性。而律师参与该专项合规应与自身业务领域相匹配,以体现其专业性。第二,在专项合规的基础上,根据自身的业务领域,再学习掌握其他邻近学科知识,如开展反舞弊合规,在已掌握的刑事业务的基础上,要进一步学习掌握公司法、企业内部控制基本规范等规定。第三,熟练了解合规问题所涉及的专项领域知识,例如,开展数据保护合规的,还要了解数据提取、存储、传输的技术知识;开展反舞弊合规的,要了解内部调查的证据规范、侦查思维、取证手段等调查知识;开展廉洁合规的,要了解体系建设中企业内部架构、业务运营模式、日常管理方式等经营管理知识。而该部分知识的积累一般不是短期学习即可练成,往往需要亲身实践之后方能具备,故建议组建合规工作团队时,尽可能吸纳具有与专项合规相匹配的专业领域实操背景的人员。

(二)有关部门出台专项合规指引文本

企业合规的灵魂并不是“大而全”的合规管理体系,而在于针对企业的“合规风险点”确立专项合规计划。故原有的基础的“大而全”的合规体系标准化指南并不能完全适用于深层次、专业化、针对性极强的专项合规工作。未来的合规文本应构建“一全多专”的格局。笔者建议可以由相关部门或协会根据现实情况,结合实践中企业的需求,并在借鉴行业头部企业的先进经验基础上,出台多套有效的专项合规指引文本。例如,商务部或相关部门可以制订出口管制专项合规建设指引,同时借鉴中兴公司的相关经验;再如,网信办或相关部门可以制订数据保护专项合规建设指引。事实上,实践中已有司法部门根据办案经验制作专项合规指引文本,如深圳市人民检察院于2023年4月发布《商业秘密刑事保护体系合规建设指引（试行）》，以指引企业推进商业秘密保护领域的内部合规体系建设。

（三）将企业合规列为社会治理的内容之一

企业合规是公司治理方式之一，与业务管理、财务管理一同作为公司治理结构的三大支柱，企业合规同时也是一座城市治理能力和治理水平的体现。通过将企业合规列为社会治理的内容之一，借助公权力推动全社会的企业参与企业合规建设，从起初的权利转化为"社会责任"，营造"全企合规"氛围。例如，2023年中共深圳市委办公厅、深圳市人民政府办公厅正式印发《关于加快打造企业合规示范区的实施意见》，明确了深圳打造企业合规示范区的战略目标，提出了全面推动企业合规建设的具体路径，部署了重点领域开展专项合规治理的创新任务，积极推动深圳企业构建全员参与、全程监控、全领域覆盖的合规管理体系。可以说，加强企业合规建设既是深圳企业未来发展的内在要求，也是外在要求，直接将企业合规从公司治理的定位提升至社会治理的高度，进一步强化企业合规理念，引导企业、企业家建立、完善企业内部合规管理体系。

（四）加强律所、企业、高校学者之间的互动交流

企业合规是舶来品，若要由最初的概念型产品逐步演变成众多企业内部的管理体系之一，对于合规的认识、理解和具体实施仍需要不断交流、互动、学习。因此，企业合规工作应加强律所与企业的走访交流，加强律所与高校的联动学习，加强高校与企业的考察交流。通过各主体间的互动交流，对于律所而言，可以提升内部合规行动方案的执行能力，强化合规方案的有效落地，及时获取企业合规领域的最新理论成果；对于企业而言，可以更清晰地认识本企业内部体系与有效合规的差距、合规的价值、合规给企业带来的未来效益等；对于高校学者而言，能够及时了解司法实践、企业实际运营中存在的合规现状，更深入地探究企业合规的中国路径。

2023年第100期

债券虚假陈述侵权的投资者维权

谭　媚　律师
方培思　律师
黄晓俊　律师

2023年2月17日，中国证监会正式施行《首次公开发行股票注册管理办法》，我国证券市场从此迈向新时代。可以预见的是，活跃在交易市场上的证券产品在未来会不断增多，但相应地，诸多问题也会随之产生。

虚假陈述侵权是诸多问题中的典型。在证券交易市场中，投资者对证券产品的了解主要依靠发行人、保荐承销机构、律师事务所、会计师事务所等专业中介机构的信息披露。当信息披露存在瑕疵时，投资者的利益将可能受到侵害。在全面实行注册制的背景下，信息披露愈发成为证券交易市场的重要问题。

对此，早在2002年12月26日，最高人民法院审判委员会便已通过了《关于审理证券市场因虚假陈述引发的民事赔偿案件的若干规定》（现已失效，以下简称《旧规定》）。时隔近20年，最高人民法院于2022年1月21日再次发布《关于审理证券市场虚假陈述侵权民事赔偿案件的若干规定》（以下简称《新规定》）。这一新规定再次引起了大众对证券虚假陈述侵权责任纠纷的广泛关注。《新规定》在《旧规定》的基础上，进一步厘清了法院审理证券虚假陈述侵权责任纠纷的审判规范，也为投资者等证券市场交易主体通过侵权诉讼维护自身合法权益提供指引。

为此，笔者对证券争议解决案件进行剖析，从投资者维权的视角，对虚假陈述行为、前置程序、管辖、责任主体、责任范围等问题进行分析并予以总结。

一、债券的基础法律关系

债券的发行及交易通常涉及多个主体。债券发行人需要委托各专业机构提供中介服务，包括由承销商提供承销服务、会计师事务所提供审计服务、律师事务所出具法律意见、评级机构提供信用评级服务等。

其中，发行人需要对投资者承担还本付息的责任，其实质相当于融资借贷。部分产品中还有担保增信机构为债券的还本付息提供担保；发行人与中介机构均应在债券发行中履行信息披露义务。

债券的基础法律关系见图1。

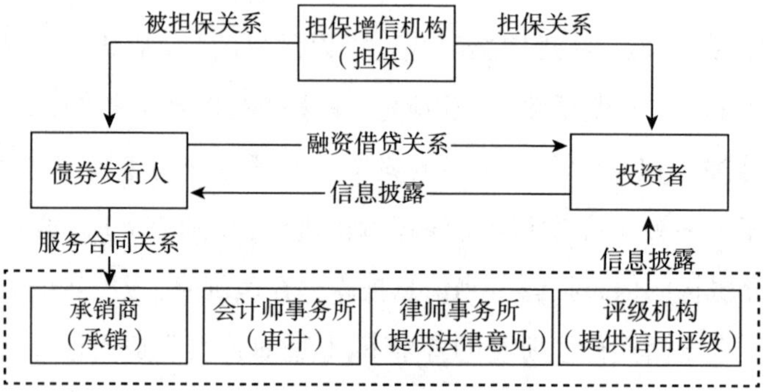

图1 债券的基础法律关系

二、投资者维权路径一：违约偿付责任

如前所述，债券发行人与投资者在债券交易中形成了融资借贷关系，发行人作为债务人需要承担还本付息的责任。当债券到期后，投资者可以要求发行人或担保增信机构予以兑付。若发行人未到期兑付债券，投资者有权以合同违约为由，要求发行人或担保增信机构承担偿付责任。

但囿于发行人的偿债能力，投资者可能面临着无法兑付本息的风险，故该维权路径存在一定的局限性。

三、投资者维权路径二：虚假陈述的侵权赔偿责任

除前述追究违约责任的维权路径外，投资者还可以向发行人或中介机构提起虚假陈述的侵权赔偿责任。

(一)何为“虚假陈述”?

根据《新规定》第4条的规定，若发行人、承销商、证券服务机构等信息披露义务主体在履行信息披露义务时存在虚假记载、误导性陈述、重大遗漏，将会被认定为虚假陈述。具体为：

1.虚假记载

是指信息披露义务人披露的信息中对相关财务数据进行重大不实记载，或者对其他重要信息作出与真实情况不符的描述。例如，在“五洋债”案件中，杭州市中级人民法院查明五洋建设通过虚减企业应收账款和应付款项，减少坏账，提高利润，进而虚造财务报表并通过证监会核准发行债券。〔1〕又如在“致富债”案件中，北京市第二中级人民法院通过相关案件的刑事判决书确认的“篡改财务账套数据，编制虚假纳税申报等”虚假陈述行为事实，认定发行人存在虚假陈述行为。〔2〕

2.误导性陈述

是指信息披露义务人披露的信息隐瞒了与之相关的部分重要事实，或者未及时披露相关更正、确认信息，致使已经披露的信息因不完整、不准确而具有误导性。常见情形包括：夸大对发行人有利的部分，回避或淡化不利的部分；片面选择或运用财务数据、会计科目记载、会计核算方法等；故意使用晦涩的语句描述披露内容，语意模糊或存在歧义等。〔3〕

3.重大遗漏

是指信息披露义务人违反关于信息披露的规定，对重大事件或者重要

〔1〕参见浙江省杭州市中级人民法院民事判决书，(2020)浙01民初1691号。
〔2〕参见北京市第二中级人民法院民事判决书，(2020)京02民初49号。
〔3〕参见杨洋：《债券市场虚假陈述问题与治理对策探析》，载《西南金融》2020年第2期。

事项等应当披露的信息未予披露。例如，在“11超日债”案件中，发行人存在“未披露在海外收购光伏电站项目的情况、未按规定披露超日卢森堡向国家开发银行贷款过程中相关股权质押情况、未及时披露公司与境外合作方签订的《电站管理协议》”等虚假陈述行为，由此受到证监会的行政处罚。[1]

需要说明的是，并非所有的信息披露瑕疵均能构成虚假陈述行为。根据《证券法》第80条、第81条的规定，只有符合“重大”性的条件，才可能构成虚假陈述行为。对此，《上市公司信息披露管理办法》第12条、第22条也进行了进一步的细化。

（二）是否有前置程序？

1.取消“虚假陈述”认定的前置程序

《全国法院审理债券纠纷案件座谈会纪要》（以下简称《纪要》）回应了立案登记制的精神，在第9点明确债券虚假陈述侵权民事赔偿案件的起诉，无须以行政处罚或者生效刑事裁判文书认定为前置程序。同时，《新规定》第2条亦再次重申该规定，明确取消前置程序。

2.无须穷尽对发行人的追索程序

在针对证券服务机构提起虚假陈述侵权民事赔偿纠纷之前，是否应穷尽对发行人的追索程序？如若不穷尽，当发行人的偿付金额未最终确定之前，将面临实际损失无法确定的问题。

就该问题，笔者倾向于认为无须以对发行人穷尽追索程序为前提。一方面，在债券到期后，一旦发行人无法向投资者兑付，即可视为投资者的损失已经确定，而投资者是否提起针对发行人的司法索赔程序，是投资者的权利，无须在法律规则上规定其义务。另一方面，若强制要求投资者穷尽对发行人的救济程序，包括司法程序（一审、二审及强制执行）或破产程序，无疑将造成司法资源的极大浪费。

上述观点也得到司法实践的支持。例如，在“五洋债案件”中，作为被告的五洋建设以“本案代表人诉讼涉及多名原告，其中364人已向破产管理

---

〔1〕 参见江苏省南京市中级人民法院民事裁定书，（2016）苏01民初409号。

人申报债权并经法院裁定确认，故该部分原告起诉五洋建设不符合法定条件。其余原告虽未申报债权，但也应先行向管理人申报债权，后只能就管理人未予确认的债权金额提起破产债权确认之诉”为由，认为应当驳回原告起诉。对此，杭州市中级人民法院认为应当区分处理，对已就债券违约事实向仲裁机构申请仲裁并获得生效裁决或已就债券违约损失向五洋建设破产管理人申报债权并获得确认的原告，予以驳回起诉；就未包含在前述范围的原告，认为应在本案中就其损失赔偿予以确认。

（三）谁还应当承担投资者的损失？

发行人作为债券的发行主体，当然得对债券的兑付承担还本付息的责任。但发行人通常难以承担还本付息的责任，如仅能要求发行人承担责任，众多投资者的损失难以得到填补。

对此，《证券法》《新规定》等法律规定还明确了可能承担投资者损失的主体。具体见表1。

表1 《证券法》《新规定》中可能承担投资者损失的主体

序号	责任主体	请求权基础
1	发行人的控股股东、实际控制人	《证券法》第84条、第85条 《新规定》第20条
2	发行人的董事、监事、高级管理人员	《证券法》第84条、第85条
3	保荐人、承销的证券公司及其直接责任人员	《证券法》第85条
4	律师事务所、会计师事务所、资信评级机构、资产评级机构、财务顾问等证券服务机构	《新规定》第18条
5	因提供信息不符合真实、准确、完整的要求，导致信息披露义务人披露的相关信息存在虚假陈述的公司重大资产重组的交易对方	《新规定》第21条
6	配合发行人财务造假的供应商、客户以及为发行人提供服务的金融机构等	《新规定》第22条

（四）主管机构应如何确定？

若虚假陈述侵权民事赔偿案件的共同被告中包含了发行人，则依据《新规定》第3条、《关于证券纠纷代表人诉讼若干问题的规定》（以下简称《代表人诉讼规定》）第2条等规定，通常由发行人住所地的中级人民法院或专门法院管辖。但若共同被告中没有包括发行人，则地域管辖应如何确定？

针对该问题，存在如下的法律规则，确定地域管辖的法律规定见表2。

表2 共同被告中没有发行人确定地域管辖的法律规定

序号	文件名称	具体内容
1	《旧规定》（2003年）	第9条：投资人对多个被告提起证券民事赔偿诉讼的，按下列原则确定管辖： （一）由发行人或者上市公司所在地有管辖权的中级人民法院管辖。但有本规定第十条第二款规定的情形（未追加发行人或上市公司为被告，不由发行人或者上市公司所在地的法院管辖）除外。 （二）对发行人或者上市公司以外的虚假陈述行为人提起的诉讼，由被告所在地有管辖权的中级人民法院管辖。 （三）仅以自然人为被告提起的诉讼，由被告所在地有管辖权的中级人民法院管辖
2	《代表人诉讼规定》（2020年）	第2条：证券纠纷代表人诉讼案件，由省、自治区、直辖市人民政府所在的市、计划单列市和经济特区中级人民法院或者专门人民法院管辖。 对多个被告提起的诉讼，由发行人住所地有管辖权的中级人民法院或者专门人民法院管辖；对发行人以外的主体提起的诉讼，由被告住所地有管辖权的中级人民法院或者专门人民法院管辖。 特别代表人诉讼案件，由涉诉证券集中交易的证券交易所、国务院批准的其他全国性证券交易场所所在地的中级人民法院或者专门人民法院管辖
3	《纪要》（2020年）	第11条：欺诈发行和虚假陈述案件的管辖。债券持有人、债券投资者以发行人、债券承销机构、债券服务机构等为被告提起的要求承担欺诈发行、虚假陈述民事责任的侵权纠纷案件，由省、自治区、直辖市人民政府所在的市、计划单列市和经济特区中级人民法院管辖。 多个被告中有发行人的，由发行人住所地有管辖权的人民法院管辖
4	《新规定》（2022年）	第3条第1款：证券虚假陈述侵权民事赔偿案件，由发行人住所地的省、自治区、直辖市人民政府所在的市、计划单列市和经济特区中级人民法院或者专门人民法院管辖。《最高人民法院关于证券纠纷代表人诉讼若干问题的规定》等对管辖另有规定的，从其规定

上述规则存在新法与旧法、一般法与特别法的冲突，基于冲突解决的法理，可以得出如下结论：

（1）若证券虚假陈述侵权民事赔偿案件为个别投资者的诉讼，而非代表人诉讼，则由发行人住所地的中级人民法院或专门法院管辖。

（2）若涉及代表人诉讼，则区分“有发行人为共同被告”和“没有发行人为被告”两种情形：“有发行人为共同被告”的，由发行人所在地的中级人民法院或专门法院管辖；“没有发行人为被告”的，则由被告所在地的中级人民法院或专门法院管辖。

（3）若代表人诉讼中涉及特别代表人，〔1〕则由相应的交易所的所在地中级人民法院或专门法院管辖。

如在案中，投资者仅起诉中介机构，未将发行人列为共同被告。对此，辽宁省高级人民法院认为，“证券虚假陈述侵权民事赔偿案件，由发行人住所地的省、自治区、直辖市人民政府所在的市、计划单列市和经济特区中级人民法院或者专门人民法院管辖。根据上述规定，该类纠纷应以发行人住所地的有管辖权的法院管辖为基本原则，《最高人民法院关于证券纠纷代表人诉讼若干问题的规定》适用于代表人诉讼，本案并非代表人诉讼，故不适用证券纠纷代表人诉讼有关管辖的规定。上诉人提出的《全国法院审理债券纠纷案件座谈会纪要》第11条规定，不属于《最高人民法院关于审理证券市场虚假陈述侵权民事赔偿案件的若干规定》第三条第一款规定的特殊情形。因此，原审法院作为发行人住所地的省政府所在市中级人民法院，对本案有权管辖”〔2〕。

（五）投资者可以主张多少损失金额？

1.损失范围及计算标准

《新规定》第25条规定，信息披露义务人在证券交易市场承担民事赔偿责任的范围，以原告因虚假陈述而实际发生的损失为限。原告实际损失包括投资差额损失、投资差额损失部分的佣金和印花税。

就上述损失具体应如何计算，《新规定》第26~28条仅针对集中竞价的股票做了具体的细化，但该规则是否能适用在债券上，则存在争议。

---

〔1〕《证券法》第95条明确了特别代表人是指按照国务院证券监督管理机构的规定设立的投资者保护机构。

〔2〕辽宁省高级人民法院裁定书，(2022)辽民辖终65号。

关于债券的损失计算标准,《纪要》第22条专门进行了明确规定,具体见表3。

表3 《纪要》第22条关于债券的损失计算标准

计算标准	内容
时间	起诉日之前已经卖出债券
	在起诉时虽然持有债券,但在一审判决作出前已经卖出
	一审判决作出前仍然持有该债券的
本金	购买该债券所支付的加权平均价格-持有该债券期间收取的本金偿付-卖出该债券的加权平均价格的差额计算
	到期本金
利息	实际损失确定之日至实际清偿之日止的利息 利息在2019年8月19日之前,按同期同类贷款基准利率计算;在2019年8月20日之后,按(LPR)标准计算
	债券约定利息+逾期利息 逾期利息由法院确定合理的利率赔偿标准

2.各主体的损失承担范围

在上述损失计算的基础上,各主体应承担多大范围的责任?

由于债券虚假陈述侵权纠纷案件通常涉及多个主体共同实施虚假陈述行为,为了防止因“一刀切”所带来的利益失衡,通常是依据各方的过错程度来分配各方的责任。对此,根据《证券法》第85条、第163条和《新规定》第20~23条等法律法规规定,当发行人的控股股东、实际控制人、董事、监事、高级管理人员和其他直接责任人员、保荐人、承销的证券公司及其直接责任人员与信息披露义务人存在共同侵权行为,且其主观为故意时,应当对发行人承担连带责任;如上述人员系因重大过失导致共同侵权的,应当按照原因力程度,区分责任承担范围。

具体而言,《新规定》第13条将债券虚假陈述侵权纠纷中行为人的过错表述为故意和重大过失,排除了一般过失和轻微过失,并且采用了过错推定的认定方式,要求各责任主体对其履行“勤勉尽责义务”予以证明。

就发行人的董监高和其他直接责任人员而言,《新规定》要求根据其工作岗位和职责、在信息披露资料的形成和发布等活动中所起的作用、取得和了解相关信息的渠道、为核验相关信息所采取的措施等实际情况综合判断。

就独立董事而言,《新规定》鼓励独立董事发挥其应有的监督作用,对其勤勉义务的要求,低于发行人董监高和其他直接责任人员。独立董事可以通过证明其借助专业人士帮助仍未能发现虚假陈述、发生虚假陈述后向交易所和监管部门报告、在独立意见中对虚假陈述事项发表非赞同意见等情形下,证明其已经履行勤勉尽责义务。

就保荐承销机构而言,《新规定》根据信息披露虚假陈述事项是否有专业意见支持,对勤勉义务程度予以区分。在有专业意见支持的情况下,应当审慎核查并调查、复核以产生合理信赖;相反则应当采取审慎尽职调查并作独立判断。

就证券服务机构而言,信息披露违法事项非其专业领域的,其应当满足一般注意义务,相反则应当经过审慎核查和必要的调查、复核,排除职业怀疑并形成合理信赖。

如在"五洋债案件"中,杭州市中级人民法院认为"发行人的法定代表人在明知公司存在虚假陈述行为,并积极推进公司债券发行的情况下,未能证明不存在过错",法定代表人应当对公司承担连带赔偿责任。同时中介机构违反审慎核查义务,且认为自己不存在过错的抗辩意见依据不足,由此要求中介机构承担连带赔偿责任。

2023年第100期

关联协议的仲裁管辖权应否整体判断

——以一起仲裁裁决被撤销案件展开

彭学武　律师

一、基本案情

2011年1月6日，某某物业公司与某某设计公司签订《建设工程设计合同》，约定某某设计公司对ZQ市东岗联合社旧厂房“三旧”改造工程进行设计，同时约定了发生争议由ZQ仲裁委员会仲裁。同年2月11日，双方签订《东岗某商住小区项目补充协议》，对设计内容、付款标准、付款方式等内容做了补充约定。

2011年3月19日，某某物业公司与某某设计公司签订《协议书》，约定某某物业公司支付120万元给某某设计公司，该款用于在合同签订后45天内理顺丙方（东岗一、二、三村）关系，让丙方与某某物业公司签订正式合同，办理好该地块的“三旧”改造手续，该款属于某某设计公司的劳务费，不用归还给某某物业公司。如在期限内某某设计公司无法理顺丙方关系以及让丙方与某某物业公司签订开发合作合同，则120万作为《建设工程设计合同》《东岗某商住小区项目补充协议》中某某设计公司的设计费，予以扣除。

2019年12月30日，ZQ仲裁委员会立案受理了某某物业公司与某某设计公司之间的建设工程设计合同纠纷。某某设计公司请求裁决某某物业公司向其支付设计费共2，247，071.28元及违约金2，415，755.53元等。某某物业公司则提出反请求，认为某某设计公司没有履行《协议书》约定的理顺案涉工程项目的开发手续及交付设计文件的义务，请求某某设计公司返还120万元及利息。

2020年12月30日，ZQ仲裁委员会作出仲裁裁决：某某物业公司向某某设计公司支付设计费1，115，518.07元及违约金1，215，914.7元等，驳回某某物业公司的仲裁反请求。ZQ仲裁委员会认为，某某物业公司的仲裁反请求具有居间性质，与本案非基于同一事实法律关系，且《协议书》没有仲裁条款或另有仲裁协议，故仲裁庭没有管辖权，应由某某物业公司另行起诉或双方合意达成仲裁后另行申请仲裁，从而驳回了某某物业公司的仲裁反请求。

某某物业公司向法院申请撤销该仲裁裁决。

法院认为，《协议书》虽具有居间合同的性质，但双方当事人在《协议书》中明确约定如在期限内某某设计公司无法理顺丙方关系以及让丙方和某某物业公司签订开发合作合同，则120万元作为《建设工程设计合同》《东岗某商住小区项目补充协议》中某某设计公司设计费予以扣除，即《协议书》中的120万元款项在符合约定的条件下可作为《建设工程设计合同》《东岗某商住小区项目补充协议》中约定的设计费。仲裁裁定书认定某某物业公司应向某某设计公司支付的设计费为1，115，518.07元，违约金达1，215，914.7元，如某某物业公司的主张成立（120万元抵作设计费），则其无须向某某设计公司支付设计费和违约金。因此，《协议书》与《建设工程设计合同》、《东岗某商住小区项目补充协议》密不可分，应作为一个整体予以处理，不能仅处理《建设工程设计合同》《东岗某商住小区项目补充协议》，而不处理《协议书》。ZQ仲裁委员会认为其对《协议书》没有管辖权，则其对《建设工程设计合同》《东岗某商住小区项目补充协议》也不具有管辖权。故某某物业公司的申请符合《仲裁法》规定的可申请撤销仲裁裁决的情形，[1]裁定撤销ZQ仲裁委员会的该项裁决。

---

〔1〕《仲裁法》第58条规定："当事人提出证据证明裁决有下列情形之一的，可以向仲裁委员会所在地的中级人民法院申请撤销裁决：(一)没有仲裁协议的；(二)裁决的事项不属于仲裁协议的范围或者仲裁委员会无权仲裁的；(三)仲裁庭的组成或者仲裁的程序违反法定程序的；(四)裁决所根据的证据是伪造的；(五)对方当事人隐瞒了足以影响公正裁决的证据的；(六)仲裁员在仲裁该案时有索贿受贿，徇私舞弊，枉法裁决行为的。人民法院经组成合议庭审查核实裁决有前款规定情形之一的，应当裁定撤销。人民法院认定该裁决违背社会公共利益的，应当裁定撤销。"

二、律师评析

本案是申请撤销国内仲裁裁决案件，人民法院在对申请撤销仲裁裁决的案件进行司法审查时，应以《仲裁法》第58条的规定作为撤销仲裁裁决的法定事由。本案中，根据某某物业公司的主张，争议焦点为仲裁庭是否对因履行《协议书》引发的争议具有管辖权。针对这一焦点问题，本文基于现行仲裁法律法规及司法解释的相关规定，从以下三个方面进行分析：

（一）补充协议或从合同没有约定争议解决方式，是否当然按主合同约定的方式解决争议？

通常情况下，若双方当事人没有在合同中或争议发生后约定其争议由仲裁机构解决，仲裁机构则无权对该争议予以仲裁。按照目前法律法规及司法解释的规定，主合同约定的争议解决方式并不当然扩张至补充协议或从合同。

在主从合同仲裁条款的适用问题上，司法实践中一直存在争议，不少业界同人认为，应当根据最高人民法院发布的《关于适用〈中华人民共和国民法典〉有关担保制度的解释》（以下简称《担保制度司法解释》）第21条第2款“债权人一并起诉债务人和担保人的，应当根据主合同确定管辖法院”之规定，确定补充协议或从合同适用仲裁管辖即可。笔者认为，这种理解完全忽略了仲裁与诉讼两者的实质区别，当事人意思自治且达成合法有效的仲裁协议，是采用仲裁方式解决争议的前提。而诉讼作为解决纠纷的手段依靠的是国家强制力，无须当事人合意，亦不允许当事人随意排除。《担保制度司法解释》第21条第2款之规定显然是仅针对诉讼管辖，若将这一规定适用于仲裁，将可能对仲裁自愿原则造成破坏。最高人民法院在制定该司法解释时并非没有意识到或者遗漏了这一问题，其曾经尝试在司法解释的征求意见稿中对主从合同仲裁管辖条款适用问题加以规制。2004年7月，最高人民法院发布的《关于适用〈中华人民共和国仲裁法〉若干问题的解释（征求意见稿）》第7条第2款曾规定“人民法院或者仲裁委员会受理主合同纠纷，当事人同时向连带责任保证人主张权利的，人民法院或者仲裁委员会可以一并审理”，但在最终出台的司法解释中却删除了该条款，之后对于主从合同的仲裁管辖条款再未提及。近期公布的《仲裁法（修订）（征求意见稿）》第24条规定：“纠纷涉及主从合同，主合同与从合同的仲裁协议约定不一致的，以主合同的约定为准。从合同没有约定仲裁协议的，主合同的仲裁协议对从合同当事人有效。”值得探讨的是，这一笼统规定是否会在特定情况下有违当事人意思自治之嫌？

考虑到现实交易的复杂性，如主合同约定了仲裁条款，补充协议或从合同未对争议解决方式进行约定，当纠纷出现时，当事人需要就主合同争议向仲裁机构主张权利，就从合同争议向法院主张权利，这必然增加当事人解决争议的成本，拖延争议解决时间，也有可能导致出现仲裁程序与诉讼程序互相矛盾的情况。因此，从“纠纷一次性解决”的原则出发，仲裁协议效力在主从合同中扩张确有其现实需求。当存在主合同与补充协议或从合同的情形下，主合同仲裁协议效力的扩张取决于主合同与补充协议或从合同之间是否具有可分性。最高人民法院认为：“当事人在主合同中约定其争议由仲裁机构解决，对于没有约定争议解决方式的补充协议或从合同是否可适用该约定，其关键在于主合同与补充协议或从合同之间是否具有可分性。如果主从合同相互独立、可分且没有特别约定的情形下，那么其争议解决方式则应按照各自约定处理；如果补充协议或从合同是对主合同内容的补充或变更，且依附于主合同，而不能独立于主合同存在，那么，主合同所约定的争议解决条款也应适用于补充协议或从合同。”〔1〕

（二）本案三份协议是否密不可分，应否作为一个整体予以处理？

首先，判断三份协议是否密不可分，需要根据协议签署的主体、时间、具体内容等进行综合判断。本案中，应对《建设工程设计合同》、《东岗某商住小区项目补充协议》与《协议书》是否属于主合同与补充协议或从合同的关系进行分析。

---

〔1〕　参见湖南华厦建筑有限责任公司与常德工艺美术学校不服执行裁定申诉案，载《最高人民法院公报》2016年第8期。

"补充协议"就是通过协议的方式补充已有合同中存在的漏洞或对已有合同进行变更或补充。因此，从这个意义上来看，已有的合同与补充协议之间是主从关系。已有合同是主合同，补充协议则是从合同。通常情况下，主合同与补充协议会有时间差，主合同成立时间在前，补充合同成立时间在后。补充协议是主合同的附属合同，补充合同依附于主合同而存在，不具有独立性，这是主合同与补充协议的基本关系。本案中，《建设工程设计合同》约定了"发生争议由ZQ仲裁委员会仲裁"，《东岗某商住小区项目补充协议》系对《建设工程设计合同》中设计内容、付款标准、付款方式等内容的补充约定。《建设工程设计合同》和《东岗某商住小区项目补充协议》均系围绕建设工程项目改造设计服务事宜依次签订，都源于同一交易、同一事项，亦属于同一法律主体，且在内容上具有承接性、延续性和不可分性，完全可以认定该两份协议的主从关系。其后，双方签订的《协议书》约定的事项并不属于建设工程设计的事项，某某物业公司与某某设计公司之间的争议属于因建设工程改造设计服务而引发的争议，但又在《协定书》中约定了额外的非属于建设工程设计的事项，而无论法院还是仲裁庭，均认定此约定属于居间合同的性质，非与本案基于同一事实法律关系。

笔者认为，《建设工程设计合同》与《协议书》具有独立且可分性，《协议书》无须依附于《建设工程设计合同》而存在。从《协议书》约定的内容来看，理顺关系与手续办理成功，则该款属于某某设计公司的劳务费，不用归还给某某物业公司，而此"劳务费"确有"居间行为"的特点，而后继续附条件约定，"如在期限内某某设计公司无法理顺丙方与某某物业公司签订开发合作合同，则120万元作为《建设工程设计合同》《东岗某商住小区项目补充协议》在某某设计公司的设计费中扣除"，此部分可理解为在特定条件下该120万元将作为设计费予以抵扣，即仅在《协议书》中约定的居间行为没有成功的情况下，劳务费才可以在某某设计公司的设计费中扣除。至于《协议书》的效力、履行、争议解决等情况，则应当按照《协议书》的约定进行处理。因此，《协议书》不能认定为《建设工程设计合同》的补充协议或从合同，《协议书》与《建设工程设计合同》并非密不可分，亦不需要作为一个整体予以判断处理。

其次，本案较为棘手的问题是在无仲裁协议的情况下，被申请人提出的抵销主张仲裁庭是否应当审理的问题。《民法典》第569条规定，当事人互负债务，标的物种类、品质不相同的，经协商一致，也可以抵销。《全国法院民商事审判工作会议纪要》第43条规定，[1]抵销权既可以通知的方式行使，也可以提出抗辩或者提起反诉的方式行使。抵销的意思表示自到达对方时生效，抵销一经生效，其效力溯及自抵销条件成就之时，双方互负的债务在同等数额内消灭。可见，相关法律并未要求抵销的债务应基于同一法律关系产生。本案中，《协议书》关于"劳务费可以在某某设计公司的设计费中扣除"的约定应视为双方达成了在特定条件下抵销的合意，且并非法定不得抵销的情形，故从诉讼层面而言，对该抵销的审理既有法律依据，亦有合同依据。但是，当一方当事人不同意抵销的情况下，抵销权的行使需要依据《协议书》进行实质审理，而《协议书》是否属于本案仲裁庭的审理范围尤为关键。因此，笔者倾向于认为，抵销权的行使需要对《协议书》的效力、抵销条件是否成就以及实际履行情况等问题进行实质审理，涉及《协议书》争议的管辖问题，不应属于本案仲裁庭的审理范围。

（三）仲裁条款约定的仲裁事项范围对本案的影响

仲裁协议应当包括仲裁事项，从本案判决书的内容来看，没有引用仲裁条款的原文，故无法确定协议中仲裁事项的范围。

对于一个理性的商人而言，一般情况下，其更多的是倾向于将其多项争议提交相同的法庭或仲裁庭进行裁判，以节约争议解决的时间与金钱成本。从国际惯例与理论上来看，对仲裁条款或仲裁协议的解读倾向于"仲裁推定有效"。笔者认为，若仲裁条款系概括性条款，如"凡因本合同引发或与本

---

〔1〕 最高人民法院发布的《全国法院民商事审判工作会议纪要》第43条规定："抵销权既可以通知的方式行使，也可以提出抗辩或者提起反诉的方式行使。抵销的意思表示自到达对方时生效，抵销一经生效，其效力溯及自抵销条件成就之时，双方互负的债务在同等数额内消灭。双方互负的债务数额，是截至抵销条件成就之时各自负有的包括主债务、利息、违约金、赔偿金等在内的全部债务数额。行使抵销权一方享有的债权不足以抵销全部债务数额，当事人对抵销顺序又没有特别约定的，应当根据实现债权的费用、利息、主债务的顺序进行抵销"。

合同相关的任何争议，均应提交某某仲裁机构仲裁”，又如在有主合同和从合同或补充协议的情形下，除变更或补充的条款外，对于其他条款概况表述为“以主合同约定为准”，那么只要从合同或补充协议争议与主合同有关联，在没有相反意思表示的情形下，从合同或补充协议中的此种表述已经表明当事人之间达成了仲裁概括性的合意，纠纷发生时可以引用主合同中的仲裁条款；若仲裁条款仅为特定事项的仲裁条款，如表述为“因本合同引发的争议，应提交某某仲裁机构仲裁”，那么，其无法当然推定双方就从合同、补充协议或相关协议已经达成仲裁的合意。

后　记

《深圳律师——〈深圳律师〉百期精粹》一书付梓，作为主编，我要特别感谢本书编委会成员、每位作者、评选专家、法律出版社以及社会各界人士的大力支持。

在中国律师制度发展进程中，深圳律师一直占据着举足轻重的地位。1983年7月，中国第一家律师事务所——深圳市蛇口工业区律师事务所挂牌成立；1983年10月，全国第一家专门从事涉外业务的律师事务所——深圳对外经济律师事务所成立；1985年1月，全国第一家不要国家编制、自收自支的律师事务所——深圳特区经济贸易律师事务所成立；1988年5月，全国第一家合作制律师事务所——段武刘律师事务所成立；1991年，深圳律师出具了中国第一份律师证券业务法律文书——深圳康佳股份有限公司上市法律意见书；1993年12月，广东省司法厅批准深圳市成立首批13家合伙律师事务所……自律师制度恢复以来，深圳律师紧跟改革开放步伐，保持快速发展态势，为维护社会公平正义、推进法治深圳建设、助推深圳经济发展、促进社会和谐稳定做出了重要贡献。

深圳市律师协会成立于1988年，协会于2004年创办了《深圳律师》杂志。为顺应互联网阅读大趋势，《深圳律师》杂志已推出电子期刊；同时，《深圳律师》杂志一直坚持纸质版杂志的印刷，并形成了立足深圳、辐射全国，面向律师行业、公检法机构、法学院校、研究机构、企事业单位的赠阅范围。经过近二十年的努力，《深圳律师》杂志已成为行业精神文化提升的载体之一，既是深圳律师发声的平台、学习交流的精神园地，也是对外展示深圳律师专业水准和法律素养的窗口。

2023年8月，《深圳律师》杂志第100期出版。《深圳律师》杂志刊载过1000余篇专业文章，这些文章记录了深圳律师的成长与进步。为回顾《深圳律师》百期的出版，彰显深圳律师的专业形象，本书编委会经过多轮评选，选出100篇文章集结成书。需要说明的是，《深圳律师》杂志刊载的优秀文章不仅此100篇，由于版面、每位作者文章数量限制等因素，只能将部分文章入选。在此，我特别要感谢曾向《深圳律师》杂志投稿的每一位作者，是你们保证了杂志文章的专业水平；对于入选本书100篇文章的100多位作者，更是由衷地感谢；为本书的出版，编委会成员付出了辛勤的工作，法律出版社给予了大力支持，对本书编委会成员、出版社编辑的无私奉献再次表示感谢!

我相信，如同《我们深圳律师》这首深圳律师之歌已传唱大江南北一样，《深圳律师》杂志会走向新的辉煌，深圳律师亦将继续发挥其在整个律师行业的引领作用。

杨逍*

2023年12月7日

* 杨逍：深圳市律师协会第十一届副会长、新闻发言人。